《中国城市通史》

推 荐 语

中国城市化率已超过百分之六十，人们对城市史的关注超过以往任何时期。《中国城市通史》视野宏阔，体大思精，既从总体史角度对中国城市发展变迁的全过程加以探讨，又对不同时期的城市空间形态、城市经济、城市人口、城市管理、城市社会生活等多层面进行细致研究，揭示了不同时期中国城市发展特点，再现了中国城市的发展轨迹。此书在手，读者可对中国城市历史有较为全面、系统、立体的认识。

《中国城市通史》的出版，必将有力推动具有中国特色的中国城市史研究学科体系、学术体系和话语体系的构建。

——熊月之（中国城市史研究会会长，上海社会科学院原副院长，研究员）

《中国城市通史》系统阐述了中国城市的发展脉络和特点，分析了不同时期城市的兴衰流变，揭示了中国城市的本质和特点，阐释了其历史地位和贡献，是对中国城市发展进行总体史研究较为系统的巨著。全书视野宏大，整体史观鲜明，富有时代气息。全球史的视野更加凸显了城市发展的中国特色；文明史和中华民族命运体的高度，展现出各个时期中国城市的绚丽多彩，勾勒出中原城市与边疆城市"一体多元"的历史进程。

——张利民（中国城市史研究会副会长，《城市史研究》主编，研究员）

《中国城市通史》从人类文明史的高度，分时间与空间两个维度全面考察中国城市文明的兴起和发展，探寻中国城市发展的规律，凸显中国城市发展的特点，展现中国城市文明的亮点，是中国城市史研究的集大成之作，具有极高的创新性与学术价值。

——倪玉平（清华大学人文学院副院长，历史系教授）

四川大学基地培育项目

中国城市通史

《清代卷》

何一民 ◎ 主编

何一民　念新洪　何永之　◎ 著
王　伟　王　超

项目策划：熊　瑜
责任编辑：高庆梅
责任校对：张　露
封面设计：墨创文化
责任印制：王　炜

图书在版编目（CIP）数据

中国城市通史．清代卷／何一民等著．— 成都：四川大学出版社，2020.8
ISBN 978-7-5690-3810-1

Ⅰ．①中… Ⅱ．①何… Ⅲ．①城市史－中国－清代 Ⅳ．① K928.5

中国版本图书馆CIP数据核字（2020）第129546号

书　名	中国城市通史·清代卷
	ZHONGGUO CHENGSHI TONGSHI·QINGDAI JUAN
著　者	何一民　念新洪　何永之　王　伟　王　超
出　版	四川大学出版社
地　址	成都市一环路南一段24号（610065）
发　行	四川大学出版社
书　号	ISBN 978-7-5690-3810-1
印前制作	四川胜翔数码印务设计有限公司
印　刷	成都东江印务有限公司
成品尺寸	185mm×260mm
插　页	1
印　张	35.25
字　数	845千字
版　次	2020年12月第1版
印　次	2020年12月第1次印刷
定　价	280.00元

◆版权所有 ◆侵权必究

◆ 读者邮购本书，请与本社发行科联系。
电话：(028)85408408/(028)85401670/(028)86408023　邮政编码：610065
◆ 本社图书如有印装质量问题，请寄回出版社调换。
◆ 网址：http://press.scu.edu.cn

四川大学出版社
微信公众号

《中国城市通史》编委会

编委会主任：何一民

副主任：熊月之　张利民　高中伟

编　委（以姓氏笔画为序）：

　　　　王立华　王明德　田　凯　付志刚　冯　兵　冯　剑　何一民

　　　　何永之　张利民　吴朝彦　陆雨思　范　瑛　赵淑亮　侯宣杰

　　　　高中伟　黄达远　黄沛骊　韩　英　鲍成志　熊月之　谯　珊

主　编：何一民

序

何一民

　　城市是人类社会发展到一定阶段的产物，城市的产生是人类社会从野蛮时代演进到文明时代的重要标志之一，因而城市研究理所当然地成为社会发展与人类文明研究中的一项重要课题，成为探究历史奥秘与当代问题的一个窗口、一把钥匙。中国是世界城市发源地之一，中国古代城市之多、规模之大，世所罕见。中国古代典籍中不乏有关城市的记载，蕴藏着丰富的城市史资料，著名的如《洛阳伽蓝记》《东京梦华录》《都城纪胜》《长安志》《宋东京考》等史籍和《两都赋》《两京赋》《蜀都赋》等文学名篇，另外，浩如烟海的地方志书也保存了丰富的城市史资料，但古代中国一直未形成独立的城市史学，国人对中国城市历史的研究起步甚晚。1925—1926年，梁启超相继发表《中国都市小史》《中国之都市》等文，表明中国学者不仅注意到了城市的重要性，而且开始了对中国城市历史的初步研究。20世纪30年代，部分学者发表了一些有关中国城市史的文章，如陶希圣、全汉昇、侯仁之等对长安、北京等城市的研究。此外，上海等城市为了编纂城市志，也对相关城市史资料进行了整理，在一定程度上推动了中国城市史的研究。但从整体上看，当时有关中国城市历史的研究还未受到学界广泛的重视，相关研究成果较少。改革开放以来，城市现代化建设和历史学学科建设的需要成为中国城市史研究的重要推力，从国家"七五"规划开始，中国城市史研究受到学术界高度关注，参与研究者日益增多，研究成果日益丰硕。四川大学城市研究所作为国内高校中最早成立的城市研究机构之一，自1988年成立以来，先后承担了十余项与中国城市史相关的国家社科基金重点课题和年度课题，而我有幸成为改革开放以来最早开始从事中国城市史研究的学人之一。从单体城市研究到区域城市研究，从断代城市研究到城市通史研究，从城市发展与社会变迁研究到城市衰落研究，从内地城市研究到边疆城市研究，我始终认为中国城市史研究学术生命常青，需要不断地迎接挑战，不断地开拓创新。

　　20世纪80年代中期，当我因教学和研究的需要开始涉足中国城市史研究时，深感对中国城市史的认识不能只局限于某一历史时段，特别是初涉中国城市史领域的硕士、博士研究生，要对中国城市史有整体的认识，才能更好地开展断代的或专题的城市史研究。中国城市历史悠久、内容丰富，要研究中国城市历史，就必须从整体上把握中国城市的发展脉络，这样，城市史研究才能做到宏观与微观相结合，才能从大处着眼、小处着手。因而，中国城市史研究者不能只对某一时段的城市有所了解，而必须对中国城市历史的全貌有所认识，对世界城市历史有所了解，将自己所要研究的对象置于历史的长河中加以考察，才能很好地把握自己所要研究的对象，从而得出创新性的研究成果。由于当时还没有一本关于中国城市的通史性著作，为了适应教学的需要，我冒昧地仅凭一己之力编写了一本《中国城市史纲》。该书虽然仅有三十万字，却耗费了我数年的时间，直到1993年才得以完成，1994年由四川大学出版社出版。该书为国内较早对中国城市史进行长时段研究的著作之一，在此之前，没有任何可资借鉴的资料。该书主要是对先秦至20世纪中叶数千年间中国城市发展脉络进行较为系统的梳理，对城市的发展变迁和特点加以概述和总结，在一定程度上弥补了中国城市史研究的不足，具有一定的学术价值。该书出版后，得到学术界的肯定，获得中国图书奖，并成为历史学、建筑学、规划学等相关学科的硕士、博士研究生了解中国城市历史的一本入门参考书。

但是，由于该书成于20世纪90年代初，缺少相关资料，因而详今略古，仅能以"史纲"的形式对"中国城市史"做一探究，成为中国城市通史研究的探路之作。20世纪90年代以来，关于中国城市的通史性著作相继问世，受到学术界的高度重视。这些通史性著作各有所长，以不同的方式对中国城市的历史变迁进行了研究，具有重要的学术价值，但也有若干不足，因而在讲授中国城市史课程和开展新的课题研究时，我深感有必要对《中国城市史纲》进行修订。由于多种原因，我始终未能下定决心重写。2008年，冯天瑜教授在全国范围内约请相关学科知名专家学者撰写中国专门史丛书，由何晓明教授出面约我撰写《中国城市史》。其时我虽应允，但因正在主持《清史·城市志》项目的研究工作，不能全身心地投入中国城市史的研究工作，只能选择在《中国城市史纲》的基础上进行改写，保留了《中国城市史纲》的框架，按时间顺序对先秦、秦汉、三国两晋南北朝、隋唐、宋辽金夏元、明清（中前期）、晚清（鸦片战争后）、民国等时段的城市情况分章进行概述，力图将不同时代中国城市的风貌、经济、社会、建设规划等特点展示出来，凸显中国城市的发展轨迹及特点。《中国城市史》较《中国城市史纲》增加了三十余万字，内容更加丰富，观点更加明确，条理也更加清晰。该书的一个特点在于尽量对中国漫长的城市历史进行全方位把握和科学分期，简明扼要地阐述中国城市的缘起及数千年间的发展演变，为漫长而复杂的中国城市历史梳理出一条较为清晰的脉络，同时尽可能地展现各个时期中国城市的不同特点。但是，当《中国城市史》出版后，再回头来看，深感不足之处甚多，故而希望整合国内学术界的力量，重新撰写一部大型多卷本《中国城市通史》。

2012年，国家社科规划办公室向全国征求重大招标课题的选题，我将编纂大型多卷本《中国城市通史》的设想加以梳理、论证，并经由四川大学向国家社科规划办推荐，经相关专家评议，该课题被列入重大招标课题指南。于是，我在全国范围内联系了多名中国城市史领域的著名专家学者，准备共同申报该项目。经过两个多月的准备，撰写了十万余字的申报书。当我们满怀信心地等待评审结果时，却得到了一个令人沮丧的消息,在专家评审时,有个别专家并不是对申报书有不同意见,而是认为编纂多卷本《中国城市通史》够不上重大项目,因此功亏一篑,该课题由重大项目降为重点项目立项。由于重点项目与重大项目的经费相差较大,故而难以再请国内其他著名专家参与该课题,只能依托四川大学城市研究所自身的力量进行相关研究。

虽然《中国城市通史》的编纂从重大项目降为重点项目,但我们仍然按照重大项目的相关要求进行研究,其总体框架是基于对中国城市历史基本脉络及总体特点的梳理,按历史变迁将中国城市发展历史分为七个时期,每一时期编纂一卷,分别为先秦卷、秦汉魏晋南北朝卷、隋唐五代卷、宋辽夏金卷、元明卷、清代卷、民国卷,加上总领全套书的绪论卷,凡八卷七册、450余万字。

多卷本《中国城市通史》的编纂充分吸取了学术界目前有关中国城市史研究的相关成果,通过不同学科的对话和不同研究方法的碰撞,对中国城市发展规律和重大理论进行了探讨、提炼和升华,在一定程度上进行了学术开拓和创新。多卷本《中国城市通史》从时间与空间两个维度较为系统地梳理了史前时期至中华人民共和国成立以前数千年间中国城市孕育、发展与变迁的历史过程;重点探讨了中国城市发展与演进的内在规律和阶段性特点;揭示了各个历史发展阶段中国城市的兴衰及其原因,以总体史的方法论对中国城市发展变迁的全过程加以探讨和论述,对不同朝代、不同阶段中国城市的空间形态、经济发展、人口数量、管理制度、社会生活等多个方面的内容进行细致、深入的考察,勾勒出中国城市发展的总进程与不同时期城市发展的全貌。每一卷都涵盖了不同时期中国城市发展变迁的方方面面,体现出中国城市发展的历史逻辑延续性。另外,每一卷又在不同章节根据不同时代的实际情况对中国城市的特殊性加以重点研究,如唐宋时期城市的"市坊"、元明港口城市的兴起与变迁、清代水系城市、民国时期城市的现代化转型等。

多卷本《中国城市通史》较前人著作有一个重要的创新,就是一改过去只重视中国内地城市历史的研究范式,而以中华民族命运共同体的视角对中国城市进行多维度的审视,将今天内陆边疆地区的城市发展变迁纳入中国城市史研究之中,突破了以汉族、中原政权为中心的历史书写模式。这既是本项目研究的一个突出特征,也是以往城市史研究中的薄弱环节。无论是中国城市的起源,还是不同时期中国城市的发展,都将民族地区的城市发展演变纳入整体研究之中,如秦汉魏晋南北朝卷、宋辽夏金卷、元明卷、清代卷等都设置了专篇或专章,强化对民族地区、边疆地区城市发展的研究,尤其是对辽、夏、金三个少数民族政权城市史设置专篇进行研究,着重对与宋朝并立的辽、夏、金等少数民族政权统治区域内的城市进行系统考察,其研究文本多达三十余万字,弥补了过去对辽、夏、金等城市史研究的不足。另外,本套书还专门设置章节对西藏、新疆、内蒙古等民族地区城市的发展进行深入研究。这些都是之前中国城市史相关著作较少涉及的领域,故而具有开拓性和创新性,突破了以往中国城市史研究中狭隘的地域界限,有助于增进人们对中华文明发展全貌的认识,在一定程度上,可以说是填补了学界有关中国古代农牧交接带地区城市史研究的空白。

多卷本《中国城市通史》的编纂遵循"搜采欲博，考评欲精，职任欲分，义例欲一"的基本原则，一方面充分吸收前人的研究成果，另一方面尽可能地深入发掘历史资料，大量地运用新的历史资料和统计数据，参考文献上千种，引用史料数千种。

总体上看，多卷本《中国城市通史》作为一部通史性城市史专著，具有较高的学术价值，但是由于时间跨度太大，涉及的内容繁多，研究难度极大，难免存在不足之处：首先，作为中国城市通史，尚缺少中国当代城市史的内容。多卷本《中国城市通史》之所以不包括中华人民共和国时期城市发展的历史，一是因为中华人民共和国的成立距今不远，相关研究才刚起步，很多问题都没有进行深入研究，学术准备尚不充分；二是有关此一时期城市发展的资料虽然丰富，但有不少重要资料尚未公开，因而会影响研究的学术性和客观性。有鉴于此，按现在一般通史体例，《中国城市通史》的时间下限为1949年，中华人民共和国城市史的编纂可待条件成熟后另行启动。其次，本课题组的研究者虽然运用了大量的历史文献、图表数据，但地图较少，除了元、明、清等几个时期，其他各朝代都缺乏城市地域分布图、城市空间结构图，需要在其后增补，以便对历代城市的地域分布、城市空间结构有更直观的认识。另外，中国城市发展在不同历史阶段的相关问题很多，见仁见智，挂一漏万，难以周全；加之这是一个多人合作的集体项目，研究者水平参差不齐，风格也略异，作为项目负责人，我有时也深感学识不够，力不从心，虽然尽力统稿，但仍然存在不少问题，文字叙述和分析还有若干不足。

多卷本《中国城市通史》的编纂历时六年多，远超最初的计划，相继还有一些专家学者参与相关的研讨和写作，课题组主要成员除项目负责人外，还有冯剑、黄沛骊、赵淑亮、王立华、冯兵、吴朝彦、韩英、陆雨思、何永之、念新洪、王伟、王超、黄灵、田玥、王肇磊等，他们中有的参与了部分专题研究，有的撰写了分卷文稿，主要分工如下：

全书由何一民拟定框架并对各卷进行全面修改；

绪论卷主要撰稿人何一民、何永之；

先秦卷主要撰稿人王立华、何一民；

秦汉魏晋南北朝卷主要撰稿人冯剑、何一民；

隋唐五代卷主要撰稿人冯兵、何一民；

宋辽夏金卷主要撰稿人何一民、陆雨思、王立华、韩英、黄灵、田玥；

元明卷主要撰稿人何一民、赵淑亮、吴朝彦；

清代卷主要撰稿人何一民、念新洪、何永之、王伟、王超、范瑛；

民国卷主要撰稿人黄沛骊、何一民。

此外，四川大学城市研究所还有多名研究人员参与了本课题，他们或收集资料，或撰写与之相关的论著，皆为本课题最终成果的完成做出了贡献。总之，本项目为集体成果，没有大家的努力，很难在几年内完成。

在本项目研究过程中，中国城市史研究会成立，本项目的研究得到了中国城市史研究会会长熊月之教授、副会长张利民教授、周勇教授、李长莉教授、涂文学教授、高中伟教授等人的关心和支持，在此表示诚挚的谢意。时任四川大学出版社社长熊瑜教授对本项目高度关注，并力邀完稿后在四川大学出版社出版。其后，在熊瑜社长和邱小平总编辑的大力支持和推荐下，本项目得到国家出版基金资助，新一届领导班子高度重视本项目的编辑出版工作，王军社长、邱小平总编辑、李天燕副社长多次召集工作会议布置相关工作，为此安排了精兵强将，对本项目的出版予以重点支持，在此深表谢意。

本套书的责任编辑何静、袁捷、舒星、高庆梅、刘慧敏、李施余等以高度的职业责任感投入书稿的编辑，认真地核对文献资料，校对文稿，并与主编和撰稿者反复交流磋商，使书稿的质量得以提升，并避免了一些错误。他们认真工作的态度值得学习，精益求精的精神令人感动，在此深表感谢。

中国城市历经五千多年的发展，到20世纪中叶进入了一个新的历史时期。随着中华人民共和国的成立，工业化、城市化、现代化成为不可逆转的趋势。20世纪末，全球进入城市的世纪，世界上50%的人口居住在城市中。中国也在这一时期加速了城市化进程，农村人口以每年1%以上的比例向城市转移。城市以其巨大的磁力吸引着越来越多的农村人口，大城市、超大城市成为人们向往的地方。工业时代的城市与农业时代的城市相比，有一个明显的差异，就是城市的三维空间越来越大，在部分地区，单体城市向城市群、城市带、城市巨型连绵带演变。城市的发展一方面给人类带来进步，带来福祉和发展的机遇。另一方面，城市存在的问题越来越多，环境问题、交通问题、住房问题、就业问题、安全问题等层出不穷，越来越多的人想对城市说"爱你"却不容易。如何发展城市，同时又避免城市给人们带来的烦恼，已经成为时代的新课题。在提倡新的发展理念，走新型城市化道路的同时，如何向古人学习生存的智慧，以人为本，人与自然和谐相处，也是值得思考的一个重要课题。因而中国城市史研究者需要有一种时代的责任感和使命感，不仅要研究历史，还要关注现实和未来的发展，要站在历史与未来的交汇点去探究中国城市的发展规律，寻找一条适合中国国情的城市发展道路，这样才能在中华民族伟大复兴的进程中，将中国城市建设成为可持续发展的现代化生态城市、智慧城市。

目 录

第一章 清代中前期城市的破坏与重建 ············(001)
    第一节 明末清初中国城市的破坏 ············(001)
    第二节 清代中前期城市的重建 ············(011)
    第三节 清代中前期城市经济的恢复与发展 ············(045)
    第四节 清代中前期城市文化的重建 ············(067)
    小 结 ············(083)

第二章 清代城市数量、空间规模和人口规模的变化 ············(086)
    第一节 清代城市数量的变化及原因 ············(086)
    第二节 清代城市空间规模的变化 ············(103)
    第三节 清代城市人口规模的变化 ············(125)
    小 结 ············(145)

第三章 清代城市形态的变化 ············(147)
    第一节 清代中前期城市的外部空间形态 ············(147)
    第二节 清代中前期城市的内部空间形态 ············(164)
    第三节 清代后期城市空间形态和结构的变化 ············(174)
    小 结 ············(193)

第四章 清代十八行省城市分布的变化 ············(196)
    第一节 清代十八行省城市空间分布 ············(196)
    第二节 清代十八行省城市地理分布 ············(231)
    第三节 清代城市行政等级分布 ············(242)
    第四节 交通运输变迁与城市分布的变化 ············(267)
    小 结 ············(281)

第五章 清代内陆边疆地区的城市分布 ············(284)
    第一节 清代东北地区的城市分布 ············(285)
    第二节 清代蒙古地区的城市分布 ············(310)
    第三节 清代新疆地区的城市分布 ············(332)
    第四节 清代西藏地区的城市分布 ············(349)
    小 结 ············(366)

第六章　清代主要河流城市的空间分布与变迁……………………………（371）
　第一节　中国城市的近河性与清代水系城市分布……………………………（371）
　第二节　清代长江水系城市的空间分布与变迁………………………………（380）
　第三节　清代黄河水系城市的空间分布与变迁………………………………（405）
　第四节　清代京杭运河城市的空间分布与变迁………………………………（422）
　第五节　清代珠江水系城市的空间分布与变迁………………………………（443）
　第六节　清代海河、淮河等水系城市的空间分布与变迁……………………（463）
　小　　结…………………………………………………………………………（487）

第七章　晚清城市的发展变迁……………………………………………………（493）
　第一节　近代开埠通商城市的分布与特点……………………………………（493）
　第二节　开埠通商城市的发展与早期现代化…………………………………（507）
　第三节　城市的早期现代化转型………………………………………………（519）
　第四节　城市化与区域城市的变动……………………………………………（536）

结　语………………………………………………………………………………（543）

第一章 清代中前期城市的破坏与重建

清代是中国由农业时代向工业时代转变的重要历史时期，也是中国城市由传统城市向现代城市转型的关键阶段。在清代两百余年的历史进程中，中国历经了千年未有之大变局，城市同样也发生了质的变化。清朝建立之初，城市因自然灾害、战争、瘟疫等多方面的原因而遭到全面的破坏。清统治者在夺取政权之前，是城市的破坏者，但当取得政权后，为了建立统治，不得不改变原有的政策，稳定政局，恢复经济，建立秩序，重建城市。面对残破的城市，清朝统治者对明朝的城市制度加以继承，不仅对残破的城市加以修复重建，而且也继承明制，建立了省、府、县城行政等级体系，并以城市为重心重建社会经济和文化。清代中前期，城市数量、城市规模、城市体系等方面都较明代有了更大的发展，达到农业时代中国城市发展的顶峰。鸦片战争后，随着中国社会性质的转变，城市发展进程也由政治中心优先发展规律转变为经济中心优先发展规律，城市的性质和功能在客观上发生了变化，从而开启了中国城市现代化的进程。

第一节 明末清初中国城市的破坏

明朝末期，中国面临多重危机，一方面是全国范围内气候异常，水灾、旱灾、雹灾、地震、蝗灾等自然灾害频发，这些灾害具有多方面的特征：一是灾害涉及面积广，二是灾害爆发期集中，三是灾害所带来的危害特别巨大。这些灾害给中国城乡带来巨大的破坏，加剧了社会矛盾和民族矛盾。另一方面，明朝统治进入衰落期后，政治腐败，宦官专权，阶级矛盾、民族矛盾尖锐激化，而连续频发的自然灾害更是使社会危机雪上加霜，从而导致农民起义在各地大爆发，也使民族矛盾更加突出，动乱和战争在数十年间持续不断，中国各地城市遭到巨大破坏。

一、自然灾害对城市的破坏

各种自然灾害对人类的生存和社会经济发展构成严重威胁，与各种自然灾害做斗争，是整个人类历史的重要组成部分。自然灾害给人类制造了一场场难以遏制的浩劫，它通过地震、火山、风灾、水灾、旱灾及疾病流行等方式，破坏了人类赖以生存的环境，危害了人类的生命安全，摧毁了人类创造的文明成果。明代后期，中国的气候环境十分异常，各种灾害频发，对城市和乡村造成严重的破坏。

（一）自然灾害对城乡的危害

中国疆域广阔，地形地貌复杂，因而自然灾害也是多种多样，如洪涝、干旱、冰雹、霜冻、风沙、寒潮等属于气象灾害，地震、泥石流、岩崩等属于地质灾害，蝗灾、虫灾、鼠灾、瘟疫等则属于生物灾害。其中发生频率较高、危害严重的灾害以水灾、旱灾、雹灾、地震、蝗灾等为主，涉及的面积广，所产生的危害大。每当这些自然灾害发生，轻则伤害庄稼、禾苗，造成农业的大量减产甚至绝收；重则造成房倒屋塌，人毙畜伤，使人们的生命财产蒙受巨大的损失。各种自然灾害不仅对农村影响巨大，对城市也往往产生直接或间接的影响，特别是一些严重的自然灾害发生后，不仅酿成严重的饥荒，还多诱发瘟疫蔓延，造成大批城乡居民死亡，或流离失所，对社会经济和文化发展带来严重破坏，频发的自然灾害成为诱发社会不稳定的因素之一。

自然灾害对城市的发展有着直接或间接的影响，总的来说，自然灾害越严重、持续的时间越长，对城市的影响就越大。"自然灾害发生得愈频繁，城市受到的破坏就愈大。"[1] 历史上许多著名的城市就是在严重自然灾害的破坏下经济衰退、人口锐减，城市衰落甚至消失。地震对于城市是最具毁灭性的，中外不少城市就毁于地震。例如，公元前227年，希腊城市罗得由于地震而城毁，太阳神巨像坍塌。4世纪土耳其有着爱神之城之称的阿芙罗狄蒂斯由于地震，从此湮没。1375年，埃及的亚历山大也由于地震，以致部分地区及小岛沉陷入海，灯塔消失。1556年，中国关中大地震，造成华县、潼关等地共死亡83万人，城镇尽数毁坏。1692年，牙买加的罗亚尔港因地震而沉陷海中。1755年11月1日，里斯本地震，城市中2万多座建筑物有1.7万多座倒塌，地震后燃起的大火，燃烧了五六天，摧毁了地震残留下的许多建筑物。[2]

除了地震灾害外，其他自然灾害也会对城市造成严重的破坏。公元前1470年，希腊克诺索斯火山爆发，激起的60米高海啸摧毁了米诺斯文明。公元79年意大利南部亚平宁半岛西南角坎帕尼亚地区的庞贝古城因维苏威火山大爆发而毁灭。1669年，意大利埃特纳火山爆发，尼柯罗西城毁。约376年，严重旱灾致使孔雀河改道，罗布泊沉陷，楼兰古城从此消失。994年，中国统万城因生态环境恶化，爆发沙害，城埋沙中，城毁民徙。14世纪末，中国西域的高昌古城因旱灾而被废弃。15世纪末，津巴布韦大旱加上矿竭，生态恶化，津巴布韦人被迫弃城。1276—1299年，美洲梅萨维德连续24年大旱，印第安人弃城逃亡。[3]

---

[1] 章友德：《城市灾害学：一种社会学的视角》，上海大学出版社，2004年，第4页。
[2] 王林、张玉云、邹继东、邹秀英：《古今大灾难实录》，中国青年出版社，1992年，第61页。
[3] 蒋维、金磊：《中国城市综合减灾对策》，中国建筑工业出版社，1992年，第5—7页。

第一章 清代中前期城市的破坏与重建

自然灾害的发生往往产生连锁反应，特别是在卫生防疫条件极差的情况下，严重的水灾、旱灾、虫灾、雨雹、地震等自然灾害极易引发瘟疫蔓延。自然灾害频繁发生，为各种流行病的传播创造了条件，"瘟疫是农业社会最高发的疾病，也是对城市居民生产、生活造成最大影响的灾害"①。瘟疫造成的最直接后果是人口大量死亡，尤其在城镇，死亡人数更是惊人。② 例如，1308—1311 年欧洲频繁爆发的饥荒，在各地城市造成了空前的惨剧，城市储粮的仓库不能应付频频发生的饥荒，街道上到处是倒毙的尸体和行乞的流浪者。在法国，甚至出现以食人肉为生的现象。而 1347—1351 年席卷欧洲的黑死病在短短的几年里就吞噬了欧洲 2000 多万条生命，相当于当时总人口的三分之一。黑死病的爆发直接导致了欧洲城市文明长达三百余年的倒退。

（二）自然灾害对社会的破坏

1. 气候环境的变迁

气候环境不是一成不变的，而是不稳定的，具有连续波动的性质。自"仰韶温暖期"以后的三四千年里，中国气候就发生过多次寒暖变化。③（如图 1-1）而自 1580 年起，全球气候进入了一个"小冰河时期"。④ 位于东亚的中国也于 17 世纪经历了一个异常寒冷的时期。物候学家竺可桢在《中国近五千年来气候变迁的初步研究》一文中指出：中国的寒冷时期先后出现在公元前 1000 年（殷末周初）、4 世纪（六朝时期）、12 世纪（南宋）和 17 世纪（明末清初）。其中有关明末清初气候变冷的记载存在于大量的地方志、笔记小说等资料之中。据相关资料记载，明清交替的 17 世纪，中国气候异常寒冷，长江流域河湖结冰次数非常多，中国近海平面的热带地区降雪落霜的年数为 12 次，是 500 年中次数较多的时期。⑤ 气候环境的变迁，导致了自然灾害的频繁发生。

---

① 章友德：《城市灾害学：一种社会学的视角》，上海大学出版社，2004 年，第 83 页。
② 章友德：《城市灾害学：一种社会学的视角》，上海大学出版社，2004 年，第 100 页。
③ 邹逸麟：《中国历史地理概述》，上海教育出版社，2005 年，第 13 页。
④ 早在 1890 年，英国天文学家就对 1645—1715 年间的太阳黑子活动的不规则小周期做出研究，指出在这一时期地球表面的气温降到了公元 1000 年以来的最低点，严寒较往常更早地降临温带地区，以致温带地区冬季面临河流、湖泊的冻结，进而导致庄稼的生产和收获周期明显缩短，饥荒随之而来。参见魏斐德：《明清更替：十七世纪的危机抑或轴心突破》，《中国学术》，2002 年第十一辑。
⑤ 竺可桢：《中国近五千年来气候变迁的初步研究》，《中国科学 A 辑》，1973 年第 2 期。

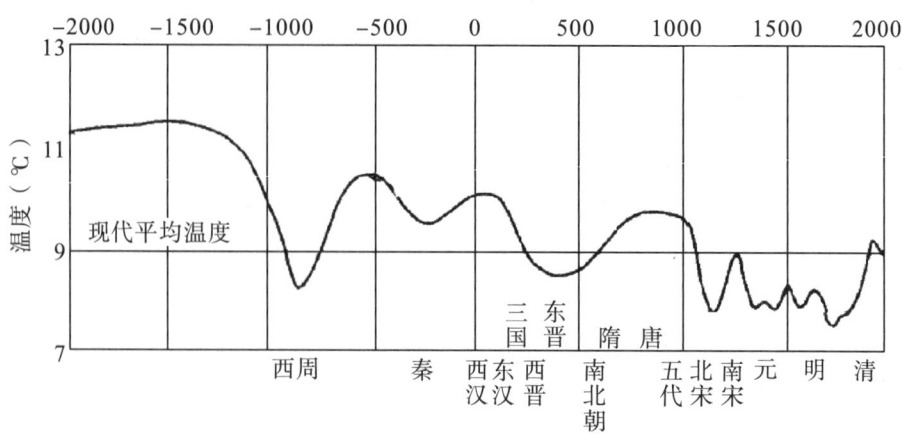

图 1-1 中国近 400 年气温变化图

王会昌：《2000 年来中国北方游牧民族南迁与气候变化》，《地理科学》，1996 年第 16 卷第 3 期。

2. 自然灾害对城乡社会的破坏

明末清初，由于气候异常，自然灾害频发，对城乡社会造成了严重的破坏。这一时期，自然灾害的频发呈现出以下几个特点：

首先，自然灾害种类多，发生频率高。明末清初，自然灾害集中爆发，类型多样，以旱灾和水灾为主，雹灾、地震、蝗灾、风灾等也频繁发生。就全国范围来看，水灾方面，1600—1619 年为全国性大范围的多雨涝时段，其中万历三十五年（1607）和万历四十一年（1613）为全国大范围多雨涝的年份。① 旱灾方面，1580—1589 年，1630—1639 年和 1640—1649 年的旱年数为两到三年。全国旱年持续的最长时间为 1637—1641 年。② 从灾害发生频次看，有逐渐增加的趋势。清代顺治时期，内地十八行省共发生重大灾害 192 次，其频率为 10.6 次/年；康熙时期共发生重大灾害 655 次，为 10.6 次/年；雍正时期发生重大灾害 161 次，为 12.4 次/年；乾隆时期发生重大灾害 1229 次，为 20.4 次/年。③ 由此可见，灾害的发生趋于增加态势。明末清初，北京地区就爆发了多种自然灾害。清初，北京地区频频爆发洪涝和干旱这两种自然灾害，差不多每两年就要各发生一次，并且显示出旱涝交替发生或一年内先旱后涝的规律。其他的自然灾害如雹灾、地震、蝗灾、风灾等，平均每八九年就要发生一次。④（见表 1-1、表 1-2）

---

① 高文学：《中国自然灾害史》（总论），地震出版社，1997 年，第 254 页。
② 高文学：《中国自然灾害史》（总论），地震出版社，1997 年，第 255 页。
③ 闵宗殿：《关于清代农业自然灾害的一些统计——以〈清实录〉记载为根据》，《古今农业》，2001 年第 1 期。
④ 尹钧科等：《北京历史自然灾害研究》，中国环境科学出版社，1997 年，第 186 页。

第一章 清代中前期城市的破坏与重建

表1-1 1573—1644年北京地区自然灾害表（单位：次）

气象灾害						地质灾害	生物灾害		其他灾害
水	旱	雹	风	雪	霜	震	蝗	疫	饥
31	52	16	31	4	1	32	12	6	9

尹钧科等：《北京历史自然灾害研究》，中国环境科学出版社，1997年，第82—86页。其中1597—1643年为多种灾害的频发期。

表1-2 清代中前期北京地区各种自然灾害统计（单位：次）

朝号	年数	水	旱	雹	风	雪	霜	寒	热	雾	雷	震	蛟	蝗	虫	疫	饥
顺治	18	10	7	6	2	3	0	1	0	1	1	8	0	2	0	6	8
康熙	61	13	33	2	7	1	1	2	1	0	5	18	0	5	0	2	10
雍正	13	3	5	0	1	1	0	2	0	0	0	3	0	1	0	1	0
乾隆	60	30	35	14	3	0	3	0	0	2	1	2	1	11	1	0	0

尹钧科等：《北京历史自然灾害研究》，中国环境科学出版社，1997年，第186页。

其次，自然灾害持续时间长，涉及范围广，对社会经济与政治局势产生了深刻的影响。17世纪初期的十余年间出现了全国性大范围的多雨涝灾害，其中万历三十五年（1607）和万历四十一年（1613）为全国大范围多雨涝的年份，持续的暴雨导致洪涝灾害频繁发生。而此一时期出现冬季气温持续降低，1620年长江也出现了罕见的结冰现象，每年庄稼的生长期和收获期都明显缩短。每当寒冷气候出现就会导致降雨减少，地球表面平均气温每下降3℃，大气中凝聚的水分则将会减少20%，从而引发局部地区出现严重的旱灾。1580—1589年，1620—1644年这两个时间段就是特别寒冷的时期，也是旱灾步频发的时段，其中1620—1644年在多个地区出现的干旱持续时间最长，部分地区长达20多年。其时全国除岭南地区以外，均有较为严重的旱情发生，旱灾最严重的地区为黄河以北地区，其次为淮河流域。大范围、长时期的大灾荒导致社会经济遭到严重破坏，农作物大面积减产、歉收，农产品价格上涨，诱发了严重的饥荒，"室若罄悬，野无青草"①，"大荒之后，民多逃亡"②。流民成为当时社会的严重问题。广大农民身陷绝境，无以为生，致使"有夫弃其妻，父弃其子者，有自缢空林，甘填沟壑者，有鹑衣菜色而行乞者，有泥门担簦而逃者，有骨肉相残者"。而明朝官吏对灾民不但不救济，反而催科如故，致使民众的负担不断加重，从而加剧了社会矛盾和冲突。明后期，明王朝以对后金发动作战为由，于明万历四十六年（1618）开始征收"辽饷"，先是每亩征银二厘，不久又增加到九厘。明崇祯十年（1637），为了镇压农民起义，明政府又开始征收

---

① 计六奇：《明季北略》卷五《南居益请发军饷》，中华书局，1984年，第104页。
② 梁材：《议覆陕西事宜疏》，陈子龙等：《明经世文编》卷一百零五，中华书局影印本，1962年，第951页。

"剿饷"，每年索银330余万两。崇祯十二年（1639），再征收"练饷"，每年征银730万两，三项征银高达2000万两。① 由于长期的灾害和政府官员的腐败，加之不断增加的苛捐杂税，饥民或饿死，或成为流民，或成为反抗者，一场声势浩大的农民起义终于从陕北开始爆发，并逐渐从陕北蔓延至全国。

再次，各种灾害之间存在一定的关联性，一些灾害的伴生现象较为严重。许多自然灾害，特别是等级高、强度大的自然灾害发生之后，常常诱发一连串的次生灾害，这种现象称为灾害的群发性和伴生性，或称为灾害链。② 持续严重的水旱灾害和地震、泥石流等自然灾害爆发后，不仅造成大量人口死亡，还易引发瘟疫，瘟疫的流行又造成人口的大规模损减。明末清初，大灾之后有大疫的现象很普遍。大灾过后，鼠疫蔓延，大头瘟流行，使饱受战争苦难的人们雪上加霜。③ 再如，旱灾往往会引发蝗灾的发生，如雍正元年（1723），河南怀庆府"大旱，飞蝗蔽天"，造成更为严重的农业歉收，旱灾、蝗灾并发是明末清初常见的自然现象，两者带来的危害影响了城乡民众的生产和生活。在中国东南沿海地区，爆发的台风不仅对建筑造成直接破坏，由台风引发的海啸对城乡民众的生产生活亦会产生严重影响。另外，火山、地震容易引发次生灾害，尤其是山区爆发的地震对河流和水利设施会造成严重破坏，形成的堰塞湖一旦决堤就会对周围的城镇和乡村造成十分严重的危害。

此外，明清之际，战乱频仍，在战争过程中，一些人为的因素也导致了灾害的发生，并对城乡产生严重的破坏。如李自成农民军在包围中原重镇河南开封时，赶来救援的明朝军队扒开黄河河堤，造成人为决堤，农民军虽然遭到一定的损失，但开封城市却因此湮灭在洪水之中，全城仅文庙、大相国寺等少数建筑有屋檐、屋脊露于地面，昔日之繁华荡然无存。④ 顺治三年（1646），清军入川，张献忠率大西军撤离成都时纵火焚城，成都明蜀王所居之宫殿及民间之数万栋房屋及财产，均遭焚毁，转瞬间，川中首城成焦土，人畜同化为灰烬。⑤

总之，明末清初，各种自然灾害以及人为引发的灾害对中国城乡社会造成了严重的破坏和影响，主要表现在城乡生产遭到破坏，大量人口死亡，民众财产损失严重，工商业经济严重衰退，城镇也因此出现衰落。严重的自然灾害加深了社会矛盾，造成了社会的极度动荡，最终诱发推翻明朝的农民大起义，以及清军的入关南下，而长期持续的战争更是对城市产生了巨大的破坏。

---

① 张廷玉等：《明史》卷七十八《食货二》，中华书局，1974年，第1904页。
② 孙绍骋：《中国救灾制度研究》，商务印书馆，2004年，第6页。
③ 曹树基：《鼠疫流行与华北社会的变迁（1580—1644）》，《历史研究》，1997年第1期。
④ 清人王沄在《漫游纪略》中描述了他路过开封时所见到的黄河水退后的情景：开封文庙被泥沙淤没，只有屋脊上的鸱吻露在地面；相国寺被泥沙淤埋后，屋檐只有人的胸口那么高，巨大的释迦牟尼像，只露出一个肩头。参见程子良、李清银：《开封城市史》，社会科学文献出版社，1993年，第184—185页。
⑤ [法] 古洛东：《圣教入川记》，四川人民出版社，1981年，第39—40页。

二、战乱对城市的破坏

明朝末年,自然灾害频发,民不聊生,饿殍遍地,加上明政府极端腐败,激化了社会矛盾,致使农民起义由星星之火遍燃全国,逐渐汇合成了推翻明王朝的明末农民大起义。与此同时,明朝与后金(大清)也发生了长期的战争。1644年,李自成农民起义军攻占北京,建立大顺政权,明朝灭亡。但随之而来的是清军入关,李自成军大败,被迫撤离北京。清军入关后,为了夺取政权,平定天下,在全国范围内展开了十分残酷的战争。明末清初的战争对于城市的破坏十分严重,不少重要城市毁于一旦,数百年积累的城市文明消失殆尽。

(一)战争的特点

明末清初数十年间发生的政权更迭的战争,与历史上政权更迭战争相比有其自身特点。

首先,明末清初爆发的战争不仅次数多、持续时间长、规模巨大,而且战争类型呈现出多样化的特点。

纵观明末清初爆发的战争,战争类型多样。这一时期有争夺政权的战争,如声势浩大波及数省以至大半个中国的大规模农民战争,另外还有满族所建后金政权与明朝之间的长期战争。清朝建立后,战乱频仍,清军与农民军之间进行拉锯战,农民军与农民军之间也发生争夺战,农民军与明朝残余势力有战争,清军与南明小朝廷有战争,清朝与北方少数民族有战争。另外还有清朝平定三藩叛乱的战争,清军收复台湾的战争,等等。另外,在这些战争之间还夹杂有此起彼伏的佃农斗争,以及那些与商品经济较为密切的棚民、"矿盗""海盗"的斗争,另外还有城市市民的反压迫斗争和奴变运动等,从而使清代前期的城市社会饱经磨难。

明末清初农民战争长达数十年,规模十分浩大。明天启七年(1627),陕西澄城农民王二首杀知县张斗耀揭开农民起义的序幕,次年(崇祯元年,1628)陕西各地就爆发了有如风起云涌之势的农民大起义,直至清顺治十五年(1658),晚明开始爆发的农民大起义才算结束,前后历时30余年。其时间之长,远超过秦末农民战争、西汉末年绿林赤眉起义、东汉黄巾起义、隋末农民起义、元末农民起义等清朝建立以前的历史上任何一次的农民战争。其规模之大,战役、战斗数量之多,破坏之剧烈,也是首屈一指。后金与明朝的战争从万历四十六年(1618)的"抚清"之战开始,到顺治元年(1644)多尔衮挥师入关止,一共历时27年。期间经历了如萨尔浒之战、辽沈大战、宁远之役、大凌河围城战等大规模的战役共22次,几乎达到年年有战事的程度。[①] 清军入关后,从顺治元年(1644)清军进入北京城起,到吴三桂率领十万大军于康熙元年(1662)攻入缅甸,迫使缅甸交出南明永历

[①] 孙文良等:《明清战争史略·明清主要战役一览表》,辽宁人民出版社,1986年,第560—563页。

皇帝，南明灭亡止，在近20年间，除顺治十四年（1657）外，每年皆有大规模的战事，甚至有的年份大战多达数起，连绵不断，波及数省。①

其次，明末清初战争波及范围广，几乎遍及全国各地，对中国社会破坏力十分巨大。这些战争目标指向性明确，就是攻城略地，并以破坏城市和消灭人口为主要手段。因而明末清初的战争对全国各地城市产生了直接的负面影响，导致了大部分城市的衰落，甚至部分城市遭到毁灭性破坏。

经过明末农民战争和清军入关后的统一战争，除西北、西南边远地区，内地基本上已不存在被战火"遗忘"的城市。战事由点到线再到面，形成了区域性、全国范围内的全面战争。中国农业时代的城市是以政治功能为主，不同层级的城市分别为不同区域的政治中心和军事重镇。不同层级的城市通过行政等级管理网络体系对区域进行自上而下地管辖，并最终通过城市政治、军事、经济、文化等多种措施，来实现自首都到大小城市以及直到乡村基层的全方位统治。② 城市的区域中心地位使城市自古以来就成为战争双方首要的攻击点，攻克和占领敌方城市，就意味着对整个区域的占领和控制。明末清初争夺全国统治权的战争，都是以城市为攻击目标，因而对城市造成了十分严重的破坏。明末清初数十年间，从西北高原到长江流域，从东北平原到南海之滨，城市和乡村的经济生产和社会秩序都遭受到了严重的破坏。各地田地荒芜，人口逃亡，工商业极度萧条，对于城市的发展产生了不良的影响，从而使不少城市生长线处于中断、夭折的状态，甚至直接导致了城市的衰落或毁灭。

（二）战争造成社会残破

在中国历史上，城市的兴衰演变与政权的兴衰演变有着密切的关系，每当社会发生动乱，政权更替之时，城市都要遭到不同程度的破坏。君主专制王朝统治的中后期，由于政治腐败和自然灾害等多种原因导致全国范围内的分裂与动乱，由此引发的战争对当时社会造成了严重的破坏，城市因其特殊的地位而成为动乱与战争破坏的首要目标，毁地屠城的记载不绝于书。基本上每一个封建王朝的末期，城市都要面临毁灭性的灾难，不少城市变成废墟，发展中断，即使幸存的城市也是残破不全。③ 明末农民大起义一方面在不同程度上打击了明王朝君主专制统治，冲击了传统的土地所有制，给旧的生产关系以种种破坏，这在一定程度对社会变革和发展起到一定推动作用；但另一方面，战争也存在着极大的破坏性，特别是对城乡社会、经济的破坏十分巨大。长期的战乱使农业和工商业受到严重破坏和摧残，一些城市遭受到了毁灭性的破坏。清初，从北方到南方，从城镇到农村，几乎到处都是"民不聊生，饥寒切身"，"吏治堕污，民生憔悴"，残破的屋宇，荒芜的田土。④ 如山

---

① 孙文良等：《明清战争史略·明清主要战役一览表》，辽宁人民出版社，1986年，第560—563页。
② 何一民：《近代中国衰落城市研究》，巴蜀书社，2007年，第405页。
③ 庄林德、张京祥：《中国城市发展与建设史》，东南大学出版社，2002年，第159页。
④ 郭松义：《清初封建国家垦荒政策分析》，《清史论丛》（第二辑），中华书局，1980年。

东在经历明末清初战争后已是土地荒芜,有一户之中,止存一二人,十亩之田,止种一二亩。① 河南全省满目榛荒,人丁稀少,这种情形绵延近二十年。② 湖南、两广等地弥望千里,绝无人烟。③ 四川名产蜀锦,"自明季兵燹后,锦坊尽毁,花样无存"④。而山西潞绸产自长治、高平等处,明时"其登机杼者,奚啻数千家,至明末兵火凶荒","机户饿死,机已去其半"。江西广信府的造纸业素来称盛,清初官府奉查槽户,"其槽房厂局,久已悉成荒芜",虽"极力搜捉,仅获槽匠八名"⑤。

(三)城市的破坏与衰落

中国城市经历明末清初战争摧残后受到严重的创伤,许多城市遭受到了来自农民起义军、明军、清军、南明军,甚至是散兵游勇等在内的各种势力的破坏。在这一过程中,城市人口锐减,城市公共建筑和基础设施被毁,全国城市呈现出一片凋敝的情景,具体表现有四个方面。

1. 城市形制、城市物态本体被破坏甚至整个城市遭摧毁

古代城市最为重要的城市建筑物之一就是城墙,城墙最初的修建是因为军事防卫上的需要,对外用以保境安民,对内用于加强控制,正所谓"筑城以卫君,造郭以守民",古代城墙的修建与毁弃往往象征着一座城市的兴废。

明末清初,有若干城市在战争的蹂躏下被破坏,甚至被摧毁。如四川省的省会成都是一座有着悠久历史的千年古城,顺治元年(1644)张献忠攻打成都之时,以火药攻城,城墙被炸塌:"'贼'遂穴城下……初九日黎明,火发,而北角楼陷,木石如飞鸟蔽天者久之。守陴者皆走,'贼'遂入城。"⑥ 1646年,张献忠离开成都时,平成都城,推堕其墙垛⑦,并放火焚毁了成都的宫室官署和民房。顺治四年(1647),成都平原已是"千里无烟,无所设施"⑧,成都成为一座空城,清廷委派的四川巡抚不得不将治所暂时迁至阆中。在明末清初战争中被毁损的城市可以说遍及各地,特别是四川的城市大部分被毁损。另外,为了统治的需要,清统治者也人为地对城市加以破坏。如清初为切断东南沿海地区居民与台湾郑成功的联系,清廷颁布迁海令,强迫沿海居民内迁,毁城郭,焚庐舍,使滨海数千里,无复人烟。

2. 城市人口锐减

"城市是人类的集居点,主体是人。城市发展主要表现在城市人口之增加。"⑨

---

① 《清实录》第三册《世祖章皇帝实录》卷十三"顺治二年正月乙酉"条,中华书局,1985年。
② 李人龙:《垦田宜宽民力疏》,《皇清奏议》卷四,都城国史馆琴川居士排字本。
③ 贺长龄:《皇朝经世文编》卷三十四,沈云龙:《近代中国史料丛刊》,文海出版社,1973年。
④ 彭泽益:《中国近代手工业史资料(1840—1949)》第一卷,生活·读书·新知三联书店,1957年,第218页。
⑤ 彭泽益:《中国近代手工业史资料(1840—1949)》第一卷,生活·读书·新知三联书店,1957年,第259页。
⑥ 沈荀蔚:《蜀难叙略》,何锐等:《张献忠剿四川实录》,巴蜀书社,2002年,第101页。
⑦ 欧阳直:《蜀警录》,何锐等:《张献忠剿四川实录》,巴蜀书社,2002年,第192页。
⑧ 沈荀蔚:《蜀难叙略》,何锐等:《张献忠剿四川实录》,巴蜀书社,2002年,第109页。
⑨ 赵冈:《中国城市发展史论集》,新星出版社,2006年,第7页。

城市人口的减少会直接导致城市的衰落，故而人口问题直接影响着区域发展的水平、速度、方向等。战争导致的最直接的后果之一就是战区人口因伤亡而大量减少，大规模杀戮造成民众心理恐慌，并由此而引发大量人口逃离，从而造成区域城市人口减少，导致劳动力严重匮乏，由此出现城市的衰落。明末清初，在长达数十年持续不断的战争之后，中国许多城市人口锐减，甚至有些城市竟成为空城。在湖广等地区，"盖新附郡邑，归鸿寥寥，城内居民，多不过百人及数百人而止，有事不堪登陴"①。云南省会昆明在吴三桂发动叛乱后成为战场，当清军于康熙二十年（1681）进入昆明城时，"城中饿殍载道，遗骨盈衢，巡抚王继文蠲俸瘗之，厥后饥馑益甚，斗米易银"②。而四川城市受损之严重，则更甚于他省。四川省许多以前繁华的城市几十年间人烟绝无，城内竟成为野兽出没之地。如昔日因产盐而繁盛的川南地区直到康熙二十年（1681）间仍是"数千里内城郭无烟，荆棘之所从，狐狸豺虎之所游，富顺之学宫其鞠为茂草者盖数十年矣"③。清军在南下过程中，对每一个顽强抵抗的城市都给予了无情的毁灭。"屠城""毁城"事件之多，令人发指，如扬州、江阴、松江、建宁、嘉定、昆山、福州、赣州、长沙、南昌、桂林、广州、成都等城市都遭到毁灭性破坏，城市人口大减。1645 年，清军攻占扬州，从 4 月 25 日到 5 月 5 日，清军屠城十日，城市中"道路积尸……秽臭逼人，复经日炙，其气愈甚，前后左右，处处焚灼，室中氤氲，结成如雾，腥闻百里"。昔日繁华的扬州城毁于一旦。④ 同年八月，清军攻陷江阴，城内外惨死者达 17.2 万余人。⑤ 1650 年 11 月 24 日，清军经过 10 个月残酷的围攻，才最终占领广州城，在随后的 10 天时间里，广州城惨遭洗劫，7 万多人被杀，尸体在广州城东门外焚烧了好几天。成都"城中绝人迹者十五六年，惟见草木充塞，麋鹿纵横，凡市廛里巷官民居址皆不可复识，诸大吏分处城楼"⑥。

3. 城市经济凋敝，城市经济腹地遭到严重破坏

从城市与区域腹地互动的关系来看，一旦城市遭受战争的严重摧残，发展机制被完全破坏，城市作为区域发展中心的辐射、带动功能将逐渐减弱，甚至消失。与此同时，受战争破坏性影响的城市腹地在无法接受城市有效辐射、带动的情况下，必将加速其区域的衰落速度。⑦ 明末清初的各类战争使中国各地社会经济遭到严重破坏，田地荒芜，人口逃亡，城市工商业萧条。曾经在晚明时期非常繁华的江南地区到清初也是"所在萧条，人聚者地始辟，人稀者地亦荒"。湖南城市在明末清初时的数十年间，历经战乱，社会经济受到严重破坏，"瓦砾荆榛，千里如一，青磷

---

① 中国第一历史档案馆：《清代农民战争史资料选编》第一册下，中国人民大学出版社，1984 年，第 240 页。
② 范承勋等修，谢俨纂：(康熙)《云南府志》卷五《沿革》，康熙三十五年刊本。
③ 常明、杨芳灿等：《四川通志》，《富顺县修学记》卷七十八《学校志三·艺文》，嘉庆二十一年刻本。
④ 王秀楚：《扬州十日记》，神州国光社，1947 年，第 242 页。
⑤ 韩菼：《江阴城守纪》，《台湾文献史料丛刊》，台湾大通书局，1987 年，第 38 页。
⑥ 陈法驾等修，曾鉴等纂：《华阳县志》卷一《疆域沿革》，民国二十三年刻本。
⑦ 何一民：《近代中国衰落城市研究》，巴蜀书社，2007 年，第 414—415 页。

白骨，所在皆然"①。广西省会桂林也在经历南明抗清斗争和"三藩之乱"前后数十年的战乱破坏后"渐至残敝"②。四川在经过明末清初战乱后长时间内都不能恢复元气，西方传教士古洛东、利类斯亲身经历了清初四川的悲惨景象："然四川际此兵燹之后，地广人稀，除少数人避迹山寨者，余皆无人迹。所有地土，无人耕种，不啻荒郊旷野，一望无际。"③康熙帝在平定"三藩之乱"后，清楚地认识到："今乱贼虽已削平，而疮痍尚未全复。"④

4. 城市正常社会秩序被打乱

在明末清初战乱的影响下，中国城市正常的社会秩序完全被战火打乱，城市处于无政府状态中，游民以及各种散兵游勇肆意破坏城市，抢夺财富，即便在京畿地区也是如此。清初，尽管当时大规模的战争已经结束，但"四野之劫掠如故也，民无宁宇如故也"⑤。北京附近的保定地区，"自闯逆蹂躏以后，遍地乘乱，啸聚迫胁，良民尽为盗贼，境内几无净土"⑥。在不少地区，无论战败者还是胜利者，其城市驻军也往往成为城市强盗。大乱之下，道德体系崩坏，人与人之间缺乏信任。"文弊极而机智深，机智深而争夺肆，世道人心，未知所底，是以至于彝伦之教而不顾。"⑦可见，当时人们的思想意识中已经缺乏基本的思想道德信仰与理性伦理标准。

第二节 清代中前期城市的重建

明末清初，受自然灾害、战乱等因素的影响，中国许多城市的城墙、建筑、街道等遭到了严重破坏，城市人口大量死亡或逃亡，城市经济衰退，城市政治失控，城市陷入一种无序的状态，大部分城市都处于严重衰落的下降通道中，甚至个别城市因战争的严重破坏而遭到毁灭，数百年积累的城市文明荡然无存。城市作为国家或地区的政治、经济和文化中心，其地位和作用无疑十分重要，重建城市成为清统治者在夺取政权后的一项重要任务。城市重建包括对城市政治、经济、社会和文化等各方面的重建，不同的时期和不同的城市各有重点。古代中国，每当一个新的政权建立后，都要对原有曾经遭到严重破坏的城市进行重建，而统治秩序的重建对城市重建具有决定性的影响，它是城市其他方面的重建得以启动和有效推进的前提和

---

① 吴兆熙等修，张先抡等纂：（光绪）《善化县志》卷十九《政绩一》，光绪三年刻本。
② 黄泌等纂：（光绪）《临桂县志》卷七《舆地志一》，光绪三十一年刻本。
③ [法] 古洛东：《圣教入川记》，四川人民出版社，1981年，第62页。
④ 佚名撰：《清史列传》卷八十《逆臣传》，中华书局，1987年，第6645页。
⑤ 中国第一历史档案馆：《清代农民战争史资料选编》第一册下，中国人民大学出版社，1984年，第3页。
⑥ 中国第一历史档案馆：《清代农民战争史资料选编》第一册下，中国人民大学出版社，1984年，第6页。
⑦ 张履祥：《与尹颖生》，《杨园先生全集》卷四，同治十年刻重订本。

保障。在统治秩序重建过程之中，与统治相关的城市基础设施也是首先重建的对象，如城墙、官府衙门、军事设施等公共建筑在城市空间占据着重要的位置，它们是城市重建过程中当政者首先考虑的重要设施。这些公共建筑的重建与城市基础设施以及其他重要建筑的重建共同构成了清初城市的主要内容，并对清中后期城市发展产生了极为深远的影响。

一、城市政治社会组织的重建

（一）城市重建背景

明亡清兴的历史变迁，既与历史上多次朝代变迁有着相似性，又有少数民族入主中原的特殊性；既有政治上的王朝更迭，更有文化上的冲突与交锋。正是因为如此，此次朝代更替引发了中国强烈的社会动荡，使清初的山河满目疮痍，社会一片残破。在这场席卷中国的改朝换代的旷世劫难中，城市亦受到严重的创伤。城市建筑、经济和社会结构均遭到来自农民起义军、明朝军队、清军、南明军队，甚至散兵游勇等在内的各种势力的破坏，绝大多数城市的城墙、官署等公共建筑被摧毁，道路桥梁、仓舍被破坏，祠庙寺观及宗祠被烧毁，城市景观也不复存在，甚至整个城市遭到毁灭。因此，在清初全国政局稳定的大背景下，城市的重建工作成为一个亟待解决的问题。

城市的重建是一个极为复杂的系统工程，绝不是一月两月或一年两年就能顺利完成的。城市的重建工作不仅包括物质方面的重建，如城市的城墙、官署、道路桥梁、寺观庙宇等物质景观和公共空间的重建，而且包括社会结构、经济结构的重建。另外，城市思想文化和城市传统等方面的重建也是不可忽略的。清初，中国城市经历了长期的恢复重建，才重新恢复了生机。清前期，清统治者采取了一系列措施来稳定统治，恢复社会秩序，发展经济，从而为城市重建创造了一定的条件。

首先是缓和社会矛盾，稳定社会秩序。清军入关后，清统治者以安抚民心为第一任务，尽量缓和社会矛盾，稳定社会秩序，而其所施方略，不外乎笼络人心，减轻负担，俯顺舆情之类的笼络术。如为明皇帝、皇后发丧；明官吏投降归附者，各与升级，明室诸王，亦仍其爵；先前被斥官吏，非犯赃者皆可录用；士人因清望所归与隐居山林而才德可称者，皆征辟录用；对于城市中的鳏寡孤独及乞丐街市者，给粮养之；地亩钱粮俱照明朝《会计录》，从顺治元年（1644）五月起，按亩征解，大兵经过之地，得减一半，未经过者，免去三分之一。顺治三年（1646），清廷又在已控制地区"稽核钱粮原额，汇为《赋役全书》，悉复明万历间之旧"①。清王朝还规定：逋欠一律豁免，关津商税普免一年，因兵灾免钱粮的地方，仍予全免。京师屯扎军人之家，所有田地不拘坐落何处，概免租赋三年。丁银查核，老幼废疾，

---

① 赵尔巽等：《清史稿》卷一百二十一《食货二》，中华书局，1976年，第3527页。

并予豁免。军民年 70 岁以上，准许一丁侍家，免其徭役；正额之外，一切加派，如辽饷、练饷、剿饷及召买米豆诸名目，尽行蠲免。清廷还明令废除了明季厂卫之弊政。为了争取更多的汉人的支持，清廷一度还规定礼俗衣冠，暂从明制等。这些措施的施行，在一定程度上缓解了满汉之间尖锐的民族矛盾，维护了社会的稳定。

康雍乾三朝，清王朝经过平定三藩、统一台湾、平定准格尔叛乱、平定罗卜藏丹津叛乱、平定大小金川土司叛乱及反对俄国侵略等一系列战争后，统一的多民族国家得以巩固和发展。乾隆时期，清朝的疆域最终形成，西到巴尔喀什湖和葱岭，北到唐努乌梁海，东北到外兴安岭、库页岛和鄂霍次克海，东到东海及台湾诸岛屿，南到南沙群岛。至此，中国最后一个大一统的君主专制帝国最终成型。在清朝统治逐渐巩固的过程中，社会的相对稳定为清初经济恢复发展和城市重建创造了一定的条件。

其次，着力恢复和发展社会经济。清初社会经济的恢复对城市重建起到了重要的推动作用。清统治者面对残存的社会景象，吸取明朝灭亡的经验教训并借鉴古代中国传统的治国方略，采取了一系列的休养生息的政策来恢复和发展社会经济。如轻徭薄赋、招民垦荒、更名地、治河、蠲免钱粮、地丁合一、废除匠籍以及实行"出旗为民"和"除贱为良"等政策。① 这些政策的颁布和实施，顺应了历史发展的潮流，符合古代商品经济发展的要求，在一定程度上解放和发展了社会生产力，提高了劳动者的生产积极性，促进了社会经济的恢复和发展。到乾隆年间，清朝的农业、手工业和商业的发展水平已超过明朝的鼎盛时期，资本主义萌芽得到恢复和进一步发展，从而推动了城市的重建和更生进程。尤其在经济基础较好、交通便利的东南沿海地区、长江中下游和运河沿岸地区，城市恢复重建速度和社会发展速度较快。

（二）城市政治社会组织重建

在马克思看来："国家是阶级统治的机关，是一个阶级压迫另一个阶级的机关，是建立一种'秩序'，来使这种压迫合法化、固定化，使阶级冲突得到缓和。"因而国家机构的建立对于清朝接替明朝统治具有重要的意义，清统治者虽然是少数民族贵族，但他们对历史悠久的汉文化并不排斥，从而在政治认同和文化认同的基础上，建立了汉满文化相融合的一整套完整的从中央到地方的政治制度体系，以此来维系统治、治理国家。

1. 中央政府组织的设立与城市重建

清朝定鼎之初，一切职官皆仿明制，盖以满汉民族不同之故，而遂稍微有所变通，以便于统治这个庞大的国家。清中央机构方面几乎全部承袭了明朝君主专制中

---

① "出旗为民"指清廷在康熙、雍正、乾隆年间，逐渐颁令允许八旗家奴"独立开户"及"赎身为民"。由此不少八旗家奴陆续摆脱奴籍，取得了良民的地位和权利。"除贱为良"指雍正年间，朝廷先后宣布解除贱籍，使原先如山西、陕西的"乐户"、浙江的"惰民"等人取得了"良民"的资格。这些人在获得"良民"资格后，生产积极性大大提高。

央集权制度的一切形式与内容，同时也承袭了满族统治政权的形式与内容，并进一步发展。清朝皇帝位于权力的顶峰，凌驾在任何政府机构之上，从秦始皇以来历朝政权所建立的君主专制中央集权到清代达到鼎盛阶段，皇帝之下，中央政权机构设置内阁、军机处、六部、三法司①、理藩院和内务府。与城市重建直接相关的中央行政中枢组织是六部中的工部。工部的职责是："掌天下造作之政令与其经费。"②凡土木兴建工程、水利工程、各项器物制作工程，都由工部管理。在京者，由各衙门报工部勘估兴修。较大工程（工价过五十两，料价过二百两），要奏报皇帝批准兴修。工料银两在一千两者，要请皇帝下令派大臣督修。各省修建工程，工料银两在一千两以上者，如有案例可循的，随时咨报工部，年终汇奏一次。其无案例可循的，要先行专折奏准，然后再题报勘估银数，工程竣工后，再为题销。在京工程，由工部派员承修者，由承修之员造册送工部。另派大臣承修者，由承修大臣造册送工部。各省则由督抚造册（并有保固印结）送工部。各地报送估销之册，统由工部查核备案。各项工程所用经费，分"定款""筹款""借款""摊款"四种。其中，指明动用各种款项为"定款"。动拨其他款项交商生息筹备应用的为"筹款"。酌借某种款项，工程竣工后分限期归还的为"借款"。有百姓摊征的为"摊款"。这些款项都按工价、料价及运费分别查核。各项工程之勘估、兴修及报销都分别规定限期办理。工部规定：每年照例兴修的工程为"岁修"，按工程繁简，分为大修、小修。其工费各有定额，如有增加，须先奏准。如有节省或缓修，要照数归款。所报如查有浮冒之处，则驳回更正，如仍不能核实造报，则将该管官员奏请议处。各项工程所用人工，分金工、木工、竹工、藤工、石工、瓦工、土工、丝工、帛工、革工、角工、筋工、纸工、漆工、画工、染工等十六类，每一类各按工序之不同，再行分工，共分五十三种。③各种工人作工，都是按日计工。各项工程，分别规定保固期限，如未到保固期限而倒塌者则令原办官员赔修（按具体负责的范围分为独赔、分赔和代赔三种），按银数多少，各定赔款期限，限内不完，情节轻者，将余数再展现完缴，情节重者，则照例奏参议处。工部内部有营缮、虞衡、都水、制作库、节慎库、料估所及管理行政的清档房、汉档房、黄档房、司务厅、督催所、当月处、饭银处等单位。

同时，为了控制建筑营造质量与工料的使用，工部于雍正十二年（1734）颁布了《工程做法》，这一时期正是各地城市建筑工程量逐渐增多之时，不少城市的建筑管理混乱，没有成文的规范、规定，因而有必要进行统一整顿。《工程做法》全书共74卷，前27卷为27种典型工程实例的大木设计及各部分的详细尺寸，后47卷为大木作、装修作、石作、瓦作、土作、铜作、铁作、搭材作、油作、画作、裱

---

① "三法司"指刑部、都察院和大理寺。刑部主管全国刑罚的政令，都察院为监察机关，大理寺为平反刑狱的机关。但凡重大案件（斩绞案件），皆经三法司会勘，先由刑部审明，再由都察院参核，再由大理寺平允，然后奏请皇帝裁决。
② 昆冈等：《大清会典》（光绪朝）卷五十八《工部》，光绪二十五年刻本。
③ 昆冈等：《大清会典》（光绪朝）卷五十八《工部》，光绪二十五年刻本。

作等十一个工种的用工用料定额规定。《工程做法》的颁布对于城市重建起了监督控制和规范作用。《工程做法》的应用范围主要是针对宫廷营建的坛庙、宫殿、陵寝、仓库、城垣、寺庙、王府等官工范围,较前代有很大进步,如有关建筑装饰、装修方面比宋代的规定明显增多并加细。虽然不包括民间房舍,但对民间房舍建筑也有影响。① 清初,各类中央机构的设立,在有效维系清王朝对中国统治的同时,也对各地城市重建起到了保障作用。

2. 地方行政制度的设立与城市重建

清代中前期,军事力量强大的清统治者通过战争手段逐渐建立了大一统的君主专制帝国,其疆域最盛时"东极三姓所属库页岛,西极新疆疏勒至于葱岭,北极外兴安岭,南极广东琼州之崖山"②,国土面积达1300多万平方公里,从而确立了近现代中国疆域的版图。从清朝国家政区地理的角度看,全国亦可分为两大部分,即藩部和本部。③ 清朝统治者也因此建立了两种不同的地方行政机构来治理这个幅员辽阔的大帝国。"本部"即"内地十八省",承袭明朝的行省制,实行省、府、县三级行政管理。"藩部"即以少数民族为主的内陆边疆地区,包括东北、蒙古、新疆、西藏等地区,清廷在这些地区实行军事型或监护型的特殊政区制度。④

在内地十八行省,分别设省、府、县三级地方政权,在部分地区设有道,道分巡道和守道,设立之初非一级地方行政机构,但到清后期部分道具备了地方行政机构的职能,从而在地方机构方面形成了省、道、府、县四级层级管理体系。另外,在部分行省分设有厅、州两种类型的地方行政管理机构,厅主要设于少数民族地区,分为直隶厅和散厅,前者的行政地位如府,后者的地位如县,属府管辖;州主要设于军事要冲地区,也分别有直隶州和散州之区别,直隶州与府同级,散州的行政地位如县。(如图1-2)

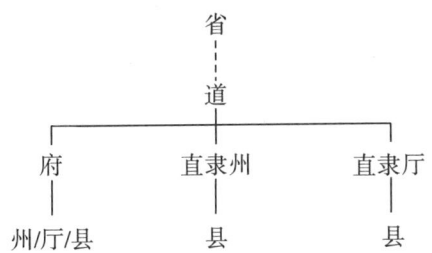

图1-2 清代地方行政区划系统

值得注意的是,清代地方机构中的大小官员是清代城市重建的主要参加者和领

---

① 孙大章:《中国古代建筑史话》,中国建筑工业出版社,1987年,第102页。
② 赵尔巽等:《清史稿》卷五十四《地理一》,中华书局,1976年,第1891页。
③ 萧一山:《清代通史》卷中,商务印书馆,1928年,第154—157页。
④ 周振鹤:《中华文化通志·地方行政制度志》,上海人民出版社,1998年,第136页。有学者也将清代地方行政机构按治理方式的不同分为四种:直省行政机构(所谓的内地十八行省制)、东北(所谓"龙兴之地")行政机构、边疆少数民族行政机构、八旗行政机构。参见张研、牛贯杰:《清史十五讲》,北京大学出版社,2004年,第111页。

导者，他们承担着各项城市重建的工作和任务。《大清会典》规定：省府县等各级官员治所，皆卫以城，城治方圆随其地势，城墙中筑坚土，外镶砌以砖，上为雉堞，城门外圈以月城。"各省文武官皆设衙署。其制，治事之所为大堂、二堂，外为大门、仪门，大门之外为辕门，宴息之所为内室、为群室，吏攒办事之所为科房。大者规制具备，官小者以次而减，佐贰官复视正印为减，布政使司、监运使司、粮道、盐道，署侧皆设库。按察使司及府、厅、州、县署侧皆设库狱。教官署皆依于明伦堂。各府及直隶州皆设考棚，武官之大者，于衙署之外，别设教场、演武厅。"① 各省最高官员为总督和巡抚，他们统称为封疆大吏。总督为正二品，职权极广，即所谓综治军民、统辖文武、考核官吏、修饬封疆等。巡抚职务大致与总督同，唯权力略小，为从二品。督、抚以下，各省均设承宣布政使司和提刑按察使司，设布政使、按察使各一人。布政使又称"藩司"，也称"方伯"，为从二品官，品级与巡抚同，主管一省的民政、财政。按察使为正三品官，地位略逊于布政使，主管一省的司法、刑狱、纠察，并兼管驿传等事务。各省道员职责："分守、分巡及粮储、盐法各道，或兼兵备，或兼水利，或以粮盐兼分巡之事。皆掌佐藩，臬核官吏，课农桑，兴贤能，厉风俗，简军实，固封守，以倡所属而廉察其政治。"②知府则总理该府所辖州县事务，下设佐贰官同知、通判、推官等，分掌赋税、治安、刑名、水利诸事。其下又有经历、照磨、司狱各司。知府管一府政事；同知、通判分管粮、盐、督捕、江海防务、河工、水利等具体事务。直隶州知州除去对属县有董率、察核之责外，还"以知州行知县事"，即亲自管辖一县，"与知县同为亲民之官，凡刑名钱谷之事，无不亲理焉"③。县的长官为知县，掌一县之政令，一县地方之"平赋役、听治讼、兴教化、厉风俗。凡养民、祀神、贡土、读法等"，皆"躬亲厥职而勤理之"。县令之下设县丞、主簿，分掌粮马、征税、户籍、缉捕诸职。然清代县丞、主簿因事而设，原则上事繁之县才设数人，事简之县或不设，且因时增减。另外，各级地方政府靠为数众多的差役"拘提奔走"，执行政府颁布的法令与决策。这些差役常常被派往分管各地县以下的里、堡等组织。差役成为地方政府控制地方社会的一个重要依靠。《诸罗县志》就有记载："县令一耳目之力，势不得不有所寄，无能出胥役、保长、通事者矣。"④ 他们成为清代官治组织的最末端。

另外，在边疆少数民族地区，根据《嘉庆大清一统志》可知，嘉庆二十五年（1820）时，东北设有盛京、吉林、黑龙江三个将军辖区，西北新疆设有伊犁将军辖区，外蒙古设有乌里雅苏台将军辖区，漠南蒙古分为内蒙古与套西蒙古二区，青海与西藏分别设有西宁办事大臣和驻藏办事大臣辖区。而在西南、西北各少数民族聚居地区，则实行土官制度，设土官进行统治。清统治者给当地各族头领或权威人

---

① 昆冈等：《大清会典》（光绪朝）卷五十八《工部》，光绪二十五年刻本。
② 李春龙、王珏点校：《新纂云南通志》（六），云南人民出版社，2007年，第290页。
③ 清高宗敕撰：《清朝文献通考》卷八十五《职官九》，商务印书馆，1936年。
④ 周钟瑄修，陈梦林纂：（康熙）《诸罗县志》卷三《秩官志》，康熙五十六年刻本。

土授以大小不等的官号,并建立了列入朝廷行政序列的一种特殊的统治形式,即土司制度。正如时人所说的:"今之土司,即昔之酋长。"① 是"修其教不易其俗,齐其政不易其宜"。土司制度始于元朝,明朝达于全盛。清朝建立后也承其制。清初,各地土司大体上设置于顺康雍三朝。土司制度是我国统一多民族国家发展过程中在政治制度方面的重要创新。清前期,土司制度在中央对少数民族地区进行有效控制和维护地方安全、稳定社会秩序等方面起了一定的积极作用。但随着历史的前进与发展,内地和边疆地区的联系日益紧密,汉族和少数民族间的交往日益增多,这种相对割据的土司制度亦日益显示出与现实状况不相适应的矛盾,同时也与明清封建王朝统治者加强君主专制中央集权的意愿相背驰。因此,明代时就已经开始在西南部分地区废除土司制度,改由中央政府委派流官直接进行统治,实行和内地相同的地方行政制度。流官的任免、升迁、调遣均由中央政府决定,不能世袭。这就是所谓的"改土归流"。雍正四年(1726),在君主专制中央集权制度发展到历史顶峰的大背景下,云贵总督鄂尔泰奏请并得到清廷允准,于滇、黔、桂、川以及两湖等行省开展大规模的改土归流,行政上废除土司制度,设立与内地相同的府、州、县行政建置,委派非世袭的流官进行统治;军事上解除了土司所统率的土兵,改由清廷所委派的军队到土司管辖区进行驻扎;经济上由中央政府统一丈量土地,定制统一的税收标准。雍正朝以后,改土归流的改革仍持续不断推进,乾隆四十一年(1776),清政府在第二次平定四川大小金川叛乱后,废除了一部分藏族土司,在大小金川地区推行略有变通的"改土归屯"。改土归流后,清廷在西南地区实行保甲制度,凡遇有事,"逐村清理、逐户稽查",加强了君主专制中央集权统治。

3. 中国政治社会组织重建与特点

清政权是在明末阶级矛盾与民族矛盾异常尖锐的背景下建立起来的,清初所重建的国家机关突出地体现了君主专制中央集权统治的特点。首先是皇帝具有绝对权威,高度集权;其次是采取多元多轨制度,使中央一切机构都不能自行决定重要政务,大权完全操于皇帝之手;最后是削弱了地方各级政权的功能,实行高度的中央集权。从雍正朝开始,清朝的行政、财政、军政等大权几乎完全统一集中在皇帝直接掌握的军机处。而军机处一切政令,都要"钦承宸断"(皇帝独断),从而彻底废止实施了上千年的丞相制度。②

这种政治组织的多元多轨制度首先综汇了国家政务的机关,既有内阁,又有军机处,并另设中书科,奏事处也分担一部分政务。处理官员上报庶政题本的部门,既有内阁,又有通政使司与六科。其次,同性质事务也分由几个机关管理。与城市规划和重建相关的工程事务,既有工部管理,又有河道沟渠处,还有督理街道衙门与内务府的营造司、总理工程处,还有另派大臣承修的工程。这是统治者有意地使管理机关相互牵制,而实权都集中于皇帝一身,形成绝对的君权。

---

① 鄂尔泰等修,靖道谟等纂:(乾隆)《贵州通志》卷七《苗蛮》,乾隆六年刻本。
② 赵翼:《檐曝杂记》卷一,上海古籍出版社,2012年,第8—9页。

清朝政权重建的另一个重要特点,就在于所有的中央和地方机构中都包含了满、汉官员,清王朝对汉族官员充分利用和依赖。但是在清代中前期,中央政权机构仍然是以满族贵族为主体,各重要部门与政事的决定权都操纵在满族官员手中,尤其是管理财物的机构,绝大多数是满官;在有满汉复职的机构中,满官的权力也大过汉官,凡核议政事,皆满官"一人主之",而汉官则"相随画诺,不复可否"①。在地方机构中,总督、巡抚大半由满人充任。仅在"无事之时。督抚之任,仍宜汉人"。但在府级以下的政权机构中,府、县官几乎全由汉人充任,明显是为了达到"以汉治汉"的目的。

另外,清政权内部组织承袭明制,也是清代社会政治组织的特点之一。清军入关后,推行"剃发令",引起了汉族士人和知识分子的强烈反对,一时抵抗者众多。而与此同时,清统治者则在清政权及政治社会组织的重建过程中一切悉依明制,并逐步完善,从而获得越来越多的汉族上层人士的认同与支持,鲜明地体现出清统治者对中国传统政治制度的继承和发展,这也在一定程度上缓和了满汉民族矛盾,笼络了汉族地主阶级,而且达到了迎合社会精英与知识分子的目的。

4. 地方政府在公共工程方面的行政职能

公共工程的修建和维护是清朝地方政府的地方行政职能的一个方面,它宣告有关民生福利的有组织的活动应是由政府操办的。这些共同性的活动要么是官方化的,要么是直接由政府督办的。例如,城墙和官有建筑(衙门、府库、粮仓、监狱、官建寺观等)必须修缮完好,若有坍塌,要追究州县官的责任。如城墙毁损不大,其处罚为夺常俸6个月;如果没有及时修缮,处罚为夺常俸6个月或者降一级;疏于修缮官有建筑,处罚为笞40。② 在工程费用低于1000两银子时,州县官可以直接招募本地居民修缮城墙。州县官还有责任确保交通要道和重要桥梁的状态良好。如果路桥状况很差,阻碍交通,官员将受到处罚。如交通要道上的重要桥梁坍塌,该地州县官将被夺俸1年;如果没有及时修缮交通要道或重要桥梁而致使交通中断,州县官将被笞30。③ 而任何大规模的修缮工程,必须先征得上级主管部门的同意,否则修缮工程的资金由州县官自筹。严厉的处罚和规定迫使清代地方官员不得不严守相关规定而努力对公共工程进行维护。

清代中前期,从中央到地方政府机构的设立,在巩固政权的同时,也为城市的恢复和重建工作的展开提供了制度保障。在清代中前期的百余年间,城市重建工作如火如荼地持续展开。

二、城市基层社会重建

人类社会自阶级产生以来,就出现了社会的分层。"社会分层是指社会成员、

---

① 赵翼:《檐曝杂记》卷二,上海古籍出版社,2012年,第31页。
② 瞿同祖著,范忠信、晏锋译,何鹏校:《清代地方政府》,法律出版社,2003年,第262页。
③ 瞿同祖著,范忠信、晏锋译,何鹏校:《清代地方政府》,法律出版社,2003年,第261—262页。

社会群体因社会资源占有不同而产生的层化或差异现象,尤其指建立在法律、法规基础上的制度化的社会差异体系。"① "古之治民也,筑城郭以居之,制庐井以均之,开市肆以通之,设庠序以教之。士农工商,各安其业,故朝亡废官,邑亡敖民,地亡旷土,理民之道,地著为本。" "是故五家为伍,又谓之邻,邻,连也,相连接也;又曰比,相亲比也。五邻为里,居方一里之中也,一曰闾。四里为族,五族为党,党,长也,一聚之所尊长也。五党为州,五州为乡,乡向也,众所向也。"② 中国古代政权的最低层级为县,故有着"皇权不下县"之说。因而中央对基层社会的治理,主要依靠民间自治组织。而民间自治组织在不同历史时期又有着不同的名称和形式,但是在历史上都发挥过重要的作用。每一个人都首先是作为个体的人生活在作为一个整体的社会当中,而在这个整体社会中个体的人又必须根据需要建立起不同类型的人群组织,如家庭、家族、里、党、行会公所、会馆等社团组织。这些团体相互在一些更大的集合体中彼此盘根错节地存在。团体中的成员相互支持、紧密联系,往往超过了他们与外界的相互支持与联系。在传统社会中,人们根据需要设立了各种传统社会组织,分别按其在社会中的位置,在一定程度上发挥着影响,维系着社会的正常运作。明清时期的"城镇与乡村一样是被两种不同的组织机构联合管理的;其一是自上至下,直到各家各户的帝国中央集权辖区网,其行政治所只设于县城内;其二是各种相互交叉的社团、陈陈相因的非官方组织,这些组织并非由于有目的,或有明确公认的权利而产生,而是由一群有经常性联系、同住一个街坊、同参加某些活动与祭祀、有共同利益,或总体上都是休戚相关的人时时处处自发地形成的"③。自上而下的各级地方行政机构是城镇管理的重要组织和力量,但对城镇基层社会的管理则在很大程度上需要依赖那些非官方组织或者说是民间基层社会组织。清初,满洲贵族入关后,面临严峻的局面:社会解体,经济萧条,财政匮乏,人心思乱,反抗斗争此起彼伏,统治极不稳固。为达巩固政权、稳定社会的目的,清统治者在借鉴明朝相关制度的前提下,力求重建城乡基层社会组织,以求社会秩序和经济的恢复,使居民安居乐业。清代中前期,清王朝重点支持宗族、乡约、会馆公所等民间传统组织的恢复与重建,同时加强对保甲乡约等自治组织的重建,并让渡部分公权力给这些组织,使政府的管理可以延伸至基层社会,从而使"皇权"渗入县以下的基层。本部分主要就相关问题进行探析。

(一) 宗族组织的重建

有关宗族的研究成果非常多,有研究者认为:宗族是血缘的产物,并与地缘有着密不可分的关系,一个血缘家族,往往居住在一个村庄,一个小镇,一个行政乡,或者一个县。当家族的人口增多时,就会有一部分人迁到新的地区,而随着人

---

① 成振珂、闫岑:《社会学十二讲》,新世界出版社,2017年,第148页。
② 萧一山:《清代通史》卷中,商务印书馆,1928年,第154—157页。
③ [美] 施坚雅主编,叶光庭等译:《中华帝国晚期的城市》,中华书局,2000年,第731—732页。

口的繁衍，又把新的地区也变成这个家族成员的聚居地。有研究者认为，中国社会的形成都是以家族为本位。由家族而为宗族，由宗族扩而为族群，而为国家，故古人常将国与家二字并举。宗族是在家庭的基础上以"宗"统"族"的社会群体组织，由人们在聚族而居、各家各灶"家"的基础上，通过"立宗收族"的手段组成的社群组织。它实际上成为中国最小的行政单位，也是一种经济合作方式。宗族能从政治和经济这两个最重要的方面控制基层社会。此外，宗族还是社会成员建立社会关系网络的立足点与最可靠也是最终的归宿。宋明以来所形成的宗族制度包括祠堂、族长、族谱、族田等内容，其核心就是祠堂族长的族权。宗族建立起来的组织机构包含了两个共同体：一个是以小家庭为单位的社会经济共同体，一个是以宗族为单位的血缘共同体，家庭是宗族的基本单位。宗族组织机构的任务就是主持宗族内族人集会，检查族人善恶，处理族内纠纷。宗族还往往通过设立和控制义学、堡团、乡兵以及义仓、养济院、香会等组织，实现其对底层社会的控制。可以这样说，宗族还可以在思想感情、文化教育、价值规范乃至社会生活的各个方面对族内家庭和宗族成员实施有效控制，对于宗族成员而言，宗族就是一切。①

经过明末清初激烈的社会动荡，人口星流云散，社会结构出现解体。清王朝在建立全国的有效统治的过程中，深刻地认识到，要恢复和强化传统社会秩序，不仅要"刑禁于已然之后"，而且必须要"礼禁于未然之先"。宗族的功能正好可以满足其需要。清统治者对儒家文化有深刻地了解，并深知祠堂、族长、家长在教育其子孙遵守国家法令等方面的作用，故而大力支持宗祠的重建，并赋予宗族对社区的管辖权，将宗族内部事务的处理与决策权交给宗族，给宗族组织以极大的对内部的控制管理自主权，使宗族组织成为维护清朝统治秩序的重要力量，以维护地方社会秩序的稳定和有效推行教化。因此，清统治者在全国以宗族为基础，大兴教化，推行孝治伦理政治。顺治九年（1652），清统治者为借鉴明朝治国经验，将明太祖朱元璋的"圣谕六言"颁行于八旗及各省。②康熙继位后，鉴于"风俗日敝，人心不古"，继续加强教化，于康熙九年（1670）向全国颁布了以教化风俗为主要内容的"上谕十六条"。雍正帝继位后推行"以孝治天下"政策，其目的在于"移孝作忠"。在对康熙"上谕十六条"逐条解释的基础上，雍正制定了《圣谕广训》③，于雍正二年（1724）颁行全国，形成了清朝以孝治天下的政治思想纲领。

清朝建立后，首次以立法的形式明确规定宗族与保甲并列，成为向国家负责的一级地方社团组织，正式授予族长处理本族中承嗣权、教化权、经济裁处权、治安查举权的权力，以法律的形式明确规定宗族作为辅助地方政权、维持地方秩序的一级非官方组织，与保甲并行，这在中国历史上尚属首次，在一定程度上反映了清代

---

① ［德］马克斯·韦伯著，王容芬译：《儒教与道教》，商务印书馆，1995年，第144页。
② 昆冈等：《钦定大清会典事例》（光绪朝）卷三百九十七《礼部·风教·讲约一》，光绪三十四年石印本。
③ 昆冈等：《钦定大清会典事例》（光绪朝）卷三百九十八《礼部·风教·讲约二》，光绪三十四年石印本。

统治者对于宗族地位和影响的认同与依赖。

宗族成员之间的内部民事纠纷,绝大部分依据宗族组织中的宗族法在家族内解决。清代国家政权对于宗族法的司法功能,在一定范围内给予了承认,并加以利用,将其纳入国家的强制管制之中。规定:城镇中"保、甲长管理一甲之事,族正为一族之纲,而两邻住居切近,更当休戚相关,互相稽查"。如有"纠众持械互斗者,该保、族、邻即预行阻止,如劝阻不从,即先赴地方官报明,免其连坐"①。清朝建立后在城乡社会中形成了国法与家法并存的司法系统。国法指《大清律例》,家法指各地的宗族法。清代的宗族法规定包括身份制裁、经济制裁、身体制裁等,迫使宗族成员接受其约束。宗族法包括《宗约》《宗规》《宗禁》《族规》《族约》《族范》《祠约》《祠规》《祠禁》《家诫》等,内容相当广泛。清代的宗族法维护着血缘、经济、政治关系三重标志的等级身份制,调整着宗法性财产关系,保护了宗法性婚姻、家庭和继承制度,维系着传统的宗法性社会秩序,对传统农业经济的发展、地方治安的维护、社会政治局势的稳定等都起了一定的作用。统治者正是利用这种广泛存在的宗法组织,达到了对社会基层有效控制的目的。宗族也在清政府的承认、允许、支持下,数量迅速增加,且力量与规模不断得到壮大,甚至发展成一种在基层同政治上的统治者权力对等的势力。

(二) 会馆等同乡组织的重建

同乡组织是以乡土籍贯为纽带建立的民间会社组织,清代城市中的同乡会组织以会馆为主。会馆的出现大致可上溯至明永乐年间,明中叶到清咸同年间是会馆的兴盛时期。在清代城市重建过程中,同一地域的商人、士人、官员等为了互助和联系乡谊,传承了明代会馆的组织形式,在各级城市中陆续建立了若干以会馆为主体的同乡组织,有部分同乡组织也逐渐演变为同业组织。何炳棣认为:会馆是"同乡人士在京师和其他异乡城市所建立,专为同乡停留聚会或推进业务的场所。狭义的会馆指同乡所公立的建筑,广义的会馆指同乡组织"②。加藤繁则把会馆的兴起和发展与商品经济的发展、人口的流动等社会背景联系起来,把会馆分为一般同乡人的会馆和商人的会馆。也有学者认为会馆可以是同乡组织,亦可是同行组织。而从国家宏观管理的视角来看,清代会馆是城镇的一种基层社会组织,它们在一定范围内发挥着某些自治的作用。一方面,会馆在经济上与封建生产方式有着千丝万缕的联系,调节着城镇经济生活,保证了城镇经济平稳的发展;另一方面,在政治上,会馆作为君主专制中央集政政治的补充,巩固其在城市基层社会的统治,并"悄然滋长、积蓄与传统生产方式和与封建官府相对立的力量"③。

在城市重建过程中,清统治者对于同乡组织的合法性予以默认,允许不同类型

---

① 《福建省例·刑政上》,《申禁械斗》,转引自冯尔康主编:《清代宗族史料选辑》,天津古籍出版社,2014年,第220页。
② 何炳棣:《中国会馆史论》,台湾学生书局,1966年,第11页。
③ 张研:《清代经济简史》,中州古籍出版社,1998年,第454页。

的同乡组织在城市中建立。大多数会馆等组织的建立是在有一定权势或声望的官员、士人、商人的支持下，通过募捐或合资等方式在各地城市修建馆舍等，其基本功能是"祀神、合乐、义举、公约"①。主要活动有祭祀、聚会、集议、存货、借寓、购置土地等，并为遇到困难的同乡提供一定的经费，或修建义冢，创办义学等。会馆在清代城市社会结构、经济结构的重建过程中发挥了重要的作用，并不断扩展，形成了包括地缘性的同业组织、业缘性的同业组织和地缘性的多行业组织等多种类型。其中，地缘性的同业组织为同乡工商业者的行业组织，早期主要为同乡同业商帮所建，即所谓的"货行会馆"，"为贸迁有事，祒祀燕集之所也"②；业缘性的同业组织是以同业为基础建立的行业组织，主要是本地同行工商业组织，也有的是不拘于地域限制，而只以同行业为基础建立的行业组织，但其内部仍分为各地帮。这时的同业组织中还出现了工匠组织。如康熙五十四年（1715）苏州踹匠王德建立的"踹匠会馆"③，乾隆年间丝织业有机匠组织"西家行"和"东家行"等。地缘性的多行业组织是由地域商帮建立的各种行业同乡工商业者都参加的组织。如乾隆初年上海的"浙绍公所"就由在上海进行贸易、设立铺户的绍兴商绅所建，其中包括钱庄、银店、炭栈、碗店、豆行等。④清中期后，这些大大小小的同乡组织在经济发达的工商业城镇普遍存在。

　　随着清初社会经济的恢复和发展，商品经济得以繁荣，全国各地大量新会馆得以创建。会馆的社会功能也日益增加和规范化，会馆的建设是城市重建的结果，同时会馆的兴建反过来又对城市重建产生了积极影响。清代中前期，会馆在城市重建过程中发挥的作用主要体现在以下几个方面。

　　首先，会馆作为民间自发性组织能有效地执行城镇社会的整合功能。会馆从起初保护各省间往来贩运的商人和远离家乡移民的权益，逐步发展成为在政治、宗教、社会各方面都有相当影响的机构。设置会馆的目的就是建立有序的社会秩序，为其自身的经济政治活动提供良好的条件，这同时也切合了政府对社会稳定的愿望。会馆作为流寓异乡者的同乡组织，主要针对的是流动人口，其组织体系不仅可以弥补政府对城镇流动性社会管理的不足，而且能整合社会资源，将那些所谓"陌生人"世界重建成一个熟人世界，使优良的传统道德规范得以发挥约束个人行为的作用，从而保持和维护良好的社会秩序。稳定的社会秩序正是城市重建得以顺利进行的保障。

　　其次，会馆维护了同乡同业利益，对城市商业也起到一种管理和监督作用。会馆建立的首要功能是联络乡谊，收留和资助贫困同乡，为同乡提供一个良好的庇护之所，保障同乡的权益。城市是流动人口的集中地，特别是一些大城市，商贩云

---

① 王日根：《明清民间社会的秩序》，岳麓书社，2003年，第176页。
② 彭泽益：《中国工商行会史料集》，中华书局，1995年，第11页。
③ 江苏省博物馆：《江苏省明清以来碑刻资料选集》，生活·读书·新知三联书店，1959年，第41页。
④ 上海博物馆图书资料室：《上海碑刻资料选辑》（第九十八号碑文），上海人民出版社，1980年，第210页。

集。通过会馆，这些异乡的流寓之人可以实现自我的保护和发展。会馆在促进城市商品流通的同时，也将这些人紧紧地凝结成一个以地域为基础的利益整体。古语有云："天下熙熙皆为利来，天下攘攘皆为利往。"商人在商言商，部分商人唯利是图，为了追逐利益的最大化，往往对传统社会伦理道德和商业行规产生极大的冲击，因而各行业的会馆组织都要议订各自的行业章程（行规），以规范工商业者的经济行为。行规统一规定了商品的价格，"一议定价之后必须俱遵一体，不得高抬减价"。行规还规定了手工业品的规格、质量与原料分配，以及规定各铺号应遵循的职业道德。如苏州银楼业行规就有"如有以低货假冒，或影射他家牌号，混蒙销售易兑者，最足诬坏名誉、扰害营谋。一经查悉，轻则酌罚，重则禀官请究"的规定。[1] 通过一整套规章制度，使商人们尽可能远离不道德的事，使商业社会有效地融入传统的社会伦理道德体系，从而保障城市社会正常有序的发展。

清代中前期，会馆在城市生活中不仅扮演着城市商业运转枢纽的角色，而且还对城市经济的发展起着重要的作用，会馆数量的多少往往成为一个城市商业是否发达的标志。会馆维护了商人团体对共同财产的所有权，而且对商业活动中遵守契约起到了很好的监督作用，这对城市商业的重建起到了一定的积极作用。

最后，会馆不仅促进了城市公益事业的发展，而且对于丰富城市居民的文化生活也起到了一定的推动作用。

会馆建立后，会馆中的会首一般均为城市中有一定政治地位或是有雄厚财力的人。会首不仅出面排解会馆内部以及会馆之间的各类纠纷，还常常兴办各种有利于同乡的善举，义务为会馆成员及同乡等谋取福利。如办学堂解决同乡子女教育问题，救助同乡中的老弱失业者和贫困者，发放救济粮，购买墓地以丧葬同乡死者，资助缺乏路费的过境同乡，兴建义渡和码头方便同乡经营者的运输往来，等等。在北京，银号会馆各会员"善过相规劝，患难疾病相维持"，又有270亩义园，"厝同人之没而无所归者，使不暴露"[2]。而在江南各城市的一些会馆，还建有善堂专门为同乡提供各种慈善服务，因而会馆的存在对清代城市公益事业的发展起到了一定的促进作用。

同时，会馆还会在每年的祭祀活动中举办庙会及文化娱乐活动，这些活动成为城市民俗的重要组成部分。会馆举办的祭祀活动，成为同乡人团结的一种象征；而举办的庙会则成为城市市民最为重要的娱乐活动之一。庙会期间观看各种戏剧表演成为百姓津津乐道的事，《成都竹枝词》中就有"旗人游猎尽盘桓，会馆戏多看不难""更有堂哉难及处，千余台戏一年看"等记载。[3]

---

[1] 参见彭泽益《中国近代手工业史资料（1840—1949）》第一卷和《中国工商行会史料集》等相关内容。

[2] 李华：《明清以来北京工商会馆碑刻选编》，文物出版社，1980年，第14页。

[3] 杨燮等著，林孔翼辑录：《成都竹枝词》，四川人民出版社，1982年，第62页。

（三）乡约、保甲等自治组织的重建

自秦统一中国以来，城市成为君主专制中央集权体系的重要组成部分，以不同层级城市构成的城市行政等级体系支撑和维系着大一统君主专制国家的建设与发展。与中世纪欧洲重建的以手工业者、商人等城市平民为主的城市有着本质的区别，中国的君主专制中央集权对城市的控制实际上是通过非政府的社会组织来实现的。清代中前期，城市社会结构重建的一项重要内容就是在全国各地建立乡保制度，通过乡保组织和一定权力的让渡来延伸对城镇社会的管理。清代的乡保组织主要包括乡约、保甲等。这些乡保组织直接向当地县衙负责，承担各种公共事务的管理与实施。

1. 乡约、联庄等组织的重建

乡约是一个地方"为了一个共同目的（或御敌卫乡，或劝善惩恶广教化厚风俗，或保护山林，或应付差徭等等），依地缘关系或血缘关系组织起来的民众组织"①。乡约起源于宋代，明代得到重建和倡导。清朝入主中原后，致力于恢复明时的政治体制，积极倡导儒家学说，其中以儒家治国理念进一步强化乡镇基层管理，在全国普遍建立乡约就是重要的措施之一。清政府大力提倡"讲乡约"，主要目的在于稳固基层社会秩序，希望通过乡约组织来控制乡镇百姓的思想和行为。

乡约组织普遍设于乡镇之中，在城镇管理中则演化为街庄等组织，有一街一建的街庄，也有数街联合而建的合立公约，即联庄公约。这种联庄公约由立约的街庄共同遵守，联庄内设庄总、庄董、庄正，他们与庄内各宗族族长以及当地有名的绅耆等共同负责和监督庄内事务。这种联庄合约的社会组织，通常是以一个主要的市街为中心，结合周边街道而成。"街庄"或"乡约"的集会地点一般都是在市街的主要寺庙或广场。城镇在街庄联合中占有重要地位，城镇因为人口众多，经济繁荣，不但是联庄中各街庄的地理中心、经济中心，而且是联庄所需经费的来源，其经费大抵是由城镇的士绅、铺户和业户所捐。因此，联庄组织内的主要城镇对联庄合约的制定和执行都有重要影响。当然，城镇居民也必须遵守联庄合约的约束，维持地方秩序，共谋境内治安和福利。联庄对城镇居民有调解权，对破坏庄规者由城镇中的头人行使处罚权，这种规定虽然由民间设立，没有官方的背书，但仍然具有一定的强制执行力，官府也尊重和默认这种街庄中的"自治权力"。

2. 保甲制度的重建

明清之际，战乱不止，土地大量荒芜，人口大量死亡或逃亡，社会秩序非常不稳定，明代建立的里甲体系瓦解。清朝定鼎北京后，首先推行保甲制度，重建基层统治秩序。清初编审之法，仿明朝里甲厢坊之制，规定每百户为十甲，甲有长，十甲则设总甲长。城中曰坊，近城曰厢，在乡曰里，名称虽有不同，但其等级和功能都差不多。顺治元年（1644），清廷下令："置各州县甲长、总甲之役，各府州县卫

---

① 陈柯云：《略论明清徽州的乡约》，《中国史研究》，1990年第4期。

第一章 清代中前期城市的破坏与重建

所属乡村十家置一甲长,百家置一总甲。凡遇盗贼逃人奸宄窃发事件,邻佑即报知甲长,甲长报知总甲,总甲报知府州县卫,核实申解兵部。若一家隐匿,其邻佑九家甲长总甲不行首告,俱治以罪。"① 康熙二十五年(1686),于成龙在直隶省实行保甲制。他上疏清廷:"顺、永、保、河四府旗民杂处……非力行保甲不能宁谧……应将各庄旗丁,同民户共编保甲。"② 他的建议得到了清廷的赞同和推广。《清史稿》也对清初保甲制的建立有所记载:"世祖入关,有编置户口牌甲之令。其法,州县城乡十户立一牌长,十牌立一甲长,十甲立一保长。户给印牌,书其姓名丁口。出则注所往,入则稽所来。其寺观亦一律颁给,以稽僧道之出入。其客店令各立一簿,书寓客姓名行李,以便稽察。"③ 可见,清时,无论是乡村还是城市,都陆续建立起"互相稽查,以弭贼盗"的保甲制。清初,建立保甲制的目的主要在于恢复和稳定混乱动荡的局面,恢复正常的社会秩序,维护城乡治安,同时更好地执行"逃人令",有利于安抚流民、重编户籍和征收赋税等。

由于城镇是经济繁荣、人口聚集之所,其地位和功能与乡村存在差别。因此,保甲制度在城镇贯彻执行的具体办法也与乡村有所区别。另外,城镇对固定人口和流动人口、常住居民和商业铺户、固定商户和流动摊贩等有不同的管理规定和办法。如将已定居的居民和铺户"造具循环簿二册,按年更换",而对于那些经常接纳流动人口的旅店、车行、寺庙、庵观等场所则施行"设立清册,两月更换一次"的措施。④ 对城镇内固定商业铺户,实行"一铺为一户,自店主姓名至管事工役之数均行记入,每十店铺为一牌,设一牌头,十牌为一甲,设一甲长"。而对在城镇经营买卖生意或置有产业者,则与城镇居民一样编入保甲。对那些往来流动的商贩投宿的旅店,或是客商投宿旅店、船埠、寺庙者,由所投宿的店主、埠头和住持"询明来历,并将骑驮伙伴数目及来去日期,逐一填注送官"⑤,以便对其加以控制。与此同时,政府又把那些经济繁荣的大城镇细分为若干,设立总甲以负总责,进一步加强对大城镇的控制和管理。例如在《福建省例》中就规定:在城镇中"保甲长管一甲之事,族正为一族之纲,而两邻住居切近,更当休戚相关,互相稽查",并指出"纠众持械互斗者,该保、族、邻即预行阻止,如劝阻不从,即先赴地方官报明,免其连坐"⑥。故而保甲制度被称为"弭盗良法"。

清代中前期,无论是偏远乡村还是城镇,清廷制定的保甲条例都得到了较好的贯彻与执行,且较之明代保甲制更具有广泛性和严密性等特征。清代保甲制度在全

---

① 席裕福:《皇朝政典类纂》卷三十五《户役六·职役》,沈云龙:《近代中国史料丛刊续编》,文海出版社,1982年。
② 《清实录》第五册《圣祖仁皇帝实录》2卷一百二十五"康熙二十五年四月辛亥"条,中华书局,1985年。顺、永、保、河四府指当时的顺德府、永平府、保定府和河间府。
③ 赵尔巽等:《清史稿》卷一百二十《食货一》,中华书局,1976年,第3481页。
④ 郑天挺、戴逸主编:《中国历史大辞典·清史卷》(上),上海辞书出版社,1992年,第372页。
⑤ 郑天挺、戴逸主编:《中国历史大辞典·清史卷》(上),上海辞书出版社,1992年,第443页。
⑥ 《福建省例·行政例上》,《申禁械斗》,转引自冯尔康主编:《清代宗族史料选辑》,天津古籍出版社,2014年,第220页。

国城乡普遍推行,除少数特权者外,无论是城镇固定居民还是流动人口,无论是汉族还是少数民族,无论是士绅官宦还是旗民子弟,无论是僧道尼姑还是脚夫乞丐,通通都被编入保甲。① 保甲制度在清廷的高度重视下,在各级地方官员的全力推动下,逐渐得到巩固,成为清代中前期基层社会重建的重要成果之一,为清代地方社会秩序的长期稳定发展奠定了基础。保甲制度成为清政府控制地方社会的一个重要抓手。《诸罗县志》载:保甲为"县令一耳目之力,势不得不有所寄,无能出胥役、保长、通事者矣"②。官方的"一切催征钱粮、命盗词讼等事"③ 都必须委托保甲长等地方人士来办理,地方官员对于市街日常事务的管理也只能依靠保甲长等来进行,因而保甲长等在一定程度上成为县衙非编制内的差役,在调解民案、办理公差、禀报案情方面发挥着重要作用,是清代官治组织的最末端。

清代中前期,地方乡保组织的重建与完善在城市重建与管理中发挥了举足轻重的作用,成为官方与民间沟通的桥梁。保甲不仅秉承官府之命办理众多事务,有效地贯彻清廷与地方政府的各种政策、律令,而且还能将城镇居民的诉求上报官府,成为反映民情的"传感器"。保甲制度在维护和巩固清朝统治秩序方面发挥了重要作用,成为决定清王朝中央政府与地方统治机构的权力深入城市基层社会的重要因素之一,为清代中前期社会的持续稳定繁荣提供了可靠、有力的保证。

清代中前期,统治者为了重建统治秩序,解决所面临的严重社会危机,扭转政局不稳、财政匮乏的局面,在借鉴前朝相关制度的前提下,力求重建基层社会组织,巩固政权、稳定社会秩序。清代基层社会组织重建包括两个方面的内容:一是对宗族等民间传统社会组织的构建,二是城市自治组织的重建。清统治者通过对这些社会组织的扶植,并让渡部分国家权力,从而使其统治深入城市的内部,运用官方的以及民间的组织和力量,按照政令法律、习俗约定等方法来处理城市内部的公共事务。随着社会重建的深入,城市基层社会治理作为社会公共事务的一部分已形成一套完整的体系,这个体系是被不断强化的中央集权君主专制体制下的官府和民间组织联合管理,从而并保证了清代城市沿着传统的轨道发展,而一切创新要素均被扼杀在摇篮之中,中国城市不可能成为资本主义的温床。

三、城墙的重建或修葺及特点

在中国农业时代,城墙是一种特殊的建筑物,不仅作为城市的防御设施对抵御外敌入侵、加强内部管控有着重要的作用,同时也是城市与乡村区别的重要文化象征,因而在几千年间一直受到历朝统治者的高度重视。明末清初,长期的战争导致大多数城市遭到不同程度的破坏,城墙的破坏尤其严重。清朝建立后,统治者为了

---

① 赵尔巽等:《清史稿》卷一百二十《食货一》,中华书局,1976年,第3481—3482页。
② 周钟瑄修,陈梦林纂:《诸罗县志》卷三《秩官志》,康熙五十六年刻本。
③ 戴炎辉:《清代台湾之乡治》,联经出版事业公司,1979年,第667页。

第一章 清代中前期城市的破坏与重建

巩固政权,加强统治,传承了历史上的城市制度和城市文化,高度重视对城墙的重建或修葺。清代对城墙的重建或修葺的时间长达百余年,从顺治朝始直到嘉庆朝才基本结束,内地十八行省多数城市的城墙都进行了重建。除了政府外,民间社会也都大力支持和参与城墙的重建或修葺,主要表现为经费的捐献和劳动力的参与。清代城市的重建不仅限于对城墙等基础设施的建设,而且也体现在对城市政治、城市经济和社会结构的重建,以及对城市文化的重建,但对城墙等基础设施的重建无疑是其他各项重建工作的基础,对于城市的恢复与发展十分重要。清代的城市营建制度和管理也基本上沿袭明代,这在一定程度上也表明清统治者虽然是少数民族,但对于汉文化是认同的,这对于传承和发展中华文化起了一定的推动作用。

在清初全国政局稳定的大背景下,城市重建工作成为一个亟待解决的问题,而与统治秩序重建相关的城市基础设施,如城墙、官府衙门等公共建筑是城市重建过程中当政者首先考虑的重要工作。有关清代中前期城市重建的研究一直较为薄弱,相关文章的数量较少,其中有少量文章涉及城墙重建,但缺乏从全国的视野对此进行专题性研究,对清代中前期城市城墙重建的相关政策和重建的次数、时间等都缺乏资料整理和研究。本部分试就此相关问题进行探析,并对清代城墙重建的特点略做分析。

(一)城墙的重建或修葺

城墙是古代围绕城市所修筑的一种以军事防御功能为主的城市基础设施,在农业时代生产力低下的条件下,城墙作为一种特殊的建筑,对于抵御外敌入侵、加强对内部的管理有着重要的作用,因而在几千年间一直受到统治者的高度重视。广义的城墙包括城门、城楼、角楼、马面和瓮城等。① 就古代中国人的城市观念而言,城墙有重要的象征意义,传统意义上的城市和城墙具有合一性,"城"这个汉字既代表城市,又代表城墙。② 从早期城市的出现到秦以后至清代的数千年间,城市都是统治的中心,是各级政权的治所,同时也是扼守交通要冲、具有防卫意义的军事据点,几乎所有的城市都修筑城墙。《管子》说:"内为之城,城外为之郭。"作为政治中心和统治者居住地的城市,其城墙的营建最先是出于对外防御、对内加强控制的需要。《墨子·七患》有云:"城者,所以自守也。"一方面,城墙保护着城市内的重要建筑,如宫殿、地方衙署、祠堂庙宇、住宅建筑、粮食仓廪等,以防敌人侵占。另一方面,城墙有利于统治者对城市内的人民加以控制和限制。正如《吴越春秋》所说:"筑城以卫君,造郭以守民。"为了适应军事防御等功能的需要,城墙设施得到不断改进,至明清时期,城墙上多修建城楼、城门、角楼、门楼、月城、瓮城、跺台等军事防御设施,充分体现出城墙的军事功能。而在一些沿江沿湖或滨

---

① 古代中国各地城市绝大多数都建有城墙。城门和城墙转角处的墙体常加厚,称为城台和角台,其上的建筑称城楼和角楼。马面是城外附着而筑的一座座墩台,战时便于夹击攻城敌人,有时在城门外三面包筑小城,以加强城门处的防卫,称为瓮城。

② [美]施坚雅主编,叶光庭等译:《中华帝国晚期的城市》,中华书局,2000年,第84页。

海的城市，城墙还起到了很好的防洪作用。因为这些低海拔地区经常受到洪水的威胁，当洪水来临时，城墙能够有效地阻挡洪水携带的泥沙，免其侵入城内。例如开封城墙，据史书记载，从金明昌五年（1194）到清光绪十三年（1887）的700年间，黄河在开封附近泛滥决口达54次，最多时每年泛滥一次，最少时则隔10年泛滥一次。但在这700年内，洪水只有4次进入开封城内，城墙在抵御洪水对开封城的侵蚀和威胁方面发挥了巨大作用。因此，在这些经常遭受洪水威胁的城市，修建城墙的必要性更加突出。大规模筑城会耗费大量的人力和物力，但在原来城址的基础上修筑城墙会节省很多开支，这就是开封的城墙在原址上屡坏屡建的重要原因之一。同时，城墙也奠定了城市规划的基础，城墙的走位决定着城市的基本空间形态，城市内所有重要建筑物的建造都要与城墙、城门的设计相吻合。如城墙与城门的沿袭，使开封城市的中轴线保持千年不变，城市布局自唐宋以来没有发生大的变化。这带有鲜明的中国色彩，是古代中国城市的特征之一。

  城墙不仅构筑了中国传统城市的外观，而且也规定了传统城市的范围，有无城墙对于传统聚落具有重要的象征意义。城墙在传统城市的形成中扮演了重要的角色，其功能正如刘石吉所言："一个没有城垣的市集，从某些意义来说，是很难称为城市的。"[①] 城墙除了上述的功能和意义外，还有其文化意义。刘凤云指出："当城墙与城市相伴历经了三千多年的历史之后，城墙已绝不再只是一种城市建筑物，它已成为中国传统文化的组成部分。"[②] 在帝制时代，中国绝大部分的城市人口集中在有城墙的城市中，无城墙的城或市至少在某种意义上不算正统的城市。[③] 因此，在古代中国的城市建设中，城市的城墙与官署、坛庙、学校等一起，成为一套完整的城市制度和城市文化的象征。

  明末清初，大多数城市都遭到极大破坏，城墙首当其冲。古代战争以攻城夺池为重要目的，因而明末清初长达数十年的战争，对城市特别是城墙的破坏可想而知。此外，如果城墙长期无人管理和维修，也会因为风雨侵蚀等自然物理原因而毁坏，明末清初长期战乱下，各地城市的城墙物理老化现象也十分突出。因而当清朝统治稳定之后，清统治者就将修筑城墙提上日程。顺治十一年（1654），清廷"诏各省城垣倾圮，桥梁毁坏，地方官能设法修葺，不致累民者，该督抚具题叙录"。"十五年，覆准各官捐修城垣，务将丈尺及用过工料，逐一详勘，方许具题，如借端科派累民者，即行指参。十六年，覆准禁止有司派罚百姓修筑城楼垛口"。"十八年，题准文武各官捐银一千两者记录二次，五百两者记录一次。又议准捐修汴城事例，举人、贡生捐银二三百两，或二百石者，出仕之日，准与记录。耆民捐银三百两者，准给九品顶戴，五百两者，准给八品顶戴。生员捐银三百两者，准入监读书。现任官员捐银一千两以上者，准加一级，五百两者，记录二次，百两以上者，

[①] 刘凤云：《城墙文化与明清城市的发展》，《中国人民大学学报》，1999年第6期。
[②] 刘凤云：《城墙文化与明清城市的发展》，《中国人民大学学报》，1999年第6期。
[③] ［美］施坚雅主编，叶光庭等译：《中华帝国晚期的城市》，中华书局，2000年，第84页。

第一章
清代中前期城市的破坏与重建

照旧记录。戴罪缉贼官员捐银六百两，准与开复。"① 清廷还规定：城墙、衙署、府库、粮仓、监狱、官建寺观等若有坍塌，朝廷要追究州县官责任，城墙如有多处坍塌，夺常俸6个月；若未及时修缮，夺常俸6个月或者降一级；若疏于修缮，笞40。州县官还有责任确保交通要道和重要桥梁状态良好，若重要桥梁坍塌，夺俸1年。如未能及时修缮致使交通中断，笞30。任何重大修缮工程，须先得上司允许，否则其资金得由州县官自筹。城墙维修工程费用低于1000两银时，州县官可直接招募本地居民修缮。②

康熙帝继位后，清朝的统治基本稳定，清廷进一步加强了城市的重建，并对城墙的重建做了一些新规定，尤其是对城墙修筑的质量提出了具体要求，并以三年为保质期，对于在保质期出现倾塌损坏现象要严加处罚，并将对城墙重建质量的监督责任落实到各省督抚肩上。"康熙元年，题准捐修城垣，务照旧式，监造完固，仍取具印结报部，如不合旧式，并三年内倾塌损坏者，管工官役，该督抚指名参处。三年，令凡捐修城垣、敌楼、炮台、房寨等项，该督抚亲身察验保题，若三年内塌坏者，督工官降三级调用，督抚降一级留任。仍令督工官及该督抚赔修，其因本工，捐助记录俱行销去。该管官隐匿不报者，事发革职。如已申报，督抚不行具题者，事发，各降二级留任。"③ 清廷对于城墙的重建或修葺的责任制颁布后，对于城墙重建或修葺起了重要的促进作用。但是在具体的实施过程中仍然出现若干问题，城墙倒坏的现象仍然时常发生。因而康熙年间清廷相继做出了一些新的规定。"十五年，题准城池不预先修理以致倾圮者，罚俸六月。""二十四年，题准各省倒坏城垣，令督抚稽查，速行修筑坚固，汇数报部，如仍漫不修理，将该督抚交部议处。"④

雍正帝继位时天下早已大定，但城墙的修葺仍然存在若干问题，因此雍正五年（1727），诏令各省督抚详查所属各处城墙，如有小坍塌，令地方官及时修补，如漫不经心以致坍塌过多，即行参奏。其坍塌多者，地方官捐修，工完详报委勘，工程坚固，量予议叙。倘因循怠忽，或未修捏报，并借修城之名科敛民间者，督抚题参治罪。雍正七年，清廷规定外省新修城墙，地方官遇有升转离任，将有无坍塌之处，交代与接任官，交代不明，致有坍坏，仍着前任官员修补。⑤ 由此可见，清廷对于城墙修葺的重视，并试图将其制度化。

乾隆时期，对城墙的修葺仍然是清廷对于地方官员的重要考核目标，还对新老官员的责任加以明确，避免相互之间的推诿。乾隆元年，清廷复准各处城墙遇有小坍塌，令地方官于农隙时修葺，如有任其坍塌者，即行参奏。若坍塌过多，需费浩繁，该督抚分别缓急报部。十三年，复准令各省督抚将所属城墙周长、高度、宽

---

① 伊桑阿等：《大清会典》（康熙朝）卷一百三十一《工部》，文海出版社，1992年。
② 瞿同祖著，范忠信、晏锋译，何鹏校：《清代地方政府》，法律出版社，2003年，第261—262页。
③ 伊桑阿等：《大清会典》（康熙朝）卷一百三十一《工部》，文海出版社，1992年。
④ 允裪：《大清会典》（乾隆朝）卷一百二十七《工部·营缮清吏司》，文渊阁《四库全书》本。
⑤ 允裪：《大清会典》（乾隆朝）卷一百二十七《工部·营缮清吏司》，文渊阁《四库全书》本。

度，坍塌处长阔厚各若干，逐一造册报明，以备稽查。如遇新旧官员交替，着新任官照册查明，令前任官赔修，倘徇隐不报，着新任官赔修。①

据清代中后期所修纂各地府县志记载，明末清初被破坏的各省府州县城墙绝大多数在嘉庆以前即予以重建或修葺，仅有极少数城市在嘉庆时期方才修葺。

表1-3 清代中前期十八行省府级城市城墙重建或修葺的朝代及次数统计（单位：次）

省别	顺治	康熙	雍正	乾隆	嘉庆	合计
河南	8	5	0	0	0	13
江西	5	7	0	1	0	13
湖北	8	1	1	1	0	11
湖南	7	6	2	1	0	16
广东	8	4	2	0	1	15
福建	7	2	2	1	0	14
贵州	4	8	1	3	0	16
安徽	3	6	1	2	0	12
直隶	4	7	3	1	0	15
广西	2	6	1	2	1	12
山西	7	6	5	1	0	19
江苏	2	5	2	1	1	11
云南	1	13	8	0	0	22
浙江	5	2	4	0	1	12
甘肃	3	3	5	0	0	11
四川	1	11	0	8	3	23
陕西	6	0	6	0	0	12
山东	1	5	6	0	0	12
合计	82	97	49	22	7	257
百分比	31.9%	37.7%	19.06%	8.56%	2.72%	100%

---

① 允裪：《大清会典》（乾隆朝）卷一百二十七《工部·营缮清吏司》，文渊阁《四库全书》本。

第一章 清代中前期城市的破坏与重建

表1-4 清代中前期十八行省县级城市城墙重建或修葺的朝代及次数统计（单位：次）

省别	顺治	康熙	雍正	乾隆	嘉庆	合计
广东	31	32	5	5	1	74
河南	58	21	6	8	0	93
江西	13	35	0	10	0	58
山西	33	28	3	15	2	81
江苏	10	19	1	8	1	39
福建	20	13	8	5	0	46
安徽	16	12	3	9	0	40
广西	8	30	7	9	1	55
湖南	12	23	8	7	1	51
湖北	22	15	7	9	2	55
直隶	18	51	1	35	0	105
云南	2	30	18	6	0	56
陕西	24	17	7	23	4	75
浙江	13	9	10	10	0	42
山东	18	21	3	41	0	83
甘肃	7	13	2	23	0	45
贵州	2	14	3	17	0	36
四川	2	34	8	54	10	108
合 计	309	417	100	294	22	1142
百分比	27.05%	36.51%	8.76%	25.74%	1.91%	100%

笔者根据《嘉庆大清一统志·城池》所有城市城墙重建或修葺的相关记载，进行了分省的详细统计，然后在此基础上整理成以上两表。凡《嘉庆大清一统志》未载重建（修葺）年代之府、县级城市均未列入以上统计表。内陆边疆地区城市建设情况特殊，未列入以上两表。

从以上两表可见，清代中前期的170余年间，内地十八行省都一直对府、县两级城市进行重建或大规模修葺。从重建或修葺的时间来看，从顺治到嘉庆的五朝，无论是府级城市还是县级城市都以康熙朝的数量为最，其次为顺治朝。从府级城市来看，顺治年间，先后进行城墙重建或修葺的城市共82个，占五朝重建或修葺府级城市总数的31.9%，其中河南、湖北、广东三省数量最多，均为8个府级城市；其次为湖南、福建、山西三省，均为7个府级城市；四川、山东、云南三省最少，各仅1个府级城市得到重建或修葺。顺治年间，部分县级城市的城墙及相关基础设施也得到重建或修葺，据统计，内地十八省共有309个县级城市重建或修葺，占五朝重建或修葺县级城市总数的27.05%，其中河南重建或修葺的县级城市数量多达

58个，山西33个，广东31个，陕西24个，湖北22个，福建20个，直隶和山东均为18个，四川、云南、贵州各2个。顺治年间，政权初定，各地方政府需要以城市为中心来恢复统治秩序，复兴经济和重建社会，因而尽管各地仍然经济凋敝，人力和财力有限，但多数城市皆在原有基础上进行了简单修葺，不过往往局限在重建城门、城楼，以及对城墙的修补等方面。但四川等少数行省因遭到战争的严重破坏，人口大量减少，几乎没有人力和财力来进行城市重建，四川省省会成都在顺治年间已成废墟，全城仅余数十户人家，衙署尽毁，地方官员只能在城墙上临时居住，根本无力对城市进行重建，最终将省会暂时转移至阆中，直到康熙年间才将省级政府机构搬迁回成都，因而四川在顺治年间仅对一个府城进行了重建。

康熙年间，由于清朝统治相对稳定，社会秩序逐渐恢复，经济有所发展，因而全国各地继续开展对城市的重建或修葺。康熙年间，十八行省先后有97个府级城市得以重建或修葺，占五朝重建或修葺府级城市总数的37.7%，其中云南最多，达13个；四川其次，为11个；湖北省仅有1个府级城市重建，而陕西则无府级城市重建，其他各省府级城市重建的数量也相对不多。康熙时期，十八行省共有417个县级城市也相继进行了重建或修葺，占五朝重建或修葺县级城市总数的36.51%，其中直隶重建或修葺的县级城市数量最多达51个，江西、四川、广东等省重建或修葺的县级城市数量都在30个以上。

雍正朝的时间较短，但也有49个府级城市和100个县级城市进行了重建或修葺，分别占五朝重建或修葺府级城市总数的19.06%，县级城市总数的8.76%，其中河南、江西、四川没有对府级城市进行重建或修葺；另外，江西也无县级城市进行重建或修葺，江苏、直隶、山东、甘肃等省的县级城市进行重建或修葺的数量也较少。

乾隆时期，由于经济得到较好的恢复与发展，部分行省也相继对城市进行重建或修葺，乾隆朝先后有22个府级城市进行了重建或修葺，占五朝重建或修葺府级城市总数的8.56%，虽然相比顺、康、雍三朝数量少了很多，但值得注意的是四川重建或修葺的府级城市达8个，这与四川社会经济的重建与发展有着密切的关系。清前期四川人口大规模减少，康熙年间实行招徕外省人口移民开发政策，在此后百余年间，四川从人口稀疏、田地荒芜之区变成了人口密集、经济繁荣之地，各府级城市都成为区域的中心，城市的基础设施跟不上社会和经济发展的需要，因而对城市进行重建或修葺成为必然选择。乾隆年间各省府级城市重建或修葺数量相对较少，但是县级城市重建或修葺的数量较多，达294个，占五朝重建或修葺县级城市总数的25.74%，其中四川、直隶和山东都较多。

嘉庆时期，各省较少有城市重建或修葺，府级城市仅有7个重建或修葺，四川有3个府级城市重建或修葺，此外浙江、江苏、广东、广西各有1个府级城市重建或修葺。此一时期只有22个县级城市进行了重建或修葺，其中四川就有10个县级城市进行了重建，不少行省无县级城市重建或修葺，大规模地对城市重建或修葺的工程在此一时期基本结束。

第一章
清代中前期城市的破坏与重建

清代城市基本上保持了明代城市的形态，其筑城技术也多沿用明代旧法，城墙为外砖内土结构。《钦定工部则例》规定：城基一般为石筑，以三合土夯筑城体，或用石灰黄土混合，上铺三合土，城墙外包砌砖石，城垛多用砖修砌。

清代，各地重修、新修城墙多以砖石墙为主，然部分地区尚存土城墙，特别是边疆地区和内地少数民族地区新建城市，多因地制宜建筑土城墙。乾隆二十一年（1756），清军于乌鲁木齐红山之南九家湾筑土城墙，周 1 里 6 分，驻军镇抚。二十三年，于城北另筑一座土城墙，周 1 里 5 分，高 1 丈 2 尺。二十八年，相继筑宣仁、屡丰等城墙，皆为土城墙。此外，也有部分地区或竖木为墙，或排木重垣，外木内土。吉林城初建时，东、西、北三面皆竖松木为墙。①齐齐哈尔城分为内、外城，内城排木重垣，内外立木，中实以土，且具雉堞之观。②黑龙江城也是西、南、北三面植木为郭。③台湾淡水厅城墙，则用竹子围筑，代替砖土城墙。

（二）城墙重建或修葺的特点

清初，全国很多城市的城墙或是经历过明末清初战争破坏，或是由于风雨侵蚀等自然因素破坏，或是由于年久失修，大都存在这样或那样的问题，亟待重新修葺。清代中前期是广泛重建或修葺城墙的时期，此一时期城墙重建或修葺呈现出以下几个特点。

首先，从政府到民间都非常重视城墙的重建或修葺。

城墙是中国古代城市的重要特征和建筑形制，对人们心理也会产生重要的影响，其兴废往往代表着一个城市的安全、稳固或衰落。清王朝建立后，统治者十分重视修葺城墙，"国之有城有池也，所以捍寇而卫民"④。朝廷先后多次下诏要求各地官员修葺城墙，乾隆皇帝就曾下谕旨说："地方公事孰大于城墙？"《大清会典》载："金城汤池，所以设险而守国也。京师内外城垣，遇有坍塌，工部估计具题，动用钱粮修理。其在直省，则有司专责焉……皇城内外城垣，凡有损坏，即行修葺，其有奸民窃砖盗卖者，拿送刑部依律治罪。"⑤对于省会等重要城市，城墙的建设更是与地方官员的职责相联系，并将城墙的修葺纳入地方官员的考核中。清廷规定："直省城垣所在，修理之事责之督抚州县官吏，倾圮者有罚，修葺者有奖。"⑥顺治十一年（1654），清廷诏各省，城墙倾圮、桥梁毁坏、地方官能设法修葺，不致累民者，该督抚具题叙录。顺治十五年（1658），复准各官捐修城墙，务将丈尺及用过工料，逐一详勘，方许具题，如借端科派累民者，即行指参。顺治十六年（1659），清廷复准禁止有司派罚百姓修筑城楼垛口。顺治十八年（1661），题准文

---

① 长顺等修，李桂林等纂：《吉林通志》卷二十四《舆地志十二·城池》，光绪十七年刻本。
② 方式济：《龙沙纪略》，《钦定四库全书·史部十一》，乾隆四十六年刻本。
③ 孙蓉图修，徐希廉纂：《瑷珲县志》卷四《交通志》，民国九年铅印本。
④ 丁廷楗、卢询等：《徽州府志》卷一《舆地志上·城池》，康熙三十八年刻本。
⑤ 伊桑阿等：《大清会典》（康熙朝）卷一百三十一《工部》，文海出版社，1992年。
⑥ 杨虎城等修，吴廷锡等修：《续修陕西通志稿》卷八《建置三·城池》，民国二十三年铅印本。

武各官捐银一千两者记录二次，五百两者记录一次。又议准捐修城墙，举人、贡生捐银二三百两，或二百石者，出仕之日，准与记录。耆民捐银三百两者，准给九品顶戴，五百两者，准给八品顶戴。生员捐银三百两，准入监读书。见任官员捐银一千两以上者，准加一级，五百两者，记录二次，百两以上者，照旧记录。戴罪缉贼官员捐银六百两，准与开复。康熙元年（1662），题准捐修城墙，务照旧式，并三年内监造完固，仍取具印结报部，如不合旧式，并三年内倾塌损坏者，管工官役，该督抚指名参处。康熙三年（1664），令凡捐修城墙、敌楼、炮台、房寨等项，该督抚亲身察验保题，若三年内塌坏者，督工官降三级调用，督抚降一级留任。仍令督工官及该督抚赔修。其因本功捐助记录俱行销去。该管官隐匿不报者，事发革职。如已申报，督抚不行具题者，事发，各降二级留任。清廷一方面对于官员和绅商民众捐资修葺城墙予以各种重奖，另一方面也强调照旧式修葺，并保证城墙的修葺质量，对不作为者则予以处罚，由此调动了全国各地官员和民间重建或修葺城墙的积极性。清朝统治者与元朝统治者相比，虽然同是少数民族贵族，但他们在对待城墙等城市基础设施方面的认识和所采取的措施有很大的差别。元代建立后，游牧出身的蒙古族君主不喜欢建造有城墙的城市，除了主动营建大都等少数几个重要城市外，基本上对各地城市较少重建或修葺，他们害怕汉族民众凭借城市进行反抗，因此禁止修葺城池，由此导致各地城墙在元朝统治时期逐渐毁圮破败。特别是到元后期，战乱频仍，许多城市更加衰落，城墙废弃，这也在一定程度上加速了元朝的灭亡。清统治者在建立大金政权和清王朝的过程中，深刻地认识到城墙的重要作用，因而当他们成为中国的统治者后，对于重建或修葺城墙高度重视。这不仅是城墙问题，更是对几千年来与城墙相关的城市制度的继承与发展的问题。反映了清统治者与元统治者治国理念的差异性，相比之下，清统治者对中国传统制度文化更加重视，更加认同。正因为如此，清朝的城市得到较大的发展，不仅在数量上有所增加，而且在规模和质量上也有很大的进步。清代城市的发展对于清朝统治的稳定和延续也起了一定的作用。

除了统治者对城墙重建或修葺十分重视外，清代中前期民间社会力量对于城墙重建或修葺同样也是高度重视，这从各地城墙重建得到地方各界人士的广泛参与中可以略见一斑，相关资料多见于各地方志记载。

其次，清代城墙重建或修葺的时间较长，范围遍及全国，重要城市的城墙还需多次修葺。

清代中前期的百余年间，大部分城市的城墙得到重建或修葺，明末清初被破坏的城墙在这一期间基本上得到了修复。据清代中后期修纂的各地府县志记载，明末清初被破坏的各地城市城墙大多数都是在嘉庆以前被重建或修葺的，仅有少数城市是在嘉庆时期重修。康熙二十五年，全国十八行省共有160个府级城市①，而康熙年间重建或修葺的府级城市达97个，为府级城市总数的60.63%，即一半以上的

---

① 何一民：《清代城市数量的变化及原因》，《社会科学》，2014年第8期。

第一章 清代中前期城市的破坏与重建

城市在康熙年间得到重建或修葺。康熙年间县级城市共有 1159 个[①]，同期，重建或修葺的县级城市为 417 个，占全部县级城市总数的 35.98%。从顺治朝至嘉庆朝，先后进行重建的府级城市为 257 个，县级城市达 1142 个，而至宣统三年全国有府级城市有 358 个，县级城市 1382 个，因而基本上大部分府级城市在清代都先后得到重建或修葺，也有少部分府级城市可能先后有多次重建或修葺，大部分县级城市也先后进行了重建或修葺。

清代城市重建的时间序列是按照城市的行政等级和军事战略地位的重要性而展开的，一般情况下，省会城市及重要府城的重建或修葺优先于一般府城，而府城的重建或修葺则优先于县城。大部分城市重建或修葺集中在康熙、雍正、乾隆时期，有相当数量的省城、府城和县城在清中期得到了多次修葺。如陕西省会西安的城墙在顺治十三年（1656）为巡抚陈极新修葺；康熙二十年（1681）则由西安知县康如琏修葺；乾隆四十六年（1781）巡抚毕沅对西安府城的防御设施系统进行了大规模的重修。浙江杭州城先后在顺治十五年（1658）、康熙二十四年（1685）由总督、巡抚修建，雍正五年（1727）杭州城墙再次得到大规模修葺。云南省城昆明从顺治十七年（1660）始，多次对明城墙进行修缮，康熙二十年（1681）、雍正六年（1728）时再次进行大规模重建，之后又被不断地增修。直隶省城保定城墙在顺治中期由知府胡延年修缮，雍正七年（1729）知县徐德泰又对其进行修葺。康乾时期，清朝政权稳固、社会安定、经济快速发展，为城墙的修筑提供了保障。从西北高原到长江流域、从东北平原到南海之滨，全国大多数省区的城市城墙均在这一时期相继得以重建或修葺。

最后，清代中前期城墙重建或修葺资金来源广泛，具有多样化的特点。

城池关系一方保障，因而城墙建设是地方政权重建乃至国家政权重建的重要组成部分，故而得到当局的高度重视。同时城市所在的社会各阶层也因城墙的重建或修葺与自身息息相关而多主动参与。城墙的重建或修葺在农业时代可谓是规模浩大、耗资甚巨的公共建设项目，需要集中国家和地方的财力、物力和人力方能完成。

清初，各省地方官府财政颇为困难，故城墙的重建或修葺的经费来源除了朝廷拨款外，官员捐款以及民间捐输是资金来源的重要渠道。朝廷拨款，手续复杂，周期较长，且因各地城工所需经费庞大，国库无力悉数全力支付，故城墙重建或修葺的主要经费颇赖地方官员捐款与民间捐输。从顺治到康熙年间，清廷多次制定奖励政策，以推动城墙重建。康雍年间，不少城墙的重建或修葺经费多赖地方官员带头捐俸，并倡导绅民捐资。乾隆年间，随着经济的恢复和发展，国库充盈，城墙重建或修葺的经费多由朝廷拨给或由地方官府动帑兴建，但不少县城城墙的重建或修葺仍然需要民间捐输。

清代中前期，重建或修葺城墙的经费大致可分为两类：一是官方拨支的国家公

[①] 何一民：《清代城市数量的变化及原因》，《社会科学》，2014 年第 8 期。

款；二是自筹经费，包括官员捐献和各种民间捐献的款项。在国家拨款方面，主要有"定款"及"筹款"两种，即中央政府的财政拨款和地方政府的自行筹款。部分地方政府为了应急，有时会采取向财政"借款"的方式，但据资料记载，"借款"修城墙的情况比较少见。由于城墙重建或修葺本身需要大量的工程经费，并且这种工程建设在全国各地展开，中央政府无法同时支持如此浩大的工程经费，因此各地重建或修葺城墙的经费一般主要依赖地方政府与民间捐款。据相关资料记载，清代前期城墙重建或修葺工程的捐款方式可分为以下三种：一是以该地官员为主体而捐修；二是由当地具有影响力的地方绅民捐输，地方士绅与一般民众为共同负责；三是由地方官员与绅民共同捐输。值得注意的是，无论是以民间捐款为主，还是以官民合作捐资为主，重建或修葺工作的主持者一般都为地方的主要官员。另外，民间捐款不仅仅局限在钱财的提供方面，也包括劳动力的提供。①（见表1-5）

表1-5　清代中前期山东部分重建或修葺城墙费用来源表

城市	时间	经费筹集方式	资料来源
平阴	顺治八年（1651） 乾隆二十四年（1759）	知县倡捐修 知县募民重修	喻春林修，朱续孜纂：《平阴县志》卷二《城池志》，嘉庆十三年刻本。
平原	顺治十三年（1656） 康熙二十七年（1688）	知县捐俸重修	黄怀祖修，董兆熊纂：《平原县志》卷二《城池》，民国二十五年铅印本。
寿张	康熙二十年（1681）	知县捐修	王守谦：《寿张县志》卷二《城池》，光绪二十六年刻本。
高密	康熙五十八年（1719）	知县捐修	余有林、曹梦九：《高密县志》卷三《城池》，1935年铅印本。
乐陵	乾隆九年（1744）	知县请帑修	王谦益修，郑成中纂：《乐陵县志》卷一《城池》，乾隆二十七年刻本。
惠民	乾隆九年（1744） 乾隆五十七年（1792）	知县请帑修 知县请帑修	李熙龄修，邹恒纂，《武定府志》卷六《城池》，咸丰九年刻本。
肥城	乾隆二十六年（1761） 乾隆五十七年（1792）	依赖民力修 请帑补修	凌绂曾修，邵承照纂：《肥城县志》卷三《城池》，光绪十七年刻本。
诸城	乾隆二十六年（1761）	依靠民力修	毛永柏修，李图、刘耀椿纂：《青州府志》卷二十五《城池》，咸丰九年刻本。
莒州	乾隆五十五年（1790）	借帑生息修	许绍锦：《莒州志》卷二《城池》嘉庆元年刻本。
泰安	乾隆三十九年（1774）	知府倡捐修	葛延瑛：《重修泰安县志》卷二《城池》，1929年刻本。

从上表关于清代中前期山东部分重建或修葺城墙经费的来源看，一是城墙修建和维护工程规模浩大，耗资繁多，需要集中地方的人力、财力、物力才能完成；二

---

① 清廷规定地方捐修者的范围不再局限于地方绅士商民，连一些犯人也包括在内。

是以官民捐款为主,官民捐款修葺城墙为 6 次,而请帑修葺的只有 4 次。请帑修葺主要在乾隆年间,其时社会稳定,国力强盛,政府财政收入大幅度增加,使城墙的重建或修葺在一定程度上有了经费保障,因而不少地方城墙重建或修葺都是在官方经费支持下得以进行。

清朝是中国从农业时代向工业时代过渡的最后一个君主专制的中央集权时期,清朝统治者在建立统治的过程中,继承了历史时期的城市制度,高度重视对城市的营建,尤其重视对遭到战争破坏的城市基础设施的建设,将城墙的重建或修葺纳入地方官员的考核中,由此推动了城墙的重建或修葺。在城墙重建或修葺过程中,除了政府的作用外,民间的作用也不容忽视,社会各阶层的参与是其重要推动力量。清代对城墙的重修或修葺历时百余年,遍及全国十八行省以及部分内陆边疆地区,直到嘉庆年间才基本结束。

四、衙署等官方建筑的重建

农业时代的中国,城市作为君主专制中央集权国家的不同区域的政治和军事中心而存在,政治功能与军事功能是城市最主要的功能。虽然中国城市在发展过程中不断叠加其他功能,特别是随着经济不断强化,部分城市甚至成为"商业和手工业的中心",但由于自古以来城市主要被作为地方政权的治所和军队驻地,因此,城市的经济功能仍然受政治影响居次要地位。① 特别是清代君主专制中央集权制度发展到历史的巅峰,城市的政治功能更是突出。清代都城的皇宫和地方城市中的官署建筑具有明显的政治象征意义,即象征和代表着政权的威严。统治者正是通过这个以等级层级结构为特征的官僚网络体系来有效管理国家,控制地方社会。统治者历来都把官署作为"崇文武,而为敷政出治"②的基地。而正所谓"自昔郡县莅政必有常所"③,"有政而后有公焉,有官而后有署焉。公署者,民之望也,位之表也"。因此,作为统治权力象征的官署是每个城市所必然存在的地标性建筑。清初,在城市重建过程中,作为城市政治功能象征的官署重建成为要务之一。

清朝统治者对城市中衙署等官方建筑的重建还有着对中国传统文化继承的象征意义。自汉代以后两千多年间,衙署等官方建筑受传统儒家礼教思想的深刻影响,形成了"居中为尊"的传统思想观念,所谓"王者必居天下之中,礼也"。《周礼·天官》曰:"凡官府都乡州及读鄙之制,治中受而藏之。"郑玄注曰:"中者,要也。谓职治簿书之要也。"正所谓"中也者,天下之大本也"。地方官署衙门作为地方政治权力的中心,在城市中居于重要的地理位置,虽然它的位置并非都位于城市中的地理几何中心,但是由它们的属性、功能以及地理环境共同决定着这些建筑在城市

---

① [德] 马克斯·韦伯著,王容芬译:《儒教与道教》,商务印书馆,1995 年,第 58 页。
② 周作楫等修,邹汉章等纂:(道光)《贵阳府志》卷三十五《宫室图记第五》,咸丰刻本。
③ 刘凤云:《明清时期地方官衙浅论——兼论城市空间文化》,《故宫博物院刊》,2002 年第 1 期。

的中心性和重要性，它们一般都选址在城市里人口密集、市容繁华、交通发达、风水极佳的地区①，从而形成了所谓的城市"中心"。只有这样才能更贴切地体现出官方建筑象征统治权力的尊贵和威仪的意义。《考感县志》中就有这样记载："营建之役，其来尚矣。邑虽小也，以视王国具体而微暴客，可弗御乎？则重门百雉未云侈也。官常可弗肃乎？则大壮斯干未云丽也。"② 另外，衙署作为城市的政治中心，往往具有较强的商业集聚作用，围绕衙署建筑易于形成城市内部的商业空间，聚集一定数量的商业店铺。例如，河南省会开封，"布帛店旧在西大街、钟楼东、鼓楼北及大隅首东西街，今多在布政司街。巾帕店旧在钟楼东，今多在老府门西及北三圣庙街。冠带店旧在布政司街，今多在南京巷及镟匠口。珠翠店旧在城隍庙会，今多在布政司大街。履袜店旧在大纸坊街及半截街，今多在土街。药店旧在小山货店，今多在布政司大街。聚头扇店旧在山货店，今多在布政司大街。笔店旧在开封府东，今多在镟匠口南及北书店街"③。而这时开封的府署地域分布情况是"南河同知署旧在府治内，明河水潦没，迁移柳园，国朝顺治十四年□厅赵汝斌建，今署在布政司北"④。可见，衙署建筑的重建和中心性，能够带动城市商业的复苏。

衙署等官方建筑是中国古代各级官吏办公和居住的主要场所，其主体建筑多为坐北朝南，中轴对称，主从有序，中央殿堂，两侧辅助，后为居所，这种前堂后寝的空间布局模式也充分体现了儒家礼法的原则。统治者将官署建筑严格地置于秩序化的管理下，中轴线上的建筑（前堂、后寝）处于官署建筑的主导地位，而中轴两侧的建筑居于次要的地位，从而构造了以大堂为中心，中轴对称、庭院组合式的官署建筑模式。"古者，室以宫矩。"显然，这种前堂后寝之制是对宫室布局的一种模仿，它的突出特点就是将官署与家居合为一体。正如冯友兰先生所说："故宫和一座衙门在格局、体制上是一致的，县衙门是一个具体而微的皇宫，皇宫是一个放大了若干倍的县衙门。"⑤ 斯特哈德也指出："在中国如在世界其它各地一样，统治者的权力和尊严是神圣不可侵犯的。但是在中国，皇帝的统治总是与以前的历代皇帝甚至帝制时代之前的统治者的名垂千古的治国之道相对比。首都的模式及其建筑风格便是封建帝王用来展示其作为统治者和作为传统之监护人双重合法身份的诸多方法中的两种。因此，对普遍接受的设计模式的改变便被认为是对封建帝国以往时代的挑战。帝国城市作为统治的强有力象征非同一般，以至异族统治者也总是选择采用汉人的建筑风格而并不采用易于使人想到他的故乡的城市规划。"⑥ 清代，地方城市的府署衙门在形制上与京城保持着高度的一致，只是规模的大小严格按照城市

---

① 传统的风水理论中就有"京都以朝殿为正穴，州郡以公厅为正穴"之说。
② 朱希白等修：（光绪）《孝感县志》卷二《营建志》，光绪八年刊本。
③ 沈传义等修，黄舒昺纂：《祥符县志》卷九《建置志·市集》，光绪二十四年刻本。
④ 管竭忠等纂修：《开封府志》卷十《公署》，康熙三十四年刻本。
⑤ 何一民：《近代中国城市发展与社会变迁（1840～1949）》，科学出版社，2004年，第11页。
⑥ 斯特哈德：《中国帝制时代的城市规划》，转引自史明正著，王业龙等译：《走向近代化的北京城——城市建设与社会变革》，北京大学出版社，1995年，第131页。

政治等级而有所差别。清朝建立之初,对各地城市官署建筑的重建,并不是按照满族人的建筑习惯另选新址以及另行设计,而是大多数沿用明代衙署的旧址,无论是新建还是维修,不仅在位置上基本没有大的变化,而且在建筑形制和空间布局上也基本沿用明代所颁定式。《山东通志》载:"凡直省大小衙门皆遵定式建造,金元以前,远而莫稽,故明正统间颁公署定式于天下,文武上下皆有成规。国家因明之旧……雍正八九两年,饬令各州府县动帑兴修,不劳民力。"①

清代中前期,全国绝大多数城市衙署等官方建筑都优先得到重建。虽然各省城市衙署等官方建筑的重建过程有些差异,但城市中这些衙门官署建筑都采取集中配置的原则,以便提高行政效率和强化互相监督的功能。

清代衙署等建筑在城市空间中的布局大致可分为以下三种:第一,大部分建筑集中于城市内一两条主要街道的两侧;第二,不同级别的衙署分开布局,如在省城中省级衙署与府、县级衙署皆分开布局;第三,省城以总督或巡抚的官署为中心,其他机构在其周围分散布局。同样,在府城、州城或县城都按此原则分布。一般而言,衙署内的建筑布局大体上由三部分构成:正前面为正印官治政临民的大堂;大堂后面为官员的内宅;左右两侧的堂屋则是六房、库房、寺舍以及属吏的庐舍、待客的官舍。在等级森严的君主专制社会,统治者基于"民非政不治,政非官不举,官非署不立"的观念,对于各级政府机构的建设较为重视,同时,受宗法等级观念的影响,历代统治者对衙署的规划和营建,到清代已经形成高度的标准化、定型化、制度化等特征。②清代衙署等官方建筑的建设正是严格遵照中国传统城市规划与传统城市设计的理念,在沿袭中国传统文化的同时,也通过对衙署的传承,增强清初民众对清统治的文化认同。

五、满城的修建

满城是清代城市建设的一种独特现象,是城市建设中一个新兴的部分,是以往任何朝代的城市建设都没有出现过的城市空间,带有强烈的政治、军事和文化色彩。

清朝建立后很长一段时间,满汉矛盾十分尖锐,"圈占民屋令下,不能稍违,被圈之民遽失故所,其汹汹之情可知。既圈之后,旗民杂处,矛盾冲突时有发生"③。因而清统治者一直担心汉人的反抗,"虑胜国顽民,或多反侧","乃于各省设驻防兵,意至深远"。为了强化八旗驻防兵镇压汉族和其他民族的反抗斗争的功能,维护清朝贵族的统治,清王朝在全国各区域中心城市和重要的关津要隘兴建供八旗军兵及其家属屯驻的满城。满城是清代特有的城市类型,其修建和管理呈现出以下几个特点。

---

① 丘濬等修:(雍正)《山东通志》卷二十六《公署志》,文渊阁《四库全书》本。
② 姚柯楠:《论中国古代衙署建筑的文化意蕴》,《古建园林技术》,2004年第2期。
③ 马协弟:《清代满城考》,《满族研究》,1990年第1期。

首先，清代满城的修建持续时间长，分布的地域广，类型多样。

从顺治元年（1644）北京满城的设立，到乾隆四十五年（1780）年广安满城的建立，清代修建满城的时间长达百余年。满城有的在原有城市之内修建，也有的单独修建。无论是在原有城市修建还是单独修建，满城的修建都绝非一朝一夕之功，大多耗时较长，持续时间长达二至四年。如江宁满城历两载始告竣。在原有城市之中划地修建满城相对较多，如西安、成都满城等就是在原有城区中修建。西安修建满城始于顺治二年（1645），至顺治六年（1649）筑成。康熙二十二年（1683），西安又在原满城南侧修建了南城，作为增驻左翼八旗汉军的驻防城，成为满城的一个扩展区。成都满城从康熙五十七年（1718）开始修建，到康熙六十一年（1722）初具规模，在随后的发展中，成都满城无论是其兵丁及其眷属的数量，还是营房的数量都逐渐增多。《八旗通志·营建志》记载：全国称"满城"者仅20座，余皆被称为"驻防城"。从这20座满城的地理分布来看，满城集中分布于长江以北地区，尤其在都城北京所在的直隶省内，包括陪都盛京地区，在这个地区有5个府城设置了满城。在长江以南地区只有江宁府、杭州府、福州府等城市设置了满城。总体而言，满城的分布与八旗驻防设置有着密切的关系，满城多修建于两京与内陆边疆地区。

清代修建满城的类型多样，或在原有城市之内划地分治，形成"城中之城"，如西安、太原、成都等地的满城；或在原有城市之外另筑新城，与原有城市形成"子母城"，如银川满城；或单独修建满城，如迪化、镇远等满城。不同类型的满城形制和规模虽然各异，但均以军事堡垒的形式存在，成为清廷控制整个国家的军事网络节点。各地满城驻守有数量不等的八旗军兵，这些八旗兵"无事则拱卫控制，隐然有虎豹在山之势，有事则敌忾同仇，收干城腹心之用"①。

其次，满城的修建呈现出浓厚的军事性质与旗人特色，其选址、规划缜密，各项设施完备。

满城为八旗官兵及其家属而规划修建，基本上城内的建筑都是为了满足军事需要。主要建筑有衙署、营房、军械库、火药局（库）、马棚、炮厂、练兵场等军事设施，并且有为了保证军队粮食供应的仓库。大部分满城首先要修建这些带有强烈军事色彩的建筑，然后才修建其他建筑。

清代满城的选址和规划都非常缜密。满城修建一般应先由地方官员向上级申报，经朝廷批准后方能修建。而在朝廷议准后，地方官员又需详细地勘察地形，选择适宜的地方进行修建。因此，各地满城选址修建时，并非在旧城中盲目圈地，而是经过详细的论证和规划。新建满城不仅要能驻扎大量军队及其家属，还要能将对原住地居民生活的影响减小到最低限度，尽量舒缓居民的反抗情绪。如在西安，满城位于东北城区的原因基于两方面的考虑：一是满城的修建需要较大的空间，因西安是西北重镇，驻扎的八旗兵达5000马甲，另加家属达数万人，至雍正九年（1731）西安满城内人口接近4万；二是要尽可能减少对原住居民和商户的驱逐、

---

① 希元等：《荆州驻防八旗志》，辽宁大学出版社，1990年，第3页。

第一章 清代中前期城市的破坏与重建

迁徙。西安东北城区恰好是民户稀疏之地，虽有明秦王府，但并非繁华之区，因而满城选择在此。再如青州满城的修建也是事先进行了调研，先是雍正帝指派了内务府官员偏武为修建青州满城的监察御史，再调天津都统拉锡和精通工程设计的福建候补员陈豫朋与青州当地的官员一起筹划，制定了修筑满城的详细方案，并在修建满城的过程中，招揽工匠、设立窑厂，减少扰民。待满城修建完工后，由首任驻防将军鄂弥达和副都统阿尔胡禅交接验收，并向雍正帝奏报满城、衙署及兵民住房详情。①

清代满城是一个相对封闭的城市空间，满城内除了有关军事的设施较为完备外，还建设有大量供八旗军兵及眷属居住的住房，并陆续兴建了学舍、官学等。此外，为满足满人的宗教与信仰，还修建了数量较多的各类寺庙。其时，满族信仰庞杂，除了佛教外，民间信仰甚多，尤其是受汉族民间信仰的影响，灶神、财神、天地、马王等均在满族崇祀之列。另外，汉族城市内普遍修建的关帝庙、观音阁、万寿宫等，这些民间寺庙在满城中都有。如西安满城内有各种寺庙80多所，其中供奉关羽的庙宇就占了四分之三。另外，尽管八旗官兵不需要从事生产，但满城内仍然设有少量的手工业作坊，这些作坊的工匠负责生产八旗军兵所需要的兵器及相关器具。为了满足满城居住者的生活需要，部分满人也利用特权和关系参与各种商业活动，因此在满城内相继出现了当铺、煤铺、布铺等商业机构和相关建筑物。

再次，满城规模一般较大，驻扎着数量较多的八旗兵及家属，这也是其鲜明的特点之一。

清代满城规模较大，主要表现在占地面积较大，驻扎兵丁人数及家属人口较多，各类建筑屋宇数量较多等。如西安满城在顺治年间修筑之初，"南北长一千二十八步，东西长一千二百步"；南城②"南北长四百六十步，东西宽五百一十三步"③。其后经过不断地扩建，西安满城最终达到了"周二千六百三十丈，为十四里六分零，东西距七百四十丈，为四里一分零，南北距五百七十五丈，为三里一分零"④。可见，满城和南城占了西安城内很大一部分。西安满城原额设军兵5000人，其中满族3586名，蒙古族1414名。增设南城后，满汉官兵人数骤增，满洲蒙古汉军兵马6000人，康熙三十年（1691）又增满洲蒙古鸟枪兵1000人，增满洲蒙古补兵700人。西安满城人数最多时有兵8660名，匠役156名。西安满城内的各类营房住屋数量也相当多，合计达18738间。成都满城的规模也较大，康熙五十七年（1718）开始修建成都满城，历时三年，至康熙六十年（1721）二月建成，"城

---

① 李凤琪：《青州驻防城建城概述》，《满族研究》，2002年第4期。
② 康熙二十二年（1683），清政府为了镇压不断涌现的反清浪潮和农民反抗斗争，向西安增驻左翼八旗汉军，在满城之南修筑"南城"，作为其驻防城，"南城"成为满城的一个新的扩展区。
③ 鄂尔泰：《八旗通志初集》（五）卷二十四《营建志二》，台湾学生书局，1970年。
④ 吴宏岐、史红帅：《关于清代西安城内满城和南城的若干问题》，《中国历史地理论丛》，2000年第3期。

垣周四里五分。计八百一十一丈七尺三寸，高一丈三尺八寸"①。城内有兵2000名。此外，据雍正年间编修之《八旗通志初集》记载，大多数满城的规模都在城周4里以上，驻扎的官兵一般都在1000人以上。可见，清代修筑的满城不仅规模大，而且驻扎了较多的官兵。

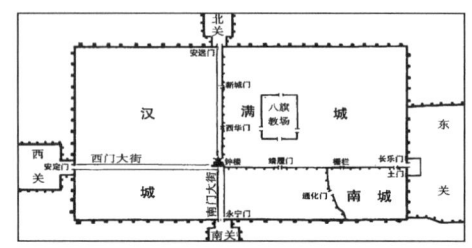

图1—3 清代西安满城、南城位置示意图

吴宏岐、史红帅：《关于清代西安城内满城和南城的若干问题》，《中国历史地理论丛》，2000年第3期。

满城是伴随着清朝统治范围的扩大而在部分区域建立的一种特殊的城市类型，其空间形态和功能在清朝不断加强对全国统治的过程中逐渐完善。乾隆四十五年（1780）广安满城修建完工，宣告了全国满城营建工作的结束，同时也标志着八旗驻防布局的基本定型，清朝对中国的统治达到了空前的巩固。满城从它诞生的第一天起，就带有强烈的政治、军事和文化色彩。它是清朝统治者为了控制各个地区而修建的军事堡垒，是清朝统治者为了增强和保持其民族意识，防止旗人"沾染汉俗"，保持旗人正统和独立性，进行旗汉分治的工具。因此，满城的功用可概括为对外防范外族的入侵，对内镇压人民的反抗和防止旗人被汉人同化。满城对于保留满族的语言、风俗、婚姻、生活习惯等起了十分重要的作用。

满城作为清代城市一种独特现象而出现，它的存在和发展对其所在地区和城市产生了显著的影响。

1. 对城市交通网络和空间格局的影响

满城的修建最直接的影响，就是一改明代以来城市内部的交通格局，形成了满城独特的道路交通网络。清代西安满城建立之后，将原西安城内一条主要干道城东大街修为满城南墙，北大街的一半则修筑满城西墙。与明代相比，西安城内四条主要交通要道仅余两条半，内环城马道则被满城和南城隔断，城市内部交通网络因满城军事禁区的出现而遭到一定程度的破坏。西安满城与南城作为具有隔离性质的军事重地，在一定程度上打乱了明代较为合理的西安城市功能分区。由于满城和南城共同占据了西安近一半的空间，因而在挤压清代西安城各功能区空间的同时，也促进了城市功能出现集中化的趋势。明时官署分布较多的东大街南侧地区在清代因交通不便和空间狭小而趋于衰落。有清一代，除咸宁县署等少数级别较低的官署位于

---

① 常明等修，杨芳灿等纂：《四川通志》卷二十四，嘉庆二十一年刻本。

满城南墙南侧外,其他官署均在城西半部择址另建。成都的满城占据了原明朝时期成都城区的西半部,如同一个大的兵营,与大城完全隔离。成都满城道路系统和空间布局发生根本性的变化,形成以长顺街为主轴的"蜈蚣形"(鱼脊骨)道路空间布局。清嘉庆年间,成都满城内共有官街八条,兵丁胡同三十三条。位于中轴线的长顺街宽度达21米,两旁官街宽度12.6米左右,兵街宽度4~7米不等,这使原城市街道格局发生了一定的改变,也导致了城内交通的一些不便。西安满城位于西安城东北隅,占有西安城三分之一的面积,隔断了西安城内的东西通道,严重影响了西安城区人流和物流的运行,对经济的发展产生了一定的影响。在清代统治的中前期,西安城区内的商业仅仅局限在西大街和南院门一带就说明了这一点。清朝完全出于军事需要而未考虑城市其他功能和城市建设的做法,在一定程度上违背了城市发展的规律,是一种畸形的发展。特别是满城封闭式发展更是与城市发展规律背道而驰,因而满城的消失也是迟早的事情。

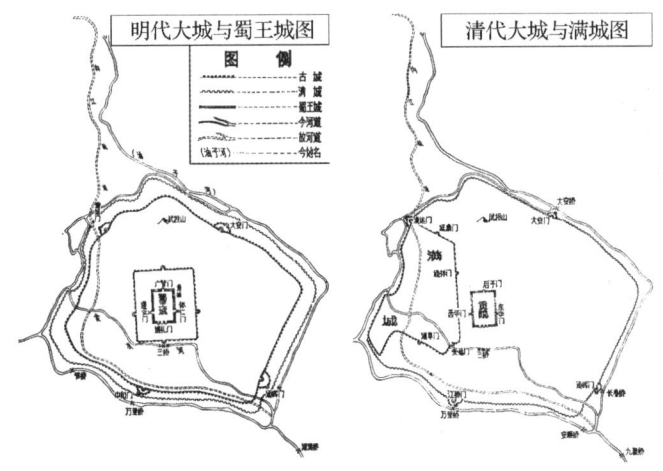

图1-4 明代、清代成都城示意图

四川省文史馆:《成都城坊古迹考》,四川人民出版社,1987年,第89、96页。

2. 对城市社会生活的影响

满城的修建对城市经济、社会、文化等方面都产生了深刻的影响。

首先,满城的修建使城市经济发生了一定的变化。一方面,满城的修建增加了满城所在城市及周边地区的经济负担。满城居住了数量众多的旗人,这些旗人不事生产,他们的生活物资供给大部分都要靠当地来解决。如山西太原满城所需钱粮都是从"山西各州县额设繁费内,每年抽拨引四千两充用"[①]。杭州满城所需军粮供应则由杭州、平湖、嘉兴及其他州府供应,每年共需缴纳白米一千二百九十三石,糙米十万五千六百二十一石。广州满城的米粮则由本省34个州县交纳,"有闰之年共额解米九万零二百四十四石一斗六升五合九勺;无闰之年共额解米八万六千七百

---

① 《清实录》第二十六册《高宗纯皇帝实录》18卷一千三百八十七"乾隆五十六年九月辛丑"条,中华书局,1986年。

六十八石零六升五合九勺"①。而成都满城所需钱粮由附近 15 个州县共同分摊，"每年由藩库预扣兵丁米折银两，发交附近十五州县摊买。成都县、华阳县上仓斗米各贰千贰百捌拾捌石，新都县、双流县、温江县、郫县上仓斗米各壹千捌百叁十石肆斗，灌县、新津县、金堂县、崇庆州、汉州、什邡县、彭县、崇宁县、新繁县上仓斗米各壹千壹百肆拾肆石。以上十五州县岁共应上仓斗米贰万贰千捌百捌拾石"②。另一方面，满城的修建也在一定程度上促进了城市某些区域商品经济的流通与发展。特别是在北方和西北边疆地区，因满城集中了城市内最主要的消费群体，因而增加了消费需求，促进了所在地区商品经济的发展。清代中前期，满城主要作为军事堡垒而存在，因而满城内部规划并没有商业区的设置，城内的商业设施更是少之又少，城内居民日常所需只能到满城外购买，或者靠行商走贩和货郎在白天进入满城贩卖，但是这些人晚上不能留宿于满城内。由于满城内生活着众多的八旗军兵，仅靠一些小商小贩入满城贩卖物品难以满足满城内居民的生活需要，这就促使满人走出满城进行各种消费活动。如在西安有许多满人进入汉城及东关城中进行日常采购和娱乐活动，因而满人的日常生活所需直接促进了西安东关城的发展。清中期后，清廷逐渐允许汉人商贩进入满城内进行贸易，因此，满城内开设了各类商业设施。雍正十三年（1735）至乾隆二年（1737）建成的绥远满城，经过几年的发展，已是"人烟凝聚，商业兴盛"。

其次，满城的修建对当地教育与文化也产生了一定的影响。

满城修建以后，清政府一直十分重视城内满人子女的教育问题，故而在满城内扩建和兴建了部分八旗专门学校。满城作为相对独立的城市区域，其教育机构的设置要比城市内其他区域更成体系，学校数量也更多，分布也更为合理。满城内的众多学校为清政权的巩固培养出了大批人才，也促进了满汉文化的传承与发展。清统治者不仅在满城增加了相当数量的教育机构，而且也在满城所依托的城市发展学校和书院，这在一定程度上提升了所在城市的整体教育水平。

最后，满城的修建不仅改变了原来这些城市的人口构成，还使原有的城市增添了少数民族特色文化，并对当地的方言产生了不同程度的影响。满城内生活着许多八旗军兵和他们的家属、子女，改变了原有的城市人口构成比例，满族、蒙古族人口在城市总人口的比例大大增加，使城市形成了汉、满、蒙等各族杂居的现象，促进了各民族之间的交往与融合，为城市文化增添了新的特色。由于满人居于统治地位，随着八旗军兵与城市中的汉人交往日益增多，他们的语言也对当地语言产生潜移默化的影响。金启孮先生就认为，满语对北京话的影响较大。他指出："北京话的语音不是汉族（保留在江南的）传统的语音，而是满蒙语音主导地位的'胡音'。"③直到今天，北京话中仍存留了许多"满式汉语"的词汇。旗人在全国各地

---

① 长善等：《驻粤八旗志》卷三《建置·粮仓》，光绪五年刊本。
② 罗廷权等：《重修成都县志》卷二《食货志第三·仓廒》，同治十二年刻本。
③ 金启孮：《京旗的满族（续）》，《满族研究》，1989 年第 3 期。

城市中与汉人进行语言交流，也使他们的语言中夹杂了各地的口音，对驻防地的方言亦产生了较大影响。

第三节　清代中前期城市经济的恢复与发展

清初，由于经过长期的战乱，经济遭到严重的破坏，耕地荒芜，农民死亡、流徙，全国各地呈现出一片荒凉萧条的景象。经济的恢复是城市重建的重要内容，也是城市走向繁荣的保障。清代中前期，随着社会秩序逐渐稳定，清统治者先后采取垦荒、屯田、兴修水利等政策来恢复和发展农业生产，特别是康熙帝在位时间长达61年，使休养生息的政策得到很好的延续，这对清代社会经济的恢复和发展起到了关键性的作用。从人口恢复的情况看，到康熙晚年人口已达明万历时的水平。明洪武二十六年（1393）全国人口为6054万，而明代全国人口最盛期万历朝时为1.2亿，经过明末清初的王朝更迭战争，全国人口数大幅度减少，经过清初的恢复，到康熙六十年（1721）时人丁数为2482万，以一丁折四口计，康熙晚期全国总人口数约为1亿，以一丁折五口计，则达1.2亿。有研究者认为明清五百年间从全国或地方来看，户（丁）与口常在一与五之比，康熙五十一年，康熙帝南巡时，"所至询问一户或有五六人"[①]。而就全国耕地数而言，康熙末期，全国耕地数也恢复到明万历时期的700万顷左右的水平。雍正时期又实行摊丁入亩政策，这使人口数和耕地数又有大幅度增加。至乾隆五十六年（1791），全国总人口已达3亿。人口的发展极大地刺激了消费的发展，促进了工商业的繁盛。越来越多的城镇成为不同区域内的商品交换场所，或是长途贩运中心。这些工商业城镇的形成和发展反过来又促进了城乡商品经济的发展。

一、国家与地方政府对恢复经济的努力

清初，面对全国残破的局面，统治者试图采取多种措施来恢复和发展经济，以维护社会稳定和增加财政收入。

（一）招民垦荒，恢复和发展农业经济

由于长期的战乱，清初荒地很多，从北到南，随处可见"地亩荒芜，人丁逃亡"，所在地方官吏面临"无民可役""无地可税"的窘境。甚至到康熙初年，"各省荒田尚有四百余万顷"[②]。四川遭到战争的破坏尤甚，人口大量减少，农村田地大量荒芜，康熙十年（1671）仍然是"有可耕之田，而无可耕之民"。黄河流域历

[①] 周源和：《清初人口统计析疑——读〈清代前期人口数字勘误〉》，《复旦学报》，1980年第3期。
[②] 《清实录》第四册《圣祖仁皇帝实录》1卷二十二"康熙六年闰四月戊子"条，中华书局，1985年。

经明末清初自然灾害和战争的双重打击,人口锐减,经济凋敝,田地荒芜。"大河南北居民寥落,膏腴荒土甚多。"① 河南的荒地问题特别严重,"自流寇残破以来,满目榛芜,人丁稀少,几二十年矣"②。直隶南部也是"一望极目,田地荒凉;四顾郊原,社灶烟冷"③。湖南、两广等地也是"弥望千里,绝无人烟"④。

  部分受到战争和灾害特别严重的地区,人口大量减少,荒地大面积出现,农业经济极度凋敝,因而如何对重灾区进行修复,是清初统治者面临的重大问题。正所谓"国以民为本,民以食为天。荒田不垦,民间资养奚赖劝垦无方,国家赋税何资"⑤? 为此,蔡毓荣上疏朝廷:"招民开垦,洵属急务。"⑥ 招民开垦之策在历史上行之有效,而清初也只有此一办法可行,因而清统治者不得不通过招徕流民、劝民垦荒等措施来恢复社会生产。早在清初,顺治帝就曾颁布上谕要求各地推行垦荒,并实施相关优惠政策:"自兵兴以来,地多荒芜,民多逃亡,流离无告,深可悯恻。著户部、都察院传谕各抚按,转行道府州县有司:凡各处逃亡民人,不论原籍、别籍,必广加招徕,编入保甲,俾之安居乐业。察本地方无主荒田,州县官给以印信执照,开垦耕种,永准为业。俟耕至六年之后,有司官亲察成熟亩数,抚按勘实,奏请奉旨,方议征收钱粮。其六年以前,不许开征,不许分毫金派差徭。如纵容衙官衙役、乡约甲长借端科害,州县印官无所辞罪。务使逃民复业,田地垦辟渐多。各州县以招民劝耕之多寡为优劣,道府以责成催督之勤惰为殿最。每岁终,抚按分别具奏,载入考成。该部院速颁示遵行。"⑦ 康熙帝继位后,更是加大了开荒垦地、发展农业的举措,除继续推行顺治以来的占垦荒地令外,还提出了一些新的政策。从康熙十年(1671)开始,陆续放宽垦荒起科年限,将三年宽至四年,又宽至六年,再宽至十年。⑧ 此外,康熙还积极鼓励地主乡绅垦荒,并以赏给官职作为诱饵,让他们对开荒垦地乐此不疲。康熙元年(1662),户部题准:"各省荒地,道府一年内开垦千顷以上者记录一次,三千顷以上者加一级,四千顷以上者加一级,记录一次。六千顷以上者加二级。州县官开垦百顷以上者记录一次,三百顷以上者加一级,四百顷以上者加一级,记录一次,六百顷以上者加二级。俟起科时,该督抚取具甘结,具题之日分别纪叙。"⑨ 在清廷大规模招民垦荒政策的鼓励下,不少地区的农民在土地的诱惑下也纷纷起而响应,背井离乡,加入垦荒的行列。如康熙年间湖广、陕西等地人民前往四川开垦荒地,形成了史上有名的"湖广填四川"移民

---

  ① "中央研究院"历史语言研究所:《明清史料》丙编第四本,商务印书馆,1936年,第361页。
  ② 李人龙:《垦田宜宽民力疏》,《皇清奏议》卷四,都城国史馆琴川居士排字本。
  ③ 卫周胤:《痛陈民苦疏》,《皇清奏议》卷一,都城国史馆琴川居士排字本。
  ④ 贺长龄:《皇朝经世文编》卷三十四,沈云龙:《近代中国史料丛刊》,文海出版社,1973年。
  ⑤ 顾汧等修:(康熙)《河南通志》卷四十三《艺文九》,康熙三十四年刻本。
  ⑥ 《清实录》第四册《圣祖仁皇帝实录》1卷三十六"康熙十年六月乙未"条,中华书局,1985年。
  ⑦ 《清实录》第三册《世祖章皇帝实录》卷四十三"顺治六年四月壬子"条,中华书局,1985年。
  ⑧ 康熙十一年(1672),康熙帝谕令户部,下令放宽征科年限:"现行垦荒定例俱限六年起科,朕思小民拮据,开荒物力艰难,恐催科期迫,反致失业。……嗣后各省开垦荒地,俱再加宽限,通计十年方行起科。"
  ⑨ 昆冈等:《钦定大清会典事例》(光绪朝)卷九十九《吏部·处分例》,光绪三十四年石印本。

潮。另外，河南、山东、山西、直隶等省人民在人地矛盾尖锐的情况下到长城以外的广大地区开荒垦地。此外，乾隆以后，清政府收复新疆，也在伊犁、哈密、乌鲁木齐等地大兴屯田，使大片荒原变成沃野，大片田地增加。乾隆三十一年（1766），天山北路军屯地共177000余亩，民屯地147000余亩。到乾隆四十三年（1778），军屯增至277000余亩，民屯达28万余亩。通过多种举措，到康熙末年，全国地区的荒地基本上得到了开垦。由于荒地的次第开垦，全国耕地面积不断扩大，顺治八年（1651）全国可耕地只有290858461亩，十八年（1661）增至549357640亩，康熙二十年（1681）增至607842900亩，到了乾隆三十一年（1766）更增至780715600亩。招民垦荒政策的实施，不仅恢复了以农业经济为主的社会经济，巩固了清政权的统治，而且增加了政府的赋税，基本上维系了财政收支的平衡。如顺治十八年税银为21576006两，粮6479465石；康熙二十四年（1685）税银增至26362541两，粮4731400石；到了乾隆十八年税银增至29611201两，粮8406422石。

（二）治理水患，恢复和发展水利

水是生命之源，世界四大文明古国都发源于大江大河之旁。充足的水源和完善的水利设施是农业生产的命脉，直接关系着农业生产的发展，也是人民生存繁衍的物质基础。清朝统治者对治理水患和兴修水利的重要性有着深刻的认识，时人总结为："兴水利，而后有农功；有农功，而后裕国计。""兴修（水）利农田，而全民命，以培万年之邦本。"① "水利兴，则民安，而国计盈；水利不兴，则民病，而国计绌。"治理水患、兴修水利不仅有利于保护人民的生命财产安全，还能增加政府财政收入，维护大河流域和沿海地区的稳定，促进周边地区的发展。因此，治理水患和兴修水利在清王朝建立初期就引起了统治者的高度关注。

明末清初，黄河屡次泛滥成灾，水患愈演愈烈，淮河和京杭运河也深受其影响，经常堵塞不通，这使河南、苏北等地年年闹水灾，给当地城市和乡村造成了严重破坏。例如，河南开封在明崇祯十五年遭水淹后变成泽国废墟，清初开封城仍是一片残破萧条的景象，城市中大量建筑被洪水冲毁或被泥沙湮没。顺治二年（1645），河南巡抚宁承勋到开封，"由大河泛舟，直抵城下，城垣半在沙淤水浸之中。进至安远门，则瓮城敌台灭没无影。循此而入，则高者为沙为陆路，卑者为水为川流……尽为渔人网鱼之乡"②。水患成为开封这座历史名城重建的主要障碍。此外，黄河沿岸还有不少城市也饱受水患之苦。据顺治年间不完全统计，清初黄河大的决堤就达15次之多，清政府虽用"丁夫数万治之"，却"旋筑旋决"③，成效

---

① 李铭皖等修，冯桂芬等纂：(同治)《苏州府志》卷十一《水利三》，光绪九年刊本。
② 吴贺孙：《豫河志》卷二十六，河南印务局，1923年。
③ 赵尔巽等：《清史稿》卷一百二十六《河渠一》，中华书局，1976年，第3716页。

颇微。据统计,从顺治至道光年间,黄河一共发生大的决堤 67 次。[①] 因此,治理黄河并兼治淮河、京杭运河成为清政府治国平天下不可稍缓的紧迫任务。顺治十四年(1657),清廷任命朱之锡为河道总督,在任期间他曾提出河政十事,对河工夫役、料物、职守、建设柳园以及河工弊端等都做了详细的阐述。由于朱之锡善于总结前人治黄经验,并加以灵活运用,故而取得一定成效,连续堵塞了祥符、山阳、阳武、陈留等地的决口,对治黄做出了贡献。康熙十六年(1677),康熙帝任命水利专家靳辅为河道总督,负责治理黄河。之后又任命陈潢治黄治运,前后经营十年,取得了相当好的成效。陈潢主持策划了塞决堵漏、挑河筑堤、建闸造坝等数以百计的大小水利工程,在治黄工程中做出了很大贡献。他们的功绩不仅在于修筑了河运堤防,堵塞了大小决口,加固了高家堰堤防,使河患得以平息,更在于使泛滥的黄河回归故道,运河南北畅通,使黄河、运河出现了十几年没有重大决口的安定局面,有利于流域内人民生活的安定和农业生产的发展。

在江南地区,万历年间江南就因"连年水旱,民困饥馑,苏、松、常、镇水利副使许应逵,浚吴淞江。支帑金十万两,兴修水利,百弊丛生,怨声载道"[②]。至明末天启时,江南地区"巨浸稽天,弥漫千里者,水之为害也。雨后停蓄,经三旬不消者,水利之不修之为害也"。"东南水患,日甚一日,而国赋与民生两受其累矣。"[③] 清初,统治者吸取前朝的经验教训,对东南地区的水患进行疏导治理。顺治十一年(1654)清帝下诏:"东南财赋重地,素称沃壤,连年水旱为灾,民生重困,皆因失修水利,致误农功。该督抚责成地方官,悉心讲求,疏通水利,以时蓄泄,水旱无虞,民安乐利。"[④] 康熙十年(1671),清政府开始在江南地区大力兴修各类水利设施,政府以江苏苏州、松江、常州三府漕折银 9 万两,浙江省杭州、嘉兴、湖州三府漕折银 5 万两为疏浚河工的经费。[⑤] 雍正、乾隆时期,清廷对江南地区水利工程的兴修也十分关注,不仅加大了政府资金的直接投入,而且还对在治水中失职的官员严加惩处,绝不姑息。使相关官员不敢懈怠。康雍乾时期大力治理水患,为清代中前期江南经济的恢复与发展,以及社会其他方面的重建工作奠定了良好的基础。江南地区的城乡经济和社会经过数十年的重建与发展,至乾隆初年就呈现出一片"天下承平,海宇宁谧;无扰攘之干戈,无繁兴之土木;上而府库充实,下而满汉安堵"[⑥] 的繁荣景象。

清代前期,北方和西北地区在沟渠建设等方面也取得了突出的成效,以雍正时规模最大。主要内容为开引河,疏泉源,筑圩岸,开沟渠,建闸涵等。雍正五年至

---

① 水利部黄河水利委员会《黄河水利史述要》编写组:《黄河水利史述要》,水利出版社,1982 年,第 30 页。
② 李铭皖等修,冯桂芬等纂:(同治)《苏州府志》卷十《水利二》,光绪九年刊本。
③ 李铭皖等修,冯桂芬等纂:(同治)《苏州府志》卷十《水利二》,光绪九年刊本。
④ 清高宗敕撰:《清朝文献通考》卷六《田赋考六·水利田》,商务印书馆,1936 年。
⑤ 李铭皖等修,冯桂芬等纂:(同治)《苏州府志》卷十一《水利三》,光绪九年刊本。
⑥ 《清实录》第十一册《高宗纯皇帝实录》3 卷一百六十五"乾隆七年四月乙巳"条,中华书局,1985 年。

七年就营造出水田 6000 余顷。在宁夏灌区，康熙、雍正、乾隆三朝修筑的水渠最多。大的灌溉水渠有大清渠、惠农渠、昌润渠等。在新疆地区，农田水利的兴修始于康熙末年，大的灌溉渠有察布查尔渠、旗屯渠、哈什大渠等。在东部滨海地区海塘①建设也取得了较为突出的成就，有效地防御了海潮的侵袭，很好地保护了沿海居民的生产和生活。例如浙江海宁所建海塘成效最为明显，康熙五十年（1711），刚上任的浙江巡抚朱轼就开始着手海塘建设，他用"木柜法"筑塘兼筑坦水，浚备河塘。仅历时两年，用银 15 万两，筑成海宁石塘 958 丈，坦水 3097 丈，土塘 5106 丈，开浚备塘河身 7756 丈。至康熙末年，共修成石塘四千多丈及土塘六千丈。康熙五十九年（1720），朱轼在海宁老盐仓首创鱼鳞大石塘 500 丈。② 雍正、乾隆时，海宁石塘又增修六七千丈。至乾隆四十八年（1783），海宁终于建成了从白尖山到老盐仓共 7102 丈的鱼鳞大石塘。值得注意的是，海宁老盐仓鱼鳞石塘工程，始于康熙末年，至乾隆四十八年竣工，历时 70 年而从未间断，清政府为此投入大量的人力、物力和财力，由此也可看出清初统治者对水利设施建设的重视程度。

（三）实施停止圈地、更名田、蠲免钱粮等举措，鼓励农民发展生产

满族贵族和军队刚入关时，实施圈地政策，把大批农民驱赶出家园，严重破坏了农业生产。康熙帝于康熙八年（1669）下令停止圈地："比年以来，复将民间房地圈给旗下，以致民生失业，衣食无资，流离困苦，深为可悯，嗣后永行停止。其今年所圈房地。悉令给还民间，尔部速行晓谕……至于旗人无地，亦难资生……令贝勒大臣确议以闻。"随后，吏部遵旨议定："张家口、喜峰口、古北口、独石口、山海关外，各有旷土，如宗室官员及兵丁有愿将壮丁地亩退出，取口外闲地耕种者，该都统、副都统给印文咨送，按丁拨给。"③ 废除圈地令防止了清初土地占有关系的进一步恶化，避免了中原地区农业生产进一步遭到破坏，对农业生产的恢复起到一定的积极作用。

为了稳定农业生产秩序，提高农民的生产积极性，康熙七年（1668），清廷下令各省清查明代藩王庄田，将其分别荒熟作价卖给农民。后来为了尽快恢复农业生产及开垦荒地，康熙八年（1669），下谕户部："前以尔部题清直隶等省废藩田产，差部员会同各该督抚将荒熟田地酌量变价。今思既以地易价，复征额赋，重为民累。著免其变价，撤回所差部员，将现在未变价田地，交与该督抚给与原种之人，

---

① 海塘是沿着潮汐河口和海岸边缘修建的挡潮防浪的堤。见《中国农业百科全书·水利卷》（上卷）"海堤"条，农业出版社，1987 年，第 240 页。
② 鱼鳞大石塘是指用长约 5 尺、宽 1 尺 2 寸、厚 1 尺的大石砌作 18～20 层，在纵横侧立两相交接处，上下凿出槽榫，嵌合连贯，合缝处用油灰黏结、铁攀嵌扣而成的石塘。石塘的背水面培筑土塘，高 1 丈、宽 2 丈，塘基根脚密排梅花桩 3 路，加石灰土，用三合土坚筑，使之稳固。见《中国农业百科全书·水利卷》（下卷）"鱼鳞大石塘"条，农业出版社，1987 年，第 960 页。
③ 昆冈等：《钦定大清会典事例》（光绪朝）卷一千一百十七《八旗都统·田宅》，光绪三十四年石印本。

令其耕种，照常征粮。"康熙九年（1670），清廷又令，更名地内"有废藩自置之地，给民佃种者，输粮之外，又纳租银，重征为累……著与民田一例输粮，免其纳租……有征收在库者，许抵次年正赋"①。这使得夺回明宗室藩王土地的农民免于失去土地的命运，是一项鼓励农民从事农业生产、开发荒地的有效措施。经过"更名田"，直隶、山西、山东、河南、湖北、湖南、陕西、甘肃等八省的耕地达16万余顷。

另外，康雍乾三朝都十分重视蠲免钱粮，将其看作恢复经济的重要措施。自康熙元年（1662）以来，蠲免之令屡下，"有一年蠲及数省者，一省连蠲数年者"。康熙在位的六十余年中，"前后蠲除之数，殆逾万万"②。乾隆年间，清廷也曾多次"普免天下钱粮"，这在一定程度上减轻了农民的负担，对恢复和发展经济起到了一定积极效果。

此外，清王朝还通过"地丁合一""废除匠籍""出旗为民""除贱为良"等措施，恢复和发展了城乡生产力，提高了劳动人民的生产积极性，顺应了历史发展的趋势，一改明末清初社会残荒之状，为清代中前期社会重建工作的顺利展开奠定了较为坚实的物质基础。

二、农业和手工业的恢复与发展

（一）农业的恢复与发展

清代中前期，统治者采取了多种措施使清初残破不堪的社会经济得以重建，农业生产得到恢复和发展。

一是大量荒地得到开垦，耕地面积不断扩大。清初全国荒地极多，随处可见，而到了康熙末年，大部分的荒地都被开垦出来，耕地面积也由1645年的400余万顷，增加到1766年的780余万顷。

二是水利的恢复与兴建。康熙时，全国各地大举兴修水利设施以治理水患。特别是清初水患频发的黄河、淮河和京杭运河均得到了有效的治理。雍正时期，清政府又在江苏、浙江等地修筑海塘工程，使沿海一带的农田免受海潮的破坏。水患的治理和水利设施的建设，为农业的恢复与发展创造了条件。

三是粮食亩产量的提高。明万历时期，平均粮食亩产为1.65石。清乾隆年间，全国的耕地不仅比明代增加64%，而且亩产量也增加了52.8%，其农业生产水平有了很大提高。清代中前期，南方相当部分地区的水稻亩产，除去特别情况外，一般合带壳稻谷2石至4石多，其中江南地区水平较高，平均为稻谷2~3石，多者可达5~6石。此一时期，从海外引进的高产粮食作物如玉米、番薯等也得到了推

---

① 《清实录》第四册《圣祖仁皇帝实录》1卷三十二"康熙九年正月己酉"条，中华书局，1985年。
② 赵尔巽等：《清史稿》卷一百二十一《食货二》，中华书局，1976年，第3551页。

广，普遍种植于全国，它们在一些不能种植水稻或小麦的山区被广泛种植。玉米的产量远比麦类高，番薯更是每亩可产数千斤。这不仅能有效地开发山区，利用空闲余地，从而扩大全国的耕地面积，而且能对粮食亩产的增加产生影响。有学者经研究估算出清代中前期玉米和番薯的种植可使当时的粮食亩产平均增加17斤左右。

四是经济作物种植面积的扩大。此时棉花的种植已经遍及全国，并形成了江苏、浙江、湖北、河北、山东、河南几个著名的产棉区，这些地方的棉花大量外销，甚至连种植棉花较晚的奉天地区，每年都有许多棉花销往关内。此外，甘蔗、烟草也得到了大力的推广，成为一些地区农业经济的支柱。经济作物种植的扩大，是商品经济发展的反映，同时又推动和促进了商品经济的发展。清代中前期，无论是耕地面积还是单位粮食产量都超过了前代，粮食总产量也有了很大的提高，表明封建农业经济在这一时期达到了新的水平。农业经济的恢复和发展，不仅解决了城市居民的生活需要，而且给城市经济的发展提供了充足的原材料，是清代中前期城市经济重建得以顺利进行的保障。

（二）手工业的恢复和发展

1. 清代手工业政策对手工业恢复的促进

明末清初大规模的战乱持续了60多年，给社会生产造成了严重的破坏，全国城乡社会经济呈现一片残破的景象。清朝定鼎北京之后，采取了各种措施，力图在战争的废墟上恢复和发展社会生产，重新稳定封建社会的经济基础，除农业外，恢复和发展手工业成为城市经济重建的重中之重。

首先，清廷于顺治二年（1645）五月十九日颁布上谕，宣布废除明代的匠籍制度，"令各省俱除匠籍为民"[①]。雍正四年（1726），在实施"摊丁入地"政策之后，各省又在清廷的同意下陆续将"班匠银"归并田亩或地丁带征，使"手艺贫民受益良多"[②]。免除了手工业者的人身依附和徭役，将手工业者从以匠籍身份固定的封建人身束缚下解放出来，提高了手工业者的生产积极性，也为他们从农村或小镇向大中城市流动提供了可能，由此推动了城市手工业的恢复与发展。

其次，清朝征收赋税时不再收手工业品。清初虽一度沿袭明制征收丝绢棉布，但主要是用折银解纳，不久即将此废除，将其编入地丁钱粮起科。官方所需用的布匹和官局织造所用的丝织原料，一概以市价向布商和丝商购买。这就使手工业生产出来的大部分纺织品能进入市场进行交换，无疑促进了商品经济的发展，对手工业的发展也起到了有力的推动。

再次，清代缩小了官营手工业的范围和规模，并从民间招募工匠，不断改革明代佥派堂长管理、机户供役等旧制，对民间丝染织手工业者采用"承领机帖""轮

[①] 《清实录》第三册《世祖章皇帝实录》卷十六"顺治二年五月庚子"条，中华书局，1985年。
[②] 彭泽益：《中国近代手工业史资料（1840—1949）》第一卷，生活·读书·新知三联书店，1957年，第391—393页、第162—163页。

值"等方式加以控制和利用。这就改变了官营手工业的经营管理体制。在陶瓷、丝织等行业中免除手工业者供役供物的义务，采取所谓"惠工给值"的措施，促进了手工业生产的发展。

另外，清代还放宽了对民间采矿冶金行业的限制，政府一般只征税、收买，不直接干预生产，使民营采冶业扩大了生产规模。

最后，清前期，政府禁止"有司私自科派"。

上述手工业政策的实施，促进了清代中前期手工业的恢复和发展。

2. 清代中前期手工业的发展

康熙中期以后，社会秩序相对稳定，政府实施了一系列政策来发展经济，使社会生产获得了恢复和发展。清代中前期，手工业工人的生活有了一定的保障，各个手工业部门与明末相比，有了进步与发展，主要表现在以下几个方面：

首先，从事手工业的人数大大增加，生产工具在一定程度上有进步与革新，手工业生产分工更加细密，生产规模得以扩大，手工业产品相比前代在数量上有所增长。

清代手工业的发展除了上述政策的改革形成推动力外，还与清代中前期人口的快速增长刺激了消费需求有着直接的关系。随着各个手工业部门生产劳动投入量的增加，以及商品生产与商品流通的发展、区域内市场的扩大等诸种因素，使手工业的生产出现了量的扩张。这一时期，传统工商业城市的手工业恢复发展得最快，如清代杭州手工业以丝织业最为发达，为浙江省工艺品之大宗，其产量之巨，居全国之冠。顺治初，清承明制，设杭州织造，分为织造衙门和染织局，后者为官营制造工业，下设供应机房、倭缎机房和诰帛机房等三个机房，招募工匠印染织造，其内部分工细致，制造技术精湛。至乾隆十年（1745），杭州织造局已有织绸机600台，工人1200人。与此同时，苏州的手工业崛起，成为全国手工业生产贸易中心之一，尤以丝棉织业发达。据史料记载，苏州东半城的丝织工"比户习织，不啻万家"①，织机约有1.2万台。由于织花布机的发明，工匠可织出多种花纹的棉布，诸如三梭布、斜文布、紫花布、药斑布、茄条布、蚂蚁布、钠布等，受到城乡居民的喜爱，市场需求大增，远销海内外，由此推动了苏州棉织业的发展。苏州的布庄集中在阊门外上下塘，康熙九年（1670）有21家，康熙五十四年（1715）则达72家。各布庄资本雄厚，既在附近乡镇设点收购，长途贩运南北各省，又自行雇佣工人生产加工，漂白、染布及看布、行布均为一体。早在明代，苏州就设有织染局。清初，织染局较前扩大三四倍，又另设织造局。康熙二十四年（1685），织造局有织机八百张，机匠2330人，各类人役达2600余人。苏州加染的布称"苏布"，印花称"苏印"。由于染业的发展，染布的最后一道工序——踹布在乾隆年间已独立成业。阊门外踹坊达450余家，从事染踹的工匠总数达2万余人。苏州的其他手工业如造纸、印刷、出版、工艺等行业的发展也引人注目。乾隆年间全城有纸坊60多家，

---

① 许治等修：（乾隆）《元和县志》卷十六《物产》，乾隆二十六年刻本。

第一章
清代中前期城市的破坏与重建

雇佣工匠 800 余人。在矿冶等行业，据不完全统计，在鸦片战争前的 190 多年里，铜、铅、铁、金、银、锡、水银、煤等 12 种矿厂，历年先后报开的共计 1109 个，停闭的有 829 个，在采的有 280 个，矿业发展达到了前所未有的水平。

其次，手工业生产门类相比前代有所增加，出现了新兴的行业，手工业产品的品种也随之增加，如制烟业、花生油业，以及一些民营的盐业和矿业。

烟草自明代万历年间传入中国，经清代中前期的推广种植，到清代中叶，其种植范围已遍及神州大地。清初王士禛在其《香祖笔记》中这样谈烟草："今处处有之，不独闽矣。"[①] 钱大昕在乾隆年间曾赋诗一首，感叹烟草在中国的传播速度："小草淡巴菰，得名盖未久。移栽始闽峤，近乃处处有。"[②] 伴随着烟草种植业的发展，烟草加工技术也在不断地进步。清代中前期全国各地不断涌现出一些著名的烟草品种，内陆边远地区的甘肃在乾隆时期就生产出了特色烟种。据《金壶浪墨》记载："乾隆中兰州别产烟种，铅铜为管，贮水吸之。"[③] 清代中叶之后，兰州五泉、临洮、永靖、榆中、永登、皋兰、靖远等县都广泛种植烟叶，烟草加工业成为以兰州为中心的各大小城市的重要手工业生产部门。四川的制烟业在清代也有很大发展，据嘉庆《四川通志》记载，清前期"蜀多业烟艺者"，由于烟草消费市场的日益扩大和烟草加工"获利过稻麦三倍"，故"民争趋焉"。[④] 这使四川省会成都及周围附近郊县加工烟草的烟行及作坊日益增多。值得注意的是，此时四川的烟草加工技术已比较精细，烟叶产销步入专业化的轨道，四川的烟业成品不仅满足了本省的消费需要，而且还远销外省。到清代中期时，四川省的烟草种植已具有相当的规模，成为全国烟草的重要产区。而从全国范围来看，烟草成了仅次于棉花的第二大经济作物，烟草加工业成为产烟区各城市重要的手工业生产部门。

花生是否为中国本土的农产品还存在争议。中国考古学家于 1958 年在浙江省吴兴钱山漾原始社会遗址中首次挖掘出两粒完全炭化的花生种子，后又于 1961 年在江西省修水县山背地区石器时代遗址中挖掘出四粒完全炭化的花生种子。由此可见，花生在中国很早就有。[⑤] 但花生的大规模种植是在清代，花生种植的范围逐渐从东南沿海地区向内地扩展。花生是一种具丰富营养价值的豆科植物，不仅可以直接食用，而且可以榨油，弥补菜籽油的不足，因而清以后以花生为原料的榨油业成为新兴行业。

清代放弃了历代政府对盐业和矿业实行官营垄断的政策，"这使盐业和矿业得以在民间自由发展，这既是官、民手工业的一种结构性的变化，也使民间手工业行业种类增多"[⑥]。这种变化也极大地促进了城市手工业的发展。清代民营手工业作

---

① 王士禛撰，湛之点校：《香祖笔记》卷三，上海古籍出版社，1982 年，第 45 页。
② 陈琮：《烟草谱》卷五《钱大昕竹汀》，嘉庆刻本。
③ 黄钧宰：《金壶浪墨》卷一《烟草》，《清代笔记丛刊》（四），齐鲁书社，2001 年，第 2888 页。
④ 常明等修，杨芳灿等纂：《四川通志》卷七十五，嘉庆二十一年刻本。
⑤ 浙江省文物管理委员会：《吴兴钱山漾遗址第一、二次发掘报告》，《考古学报》，1960 年第 2 期。
⑥ 徐建青：《清前期手工业的发展水平与特点》，《中国经济史研究》，1998 年第 1 期。

坊和商号有较大发展，出现了拥资较巨的大型手工业工场，特别是盐业和矿业生产除所需资本雄厚外，还要有庞大而复杂的生产设备，雇佣大批手工业工人。如四川的井盐业开采就是工程量大、费时久、耗资巨的行业，但也是利润甚巨的行业，由于清统治者放宽了限制，因而吸引了不少投资者。《三省边防备览》记载："四川之货殖最巨者为盐。……大盐厂如犍富等县，灶户、佣作、商贩各项，每厂之人以数十万计，即沿边之大宁、开县等厂，众亦以万计。"① 由于在富荣地区大规模进行井盐开采，由此形成了一个新兴城市，即近现代著名的盐都——自贡市。云南的铜矿在清代也得到大规模开采，"民厂之大者，其人以数万计，小者以数千计"②。广东以佛山为中心的冶铁业也有很大发展，"凡一炉场，环而居者三百家，司炉者二百余人，掘铁矿者三百余，汲者、烧炭者二百有余"③。佛山成为广东的冶铸中心，全省冶炼大都运到佛山镇去加工制造，"诸炉之铁冶既成，皆输佛山之埠"④。乾隆年间，佛山炒铁工厂就有40余所，工人5000多人，铸铁工场则有百余所之多，加之其他的铁行和辅助工，总人数可达3万之众。⑤ 佛山制铁中的铸锅业更是远近闻名，所铸的铁锅不仅行销各省，还大量出口国外。加之织布业和其他手工业的发达，四方的商人云集于此，从事各种贸易活动。康熙年间，佛山已是"万瓦千鳞，千街错绣，棋布星罗，栉比辐凑，炊烟乱昏，灯火连昼"⑥。可见，清代中前期城市手工业的恢复与发展促进了城市商业的繁盛，推动了城市的复兴和发展。

最后，清代中前期城市手工业的进步与发展还表现在手工业中的某些行业、某种产品甚至是某一生产环节形成了以自然条件为基础的地域分工。

清代手工业产品地域分工的形成是长期的生产竞争和市场优胜劣汰的结果。清代中前期，一些城市手工业品的生产更主要的是满足市场的需求而不是自给自足。这种以自然条件为基础的地域分工优化了资源的配置，不仅有利于手工业产品的流通，也促进了商品交换的发展。例如蚕桑丝织业、酿酒业和陶瓷的生产都出现了明显的地域特点。清代中前期，中国丝织业遍及大江南北，形成了多个生产集中地。但实践证明，江南地区的气候、土质和水质更有利于蚕桑丝织业的发展，因而，江南地区凭借其得天独厚的自然地理条件在清代中前期成为全国最大的丝织业中心。清代酿酒业主要集中于全国的各大产粮区。北方以直隶、河南、山东、山西为中心，南方则集中于四川、江苏、安徽和浙江等省。值得注意的是，清代东北地区的酿酒业也得到很好开发。由于大量的移民到东北开荒垦地，其农业得到很大发展，成为重要的粮食产区，该地区盛产高粱、玉米、大麦、小麦等粮食作物，烧锅业也

---

① 严如煜：《三省边防备览》卷十《山货》，道光二年刻本。
② 王文韶等修：《续云南通志稿》卷四十三《食货志·矿务》，光绪二十四年刻本。
③ 屈大均：《广东新语》卷十五《货语》，中华书局，1985年，第409页。
④ 屈大均：《广东新语》卷十五《货语》，中华书局，1985年，第409页。
⑤ 冼剑民：《清代前期广东手工业的发展及其特点》，《广东社会科学》，1993年第4期。
⑥ 《雍正朱批谕旨》第十六函第四册，转引自何一民：《中国城市史纲》，四川大学出版社，1994年，第232页。

第一章
清代中前期城市的破坏与重建

随之兴起，而且由于很适合移民的需要和口味，因而销路甚广。雍正时，盛京等地烧锅屡禁不止。《清实录·世宗宪皇帝实录》就记载："今闻盛京地方仍开烧锅，盛京口外蒙古交界之处，内地人等出口烧锅者甚多。"[①] 清代中后期，黔北—川南一带、山西汾州和江苏无锡等地因其独特的气候和水质成为名酒产区，奠定了现代中国白酒产地的基本格局。总体而言，清代中前期的酿酒业从地域发展上看，已经呈现出了产业向原料产地集中的趋势，酿酒最集中的地方都是粮食产区。[②]

陶瓷的生产在清代也出现了明显的地域分工特点。唐以前中国的陶瓷产地主要在北方地区，尤其白瓷以北方为主，并形成了一些名瓷名窑，"陶至唐而盛，始有窑名"。河北、河南、陕西、山东、山西等省区的瓷器生产不仅规模大，而且形成了一些名瓷名窑，如邢窑白瓷闻名天下。但自宋以后，随着中国经济重心的南移，陶瓷业生产中心逐渐向南方转移。北方原来的瓷器生产中心受到战争的破坏而衰落，精致细瓷产品的生产为日常所用的粗瓷产品生产取代，而南方的瓷器生产则出现巨大的进步，尤其是到清代逐渐形成了以江西景德镇、福建德化、江苏宜兴等为主的瓷业生产中心。这些地方制作的精美细瓷和工艺瓷器远近闻名，尤其是景德镇的瓷器生产经过宋、元、明的发展，至清代达到一个鼎盛时期。景德镇瓷器成为中国精美瓷器的代名词，瓷质优良，品类齐全，造型轻巧，装饰多样，行销海内外。

三、城市商业的恢复与区际贸易及市场网络的发展

城市的发展离不开商业，而商业的发展也必须以城市为依托。城市是"人口集中、工商业发达、居民以非农业人口为主的地区，通常是周围地区政治、经济、文化中心"[③]。因而城市与商业的发展形成极为强烈的互动关系，所谓"无农不稳，无工不富，无商不活"。自古以来，历朝历代的兴衰历史都验证了这样一个普遍的事实，即商业对于城市发展的重要性。每当一个王朝进入末期，战乱频繁，社会经济遭到极大破坏，历经战乱和自然灾害破坏的城市，工商业萧条，这时的政府无力扭转这种局面，多种因素影响了社会的发展，导致了城市的衰落。新王朝初期，一般对于商业的恢复与发展都十分重视，从而带动了城市经济的重建。自明代中叶以来，商品经济高度发展，以民生用品为主的区际商品流通网络开始形成。城市作为商品流通中心的功能开始发挥，一些城市的主导功能因此发生了改变。特别是中国东南沿海地区的一些城市，逐渐由政治中心优先发展向经济中心优先发展转变，经济的兴衰成为这些城市发展规模和发展速度的决定因素。明代，商业贸易已经成为部分交通枢纽城市的基础，而商业贸易的转运贸易更是成为一些城市兴起和发展的

---

① 《清实录》第七册《世宗宪皇帝实录》1卷四十二"雍正四年三月辛酉"条，中华书局，1985年。
② 徐建青：《清代前期的酿酒业》，《清史研究》，1994年第3期。
③ 中国社会科学院语言研究所词典编辑室：《现代汉语词典》（第五版），商务印书馆，2005年，第176页。

重要条件。一直以来，城市都是作为消费中心而存在的①，这使得城市成为商品的集散地。不同城市根据自身的职能和特点成为商品转运贸易的起落点。由城市经济组成的市场网络成为统治者控制封建经济的重要渠道和控制区域社会的有效手段。但明末清初长期的自然灾害和战争，导致工商业萧条，商路中断，城市发展陷入停滞，失去活力。因此，清初城市重建所面临的一道难题就是如何恢复和发展城市的商业，清统治者主要采取了以下几方面的措施：

第一，加大对交通等基础设施的建设。"要致富，先修路"这句俗语，是自古以来的共识，良好的道路交通系统是经济要素流通、商业兴盛的重要保障，交通是城市发展的生命线。②清代中前期，各级政府都较为重视道路的兴建与重修，特别是对重要道路、桥梁的建设，以及河道的疏浚等都是在各地方政府的主导下进行。对这些工程的修建和维护成为各级官员的重要职责之一，道路的好坏也成为考核各级官员政绩的内容之一。清廷先后于顺治元年（1644）、雍正三年（1725）、雍正七年（1729）、雍正十三年（1735）、乾隆十五年（1750）、乾隆十六年（1751）、乾隆二十六年（1761）、乾隆二十九年（1764）、乾隆四十一年（1776）、乾隆四十五年（1780）、乾隆五十五年（1790）、嘉庆四年（1799）等不同年代，分别下达了对道路、桥梁及城市基础设施进行修葺和维护的谕令。③由于各级政府的高度重视，清代中前期重要道路和桥梁都得到不同程度的重建与修葺，而城市与区域之间道路的建设，对于商品经济的恢复与发展至关重要，促进了经济要素在城市与城市之间、城市与区域之间的流动。另外，城市内部的道路交通设施的重建更是受到当政者的高度关注。在农业时代，城市内部的道路，除京师供皇帝出行的少量官道以外，大多数城市街道是人、畜、车、轿混行。一般道路没有路面铺装，道路状况大都不好，即使京师也不例外，除了官道和主要道路以石板铺路外，其他中小街道的路况都较差，"雨天是齐踝深的泥，晴天是齐踝深的土"④。因此，修筑和维护城市内部道路交通系统的工作成为地方官员的大事，"惟良有司知道路、桥梁皆王政之大，以时加意，无令病涉，庶有济焉"⑤。清初，虽然统一全国的战争还未结束，政府经费严重不足，但清廷仍然大力鼓励各地官员和绅商捐资修建道路桥梁。如顺治年间清廷就规定："桥梁毁坏，地方官能设法修葺，不致累民者，该督抚具题叙录。"⑥ 实际上，清初各城市道路、桥梁的重建，除了部分官员以个人名义捐俸修建，大多数都是由官员倡导，当地士绅、商人和其他各界人士共同出资、出力兴建。雍正时期，陕西省建设大型桥梁 30 座，其中由政府出资兴建的只有 1 座，由

---

① 马克斯·韦伯认为，自古以来，中国城市往往也是"商业和手工业中心"。参见［德］马克斯·韦伯著，王容芬译：《儒教与道教》，商务印书馆，1995 年，第 58 页。
② 这里的道路不仅指陆路交通系统，还包括了水路交通系统。
③ 昆冈等：《钦定大清会典事例》（光绪朝）卷九百三十二《工部·桥道》，光绪三十四年石印本。
④ 史明正著，王业龙等译，杨立校：《走向近代化的北京城——城市建设与社会变革》，北京大学出版社，1995 年，第 76 页。
⑤ 周硕勋：（乾隆）《潮州府志》卷十九《津梁》，光绪十九年重刊本。
⑥ 昆冈等：《钦定大清会典事例》（光绪朝）卷八十六《工商·城垣》，光绪三十四年石印本。

知县等各类官员捐建的有 11 座,其余大部分桥梁兴建的资金都是来自民间。清代民间捐修与明代相比其数量和规模明显增加,有学者认为,清代民间捐资已成为地方交通事业的主要力量。

第二,清代中前期,政府和民间高度重视对商品流通基础设施的恢复与重建,尤其是对交易设施和社会治安设施的建设。

在交易设施建设方面,政府在各个城镇设置市场作为交易的场所,而在集市方面,以政府出资兴建为主,以民间自然形成和民间个人捐助设立为辅。以清代中前期南阳地区为例,当地官员不仅在县城附郭、城关厢和城内街道等处普遍设集市,还努力修筑集镇。① 值得注意的是,集镇数量的增加并不完全是在原有基础上的次第增加,其中有部分是在原有基础上重建,有部分是新建。明末清初,经过战乱等因素的破坏,很多集镇都消失了,因而有相当部分集镇是随着商品经济与交换贸易的发展而发展起来的新集镇。以南阳县城附近为例,该地区共有 17 个集镇,其中只有博望、瓦店两镇是明到清初一直存在,其余的 15 镇均为清代新建。此外,其他一些商品交易的次要设施(如货栈、铺房、旅店等)或是政府有偿投资建设,或是民间自行建设。它们大多数不是无偿捐建的,而是有赢利目的,以市场调剂为基础。作为市场管理者和经营者双重身份的当地政府,或建铺房出租,或把土地出租给民间建设铺房,从中牟利。例如,乾隆年间,巴县某人租"官基空地,进深一丈,自置铺房,每年纳地租银",按季缴纳。② 民间出租铺面房屋亦属于经营性质。这些民间出租铺面和开设旅店都是以赢利为目的,这些经济行为受到市场机制的控制和影响。

表 1-6 明嘉靖年间与清康熙年间南阳府集镇数对比

县名	明嘉靖年间	清康熙年间
南阳县	6	17
南召县	20	6
唐县	26	15
泌阳县	19	11
镇平县	7	10
邓州	14	26

---

① 集镇是介于乡村与城市之间的过渡型居民点。集镇一般是指建制市镇以外的地方商业中心,既无行政上的含意,也无确定的人口标准。集镇内部结构的主要特征是商业街道居于核心地位。集镇的平面形态受当地环境以及与相邻村镇联络的道路格局的影响,或作带状伸展,或作块状集聚,并随本身的成长而逐渐扩展。(参见中国大百科全书出版社编辑部:《中国大百科全书·地理学》,中国大百科全书出版社,1990 年,第 235 页。)笔者在本文中并没有把"城市"与"城镇"(府、州、县城和乡村集镇)分开研究,而是把它们作为一整套"城市系统"加以研究。

② 四川省档案馆编:《清代巴县档案汇编》(乾隆卷),档案出版社,1991 年,第 295—296 页。

续表

县名	明嘉靖年间	清康熙年间
内乡县	13	18
新野县	4	11
淅川县	8	16
裕州	24	18
舞阳县	6	18
叶县	17	17
总计	164	183

朱璘纂修：《南阳府志》，康熙三十三年刊本。

表1-7　乾隆二十八年（1763）巴县城内民间出租铺面房间简表

出租户	出租铺面房间数（间）	租金（两）
临江场	41	737.5
通远坊	44	1029.9
洪崖坊	30	688.2
定远坊	28	792.4
临江厢	22	254.1
定远厢	9	306.4

《清代巴县档案汇编》（乾隆卷），档案出版社，1991年，第316—318页。

在社会安全设施建设方面，清代中前期时也有时代的特点。清代对于县城以下的重要集镇建有巡检制度，但与明代相比也发生了重大变化，巡检由主要管理军镇转向对经济中心市镇的管辖。① 地方政府也设立了巡役和巡船等来保护往来商旅的安全。雍正十年（1732），清政府规定：各省在"江河中流要处，一例设立巡船官兵，往来游巡……遇有盗案，照海洋行船被劫例议处"②。如南阳县"在县东北九十里赊旗店，乾隆二十年建……赊旗店汛把总署，在赊旗店巡检司南"③。江西省"赣河一带塘汛亦已设有巡船，为卫护商船"④。除此之外，各省官员和民间组织在主要的航道和河段都设立了船行标志，并有救生船与救生桩。商人亦可雇佣巡役来保护自身的安全，巡役由州县监管，可携带鸟枪。在派驻巡检机构和官员的同时，

---

① 江凌：《明清时期南阳盆地城镇体系的等级规模结构》，《南都学坛》，2006年第6期。
② 昆冈等：《钦定大清会典事例》（光绪朝）卷六百三十二《兵部·绿营处分例》，光绪三十四年石印本。
③ 潘守廉等纂：《南阳县志》卷三《建置》，光绪三十年刊本。
④ 陈宏谋：《培远堂偶存稿》卷十四《清代诗文集汇编》，上海古籍出版社，2010年。

第一章 清代中前期城市的破坏与重建

清廷在一些规模较大的集镇还驻有军队。如南阳唐县源潭镇移驻外委,"拨守兵五名,以便不时巡查"。政府的这些社会治安保全举措主要是出于国家政治、军事和财政的需要,是为了维护统治阶级自身的利益和稳定地方社会,以减少和避免民间冲突,加强政府对地方的控制,但这些治安设施也起到了加强商品流通的作用,有效保护了商人的利益,促进了商品经济的发展。

清代中前期,经过政府和民间对商品基础设施的建设和对商品流通的有效保障,清代商品的流通量比明代大大增加,商品流通的区域扩大,形成了"三横三纵"比较完整的商路系统。① 这也进一步建立和完善了全国范围内的交通运输网络体系,使中国古代道路交通达到了鼎盛时期,形成了以北京为中心,组织严密、通达全国各省包括内陆边疆在内的省、府、州、厅、县等城镇的交通运输网络。仅"官马大路"②中的官马北路、官马西路和官马南路总计里程就达 67062 里,沿途设置驿站(台)1040 个。全国性的交通网络体系不仅包括陆路交通系统,还包括水路交通系统。值得注意的是,清代商路的拓展主要以水路运输为主,陆路交通仅处于辅助的地位。清代中叶,全国当时内河航运线路已接近近代的水平,全国航运里程在 5 万公里以上,沿海航线约 1 万公里。水路交通运输的发展是商品经济发展的结果,它的发展和完善反过来对商品经济的发展又起了重要的推动作用。这不仅使各手工业城市的产品销售范围扩大,更使商路上各个因转运贸易而兴的城市得以繁荣。可见,商品基础设施的建设和商路的开辟对城市的重建工作有极大的促进作用。

第三,清政府对恢复和发展商业采取了若干举措,其"恤商""扶商"政策及对商人的重视,为城市商业的复兴与发展提供了制度保障。"城市是人类的集居点,主体是人。城市发展主要表现在城市人口之增加"③,而"人口问题直接影响着区域发展的水平、速度、方向等"④。商人是城市中一类特殊的群体,他们也是城市重建的主体,他们不仅带来了巨大的商业资本,而且盘活了城市经济,是城市重建所不可或缺的。然而,古代中国的封建统治者一直以来都施行"重农抑商"的经济政策,认为商人的壮大不利于自身的统治。清朝统治者表面上也强调"不得贪利而废农工之大,不得逐末而忘稼穑之难",认为"崇本抑末,载诸会典,著为常经,由来已久"⑤。但事实上,清朝政府推行的主要还是"恤商""扶商"的政策。

清初,全国城市满目疮痍,城市重建是一项极为紧迫的任务。城市经济重建是

---

① 所谓的"三横",指长江水运、沿清代运河新兴城市清江浦(替代淮安)溯河而上至开封,再转陆路至陕西、珠江水运;"三纵"是指大运河、沿海航线、北京至广州的水陆交通线。参见宁越敏、张务栋、钱今昔:《中国城市发展史》,安徽科学技术出版社,1994年,第349—350页。
② "官马大路"是国家级官道,是全国整个交通运输网络体系的核心部分,其中心在北京,京城东华门外设有皇华驿,是全国交通的总枢纽,管理着按方位划分的官马北路、官马西路、官马南路等官马大路干线系统。
③ 赵冈:《中国城市发展史论集》,新星出版社,2006年,第7页。
④ 陈慧琳:《人文地理学》,科学出版社,2001年,第222页。
⑤ 昆冈等:《钦定大清会典事例》(光绪朝)卷二百三十七《户部·关税》,光绪三十四年石印本。

当务之急，而商业是城市社会经济恢复和发展不可或缺的重要部门，"通商裕国"思想正是在这种情况下为统治者所接受。① 他们不仅鼓励和支持商人的活动，还给予了商人一定的社会地位，施行有利于商人的一系列政策，力图促进商业的恢复和发展。早在顺治二年（1645），清政府就下令禁止诸王府之人及旗下官员、家人到外省经商，与民商争利。百姓如遇到购买民物"短少价值，强逼多买，殊失公平交易之道"的"妄行之人"，即可拿送官府，"治以重罪"②。他们深知"商人失业"会直接导致"国帑""常亏"的道理，因此极力主张"藉贸易之盈余，佐耕耘之不足"。对商人也"不惜破格之施"。值得注意的是，统治者能因地制宜，在庄稼收成不好的地方，他们强调要以"通商为要图"③，极力鼓励商人活动。此外，在清初一百年间，清政府屡次减轻商业税，豁免明季亏欠，"将前朝召买粮料诸弊尽行蠲除……厥后凡市舶皆因商民所便，时地所宜，度物货平市价，劝商贾，敦节俭，抑豪强，禁科派"④。特别在乾隆朝时，政府在减免关税的同时还大力整顿税收。例如，乾隆元年（1736），清政府重新颁布了康熙初年刊刻的关税条例，"将税课规条，刊刻木榜，遍行晓谕，不许额外征收，宜其商民均沾惠泽"⑤。并颁布法令明令禁止额外需索、私设口岸等陈规陋习。如在九江、赣江二关令商人将应纳税银自行投柜，实行三联串票，一交巡抚衙门，一存税署，一给商人，"以免需索侵隐之弊"⑥。与此同时，清政府还特派得力官员清查外省关榷私增口岸等社会流弊，并规定："各省凡市集落地税其在府、州、县城内，人烟凑集，贸易众多，且官员易于稽查者，照旧征收，不许额外苛索，亦不许重复征收。若在乡镇村落则全行禁革，不许贪官污吏假借名色，巧取一文"⑦。清政府出台的这一系列"恤商""扶商"的政策和对商人的重视在一定程度上维护了商人的利益，提高了商人的积极性，使在清代中前期这一百多年的时间里，城市商业得到了恢复和迅速发展，并产生了许多新兴的商业城镇。

清代中前期，在农业和手工业发展的基础上，许多城市商业出现了繁盛的景象。农产品和手工业品越来越多地转变为商品，商品的流通范围也更加广泛。如粮食、棉花、棉布、蚕丝、绸缎、铁器、瓷器、食盐以及烟草、茶叶、糖等成为市场流通中重要的商品，行销于全国各地。清代城市商业的发展大大超过了明代的水平。特别是东南沿海一带，工商业城市普遍兴盛。著名的有江宁、苏州、杭州、扬州、镇江、无锡等，这些城市的商业相较明代都得到了更大的发展。沿海城市如广

---

① 雍正帝认为，只有"通商"，才能"裕国"，若"困商贾"等于"自困"。琴川居士：《皇清名臣奏议汇编》（初集）卷四，云间丽泽学会光绪二十八年石印本。
② 《清实录》第三册《世祖章皇帝实录》卷十五"顺治二年四月癸亥"条，中华书局，1985年。
③ 贺长龄：《皇朝经世文编》卷四十一，沈云龙：《近代中国史料丛刊》，文海出版社，1973年。
④ 清高宗敕撰：《清朝文献通考》卷三十二《市籴考一》，商务印书馆，1936年。
⑤ 《清实录》第十一册《高宗纯皇帝实录》3卷一百六十二"乾隆七年三月己巳"条，中华书局，1985年。
⑥ 昆冈等：《钦定大清会典事例》（光绪朝）卷二百三十七《户部·关税》，光绪三十四年石印本。
⑦ 清高宗敕撰：《清朝文献通考》卷二十六《征榷考》，商务印书馆，1936年。

第一章 清代中前期城市的破坏与重建

州、福州、厦门等都因对外贸易的关系而日益繁荣。北方的北京、天津、济南、开封、太原等城市都比过去繁华。甚至相对比较偏远的宣化府也成为店铺林立、商贾争趋的繁华之地。全国各地方市镇的发展在清代中前期尤为突出。如广东的佛山镇、湖北的汉口镇、河南的朱仙镇、江西的景德镇时已闻名天下,成为天下著名的"四大镇"。"四大镇"之一的汉口镇亦有"船码头"之称,可见其商业的繁盛程度。而传统的江南市镇相比前代也获得了发展,手工业品的生产与流通呈现出繁荣的局面,这些市镇的规模也有了扩大。清代中前期城市商业的繁盛主要表现在商品种类增多和商品交易量的扩大、专业化商业街区的形成和专业店铺的兴起,以及商人集团化的出现和多类商业会馆的建立等方面。具体表现如下:

首先,清代城市商业在明代的基础上又有了发展。城市中销售的商品种类日益增多、商品交易量的扩大是建立在全国道路交通体系的建立和稳定的原料供应基地建立的基础上。以汉口和张家口为例,汉口商业的繁盛是建立在其水陆交通四通八达和周边是全国重要的粮食、棉布产区的基础上。康熙以来,汉口不仅为楚省咽喉,且云、贵、川、湘、桂、陕、豫、赣之货,皆于此转输。各省汇集于汉口之大宗商品,有食盐、粮食、竹木、纺织品、药材、山珍、海味、干鲜果品、糖、香料、茶、酒、毛皮、纸张、文具,以及铜、铁、锡、石膏等矿产品,煤、炭等燃料,还有烟草、鱼类、金银珠宝等类,其有名称者达230余种。① 至乾隆时,汉口各商业行业中,尤以盐、米、木、布、药材等行最为兴盛。② 由于江浙之米历来仰给于湖广,湖广又仰给于四川,汉口粮市上,官籴之外,私商云集,贩米动盈千万。雍正十二年(1734)五月,江浙官籴、商贩于汉口便陆续搬运米粮400余万石之多,可见其城市商业的繁盛。而北方商城张家口商业的繁荣也是建立在其陆路交通内通国内其他省份,外可达蒙古、俄罗斯的基础之上。从张家口输往蒙古、俄罗斯的茶叶主要产自福建武夷山区,其运输路线经学者研究大致如下:由福建崇安县过分水关入江西铅山县河口镇,在此装船顺信江下鄱阳湖,穿湖而过出九江口入长江,溯江抵武昌,转汉水至樊城(襄樊)起岸,经河南入山西,经泽州(晋城)往潞安(长治)抵平遥、祁县、太谷、大同,达于张家口,再由张家口转运蒙古和俄罗斯。而输出的另外一种重要商品丝绸则是从产地江南地区出发,经海道或京杭运河运抵天津和北京,再由陆路运输到达张家口输往关外地区。交通枢纽地位的确立和转运贸易的发展促进了张家口商业的繁盛。张家口的商号在康熙初年仅有10余家,以收购贩运牲畜、毛皮为主,雍正年间发展到90余家,乾隆后期为190余家,嘉庆二十五年(1820)更达到230余家。经由张家口输出蒙古和俄罗斯的商品以棉布、生丝和丝绸为最大宗;输入商品主要有毛皮、皮革、金属原料、牲口、玻璃用具、各种工艺品等,以毛皮、呢绒、牲畜等为大宗。清代中前期,张家口发展成为

---

① 章学诚著,郭康松点校:《湖北通志检存稿·食货考》,湖北教育出版社,2002年,第34—39页。
② 乾隆初,有文献记载:"查该镇盐、当、米、木、花布、药材六行最大,各省会馆亦多。"其中,当铺为金融行业,因而商业行业以其余五个行业规模最大。

我国北方重要的商业城市和金融中心,也是中俄、中蒙陆路贸易的重要口岸之一。

其次,清代中前期中国城市的规模随着商品经济的发展而日益扩大,城市人口的增加推动了城市生产和消费需求的增长,城市对其腹地的依赖程度也日益突出。这也促使城市商业布局发生了改变,逐渐摆脱了传统分散式的经营模式,开始形成专业化的商业街区①和商品交易市场,各种专业化店铺也随之兴起。例如陕西省城西安,随着清代统治疆域的扩大,西安发展成为中国西北地区最重要的区域中心市场,其城区内市场数量也大为增加。康熙七年(1668)《咸宁县志》最早系统记述了西安城内市场的分布情况:城内有粮食市,今在四门牌楼;布市即布店,大、小菜市,满城内;糯米市,通政坊;面市,马巷坊;骡马市,跌水河西;羊市,县治东;猪市,粉巷;鸡鹅鸭市,鼓楼前;木头市、方板市,开元寺东;瓷器市、鞭子市、竹笆市,具在鼓楼前;草市,跌水河西;东郭有粮食市、果子市;南郭有青果市;店之在城者,有梭布店、云布店、红店、纸店、壶瓶店、绸缎店、南京摊,具在鼓楼西;书店,鼓楼前;金店、椒盐摊,鼓楼前;在东关者有盐店、药材店、棉花店、糖果店、生姜店、过客店;在北关,有锅店、过客店。可见,西安城商铺种类已涵盖其中绝大多数商铺类型②,包括粮食、蔬菜、药材、建材、农具、牲畜禽类、布匹绸缎、干鲜果品、金银首饰、生活用具、文化用品等。这些专业的市场、店铺多在明代基础上发展起来,反映出了清前期西安城经济发展和商业贸易的活跃程度。在四川省城成都,随着清初移民浪潮的涌入,成都城市腹地农业和手工业得以恢复和发展,从而推动了成都城市商品经济的繁荣。在成都城市内流通的商品激增,成都形成了独具特色的商业街区和商品交易市场,具有专业化和集中性销售等特点的商业店铺也随之兴起。这不仅方便了城市居民的生活,而且更有利于发挥城市经济的聚集和辐射功能,成都逐渐发展成为西南商业的中心。从成都专门化的商业街区的名称可大致看出其所销售的商品的种类与所提供服务的类型。像这种专业化的商业街区和商品交易市场在全国其他许多城市都已出现,这表明在清代中前期中国城市商品经济已十分活跃,商业发展程度超过了之前其他任何朝代。

---

① 专业化商业街区是指同类或性质相近的商业店铺相对集中而形成的专业化的商品交易区域。

② 明清北方商业店铺主要集中在以下行业:粮米业、布棉业(包括布行、绸缎行、棉行)、钱业(包括典铺)、杂货业、手工业店作(包括银货、铁货、铜货、皮革、染坊、木铺、油坊等)、饮食业(包括面铺、饭店、豆腐房、菜店、肉铺、酱醋店、盐店、茶店)、服务业(包括旅店等)、药业、煤炭业、书业(包括书店、印刷业及其他行业)。参见姜守鹏:《明清北方市场研究》,东北师范大学出版社,1996年,第134—135页。

表1-8　清代中前期成都专业化商业街区及所经营项目简表①

专业化商业街区名称	所销售货物产品和服务
皮房街	销售生熟牛皮及其制成品
羊市街	羊市
盐市口	销售食盐
东大街	经营金银器、五金产品、杂货、茶叶，开设旅店等
东御街	加工与经营各类铜器
忠烈祠南街	各种旧货
纯化街	各种旧货
铜丝街	铜丝加工与销售
玉石街	加工和销售各类玉器
东珠市街	猪市
暑袜街	销售麻布、罗纹、羊裘、油布、毡帽、毡毯等
总府街	销售各类皮裘
新街口	山西票号集中场所
大科甲巷	雕刻与刺绣业
棉花街	经营棉花与棉絮
糠市街	米糠饲料
油篓街	生产与出售油篓
草市街	油市、草市
骡马市街	骡马交易
金丝街	销售各类金器与金丝制作业
银丝街	销售各类银器与银丝制作业
珠宝街	珠宝交易市场
石灰街	销售石灰
上河坝街	木材交易
簸箕街	干菜杂货
浆洗街	皮革加工与交易
染靛街	染料市场

第四，出现了商帮与商人组织。市场网络的贯通离不开商人。清代中前期，城市商业呈现出一片繁盛的景象，商人队伍不断壮大。激烈的商业竞争使操纵地区行

---

① 四川省文史馆：《成都城坊古迹考》，四川人民出版社，1987年，第171—301页。经笔者归纳整理后制表。

业贸易的商人团体——商帮有了很大的发展。

商帮是商人以地缘为中心,以血缘、乡谊为纽带,以相亲相助为宗旨,并以会馆、公所作为在异地联络计议之所的一种自发形成的松散群体。其地缘范围大者可达数省,小者可至数乡。商帮兼有血缘与业缘的特征,一般而言,商帮的地缘范围越大,其血缘色彩愈淡,而业缘色彩愈浓。明清时期,商业发达地区的商人多以商帮的群体力量参与竞争。特别在经过清初社会重建后,社会经济恢复和发展迅速,全国各地形成的大小商帮不计其数。其中,较为著名的有晋商、徽商、陕商、江右商、龙游商、宁波商、洞庭商、临清商、闽商、粤商等十大商帮。[①] 商帮长期活跃于商品流通领域,对当时社会产生了巨大的影响。首先,大商帮的兴起促进了全国统一大市场的形成。这些大的商帮长期从事长途贩运贸易,这种长途贩运贸易的发展又是资本主义生产关系得以产生的历史前提之一,全国性商品市场的形成促进了中国资本主义萌芽的发展。其次,商帮内部所经营的各类商业之间既相互渗透,又相互促进,从而有利于形成一个庞大的贸易体系。

会馆、行会和公所等商人组织是民间自发或自觉建立的组织形式。康熙年间,随着商人队伍的壮大和商业资本的激增,商人开始努力挣脱官方的束缚,自行组织同业行会,并迫使清政府下令:"将行头官用等名色,立案用禁。"清政府这一管束解除后,行会在中国蓬勃发展起来,并对中国城市经济运行秩序发挥了有效的调节作用。其中,商业会馆、行会通过制订行业规则、统一度量衡和商品价格等方式,尽可能地维持市场上商品交易的公平性,有效地维护市场秩序。商人会馆集商人聚会、议事、处理商务和举办公益事业等功能于一身,并通过制定一定的规章制度来规范和约束会馆众馆员的商业行为,以内部调节的方式处理馆内各种复杂关系,以达到规范市场行为、维护市场秩序的目的。例如广东韶州府属乐昌坪石《重建广同会馆碑记》中云:"高矣庙宇,以齐整为先,善哉贸易,以公平为要。则灵神□□□护,求之者名无不成,利无不达,遐迩蒙恩,有宾至如归之乐。"[②] 另广东西宁《连滩新旧两墟会馆碑记》也记载:"连滩新旧两市由来久矣。地虽蕞尔,上接罗阳,外通西粤,作客经商,货物往来凑集之所。而平斗秤,和交易,法式本诸公庭;礼朔望,叙同人,参拜顿缺其地。爰集各铺题签工金,建新会馆,立文武二帝,为两市□,对越凛神明,交易明示,至公无私,道德一风,俗同争竞。"[③] 可见,商人会馆在强调商人恪守诚信贸易,建立有效的商业秩序,保证市场交易活动公平、公正进行方面有积极的意义。另外,商业会馆、行会商人组织等在履行商事仲裁、抑制市场不正当竞争行为、宣扬商业伦理道德、凝聚商人团队精神等方面对维护当地正常的市场秩序亦起了积极作用。

---

① 张海鹏、张海瀛:《中国十大商帮》,黄山书社,1993年,第3—4页。
② 谭棣华等:《广东碑刻集》,广东高等教育出版社,2001年,第103页。
③ 谭棣华等:《广东碑刻集》,广东高等教育出版社,2001年,第751页。

四、国内市场的发展与区际贸易流通网络的形成

(一) 国内市场的发展

国内市场包括农村市场与城市市场两大类型。农村市场是以集镇为活动场所的基层市场,城市市场包括以中小城市为活动中心的地方市场和以大城市为活动中心的区域市场。清代中前期,商品经济得到了一定程度的发展,具体表现在商运路线的增辟和新商业城镇的建立、主要商品的长距离运销、大商人资本的兴起等。清时,由长距离贸易商品、商路和集散枢纽所组成的全国性市场在明代的基础上有了进一步的发展。商品流通量增加,流通区域扩大,形成了"三横三纵"比较完整的商路。虽然我国小农经济的结构决定了此时中国商品流通市场的主体依然是区域市场和农村基层市场,但全国性市场的发展仍然给城镇的发展增添了新的动力。

清代中前期,由于水路更为发达,在明代的基础上,清代沿海、沿河不仅兴起了更多的新兴城市,而且原有的城市也进一步获得发展。特别是长江及其重要支流沿岸城市、运河城市的发展引人注目。例如,位于长江及汉水汇合处的汉口在明代的基础上又获得了引人瞩目的发展。汉口发展成中国商业繁华的巨镇。清道光时,汉口作为漕粮交兑和淮盐转运中心,商品流动量巨大。"楚米济江南",年达3000万~4000万石。占全国省际粮运1/5。作为盐岸,从汉口分销湖北、湖南的盐每年达4亿斤。可见其服务范围早已超过所在区域范围,不仅包括上游的湖南和四川,还包括了汉水流域的陕南汉中盆地、河南南阳盆地,有"九省通衢"之地的美誉,成为天下著名的四聚之一。清人孙嘉淦《南游记》有云:"南北两京而外,无过于此"。再如,山东运河城市临清的商业发展也超过了明代时的水平。顺治年间,临清"设满汉官各一员监督,户、工二部分榷商税船料,岁额二万余,减明额之半"①。到乾隆元年"解税额户部银二万九千六百八十两,工部银四千五百七十二两"②。在临清转销的商品以粮食和棉花为大宗。其中临清市场上流通的粮食来源有四:南路"自台儿庄、济宁、汶上等处","每年不下数百万石";西路,主要来自河南粮食产区,由卫河泛舟东至,"每年不下数百万石";北路,来自东北沈阳、辽阳地区,经海运到达天津,再入京杭运河南下,每年数万石或数十万石;另外,临清城腹地清河、馆陶、冠县、堂邑、朝城等诸县所产粮食,多为车载驴驮,再运至清河塔湾、车营一带出售。乾隆年间,临清城内粮食集中市场就有六七处,经营粮食的店铺多达100余家,年交易量达500万石至1000万石,是当时山东乃至华北地区最大的粮食市场。汇集于临清的粮食绝大部分转销外地,冀鲁豫三省间的丰歉调剂是其中最重要的一项内容。

---

① 张度修,朱钟纂:《临清直隶州志》卷九《官榷》,乾隆五十年刻本。
② 张度修,朱钟纂:《临清直隶州志》卷九《官榷》,乾隆五十年刻本。

（二）区际贸易流通网络的形成

"商业依赖于城市的发展，而城市的发展也要以商业为条件。"[①] 城市是商业活动的中心，市场网络随着商业的繁荣围绕各级城市而发展起来。清代新兴的商品集散、中转中心和传统的政治中心往往形成了一对一的对应关系，它们相互促进、相互发展。如北京与天津、长沙与岳阳、成都与重庆、南昌与九江、开封与朱仙镇、武昌与汉口镇、广州与佛山镇。在北方，北京为清朝首都，人文荟萃、商贾云集、市肆繁盛，凡人日用所需，"精粗毕备"。巨大的和多层次的消费需求使北京商业形成独特风貌，并长期保持着繁茂的局面。天津是京畿地区重镇，"水陆交会，又东临大海，饶鱼盐之利，四方商贾往往占籍而居"[②]。"百货懋迁通蓟北，万家粒食仰关东。"[③] 京、津两大城市不仅与河北各州县，而且还通过海上和陆路，与山东以及东北各省都建立了广泛的市场联系。它们发展的同时也带动了以这两大城市为中心的区际贸易发展。在长江上游（四川盆地川江水系）市场，逐渐形成围绕八个城市运转的经济和商业贸易区域，即以重庆为中心的上川东区，以成都为中心的川西区，以顺庆府城（南充）为中心的川北区，以嘉定府城（乐山）为中心的上川南区，以叙州府城（宜宾）为中心的川南区，以泸州为中心的下川南区，以万县为中心的川东区，以广元为中心的川西北区。而重庆、成都这两个城市又是川渝地区的中心城市，属于多功能高级市场，在西南区际贸易流通网络居于中心地位。成都平原号称"天府之国"，是全国重要的商品粮供应基地之一，与长江中下游其他区域市场保持着紧密的联系。在江南地区，形成了以苏州为中心的区域性中心市场，这个市场人口密度、农工商业发展水平和城镇化水平等都居于全国首位，主要输出丝棉纺织品，并输入来自长江中上游的商品粮。

这些区域性的中心市场再与其他地区多层次的市场相互联系，初步形成了全国性的市场网络。这个全国性的市场网络包括了跨地区乃至全国性的商品流通、全国性商业交通网的发达、"商帮"的迅速发展等三个方面。清代中前期，外国银圆的大量输入以及此由造成的影响，又使清代商品经济不自觉地被纳入世界经济的格局中。鸦片战争前，清朝基本上施行的是"闭关锁国"政策，这严重阻碍了城市商品经济和资本主义的萌芽，封建城市旧有的躯壳已不能容纳体内新生的活力，城市商品经济迫切需要通过"变革"来达到更生的过程。鸦片战争后，在外力的介入与刺激下，中国城市的结构和功能才发生了有别于以往的"质"的改变，开始了城市现代化的艰难历程。

[①] 《马克思恩格斯全集》第二十五卷，人民出版社，1974年，第371页。
[②] 吴廷华等：（乾隆）《天津县志》卷二十一《艺文志》，乾隆四年刻本。
[③] 吴惠元等：（同治）《续天津县志》卷十九《艺文》，同治九年刻本。

第四节　清代中前期城市文化的重建

　　明末清初，饱经战乱的中国各地城市受到严重破坏，不少城郭成为废墟。因而清朝在建立统治的过程中也高度重视对城市文化进行重建，特别是对社会伦理道德秩序的重建、对城市文化设施的重建和对城市教育体系的重建。在对城市文化进行重建过程中，清统治者很注重对中华传统文化的传承，其中一个重要的原因就在于他们希望通过对中华传统文化的传承增强广大民众对清廷统治的认同。清代中前期城市文化重建的成效比较显著，一方面中华传统文化得以传承延续，另一方面城市居民的文化生活也得以恢复和发展，清廷统治也得以巩固，文化重建成为清朝延祚两百余年的一个原因。

　　相比政治、经济和社会的重建，城市文化的重建虽然并不是那么急迫，但是城市文化的重建对来自关外的清朝统治者而言有着更为特殊的意义。满族入关之前，被关内的中原人普遍认为是异族，因而作为"异族人"的满族贵族要在广袤的中国大地上建立长期而稳固的统治，就必须得到汉族精英的支持。而认同汉族精英的主流文化，重建其城市文化和社会伦理秩序，是缓和满汉矛盾、整合人心的重要举措，也是清统治者治国理政的需要。对于汉族精英和广大民众而言，重建城市文化也具有延续中华文化传统、恢复城市社会秩序、重建生活的意义。两者的目的虽然不同，但建设一个稳定、繁荣的城市社会，传承历史文化却是共识。故而清代中前期，在多重力量的合力下，各地城市文化相继得到重建。

　　清代中前期，城市文化的重建主要体现在社会伦理道德秩序的重建、城市文化设施的重建和对城市教育体系的重建等方面。

一、社会伦理道德秩序的重建

　　从中国历史的发展变迁来看，每一个新王朝建立之初，恢复和重建社会伦理道德秩序都成为统治者面临的最紧迫的任务之一。如何在意识形态领域选择一种理论工具来缓和社会矛盾、整合人心，成为统治者急需解决的问题。

　　历经明末清初社会大动荡的中国，传统伦理道德和社会秩序观念都遭到了严重的破坏，无论知识精英还是普通民众，都普遍缺乏基本的道德信仰与理性伦理标准。明末清初的著名学者张履祥对此深感痛心，他在给友人的信中写道：清初之人"一曰贪，至于父子兄弟不相顾；一曰狠，惟以凌弱暴寡为事，虽今日风俗人心，大概如此"[1]。至于士人，更是"文弊极而机智深，机智深而争夺肆，世道人心，

---

[1] 张履祥：《与邱季心》，《杨园先生全集》卷四，同治十年刻重订本。

未知所底,是以至于彝伦之教而不顾"①。经历了动乱年代,普通人缺乏传统伦理道德,社会秩序观念出现异化。

清统治者虽然以武力征服了中国,在马背上夺取了天下,但是满族原有的社会伦理道德体系和思想信仰系统不足以成为中国社会的主流文化,不能够为占人口多数的汉族民众所接受。清初,满族统治者对此也有所认识,他们在满洲家法祖制文化和传统儒家学说这两种完全不同的思想文化之间进行了艰难选择,最终选择了以程朱理学为主体的儒家思想来重建社会伦理秩序,并将其确立为国家的主流意识形态。

清统治者之所以做出如此选择,其原因是多方面的。

首先,以汉文化为主体的中华文明具有很强的包容性,对于清统治者也具有吸引力。中华文明与欧洲、西亚、南亚、美洲诸文明不同,它历经四五千年从未中断,没有出现过类似于印度文明因雅利安人入侵而雅利安化;埃及文明因亚历山大大帝占领而希腊化,因恺撒大帝占领而罗马化,因阿拉伯人占领而伊斯兰教化;希腊、罗马文明因日耳曼南侵而中断并沉睡千年出现文化的"断层"。更没有像玛雅文明与印加文明那样在外来力量的影响下从此消失。自古以来,中华文明始终保持着独立性与一以贯之的发展系统。这种系统所产生的地理前提是中国处于半封闭的"大陆—海洋型"地理环境。中国的东南部是一望无际的大海,北部则是漠北沙漠和大兴安岭,西部有帕米尔高原和喀喇昆仑山脉,西南有青藏高原和喜马拉雅山脉,因而中华文明发展的地理环境具有相对的独立性,从而使中华文明未受到外来文明大规模的侵袭,较为完整地保留了民族文化传统,获得前后递进、陈陈相因的历史延续性。汉唐宋时期,中华文明的总体水平一直保持着世界先进水平,明显高于周边的国家和地区。也正因为如此,中原王朝的统治者自古以来凭借其高度发达的农耕文明和先进的典章制度自然而然地将黄河流域和长江流域视为拥有高度文明的"化内之区",而把周围的边疆地区看作文明不兴、教化不及的"化外之地"和落后的蛮夷之地。在古代历史上,中原王朝虽然在武功上经常处于劣势,一次又一次地被游牧民族用武力所打败,但文化上的优势却戏剧性地、毫无例外地上演着"征服者被征服"的大戏。这无疑增强了以汉族为主体的中原文化的优越感,并坚信即使战败,也可以通过数千年的文化"光被四表",以夏化夷。托克维尔曾说过:"在被征服者是先进民族,而征服者却处于半开化状态的情形下,就像北方民族侵入罗马帝国,或蒙古族入主中华帝国时那样,野蛮人通过军事征服所赢得的权力,能使之与被征服的文明民族达到同等水平,并共同向前发展,直到被对方同化为止。一方拥有实力,另一方拥有智力;前者需要被征服者的知识和技艺,后者则羡慕征服者的权力。于是,野蛮人将文明人请入他们的宫廷,文明人则向野蛮人开放了自己的学校。"② 清朝建立初期,就出现了以上这一幕,满族征服者"拥有实

---

① 张履祥:《与严颖生》,《杨园先生全集》卷四,同治十年刻重订本。
② [美]魏斐德:《洪业——清朝开国史》,江苏人民出版社,1998年,第1页。

力",而被征服的汉族则"拥有智力",历史再次上演了征服者被征服的一幕戏。清朝统治者在入关以前已经开始接受以中原文化为主体的汉文化;入关以后面对广大汉族民众反对民族奴役和民族压迫而掀起的前仆后继的武装反抗,清朝统治者开始改弦易辙,极力缓和满汉矛盾,化解"以夷变夏"的误解,采取了以程朱理学为主体的儒家思想来重建社会的伦理道德秩序。正因清朝统治者对以儒家文化为核心的传统文化价值体系的认同,在文化价值观念方面与士人和广大民众取得了一致,因而获得了长期的社会稳定局面。

其次,古代中国社会虽历经种种变迁,但地理环境条件基本没发生过太大的改变,社会经济随着生产力的进步也一直获得一定程度的发展,社会结构相对稳定,中国社会长期以来形成的"家国同构"的"宗法—专制"社会系统有利于中央集权君主专制体制的存在与发展。宗法制度的古典形态虽在战国时就已渐趋解体,但其遗存却在之后各朝各代得以保留和延续,并深藏于政权、族权、神权、夫权之中。这四种权力代表了全部封建宗法的思想和制度,是束缚中国人特别是农民的四条绳索。① 宗法制度的遗存与秦以后逐渐发展并日趋完备的中央集权君主专制体制互相依存,互为表里,形成了以"宗法—专制"为核心的稳定社会系统,又与传统的农耕型自然经济相互适应、相互影响,成为中国传统文化独特的生成机制。中国传统社会这种稳定的"宗法—专制"社会结构决定着中国传统文化形成"政治—伦理型"的文化范式,这与欧洲、西亚、南亚、美洲诸文明的文化范式截然不同。这种文化范式十分稳定,所形成的文化传统深植每个中国人的心中,融入他们的血液之中。清朝统治者正是认识到了这一点,因而全面承袭了古代中国的文化传统,既维系了自身长达两百余年的统治,又使中国传统的文化得以继承和发扬。

再次,以程朱理学为核心的儒学,迎合了清统治者巩固其政权的需要。有研究者认为:"儒学在传统中国的影响是无所不在的,从个人和家庭的伦理到国家的典章制度都在不同的程度上受到儒家原则的支配。从长期的历史观点看,儒学的具体成就主要在于它提供了一个较为稳定的政治和社会秩序。"② 程朱理学不仅强调维护君权、维护封建等级制度,而且要求君主力行仁政,其核心思想包括等级观念、伦理道德思想、道统观和大一统的思想等内容,这些都有利于维护中央集权君主专制统治和社会秩序。在以满洲贵族为主体的新兴政权初步建立之时,清统治者采用这样一种学说作为官方的意识形态,将其作为社会教化的工具,不仅有利于统一思想、维系人心,更有利于凝聚士人和社会大众,从而促进社会重建等各方面的工作。

清统治者将对儒家文化的传承和发展融入治国理政的各个方面,并从皇室贵族的基础教育入手加以继承和发扬。所有的皇室贵族都要接受严格的儒家文化教育,康、雍、乾三朝皇帝从小都受过系统的儒家文化教育。正是在他们的倡导下,儒家

---

① 《湖南农民运动考察报告》,人民出版社,1975年,第26页。
② 余英时:《现代儒学论》,上海人民出版社,1998年,第1页。

文化成为占主导地位的文化。康熙十六年（1677），康熙帝亲自编写了《日讲四书解义序》，作为清王朝弘扬儒学、以德礼治国的纲领性文献。在《日讲四书解义序》中，他详细阐明了编纂此义序的缘起和目的，并指出："孔子以生民未有之圣，与列国君、大夫及门弟子论政与学，天德王道之全，修己治人之要，具在《论语》一书。《学》《庸》皆孔子之传，而曾子、子思独得其宗。明新止善，家国天下之所以齐治平也；性教中和，天地万物之所以位育，九经达道之所以行也。至于孟子继往圣而开来学，辟邪说以正人心，性善仁义之旨著明于天下。此圣贤训辞诏后，皆为万世生民而作也。道统在是，治统亦在是矣。历代贤哲之君，创业守成，莫不尊崇表章，讲明斯道。朕绍祖宗丕基，孳孳求治，留心问学。命儒臣撰为讲义，务使阐发义理，裨益政治，同诸经史进讲，经历寒暑，罔敢间辍。兹已告竣，思与海内臣民共臻至治，特命校刊，用垂永久。爰制序言，弁之简首。每念厚风俗，必先正人心，正人心，必先明学术。诚因此编之大义，究先圣之微言，则以此为化民成俗之方，用期夫一道同风之治，庶几进于唐、虞三代文明之盛也夫！"① 此外，康熙帝还委派理学名臣熊赐履、李光地主持编纂了《朱子全书》，并亲自作序。清初统治者将程朱理学从众多的传统文化理论体系中提炼出来，并将之升格为官方哲学与统治思想，从意识形态层面为其各项政策的颁布与实施创造了条件，并在文化上为其他满洲贵族和群众树立了榜样。越来越多的汉族学者躬亲推广程朱理学并广泛进行学术引导，特别是一批程朱理学名臣积极引导康熙诸帝，在很大程度上促进了程朱理学在清初的重建与迅速复兴，使儒学逐渐成为清代中前期满汉民族共同的思想文化信仰。

以程朱理学为主体的儒家伦理思想成为清代中前期社会教化体系的核心，起到了凝聚人心的作用，促进了儒家伦理道德秩序的逐渐恢复，也使原本尖锐激化的满汉民族矛盾渐趋缓和，有效地维持了清代中前期社会的稳定，也对城市的其他重建工作起到了促进作用。

二、城市文化设施的重建

历经明末清初自然灾害和战乱破坏的中国各地城市，满目疮痍，重要建筑均遭受了不同程度的破坏，城市文化设施也不例外。清代中前期的大量文献资料对此有所记载。由于城市文化设施对于城市居民而言往往具有重要的象征意义，因而当战乱基本结束后，无论是政府官员还是民间人士都十分重视对城市文化设施的重建。清代中前期重点重建的城市文化设施分为官方文化设施和民间文化设施两大类。

（一）城市官方文化设施的重建

古代中国历代王朝建立初期，统治者都会不约而同地对坛庙、祠堂等官方文化

---

① 中国第一历史档案馆：《康熙起居注》第一册，中华书局，1984年，第340页。

第一章 清代中前期城市的破坏与重建

设施进行修缮和维护,使这些建筑承载着的文化得以流传和延续。这些官方文化设施虽然不是佛寺、佛塔、道观之类的宗教建筑,但它们却具有一定的宗教文化崇拜意义。它们虽然不像宫殿那样具有强烈的政治和伦理意味,但也蕴含着政治、伦理的丰富内容,以至于有的建筑学家将其归类为中国的礼制类建筑。这些官方文化设施之所以受到历代统治者的高度重视,得以屡次重建,究其原因,是因为它们有着丰富的文化内涵和象征意义,具有独特的文化生成机制。

"重本贵生"观念是中国传统文化的重要特点之一。司马迁《史记》有云:"天地者,生之本也;先祖者,类之本也;君师者,治之本也。无天地恶生?无先祖恶出?无君师恶治?三者偏亡,则无安人。故礼,上事天,下事地,尊先祖而隆君师,是礼之三本也。"古代中国人这种认为天地是生命本源、祖先是家族根本、国君师长是治国基础的观念强调要把敬天尊祖作为一种核心信仰,并突出强调国君师长的地位,并将之作为"礼"的三条根本原则。祭祀天地祖宗的礼制类建筑就是这种观念的物化形式,"敬天尊祖"的观念则是礼制类建筑的设计思想与原则。因而在古代中国,绝大部分城市中都修建有这样的礼制类建筑。各级地方主要官员上任后,首先要祭拜山川、社稷、坛庙以及文武庙、城隍庙、泰山庙、马神庙等。[①] 并对这些建筑加以维修,这成为地方官员的重要职责之一。

清代中前期,以坛庙为主体的官方文化设施的重建与统治者施行的文化政策密不可分。这些文化设施成为当局有效治理地方的礼教工具,它起着整肃礼治、稳定社会秩序和振兴教化的作用。这种山川、社稷、坛庙,文武、城隍庙以及乡贤名宦诸祠,皆列于祀典。上自天子,下至最基层的官吏,都按照官存"祀典"上的规定参加祭祀礼仪。美国学者斯蒂芬·福伊希特旺将中国传统时期城市中的祭坛寺庙划分为"官方宗教系统和大众宗教系统"两种。他认为:"官方宗教是国家机构中不可缺少的组成部分,这种机构可概括为全帝国的实地管理部门的等级结构,都城的两个典型的官方宗教组织是孔学堂和城隍庙,在正规的行政管理体系中,所有衙门几乎毫无例外地都与这两个官方宗教其中的某一个有联系。""城墙内的一座城隍庙,一所学宫和城墙外的至少一座官方露天祭坛"[②],成为古代中国行政城市建立的主要标准之一。不管是官方宗教系统还是大众宗教系统,其主要信仰群体仍旧是普通百姓。从帝王的太庙到地方的祠堂坛庙,这些官方的文化设施的主要功能并不仅仅是祭拜先祖的亡灵,更重要的是祈求国运昌明、子嗣后裔和家族兴旺发达。因而重建官方文化设施成为清代中前期政府与民间的共同使命,在官员和地方人士的共同努力下,各类官方文化设施逐渐得以重建和发展。清代中前期,城市官方文化设施的重建体现出以下三方面的特点:

一是城市官方文化设施的重建时间较早,且多次得以重修,充分体现出统治者宣传国家教化、整肃礼制和稳定社会秩序的决心和目的。基本上每一个城市的社稷

---

① 张驭寰:《中国城池史》,百花文艺出版社,2003年,第456—457页。
② [美]施坚雅主编,叶光庭等译:《中华帝国晚期的城市》,中华书局,2000年,第701页。

坛、城隍庙、文庙、忠义祠等礼制类建筑，往往会早于城墙与官署而在城市中优先得以重建，并且会得到多次重建或修葺。它们的存在成为政府有效控制地方的一种象征。以城隍庙的重建为例，城隍是古代中国传说中主管城池的神，它的兴起与发展与古代城市的兴起与发展相一致。清承明制，城隍为群祀之一，并进一步确立了其主领冥事的地位。清初，城隍庙在城市中也是最先得到建设并数次得以重修的建筑之一。城市的各祠庙一旦被列入"祀典"，就意味着由国家出资祭祀，当然也允许筹资捐办以及修葺和维护，因而各地方政府每年还要专门划拨固定的经费用于相关的支出。如四川省会成都府城共有3座城隍庙，其中华阳县城隍庙位于治所东北城内较场侧，于康熙年间建立，并于乾隆初年、四十八年、五十七年，嘉庆二年、十六年、二十年数次重修。陕西省会西安府城的城隍庙于康熙三年由知府叶承桃重修；雍正初毁于火，年羹尧将城隍庙移至秦王府改建；乾隆三十三年重修，增建乐舞楼。① 此外，其他重要城市的官方文化设施也多是数次修葺，由此可见统治者对其重视的程度。

　　二是对官方文化设施重建的选址、布局和规模等都十分考究，这是城市官方文化设施重建的又一特点。古代中国城市在本质上都是王权统治以及"以教化天下"的重要载体，而城市官方文化设施又是统治阶级"教化天下"的重要场所。这些文化设施并不仅仅是一种城市景观，更重要的是其独特的社会教化功能。作为中央集权君主专制政治的附属物以及人们精神信仰的中心，它们为祭祀活动和某些宗教活动提供了充足的空间。因此，历朝历代统治者对这些设施的选址和布局都要慎重考究。清朝建立后，各地对这些文化设施的重建，都尽量要考虑与古代传统保持一致，并和周围的自然环境相和谐，如先农坛、社稷坛、城隍庙、文庙、关帝庙这些城市内的重要官方文化设施的选址与布局一般情况下都延续着古代建城传统的风水观念，并在城市布局中占有极为重要的地位。明清时期，只有县级以上的治所城市才能修建文庙，文庙的规模随着城市行政等级的提高而扩大。可以说，文庙是区分中国古代城市行政等级的重要标志之一，也是城市区别于村镇的重要特征之一。文庙既是城市中的祭祀建筑，又是城市中的教育建筑，是古代城市营建制度在文化方面的集中反映，体现出传统的"庙学合一"特点。古代对文庙的选址有严格的规定，文庙的建筑规范体现出了传统的风水观念和阴阳学说。《阳宅三要》曰："阴阳之理，自古攸分，二者不和，凶气必至，故公廨务要合法，而庙亦不可不居乎吉地……文庙建艮、甲、巽三字上，为得地也。"《相宅经纂》曰："文庙建甲、艮、巽三方，为得地。"按风水理论，东南为日出之地，是城中日照时间最长之方位，寓意朝气和昌盛，文风兴盛，宜建文化建筑。结合阴阳五行学说中的礼象五行的理论，城市中的文庙建筑一般位于城市的东南方向，因而清代文庙建筑的重建、扩建与修葺一般都是在城市东南原址基础上进行。清代成都、西安、韩城等文庙重建都遵循此制。

---

① 张聪贤修，董曾臣纂：(嘉庆)《长安县志》卷十六《祠祀志》，民国二十五年重印本。

第一章 清代中前期城市的破坏与重建

三是清代中前期城市重建的官方文化设施数量多，分布广泛。如在成都，清代重建的关帝庙就有15座之多（其中城墙内有7座，城墙外有8座），城隍庙有3座，东岳神庙11座，文昌宫（包括梓潼宫）有10座。

清代城市官方文化设施大致可分为两种类型，不同类型的文化设施的数量和分布有所不同。

1. 官方主祭的祠庙

官方主祭的祠庙包括文庙（孔庙、学宫）、社稷坛、先农坛、忠义祠、节孝祠等，这些祠庙成为官方有效控制地方的象征。清统治者通过在这些祠庙供奉神主来控制地方民众，向他们灌输忠孝节义、君权神授、重本贵生等观念，而"广布于各县邑的先贤、乡贤、节孝忠烈等众多祠宇更是意在社会空间和民众心理上创造一种有利于其统治的正统秩序"[①]。

2. 政府赐号的祠庙

清朝建立后，随着中央集权君主专制制度的日益强化，统治者竭力将自己凌驾于诸神之上，使用多种方法和手段努力使民间大众的信仰统一化，以便中央政府更加有效地控制地方。正因为如此，清承明制，中央政府都竭力将类似于城隍庙、关帝庙、东岳神庙、文昌宫等这些文化设施中供奉的神灵向地方社会推广，地方上供奉的神灵祭祀礼仪在很大程度上也受到国家礼仪程序的影响。民众对城隍、关帝、东岳这类带有"王""帝""公"等称号的神灵十分敬畏，因为它们象征着至高无上的权力，决定着人们的命运和财富。因此，清王朝对这类神灵往往赐予更多的封号，赋予他们更多的"权力"，以便让他们拥有广大的信仰群体，并鼓励各地方城市每年公开对这些神灵进行祭祀，通过祭祀来为国家、社会、集体和个人祈福。

（二）城市民间文化设施的重建

城市中的寺庙道观、民间祠庙、风景名胜、历史古迹等，都属于民间文化设施的范畴。它们广泛分布于城市内外，并且数量众多，和市民文化生活联系最为紧密。清初，城市社会逐渐稳定，城市经济开始复苏并持续发展，这为城市民间文化设施的重建奠定了物质基础。城市寺庙、道观、祠堂、名胜古迹等是农业时代城市居民的重要公共空间，不仅是各种文化活动的公共空间，也是各种经济活动和社会活动以及政治活动的公共空间，直接关联着城市居民的精神生活和物质生活。康雍乾时期，各省的城市民间文化设施陆续得到重建与发展，在此基础之上，不少城市形成了城市文化娱乐生活的新景象。值得注意的是，这些重建的民间文化设施在重建过程中也被赋予了官方的意志，并演变为一种半官方的行为和政治活动，也成为政府有效控制地方民众的手段之一。

1. 寺庙、道观、祠堂的重建

清代中前期，从皇帝到满族贵族，都普遍崇信佛教，尤其信奉喇嘛教，他们对

---

① 唐力行：《国家、地方、民众的互动与社会变迁》，商务印书馆，2004年，第371页。

寺庙的政治教化作用十分重视。千百年来，寺庙已经成为各阶层人群表达对美好生活向往和心灵诉求的精神家园，因而寺庙成为城市中不可或缺的重要文化设施。特别是经历了明末清初的自然灾害和战争的双重打击，历经苦难的广大民众更是企盼一种超社会的神力来帮助恢复社会秩序，以安居乐业。清统治者充分利用和借助宗教的力量来凝聚人心，重新整饬社会道德秩序，维护地方社会稳定。国家利用各种宗教组织、相关的神话传说，以及各种民间文化中象征性的文化资源等来引导民众对神的崇拜，从而使寺院成为"国家政权深入乡村社会的多种途径和方式"[①] 之一。乾隆皇帝对于喇嘛教高度重视，一个重要的目的就在于通过喇嘛教来加强对西藏和蒙古的管辖。他亲撰《喇嘛说》，阐述了清廷对喇嘛教的政策，并将其用汉、满、蒙、藏四种文字刻在北京雍和宫内石碑的四面。

由于统治者对佛教的大力提倡，清代各地包括喇嘛庙在内的各类寺庙宗教建筑的数量和规模都超过了元代和明代，其中最具影响力和知名度的有北京雍和宫、拉萨布达拉宫和承德"外八庙"等。清代中叶，仅喇嘛教黄教一派，在藏族地区就建有寺院 4000 所，在内蒙古建有寺院 1000 多所，其他如青海、甘肃等地的喇嘛教寺院为数也甚多。内地各城市中的佛教寺庙、道教寺观等建筑也得到了大规模的重建。这些宗教场所和公共空间不仅是政府宣达政令、举行赈济活动、建立义冢的重要载体，也是普通民众经常进行公共活动和传播传统文化的中心，因而政府对于这些文化设施的重建十分重视，并多加支持。如四川省会成都府的昭觉寺、文殊院、青羊宫、二仙庵、牛王庙等著名寺观重建时不仅得到政府资助，而且还得到了地方官员和民间力量的全方位配合。康熙年间，成都修建的各类寺观共有 71 处，雍正年间新增 17 处，乾隆年间新增 60 处。陕西省会西安府城重建的寺庙道观等达 277 处之多，分布在 14.31 平方公里的城区内，分布密度约为每平方公里 19 处。河南省会开封府城在清初因水灾而长期衰败，但政府仍然将文化设施的重建放在重要位置。康熙初年，河南巡抚张自德与属员捐资重建繁塔，"崇其三殿，缠以黄金，前礼释迦，中开接引，后建昆卢，合三寺而一之，统额之为国相禅寺"[②]。北京重修的寺庙也甚多，如重修了护国寺，另兴建了雍和宫、黄寺、牛街清真寺等著名寺庙。承德从康熙五十二年（1713）到乾隆四十五年（1780）间就建造了 11 座喇嘛庙。清代杭州城内外有寺 30 余处、观 20 余处、庵 10 余处，另有其他院、宫、堂以及民间祠庙若干，可谓极一时之盛。其中，灵隐寺、积善海会寺、定水寺、净慈禅寺、开宝仁王寺、永寿寺、慈恩普济教寺、天长净心寺、大中祥符律寺、潮鸣寺、广寿慧云禅寺、白莲寺、虎跑禅寺、龙井寺、龙华寺等皆为海内著名古刹，代有赐额。

值得注意的是，清代新建的满城是一种封闭性的城市空间，与汉城在形式有着

---

① [美] 杜赞奇著，王福明译：《文化、权力与国家——1900—1942 年的华北农村》，江苏人民出版社，1996 年，第 22 页。
② 艾元徵：《国相寺碑记》，顾汧等：(康熙)《河南通志》卷四十八，康熙三十四年刻本。

很强的隔绝性，并牢固地保持八旗社会的习俗传承，保留着他们原先在关外的传统生活方式，保持着传统祭祖、祭神的习俗。但是，随着时间的推移，新生代的满族人开始逐渐接受汉族文化传统，在不少满城中出现信仰多元化现象，汉族人信奉的佛、神、灶爷、天地、马王、财神等也相继在满城中找到了信徒。因此，满城内寺、观、庵、宫分布也较多，同时也逐渐受到汉人信仰文化的影响，修建有若干与汉人信仰相同的寺庙，如西安满城内建有各种庙宇80多座，其中供奉关羽的关公庙就占3/4，充分体现出了满族尚武的民族特色以及汉满文化融合的特点。

2. 历史古迹和风景名胜的重建

历史古迹和风景名胜是历史文化传承的物质载体，也是城市独具特色的景观设施，其中蕴含的教化内容对普通民众也有潜移默化影响。清初，各地城市政府对本地遭受破坏的历史古迹风景名胜也进行了重建。这些景观的重建不仅可以美化城市、丰富城市居民的文化生活，更重要的是传承了城市传统文化，给子孙后代留下了丰富的文化遗产。清代中前期，成都相继重建了武侯祠、杜甫草堂以及一些名人的居所祠堂。北京在元明两代的基础上对西苑进行了增建和修缮，并在西郊兴建了畅春园、圆明园、静明园、静宜园和清漪园。开封在康熙二十八年（1689）重修了鼓楼，使其"上为飞阁，下为重关，翬飞矢棘，俨然如霞之天半而生其彩也，峭然如崖之壁立而壮其势也，豁然如门之洞开而增其式廓也。拭目之余，顿改旧观"。各地城市中的名胜古迹经重建与修缮后，皆成为本城居民和文人的游览胜地，也成为城市的重要文化地标。有研究者认为，清代中前期不少文化精英在置身于过去伟大人物的历史遗迹时，大受鼓舞，因此也身体力行地倡导过去那些伟大人物所代表的价值观念。城市的历史古迹和风景名胜不仅给文化精英提供了精神支柱和文化消遣，也为普通城市居民提供了休闲娱乐的平台，因而这些古迹名胜的重建对于清代城市文化生活的重建也起了重要的推动作用。

清代中前期，无论是城市官方文化设施还是城市民间文化设施的重建，都对城市居民的生活产生了极大影响。不仅对于社会统一的信仰体系和价值体系的重建起了重要的促进作用，还增添了城市景观，形成了城市地标，给城市不同群体的居民提供了宗教信仰和休闲娱乐的公共场所和活动空间，丰富了城市居民的精神文化生活。这对于当地城市社会秩序的恢复和稳定起了重要作用。更重要的是这些文化设施作为中华传统物质文化的载体，其重建的意义十分巨大，特别是对继承和发展中华传统文化起了十分重要的作用，使中华民族传统文化在清代未曾中断，一直生生不息，并形成了一些新的时代特点。如四川省会成都的城市文化设施的恢复与重建作用就十分突出。清代成都是一座移民城市，来自全国十余个省区的人口汇聚在这座一度成为废墟的古城，这些文化设施的重建，使移民在艰难的创业中寻找到了精神的支柱，并使各地的文化通过这些文化设施融入成都历史文化传统之中，形成了具有清代特点的成都城市文化。各地移民通过对传统文化设施的重建，取得了文化认同，形成了新的文化传统。如随着成都城市经济的复苏和发展，移民在对传统继承的基础上逐渐形成了青羊宫花卉游览和杜甫草堂人日游等文化传统风俗，游览这些地方成为清代成都人认同的标志。换句话讲,只要认同了自己是成都人,就会前往青羊宫和杜甫草堂等地游览,否则就会被视为外地人。因而每当青羊宫庙会、花会期间,青羊宫至草堂寺一带游人如织,游人不仅包括成都城区的居民,也有许多城郊和其他乡镇的居民,而且各色人等都有,有普通的工商业者、城市居民,也有官员和士人;不仅成年人、男性甚多,而且女性和儿童也很多。因为这不仅是一种休闲娱乐,更是一种成都人文化的认同。《成都竹枝词》对此有所描述:"游人宛似弄潮人,日午潮来散鞠尘。""赏花人又赏音来,乘醉相携到舞台。"[①] "'青羊宫'里仲春时,赶会人多密似蚁。"[②] 除了到青羊宫逛花会外,成都市民还喜欢逛灯会,灯会成为成都一项传统的民俗节日。据资料记载,成都"男女赴玉皇观、武侯祠烧香者络绎不绝。沿街挂灯,城乡装扮龙狮各灯,于是日起"[③]。随着杜甫草堂的修缮,游览杜甫草堂也成为成都市民的一项传统习俗。每年农历正月初七这天,杜甫草堂内聚满了游人。从早到晚,万里桥西和百花潭湖畔周围车水马龙,"繁华闻说'浣花溪',结队游人散马蹄"[④],呈现出一幅欢乐的景象。成都各寺院也常常成为文化精英和普通百姓的游宴之所。清代成都文化设施的重建为市民休闲活动提供了场所和公共空间,使成都逐渐成为富有特色的文化之城。

康熙年间收复台湾之后,台北、高雄等城市也成为当地及其周边乡镇文化娱乐活动的中心舞台,许多重大的传统活动多选择在城市的文化设施中进行,重大庆典和祭祀活动所举办的迎神赛会是城镇居民及临近乡镇居民娱乐活动的重要方式。因而,清统治者也十分重视在台湾发展各种民间文化设施,特别是对妈祖庙等有着广泛民间信仰基础的寺庙加以重建,并允许开展各种与之相关的文化活动。如迎神赛会在台湾一直有悠久的人文基础,具有浓厚的文化底蕴与传统,清代台湾各大中城镇均不定期举办各种迎神赛会。迎神赛会当天有各式各样的迎神游行队伍,除了歌舞表演外,还以庙会为载体开展各种娱乐游戏以及猜灯谜等活动,由此吸引了众多的城乡居民参加。《彰化县志》记载:"初九日传为玉皇诞辰,家家庆祝。邑内岳帝庙,俗讹为玉皇庙。前后数日,灯彩辉煌,演剧欢庆。城内外士女,结队来观,每宵达旦。"[⑤]《台湾通史》记载:"元宵之夕,自城市以及乡里,点灯结彩,大放烟火,竞演龙灯。士女出游,笙歌达旦。各街多设庙会,而台南郡治三山国王庙,则开赛花之会,陈列水仙数百盆,评其优劣,亦雅事也。"[⑥] 清代台湾城镇中重建和兴修的宗教场所在居民社会生活中扮演着重要的角色,成为当地聚落的中心。庙宇前通常有广场,即庙埕,成为城镇居民祭祀和休闲娱乐等活动的中心。

清代各地区城市的风俗习惯和文化传统有着较大的地域差异,经过清初城市文

---

① 杨燮等著,林孔翼辑录:《成都竹枝词》,四川人民出版社,1982年,第129页。
② 杨燮等著,林孔翼辑录:《成都竹枝词》,四川人民出版社,1982年,第55页。
③ 李玉宣等:(同治)《重修成都县志》卷二《舆地志》,同治十二年刻本。
④ 杨燮等著,林孔翼辑录:《成都竹枝词》,四川人民出版社,1982年,第122页。
⑤ 周玺等纂:《彰化县志》卷九《风俗志·岁时》,道光十六年刊本。
⑥ 连横:《台湾通史》卷二十三《风俗志》,商务印书馆,1947年,第408页。

化设施的重建，在传承各地传统文化的基础上，进一步形成了具有时代特征的地域城市民俗文化。不同地域城市的文化设施经过重建，不仅成为城市中一道亮丽的风景线，也成为这些城市的文化地标和名片，在城市居民的物质生活和精神文化生活中扮演着重要的角色，甚至成为城市居民的精神家园。这在一定程度上维护了当地社会的稳定，也为形成独具特色的地域文化提供了重要的条件。

三、城市教育体系的重建

清朝是满族建立的大一统王朝，清统治者为了维护和巩固自身的统治，不得不采取多种措施，其重要措施就是在全国大力推行儒家教育，广建书院，发展科举考试，发展官方教育。广建书院、推动科举制，既能为清朝统治集团培养所需要的人才，又是统治者推行教化的重要手段，在维护社会秩序方面也能发挥很大的作用。儒家文化是从汉至明的主流文化，清王朝重视和发展以儒家文化为主体的书院教育，自然得到了汉族士人的支持和拥护，同时对于继承和发展传统文化也至关重要，故而也受到社会各界的普遍欢迎。

经过明末清初激烈的社会动荡之后，清统治者为了恢复和强化传统社会秩序，建立稳固的君主专制中央集权统治，不但要"刑禁于已然之后"，而且还强调"礼禁于未然之先"，防微杜渐，大兴教化，推行孝治伦理政治。① 孟子认为："仁言不如仁声之入人深也，善政不如善教之得民也。善政民畏之，善教民爱之。善政得民财，善教得民心。"清朝统治者深刻地领悟了孟子对教育与治国关系的论述，高度重视发展教育，而且把儒家的道变成了官学化的意识形态，从而帮助清朝贵族在中国建立统治秩序。清朝定都北京不久，顺治帝就宣布："今天下渐定，朕将兴文教，崇经术，以开太平。"② 康熙皇帝也提出："朕维至治之世，不以法令为亟，而以教化为先。"他提出："盖法令禁于一时，而教化维于可久，若徒恃法令，而教化不先，是舍本而务末也。"③ 可见清初统治者对教育的重视程度。清代中前期，随着教育制度、教育体系的逐渐确定和城市教育设施的恢复重建，城市教育发展到了农业时代的顶峰，形成了城乡一体化的多层次教育体系，为清王朝培养出了一大批人才，既维护了社会秩序，又为统一的多民族国家的巩固和发展，为中华民族传统文化的传承与发展做出了突出的贡献。

（一）官方教育体系的建立

随着清朝统治地位的确立，一套比较完整的官方教育体系也开始建立。一是在京师设立国子监，作为清朝最高学府和教育管理机构，另外还设立了八旗官学、宗

---

① 常建华：《清代的国家与社会研究》，人民出版社，2006年，第71页。
② 《清实录》第三册《世祖章皇帝实录》卷九十"顺治十二年三月壬子"条，中华书局，1985年。
③ 《清实录》第四册《圣祖仁皇帝实录》1卷三十四"康熙九年十月癸巳"条，中华书局，1985年。

学、觉罗学等。二是在地方设府州县学,作为地方不同层级的学校和教育管理机构。官方教育成为清代中前期城市教育的主体。清初,从国子监到府州县学,完全仿效明朝旧制,"府、州、县、卫儒学,明制具备,清因之"①。各级官学教育体现出明显的政治化和官僚化倾向,它们都以应举入仕为办学宗旨。

为让更多的优秀人才进入官学深造,清初统治者不惜投入巨额资金,并实施一系列优惠政策来发展官学教育。顺治十年(1653),朝廷颁布谕旨:"国家崇儒重道,各地方设立学宫,令士子读书,各治一经。选为生员,岁试,科试,入学肄业,朝廷复其身有司接以礼。培养教化,贡明经,举孝廉,成进士,何其重也!"②清政府对官方教育实施了一系列的优惠政策,如进入各官学的生员,其生活费用可以由学校免费提供,并相应减免其丁粮、官役和差徭;除政府提供专项津贴外,地方官学还可将学田租赋作为办学经费。因此,无论是国子监还是府州县学生员,不仅学习、生活得到保障,而且还得到社会的普遍尊重,由此产生了巨大的吸引力,促进了官学教育的发展。

清政府大力发展官学教育,还表现为官学教育设施屡次得以扩建和修缮。例如,清代西安府学、长安县学、咸宁县学与文庙被时人称为"一庙三学",清代中前期得以多次修缮,其中文庙修缮了5次,西安府学修缮了3次,长安县学修缮了3次,咸宁县学修缮了4次。另外,西安满城八旗所属各佐领都各设有1所官学,八旗共40佐领,故设有40所八旗学堂,每1所学堂有学生二三十人,八旗官学的学生总数为800人至1200人。洛阳的河南府学也多次得到修缮,自顺治八年(1651)重建后,先后于顺治十四年、康熙三十三年(1694)、雍正二年(1724)得到修缮;洛阳县学分别于顺治六年、十三年、十八年和康熙二十四年、雍正八年、乾隆二十八年(1763)相继进行了6次修葺。苏州府学从顺治十二年(1655)起到咸丰年间,重修次数达到十多次。清代中前期,城市官学教育设施普遍得到大规模重建,反映出统治者对官学教育的重视。

此外,一些城市和地区的社学也间接成为官方教育体系的一部分。社学虽然不是正规的官方教育机构,但从它设立的目的来看,可以作为官方教育的一种补充。清代中前期,统治者借助社学对民众进行教化,除在内地城市外,还在边疆城乡大力发展社学,社学成为城乡基层社会建立的教育启蒙机构和官学的"预备学校"。早在顺治九年(1652),政府就令全国各地建立社学,"每乡置社学区,择其文义通晓、行谊谨厚者,补充社师,免其差役,量给廪饩养赡"。雍正元年(1723),清廷再次要求各地"照顺治九年例,州、县于大乡、巨堡各置社学,择生员学优行端者,补充社师,免其差役,量给廪饩"③。清代,各地都相继建立社学,如河南府下属县社学总共有98所,其中仅洛阳县就达15所之多。社学虽然发展极不平衡,

---

① 赵尔巽等:《清史稿》卷一百零六《选举一》,中华书局,1976年,第3114页。
② 清高宗敕撰:《清朝文献通考》卷六十九《学校七》,商务印书馆,1936年。
③ 托津等:《钦定大清会典事例》(嘉庆朝)卷三百一十七《礼部·学校·各省义学》,沈云龙:《近代中国史料丛刊》,文海出版社,1991年。

但在少数民族聚居地区也得到了一定的发展。顺治十五年（1658），清廷下令在少数民族地区建立社学，规定："土司子弟有向化愿学者，令立学一所，行地方官取文理明通者一人，充为教读，以司训督。"① 康熙年间，贵州社学开始由贵阳、遵义、安顺等中心城镇向少数民族地区发展，如在兴义、安南等地创办了社学。社学的发展不仅仅只是官府的努力，在某些地区，民间力量（包括士绅、商人和其他阶层力量）对其发展作用反而更大。有清一代，社学作为一种教育发展模式在中国城乡普遍存在。它的设置、经费来源、管理模式并没有如传统官学那样制度化，其数量和发展状况也因时因地而有较大的差异，但它的存在和发展，使更多的普通下层民众的子女获得启蒙教育的机会，对于社会的发展和秩序的稳定也起到了一定的作用。

（二）民间教育的发展

清代中前期，除了以府州县学为主体的官方教育获得恢复与发展外，以书院教育和私塾教育为主体的民间教育也得到恢复和发展。

1. 书院的重建与发展

书院是中国古代介于官学与私学之间的一种重要的教育组织形式。书院兴起于唐代，在宋元时期获得明显的发展。有明一代，书院经历了从衰落到复兴，再到衰落的过程。明朝末年，受到战争和其他因素的影响，书院的发展受到一定的影响。经过清初的重建，书院发展达到中央集权君主专制时代的顶峰。清代书院可分为两类，一类是官府创办的，一类是由民间绅商出资创办的，但其共同之处在于都以教习经学、史学为重点，都倡导明大义、辨是非、重天伦、懂礼仪。清代书院的数量大大超过了明代，据不完全统计达 2000 余所。书院教育对城市教育的发展与文化的传承产生了重要的影响。它们不仅成为发展儒学、藏书、读书、讲学之所，而且对于人才的培养起到了十分重要的作用，在少数地区，书院的作用大过官学。

清代中前期，书院的重建呈现出以下新的特点。

一是清代书院重建经历了一个由禁止、限制到鼓励、扶持的发展过程。

清初，清朝虽定都北京，但全国尚未统一。清军在南下的过程中，通过野蛮的战争来征服各地城市，从而造成了对社会、经济的严重破坏，也导致民众心理的极度恐慌。"剃发令"等一系列强制性征服政策的颁布，在汉族民众中引起了强烈的反抗。许多士绅和读书人坚守气节，积极投入反清斗争当中。他们在书院聚众讲学，议论政治，鼓动人们参加反清斗争。清政府非常害怕书院成为讽议朝政和传播反清复明思想的场所，因而对书院采取了禁止和抑制的政策。顺治九年（1652），清廷规定："各提学官督率教官生儒，务将平日所习经书义理，着实讲求，躬行实践，不许别创书院，群聚徒党，及号召他方游食无行之徒，空谈废业。"这一诏令

---

① 托津等：《钦定大清会典事例》（嘉庆朝）卷三百一十七《礼部·学校·各省义学》，沈云龙：《近代中国史料丛刊》，文海出版社，1991年。

虽然没有明令禁毁现存书院，但对书院的发展起了明显的抑制作用。此一时期各地书院基本陷于停滞废业的状态，只有个别书院因其历史悠久、影响深远，使部分地方官员和人士不得不对其特殊对待，较早获得修建。顺治十四年（1657），衡阳石鼓书院经巡抚袁廓宇之请而获得修复。一些著名的学者，如黄宗羲、颜元、孙奇逢、陆世议、李二曲等也曾在清初的书院讲过学。

　　随着清王朝统治的巩固和社会秩序的逐渐稳定，朝野上下要求兴复书院的呼声渐高，加之书院有祭祀孔子及程朱理学大师等一系列活动，使清统治者逐渐认识到书院对于清朝建立持久的稳定统治有着特殊作用，书院教育不仅能对官学教育起到重要的补充，而且还能使之为己所用。因此，清廷对书院的政策开始由消极抑制转为积极兴办。一个重要的信号就是康熙二十五年（1686）康熙帝颁赐御书"学达性天"匾额给白鹿洞书院、岳麓书院。康熙六十一年（1722），康熙帝又对几所著名书院颁赐御书。雍正十一年（1733），雍正帝颁布谕旨，允许各省开办书院。这一历史性事件标志着清统治者对书院采取了积极扶持的政策。此后，清政府不仅扶植书院，而且还直接创办书院，规定每一省会兴办一所官办书院，从而使书院获得了正统合法的地位。其后，乾隆帝继承了雍正帝的书院政策，使书院在乾隆时期发展到顶峰。顺治、康熙到雍正三朝的数十年间，全国各地共重建和新建书院1104所，而乾隆一朝就重建和新建了1298所书院，超过了清朝前三代书院数量的总和。①全国地方书院数量的变化也清晰反映了这一发展过程。顺康雍时，甘肃仅兴建书院5所，而在乾隆一朝，甘肃就兴建了书院22所之多。清王朝对书院政策的变化极大地影响着书院的发展。

　　二是书院层级网络结构的形成。

　　随着清初统治者对书院教育的重视和扶持，经过康雍乾时期的重建，各地区的大中小城市逐渐形成了多层级的书院教育体系，书院成为支配和影响城市社会和文化发展的重要力量。书院的数量和分布以省为单位，形成了以省会城市为中心，以各级府城、县城为次中心的层级网络结构，书院之间相互影响、相互促进。清代之前，书院主要建于远离城市的风景宜人之地，书院地位的高低基本取决于在书院讲学的学者、士人等知识分子的学术地位和影响，书院教育有别于官学等教育。但入清以后，情况发生了变化，书院的发展被纳入官方的管辖，书院也主要建立在城市之中，因而书院的发展也受到城市行政级别的影响，行政级别越高的城市，其书院的数量也就越多，规模越大，影响力也越大，师资水平和教育质量也就越高，反之亦然。一般说来，省会城市的书院数量明显多于省内其他城市，教育水平也明显高于省内其他城市；府级城市的书院多于县级城市，水平也高于县级城市。

　　在清代，书院教育由于受到统治者的高度重视，故而其发展也受到官府的严格控制和管理，官府决定着书院的规模和经费来源，并造成了书院之间的层级区别。随着书院的重建和新建，大大小小的书院广布于不同城市，逐渐形成了省级书院、

---

① 根据邓洪波著《中国书院史》（东方出版中心，2004年）相关资料统计。

府级书院和县级书院以及公办书院的层级网络体系。一般而言，位于省会的省级书院因得到官府和社会民间力量的支持，故而规模大、经费充足、师资力量雄厚，通常在行省范围内的书院群体中占据主导地位。而府、州、县级书院不论从建筑规模和资金筹措方面都无法与省级书院相比，层级越往下的书院规模越小，水平越低，设备越简陋。书院可分为省级书院、府级书院、县级书院和乡镇书院四种类型，构成了金字塔型的书院教育体系。例如，清代苏州作为江苏省会，先后重建、新建书院66所。其中苏州紫阳书院和正谊书院是苏州地区两所最大的省级书院，规模庞大、经费充足、师资力量雄厚，其学生来自全省，各府州县的生员经过严格选拔才能进入这两所书院学习，故而两所书院在清代发展成为苏州乃至江南地区的学术与教育中心。乾隆八年（1743）创建的平江书院、乾隆九年（1744）创建的汤公书院、乾隆十七年（1752）创建的娄东书院等是苏州府级书院的代表，它们一般只在府、州范围内招生，经费较为充足，师资力量和学术水平也较高。县级书院以雍正元年（1723）创建的当湖书院，乾隆四年（1739）捐建的松陵书院，乾隆八年（1743）创建的昆山玉山书院为代表，这些书院大都是官民合建或商绅合办，它们仅在一县范围内招生，经费较少、规模较小、师资力量有限。清中期以后，随着市镇经济的复兴和快速发展，苏州地区出现了若干乡镇书院，这些书院多由民间集资创建，生源局限于本乡镇或临近乡镇，学生人数较少，整体文化素质也较低，它们所起的作用主要是普及基层教育和推广教化以正世风。清代苏州书院形成了明显的层级差异，往往是下一级书院向上一级书院输送优秀生源，即使是乡镇书院也不是彼此孤立的，而是一种互动关系。它们在满足不同群体接受教育的同时，共同推动着地区文化教育的发展和学术水平的提高。

三是清代书院教育呈现出明显的官学化倾向。

清代中前期，书院获得空前发展，但均是在各级官府的严密控制下进行的，书院逐渐向城市集中的过程也是官方不断加强对书院控制的过程。清代书院与明以前书院相比有着明显的不同，其中一个重要的区别在于官方色彩十分浓厚，基本上失去了自主性和民间教育的性质。清代书院官学化倾向主要体现在以下几方面：一是县级以上书院的教育经费主要由政府拨给，二是山长由各省督抚学臣或府级县官员聘任，三是书院的学生由官府考核和选录，四是官方控制着书院的考课等。官府严格控制书院的设立，并有意识地对省会城市的书院进行重点扶持。早在雍正时期，清廷就颁布谕旨："督抚驻扎之所，为省会之地，着该督抚商酌奉行，各赐帑金一千两，将来士子群聚读书，预为筹划，资其膏火，以垂永久。其不足者，在于存公银内支用。"[1] "其余各省府州县书院，或绅士出资创立，或地方官拨公经理。"但需"俱申报该管官查核"[2]。清统治者在书院重建过程中试图把书院教育作为维护

---

[1] 托津等：《钦定大清会典事例》（嘉庆朝）卷三百一十七《礼部·学校·各省书院》，沈云龙：《近代中国史料丛刊》，文海出版社，1991年。

[2] 托津等：《钦定大清会典事例》（嘉庆朝）卷三百一十七《礼部·学校·各省书院》，沈云龙：《近代中国史料丛刊》，文海出版社，1991年。

其统治的一种手段和工具,因而对各省重要书院都加以严格的管控,省、府、县各级书院的新学生也都由官方进行考核。另外,官方对书院教育的内容也有所规定,并将书院教育与科举考试密切结合起来。书院的官学化使书院逐渐丧失了发展的独立性与自主权,学生在这样的氛围下就读,其功利化趋向也日益严重,他们往往以追逐功名、科举及第为求学目的,越来越多的书院学生埋头于八股文的学习之中,从而使书院的创造力和创新力逐渐泯灭。

2. 义学和私塾教育的发展

义学,又称义塾、义斋,是除了官学和书院以外的又一种重要的教育机构。关于义学的起源,学术界目前存有争议。清代之前,义学的民间性质浓厚,通常由地方缙绅捐建和创办,主要设立在远离城镇的较为落后的乡村地区,是一种启蒙教育机构;义学的教育对象通常为家境贫寒上不起私塾的孩子。教育内容以启蒙识字为主,最好的义学在功能上接近于较低层级的书院,为学生参加乡试做准备。清代,义学的建立不只限于乡村,京城和各省会以及府、州、县城都普遍兴建义学。康熙四十一年(1702),清廷下诏:"京城崇文门外设立义学,颁赐御书'广育群才'匾额。五城各设一小学,延塾师教育。有成材者,选入义学。"① 城市义学多由当地知府、知县等地方官员倡议,地方商绅响应,或捐资或捐地产创办,延请地方宿儒执教,免费对本族子弟施以初等教育。因此,各地府州县的义学成为"聚集孤寒生童,励志读书"②,成就"奋志读书而贫乏无力者"③ 的重要场所。因而各省不同层级的城市都先后设立了较多的义学,如台湾诸罗县在康熙末年就在善化街、打猫街、斗六门街、半线街、新港街、目加溜湾街、萧垅街、麻豆街、大武垅街等街区建有义学。

值得注意的是,清统治者不仅注重在京师和内地城市发展义学,而且还把义学视为推行边疆教化的重要手段。他们在边远的少数民族聚居地区也大力推广义学,如清代云南全省的义学总数超过680所,一县之中多则几十所,少则几所,只有少数几个县未设义学。康熙四十四年(1705),清廷议准在贵州推广义学,要求"贵州各府州县,设立义学,将土司承袭子弟,送学肄业,以俟袭替"④。嘉庆朝之前,贵州所设义学达数十所,其中贵阳府13所、安顺府11所、兴义府10所、遵义府8所,仅少数府县未设义学。义学的推广和发展对于少数民族地区的教育发展也起了一定的促进作用。

此外,清代也延续发展私塾教育。私塾是私人所创办的学塾,具有民间性质,

---

① 托津等:《钦定大清会典事例》(嘉庆朝)卷三百一十七《礼部·学校·各省义学》,沈云龙:《近代中国史料丛刊》,文海出版社,1991年。
② 托津等:《钦定大清会典事例》(嘉庆朝)卷三百一十七《礼部·学校·各省义学》,沈云龙:《近代中国史料丛刊》,文海出版社,1991年。
③ 托津等:《钦定大清会典事例》(嘉庆朝)卷三百一十七《礼部·学校·各省义学》,沈云龙:《近代中国史料丛刊》,文海出版社,1991年。
④ 托津等:《钦定大清会典事例》(嘉庆朝)卷三百一十七《礼部·学校·各省义学》,沈云龙:《近代中国史料丛刊》,文海出版社,1991年。

为幼儿启蒙教育，以识字习文为主。私塾的创办形式多样，或由塾师自行开设教馆、学馆，学生到塾内学习；或由一家或数家富户单独设立塾馆，请塾师到馆教授；亦有由宗族或乡镇联合设立，延聘塾师设馆教学。清前期，私塾相对较少，乾隆以后才逐渐增多，有专馆和散馆等区别。

不管是义学教育还是私塾教育，都以教授儿童识字读书为主，所用教材多以《圣谕广训》《三字经》《百家姓》《千字文》《千家诗》等为主，传授一些如历史、博物等常识。在生活礼仪方面，对学生也有训导。但这些启蒙教育的最终指向仍然是参与科举考试，因而也沦为科举制度的附庸，尤其是富户主办的专馆①，其教学的主要目的就是参加科举考试。

清代，随着清统治者大力提倡、推广宗教文化，各地的宗教教育也获得了相应的重建与发展，如清初，经堂教育已遍及全国各省清真寺。

清代中前期，城市教育经过重建，教育体制日益完备，从官学到书院、义学、私塾等都得到较大发展，形成了较为完备的教育体系，基本能够满足清朝统治者建立君主专制中央集权统治的需要。清代教育的重建与发展，对传统教育、传统文化的传承和人才的培养都起到了促进作用。但是由于教育的官学化现象严重，教育内容多与科举考试相关联，学生求学的功利化观念日趋严重，因而到清后期，通过这些教育培养出来的人才，大多数只识四书五经和通熟八股文，不能适应早期现代化的变迁，因而教育改革变得非常紧迫。

清代中前期，城市文化的重建呈现出以下几方面的特点：一是城市文化重建以清统治者为主导，社会各阶层都积极参与到重建过程中；二是城市文化重建过程体现了国家、地方、民间的互动；三是城市文化重建体现出明显的阶段性特征，不同阶段有不同的重点；四是城市文化设施重建对于城市居民形成文化认同具有重要的意义，不仅对于传统文化的传承和发展十分重要，而且有利于城市社会的进一步稳定。清代中前期，城市文化重建体现了历史延续性，统治者虽然以满洲贵族为核心，其民族文化与中原文化有着很大的区别，但是清统治者在建立新政权后，并没有摒弃以汉族文化为主体的中华文化历史传统，而是极力在传承中华文化历史传统的基础上对城市文化进行重建，其积极意义是不言而喻的。但由于清王朝并不代表先进的生产力和先进文化，因而其城市文化重建是以维护中央集权君主专制制度为根本目的，并未促进社会发生变革，其负面影响也不容忽略。

小 结

清初，随着政权的逐渐巩固和经济的逐步恢复，初步具备了重建城市的一系列

---

① 在专馆教学的师傅多对程朱理学相当精通。专馆先教学生初级基础知识，后讲授儒家经典与理学著作，学制较长。实际上专馆是一种准备让童生参加科举考试的预备学校。

条件，因而在清代中前期数十年间，重建城市的工作在各地持续推进。不仅使明朝所建的城市逐渐得到恢复，而且还新建了若干城市，从而奠定了近现代中国城市空间分布的基本格局。当今中国的绝大多数城市都是在清代城市的基础上发展演变而来，现当代城市的发展与清以来城市在政治、经济、文化等各个领域的发展变化息息相关。① 清朝对城市的重建未能超越传统农业社会的框架体系。但同一时期的以英、法为代表的欧洲国家因科学技术的飞速发展、生产工具的迅速改进、生产方式与交通工具的变革，以及新的社会制度建立，率先从传统农业时代进入工业时代，城市也随之而发生根本性的变化。正如布罗代尔所描述的那样：西方世界的"城市依靠其道路、市场、工场和积累的财货确保自身的地位。……在广大地区，家庭经济向市场经济的决定性过渡逐渐完成。换句话说，城市在周围的乡村中崛起，眼光从此看到自己的视野之外"②。西方率先确立了新的资本主义社会秩序，这也成为世界历史的转折点，从那以后，东西方城市的发展方向泾渭分明，城市的命运也截然不同。

中国城市历经明末清初的剧烈破坏后，在清代中前期得到重建，到乾隆年间，很多城市逐渐恢复了昔日繁荣的景象，部分城市甚至比以前更具活力，不断叠加经济功能和文化功能，并从单纯的政治、军事型城市向工商业城市转型。清代城市的重建呈现出以下几方面的特点：

第一，清代城市重建以清统治者为主导，社会各阶层都积极参与城市重建的过程中。无论是城市政治重建、经济重建，还是社会重建，主导者都是各级政府的官员。第二，清代中前期城市重建过程体现了国家、地方、民间的互动。第三，城市重建体现出明显的阶段性特征，不同的阶段有不同的重点。首先，清初的统治者把重建城市统治秩序放在城市重建的第一位。由于清朝是满族贵族建立的君主专制中央集权国家，政权建立之初，面临多方面的挑战，因而重建统治秩序和社会秩序十分重要，城市统治秩序重建具有决定性的作用，其重点在于设立地方行政建置，以及构建基层社会组织和社会秩序。其次，作为城市和统治秩序象征的城墙、官衙等重要的公共建筑，以及城市公共设施的重建，成为城市重建第二阶段的重点，城墙、衙署等物质形态的重建，对于城市社会结构和政治网络体系的重建有着重要的作用。再次，随着城市经济的恢复与发展，文化设施和教育设施的重建成为重点，城市文化设施重建对于城市居民形成文化认同具有重要的意义，不仅对于传统文化的传承和发展十分重要，而且有利于城市社会的进一步稳定。第四，清代城市重建具有很强的历史延续性。清统治者虽然是少数民族，其文化传统与中原文化有着很大的区别，但是清统治者建立新的政权后，并没有摒弃中华民族的历史传统，而是极力在传承历史文化的基础上对城市进行重建。清代城市重建的过程虽然很长，单

---

① 何一民：《清代城市的历史地位——兼论加强清代城市历史研究》，《光明日报》，2005 年 10 月 11 日第 7 版。
② ［法］费尔南·布罗代尔著，顾良、施康强译：《15 至 18 世纪的物质文明、经济和资本主义》（第三卷），生活·读书·新知三联书店，2002 年，第 89 页。

体城市重建也各具特色,但大部分城市重建都是在传统框架内进行,虽然部分城市在形态和空间布局发生了一定的变化,但城市的基本格局仍存,清代中前期的城市仍然属于农业时代的城市。第五,清代中前期城市重建具有明显的区域不平衡性,一些地方城市重建进展较快,如长江流域的城市虽然遭到较大的破坏,但是经过多方面的努力,大部分城市在较短的时间内得到重建。从全国范围来看,沿海沿江地区城市的重建好于北方内陆城市和边疆城市,行政级别高的城市好于行政级别低的城市,区域中心城市好于中小城市。各地城市重建不仅受社会经济发展不平衡的影响,而且还受各地自然地理条件因素的制约。

清代中前期城市重建是在明代城市遭到严重破坏、社会结构解体、经济极度衰落的基础上,统治者对城市所进行的整体性重构。近现代中国大部分城市是在清代城市基础上发展演变而来的。清朝统治者在城市重建过程中十分注重对中国传统文化的传承,一个重要的原因就在于他们要通过对传统文化的传承来增强广大民众对清朝统治的认同,可以说其作用还是比较明显的。清代中前期,城市的重建使城市重新成为经济和社会发展的重心,广大民众始能安居乐业,其意义是不言而喻的。但是我们也要看到,清代城市重建有其历史的局限性。清王朝并不代表先进的社会生产力、先进的文化和广大人民的利益,清政权的建立不过是传统王朝的延续。如果有区别的话,也只是以汉族为主体还是以满族为主体的区别,其君主专制中央集权的性质并未发生根本变化,反而更加强化。由于少数民族的统治,在城市重建过程中出现了落后和消极的一面,如修筑满城,刻意制造满汉隔阂与民族对立,推行民族征服、民族压迫和民族歧视政策,等等。

第二章　清代城市数量、空间规模和人口规模的变化

　　清代是中国农业时代最后一个君主专制王朝，此一时期传承了农业时代的制度文明、物质文明和精神文明，翻开了工业时代新的一页。作为文明的载体——城市在清代有了较大的发展。首先表现在城市数量的增加和城市规模的扩大；其次表现为城市质量的变化，从农业时代的城市向工业时代的城市转型。关于清代城市数量的变迁，长期以来都缺乏深入的研究，不少相关论著都较为含糊。中国历史上的城市都是以行政功能为主，地方行政建置的设立和变化与城市有着密切的关系，因而从地方行政建置的变化来考察城市的变化有其合理性，但地方行政建置的数量并不等于建制城市的数量，部分城市的行政建置有所重叠，应注意加以区别。另外，随着城市的重建、经济的恢复与发展，以及人口的迅速增加，城市规模也会发生很大的变化，城市在区域中的地位有所提高，作用有所加强。

第一节　清代城市数量的变化及原因

　　中国历代王朝并无划分城市标准的具体规定。在中国古代，"城"与"市"是两个概念，"城"是指以军事防御为主的政治中心，而"市"是指用于物品交易的场所。

　　清朝统一中国后，基本继承了明朝的城市发展体系，城市数量在继承中得到较大发展。"终明之世……分统之府百有四十，州百九十有三，县千一百三十有八。羁縻之府十有九，州四十有七，县六"①。这些城市虽经历经济衰颓、战争破坏、人口减少等因素的影响，城市的发展出现间歇性的中断，但雏形仍在，为清代城市的发展奠定了宏观基础。

一、城市数量的变化

　　清代城市继承了秦汉以降中国城市发展的总趋势，全国城市数量达到中国农业

---

① 张廷玉等：《明史》卷四十《地理一》，中华书局，1974年，第882页。

第二章 清代城市数量、空间规模和人口规模的变化

时代的一个高峰,奠定了晚清以来中国城市体系的基本格局。

关于清代城市的数量,一直没有一个较为确定的说法,其原因除统计资料有限外,还在于对城市的定义有不同的认识。长期以来,一个令城市史、城市历史地理或相关方面研究者感到困扰的问题,即确认何种聚落为历史城市。今天,世界主要国家都是将非农人口的数量作为确定其是否为城市的重要依据,一般是2000人以上的非农人口的聚落就算是城市。但是确定城市的可计量的非农人口指标在历史上缺乏统计和记载,除少数城市外,大部分城市都难以获得准确的非农人口数据,故而多只能采用定性的办法来确定。正如著名历史地理学家陈桥驿教授所说:"在这种情况下,中国的历史城市研究者,常常采用一种不得已的历史标准,即凡是曾经作为县一级政府驻地的聚落,就作为历史城市。"中国城市从先秦以来基本上都是以政治功能为主,经济功能和文化功能等都是在此基础上不断叠加而成,因而凡是各级政权的治所都是大小不等的城市,而部分因交通和商业贸易而自然发展起来的城镇,当它们发展到一定的规模时也都逐渐被纳入城市行政等级网络体系之中。因而从中国的国情来看,以县一级政权的治所作为历史城市的主要划分标准也有其合理性,故而我们研究清代城市的数量也是以行政建置为基础,不包括县治以下的市镇等聚落。

《韩非子·爱臣》:"大臣之禄虽大,不得藉威城市。"当城市成为人们生活中感觉到的客观实体,防御功能的"城"与物品交换的"市"有机地结合到了一起,最终形成统一的聚合体——城市,历朝历代基本上都把具有区域中心地位的县治以上的城邑作为城市。有清一代,在中国城市体系中占主导地位的始终是各级行政区划治所城市,故地方行政区划系统也基本上能够反映城市体系结构,城市的数量与行政建置有着直接的关系。清朝的地方政区主要分为藩部和本部,藩部包括内蒙古(内札萨克蒙古24部)、外蒙古喀尔喀部、厄鲁特、回部、西藏5部分,另外再加上清王朝的龙兴之地满洲(即东北地区);本部是指内地十八行省。清朝入主中原后,沿袭明制,在内地设置行省,至康熙六年,全国共建立18个行省,另在藩部地区设置了5个将军辖区、2个办事大臣辖区和内蒙古地区。这一地方行政建置体系延续了两百余年,直到清末才有所变化。清末,全国共有27个省级行政区划,包括23个省和乌里雅苏台将军辖区、内蒙古地区,以及西藏和西宁两个办事大臣辖区。

清代地方行政区划系统分为三级制,省(将军辖区、大臣辖区和内蒙古地区)属于第一级行政区划;各行省下设置府、直隶州、直隶厅,为二级行政区划;其下再设置县、散州、散厅等,为三级行政区划。以省辖府,以府辖县,从而奠定了清代地方行政区划的格局,由此也确定了清代地方城市行政等级体系。① 从清前期到

---

① 在第二级和第三级行政区划里,还分别包含有大量府级或县级土司(主要设置在西南少数民族地区),比如军民府、土府、土州、土县、长官司等,但这些地区的行政中心多数未形成城市。此外,在清代还存在着作为省的派出机构——道。但是终清一代,道始终未被视为正式政区,故不列入清代行政区划系统和城市体系。

清后期，地方城市行政等级发生了若干变化，建制城市也随之而发展。这种发展一方面表现为行政建制城市总体数量增加，另一方面表现为重要城市（省会和府级城市）的增加。（参见以下各表）

表 2-1　康熙二十五年（1686）府县建置数量统计表

省别	府	直隶厅	直隶州	散厅	散州	县
直　隶	8		2		18	112
盛　京	2				2	7
山　东	6				15	89
山　西	5		3		16	78
河　南	8		1		11	95
陕　西	4		1		11	68
甘　肃	4				9	28
江　苏	7		1		6	46
浙　江	11				1	75
安　徽	7		3		7	50
江　西	13				1	77
福　建	9		1			60
湖　北	8				8	52
湖　南	7		2		6	57
广　东	10		1		8	78
广　西	12（2）				14	45
四　川	12（4）		6		15	97
云　南	15（6）				31	26
贵　州	12（4）				11	19
总计	160（125）		21		190	1159

伊桑阿等：《大清会典》（康熙朝）卷十八《户部・州县一》、卷十九《户部・州县二》，文海出版社，1992年，第665-796页。

注：(1)《大清会典》（康熙朝）所载府县，由清开国至清康熙二十五年。(2) 本表统计数据不含土司，括号中数字为军民府数量。

表 2-2　雍正五年（1727）府县建置数量统计表

省别	府	直隶厅	直隶州	散厅	散州	县
直　隶	9	2	6		16	117
盛　京	2				3	9
山　东	6		6		9	89
山　西	7	1	12		7	87

第二章 清代城市数量、空间规模和人口规模的变化

续表

省别	府	直隶厅	直隶州	散厅	散州	县
河 南	8		7		4	97
陕 西	4		10		2	69
甘 肃	8	3			10	42
江 苏	7		5		2	59
浙 江	11				1	76
安 徽	7		7		3	50
江 西	13				1	77
福 建	9		1	2		61
湖 北	8				8	52
湖 南	7		2	2	6	56
广 东	10		1		8	78
广 西	10		2	1	12	46
四 川	11		6	1	16	97
云 南	19	1		1	31	29
贵 州	12			2	13	30
总 计	168	7	65	9	152	1221

允禄等：《大清会典》（雍正朝）卷二十四《户部·州县一》、卷二十五《户部·州县二》，文海出版社，1995 年，第 1075—1226 页。

注：（1）《大清会典》（雍正朝）所载止于清雍正五年。（2）该书中并未记载直隶厅和散厅数量，本表结合《清朝文献通考》《嘉庆大清一统志》《清朝续文献通考》《清实录》等相关记载补全。

表 2-3　宣统三年（1911）府县建置数量统计表

省别	府	直隶厅	直隶州	散厅	散州	县
直 隶	12	3	7	1	17	128（127）
奉 天	8	5		3	6	32（31）
吉 林	11	1		4	3	18
黑龙江	7	6			1	7
山 东	10		3		8	96
山 西	9	12	10		6	85
河 南	9	1	5		5	96
陕 西	7		5	8	5	73

续表

省别	府	直隶厅	直隶州	散厅	散州	县
甘肃	8	1	6	8	6	47
江苏	8	1	3	4	3	62
浙江	11	1		1	1	75
安徽	8		5		4	51
江西	13		1	4	1	75
福建	9		2	1		58
湖北	10	1	1	1	6	60
湖南	9	5	4	(1)	3	64
广东	9	3	7	1	4	79
广西	11	2	2	6 (7)	16	49
四川	16	4	9	11	13	121
云南	14	5	4	12	25	41
贵州	12	1	1	13	13	33
台湾	3		1	6		11
新疆	6	8	2	1	1	21
总计	220	60	78	85 (87)	147	1382 (1380)

注：(1)《清朝续文献通考》所载止于清宣统三年。(2) 台湾省数据统计止于被割让日本前。(3) 括号中数字为根据《清朝文献通考》《嘉庆大清一统志》《清朝续文献通考》《清实录》等相关记载进行的修订。

从以上统计来看，清代建制城市不仅总量有较大幅度的增加，而且省会城市和府级城市也有较大幅度的增加。清代省会城市较明代有较大幅度的增加，清前期从明代的13个省会增加到19个省会，清后期再增加到24个省会。从乾隆年间到光绪初年，府级行政建置呈缓慢增长趋势，总量变化不大。光绪年间，随着新的行省设立，府级行政建置数量才出现较大幅度的增加，宣统三年较康熙二十五年净增加府60个，增幅为37.5%。直隶厅是与府同级的地方行政建置，康熙二十五年，无直隶厅建置，但在雍正年间却因改土归流和边疆拓展而相继增设，其后呈逐朝增加之势。直隶州也是一种与府同级的地方行政建置，随着清朝疆域的扩大和统治的加强，其数量在不断增加。而散州在康熙二十五年数量即较多，达190个，其后数量呈减少之势。县级行政建置在清初变化较缓，不仅未增加，甚至还有所减少，雍正年间，才逐渐增加，雍正五年较康熙二十五年净增加县62个；光宣之际，由于行省的设置，县的数量增加较快，宣统三年达1382个。

省会是清代城市行政等级体系中一个重要层级。行省制度自元代确立，经明代至清代基本完备，其行省数量和空间划分，奠定了现代中国省制的基础。清代先后

第二章 清代城市数量、空间规模和人口规模的变化

设有 23 个行省,设置有 24 个省会城市(因江苏省经济发达,地位十分重要,故有江宁、苏州两个省会城市)。省会城市成为除都城以外最重要的城市。由于大多数省会城市历史悠久,具有区域内优越的地理条件和经济基础,在成为省会之前多是行政级别较高、规模较大、经济较发达的城市,故成为省会以后,能获得更好的发展,成为省域内规模最大的城市,因而清代省会城市成为大城市的主体,各省逐渐形成以省会城市为中心的区域城市体系。有清一代,各省会城市较少发生变动,仅有少数城市因战争、交通区位等因素有所变化。①(见表2-4)

表 2-4 清代省会变迁表

省别	省会的变迁和变迁的时间			
直隶	真定府 1644—1649	大名府 1649—1662	真定府 1662—1669	保定府 1669—1911
山东	济南府 1644—1911			
山西	太原府 1644—1911			
河南	开封府 1644—1911			
陕西	西安府 1645—1911			
甘肃	巩昌府 1667—1670	临洮府属兰州(1739年徙临洮府治于兰州,改名兰州府)1670—1911		
江苏	江宁府 江南省:1645—1661	苏州府 江南省:1661—1667	江宁府 江苏省:1760—1911	
			苏州府 江苏省:1667—1911	
浙江	杭州府 1645—1911			
安徽	江宁府 安徽省:1667—1760	安庆府 1760—1853	庐州府 1853—1862	安庆府 1862—1911
江西	南昌府 1645—1911			
福建	福州府 1646—1674	1676—1911		
湖北	武昌府 湖广省:1645—1667,湖北省:1667—1911			
湖南	长沙府 1667—1674	1679—1911		
广东	广州府 1647—1648	1650—1676	1677—1911	
广西	桂林府 1650—1652	1653—1674	1679—1911	

---

① 清代中前期,所设十九个省会大部分未曾变更,仅有少数省会发生一些变动。一是战争原因引起变动,如清初四川省会因战争原因临时迁移;清后期,安徽省会亦因战争临时迁移,但两省省会在战后均未改变。二是政治经济原因引起变动,康熙年间因江苏省政事条目繁多,且为经济重地,故增设苏州为省会。三是地理位置原因引起变动,甘肃是新设省份,其传统政治中心本在巩昌府,但是巩昌地理位置太靠近川陕两省,离甘肃西部的州县又过远,难以辐射全省,而当时仅为临洮府属的兰州,因为位于甘肃中部、黄河上游之滨,居两河之中,形胜甲于西北,素称雄镇,其地东屏关陇、捍御秦雍;东南通汉沔,可出荆襄;南扼巴蜀,遥蔽两川;西接羌戎,径达藏卫;西北通新疆,为伊犁之后援;北俯弱水,视套蒙若釜底,因此,巩昌府的省会地位迅速被兰州取代。

续表

省别	省会的变迁和变迁的时间		
四川	保宁府 1646—1659	成都府 1659—1674	1680—1911
云南	云南府 1659—1673	1681—1911	
贵州	贵阳军民府（1687年改贵阳府）1658—1674	1680—1911	
新疆	伊犁惠远城（1764年升伊犁直隶厅）伊犁将军：1762—1884	迪化府 新疆省：1884—1911	
台湾	台湾府（1887年改名台南府）1885—1887	台湾府 1887—1894	台北府 1894—1911
奉天	奉天府 盛京将军：1662—1907，奉天省：1907—1911		
吉林	宁古塔城吉林将军：1662—1676	吉林乌拉城（1747年升吉林直隶厅，1882年升吉林府）吉林将军：1676—1676，吉林省：1907—1911	
黑龙江	瑷珲城 黑龙江将军：1683—1685	墨尔根城 黑龙江将军：1685—1689	齐齐哈尔城（1905年升黑水直隶厅，1908年升龙江府）黑龙江将军：1689—1907，黑龙江省：1907—1911

《清朝文献通考》《清朝续文献通考》《清实录》《平定三逆方略》《嘉庆大清一统志》《南明史》《陕西通志》《保宁府志》。

清代，府级城市为三级地方行政体制中承上启下的第二级，在城市体系中起着至关重要的作用。厅是清代新创建的地方行政区划。清以来，为了加强对边疆少数民族地区的管理，清政府将内地府属同知、通判的办事衙门——厅，移植到少数民族地区，并使之逐渐成为一种正式的地方行政建置。厅有直隶厅与散厅之分，直隶厅一般由省直辖，直属于布政使司，与府平级；散厅一般由府管辖，与县相当。清代散厅数量比直隶厅多，厅一般不辖县。[①] 厅的设置多集中在西南地区的四川、贵州、云南，华北地区的直隶、山西、奉天，西北地区的陕西、甘肃、新疆，这些省区或为边疆地区，或为少数民族聚居区，或为边防要塞。西南地区的云贵川三省在雍正、乾隆年间进行了大规模的改土归流，把少数民族聚居地区纳入中央王朝的直接统治和管理之下，于是出现了数量较多的直隶厅和散厅。山西、直隶、奉天三省虽不处于边疆，但战略地位重要，直隶是京师的核心屏障；奉天、山西有辅佐直隶的战略意义，清中期以来，奉天、山西都出现内地居民大量迁入省境开荒，故清廷在新开发地区设置多个厅级政区。东北地区也是新开发地区，政区设置很不完善，故设县较少，设厅较多。此外，广西省所设厅也较多，主要是因为其乃边疆地区的少数民族聚居地。台湾在清末建省，在少数民族聚居区增设了部分厅。清代厅的设立数量不断增多，反映了边疆地区和内地民族地区城市的发展。

清承明制，沿袭了直隶州与散州的设置，并且使州制更加完善。明代直隶州和

---

① 在清代所有的厅中，只有奉天省的凤凰直隶厅下辖有岫岩1州和安东、宽甸2县。

第二章
清代城市数量、空间规模和人口规模的变化

散州可以辖县，清代只有直隶州辖县，散州不辖县。清代，州一般设置在军事要地或者交通枢纽，直隶州是府的初级形态，散州是县的高级形态。直隶、山西、陕西、甘肃、四川等省州的数量比较多。州建置的设立也反映了清代城市类型的变化。

县是中国行政区划中最低的一级，从秦汉推行郡县制到明清时期，县级建置一直是中国地方行政建置中较为稳定的一级行政区域，而县城则是县域内的政治、经济、文化中心，是连接乡村的重要枢纽，在区域发展中起着至关重要的作用。县级城市是中国城市行政体系中最基础的一级，数量最多，分布最广。自从秦统一全国以来，从整体统计来看，县的总数量和平均密度变化较小，但历朝历代都有一定的变化，这种变化对于城市的发展也产生了重要的影响。

从以上统计来看，清前期省会城市、府级城市和县级城市的数量随着城市等级的降级呈现出金字塔的分布格局。在近三个世纪的发展过程中，清代不同行政等级城市的数量占城市总数量的比重的变化较小，表明在农业时代城市的发展是以政治、军事为关键因素。这种等级明显、层次分明的城市数量分布体系，实际上与中国封建社会城市的规模大小成正比。

清代是中国历史上疆域较大、较稳定的一个重要时期，奠定了现代中国的版图，东北地区、蒙古、新疆、西藏等在清代都纳入清王朝的统一管辖之中，随着清朝管辖范围的扩大，城市的数量也在增加。清代县级城市的大幅增加有两个间段时期，一是雍正乾隆年间，随着清朝统治范围的扩大和经济的恢复、人口的增加，县级城市的数量有较大的增加；二是光宣年间，在内外危机的压力之下，清王朝为了巩固统治，应对挑战，先后在台湾、新疆和东北地区设立五个行省，加强对这些地区的直接管辖，从而推动了县级城市的增设。（见表2-5）

表 2-5 清代县级城市（不含附郭及土司驻地）数量与分布变化一览表

省别	顺治初年（1644）			乾隆六十年（1795）			道光二十年（1840）		
	散州	散厅	县	散州	散厅	县	散州	散厅	县
直隶	17	0	107	17	4	112	17	4	111
山西	16	0	73	6	2	78	6	2	76
江苏①	6	0	37	3	1	42②	3	2	47
浙江	1	0	60	1	1	61	1	2	61
安徽③	7	0	43	4	0	43	4	0	43
福建④	0	0	47	0	2	47	0	3	47
江西	1	0	63	1	2	61	1	2	61
山东	15	0	83	9	0	86	9	0	86
河南	11	0	88	7	1	87	7	1	86
湖北⑤	8	0	45	7	0	50	7	0	50

① 清初为南直隶一部分。顺治二年（1645）改江南省，十八年（1661）始分为江苏、安徽两省。
② 雍正二年（1724）分无锡县设金匮县，分宜兴县设荆溪县，皆二县同治一城；分吴江县设震泽县，分常熟县设昭文县，分昆山县设新阳县，皆二县同治一城，皆直至清末，故此时实际只有县城42座，此后可类推。
③ 清初为南直隶一部分。顺治二年（1645）改江南省，十八年（1661）始分为江苏、安徽两省。
④ 台湾建省前也管辖台湾的建制城市，本处则仅指大陆部分。台湾的建制城市计入台湾栏下。康熙三年（1664）始分为湖北、湖南两省。
⑤ 清初为湖广省一部分。

第二章 清代城市数量、空间规模和人口规模的变化

续表

省别	顺治初年(1644)			乾隆六十年(1795)			道光二十年(1840)		
	散州	散厅	县	散州	散厅	县	散州	散厅	县
湖南①	6	0	49	3	3	53	3	1	53
广东②	8	0	66	7	1	70	7	1	69
广西	13	0	37	15	6	37	15	6	37
四川	15	1	102	11	5	98	11	7	98
贵州	9	0	10	13	11	23	12	11	23
云南	20	0	21	27	8	25	27	8	25
陕西③	11	0	63	5	4	65	5	6	65
甘肃④	9	0	24	7	7	37	7	8	36
新疆⑤	0	0	0	0	2	4	0	2	4

① 清初为湖广省一部分,康熙三年(1664)始分为湖北、湖南两省。
② 惠州府附郭县为归善县,见托津等:《钦定大清会典事例》(嘉庆朝)、《钦定大清会典事例》(光绪朝),卷一百二十八《户部·疆理》;昆冈等:《广东通志》,卷一百五十三《户部·疆理》;刘锦藻:《清朝续文献通考》,卷三百二十三《舆地考十九·广东省》,新兴书局,1965 年。根据道光《广东通志》所记,惠州府城池为二子城,府级各衙门各在一子城,但归善县为惠州府附郭县实出于法定,牛平汉书第 267 页载惠州府无附郭县,将归善县单列,有误。
③ 清初为"陕西省"一部分,康熙二年(1663)始分为陕西、甘肃两省。
④ 清初为"陕西省"一部分,康熙二年(1663)始分为陕西、甘肃两省。新疆建省前甘肃省也领有新疆地区的建制城市,本表计入新疆栏下。
⑤ 光绪九年(1883)建省,此前本地建制城市由甘肃省遥领。

续表

省别	顺治初年(1644)			乾隆六十年(1795)			道光二十年(1840)		
	散州	散厅	县	散州	散厅	县	散州	散厅	县
台湾①	0	0	0	0	3	3	0	4	3
奉天②	0	0	0	4	2	7	4	4	7
吉林③	0	0	0	0	0	0	0	0	0
黑龙江④	0	0	0	0	0	0	0	0	0
合计	173	1	1018	147	65	1094	146	74	1092

伊桑阿等：《大清会典》（康熙朝），卷十八至十九，文海出版社，1992年；托津等：《钦定大清会典事例》（嘉庆朝），卷一百二十八至一百二十九，沈云龙：《近代中国史料丛刊》，文海出版社，1991年；昆冈等：《钦定大清会典事例》（光绪朝），卷一百五十二至一百五十三，光绪三十四年石印本；刘锦藻：《清朝续文献通考》卷三百零五《舆地考一》至三百二十六《舆地考二十二·贵州省》，新兴书局，1965年。牛平汉：《清代政区沿革综表》，中国地图出版社，1990年。

① 光绪十一年（1885）建省，此前本地建制城市由福建省管辖。
② 光绪三十三年（1907）建省，此前先后为陪都内大臣、奉天将军领地。
③ 光绪三十三年（1907）建省，此前先后为陪都内大臣、宁古塔将军、吉林将军领地。
④ 光绪三十三年（1907）建省，此前先后为陪都内大臣、黑龙江将军领地。

第二章
清代城市数量、空间规模和人口规模的变化

清代县城数量甚多,是清王朝中央政权与地方联系的重要纽带,部分县城甚至是府城和省会所在地。清代,除东三省无附郭县外,其余各个行省的府城一般都有附郭县,清末时一共有 182 个附郭县,分属 176 个府,有的府城有多个附郭县,主要是省会城市及江南经济发达地区的府城,如江宁府、松江府、扬州府皆为两县共治,苏州府城则为吴县、长洲县、元和县三县共治。因此,清代的地方行政建置数量不等同于城市的数量,城市的数量要减去附郭县的数量。这些行政建制城市构成了中国城市的主体,成为推动中国社会发展,并从农业社会向工业社会转型的主要载体。

二、城市数量的变化及原因

清前期(1644—1684),从清朝入关到统一台湾并设置台湾府及属县的 40 年间,全国的县级建置变化较少;清中期(1685—1795),由于大规模战事结束,经过一个多世纪的休养生息,社会经济不仅得到恢复,而且出现较明代更大的发展,达于农业时代的极盛,人口则达到历史上的一个高峰,在这 110 年间,县级行政建置的数量增加较多,其中以内陆边疆地区增加数量较多。嘉道年间(1796—1839),从白莲教战争爆发到鸦片战争前夕的四十余年间,全国的县级行政建置变化不大,仅增加了几个,集中在内地战略要地。晚清时期(1840—1911),县级行政建置出现了较大幅度的增加,主要集中在海陆边疆地区。清代地方行政建置的设置与裁减与政局变化密不可分,但不同时期的变化原因则各不相同。

(一)清前期城市数量与分布的变化及原因

清王朝入关后,基本沿用明代地方行政旧制,各府、县级建置也大多维持原状,这是为了迅速巩固其在中原统治的必要措施,很大程度上也只是政权建立之初的权宜之计。随着清朝所占领的地域的扩大和统治的逐步巩固,清廷也逐渐采取了一些措施,对地方行政建置进行了部分调整。

清廷入关之初,就以盛京奉天府为陪都,建立了清朝的"两京"制。在消灭了南明弘光政权后,又废除了明陪都南京应天府。并于顺治十八年(1661)正式将江南省分为江苏省和安徽省,于康熙三年(1664)将湖广省分为湖北省和湖南省,于康熙六年(1667)将陕西省分为陕西省和甘肃省。[①] 新的行省设置和省会的确立,不仅将省会城市从原来的行政地位加以提升,使其成为省级行政区域的政治中心和经济、文化中心,而且在各省区逐步形成了新的城市行政建置网络体系,使相当部分县级城市的地位和发展水平因行政区划的变动而发生变化。

明末清初战乱及天灾的破坏,也使清王朝不得不裁撤部分已遭严重破坏的县城和县级行政建置,以减轻行政负担,提高行政效率。在破坏最严重的四川盆

---

① 有关记载歧异颇多,本处采用清代会典的记载。

地,部分县城人口基本无存,物质空间也遭到毁灭性破坏,因而清廷在四川相继裁撤了部分县级行政建置,至康熙初年共有 20 个县被裁撤,约占四川全部县级行政建置的 1/6。另外在云南省也有 5 个县被裁撤,直隶省有 3 个县被裁撤。其余大部分省则维持"明制"不变,另外也有部分省增设了少许县级建置。由于满族入关,明代长城已经失去了边防的意义,原有的部分军事卫所的功能也开始出现转变。裁卫所改府县,成为山西、直隶等省地方行政制度的一种发展趋势。总的说来,清初,清朝统治者的主要目标是稳定和巩固统治,在对明朝地方行政制度全面继承的基础上只做了较小的变动,尤其是对最基础的县级行政建置变动甚小。

（二）清中期城市数量与分布的变化及原因

清代中期,疆域版图较前有较大的变化,经过清王朝百余年间不断地开疆拓土,中国的疆域变得十分辽阔,陆疆最盛时东及库页岛,西及新疆疏勒至葱岭,北及外兴安岭,南及广东琼州之崖山①,面积达 1300 多万平方公里。疆域的扩展和统治的强化,对地方行政制度的变化和城市的数量及分布产生了直接的影响。部分在清初裁撤的地方行政建置也开始得以恢复,从康熙年间到雍正末年,四川在顺治年间被裁撤的 20 个县有 17 个县的建置得到恢复。② 此时,原来在明代尚是"边疆"甚至"域外"的地区,如东北、蒙古、新疆、西藏等地区已纳入清王朝的有效管辖之下,成为中国疆域的重要组成部分,清廷在这些地区增设了部分府县建置。同时,清王朝也加强了对内地少数民族地区的控制和管辖,开始对这些地区长期实行的土司制度进行改革,通过改土归流,增设厅县等地方行政建置,将原属于土司管辖的地区纳入中央王朝的直接管辖下,由此推动了行政建制城市数量的增加和分布的变化。

以康雍乾盛世为标志,中国进入农业文明时代城市发展的最后一个高峰。清统治者也在地方行政建置和城市设置等方面有所创新,清代行政建制城市数量出现较大幅度的增加。

一是在收复台湾后增设了部分海疆城市。由于台湾回归,清王朝取消了"海禁"等战时政策,推动了海疆地区城市行政建置的设立,新置不少县级城市。

二是裁卫所改府县。清中期,随着清朝统治的巩固,明代时作为"边疆"的大部分地区已经转化为内地,因而原有卫所已经失去了军事意义,为此清廷进行了规模较大的裁卫所改府县的地方行政建制改革,主要集中在奉天南部、长城沿线、河西走廊东端、河湟地区以及西南、中南的部分少数民族地区。雍正乾隆年间,清廷相继在今山西、陕西、甘肃、宁夏、青海等原明代边镇地区实施改制,其主要内容

---

① 赵尔巽等:《清史稿》卷五十四《地理一》,中华书局,1976 年,第 1891 页。
② 清代几部会典和《清朝文献通考》《清朝续文献通考》对清初四川大幅度裁县之事多语焉不详,在此主要根据民国龚煦春所著《四川郡县志》(古美堂 1935 年初版,成都古籍书店 1983 年重印,第 388—409 页)和牛平汉主编《清代政区沿革综表》(中国地图出版社 1990 年)有关记载而统计。

第二章 清代城市数量、空间规模和人口规模的变化

为撤镇设县。

三是在新开边疆地区增加地方行政建置，建立新的城市。如在奉天北部、内蒙古、新疆、川西高原等地区设置具有政治军事意义的新型地方行政建置——直隶厅或散厅。此外，在一些重要的边防地区增置新的驻防城镇，如在西宁府等地构建新的防卫城镇，先后设置的有大通城、白塔城、永安城、黑古城等，这些军事城镇在其后也相继转型为地方行政建制城市。

四是通过改土归流，在原来土司统治地区设置新的建制城市。通常情况是将原来土司所建之城改为建制城市，但也有另建新城的情况。改土归流新设城市的等级一般与原土司的地位相对等，其后再根据各城市的实际发展水平，对其行政等级进行调整。

此外，清王朝继续按历代常规，对部分非建制城镇加以提升。清代中期有部分城市因社会经济的蓬勃发展，人口规模不断扩大，经济实力增强，因而清廷也会按照这些城镇的发展水平，以及军事、交通战略地位变化，将其纳入行政等级体系中，有的直接提升为县或厅，有的则派巡检等官员驻守该城镇。前者如山东博山县，山西虞乡县，江苏阜宁县、太湖厅，福建屏南县，湖南安福县，四川江北厅等[1]；后者如江西景德镇、广东佛山镇，等等。

从清中期新增城市的空间分布来看，以东北、新疆，以及西南、西北少数民族聚居区为主。这些地区在清前期经济发展相对滞后，人口较少，城市数量较少。清廷为了加强对这些边疆民族地区的管辖，根据不同的区情，设置了不同的地方行政管理机构。如在东北地区实行军府制度，由朝廷派将军分驻奉天、吉林、齐齐哈尔，管理军政和民政，实行军府制之下的旗、民分治。盛京附近各地设有府、州、县机构，管理汉民事务。盛京将军外，设副都统专治八旗旗人之事。这些军民管理机构的设置推动了东北地区城市的发展，奉天、金州、辽阳、海城、锦州、兴京、吉林乌拉、齐齐哈尔等在清中期皆与清初相比有较大的发展，尽管从全国范围来看，东北地区仍属于城市数量较少、密度较低的地区。[2]

乾隆年间，收复新疆以后，清廷在新疆也主要采取军府制，设立伊犁将军府，统辖天山南北；在南疆维吾尔族聚居地区，于喀什噶尔设参赞大臣管理军政事务，受伊犁将军节制。因新疆民族成分复杂，社会习俗各异，清廷对不同的区域分别采取伯克制、盟旗制、郡县制，即在南疆维吾尔族地区主要实行伯克制，在北疆蒙古族聚居区则实行盟旗制，郡县制则主要在乌鲁木齐、巴里坤等汉族人口较多的地区实行，改乌鲁木齐为迪化州，改巴里坤为镇西府，并在北疆东部天山北麓地区先后设置了6个县城。

清廷在蒙古地区也设立军府，派遣将军、都统、大臣分驻各地，屯兵驻守，对

---

[1] 托津等：《钦定大清会典事例》（嘉庆朝）卷一百二十八《户部·疆理》，沈云龙：《近代中国史料丛刊》，文海出版社，1991年；昆冈等：《钦定大清会典事例》（光绪朝）卷一百五十三《户部·疆理》，光绪三十四年石印本；牛平汉：《清代政区沿革综表》"江苏省"，中国地图出版社，1990年。

[2] 何一民：《清代东北地区城市发展与变迁》，《四川大学学报》，2010年第1期。

所辖盟旗实行监督与控制。这些将军、大臣、都统驻地逐渐发展成为政治军事城市。清代中前期蒙古地区发展起来的城市，在漠北主要有乌里雅苏台、库伦、科比多等，漠南则主要有归化城、多伦诺尔、包头、热河、丰镇等。另外，与蒙古地区相邻的长城沿线新增县级城市20多个，其中属于直隶的16个，属于山西的9个。

清廷在西藏地区，实行政教合一制度，在清廷授权下，达赖喇嘛和班禅活佛既是宗教领袖，又管理西藏地方行政事务。从雍正年间开始，清廷在西藏设驻藏大臣，与达赖和班禅共同管理西藏，西藏地方噶厦政府设葛伦四人，凡有关西藏地方重大事务，葛伦等均要事先请示驻藏大臣和达赖喇嘛酌定办理。葛伦等重要官员的任免，皆须由清廷决定。由于西藏被纳入清王朝统一管辖之下，社会相对稳定，经济有所发展，人口也有较大幅度的增加，因而西藏城镇的数量也较前有所增加，清中期西藏有各类城镇60余个，其中卫地有30城，藏地有17城，喀木有约10城，阿里有10余城，拉萨的人口规模5万左右，日喀则的人口2万左右，其余城镇人口规模都较小，以1万人以下为主。

清中期，西南边疆地区和西北地区的城市数量也增加较多。广西的县级城市从50个增至58个，主要分布在桂西、桂南的民族地区；贵州县级城市从23个增至47个，新增县城集中于黔西、黔南的民族地区，黔东也有明显增加；云南县级城市从36个增至60个，从滇池、洱海两盆地扩展至金沙江、澜沧江、怒江等流域；甘肃的县级城市也从32个增加到50个，新增县级城市主要集中在长城沿线、河西走廊和河湟谷地。此外，湖北、湖南、四川、陕西等省在少数民族地区也新置多个县级城市，湖北新设县级城市7个（其中1个后升为府），湖南新设县级城市7个（其中1个后升为府，3个后升为直隶厅），四川新设县级城市13个（其中1个后升直隶州，2个后升直隶厅，1个后升为府），陕西省北部长城沿线新设县级城市3个，并改潼关卫为县，后改为厅。①

雍乾年间，随着内陆边疆的开发与内地的改土归流，以及改卫所为府县，全国新增建制城市140余个，建制城市数量较明代有较大幅度增加，空间分布范围也前所未有的拓展，从而有力地促进了清王朝的巩固，也有利于经济、社会的发展，其意义不容忽视。

（三）清后期城市数量与分布的变化及原因

乾隆后期，中国社会的危机不断潜滋暗长：人口急剧膨胀，超过3亿人，达于历史的最高点，远超过当时的土地和环境的承载能力；粮食和其他资源趋于短缺，贫困现象日益严重；流民潮不断扩大，社会不安定因素持续增加；清朝的政治也日渐腐败，统治者的执政能力出现退化，进取意识整体减退，历史上各王朝都普遍出现的"盛极而衰"现象开始显现。此外，清王朝由于实行闭关锁国政策，导致国人

---

① 托津等：《钦定大清会典事例》（嘉庆朝）卷一百二十八至一百二十九《户部·疆理》，沈云龙：《近代中国史料丛刊》，文海出版社，1991年。

第二章
清代城市数量、空间规模和人口规模的变化

整体缺乏开放性思维，朝野上下几乎都对即将到来的外部挑战毫无思想准备。嘉道期间，在中部地区接连爆发了白莲教战争、苗民反清起事等内部危机；而在东部沿海地区频繁发生的土客械斗和"海寇"也日益严重。但从全国范围来看，城镇经济仍在继续发展，建制城市数量有所增加，特别是在大规模反清活动被镇压下去之后，"善后"措施之一就是在相关的战略要地也新设了一些建制城市，甚至将部分县级建置升至府级。如白莲教起事被镇压下去后，清廷在秦巴山区增设了一批县级城市；而在苗民反清起事被镇压之后，相继在湘西和贵州新设和提升了一批建制城市；在赣南、粤北、闽西，为了解决南岭山区激烈的土客械斗矛盾，也新设了一些建制城市；在沿海为对付日益严重的"海寇"，也增设了一些建制城市。但有部分行政级别由县提升为府级的城市，在完成维稳平乱任务后，又降回原来的级别。①此外，由于财政危机日益凸显，为了降低行政费用，清廷也在部分地区裁撤了个别县级建置。此一时期边疆危机虽然潜伏待发，但表面却较平静，因而边疆新设建制城市较少，仅于嘉庆朝增置了奉天昌图厅、新民厅和台湾噶玛兰厅3处。

鸦片战争爆发后，清王朝被迫卷入近代世界的大变局中，而随之出现的边疆危机则成为推动晚清建制城市发生变动的一个重要原因。

同光年间，中国出现了严重的边疆危机，为了应对边疆危机，清王朝加强了对边疆的开发建设，同时先后对这些地区的行政建置进行改革，一个重要的举措就是增设行省和府州县。相继设置了新疆、台湾、奉天、黑龙江、吉林等5个省，并在这些省区设置府州县，将这些边疆地区纳入清廷的直接管辖，由此推动了建制城市数量的增加和规模的扩大。

光绪九年（1883），左宗棠收复新疆后，清廷正式做出新疆建省决定，为适应这一目标，开始大力新设府厅州县，至清末新疆新设县级城市15个，有2个散厅升为直隶厅，另有2县1散厅未完成设置程序，建制城市分布也从新疆东部和北疆天山沿线扩展到全疆。

光绪十一年（1885），中法战争结束，边疆危机更加严峻，强化边疆建设和开发的重要性也日渐凸显，因而清廷在西南边疆和台湾增设一批建制城市，并将部分县级建置提升为府级或直隶厅城市。从光绪十一年台湾建省至光绪二十一年割台前，台湾先后增设了1府、1直隶州、2县（不含附郭县）、3散厅，在台湾初步建立了比较完善的行政等级城市体系。

日俄战争结束（1905）后，东北边疆危机进一步加剧，于是东三省的建制城市设置和提升也迅速得以实施，至清末，奉天增设县级城市29个，吉林为23个，黑龙江为8个。此外还将一些县级城市提升至府级，东北地区南部的较完备的行政等级城市体系得以初步形成。

---

① 典型如四川之太平县（万源），云南之腾越州（腾冲），关于太平升降情况清代会典和《续文献通考》叙述多有错杂，实际情况可见牛平汉主编：《清代政区沿革综表》，中国地图出版社，1990年，第310页。腾越情况可见昆冈等：《钦定大清会典事例》（光绪朝）卷一百五十三《户部·疆理》，光绪三十四年石印本。

清季，因为英国入侵西藏，导致西藏边疆出现危机。清王朝为了加强对藏区的统治，按照"治藏必先安康"的原则，开始筹设西康省。清统治者首先从建立基层建制城市体系入手，在川西北高原实施改土归流，并在此基础上规划建制城市，除将打箭炉厅先升直隶厅，后又升康定府外，新设了巴安、登科2府及2散州、2散厅、6县，此外尚未完成设县程序的有11设治委员、3理事官，还有10处选定的地点未能开始设县程序，西康地区的行政等级城市体系初见雏形。清末因为外蒙古边疆危机加重，清廷在蒙古地区推行以设立行省制为目标的"筹蒙备边"改革，先后在内蒙古中西部新设置了一批直隶厅，在内蒙古东部增设了一批县级城市，除部分划入东三省的建置外，原属直隶省承德府的朝阳、赤峰2县分别升为府和直隶州，并在其下新置了7县、1散厅。光绪末年，日本吞并朝鲜后，在吉林延边地区挑起了"间岛"划界冲突，直接导致了延吉府和和龙、汪清2县及珲春厅的设立。①

综上所述，晚清时期边疆地区的建制城市数量有较大的增加，其分布范围甚广，基本覆盖了除西藏、外蒙古和内蒙古西部、青海海西地区以外所有边疆地区，其特点为筹备有序，设计严密，步骤得当，效率较高，成效显著。但由于清朝统治已如大厦将倾，因而这些措施不能从根本上挽救清朝统治的危机。

除边疆地区外，晚清时期，清廷在内地部分战略要地和西南少数民族地区也陆续增设了一批县级城市，其中安徽1个、江西2个、广西5个、云南2个、贵州3个、甘肃1个。同时将一批县级城市提升至府级（以直隶厅为主）。内地战略要地和少数民族地区调整建制城市较嘉道年间更广泛，表明了其对国内危机已应接不暇。

在东部沿海沿江地区，由于对外开放，部分开埠通商城市和新型交通枢纽城市得到迅速发展，与世界经济发生了直接的联系，社会经济出现新发展趋势，城市也出现较大的发展。但清廷对这些城市的行政建置调适反应却较迟滞，与其经济的快速增长和人口规模的增加极不适应，特别是将经济发达的市镇提升为县级城市的数量甚少，仅将湖北汉口镇提升为夏口厅，并新设置江苏太平厅、靖湖厅和浙江南田厅。因社会经济发展或开埠通商将县级城市提升至府级城市的数量也极少，仅将湖南南洲升为直隶厅，将山东胶州和河南郑州从散州升为直隶州。② 建制城市的设置

---

① 刘锦藻：《清朝续文献通考》卷三百二十一《舆地考十七·新疆省》；卷三百二十三《舆地考十九·广东省》；卷三百二十四《舆地考二十·广西省》；卷三百一十五《舆地考十一·福建省附台湾省》；卷三百零六《舆地考二·奉天省》；卷三百零七《舆地考三·吉林省》；卷三百零八《舆地考四·黑龙江省》；卷三百二十二《舆地考十八·四川省附西康》；卷三百一十《舆地考六·山西省》；卷三百零五《舆地考一·直隶省》，新兴书局，1965年。

其中西康和内蒙古中部建制城市情况分别综合牛平汉：《清代政区沿革综表》（中国地图出版社1990年）的"四川省"章和"山西省"章。关于间岛事件和其影响下有关府厅县的设置，《清朝续文献通考·吉林省》叙述最详。

② 南县志编委会：《南县志》，湖南人民出版社，1988年，第4—5页、第10页。

关于南洲直隶厅的设置有着强烈加强对这一洞庭湖新淤积区域管理的目的，但是其本身经济的发展对设置建制城市所起的作用也是不容忽视的。

第二章 清代城市数量、空间规模和人口规模的变化

和提升,与晚清社会经济发展速度和城市量质变化极不适应,充分表明晚清统治者在新的世界经济潮流面前表现出保守和迟钝,城市设置和措施远不能适应"变局"时代的要求。

晚清数十年间,因民族危机加深、社会转型启动和统治者的政策调适,海、陆边疆地区的地方行政建制城市数量有较大幅度的增加,同时在经济发达区域和重要的水陆交通线沿路,及内地的战略要地,建制城市的数量也有所增加,仅山西、浙江、河南、福建、广东五省的县级城市数量有稍许减少。

清王朝与元王朝相较,虽然同为少数民族统治中国的王朝,但两者有很大的区别。元朝基本上是对宋代的城市制度加以否定,除都城外,较少修葺地方城市,而清朝统治者却对明朝的城市制度加以继承,并有所创新和发展。清代中前期,不论从城市数量、城市规模,还是从城市经济、城市文化,都较前代有了更大的发展,同时城市的空间分布也出现较大的变化,达到农业时代城市发展的一个顶峰。清后期,随着清朝统治危机的加剧和对外开放,清廷进行了地方行政制度改革,随着行省制从内地推广到边疆地区,建制城市数量较前有了更大幅度的增加。清代城市的发展为民国时期和中华人民共和国时期城市的发展奠定了基础。

第二节 清代城市空间规模的变化

城市是人类社会发展到一定阶段的产物。作为一个动态的经济社会综合体,城市在其漫长的发展岁月中,在数量、规模、公共设施、外观形状等方面,都是沿着从大到小、从少到多、从简单到复杂、从无序到有序的方向发展变化,始终处在不停地运动变化过程中。

中国封建社会城市的发展由于受其特殊的政治和经济体系的影响,"匠人营国,方九里,旁三门,国中九经九纬,经涂九轨"这一封建等级浓厚的建城制度一以贯之地得到继承。清代城市的发展基本延续了这种规划制度,城市的规模深刻体现了城市等级越高其规模越大的传统发展模式。

虽然由于各种客观因素的影响,少数城市的城市规模发展突破了这种等级观念,但"由于几千年来农业中国一直没有发生根本性的技术革新,以家庭手工业和小农业相结合的自然经济所能为城市发展提供的资源相对有限,因而城市的等级规模结构的这种总体特征一直都没有大的改变"[①]。政治性、军事性至上的原则,始终贯穿于整个封建社会城市发展的全过程。

---

① 何一民:《近代中国城市发展与社会变迁(1840~1949年)》,科学出版社,2004年,第193页。

一、清代城市空间规模的静态分析

清代是中国城市发展的一个重要时期。一方面，农业时代城市在清代中前期有较大发展，城市数量和规模达农业时代历史的一个高峰，城市经济、文化也出现较大发展；另一方面，清代晚期随着中国被迫对外开放，城市出现了早期现代化趋势，城市经济、文化等都出现转型，城市规模、形态和体系、结构等都出现新的变化和分化。清代城市以政治行政型城市为主，几乎大部分城市都是清朝各级政府的治所，城市的政治行政功能是其主要功能。同时，各个城市也在此基础上叠加了经济、文化功能，因而城市的规模与政治行政等级有着直接的关系。清代在政治行政城市体系之外形成了一大批经济型市镇，这些市镇作为非农业产业和非农人口的聚集地也是城市的重要组成部分，这些经济型市镇数量虽然较多，但一般规模较小，并受到政治型城市的支配。

一般来讲，分析研究城市的规模可以从三个方面展开：一是人口规模，二是用地规模，三是经济规模。但是关于清代城市人口一直缺乏系统的调查和统计，除少数大中城市有部分时期的人口统计资料外，绝大多数城市的人口统计资料都十分匮乏，尤其是县级城市的人口统计资料极为不全，甚至全无。此外，清代对城市经济的统计资料也极不完善，缺乏完整的统计，因而很难对不同类型城市的经济进行系统的分析比较。有关清代县级城市规模的各种资料中，现存史料以城墙周长规模的资料最为丰富和完整。虽然城墙周长对于判断城市实际发展水平的印证作用不如人口规模和经济规模般准确，但作为一个比较重要的指标，在其他两方面的数据统计还比较缺乏时，仍有其突出的作用。因而，城墙周长成为我们分析清代城市规模的主要依据。中国古代城市从先秦时期一直到清代都有建筑城墙的传统，《吴越春秋》称："筑城以卫君，造郭以守民。"构筑城池维护统治者的安全、加强对社会的控制，成为从先秦到清代中国城市的一种传统，从京师、省会到府县城，不修筑城墙的城市极为少见。作为一种城市基础设施，城墙一旦修筑，便具有相当的耐用性和持久性，往往保持数十年上百年，甚至几百年，因而城墙的周长在一定的时期内几乎较少变化，相对静止。但城市规模大小是不断变化的，是动态性的，因而对城墙周长的分析还需要参照其他方面的内容，进行动态考察。

在等级制度森严的君主专制社会，各级政权有着严格的等级差别，因而作为各级政权所在地的城市建置，也有着等级和大小之分。一般说来，行政级别越高的城市，建置规模也就越大，行政级别越低的城市，建置规模也就相对小一些。早在周代，对城邑的规模大小就做出了非常严格的限定："王城方九里，长五百四十雉。""侯公城方七里，长四百二十雉。""侯伯城方五里，长三百雉。""侯子男城方三里，长一百八十雉。"这是根据行政地位的高低所提出的建城标准，而且一定的时间内执行得非常严格，各级城市建设不能僭越。在其后几千年的历史发展演变中，虽然也曾经常发生僭越的现象，但是每当中央政权巩固，严格的等级观念就会再得到执

第二章 清代城市数量、空间规模和人口规模的变化

行,因而中国城市在几千年的发展进程中一直受到这种等级制度的影响。

清代城市规模的大小与城市的行政地位高低有着直接的关系,同时也与城市所在区位的经济、交通、人口、社会、文化等有着密切的关系。从总体上考察,在同一区域(省域或府域范围内)内行政级别高的城市一般大于行政级别低的城市。清代的城市按行政级别高低可划分为四个层级:京师(包括陪都)、省城、府城(包括直隶州、直隶厅)、县城(包括散州、散厅)。一般说来,京师的规模大于省城,省城大于同一省域内其他府州县城,府城大于府域内其他州县城,当然也有个别城市例外,但这种例外一般都是有原因的,因此并不能否定行政级别与城市规模的关系。

京师是清王朝的统治中心,因而清朝统治者可以通过行政力量来聚集大量的人口、经济要素以及各种资源,从而使城市出现空间的扩张。清朝的都城北京在明代就是首都,早就聚集了大量的人口,其城市建成区的规模也十分巨大,故清朝定都北京后,沿袭明北京城的格局,基本保持了原来的城池规模。清顺天府城的城墙周长达 40 里,为清代各城市之最。作为清朝陪都的盛京,原为明代前中期辽东都指挥使司管辖下沈阳中卫城,其城市规模甚小,以军事功能为主,努尔哈赤将都城改名盛京后,其城市的规模才有所扩大。清顺治年间,盛京的城墙周长为 9 里 332 步。[1] 由于清朝入关后,盛京成为清王朝的陪都,其行政地位提高,康熙帝即位后就认为盛京的规模与陪都的地位不相适应,故钦命扩建盛京,增修关墙,周长达 32 里 48 步[2],其城墙规模不仅为东北地区各城之最,甚至比内地绝大部分省会城市规模都要大,从而与其陪都地位相适应。

清代中前期,相继设置十八个行省,相应的每一个行省都有一个作为统治中心的省会(只有江苏例外,有两个省会城市)。省会城市作为每一行省的行政中心,其城市选址是经过充分考虑的,大多数都具有共同的特点:历史较悠久,交通区位条件较好,经济较为发达,无论其城市人口还是城市经济以及城市空间规模在省内都占有优势。因此,除个别省会外,大部分省会均是本省规模最大的城市。直隶省保定府城城周 13 里 330 步,山西省太原府城周 24 里,江苏省江宁府城周 61 里、苏州府城周 31 里,浙江杭州府城周 35.5 里,安徽省安庆府城周 9 里 13 步,福建省福州府城周 18.6 里,江西省南昌府城周 15 里,山东省济南府城周 12 里 48 丈,湖北省武昌府城周 17.2 里,湖南省长沙府城周 14.66 里,河南省开封府城周 20 里 190 步,广东省广州府城周 21 里 32 步,广西省桂林府城周 12.8 里,四川省成都府城周 22.3 里,贵州省贵阳府城周 9.7 里,云南省云南府城周 9.3 里,陕西省西安府城周 24.6 里,甘肃省兰州城周 14 里 231 步,新疆省迪化府城周 11.52 里(乾隆二十八年初建时仅周长 5.4 里,光绪十二年建省后扩建至此长度),台湾省台北府城周 8.3 里,吉林省吉林府城于康熙十二年初建时城周 7 里 180 步,同治五年扩

---

[1] 阿桂等:《盛京通志》卷十八《京城》,乾隆四十三年刻本。
[2] 阿桂等:《盛京通志》卷十八《京城》,乾隆四十三年刻本。

建至9.7里，黑龙江龙江府城周10里。

除省会城市外，各省其他府级城市（包括府城、直隶州城和直隶厅城）也是一定区域内的政治、经济、文化中心，故而城市人口数量也较多，城市空间规模也相对较大。根据《嘉庆大清一统志》及部分地方志中有关城池的记载，清代各省府级城市规模和城周平均里数见表2-6、2-7：

表2-6 清代各行省府级城市城周规模一览表（单位：里）

省别	城周								
	0~2	2~4	4~6	6~8	8~10	10~12	12~15	15~20	20以上
直隶	0	0	1	2	3	3	2	2	3
山西	0	0	2	5	9	1	0	0	1
江苏	0	0	0	1	3	3	1	1	0
浙江	0	0	2	1	2	1	3	2	0
安徽	0	0	4	2	4	1	0	0	1
福建	0	2	2	0	3	1	1	0	0
江西	0	0	2	1	7	2	1	0	0
山东	0	1	0	2	5	1	3	0	0
河南	0	0	0	4	11	0	0	0	0
湖北	0	2	3	2	0	0	1	1	1
湖南	0	4	3	3	3	1	0	0	0
广东	1	7	3	0	3	2	0	0	0
广西	1	5	0	2	1	1	0	0	0
四川	1	3	6	2	7	2	1	0	0
贵州	1	4	2	0	3	1	0	0	0
云南	2	2	11	4	0	0	1	0	0
陕西	0	1	3	0	2	3	1	0	1
甘肃	0	3	1	2	5	1	0	1	0
新疆	0	7	3	2	0	0	0	0	0
台湾	0	0	0	1	0	0	1	0	0
奉天	1	1	4	1	0	0	0	0	1
吉林	0	3	1	3	1	0	0	2	0

第二章 清代城市数量、空间规模和人口规模的变化

续表

省别	城周								
	0~2	2~4	4~6	6~8	8~10	10~12	12~15	15~20	20以上
黑龙江	0	0	1	2	1	0	0	0	0
合计	7	45	54	42	73	24	16	9	8

注：城池建置等级以晚清最后情况为准，被裁撤建置的城市则以裁撤时的为准，重城规模以实际发挥城市作用范围的一层为准，子城则将向外的城墙段落连接计算，数据指标皆以清代最后定型时情况为准，满城按此计算。

穆彰阿、潘锡恩等：《嘉庆大清一统志》，《四部丛刊续编》影旧钞本；李鸿章等修，黄彭年等纂：《畿辅通志》，卷一百二十八至一百二十九，光绪十年刻本；曾国荃等修，王轩等纂：《山西通志》卷二十三至三十，光绪十八年刊本；黄之隽等纂修：《江南通志》卷二十至二十一《舆地志》，文渊阁《四库全书》本；嵇曾筠等纂修：《浙江通志》卷二十三至二十四《城池》，文渊阁《四库全书》本；沈葆桢等修，何绍基等纂：《重修安徽通志》卷三十五至三十六《舆地志》，光绪四年刻本；曾国藩等修，赵之谦等纂：《江西通志》卷六十五至六十六《建置略》，光绪七年刻本；杨士骧等修，孙葆田等纂：《山东通志》卷十九《疆域志》，民国七年铅印本；阿思哈等修，刘标等纂：《续河南通志》卷十一《舆地志》，乾隆三十二年刻本；李瀚章等修，曾国荃等纂：《湖南通志》卷四十一至四十二《建置志》，光绪十一年刻本；阮元等修，陈昌齐等纂：《广东通志》卷一百二十五至一百二十八《建置略》，道光二年刻本；常明等修，杨芳灿等纂：《四川通志》卷二十四《舆地志》，嘉庆二十一年刻本；边政设计委员会：《川康边政资料辑要》，1940年铅印本；鄂尔泰等修，靖道谟等纂：《贵州通志》卷八《营建志》，乾隆六年刻本；查郎阿等修，沈青崖等纂：《勅修陕西通志》卷十四《城池》，雍正十三年序本；杨虎城等修，吴廷锡等纂：《续修陕西通志稿》卷八《建置三·城池》，民国二十三年铅印本；查郎阿等修，许容等纂：《甘肃通志》卷七《城池》，文渊阁《四库全书》本；连横：《台湾通史》卷十六《城池志》，商务印书馆，1947年；王树楠、吴廷燮等纂：《奉天通志》卷八十七《建置志》，民国二十三年铅印本；长顺等修，李桂林等纂：《吉林通志》卷二十四《舆地志十二·城池》，光绪十七年刻本。

如果将清代府级城市城墙周长分为9个级别的话，那么，第一级别（20里以上）仅有8个城市；第二级别（15~20里）有9个城市；第三级别（12~15里）有16个；第四级别（10~12里）有24个；第五级别（8~10里）有73个；第六级别（6~8里）有42个；第七级别（4~6里）有54个；第八级别（2~4里）有45个；第九级别（2里以下）有7个。从以上统计考察，第九级别和第一级别的城市均为少数；周长6里以上的第五级别、第六级别府城数量最多。

表 2-7　清代各行省府级城市城周平均周长一览表（单位：里）

省别	数量	总周长	平均值	省别	数量	总周长	平均值
直隶	16	250	15.625	安徽	13	122.8	9.446
山西	20	187	9.35	福建	13	128.45	9.881
河南	13	117	9	甘肃	15	117.12	7.808
山东	12	118	9.833	广东	15	97.49	6.499
陕西	12	138.83	11.569	广西	12	62	5.167
四川	20	160.75	8.038	贵州	16	77	4.813
浙江	12	173.93	14.494	江苏	11	220.1	20.009
湖北	11	97	8.818	云南	22	126	5.727
湖南	15	99.4	6.627	东北	4	38.16	9.54
江西	15	117.9	7.86	新疆	7	35	5

本表资料来源同表 2-6。

综上，各省府级城市的周长有较大差异。各省中以江苏省的府级城市平均周长为最长，约 20 里；直隶的府级城市平均周长居第二，为 15.625 里；陕西、浙江两省的府级城市平均周长也在 10 里以上，介于 9 里至 10 里之间的省区有山西、山东、河南、安徽、福建、东北等，四川、广东、湖北、湖南等省的府级城市平均周长则在 6 里至 9 里之间，广西、云南、新疆三省区的府级城市平均周长为 5 里多，仅贵州省的府级城市平均周长为 4.813 里。由此可见，各省府级城市的周长有着较大的区域差异性，这种差异性与区域经济的发展程度和人口密集程度有着密切的关系。例如经济发达、人口密集的江苏省和浙江省的府级城市规模相对较大，而经济落后、人口较少的贵州省所属府级城市规模则居于各省之后。值得注意的是，直隶的府级城市规模也较大，除了与经济有关，还与直隶的行政地位有密切的关系。明以来，直隶作为天子足下的近畿地区，其经济发展和城市建设都受到统治者的高度重视，这从清初直隶城市比其他各省的城市优先重建，且在资金方面也有所优先就可略见一斑。另外，历史因素也起着重要的作用，如陕西省的府级城市规模较大，是与陕西省在历史上有着重要的政治、军事地位有密切关系。陕西省的府级城市大多是历史上的重要城市，因而这些城市长期以来在区域内形成了一定的聚集效应，带动了人口的聚集和城市的建设。总体来看，东部各省府级城市整体规模明显大于西部、平原地区大于山区，由此反映出社会经济和地理形态对其城墙规模的影响。

清代县城数量最多，但各省县城的规模也有较大差异，发展极不平衡。（见表 2-8）

第二章 清代城市数量、空间规模和人口规模的变化

表 2-8 嘉庆朝各省区县城周平均周长统计一览表（单位：里）

省别	数量	总周长	平均值	省别	数量	总周长	平均值
直隶	122	646.08	5.296	安徽	42	218.45	5.201
山西	73	351.49	4.815	福建	51	246.12	4.826
河南	95	564	5.937	甘肃	49	226.65	4.625
山东	95	526.7	5.544	广东	76	261.1	3.436
陕西	77	341.68	4.437	广西	78	167.51	2.148
四川	116	495	4.267	贵州	39	125.5	3.218
浙江	50	296.04	5.921	江苏	40	281.98	7.05
湖北	49	198	4.041	云南	58	147.1	2.536
湖南	52	171.58	3.3	东北	11	80.27	7.297
江西	63	292.26	4.639	新疆	10	29	2.9

注：本表根据《嘉庆大清一统志》所载各省县城城墙周长分省统计。

根据《嘉庆大清一统志》，府级城市的平均规模远大于县级城市，其周长几乎是县级城市的两倍。值得注意的是，县级城市的周长也不是一律相等，也存在区域的不平衡和差异性，江苏省县级城市城墙平均周长为7.05里，5~6里之间的有直隶、河南、山东、浙江、安徽等省，4~5里之间的有山西、陕西、四川、湖北、江西、福建、甘肃等数省，3~4里之间的有湖南、广东、贵州三省，2~3里之间的有广西、云南、新疆。由此可见，经济发达和人口较多的省区的县级城市规模要大于经济落后和人口相对较少的省区。

总体考察，清代中期，各省县级城市的规模都普遍较小，周长在3~4里和3里以下的县城占了县级城市总量的一半，多数省区的县级城市平均规模都在5里以下，云南、广西、新疆等内陆边疆地区的城市量较少，人口也较少，经济相对落后，因而县级城市的规模一般都不大，其平均规模不到3里。江苏是中国经济发达的省区之一，人口密集，因而清代中前期，江苏除府级城市平均规模最大外，县级城市的平均规模也名列前茅。东北地区是清朝的龙兴之地，东北地区南部在明代至清代中前期人口较盛，经济相对发达，城市数量虽然较少，但规模相对较大，因而平均规模也较大。但除盛京地区以外，吉林、黑龙江地区的大部分城市规模都较小，即使行政级别较高的重要城市也是如此，如吉林将军驻地吉林城建于康熙十二年，南倚松花江，北面仅宽289步，东西各250步，边墙周7里180步。① 军事重镇墨尔根城周1300步，黑龙江城周1030步，瑷珲城周940步。

有清一代，县级城市的数量变化不大，只有少量的增减，城市的人口规模虽然有较大变化，但城墙的周长变化却不大，嘉道以降至于光绪中期，各省县级城市的

---

① 长顺等修，李桂林等纂：《吉林通志》卷二十四《舆地志十二·城池》，光绪十七年刻本。

城墙规模基本情况见表2-9：

表2-9 清代各省县级城市城周规模一览表（单位：里）

省别	城周								
	0~2	2~4	4~6	6~8	8~10	10~12	12~15	15~20	20以上
直隶	0	38	49	21	11	3	0	0	1
山西	1	33	31	13	6	2	1	0	0
江苏	0	2	17	9	10	3	2	1	0
浙江	4	17	23	8	5	3	0	1	0
安徽	0	11	18	12	3	2	1	0	0
福建	0	23	18	5	2	1	0	0	1
江西	5	17	27	12	2	1	0	0	1
山东	1	34	29	16	14	2	1	0	1
河南	0	16	43	20	24	1	2	0	0
湖北	2	18	18	7	6	3	0	0	0
湖南	7	32	11	1	0	0	0	0	0
广东	8	42	13	3	3	1	1	0	0
广西	19	33	4	2	0	0	0	0	0
四川	15	47	29	13	8	0	1	1	0
贵州	6	21	10	3	2	2	0	0	0
云南	15	37	7	2	0	0	0	0	0
陕西	3	39	23	7	6	1	0	0	0
甘肃	4	20	12	4	7	1	0	0	0
新疆	1	7	3	1	1	0	2	0	0
台湾	0	3	6	0	0	0	0	0	0
奉天	2	9	9	5	3	0	2	1	2
吉林	0	1	2	1	0	0	0	0	0
黑龙江	0	0	0	0	0	0	0	0	0
合计	93	500	402	166	113	26	14	4	6

注：城池建置等级以晚清最后情况为准，被裁撤建置的城市则以裁撤时的为准，重城规模以实际发挥城市作用范围的一层为准，子城则将向外的城墙段落连接计算，数据指标皆以清代最后定型时的情况为准。满城按此为计。本表资料来源同表2-6。

从上表可见，清代县级城市的城墙如果分为九级的话，第一级（20里以上）有6个；第二级（15~20里）仅4个；第三级（12~15里）有14个；第四级（10~12里）有26个；第五级（8~10里）有113个；第六级（6~8里）有166个；第

第二章 清代城市数量、空间规模和人口规模的变化

七级（4~6里）有402个；第八级（2~4里）有500个；第九级（2里以下）有93个。可见清代的县级城市规模普遍较小，第七级和第八级的数量最多；而第一至第四级（即10里以上）仅50个，主要分布在直隶、江苏、山西、浙江、安徽、江西等省。而2里以下的规模甚小的县级城市主要分布在广西、四川、云南、湖南、贵州，以及陕西、甘肃等边远地区。

从整体上考察，城池规模较大的县级城市以东部地区数量最多，同时在平原的分布最为密集。很显然，地形直接影响着城池的规模，平原地区自然较山地、丘陵更容易修建规模较大的城池。清代县级城市的城池规模，基本直接来自对明代的继承。由于元代"诏毁天下城池"，对行政建置地位低下的城市造成了很大的破坏，因而不少县级城市的城墙都是在明代重建。而明代是农业时代经济发展的一个重要时期，尤其是南方经济得到较大发展，因而明代经济的发展对于县级城市的建设产生了重要的影响。

综上所述，由于清代城市传承了明代城市的基本功能和性质，以行政城市为主，故而各省不同行政层级城市规模基本上都与城市行政级别有着密切的关系。位于行政建制城市体系高端的都城、陪都和省会城市，其城墙规模普遍较大，一般说来，京师规模大于省会，省会大于省域内的一般府城，府城大于府域内的一般县城，可以说这是中国城市政治行政地位高低的直接反映。因为统治者在选择什么样的城市作为省域和府域的政治行政中心时，都会做多方面的考量，不仅会考虑其军政战略的地位，还会考虑自然环境、交通区位，同时也会考虑经济、社会条件，故而省会和府级城市普遍较县级城市拥有更为优越的自然条件和重要的政治军事战略地位，以及较为发达的经济，人口相对较密集，交通网络较发达。正是在各种因素相互作用下，这些城市成为一定区域的政治行政中心后，必然会导致一定区域内的社会要素和经济要素向这些城市聚集，由此推动这些城市人口的增加和空间规模的扩大。总体说来，清代省会城市的规模普遍大于府城，而府城一般大于县城，虽然也有少数县城规模大于府城，但这只是个别现象，而这些规模较大的县城往往在历史上也曾经是行政级别较高的城市。

关于城市规模与城市行政等级关系问题，学术界存在两种观点：一种认为城市规模与城市行政等级成正相关关系。章生道根据近代测绘地图曾对19世纪末和20世纪初期中国若干省会、府城和县城面积进行过实证研究，认为清代城市的规模仍与行政等级相关，行政城市的等级愈高，规划者把最初城垣的面积就设计得愈大。高等级的城市被建造得很大，部分原因也许是出于对防御能力的关注，但是，更多考虑很可能是预期城市的自然发展过程会产生府城人口比州城人口多，州城人口比县城人口多等等的结果。[①] 很多学者持相似意见，如陈正祥明确提出："地方行政的等级，显然左右城的规模。国都之城概较省城为大，省城概较府、州城为大，而

---

① [美] 施坚雅主编，叶光庭等译：《中华帝国晚期的城市》，中华书局，2000年，第98-104页。

府州之城又较县、厅城为大。"① 马正林也认为从汉代以后，中国城市的规模和分级已经趋于定型，即首都最大，省、府州、县依次减小，下一级城市超越上一级城市规模的状况几乎是没有的，除非城市的地位升格，城市的规模才会随之升格。城市政治地位的高低与城市规模的大小基本吻合。毫无疑问，这些学者认为城市行政级别越高，城市规模越大。另外也有一种观点认为："清代既不存在城市行政等级制约城市规模的制度，也不存在城市行政等级决定城市规模的现象；城市规模与城市行政等级之间的相关性并不强。"②

  究竟哪种说法更为客观呢？在前面，我们分析了全国的省会城市普遍大于府级城市，而府级城市大于县级城市。虽然其中也有个别城市规模与其城市行政等级不相适应，如江宁府城在清代只是省会，但其府城的规模大于京师，如果仅从清代来看，则明显与其省会地位不相适应，但如果我们从历史上来考察，就会认识到江宁府城的规模之所以会如此之大，关键在于江宁府在明代初期曾是明朝的都城，其城墙的巨大规模是在作为都城时奠定的，而其城墙为清代所沿用。因此不能只看表面的统计数据，而需要具体进一步加以说明。下面我们再以清代山东省的城市为例进行分析。(见表 2–10、2–11)

表 2–10　清代嘉庆朝山东城市城周（单位：里）

城池	规模	城池	规模	城池	规模	城池	规模	城池	规模	城池	规模
济南	12	聊城	7	阳谷	12	莱阳	6	滨州	9	平阴	4
章丘	6	堂邑	6	寿张	5	宁海	6	利津	7	菏泽	12
邹平	4	博平	4	益都	13	文登	7	沾化	5	单县	5
淄川	5	茌平	3	博山	3	海阳	8	蒲台	3	城武	6
长山	4	清平	6	临淄	4	荣成	6	兰山	9	巨野	6
新城	5	莘县	5	博兴	3	掖县	5	郯城	5	郓城	6
齐河	4	馆陶	4	高苑	5	平度	5	费城	4	曹县	9
济阳	4	恩县	5	乐安	3	昌邑	5	莒州	5	定陶	7
禹城	9	高唐	9	寿光	3	胶州	4	蒙阴	2	濮州	7
临邑	9	滋阳	14	临朐	3	高密	3	沂水	3	范县	6
长清	4	曲阜	10	安邱	3	即墨	4	日照	3	观城	9
陵县	8	宁阳	4	诸城	9	惠民	20	泰安	7	朝城	5
德州	10	邹城	4	蓬莱	9	青城	3	肥城	6	济宁	9
德平	3	泗水	3	黄县	5	阳信	6	新泰	6	金乡	7
冠县	4	滕县	5	福山	3	海丰	3	莱芜	3	嘉祥	4
昌乐	4	峄县	4	栖霞	2	乐陵	3	东平	24	鱼台	7

---

① 陈正祥：《中国文化地理》，生活·读书·新知三联书店，1983 年，第 73 页。
② 成一农：《清代的城市规模与行政等级》，《扬州大学学报》，2007 年第 3 期。

续表

城池	规模	城池	规模	城池	规模	城池	规模	城池	规模	城池	规模
潍县	9	汶上	12	招远	3	商河	3	东阿	4	临清	9
武城	4	夏津	7	邱县	8	齐东	5	平原	5		

根据《嘉庆大清一统志》城池部分整理。

注：此表为内城规模，城池周长采取四舍五入法，取整数。

表2-11 清代山东城市城周及城市行政等级对照表（单位：个、里）

行政等级	城周												
	2	3	4	5	6	7	8	9	10	12	13	14	20	24
省会城市（1）										1				
府级城市（11）				1		2		4		1	1	1	1	
县级城市（95）	2	20	20	16	13	7	3	9	2	2				1

根据《嘉庆大清一统志》城池部分整理。

从以上两个统计表，我们可得出一些初步结论。一是清代山东城市共有107个，平均每城周长约为5里。二是清代山东省的城市按行政等级可分为三个层级：省会城市、府级城市和县级城市，每一层级的城墙规模都有所不同，基本上是按行政等级排列，省城济南周长12里余；府级（府城、直隶州）城市共11个，平均周长10.36里，其城墙规模最小者为莱州府，城周长为5里，规模最大者为武定府，城周长20里；而山东省县级城市平均规模为周长4里，规模最小者为蒙阴、栖霞，周长仅2里余；最大者为东平，其周长为24里。从整体上考察，清代山东城市用地规模与城市行政级别基本上呈正相关关系，省会城市周长12里余，府级城市平均周长10里许，县级城市平均周长4里许，府级城市规模普遍大于县级城市规模。故而总体上表现为城市行政级别越高，其城墙规模越大。三是清代山东城市也存在行政等级与规模之间不相称的现象，如东平县城周长为24里，远超过省会城市济南和其他府级城市；山东省会城市济南与其他省区的大部分省会不同，在山东城市用地规模中并非最大，有4个城市（3个府级城市和1个县级城市）城墙规模超过济南，另有3个府、县级城市城墙规模与济南基本相仿。此外，个别府级城市城墙规模远小于一般县级城市，如府级城市莱州府城（附郭掖县）的城墙周长约5里，而有37个县级城市超过其用地规模，另有16个县级城市与它规模相仿。此外，还有聊城、泰安等府级城市规模小于县级城市，两府城的周长为7里，而有17个县级城市的周长超过这两个府城。

中国古代城市绝大部分都是以行政功能为主的城市，因而行政地位的高低与城墙规模有着密切的关系，但行政地位的高低并不是一成不变的，而城墙作为古代城市最为重要的基础设施工程，耗费的人力、物力、财力十分巨大，一旦修筑完毕，其规模不会轻易发生改变，往往会保持几十年甚至几百年。但城市的行政级别则可能因政权更替、经济发展等其他因素而随时发生变化。换言之，城市行政级别的升降较城墙规模的变化更为迅捷和容易，由此造成了城市行政级别与城市城墙规模不相吻合的情况。另外，对具体的个案还需要做更加深入细致的分析，如莱州府城的城墙规模为山东各府城中规模最小，从全省来看有若干县级城市的城墙规模都大于该府城，但是在莱州府的范围内，除潍县，其余的县级城市规模无一超过莱州府城。另外，沂州府城周长9里许，在山东省内各城市中规模仅中等，但在本府域内，其规模均高于所辖各州县城市。至于东平州，其规模虽为全省之最，仅为个案，另外也可能存在记载有误的情况。据光绪《东平州志》记载：乾隆间东平重修城墙，全城周围"一十三里六分有奇，东南北三面俱因旧址，惟西面另筑新基"①。故《嘉庆大清一统志》所载可能将旧城和新城混在一起，而实际周长就只有13.6里。东平地处鲁西南平原北部，曾为京杭运河山东航段的交通枢纽，因此无论政治地位和经济地位都十分重要，宋代为东平府治所，元朝则为东平路治所，管辖半个山东半岛，清前期为直隶州，雍正年间始降为散州，因而东平州城在历史上行政地位较高，其人口较多，城墙规模较大是一种正常现象，行政地位下降后，城墙规模依旧。

除了山东省以外，盛京地区的城市也有着特殊现象，即有部分县级城市城周大于府级城市，城墙规模大小与城市行政等级高低未能成正比。这种特殊现象的出现也是有原因的，主要与地方行政建置的改革有关。清代盛京地区的城市大多是在明代行政区划建置基础上改设，明代该地区是明朝与后金相对峙的军事前沿地区，其城市多是战略地位重要的军事性城市，驻有级别较高的军事将领，因而这些都司、卫所军城的规模普遍较大，驻有重兵。清朝建立后，以这些军城为基础建立的地方行政建制城市受到原有军事体制的影响，故而部分原来明代重要的军城改为县级城市后，其城墙仍然保持了明代的规模。（见表2-12）

表2-12 明清两朝盛京地区城市城周比较

明朝			清朝		
分类	城市名称	城周	分类	城市名称	城周
府城	奉天府（盛京）	9里10余步	府城	奉天府（盛京城）	9里332步（内城） 32里48步（关墙）
	锦州府	5里120步		锦州府	5里120步

---

① 左宜似等修，卢崟等纂：(光绪)《东平州志》卷六《城池》，光绪七年刻本。

第二章 清代城市数量、空间规模和人口规模的变化

续表

明朝			清朝		
分类	城市名称	城周	分类	城市名称	城周
州城	辽阳州城	16里295步	州城	辽阳州城	16里
	复州城	4里300步		复州城	4里180步
	宁远州城	6里8步		宁远州城	5里152步（内城）9里124步（外城）
	义州城	9里10步		义州城	9里
县城	海城县城	6里53步	县城	海城县城	5里152步（旧城）2里176步（新城）
	盖平县城	5里88步		盖平县城	7里3步
	开原县城	12里20步		开原县城	13里20步
	铁岭县城	4里60步		铁岭县城	4里216步
	宁海县城	6里		宁海县城	5里216步
	广宁县城	9里13步		广宁县城	10里280步

穆彰阿、潘锡恩等：《嘉庆大清一统志》卷五十七《盛京统部》，《四部丛刊续编》影旧钞本。

从上表可见，清代在继承明代城市的基础上除了对作为陪都的奉天府城进行了大规模的建设外，其余的城市基本上都保持了明代城市的规模，如果仅从统计数据来看，盛京地区的确有部分县城城墙规模较大，如开原县城的周长为13里，广宁县城的周长为10里，远大于锦州府城。但是由于开原县在明代为军事重镇，驻有2卫17个千户所，比锦州府的千户所多7个，因而开原的军事地位决定了城市规模的大小。广宁县在明代也驻有15个千户所，故而明代广宁县的规模也大于锦州府城。考察清代城市的规模不仅需要考察其历史的延续性，而且还需要进行长时段的考察。部分行政级别较高的城市规模可能在一定时期内小于行政级别更低的城市，但是从长时段来看，这些行政级别较高的城市在一定时间内通过政治功能的虹吸聚集效应，会逐渐超过行政级别较低的城市。如锦州在清中后期的发展就超过了所属县级城市。而随着时间的流逝，行政级别较低的开原、广宁等县城则其实际规模也会发生变化，其发展速度远低于锦州府城。

从清代城市的整体发展来看，在一定的行政区划范围内，府级城市规模小于县级城市规模的现象并不多见，作为区域的政治、经济、文化中心的府级城市在选址上都十分考究，一般都会从自然条件、交通区位、经济和人口等方面来考虑。因此，城市行政等级与城市规模之间呈现正相关性是普遍现象，城市行政等级与城市规模之间不相吻合则多为个案。此外，从长时段考察，行政级别较高的城市一般在聚集社会要素和经济要素等方面要强于行政级别较低的城市，在成为高一级的政治

行政中心后,其发展后劲一般强于低一级的城市。如山东省会济南的规模在清代中前期不算最大,但在清后期其发展就远超省内其他城市,无论用地规模还是人口规模或者经济规模都是省内其他城市无法比拟的。总之,清代城墙的用地规模与政治行政地位有着密切的关系。不过我们也需要看到,一个城市的规模并不只是由行政地位决定,而要受多种因素影响制约,正如有学者所指出:"一个治所城郭的规模、形制,除了受行政等级的影响外,还受到历史、微观地形地貌、交通、地方经济特别是商业发展乃至风水等多方面因素的影响。"①

二、清代城市建成区变化的动态考察

城墙的主要功能为对外防御、对内管理和控制,一经修筑,城墙就具有相对的耐用性和稳定性,可能会保持数十年上百年甚至几百年都不变。而一个城市的兴衰则是动态的,经常发生变化,如清初有若干城市在战争、灾荒等因素的作用下,人口流散,经济萎缩,建筑倾圮,但城墙的周长却未发生变化。清初城市重建也基本沿用明代城墙的基础,但实际上这些城市内部的建成区却相对较小,人口较少,经济不发展。到清中期,不少城市的人口迅速扩张,商业兴盛,手工业发达,城墙依然未发生变化或较少发生变化,但城市建成区却突破了城墙的范围,在城外形成了若干街区。因而如果仅仅根据城墙来判断一个城市的规模是有片面性的,并不能真正反映城市的发展情况。清代中期以来,随着商品经济的发展、人口的增加,以及城市功能的逐渐叠加,城市规模普遍有所扩大,特别是省会城市与府城的空间形态随着城市商业空间的重组和扩张而发生变化,城市建成区逐渐突破城墙的范围。

(一)清前期城市街区的萎缩

明末清初,战乱不止,屠城、毁城事件层出不穷,洪水、地震等天灾也频繁发生,各级城市普遍残破不堪,城市建成区不及城墙范围的情况十分普遍,街区达于城墙之外的情况则非常罕见。

在清初残破最甚的四川省,城市街区大幅缩小,甚至有的城市大片街区不复存在。如川东北有多个城市极度衰落,"昔之亭台楼阁,今之狐兔蓬蒿"②,巴州、梓潼"城郭丘墟";顺庆府城和所属各县城"萧条景象更难言绘"③。顺治末,邻水县"城郭庙舍已茫然不可复识"。"康熙元年知县李时亨始即其地除榛芥剪荆棘,招民住居";康熙"十三年吴三桂之变,'土寇'四起,复毁于兵,二十四年知县蒋擢招集散亡"④。康熙初年,广元"荒残凋瘵"。盐亭县城"在深箐中","如地狱变相"。

---

① 鲁西奇:《城墙内外:明清时期汉水下游地区府、州、县的形态与结构》,陈锋:《明清以来长江流域社会发展史论》,武汉大学出版社,2006年。
② 李馥荣:《滟滪囊》,何锐等:《张献忠剿四川实录》,巴蜀书社,2002年,第81页。
③ 《明清史料》丙编第十本,商务印书馆,1936年。
④ 曾灿奎、刘光第等:(道光)《邻水县志》卷一《城垣》,道光十五年刻本。

第二章 清代城市数量、空间规模和人口规模的变化

中江城内"人户才三十余家"。汉州"城堞室庐,鞠为茂草"。双流县城"颓堙废堑,虎迹纵横"①。直到康熙二十一年(1682),四川还有相当部分"州邑皆荒残,无复烟火"。川北保宁府城以南,"城廓村镇尽毁"。邻近省会成都的汉州与新都城内仅"茅屋数十家,余皆茂草,虎迹遍街巷"②。广安城"荆棘遍地,虎狼遍野"。三藩之乱平定后,荣昌知县上任,"方入城,蒿草满地,不见一人。日未暮,群虎拦至"。清前期,由于战乱,四川不少县城遭到严重破坏,人口流失极大,清廷在四川先后裁撤了19个县级行政单位,其后除了僻居深山未遭到太大破坏的武隆县城外,其他各县城在重建时都已废弃不用,甚至基址无存。③

清初,各省城市街区遭到破坏的情况也都十分普遍,特别是一些本来就人口较少、经济不发达的城市在遭到战争和天灾破坏后,恢复的周期更加漫长,城市建成区缩小甚至消失的情况也不鲜见。如山东是清王朝统治较早巩固的地区,但仍然有不少城市的建成区在变小,如商河县外城被"土寇"所毁,淄川、新城二县城也被毁,康熙七年(1668)复毁于地震,二十一年又毁于洪水。范县在清初被焚屠一空,旋又被黄河水灌没;朝城县城在清初战争中残毁甚重,康熙元年又被暴雨冲毁;昌邑县城于顺治七年被潍河"漫毁",十余年后才有人居住。山西也因清王朝统治巩固较早,被毁城市多能迅速重建,但也有部分城市恢复迟滞,如太谷县东半城在清初姜瓖反清战争中被炮毁,直到康熙初年始逐步恢复。江浙作为人口众多、经济基础雄厚的地区,在战争中被毁的城市大多也能够很快重建。但是也有部分城市长期未能重建,如浙江上虞县于顺治三年被毁,直到康熙八年才得到重建,长期是一个"废城"。闽、粤两省沿海地区在清初也是战争激烈,其后又因海禁严酷,几乎所有沿海县城都在顺康之际陷于荒废,直到康熙统一台湾后才陆续开始有所恢复。此外,闽西、粤北也间接受到战争影响。如广东恩平县城于顺治十一年被毁,官民迁凹头寨,康熙十五年始复有人居。湖北当阳县于顺治二年(1645)在兵火中"毁为平址",十二年始开始重建。宜都县城在顺治四年迁治白洋渡,康熙元年(1662)始还旧址,十三年复迁,三十六年复还。竹山县城在大乱后,于康熙四年始有官兵入驻,官兵"乃披荆斩棘,植茅茨居之"。竹溪县城也在康熙七年始设官兵防守,正式的衙署也未能修筑,仅建茅屋数间以办公,十三年茅屋亦遭兵毁,十九年复建。陕西同官、永寿、白河、紫阳等县城都在战争中被毁,一度被迫迁治山寨,城中长期无人居住。甘肃西和县在明末战乱后官民皆居山上"上城",山麓的

---

① 王士禛:《王士禛全集》(四)《蜀道驿程记》,齐鲁书社,2007年,第2552、2556、2557、2558、2560页。
② 方象瑛:《使蜀日记》,吴江沈氏正楷堂本。
③ 陈世松:《大迁徙:"湖广填四川"历史解读》,四川人民出版社,2005年,第393—399页;蓝勇:《历史时期西南虎分布变迁研究》《清初四川虎患与环境复原问题》,《古代交通生态研究与实地考察》,四川人民出版社,1999年;谭红:《巴蜀移民史》,巴蜀书社,2006年,第499页;孙晓芬:《清代前期的移民填四川》,四川大学出版社,1997年,第11—15页;杨维中等:《渠县志》卷一《地理志三》,1931年;曾灿奎、刘光第等:《邻水县志》卷一《城垣》,道光十五年刻本;冉瑞桐、郭肇林等:《珙县志》卷之二《建置志·城郭》,光绪九年刻本。

下城在康熙四十三年始有人居；两当县在明末战争中被毁，"官民皆徙居城北山巅，康熙初年始复居旧城"。广西思恩县城于顺治中被毁，官民长期迁居于山寨，康熙五年始迁回旧址重建；迁江县城于明末被毁后，康熙初重修城池，二十一年始开始"招徕居民"并逐步重建城区；柳城县在"明末合城荒废"，顺治十四年知县张冕至，邑人建草堂，次第版筑。云南昆阳州明末为"沙酋"及"流寇"屠毁，清初旧城址不可复见；镇南州城亦被"沙贼"焚毁，康熙中始有人居；禄丰县城在康熙九年毁于地震，康熙中叶始重有人居。

从以上相关记载来看，不少城市在明末清初因战争等原因出现街区规模普遍缩小的情况，甚至有部分街区趋于消失，衰败程度十分严重，且持续时间相当长，清前期城市空间规模缩小状态可见一斑。

（二）清中期城市街区突破城墙范围

进入康雍乾盛世后，中国南北各省区的城市都有了较大的发展，包括边远的新疆、蒙古和西藏等内陆边疆地区的城市也出现不同程度的发展。此一时期，城市的发展主要表现在以下几个方面：一是手工业、商业和金融等城市经济呈现繁荣景象；二是城市人口不断增加，相当部分省会城市和府级城市的人口恢复到明代后期的状况；三是城市建成区迅速拓展，街市超出城墙，关厢甚至新城已经相当普遍，城市空间规模的扩大成为社会经济恢复和人口发展的必然结果。康乾年间，由于全国人口的增加，开始出现了大规模的区域贸易，因而不少城市对交通的便利性提出更高要求，而位于城市中心区位的市场难以满足大宗货物运输的需要，一些城市的商业空间开始突破城墙的束缚，向城墙外开阔地带呈放射状延伸，靠近交通要道的城门外逐渐被新的商业贸易空间占据，发展成为交易的集市，并在此基础上形成新的关厢。

江南是清代经济最为发达的地区，人口也最为密集，因而在清中期以后，江南城市建成区普遍突破城墙的范围向外扩展。仅按乾隆《杭州府志》中所附所属各县的城池图，就可以清楚地看到各县城的城外街区大于城墙内面积已经是相当普遍的现象，并且形成了较为明显的功能分区，即城墙内为政治和文化区，城墙外为工商业区和居民区。康乾年间，苏州城市的建成区远超城墙，"市街延伸至枫桥，自阊及胥，迤丽耳西，庐舍栉比，殆比城中"，"吴阊至枫桥，列市二十里"，大小商店、会馆、公所、茶馆、妓楼鳞次栉比，异常繁华。乾隆年间，广州的商业、手工业早已发展到城墙之外，"西城皆起楼榭，朱楼画树，连属不断，皆优伶小娼所居，女旦美者鳞次，为夷商和各省商人居停处"；对岸不远则是"百货之肆，五都之市，天下商贾荟聚"。乾隆年间，广西南宁府城建成区随着经济的繁荣突破城墙，向外往西、南、东三方向扩展，尤以城西门外大坑口一带甚为繁华。乾嘉年间，南定府城外邕江河畔形成密集的工商业街区，各街巷多为行业聚集地，故形成以行业为名的街道，如布行街、油行街、木行街、线行街、山货街、棕竹街、盐行街、棉花街、磨坊街、油箩街、缸瓦街、槟榔街、打铜街、打铁街、细花巷等。亦有部分外

第二章 清代城市数量、空间规模和人口规模的变化

省籍人所聚居的街道以其省或府县为名,如湖南街、像章里等。湘潭为湖南长沙府属县城,因其交通地理位置优越、商业兴盛,乾隆年间,造船业、冶铁业均具相当规模,药市、米市更是闻名遐迩,"城内外市铺相连,几二十里,其最稠者,则在十总以上,十九总以下……为湖南一大马头"。嘉庆年间,湘潭工商业繁荣更盛于前,城区扩展至窑湾,逶迤十余里,五方杂处,商贾辐辏。① 乾嘉年间,天津府城东门外的通济集,北门外的丰乐集、恒足集、张官屯永丰集、西门外的官前集、安西市等,渐成规模较大的商业中心,东门外的宫南街和宫北大街,沿街全是商店,有银号、钱庄以及土产杂货、竹藤檀木、酱菜、香蜡纸张、儿童玩具、绒绢纸花等各业店铺。康熙年间,河南省会开封在城墙外形成五个关厢,有多个市廛辐辏处,其繁盛以西关牛马市街称首,南关次之,另外西门杂粮市、南门杂粮市、曹门杂粮市、北门杂粮市、宋门棉花布市、曹门花线市等处也是商贸兴盛。

特别值得一提的是,江苏省在雍正时期即在城区划分的名称中取消了"关""厢"等称呼,城外街区和城内街区都采用"坊"的编制,此一称呼的变化实际上反映了城墙外街区大规模拓展所带来的制度变革,反映出城市建成区的扩大和管理的变化。苏北和苏南同对城内外街区全部采用"坊"编制,固然有行政力量的作用,但同时也表明了苏北县城(至少是运河和沿海地区)城外街区的发展也是有相当的高水平,由此也可以推而广之考察运河沿岸的城市在康乾盛世期间城外街区大规模拓展的情况。此外,其他地区县城城墙外街区大规模拓展的情况也很普遍,如嘉庆《松江府志》《江宁府志》《直隶太仓州志》等所绘城池图都明确画出了城外街区,不仅规模宏大、经济繁荣,而且城内外街区也在一定程度上实现了功能的分区。

清中期,四川省所属各级城市也有不同的发展,其城市规模普遍都有所扩大,主要表现在关厢的修建。如新都县有南北关,新津县四门外皆有关厢,荣昌县有规模较大的南关,合州有四关,规模均较大,垫江县城内东南有山,城外有规模较大的东关、北关,云阳县有规模较大的东关、西关,渠县西关、南关规模较大,大竹县城外街区规模接近城内之半,天全州有东关和规模甚大的西关。雍正朝时,社会经济发展水平较低的甘肃省的不少县城也开始在城外建设关厢,如会宁县、西和县、靖远县、安定县、固原州(清末升直隶州)、庄浪县、山丹县、平番县、永昌县、镇番县、碾伯县、徽县等,其中会宁、西和、安定三县分别在两个方向建有关厢,并修建有多个祠庙。关厢修建祠庙,反映出此时关厢已经有相当的人口和经济规模。又如雍正朝时,河南有部分县城如太康县、柘城县、邓州、新野县、舞阳县、禹州、密县、汜水县、虞城县、宁陵县、武安县、辉县、邓州、新野县、信阳州、遂平县、沈邱县、襄城县、郾城县、固始县在城外关厢修建书院、义学等。其中禹州东关建有多处书院,虞城县西关有多处义学,襄城县南关也有书院、义学各一,宁陵县三侧关厢都有义学,辉县、新野县也各在两侧关厢建有义学。乾隆中

---

① 陈嘉榆等修;王闿运等纂:《湘潭县志》卷十一《货殖》,光绪十年刊本。

叶,河南省又有鄢陵县、邓州、登封县和裕州等在县城关厢新建书院和义学。① 嘉庆《四川通志》也载四川内江县西关濒临沱江,规模宏大,并修筑有大批管理经济的衙门和官营工业。可以说,清中期各省府州县城关厢兴建文化设施的现象十分普遍,祠庙、书院义学的建设表明此时关厢已拥有足够多的人口和一定的经济基础,唯此,方能支撑相关的文化活动。

不仅内地十八行省的城市在清代中期有较大的发展,而且部分内陆边疆地区的城市也有较大发展。如新疆的城市在嘉道时期也多在城墙内外形成商业街市,一般位于各城的四门之外,也有些商业街市处在汉城外围或汉、回城之间。嘉道年间,新疆有部分城市的商业街逐渐形成规模较大的关厢,甚至有个别城市的关厢面积远远超过城区的面积。如和阗所属额里齐城规模不大,城墙内面积仅400余亩,但关厢面积却达23699.8亩;吐鲁番城墙内面积不过936亩,然其关厢面积却达18383.9亩。②

当然,对于清中叶以后全国普遍出现的城市规模扩大的现象也不宜做过高的估计。在部分城市规模扩大的同时,也有城市出现相反的情况,甚至是在经济较发达的地区,如福建、广东等省也有部分城市出现衰落和萎缩,如因"海寇"和土客械斗以及各种起事,造成部分县域出现混乱和萧条,致使这些县城的关厢发展陷入停滞。这表明即使在农村危机还没有爆发为对城市直接打击的情况下,也已经开始对城镇的发展产生影响,并在基层建制城市中日益明显地表现出来。另外,清中期的自然灾害也对部分城市产生了重要的影响,如嘉庆六年永定河决口,道光三年直隶与江南大水灾,道光十年直隶大地震,道光十三年云南大地震,波及面都相当广泛,遭到破坏的城市,其经济受到影响,街区也出现萎缩,特别是直隶的部分县城因三次大灾前后相连,作用互相叠加,损失更是异常巨大。③ 嘉庆五年,陕西朝邑县黄河泛涨,河水冲入城内,各官署、仓廒、监狱、养济院等房屋都被淹没、冲塌。④ 嘉庆十八年,安徽亳州城池因"豫省河决"被全部冲毁,至道光二年才得以修复。⑤ 嘉道光时期,清王朝开始走向下坡路,不少中小城市已经失去发展动力,一旦遭受大型自然灾害的打击,就会出现衰落,甚至有部分城市由此转入了周期性衰落。中国内地大多数县城在乾隆朝已经达到了农业时代城市街区的最大规模,此后便普遍陷入停滞和衰落。

除自然灾害的冲击,嘉庆朝所发生的白莲教起义和其他民众起事对城市的影响也十分突出。白莲教起义时间长,波及面广,四川、湖北、陕西、甘肃、河南等省部分城市遭到不同程度的破坏,其中最严重的当为四川东乡县城。整座县城废弃长达近20年。此外,在此次战争中遭到严重破坏的城市还有四川的南江县城、营山

---

① 阿思哈等:《续河南通志》卷三十九《学校志》,乾隆三十二年刻本。
② 张建军:《论清代城市的占地规模》,《中国历史地理论丛》,1998年第3期。
③ 张艳丽:《嘉道时期的灾荒与社会》,人民出版社,2008年,第23—54页。
④ 杨虎城等修,吴廷锡等纂:《续修陕西通志稿》卷六《建置一·公署上》,民国二十三年铅印本。
⑤ 沈葆桢等修,何绍基等纂:《重修安徽通志》卷三十六《舆地志·城池》,光绪四年刻本。

第二章 清代城市数量、空间规模和人口规模的变化

县城，陕西的留坝厅城、洋县城，湖北的竹山县城、郧西县城、保康县城、归州城、来凤县城等。四川省的广安州城等在战争期间也一度迁治山寨，城中建筑残毁，无人居住。另有部分州县城虽然没有被攻占，但由于义军长期围城，也使城外街区损失惨重，如四川仪陇县城城外街区被全毁。"嘉庆初，教匪窜仪，城外一炬，可怜焦土，越数十年而始复其旧。"① 虽然白莲教起义仅是局部战争，但其对战区的城市街区破坏相当明显。

（三）清后期城市街区的变化

道光二十二年（1842）以后，中国被迫对外开放，城市的发展出现了新的变化。一方面，开埠通商城市兴起，随之而来的就是进出口贸易的扩张，现代工业和现代教育兴起发展，城市人口迅速增加，城市空间规模扩张，突破城墙的范围，特别是上海、天津等沿海沿江开埠通商城市随着对外开放和租界的开辟，城市空间更是发生了巨大的变化。但另一方面，越来越多的中小城市在外力冲击和内部危机的影响下，发展停滞甚至萎缩。在多重因素的综合影响下，晚清城市街区的发展状态出现了明显的分化。

开埠通商城市和近代工商业城市因为新的经济要素的聚集而得到较大发展，其城市规模的拓展也最为突出，充分反映出了早期现代化转型对于城市空间拓展所产生的巨大作用。其中一个突出的表现是城区面积的拓展和功能分区的明确，城市出现了新的空间要素，由此导致城市景观与城市肌理的变化，城市空间格局也出现了质的变化。由于目前学术界对开埠通商城市的研究已经较多，取得了较丰硕的成果，因而此处不再对上海、天津等开埠通商城市进行讨论。但是需要强调的是，在部分开埠通商城市出现较大扩展的同时，相当多的传统政治型城市却出现分化，普遍出现衰落，这是过去的研究较少关注的方面。

在持续动荡的晚清社会，除了比例较少的开埠通商城市和新兴的工商业城市出现不同程度的发展，中国大部分城市在内外危机的冲击下，相继出现不同程度的衰落，特别是在咸同大乱期间遭受战争重创的地区，城市残破极深，部分城市人口大量减少。由于清王朝已经进入衰世，统治力量减弱，财力匮乏，致使相当部分城市特别是地处边远的一般县城重建和恢复相当缓慢。一些地区的城市虽然没有遭受战争的直接破坏，但也受到传统经济衰落和社会动乱的影响而出现城市建成区的萎缩。清后期，湖北省除府级城市外，县级城市中正式有关厢建置的仅夏口厅、崇阳县、大冶县、汉川县、麻城县、广济县、黄梅县、云梦县、随州、钟祥县、潜江县、宜城县、光化县、郧县、房县、竹山县、竹溪县、郧西县、保康县、公安县、枝江县、长阳县等。② 以上城市有部分位于鄂西，其经济相对落后，但却因在咸同

---

① 曹绍樾、胡晋熙等修：《仪陇县志》，光绪三十三年刻本。
② 张仲炘、杨承禧等纂修：《湖北通志》卷二十六《建置二·廨署》、卷二十七至三十二《建置》，民国十年重刊本，华文书局，1967年。

年间遭受战争破坏较轻,故其关厢得以保留下来;而鄂东、鄂中地区经济原本较发达,但所受战争破坏较严重,故这些地区的城市在晚清较少设有关厢。还有一个现象值得重视,即湖北设有关厢的城市中,除夏口厅关厢拥有数量较多的公共建筑,类型较丰富,其他各县关厢公共建筑皆无官衙。此外,仅有广济、房县、竹山等少数县城关厢建有书院(清末改为学堂),而除位于新式工矿区的大冶县关厢规模较大,其他各县城关厢规模都相当小。

清末,陕西省县级城市有关厢的亦仅有三原县、高陵县、咸阳县、蓝田县、渭南县、临潼县、华州、定远厅、佛坪厅、洋县、西乡县、宝鸡县、武功县、永寿县、长武县、洵阳县、石泉县、宁羌县、沔县、凤县、镇安县、商南县、雒南县、府谷县、洛川县、清涧县等。① 经济落后的陕北地区有关厢的县城寥寥无几,而在陕西各县城关厢中设有税务衙门者仅三原、咸阳、渭南、宝鸡、宁羌等县,设有慈善机构的仅临潼、西乡、宝鸡、清涧等县,设有书院(清末改学堂)者仅三原、宁羌、凤县、镇安等县。除位于交通要道的宝鸡、宁羌的关厢规模稍大外,其余各县城关厢都颇小。

19世纪中后期,云南省除省会等少数城市外,大部分城市都受到多种因素的影响而普遍出现不同程度的衰落。一般城市在战后重建过程中,都将在战前建筑在城墙外的公共建筑尤其是官衙和文化教育、慈善机构等移入城内,从而使城市建成区规模缩小。尤其是遭受重大破坏的大理、永昌、普洱三府,所属各县级城市甚至还出现了将城外的驻军衙署和营房也搬入城内重新修建的情况,连腾越厅、龙陵厅等边防要地也不例外。②

江南地区在咸同战乱以前,是全国经济最发达的地区,但是经过咸同时期战争的严重破坏后,不少城市的街区都出现了显著的萎缩,再加上战后多种因素的影响,城市重建和发展受到遏制,部分城市一直到清末都未恢复到战前的状况。如六合县城直到清末城内四隅仍为荒地,常熟县主要街道在战后偏于西南隅,城内有三分之二的地方颇为荒凉。而浙江的情况更为严重,富阳县城内南面已成荒地,江山县城内南北两面都有大片荒地,常山县城内西为荒地,余姚县北城西部和南城南部为空地,天台县城内东北、西北两隅为空地,宁海县城内田地甚多,武义县城北为田地。诸如此类的情况较为普遍,足以使人感受到江南部分县级城市的残破状态。

晚清自然灾害频繁且为害甚巨,故而对城市发展产生了直接的影响,并造成部分城市萎缩。下面我们以光绪初年的"丁戊奇荒"为例进行考察。

"丁戊奇荒"是发生于清朝光绪元年至四年(1875—1878)间的一场罕见特大旱灾饥荒,历时长,波及面广,地域以山西、直隶、陕西、河南、山东等省为主,苏北、皖北、陇东和川北等地区也受其影响。由特大旱灾导致的饥荒所造成的后果

---

① 杨虎城等修,吴廷锡等纂:《续修陕西通志稿》卷六至七《建置》、卷三十五《征榷二》、卷三十七至三十八《学校》、卷一百二十四至一百二十六《祠祀》,民国二十三年铅印本。
② 王文韶、罗元黼等修:《续云南通志稿》卷二十六至二十七《地理志》、卷六十三《学校志》、卷六十五至六十六《祠祭志》、卷六十七《祠祭志·寺观》,光绪二十四年刻本。

第二章 清代城市数量、空间规模和人口规模的变化

极为严重,有 1000 余万人饿死,另有 2000 余万灾民逃荒到外地,故被时人称为"二百余年未有之灾"。山西省是这次大旱灾的重灾区之一,经此灾害,田园荒芜,饿殍载途,白骨盈野,与之相对应的是城市空间规模出现了明显萎缩。至光绪中叶,山西有关厢的仅有兴县、交城县、介休县、盂县、垣曲县、黎城县、交水县、岳阳县、曲沃县、孝义县、阳城县、怀仁县、广灵县、榆社县、沁源县、武乡县、平陆县、闻喜县、大宁县、石楼等二十余县城,其中除沁源县城有规模较大的东关,曲沃、黎城、孝义、武乡四县城各有两侧小规模关厢外,其他各县城均只有一侧建有小规模关厢。① 经过这次历史上罕见的灾荒打击之后,晋北各城无一处能在十年内恢复城外关厢,晋中、晋南也仅少数位于交通要冲的县城能够逐渐重建关厢,如榆次县也是在火车开通后,才以车站为中心形成新关厢,寿阳县也同样是以火车站为中心形成东关。

从全国各区域考察,清后期城市规模的变化有很大的差异,城市街区规模的发展明显呈现出南方城市大于北方城市、东部城市大于西部城市、水陆交通要道城市大于"僻壤边远"城市的状况。此外,省级政治中心城市、开埠区和工矿区对其附近城市街区规模的扩展也十分明显。清中期,江南地区和河南、甘肃等省城市的关厢发展水平就出现了明显的差异。清后期,这种区域的差异变得更加显著。近代工商业和交通业的兴起对城市发展的分化作用日益显著,江南地区虽然遭到咸同大乱的惨重破坏,但由于近代工商业和现代交通的兴起,除上海等开埠城市发展甚速,部分传统城市也有较大的发展,如浙江龙游、太平、瑞安、平阳县城和玉环厅城等,江苏溧水、昆山、宝山县城等,城市发展仍然较快,城外街区仍呈不断扩大之势。至于苏北地区基本未遭受战争破坏的各级城市,如交通便利的盐城、阜宁、宝应县城等仍保持有规模较大的关厢,而近代工商业迅速发展的无锡,因交通路线改变成为浙西经济中心的兰溪县城,以及一直在苏北有举足轻重地位的泰州等的城市空间更是较清中期拓展了数倍。河南省的部分城市因铁路的建设也出现明显分化,铁路交通枢纽郑州(清末升直隶州)、郾城县(含河对岸漯河镇)、新乡县等,城外关厢迅速拓展数倍,如郑州在火车站一侧形成西关,规模大于城内街区数倍,此外还建有南关。一般位于铁路沿线的城市也很容易在朝向火车站一侧形成新的城市建成区,而远离铁路交通线的县城则多因交通等因素而出现萎缩,不少城市因经济萎缩,人口减少,在城区出现大片空地荒地。如直隶陕州城内四隅皆空地,几近全城之半;直隶荆门州城东北、西北为荒地;湖南永顺府城内大半为田地;江西广昌县城内约四分之三为荒地,仅东北隅有街区。甘肃省因地处中国西部,加上咸同年间受战争等因素影响,除陇南地区,大多数府州县城都相继萎缩,在城内出现大片荒地,甚至部分城市的荒地占本城一半左右。如平凉府城东城近半荒废,西城三分之二以上荒废,城外只有兵营无街区;巩昌府南城荒地约三分之一,北城四分之三以

---

① 曾国荃等修,王轩等纂:《山西通志》卷七十三《秩祀略中》、卷七十六《学制略下》,光绪十八年刊本。

上荒废。此种现象在沿海的福建省也较为普遍,如福建泉州府城内东北、西北、东南荒地近全城之半;建宁府城北三之一为空地;兴化府城北有山,西、南有空地;邵武府城内荒地甚多。这种荒地和空地的大量出现实际上就是城市发展衰落、人口减少、经济停滞在空间上的具体表现。

  清代是中国城市从农业时代向工业时代过渡的转型时期,清代中前期的城市全面继承了明代城市的职能、特点和规模,城市建成区主要在城墙范围以内。因而城市规模可以通过城墙的周长进行测量。通过对城墙的静态分析,可以看到清代中前期的城市总体规模不大,并呈现等级分布的特点。而城市规模的大小与城市的行政级别高低有着直接的正相关关系,一般说来,行政级别越高的城市,城市的规模也越大。这种现象的出现主要与中国几千年来的国情有着密切的关系。秦在全国推行郡县制,城市被纳入行政等级体系,成为中央集权统治体系的重要组成部分。当时的城市基本上都是以政治功能为主的综合性城市,经济功能和文化功能以及其他功能都是在政治行政功能基础上不断叠加,因而即使是因经济原因而发展起来的城市,也会在一段时间之后被纳入政治行政等级网络之中。行政级别较高的城市作为区域内的政治、经济、文化中心,都是经过郑重选择,一般都较本行政区域内其他城市更具有优越的自然地理条件和区位优势,经济相对发达,人口较密集,加上行政力量的作用,故较其他城市更能聚集各种要素,能够得到更好更快的发展,其规模一般都要较本行政区域内其他低级别的城市规模更大,这就是所谓的"政治中心城市优先发展规律"在起着重要作用。① 当然也有例外,而这种例外一般说来都有一定的特殊原因,需要做具体的分析,才能得出合理的解释。

  城墙作为规模宏大的基础设施,具有耐用性和稳定性等特征,因而不能完全客观地反映城市规模的变化。实际上清代前期由于战争等原因,城市建成区都普遍位于城墙的范围之内,城内空地、荒地甚多。然而到清中期,随着社会稳定、经济恢复、人口增加,不少城市建成区开始突破城墙的范围,在城墙之外形成新的城市建成区——关厢。清后期,随着中国被迫对外开放,一批通商口岸城市开始兴起,城市空间出现新的发展变化。从新兴城市考察城市空间规模的变化,主要表现在以下几方面:一是随着商埠的开辟和租界的设立,这些城市的城市空间规模出现前所未有的发展,远超农业时代城市发展的规模;二是这些新兴城市出现新的空间要素,城市景观和城市肌理由此发生变化;三是新兴城市空间开始从步行时代的"以人为尺度"向汽车时代的"以汽车为尺度"转变。与新兴城市空间发生变化的同时,清后期大多数传统行政城市出现停滞甚至衰落,城市空间出现萎缩,不少城市的人口减少,经济不发达,表现在空间上就是空地和荒地在城市中大量出现。

---

① 何一民:《近代中国城市发展与社会变迁(1840~1949)》,科学出版社,2004年,第47页。

第三节　清代城市人口规模的变化

人是城市的主体，任何城市离开了人，都不成为城市。人口也是社会物质生活的基本前提。"任何人类历史上的第一个前提无疑是有生命的个人的存在。"① "没有最低限度的一定数量的人口，就不可能有人类的社会生活，社会历史也无从谈起。"② 人口作为影响城市发展的决定性因素之一，是反映城市存在和发展的重要指标。一个城市生存和发展的基础主要依赖本身生产力的发展水平，而城市人口数量的多少则是衡量城市生产力发展水平的重要标准。作为人口居住较为集中的乡村的对立物，城市规模的大小与城市人口数量的多少有着密切的联系。

中国古代社会君主政权的专制性，造成城市职能比较单一，主要以政治、军事职能为主。中国农村小农业加家庭手工业的自然经济所具有的自给自足，使农村生产关系上的各个环节基本在家庭中就能实行，农村生产力的提高主要靠劳动力的投入，农村较少存在剩余劳动，因而为城市提供的人口有限，并且使城市与周围农村之间的经济交往十分有限，导致需求不足，城乡市场规模相对狭小，城乡经济呈现二元性结构，而城市赖以生存、发展的农业基础十分薄弱，致使城市人口的发展缺乏原动力，造成中国城市人口化水平长期较低，城市人口占总人口的比重低，增长缓慢。清代，由于经济的发展、高产粮食作物的引进，以及社会环境的相对安定，中国人口出现飞跃式发展。清后期，中国总人口达4亿人，占世界人口三分之一强，但城市化水平非但没有提升，反而较前有所下降。道光初年中国城市化水平仅6.9%，远低于宋代的20%，更是落后于同时期西方主要发达国家的城市化发展水平。进入晚清，城市化水平虽然不高，但由于城市的发展和城市规模的扩大，城市绝对人口总量也有所增加，部分地区的城市化水平有较大的提升，城市规模的结构也随之而发生变化。

一、清代城市人口的变化

中国在古代就是世界上人口最多的国家之一，清代以后，中国人口出现了空前增长，据"道光十四年（1834）统计，竟突破4亿大关"③，1852年达到4.3亿。1850年亚洲人口约7.5亿，世界人口约11.7亿④，中国人口约占亚洲人口的一半以上，世界人口的三分之一强。这表明中国成为世界上人口规模最大的国家，18至20世纪世界人口的分布格局呈现出以中国为重心、向世界各地不均匀分布的局

---

① 《马克思恩格斯选集》第一卷，人民出版社，1961年，第24页。
② 行龙：《人口问题与近代社会》，人民出版社，1992年，第17页。
③ 梁方仲：《中国历代户口、田地、田赋统计》，中华书局，2008年，第344页。
④ ［美］斯塔夫里阿诺斯：《全球通史：1500年以后的世界》，上海社会科学院出版社，1999年，第301页。

面。此时清代人口数量不仅达到了中国农业时代人口的最高峰,超过以往封建王朝最高人口数量的数倍,而且成为亚洲乃至世界上第一人口大国。

在漫长的农业时代里,中国人口的发展极不稳定,出现过多次高峰与低谷,形成增长、下降、再增长、再下降、再增长的波浪式缓慢增长的特点。这种总人口的发展模式体现出与中国城市人口发展模式趋同的发展趋势。其中以东汉、南宋的增长和三国、元朝的减少最为明显,明朝人口在其末期一直呈现出稳步增长的趋势,明中后期中国人口约1.6亿人。

明末清初,经过数十年的大动乱,中国人口总量大约减少了40%,全国总人口下降至0.9亿人左右。据相关史料记载,此时南北各省城市和农村都遭到战争及灾害的破坏,人口大幅减少,经济残破,直隶"一望极目,田地荒凉";河南"满目榛荒,人丁稀少";湖广"弥望千里,绝无人烟"①;素称"天府之国"的四川更是人口减少了90%以上,"榛榛莽莽,如天地初辟"②。清朝建立后,统治者采取了种种措施来恢复经济。经过近百年的休养生息,中国南北各地的城乡经济得到较快的恢复和发展。17世纪末黄淮流域已无寸土之荒芜,至18世纪初连西南地区也无开垦之地。与此相应的是人口的加速增长,据统计,清代人口于1762年突破了2亿大关,1791年突破3亿大关,1834年又突破了4亿大关,至1840年已达4.13亿,1852年达到4.3亿。与清初的0.9亿相比,近200年的时间里中国人口增加了近4倍。增幅之高,绝对数量之大,增长趋势延续时间之长,在中国人口史上实属罕见。至此,中国农业时代人口达到顶峰。

鸦片战争后,帝国主义势力的不断侵入使得中国内部原已渐趋尖锐的社会矛盾更加激化,又兼自然灾害频繁,1849年长江流域大水、浙江大疫、甘肃大旱,全国死亡人口多达1500万人。正是在这种背景下,1851年爆发了中国历史上规模最大的一次农民起义——太平天国运动。这次起义使中国人口大减,全国人口减幅将近四分之一,尤其是经济发达的长江中下游的江苏、安徽、浙江、湖南、湖北、江西六省人口减少了约40%,其中浙江损失最为严重,人口减少约69%。嘉兴府人口,从道光十八年(1838)的2933764口,到同治十二年(1873)已经下降到952053口。③长江中下游地区如此巨量的人口锐减,在中国南方数千年开发史上从未有过,南方人口占全国总人口的比重也自此开始回落。1911年,全国人口总数仍比历史峰值的1852年低约8%。但在此期间,东北地区人口的增长却非常引人注目,60年中增长了4.5倍,占全国的比重由原来的0.8%升至5%,与人口严重减耗的长江、黄河流域形成鲜明的对比。

18世纪以后人口迅速增长不是中国独有的现象,当时世界各主要国家相继出现了人口快速增长的趋势。而与中国人口发展快速增长和大幅度回落不同的是,17

---

① 贺长龄:《皇朝经世文编》卷三十四,沈云龙:《近代中国史料丛刊》,文海出版社,1973年。
② 张骥修,曾学传纂:《温江县志》卷三《民政第三·户口》,民国九年刻本。
③ 许瑶光等修,吴仰贤等纂:《嘉兴府志》卷二十《户口》,光绪五年刊本。

第二章 清代城市数量、空间规模和人口规模的变化

世纪至 20 世纪初世界各国人口出现了较为平稳的持续性增长。19 世纪在西欧是工业革命的世纪，随着工业革命的完成以及资本主义制度在西方世界主要国家的确立，新的经济制度和人口发展机制开始充分发挥其作用，世界主要国家人口出现了高速增长。1800 年德国人口为 2450 万，到 1900 年总人口增至 5060 万，人口增长近 1.06 倍。1800 年法国人口为 2690 万，到 1900 年总人口增至 4070 万，人口增长近 0.51 倍。19 世纪世界主要国家的人口增长率都是本国历史上的最高水平。1750 年，欧洲（包括俄罗斯）总人口为 1.44 亿，至 1850 年为 2.74 亿，至 1900 年为 4.23 亿，与 19 世纪中期中国的人口数相当。

表 2-13　17 至 20 世纪初世界各主要国家人口统计表（单位：万人）

国家	人口数							
	1600 年	1700 年	1800 年	1850 年	1880 年	1890 年	1900 年	1910 年
英国	440	540	—	2230	3110	3430	3820	4210
德国	1600	1500	2450	3170	4020	4420	5060	5850
法国	1900	1900	2690	3650	3920	4000	4070	4150
荷兰	150	190	220	310	400	450	510	590
比利时	160	200	300	430	550	610	670	740
意大利	1310	1330	1810	2390	2960	3170	3390	3620
西班牙	810	750	1150	1550	1660	1760	1860	1990
丹麦	—	—	90	160	210	230	260	290
葡萄牙	110	200	310	420	460	510	540	600
奥地利	—	—	—	390	500	540	600	660
美国	—	—	530.8	2319.2	5015.6	6294.8	7599.4	9197.2

王渊明：《历史视野中的人口与现代化》，浙江人民出版社，1995 年，第 123 页；M. M. 波斯坦、H. J. 哈巴库克主编，王春法等译：《剑桥欧洲经济史》第六卷，经济科学出版社，2002 年，第 56—57 页；斯坦利·L. 恩格尔曼、罗伯特·E. 高尔曼主编，王珏等主译：《剑桥美国经济史》第二卷，中国人民大学出版社，2008 年，第 107 页。

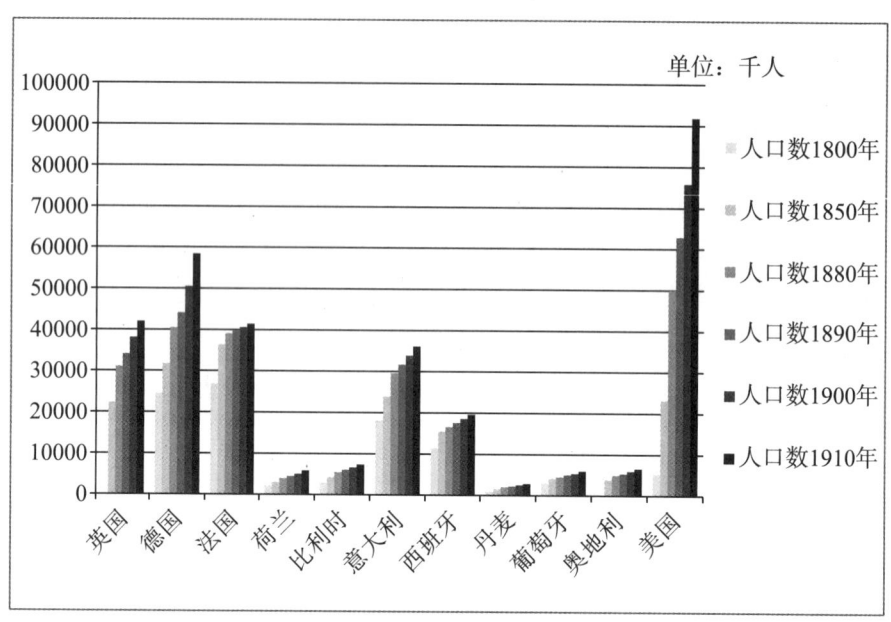

图 2-1　19 至 20 世纪初美国与欧洲主要国家人口统计图

注：据表 2-13 数据绘制。

通过以上图表可知，1600 年至 1910 年，世界主要国家的人口数量都呈现出稳步持续增长的趋势，其中 17 至 18 世纪和 19 世纪后半段是世界主要国家人口增加的高峰期。18 世纪，世界各主要国家先后经历资本主义革命，确立了资本主义制度。政治的稳定为工业革命的完成奠定了基础。19 世纪末，世界各主要国家先后完成工业革命。经济的发展不仅带动了生产力的提高，同时也带动了人口的快速增加，其中以美国最为典型。1800 年美国境内人口为 530.8 万，到 1900 年人口增至约 7600 万，19 至 20 世纪的百年内人口增加近 13.3 倍。当然，美国人口的增加并非人口自然增长的结果，而是大量的移民带动了其人口的增长。

但是，17 世纪末至 20 世纪初中国人口的发展与西方发达国家有着不同的原因，虽然总体上看与经济发展有着直接的关系，但中国经济的发展并不是以现代工业为主，而是在传统农业的基础上出现的大发展。此一时期，中国城市人口的变化呈现出如下特点。

（一）人口的地区分布极不均衡

从长时段的考察来看，清代中后期各省区占全国总人口的比重有较大差异，并呈现不同的发展趋势，在总人口比重中处于下降态势的有河北、山东、山西、陕西、甘肃、宁夏、青海、新疆、江苏、安徽、浙江、江西、福建等省，而两湖、两广、川云贵和东北、内蒙古等省区的人口比重则不同程度的有所上升。清末，人口数量最多，占比居全国首位的是四川，占全国总人口的比例将近 12％，而清初四川人口占全国总人口的比例不到 1％。清末人口占比高的省区分别为山东、江苏、

第二章 清代城市数量、空间规模和人口规模的变化

湖北，广东，均在 7% 以上。人口占比低的省区主要有新疆、甘肃、宁夏、青海、内蒙古、西藏、黑龙江、台湾等省区，分别都占不到总人口的 1%。总的看来，清末全国人口主要分布在西南地区的四川，中南地区的湖南、湖北，东南地区的江苏、安徽、浙江、江西，以及华北地区的河南、河北、山东等地，全国三分之二以上的人口主要分布在以上三个地区的 11 个省份，约占全国总人口的 70%，而西北和北方各省区人口比重仅为 30%。

另外，从人口集中系数来看，1661 年中国人口集中指数高达 0.5753，表明了当时人口高度集中在华北、华中、华东和华南地区。1762 年人口集中系数降低近 10 个百分点，1840 年人口集中系数为 0.40555，1852 年人口集中系数为 0.40135，1911 年人口集中系数降到 0.3634。表明经过近两个半世纪的发展，各地区人口都呈现出不同程度增加的趋势，人口东西部分布不平衡的局面有所改善。这主要是因为清初的"湖广填四川"的移民运动、19 世纪末黄河中下游地区的"闯关东"移民运动，以及中原地区人口"走西口"向西北移民运动，使得原先人口稀少的西南、东北和西北地区人口显著增加，从而降低了人口的集中系数。1872 年人口集中系数有小幅度的上升，主要是因为太平天国战争之后，一些逃离家乡以及外乡的人口迁入江浙地区。

但从人口分布的总体格局来看，中国人口的主体分布格局仍没有改变。清中后期，人口分布重心仍在东南、华北、华中、西南等地区，两个多世纪以来，人口重心移动范围很小，几乎就固定在东南、华北、华东等人口稠密地区。这种人口集中指数的变化也从另一个侧面反映了中国城市人口主要集中在东南、华北、华东等人口稠密地区。（见表 2-14）

表 2-14　清代各省人口集中系数

省别	面积比重	人口集中系数					
		1661 年	1762 年	1840 年	1852 年	1872 年	1911 年
河南	0.0300	0.0810	0.02650	0.015	0.01420	0.0205	0.0195
河北	0.0607	0.01875	0.00665	0.00435	0.00435	0.00165	0.00165
山东	0.0280	0.03440	0.0448	0.02500	0.02550	0.036	0.0255
山西	0.0282	0.02155	0.01425	0.004	0.0046	0.0093	0.0011
陕西	0.0354	0.01545	0.0001	0.0031	0.0036	0.0057	0.0062
甘肃	0.0900	0.03760	0.0300	0.0297	0.0300	0.03775	0.0401
江苏	0.0184	0.05200	0.0478	0.0428	0.0400	0.0188	0.0308
安徽	0.0320	0.01735	0.0395	0.02955	0.027	0.0031	0.0047
浙江	0.0180	0.0302	0.02905	0.02625	0.0266	0.0046	0.01775
江西	0.0340	0.0160	0.01150	0.013	0.012	0.018	0.01365
湖北	0.0340	0.0075	0.00875	0.0235	0.02165	0.0295	0.02125
湖南	0.0420	0.0045	0.0065	0.00325	0.00335	0.009	0.0135

续表

省别	面积比重	人口集中系数					
		1661年	1762年	1840年	1852年	1872年	1911年
四川	0.1000	0.0446	0.04315	0.0033	0.0034	0.0165	0.0115
贵州	0.0330	0.0104	0.00815	0.01	0.01	0.0101	0.0045
云南	0.0850	0.0358	0.03740	0.034	0.0338	0.036	0.0305
广西	0.0424	0.0158	0.01110	0.0115	0.0117	0.001	0.0102
广东	0.0435	0.0025	0.00535	0.00925	0.01135	0.0198	0.0159
福建	0.028	0.0256	0.00565	0.0090	0.00975	0.0151	0.002
辽宁	0.024	0.0112	0.0012	0.0090	0.0085	0.007	0.00225
吉林	0.140	0.0694	0.07	0.07	0.07	0.0695	0.06300
新疆	0.061	0.0237	0.02935	0.03	0.03	0.02900	0.02785
总计		0.5753	0.47675	0.40555	0.40135	0.3979	0.3634

根据赵文林等《中国人口史》（人民出版社，1988年，第452—471页）计算得出人口集中系数，用以反映人口相对土地之分布均匀程度。

计算公式为：$C = \frac{1}{2} \sum |P_i - S_i|$。①

注：P_i 为各地区人口在总人口中所占比例，S_i 为相应地区土地面积在土地总面积中所占比例，C 即人口集中系数。C 值越小，则人口相对于土地分布越均匀；C 值越大，则越不均匀，人口分布向局部区域集中的程度越高。

（二）人口密度表现出明显的地区差异性

通过分析可知，清代中国人口分布明显地呈现出东部与西北、西南地区的巨大差距。这表明，经过近两个世纪的发展，我国人口地区分布上的这种东密西疏的状况仍无明显改观。

（三）各地区人口增长数量和人口增长速度不平衡

从人口增长的数量上看，四川省在1661年到1911年之间增加了4700多万人口，人口增加近50倍，人口增加数量约为英国20世纪初整个国家人口的总数。其次是湖北、湖南、广东、河南、山东和江苏，各增加了2000多万人口。人口增加数量最少的是宁夏，250年的时间内，仅增加17万，其余如青海、西藏、内蒙古和新疆，增加数都不到100万。② 从人口增长速度看，东北地区和四川人口增长速度最快，辽宁人口增加近64倍，吉林人口增加54倍，黑龙江人口增加39倍，四川的人口增加50倍，台湾人口增加14倍，广西和湖南增加8倍，贵州和云南增加

---

① 翟振武、刘爽、段成荣：《常用人口统计公式手册》，中国人口出版社，1993年，第161页。
② 赵文林等：《中国人口史》，人民出版社，1988年，第476页。

了近 7 倍，湖北、广东和河南增加了 6 倍左右，西藏、青海、陕西、山西、新疆、福建、宁夏人口增加都不到一倍。[①]

大体说来，人口增加较快的地区主要分布在江南、东南、西南、华北等区域，人口增加数量较少的地区主要分布在自然条件恶劣的边疆少数民族地区。另外，从东北到西南这一斜条形地带人口增长较快，而东南和西北相对较慢。东北人口增长较快是由于清代后期内地人口压力迫使大量移民出关谋生。而西南地区除前期因有一定数量的移民进入故而人口增长较快外，受战争影响后期人口增速有所下降。青海、新疆、内蒙古、西藏等地由于自然地理条件和原有人口基数较小等因素，人口增长速度明显落后于以上地区。

（四）中国城市化水平较低，但城市人口占世界城市人口的比重较大

17 世纪中叶到 20 世纪初，从全球范围来看，中国人口总数一直占较大的比重。尽管世界人口和中国人口数量统计都带有一定的估计成分，但是从各国学者的估计数中仍可得出一个大致的比例。（见表 2-15）

表 2-15　17 世纪中叶至 20 世纪初世界人口与中国人口比较（单位：万人）

时间	中国人口	世界人口
1750 年	18000	72800
1800 年	29500	90600
1850 年	41400	117100
1900 年	40000	160800

中国人口数据引自梁方仲著《中国历代户口、田地、田赋统计》（中华书局，2008 年，248-254 页）；世界人口资料引自潘纪一、朱国宏《世界人口通论》（中国人口出版社，1991 年，第 65 页）。

由上表可知，1750 年中国人口总数已经占世界人口总数的 24.7％，1800 年占 32.6％，1850 年达到了历史的最高峰，占 35.4％。之后由于战乱以及自然灾害的影响，到 1900 年中国人口占世界人口的比重下降到 24.9％，此后一直保持在 20％以上。

清代人口在其发展过程中体现出的人口地区分布极不均衡、人口密度地区差异性明显、各地区人口增长数量和人口增长速度不平衡、占世界人口的比重较大等特点，为中国城市人口发展奠定了发展基调，中国城市人口的发展也出现与中国人口发展模式趋同的现象。

中国古代城市人口以居住在城市中的官吏、军队官兵，以及士农工商等群体为主。长期以来，由于中国经济的自给自足性以及政治的专制性，导致大部分地区的中国城市工商业发展缓慢，规模有限，不能提供较多的就业岗位，增加对农村剩余

[①] 赵文林等：《中国人口史》，人民出版社，1988 年，第 477-478 页。

劳动者的吸纳能力，使城市的拉力较弱；而农村经济的自给自足性也使农村的推力较弱，城市人口增加缺乏后续动力。鸦片战争之前，中国的城市化水平约为5%。鸦片战争以后，随着西方资本主义政治、经济和文化的渗入，城市发展出现了新的动力，现代工商业经济和文化事业在部分城市中得到较大发展，从而提高了城市对农村人口的拉动力，大量就业岗位的出现，带动了城市人口的增加，使城市人口数量和构成格局都发生变化。"清末全国城市人口为2685万左右，占全国总人口的7.1%。"[①]城市人口不仅比重提高，绝对数增加，而且城市人口构成也发生了重要的变化，新兴的资产阶级、工人阶级和现代知识分子群体开始出现。

清代城市人口虽在总量上有大幅度的增加，但城市人口占全国总人口的比重出现大幅度下降，从南宋时期的22%，降为1820年的6.9%，达到封建社会城市人口比重的最低点。从全国的总体格局来看，中国城市人口所特有的属性仍没有改变。

表2-16　中国主要朝代总人口与城市人口统计表（单位：万人）

朝代		总人口数	城市人口数	城市人口占总人口数的比重
西汉（公元前2世纪）		5960	1043	17.5%
唐（745年）		5290	1100.32	20.8%
北宋（1078年）		8000	960	12%
南宋（1200年）		2800	616	22%
明（1394年）		7270	1253	17.2%
清	（1820年）	35300	2435.7	6.9%
	（1893年）	37757	2685	7.1%

赵冈：《中国城市发展史论集》，新星出版社，2006年；葛剑雄主编，曹树基著：《中国人口史》第四卷《明时期》，复旦大学出版社，2000年；《中国人口史》第五卷《清时期》，复旦大学出版社，2001年。

注：北宋、南宋城市人口仅为所辖区域范围之内城市人口数量。

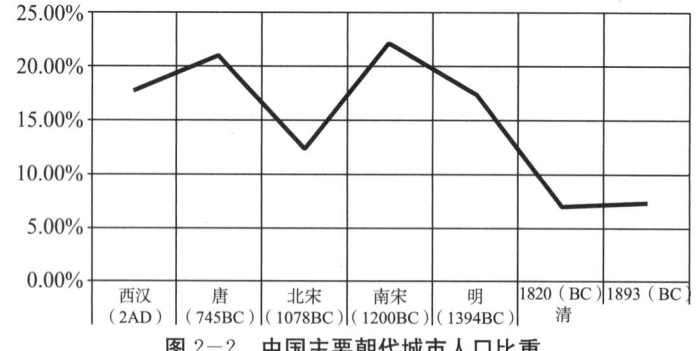

图2-2　中国主要朝代城市人口比重

注：据表2-16数据绘制。

[①] 葛剑雄主编，曹树基著：《中国人口史》第五卷《清时期》，复旦大学出版社，2001年，第829页。

第二章
清代城市数量、空间规模和人口规模的变化

通过以上图表可以看到，中国历史上城市人口总量呈现缓慢增长趋势（由于两宋时期所辖区域并非全国疆域，导致城市人口数量只是全国城市人口的一部分，据推测两宋时期城市人口应该超过前朝），城市人口比重出现不平衡的发展趋势。清代城市人口达到中国封建社会城市人口数量的最高峰，1840年以后，随着中国部分城市开埠通商，新兴工业在城市内逐渐兴起，大量的外国工业品以及粮食等如潮水般涌入中国，城市人口不再完全依赖于本国农业部门的供应，自给自足的自然经济对城市发展所形成的制约性有所减弱。同时，沿海一些商埠城市在欧风美雨的沐浴下，开始了现代工业化进程，新的城市化进程开始，城市人口比重又逐渐回升。于是南宋以后长期下降的城市人口比重开始回升，到了1893年，城市人口的比重已回升到7.1%。

19世纪是世界城市人口不断增长的时期，世界城市人口从1800年占世界总人口的3%上升到1900年的13.6%[①]，百年间，世界城市人口总量达到2.3亿人，城市人口主要分布在欧洲以及北美洲等经济发达的资本主义国家，世界城市化出现发展加速的趋势。而作为世界第一人口大国的中国，其城市化发展严重滞后于世界城市化的进程。

18世纪中叶的工业革命不仅导致世界人口数量的大爆炸，也使世界主要国家迎来了城市发展史上一个崭新的时期。在工业革命的浪潮中，城市发展之快、变化之大，超过了以往任何时期。工业革命结束了城市中工场手工业的生产形式，代之以机器大工业的生产形式，使城市中经济活动的社会化、生产的专业化向着更广的范围发展。工业和服务业的发展，为城市化提供了强大的动力。工厂企业为寻求利益最大化和增强竞争能力，在地域上出现了相对集中的倾向，这种集中倾向直接影响着近代城市内部的扩展和区域内的分布格局。同时轮船、铁路和公路等现代交通工具的变革和运输条件的改善为城乡之间、城市之间的经济要素流动提供了必要的基础，工业开始向郊区移动，成片的工业区开始出现；而农业技术的巨大进步和农产品产量的提高也促进了农产品商品化程度的提高，矿产物资的工业和电力革命的出现，为城市能够供养日益增多的城市人口提供了物质保障，这一切都为人口向城市大量聚集提供了条件。

19世纪开始，世界主要国家的城市人口开始爆炸式增加，如1800年英国城市人口仅有377万人，不足同时期中国城市人口的六分之一，而1900年其城市人口猛增到2865万，一个世纪内增加的城市人口数量超过了其第一次工业革命以前城市人口数量的很多倍。德国的城市人口增加趋势与英国相似，1800年城市人口为294万人，1850年增至951万人，1900年更达到2752.6万人，一个世纪之间城市人口增加近8.4倍。法国的城市人口在1800年到1900年间也由322.8万人增加到1628万人，一个世纪之间城市人口增加4倍。美国城市人口的发展更是世界城市人口发展史上的一个奇迹，1800年美国城市人口仅有32.2万人，但1850年却达

[①] 赵儒煜等：《产业革命论》，科学出版社，2003年，第84页。

到了354.4万人，1900年更增至3016万人，一个世纪间城市人口增加近93倍。（见表2-17）

表2-17 19至20世纪世界主要国家的城市人口统计表（单位：万人）

国家	人口数								
	1800年			1850年			1900年		
	总人口	城市人口	比率	总人口	城市人口	比率	总人口	城市人口	比率
英国	1450	377	26%	2230	1003.5	45%	3820	2865	75%
德国	2450	294	12%	3170	951	30%	5060	2752.6	54.4%
法国	2690	322.8	12%	3650	912.5	25%	4070	1628	40%
美国	530.8	32.2	6.1%	2319.2	354.4	15.3%	7599.4	3016	39.7%

城市人口比率数据摘自高德步著《世界经济史》（中国人民大学出版社，2001年，第291页）。总人口数据摘自 M.M. 波斯坦、H.J. 哈巴库克主编，王春法等译《剑桥欧洲经济史》第六卷（经济科学出版社，2002年，第57-57页）。美国人口数据摘自斯坦利·L. 恩格尔曼、罗伯特·E. 高尔曼主编，王珏等主译《剑桥美国经济史》第二卷（中国人民大学出版社，2008年，第107页）。

通过上表分析可知，19至20世纪，世界各主要国家的城市人口都有不同程度的增长，出现城市化发展速度加快的趋势。其城市人口的增长趋势与总人口增长趋势呈现出发展的一致性，城市人口比重逐渐增加，表明这些国家已经发展成为先进的工业国。其中主要以英国、德国、美国等完成工业革命的发达资本主义国家最为典型。英国的城市人口比重在1900年已达到总人口的75%。在19至20世纪，中国总人口数量虽居世界第一，但城市人口的比重随着总人口数量的增加逐渐下降，城市化比率很低。城市人口基数很大，约为3000万人，但城市化程度仅为7%左右，约有4亿的人口生活在农村。这种发展趋势导致世界城市人口的重心从中国逐渐向欧洲、北美洲等地区转移。

清代是中国人口发生巨大变化的时期，城市人口的变化也有其特殊性。

第一，清代城市人口占比随着总人口的增加，呈现出下降趋势，城市化水平增长缓慢。

中国城市人口的比重在经历南宋城市化最高峰后，在之后的近七个世纪的发展中，城市人口比重一直呈下滑趋势，1893年城市人口仅为总人口数的7.1%，是同时期英国城市化水平的十分之一。中国城市人口增加缓慢，城市化发展水平与世界的发展潮流脱节。

中国城市化水平不是完全由城市人口的多少来决定的，在很大程度上，是由全国人口的总量来决定的。这一现象深刻地折射出农业时代中国社会本身所具有的难以变更的制度落后性对中国城市化所带来的消极影响。这种制度发展的停滞性导致中国城市化程度很低，与世界发达国家的城市化水平差距越拉越大。

第二，城市人口增长速度缓慢，明显低于世界其他主要国家。

第二章
清代城市数量、空间规模和人口规模的变化

1776年中国城市人口总量达到2272万,但到1893年中国城市人口总量也只达到2685万,在一个多世纪的时间内,城市人口仅增加18%左右。与之相反,在相同的时间内,世界其他主要国家的城市人口增长速度出现迅猛增长的态势,如英国的城市人口从1800年的377万人增至到1900年的2865万人;德国城市人口从1800年的294万人增至1900年的约2753万人;法国城市人口从1800年的约323万人增长至1900年的1628万人;美国作为一个移民国家,城市人口增加更快,1800年城市人口仅为32.2万人,1900年城市人口则达到约3016万,相当于同一时期整个中国的城市人口数量。中国城市人口的发展缓慢说明,中国大多数行政城市和市镇没有现代工商业作为支撑,从而造成城市所能提供的就业机会和所能容纳的人口都十分有限,城市对人口聚集性效应很差,表明中国仍然是一个经济落后的农业国家。而西方国家经过两次工业革命的洗礼,经济得到迅猛发展,基本实现了工业化,为城市人口的增加奠定了雄厚的经济基础。

第三,省际城市人口分布变化明显,城市人口东密西疏。

中国省际城市人口分布变化明显。在1776年至1893年的一个多世纪的时间内,各省之间的城市人口变化明显。在有人口统计的19个省中,有15个省的排位顺序发生了变化,其中变化最为明显的是江西和四川。江西省的城市人口排名由1776年的第四位,下降到1893年的第十二位;四川省的城市人口排名由1773年的排名第九位,上升到1893年的第三位。从各省城市人口占全国人口比重看,其变化也较明显,1776年至1893年间变化超过1个百分点的省份有8个,其中浙江和直隶最为明显。浙江的城市人口比重从1776年的10%上升1893年的13.7%,直隶的城市人口比重从1776年的12.5%下降到了1893年的8.3%。从各省城市人口数量的增减情况看,浙江、广东、湖南、湖北、福建、广西、云南、贵州、四川、直隶、河南、山东、新疆等省的城市人口呈现出增长的趋势,其中四川省变化最为明显,城市人口增加约163万;山西、甘肃、江西等省份的城市人口呈下滑趋势,其中山西城市人口减少约33万;而江苏保持不变。表明各省之间在城市人口的增减、比重的多少以及城市人口数量的排名变化方面都呈现出发展的不一致性。(见表2-18)

表2-18 乾隆四十一年和光绪十九年各省城市人口(单位:万)

省别	乾隆四十一年(1776年)				光绪十九年(1893年)			
	总人口	城市人口	比重(%)	次序	总人口	城市人口	比重(%)	次序
江苏	3243.6	440	13.6	1	3100	440	14.2	1
浙江	2236.5	224	10.0	2	1705	234	13.7	4
安徽	2585.7	129.3	5.0	7	2297	115	5.0	9
江西	1878.3	159	8.5	4	1400	98	7.0	12
广东	1844.5	147.6	8.0	5	2771	222	8.0	5

续表

省别	乾隆四十一年（1776年）				光绪十九年（1893年）			
	总人口	城市人口	比重（%）	次序	总人口	城市人口	比重（%）	次序
湖南	1525.2	76.3	5.0	13	2409	104	4.3	10
湖北	1617.3	113.2	7.0	10	2026	172	8.5	6
福建	1377.9	82.7	6.0	12	1472	100	6.8	11
广西	766.2	38.3	5.0	16	1340	67	5.0	14
云南	788.4	32.3	4.1	17	1240	51	4.1	17
贵州	567.2	27.3	4.8	18	1100	53	4.8	15
四川	1681.1	117.7	7.0	9	4018	281	7.0	3
直隶	1779.9	222.8	12.5	3	3396	283	8.3	2
河南	2315.0	106.9	4.6	11	2823	140	5.0	7
山东	2790.2	137	4.9	6	4100	138	3.4	8
山西	1226.2	126.4	10.3	8	1004	93	9.3	13
陕西	796.5	42.3	5.3	15	806	53	6.6	16
甘肃	1579.9	43.4	2.7	14	581	27	4.6	18
新疆	86.2	6	7.0	19	169	14	8.3	19

统计数据来自葛剑雄主编，曹树基著《中国人口史》第五卷《清时期》（复旦大学出版社，2001年，第690—831页），比重由笔者根据数据计算。

另外，中国城市人口分布也有着明显的区域差别，呈现出东密西疏的明显特征。在1776年至1893年的近一个半世纪之间，中国城市人口地域分布呈东多西少的宏观分布格局没有发生改变，与全国人口的分布格局呈现一致性。但西部各省由于城市人口数量的增加，占全国城市人口的比重呈现出增加的趋势。

从上表可以清楚地看到，1776年至1893年之间，中国西部地区如云南、贵州、陕西、广西、四川等省份，城市人口都有不同程度的增长，占全国城市人口的比重也有小幅度增加的趋势。但在统计的19个省份中，东部地区无论是城市人口总量，还是占全国城市人口的比重都占有绝对优势，尤其是以东南沿海地区最为明显。其中江苏省14.2%（1893年）的城市化水平已经超过同期13%的世界城市化水平。

从上表可以看到，清代城市人口分布出现较为明显的变化趋势。另外，城市人口密度指标也表现比较明显。1893年，东部省份江苏的城市人口密度已达到了较高水平，即44.52人/平方公里。江苏城市人口的高密度主要是由于上海城市人口的增加，特别是租界因避乱人口、外国侨民和工业人口的增加，推动上海迅速发展成为大城市；此外，江苏省在工业化影响下也兴起了一批新型工商业城市，从而使城市人口大增。西部省份中城市人口密度最高的四川省，虽在城市人口总量位居全

第二章 清代城市数量、空间规模和人口规模的变化

国前列，但由于四川土地面积广阔，因而城市人口密度相对稀疏，也只有 5.27 人/平方公里，是江苏城市人口密度的八分之一。（见表2-19）

表2-19 清代各省区城市人口密度一览表（单位：人/平方公里）

省别	面积（平方公里）	乾隆四十一年（1776）		光绪十九年（1893）	
		城市人口	密度	城市人口	密度
江苏	98820	4400000	44.52	4400000	44.52
浙江	97200	2240000	23.05	2340000	24.07
安徽	162324	1293000	7.96	1150000	7.08
江西	181440	1590000	8.76	980000	5.40
广东	233280	1476000	6.33	2220000	9.52
湖南	223560	763000	3.41	1040000	4.65
湖北	181440	1132000	6.24	1720000	9.48
福建	116640	827000	7.10	1000000	8.57
广西	226800	383000	1.69	670000	2.95
云南	456840	323000	0.78	510000	1.12
贵州	178200	273000	1.53	530000	2.97
四川	532980	1177000	2.21	2810000	5.27
直隶	325296	2228000	6.85	2830000	8.70
河南	159408	1069000	6.71	1400000	8.78
山东	147744	1370000	9.27	1380000	9.34
山西	150984	1264000	8.37	930000	6.16
陕西	189540	423000	2.23	530000	2.80
甘肃	482760	434000	0.90	270000	0.56

梁方仲：《中国历代户口、田地、田赋统计》，中华书局，2008年，第374—375页；葛剑雄主编，曹树基著：《中国人口史》第五卷《清时期》，复旦大学出版社，2001年，第828—829页。

第四，清代城市人口规模等级与城市行政等级有着密切的关系。

城市按照人口规模大小可以分成若干等级，而在农业时代的中国，城市人口规模等级除受到经济发展水平、自然环境、地理位置等因素的影响外，还受到城市行政级别的影响，这与中国的君主专制中央集权制度有着密切的关系。清代城市如果按行政等级划分，可分为都城、省会城市、府级城市、县级城市等四个等级，按照人口等级划分则可分为特大城市、大城市、中等城市、小城市等。一般来说，都城

是全国规模最大的城市,清初北京城市人口就达到 55.6 万人①,乾隆四十六年北京城市人口增长至 98.7 万人。② 在清代中前期全国近两千个城市中没有一个城市人口超过北京,这充分反映了农业时代政治中心优先发展规律。而在区域之中,又以省会城市规模为最,大部分省会城市的人口在 5 万至 20 万之间,无疑是本地区人口规模最大的城市。(见表 2—20)

表 2—20　乾隆年间省级中心城市人口统计表(单位:万人)

城市	城市人口数量	城市	城市人口数量
保定	5	江宁	85
济南	5	杭州	50
太原	3	南昌	20
洛阳	5	武昌	15
西安	5.5	长沙	12
兰州	5	合肥	5
贵阳	5	福州	12
昆明	5	成都	15
南宁	5	广州	20

葛剑雄主编,曹树基著:《中国人口史》第五卷《清时期》,复旦大学出版社,2001 年,第 726—774 页。

一般说来,省会作为行省内的中心城市,其城市人口规模会大于其他行政级别较低的城市,但有时也会出现例外。如山东省的济宁虽然只是府级城市,但城市人口一度超过了省会济南,乾隆末年济宁的城市人口为 10.5 万人③,而省会济南只有 5 万人。④ 之所以会出现这种情况,并非偶然。济宁作为漕运枢纽,来往人口流量特别巨大,因而推动了城市人口的增加,济宁虽然非省会城市,但是济宁却是清代河道总督的驻地,河道总督为正二品官员,而山东巡抚只是从二品官员,因而济宁城市规模大于济南也符合城市规模的大小与行政等级高低有着直接关系的定律。除此以外,大多数省会城市基本上都是本省内城市人口最多的城市。

清末,中国城市人口规模等级的局面没有发生根本性改变。但由于外力的侵入,部分行政级别不高的城市由于开埠通商等原因,成为区域内新的经济中心,由此推动了城市人口规模迅速扩大,从而开启了经济中心优先发展规律。如上海、天津、汉口、重庆等沿海沿江通商口岸城市崛起,其人口规模开始超越区域内的省会等政治中心城市。但政治中心城市优先发展规律仍然存在,都城北京的城市人口仍

---

① 韩光辉:《建都以来北京历代城市人口规模蠡测》,《人口与经济》,1988 年第 1 期。
② 韩光辉:《北京历史人口地理》,北京大学出版社,1996 年,第 128 页。
③ 徐宗幹修,许瀚等纂:《济宁直隶州志》卷三《风土志·里社》,咸丰九年刻本。
④ 胡德琳修,李文藻等纂:《历城县志》卷第三《地域考一·里社》,乾隆三十八年刻本。

第二章 清代城市数量、空间规模和人口规模的变化

然保持领先。各省的省会城市的人口都有较大的增加,大部分行省内仍然是以省会城市人口最多,府域内或县域内则分别以府城和县城为本区域内最大的城市,只有上海等极少数城市受西方先进生产力的影响,突破了中国传统的政治中心城市优先发展规律。

鸦片战争后,中国传统型政治城市在其漫长的量变基础上开始发生质变,向现代型综合城市转变。支撑城市发展的经济结构由传统自给自足的小农经济逐步向现代经济转换。城市经济形态的现代性逐渐增加,城市人口加速增长,人口构成也发生变化,由过去的以行政官员、地主等非经济人口为主,商人、手工业者等经济人口为辅的构成模式向以经济人口为主、非经济人口为辅的模式转变。如上海在开埠前仅是隶属于松江府的一个县治城市,道光十年(1830)境内全部人口仅为24.7万人。① 开埠后,上海的工商业、金融业和交通运输业得到快速发展,城市规模迅速扩大,城市人口由1852年的54.5万人激增到1910年的130万人。② 近代开埠通商地区的个别城市虽打破了这种城市人口数量被行政等级左右的局面。但就绝大多数城市来说,这一城市人口规模等级仍没有得到根本性改变。中国绝大多数城市的人口仍然遵循着城市行政等级与城市人口成正比这一规律。

二、清代主要城市人口的变化

中国城市在历史上虽然历经曲折,但其发展水平长期居于世界前列,特别是汉唐时期,中国城市文明更是处于世界领先地位。直到西方工业革命之前,中国历代的都城人口总数往往就是整个世界城市的人口最高纪录。西汉长安、东汉洛阳、南北朝建康、唐长安的城市人口都在60万到100万之间,北宋的汴梁、南宋的临安,都城的城市人口更是达到百万人。③ 元、明时期的北京城市人口也都在80万以上。④ 充分体现出中国古代城市较高的发展水平以及在世界城市发展史上具有的特殊地位。

17至20世纪是世界城市人口飞跃发展的时期,特别是19世纪之后,西方工业国家的城市人口出现跨越式发展,部分城市发展成为特大型城市。14世纪中叶,西欧只有4个号称巨型的城市,但这些所谓的巨型城市其城市人口均不超过10万人。⑤ 与同时期的中国相比,明显落后。工业革命之后,随着经济的发展,资本、工厂、企业和人口迅速向城市集中,欧洲出现了一批大中型城市。19世纪,西欧和美国的城市人口急剧膨胀,人口增长速度惊人。1800年,伦敦的城市人口就已经达到100万人,再经过110年的发展,至1910年时伦敦的城市人口增加到450万人,成为世界第一大城市。1790年,纽约只是一个约5万人的中小城市,到

---

① 应宝时修,俞樾纂:《上海县志》卷五《田赋上》,同治十一年刊本。
② 顾朝林等:《中国城市地理》,商务印书馆,1999年,第71—72页。
③ 赵冈:《中国城市发展史论集》,新星出版社,2006年,第63—79页。
④ 韩光辉:《建都以来北京历代城市人口规模蠡测》,《人口与经济》,1988年第1期。
⑤ 赵冈:《中国城市发展史论集》,新星出版社,2006年,第90页。

1900年就已发展成为世界上第五大城市。欧洲的其他重要中心城市，如柏林、巴黎、莫斯科等城市的人口也在工业革命之后的百多年间出现超常的快速增长。（见表2-21）

表2-21 19至20世纪初欧美主要城市人口数（单位：万人）

城市	所属国家	时间	人口数量	时间	人口数量	时间	人口数量
伦敦	英国	1800年	100	1850年	236.3	1910年	450
巴黎	法国	1801年	54.7	1851年	100	1911年	280
柏林	德国	1800年	17.2	1850年	41.9	1910年	200
维也纳	奥地利	1800年	24.7	1850年	44.4	1910年	200
莫斯科	俄国	1800年	20	1850年	36.5	1910年	150
纽约	美国	1790年	5	1850年	69.6	1900年	169

［意大利］卡洛.M.奇波拉：《欧洲经济史》第三卷《工业革命》，商务印书馆，1989年，第24—26页。

清代，中国由于特殊的政治经济体制和经济结构，导致城市人口发展缓慢。如北京从清初的55.4万人到清末发展到112.9万人，近300年城市人口增加不多。除了省会以及部分府级城市有一定程度的发展外，绝大多数县级城市的人口在清代中期以后就变化较小，甚至有的县级城市在清中后期还出现了人口负增长的现象。19世纪中叶以后，中国开始进入早期现代化阶段，工业也在东部沿海沿江地区兴起，但只有少数城市由于近代资本主义先进生产力的影响而出现城市人口的快速发展，而相当数量的城市还因传统经济的解体而出现不同程度的衰落。

鸦片战争之后，中国开埠通商地区城市在外力的强制性牵动下，被纳入世界资本主义市场体系。外国商品和资本的冲击导致城市的经济结构发生变化，具有资本主义性质的新经济开始在这些城市发展，因而在全国城市人口整体增长缓慢的情况下，这些城市却出现了人口快速增长的趋势。商品经济的发展本身就意味着愈来愈多的人口同农业分离，就是说工业人口增加，农业人口减少。部分开埠通商城市人口的快速增长，主要是由于其商品经济发展，城市中传统手工业和商业行业从业人口下降，新型的工业企业和商业服务业的从业人口大幅增加，尤其是与现代经济相关联的各行业从业人口明显增加。现代工厂的创办对于人口增加起了重要的拉动作用，并与近代城市新型地域分工互为因果关系。此一时期，与世界市场联系紧密的沿海沿江大城市人口得到迅猛增加；另外，近代交通，包括铁路、轮船、市内交通的发展以及城市郊区的发展也是城市人口增长的重要因素。但总体来看，此一时期中国的大城市人口增加缓慢，1900年世界上10万人口以上的城市有302个[①]，中国超过10万人以上的城市只有39个[②]，这虽然与中国人口占世界四分之一的比例

---

① 胡焕庸、张善余：《世界人口地理》，华东师范大学出版社，1982年，第156页。
② 行龙：《人口问题与近代社会》，人民出版社，1992年，第143—144页。

第二章 清代城市数量、空间规模和人口规模的变化

不相称，但是却与中国的经济发展水平和城市化水平相一致。这一方面表明中国大中城市的发展水平在世界城市的发展过程中仍占有重要的历史地位，但另一方面也说明当时中国的城市化落后于世界的整体发展。19世纪中叶以后，中国城市人口快速增长的城市与农业时代有较大区别，大多都分布在具有优越地理位置的沿海和长江中下游、铁路沿线以及内陆地理位置优越的地区。

（一）沿江沿海地区主要城市人口的变化

清代沿江沿海地区①城市人口规模的增长，是中国历史上商品经济延续及近代资本主义经济发展共同带动的结果。由于沿江沿海地区具有区位独特、经济基础雄厚、基础设施较为完善、土地资源丰富等方面的优势，使得该区域的城市得到较快发展，城市人口数量增速较快。

宋代以来，该区域一直是中国城市和人口最为集中的区域，是中国的经济发展重心。如，南宋都城临安城市人口就达到100万人。② 明清时期，苏州城市人口超过50万人。③ 鸦片战争前苏州城市人口已增至近百万。④ 乾隆年间南京城市人口可能达到85万人，杭州城市人口也达到50万左右。⑤ 乾嘉年间扬州城中商民杂处，其人口一度多达数十万。广州城市人口也达到约50万人。⑥ 据有研究者对1843年人口统计分析，该区域城市人口约为1430万，占全国总城市人口的68.6%。⑦ 这些城市作为该区域城市发展的典型代表，充分说明了该地区对城市人口的吸纳能力远远高于内陆地区，但城市人口增长不明显。

鸦片战争后，沿江沿海地区在近代资本主义先进生产方式的冲击下，有部分城市开始逐步建立起以工业大生产和商品流通为基础的经济发展模式，从而使上海、天津、南京、汉口等城市在短时间内获得迅速的发展，成为全国性或者区域性经济中心。该区域经过太平天国运动时期的短暂低迷后，"1893年该区域城市人口数为15689000人，占全国城市人口的68%"⑧。该区域城市能凭借其地域优势较内陆地区城市更容易参与全球经济贸易，与国外在各个领域进行更为广泛的合作。

上海开埠前仅是隶属于松江府的一个县治城市，道光十年县境内的全部人口仅为24.7万人。⑨ 道光二十三年（1843）上海开埠后，工商业、金融业和交通运输业得到急剧发展，城市人口规模也快速扩大，咸丰二年（1852）上海人口增至

---

① 沿江城市是指沿长江两岸城市，沿海城市是指东南沿海地区城市。
② 赵冈：《中国城市发展史论集》，新星出版社，2006年，第79页。
③ 贺长龄：《皇朝经世文编》卷三十三，沈云龙：《近代中国史料丛刊》，文海出版社，1973年。
④ 何一民：《中国城市史纲》，四川大学出版社，1994年，第227页。
⑤ 葛剑雄主编，曹树基著：《中国人口史》第四卷《明时期》，复旦大学出版社，2000年，第749、756、759页。
⑥ 姚贤镐：《中国近代对外贸易史资料（1840—1895）》第一册，中华书局，1962年，第545页。
⑦ [美]施坚雅主编，叶光庭等译：《中华帝国晚期的城市》，中华书局，2000年，第264页。
⑧ [美]施坚雅主编，叶光庭等译：《中华帝国晚期的城市》，中华书局，2000年，第264页。
⑨ 应宝时修，俞樾纂：《上海县志》卷五《田赋上》，同治十一年刊本。

54.5万人，至宣统二年（1910）上海城市人口更激增至 130 万人①，一跃成为中国人口规模最大的城市。其他东部沿海重要的开埠通商城市的人口也普遍出现快速增长。如道光二十年（1840）天津城市人口约为 20 万，到光绪三十二年（1906）天津人口增至 45 万人，宣统二年更增至 60 万人。② 武汉在鸦片战争之前人口约有 30 万人，到宣统三年（1911），武汉城市人口达到 80 万人左右。③ 重庆城市人口在道光二十年（1840）约为 10.5 万人，至光绪二十一年（1895）增加到 30.2 万人，宣统二年达到了 34.7 万人。④ 此外，沿海地区的汕头、福州、营口、大连、青岛等，沿江地区的南通、九江、沙市等开埠通商城市的城市人口都有显著的增加，从而进入大中城市的行列。

（二）铁路沿线主要城市人口的变化

19 世纪中叶以后，随着西方资本主义对中国的入侵，西方先进的交通运输工具和方式也传入中国，铁路作为当时最先进的运输工具和运输方式在中国相继建设。帝国主义在中国建筑铁路，更剧烈地改变了中国原有交通运输线路，给城市的配置以至它的职能以重大影响。⑤ 铁路的修建使各地区之间和地区内部联系更为密切，城市之间的互补性体现得更为明显。随着城市经济的发展，铁路沿线城市吸纳人口的能力日益增强。铁路的修建使一些原本闭塞的小市镇随着铁路交通事业的发展而快速发展起来。如东北地区的沈阳、哈尔滨、开原等城市，华北和华中的唐山、蚌埠、郑州、济南、石家庄等城市，以及西南地区的昆明、河口等城市，都因铁路的建设通车，城市发展出现较大变化。

东北地区的铁路以中东铁路为主干线，组成了以沈阳为中心的城市群。沈阳作为清朝的陪都一直是东北地区的重要城市，在晚清更是成为东北地区铁路交通枢纽，城市人口发展十分迅速。1909 年沈阳城市人口为 16 万人，但因沈山铁路通车，仅三年的时间城市人口就增加了 9 万，达到 25 万人。⑥ 哈尔滨则是随着中东铁路的修建而由几个自然村发展起来的城市，1900 年哈尔滨人口为 2 万人，1903 年 2 月哈尔滨市区人口已达 4.4 万人，同年底更增至 6 万人⑦，1905 年哈尔滨城市人口增至 10 万。⑧ 开原由于地理位置优越，于 1899 年设立火车站。火车的到来使原本较封闭而规模甚小的开原逐渐成为东北地区的工商业重镇，1909 年其城市人口达到 26 万人⑨，成为清末东北地区的大城市。

---

① 顾朝林等：《中国城市地理》，商务印书馆，1999 年，第 72 页。
② 罗澍伟：《近代天津城市史》，中国社会科学出版社，1993 年，第 455 页。
③ 皮明庥：《近代武汉城市史》，中国社会科学出版社，1993 年，第 658 页。
④ 隗瀛涛：《重庆城市研究》，四川大学出版社，1989 年，第 322 页。
⑤ 宓汝成：《帝国主义与中国铁路（1847—1949）》，上海人民出版社，1980 年，第 601 页。
⑥ 宋则行等：《中国人口》（辽宁分册），中国财政经济出版社，1987 年，第 39 页。
⑦ 《俄国经营哈尔滨之现状》，《大公报》，1904 年 9 月 7 日。
⑧ 宓汝成：《帝国主义与中国铁路（1847—1949）》，上海人民出版社，1980 年，第 602 页。
⑨ 宋则行等：《中国人口》（辽宁分册），中国财政经济出版社，1987 年，第 39 页。

第二章 清代城市数量、空间规模和人口规模的变化

华北地区的城市也因铁路的建设而发生重要的变化。如距天津东北120公里的唐山，在开矿修铁路以前为一个偏僻的小村庄，1878年仅有几十户人家。由于清政府在此开矿，其后唐胥铁路通车，唐山逐渐发展成为华北地区重要的工矿业城市，城市人口随之迅猛增加，1910年唐山城市人口达到5万人。华中地区的蚌埠原是一个边陲乡集，乾隆十九年（1754），始在此地设蚌埠镇，当时人口不足500人。1908年，津浦铁路通车，由于这里地处铁路与淮河的交汇点，水陆交通的繁荣促进了蚌埠商业、物流业和工业的发展，人口也随即迅速增加，1911年蚌埠城市人口增至约7万人。① 此外铁路沿线地区的满洲里、大连、青岛等城市也因铁路的建设而使城市人口有了显著增加，相继步入大中城市行列。

（三）内陆地区主要城市人口的变化

中国内陆城市由于受自然地理环境、政治和经济中心转移以及本身浓厚的政治、军事性的影响，加之人口稀少、交通不便、信息闭塞等客观因素的制约，致使广大内陆地区的经济发展水平长期落后于沿江沿海地区城市。

清代中后期，中国内陆地区城市的规模虽然较之唐、宋、元、明等时期有一定的发展，但是与同时期沿江沿海地区城市相比，无论城市数量和城市人口规模都远远落后，发展相对缓慢。清后期，近代资本主义生产方式主要在沿海沿江地区城市兴起和发展，而对内陆城市的影响较微，西南、西北地区内陆城市结构仍然比较单一，整体发展较为缓慢。据研究者考察，1893年中国内陆地区的重要城市仅为195个，只占全国城市总数的11%；城市人口数为201.5万人，仅占全国城市总人口的8.6%。② 清代内陆城市以西南地区的成都、昆明和西北地区的西安、兰州、乌鲁木齐为代表。这些重要城市多为省会城市，借助其在该地区的政治和军事中心的优势也能得到一定程度的发展。如乌鲁木齐在乾隆中期建立后，经过数十年发展，城市人口达到1.5万人。③ 清末，随着乌鲁木齐成为新疆省的政治、军事中心，城市人口发展到23097人。西安作为陕西省的省会在清代中前期城市人口约为5.5万人，到清末城市人口达到30万人。兰州经过"同治回乱"后，城市人口受损严重，但由于采取了多种措施，对城市进行重建，至1909年城市人口也增至5.6万人。西南地区的成都在清初几乎成为一座空城，经过两百余年的发展，至同治八年（1869）城市人口达到22万人左右，1910年城市人口更发展到30余万人。④ 另外，宜宾、泸州、贵阳、开封、呼和浩特等内陆城市人口在清末也达到10万人左右。⑤

总体上考察，清代内陆地区大多数城市发展极为缓慢，不少城市停留在一个极低的发展水平，基本上无大的变化，有的城市甚至出现人口的大幅减少。

---

① 行龙：《人口问题与近代社会》，人民出版社，1992年，第143页。
② [美]施坚雅主编，叶光庭等译：《中华帝国晚期的城市》，中华书局，2000年，第264页。
③ 张建军：《论清代新疆的城市人口规模》，《中国历史地理论丛》，1999年第4期。
④ 何一民：《近代成都城市人口发展述论》，《近代史研究》，1993年第1期。
⑤ 行龙：《人口问题与近代社会》，人民出版社，1992年，第143页。

表 2—22 清代黄河沿岸部分城市人口统计表

城市		人口数量		
		清前期（顺康年间）	清中期（乾隆年间）	清后期
省城	兰州府	约 200 人（顺治年间）	2 万~3 万人	5.9 万人（宣统年间）
	太原府	2 万余人	3.5 万人（道光二十三年）	
	西安府	8000~1 万人	5.5 万人	约 30 万人（光绪十九年）
	开封府	约 6120 人（顺治十四年） 约 1 万人（康熙三十年）	约 5 万人	9.2730 万人（咸丰十年） 约 12 万人（光绪二十四年） 15 万人（宣统二年）
	济南府	约 8500 人	26828 人 3 万人（道光年间）	14 万人（清末）
府、直隶州、直隶厅城	宁夏府	——	近 1.7 万人	约 2500 人（光绪年间）
	西宁府	约 1200 人	约 6200 人	25324 人
	平阳府	5000 人左右	1.7 万人	约 1.6 万人（光绪元年） 约 0.81 万人（光绪六年）
	巩昌府	1 万人左右	1 万~2 万人	0.2 万余人（光绪二十四年） 7123 人（宣统年间）
	临洮府	约 2500 人	12650 人	4498 人（宣统年间）
	河南府	2500 人（顺治年间） 2800 人（康熙九年）	1.2 万人（乾隆四十年）	约 2.4 万人（清末）
	秦州	约 500 人	约 9000 人（乾隆年间）	约 1.5 万人（光绪年间）
	郑州	约 1500 人（康熙年间）	1600 人（乾隆六年）	2.1 万人（1904 年，已升直隶州）
	归化直隶厅	——	——	3 万余人（光绪年间）

第二章 清代城市数量、空间规模和人口规模的变化

续表

<table>
<tr><th colspan="2" rowspan="2">城市</th><th colspan="3">人口数量</th></tr>
<tr><th>清前期（顺康年间）</th><th>清中期（乾隆年间）</th><th>清后期</th></tr>
<tr><td rowspan="7">县城、散州、散厅城</td><td>秦安</td><td>约 750 人</td><td>——</td><td>约 8000 人（光绪十九年）
3.2 万人（宣统年间）</td></tr>
<tr><td>阳武</td><td>约 1200 人（顺治初年）
约 2700 人（康熙二十五年）
约 3000 人（雍正六年）</td><td>约 5000 人（乾隆三十一年）</td><td>约 5550 人（清末）</td></tr>
<tr><td>河州</td><td>约 4300 人（康熙四十六年）</td><td>约 3 万人（道光十年）</td><td>17285 人（宣统年间）</td></tr>
<tr><td>渭源</td><td>约 840 人（康熙十四年）</td><td>约 7630 人（道光十年）</td><td>3022 人（宣统年间）</td></tr>
<tr><td>曲沃</td><td>约 9800 人（顺治五年）
约 1.1 万人（康熙元年）
约 1.17 万人（康熙四十四年）</td><td>约 3 万人（乾隆六十年）
约 30424 人（嘉庆四年）
约 29450 人（嘉庆二十五年）
29450 人（道光二十年）</td><td>1499 人（光绪六年）
7705 人（宣统年间）</td></tr>
<tr><td>渭南</td><td>约 9606 人（雍正九年）</td><td>约 14641 人（乾隆四十三年）</td><td>约 6605 人（光绪十五年）</td></tr>
<tr><td>丹噶尔厅</td><td>——</td><td>——</td><td>5000~6000 人</td></tr>
</table>

葛剑雄主编，曹树基著：《中国人口史》第五卷《清时期》，复旦大学出版社，2001 年，第 727、738、741、742、745、797、799 页；路伟东：《清代陕甘人口专题研究》，上海书店出版社，2011 年，第 386—387 页；党明德、林吉玲：《济南百年城市发展史——开埠以来的济南》，齐鲁书社，2004 年，第 86 页；程子良、李清银：《开封城市史》，社会科学文献出版社，1993 年，第 213 页；张玲：《铁路与郑州城市地理变迁（1904—1954）》，天津师范大学 2014 年硕士学位论文，第 38 页。另外还有大量资料来源于当地地方志的《户口》《田赋》等，此不一一列举。

从上表可知，黄河沿岸部分府级城市的人口在清中后期不仅没有扩大，反而有所减少，如宁夏府城人口从在乾隆年间的 1.7 万人降至光绪年间的 0.25 万人，其他如平阳、巩昌、临洮、渭南等府城人口也有不同程度的下降。可以说，清代中后期，内地城市普遍发展滞后。

小　结

城市作为一定区域空间的聚合体，是一个复杂的社会系统，是区域政治、经济、文化、军事共同发展的结果，其自身发展演变与社会的发展演变紧密相关。作为城市这个复杂社会系统的物质载体，无论城市的空间规模、人口规模、经济发展状况等等，都有其发展的历史特殊性。

中国封建时期城市的发展由于其所具有的独特的政治、军事、经济、地理位置等因素，没有像世界其他地区城市发展一样随着社会的更替而兴衰。"中国自封建社会以来，一直将县治作为其行政管理的最基本单位，通过中央集权式的任免制度，逐渐形成了一整套自上而下的各级行政管理中心。"①城市作为管理中心的所在地，不仅是政治中心、军事中心，也是文化中心和商贸中心。

清朝是中国最后一个封建王朝，在此期间，一方面，新的因素不断产生发展，冲击着旧的社会发展的模式。另一方面，旧有的因素在特殊的政治和经济体系的呵护下仍顽强地发挥着作用。所以清代是中国由农业时代向工业时代转型的重要历史时期。城市作为社会经济发展的主要载体，无疑能反映出这种时代转变的信息。通过清代城市规模变化发展的历史，不难发现清代城市规模的发展轨迹在继承中国传统城市发展模式的同时，体现出了与时代的主题变化相一致的发展趋势：由于经济的发展，一些传统行政中心城市的城郊交通要道地区出现新兴的商业聚居点，使得传统中心城市的空间规模开始突破原来城墙的限制，向城郊发展；有的开埠通商城市在清代中前期的整个国家城市体系中并不占有很重要的地位，但随着开埠城市经济的快速发展，它们在晚清时期的国家城市体系中占据了重要的地位，其城市规模发生巨大的变化。中国城市逐渐从传统型向现代型，从封闭型向开放型城市转变。正是由于中国封建社会城市以政治为主、经济为辅的发展模式，才使得城市在不断更替中保持着发展的活力。

通过对清代城市空间规模以及城市人口规模发展状况的综合考察，可以看出，清代城市在继承前朝的基础上，城市的数量、空间规模、人口规模等方面在中国古代封建社会城市发展模式的基础上，有了一定的发展，并最终达到封建社会城市发展的最高峰。

清后期，中国的社会性质和经济发展模式的变化，使得处于封建社会晚期的清代城市与之前各个时期的城市在其城市规模上发生了巨大的发展差异性，使原来的传统城市逐渐摆脱农业时代城市的发展模式，城市的规模、结构、功能等都发生变化，传统封闭式的城市发展格局逐渐被打破。不少城市特别是租界城市、通商城市、交通枢纽城市等为了适应近代城市的发展要求，改变了过去传统的方格网状的道路格局，增加了放射性道路，使得城市更具有向外放射发展的可能。另外，随着近代工业、仓库、交通的发展，延续几千年的、封闭的城墙成为城内外联系的一种障碍，从这一时期起城墙开始陆续被拆除，改建成道路或者环城马路，改变了过去城市用地只局限在城墙内的格局，城市逐渐由封闭转为开放，从而成为中国封建城市向现代城市转型的核心带动力量。这些城市在空间规模、人口规模等方面已经突破了中国封建社会行政等级和人口等级决定城市规模的限制，城市的开放性、集聚性、区域功能性初见端倪，开始向现代型城市转变。同时，城市的发展动力、城市功能、城市结构、城市特点等方面也体现出与时代主题相一致的发展趋势。

---

① 顾朝林等：《中国城市地理》，商务印书馆，1999年，第161页。

第三章　清代城市形态的变化

城市形态是指城市所表现出来的空间物质形态。城市形态可分为城市的外部空间形态和城市的内部空间形态，前者是指城市的平面形态和立面形态，后者是指城市内部的分区形态。不同历史时期的城市的外部形态和内部形态有所不同。在农业时代，受政治、经济和文化的影响与制约，城市的外部形态与内部形态虽然有所变化，但总体而言，变化较小。中国古代的城市乃君主专制王权在各地的统治中心，因而大多数城市都按照一定的规范修建具有多种功能的城墙体系，城墙的外部形状则构成了城市的外部形态，不同的区域，受自然地理环境的影响，因而城墙的外部形状有所不同。清代中前期城市重建时，大多数城市都延续了历史上的城墙形态，即使有所变化，也是较小的变化。清后期，随着中国早期现代化的推进和城市规模的扩大，不少城市突破城墙的束缚，向城墙外发展，城墙陆续被拆除，城市的外部形态发生重大变化。清前期，城市内部的分区也较为简单，但随着城市性质的变化和城市功能的改变，城市内部的分区也发生了较大的变化。

第一节　清代中前期城市的外部空间形态

清代城市的外部空间形态是在继承明代城市的基础上发展而来的，从总体上来看，清代城市的外部形态延续了中国历史上传统城市的主要特质，并以城墙为外部形态的边界，因而清代城市的外部形态大体上可以分为方形、圆形和不规则形三种类型。其中每一种类型又可以细分为不同的次类型，如方形又分为正方形、长方形、方形折角形、方形抹角形、方形凸角形等；圆形也可以分为正圆形、半圆形、椭圆形等几种；至于不规则形则因其特殊性又有各种各样的形态。

一、方形城市及其成因

清代城市中，方形城市所占比重最大，许多重要城市的形态均为方形，除京师外，不少重要省会也是方形，如西安、兰州、太原等。另外，一些重要的府城也是方形，如宁夏、苏州、大同、汉中，等等。① 在中国秦岭、淮河以北的广大地区方形城市所占的比例尤高，如甘肃省八个府城当中除平凉府城呈现不规则状，其他七个府城兰州、庆阳、巩昌、宁夏、西宁、凉州、甘州等都为方形城市。清代的方形城市又可分为正方形、长方形、方形折角形、方形抹角形和方形凸角形等多种类型。

关于方形城市的起源可以追溯到城市起源时期。中国早期城市产生于原始社会后期，在史书上有关"黄帝筑城邑""夏鲧筑城"等记载，而且近年来考古发掘所发现的许多古城遗址的外形都呈方形。如山东章丘城子崖古城遗址、河南平粮台古城遗址、湖南屈家岭古城遗址等都呈方形或近方形。这在某种程度上可以说是后世方形城市的雏形。夏商周时期，中国早期城市进入一个重要的发展阶段，开始形成了比较成熟的城市规划思想。《周礼·考工记》记载："匠人营国，方九里，旁三门。国中九经九纬，经涂九轨。左祖右社，面朝后市，市朝一夫。"虽然有学者认为《考工记》成书于春秋战国时期，但也承认该书是对西周城市营建情况的记载。由此可见，西周时期国都的外部形态以方形为典范。西周时期，实行井田制，将土地分成很多块，令奴隶在上面集体耕种。这种耕作方式运用到城市规划中就形成了"九经九纬，经涂九轨"的道路规划方式。同时，奴隶社会的等级制度主张贵贱有序，严格按照等级礼制来确定人与人之间的关系，表现在城市空间形态上就是《考工记》中所记载的这种严格的城市规划制度。这种"方九里，旁三门"的规定为后世方形城市的建设定下了基调。同时，中国传统的"天圆地方"的观念也是方形城市产生的一个重要的因素。在传统中国人的观念中，宇宙是由天穹和大地组成，天是居于第一位的，为圆形，而地是居于第二位的，为方形，以后的历代统治者又将天圆地方的观念政治化、伦理化，从而强化了天圆地方观念，这一观念具体化到城市建设上进一步推动了方形城市的产生。

（一）正方形城市

这里所谓的正方形城市是指外部形状近似正方形的城市，一般是指城市的四边长度相近，是与长方形城市相对应的概念。在清代，正方形的城市十分普遍，是整个城市形态的主流，许多城市只要条件许可，都会建筑成正方形。这类城市的特点是，城墙平直，东、西、南、北四面城墙的长度相差不大，在城墙的外面，有时会有第二道城墙，即外郭，外郭的四面一般都建有城墙，但也有城市只建一部分城墙，即将易遭受军事冲击或洪水侵害部分围住，外郭墙一般呈现不规则状或弧状，

---

① 这里所说的方形城市包括正方形、长方形、近似方形的城市和由几个方形、近方形城组成的复式城市。如京师，虽然从视觉上看整个城市呈现牌坊状，但其宫城、皇城、内城和外城均为方形，故将其认定为方形城市。再如兰州，其内城是方形，但在内城的西、东、南三面建有外郭城墙，从总体上看，这个城市是方形的，所以也将其纳入方形城市的范围。关于城市外部形态的认定是一种定性研究，我们只能做一个大概的认定，事实上，清代许多城市，尤其是等级较高、规模较大的府城，其内城为方形而外部呈不规则形，这种状况我们一般认定其为方形城市。

但城市的核心区形态呈正方形。在正方形城市中，州县城市一般有四个门或三个门。如山东平原县城，就是一个典型的正方形城市，整个县城建于北齐时期，有城门四，"东曰控岱，西曰朝京，南曰迎薰，北曰拱极"①。再如山西安邑县城，建于北魏时期，"（城周长）六里十三步，池深丈余，为门四，东曰迎庆，西曰永宁，南曰南薰，北曰拱极"②。山西朔州城，也有四个城门，"东曰文德，西曰武定，南曰承恩，北曰镇塞"③。府城或省城的城门数量一般为四个或更多。如西宁府城，建于明洪武十九年（1656），有城门四个。兰州府城，其内城墙东西长一里二百八十步，南北长一里二百八十二步，可以算作比较标准的正方形城市，其东南西北各有城门一个，但在该城的外郭城墙上却共开有九个城门。清代的城市都是延续历史城市而发展建设的，因而正方形城市的建设也是受历史城市的影响。

正方形城市出现的原因，首先是因为包括清代在内的中国历史城市的外部形态受传统城市规划理论的影响。

其次，正方形城市形态的产生也与地理环境有着密不可分的关系。一般而言，各级城市都是一定地区的政治、经济、文化的中心，这就要求将城市建造在该地区交通便利、地理环境较好的地方。如山东曹州"多平原，无崇山峻岭"，因而所建曹州府城的外形呈现出正方形。④ 相反，在多山的地区，相当部分城市则呈现不规则形状。

（二）长方形城市

长方形城市是正方形城市的变形，一般为南北长东西短，有些地方也会出现东西长南北短的现象。这种类型的城市在清代并不十分常见，一般而言，只有因一些特殊原因不能建成正方形时才会考虑建成长方形。长方形城市的特点一般是城墙平直，四角呈直角，总体看呈现狭长形。比较典型的长方形城市有宁夏府城、河北定州城等。⑤ 清代宁夏府城城墙周长二千七百五十四丈，东西径四里五分，南北径三里一分，高二丈四尺，是一个典型的东西长南北短的长方形城市。宁夏府城在宋代为兴州城故址，为宋景德年间赵德明所筑，因地形等因素的原因，该城"东西袤于南北"，为长方形城市。"元末，因寇乱难守弃其西半，明正统间生齿繁庶，复筑所弃，统甃砖石，四角刓削，以示不满之意，岁久失其制，犹阙长方。"⑥ 清代，宁夏府城的外部形制并没有太大的改变，只是在明城基础上加以修补而已。乾隆三年，发生地震，"城尽毁。乾隆五年，发帑重建，周围长二千七百五十四丈，东西径四里五分，南北径三里一分，高二丈四尺，址厚二丈五尺，顶厚一丈五尺，并砖

---

① 黄怀祖修，黄兆熊纂：《平原县志》卷二《城池》，民国二十五年铅印本。
② 言如泗修，吕滋纂：《解州安邑县志》卷三《城池》，乾隆二十八年刊本。
③ 汪嗣圣等：《朔州志》卷四《建置志·城池》，雍正十三年石印本。
④ 李登明、谢冠纂修：《曹州府志》卷三《舆地志》，乾隆二十一年刻本。
⑤ 定州城是个城墙四边稍微有弯曲的不规则长方形城市。
⑥ 张金城修，杨浣雨等辑：《宁夏府志》卷五《城池》，嘉庆刊本。

石包砌,外垛口墙高五尺三寸,内安墙高三尺,城门六,东曰清和,西曰镇远,东南曰南薰,西南曰光化,东北曰德胜,西北曰振武"①。同时,在南薰门外建关厢土城一座,周围共长五百九十八丈,在德胜门外建关厢土城一座,周围长四百三十丈六尺计二里四分。至此,宁夏府城成为一个东西长于南北、南北各有一个关城的长方形城市。

(三)方形折角形城市

所谓方形折角形城市,是指整个城市从外观上看是一个方形,但有一个或几个城墙的角折向里面,形成折角状。这类城市在清代有许多,一般而言,是城墙的东北角折向里面,如甘肃固原州城、宁夏府平远县城、山东德平县城、直隶怀柔县城、庆都县城、河南襄城县城,等等。除此之外,其他方向折角的也有,如河北沧州城,城墙的西南角折向里面;甘肃泾州城和山西荣河县城,城墙的东南角呈现折角状;绍兴府城和沧州城,城的西南角呈现折角状。还有的城市是有两个或更多的折角,如山东邹城县城、山西稷山县城的东北角和西北角均折向里面;江苏省仪征县城则是东北角和西南角折向里面,等等。

清代折角形城市的形成原因多种多样,多数与军事防御有关系,也有的城市是受河流和地形的影响而形成,一般都是在继承明代城市基础上而形成的。一般而言,东北向折角城市大多和军事防御有关系。出现东北角内折的方形城市大都位于北方的军事要塞,是战略要地。在这些战略要地修筑城市的一个重要作用就是进行军事防御,为了更好地进行军事防御,这些城市一般都会在城墙的东北角建成内折状。②如甘肃固原州城,是为内外两重城,内城和外城的东北角均内折。固原城自古就是关中通往塞外西域的咽喉要道和军事重镇,早在汉武帝时为了加强对西北的控制就在此设立安定郡,治高平城,高平城即后来的固原州城,也是明代西北著名的九边重镇之一,因而固原州城建成了东北内折角状方形城市。平远县城的城墙东北角也大幅度内折,城西北角也稍微内折。据《平远县志》记载,该地区是"峰峦环拱,沟涧萦旋,形壮边陲,势凭险阻,黄河回绕其北,萧关雄镇其南,东北扼庆宁咽喉,西南连巩固肘腋,控制羌胡之地,屏藩沙漠之区"③。故而其城东北为内折状。再如直隶怀远县城也是"内拱京都,外连边障,其山川关隘控扼形胜"的战略要地④,并且只有东、西、南三门而无北门,其东北角也内折,以便于防御。河北庆都县城也是东北内折城,"邑以蕞尔一区介在冲途,北拱神京南通九省,诚扼地也,而又上接保定下连定州,所云摄乎大国之间者也"⑤。可见一般东北角内折

---

① 张金城修,杨浣雨等辑:《宁夏府志》卷五《城池》,嘉庆刊本。
② 至于为什么将东北角做成内折状就可以便于防御,笔者认为可能是中国古代的敌人多来自北方的缘故,当然这只是笔者的猜测,至于确定的原因,限于资料所限,还不好定结论。
③ 陈日新等:《平远县志》卷三《建置·形胜》,光绪五年钞本。
④ 吴景果纂修:《怀柔县新志》,民国二十四年铅印本。
⑤ 李天玑等:《庆都县志》卷一《形胜》,康熙十七年钞本。

的城市大都是军事要地,和军事防御有着密不可分的联系。除了军事防御因素导致城市呈现折角状外,还有的折角形城市是由于地形或河流的因素而造成的。最典型的就是甘肃泾州城,泾州城建于明初,清代时仍为土城,由于城的东南方为高山所挡,所以城的东南角内折,呈现方形折角状。还有的城市是由于继承前代城市的形态而形成的,如绍兴府城。绍兴城位于杭嘉湖平原上,经济发达,地位重要,相传为范蠡所筑。整个绍兴城呈现正方形,只有西南角内折。之所以出现这个原因,乾隆《绍兴府志》对此有清楚记载:"(宋)宣和初,刘忠显治城御方寇,尝稍缩其西南隅。"① 这里的"方寇"是指宋代方腊起义军,刘忠显是当时宋代驻扎绍兴城的军事长官,即当时刘忠显为了抵御方腊起义军的攻击而将城墙的西南角内缩,形成方形折角状。

(四) 方形抹角形城市

所谓方形抹角形城市,是指城市的形状总体上来看似为方形,但城市的四角不是做成九十度角,而是呈现圆弧形,是为方形抹角形城市。有的城市由于圆弧做得过大,就形成了外圆内方形城市。有的城市的四个角都建成抹角状,如广西郁林州城、湖北道州城、房山县城、湖南茶陵县城等。还有的城市将两个角建成抹角,另外两个角为直角,如山东乐陵县城,城的东北和东南角为抹角,另外两角为方形;湖北郧阳县城,城的东北、西北二角为抹角,宜城县城的西北和西南二角为方形。还有的城市三个角为抹角,只有一个角是直角,如宁波府城,只有西北角为直角,其他三角均建成抹角。还有的城市由于抹角的弧度过大,使得整个城市呈外圆内方,如河南仪封县城、江苏娄县县城,等等。

方形抹角形城市在一定程度上也可以看作是方形城市的变形。一般而言,相对于方形城市,方形抹角形城市体现了因地制宜的特点。将城市建成抹角形便于防御,在冷兵器时代,攻城时如果城墙的角是弧形要比直角形更加难以攻克,城角的弧形大所形成的外圆内方形更有利于防御。这种城市虽然在外形上看是圆形,但其内部结构、道路设置等都是按照方形城市的结构来安排的。如前面提到的仪封县城,整个城市除了西北角稍微内折外,其他三角都做成抹角形。《仪封县志》载:"明洪武二十三年,知县于敬祖创建土城,城形如幞头,因名幞头城。"② 幞头就是宋明时代官员所戴的帽子,似圆非圆,似方非方,"幞头城"是对仪封外圆内方形城市的最好诠释。虽然该城外表类似圆形,但在城市的内部,街道三横两纵,城门相对,是典型的方形城市。(如图 3—1)

---

① 平恕等修:《绍兴府志》卷七《建置志一》,康熙五十七年刊本。
② 纪黄中等:《仪封县志》卷三《建置志》,民国二十四年铅印本。

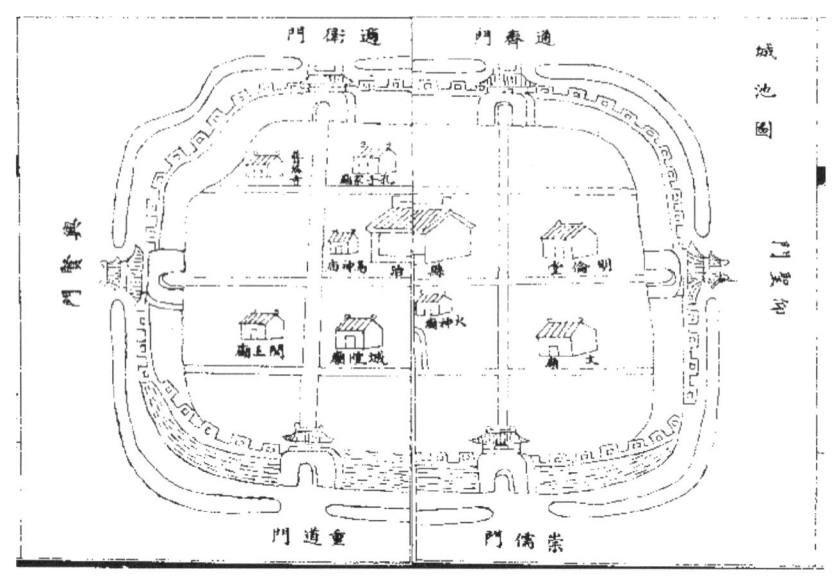

图 3-1 仪封县城图

纪黄中等:《仪封县志·舆图》,民国二十四年铅印本。

(五) 方形凸角形城市

方形城市的最后一种形态是方形凸角形。所谓方形凸角形是指整个城市总体看为方形,但有一角或一边向外凸起,或一边呈现不规则形。这种城市在清代比较少见,但有其特殊意义。如山西蒲县县城,其城为唐武德元年所筑,该城"北依土山",城的东、西、南三面均为护城河环绕,所以城的北墙向外凸起,呈现方形凸角状。该城"北据高阜,自为一寨,周缭以垣,上有天衢阁"①。可见北边的小山为城的一部分,并在山上建有天衢阁,供人游玩。另外,也有城市是为防水灾而建成凸角状,如位于运城盆地北部的山西闻喜县城,南临涑水,涑水自西向东经县城南墙而注入黄河,夏季河水暴涨,经常冲毁南城墙,史载:"惟是天作霪雨,主水既无所分,而中条山水北入,峨嵋岭水南入,于是水势滋大,而南城之西偏先坏,则其势不得不修,而沙底善崩,水潦叵测,虽有智者不能虑。"② 由于涑水为该城居民生活用水的主要水源,所以其城又不能离之太远。故而闻喜县城就在防水与用水之间维持了一种谨慎的平衡,将南城墙建成了外凸形状。另外,陕西乾州城也是一典型的方形凸角形城市。

方形城市是中国先秦时期至清时城市外部形态最普遍的一种类型,虽然分为五种方形城市形态,但正方形城市是最普遍的形态,除了正方形城市之外,其他几种城市形态都是从正方形城市演变而来。不少城市在建设之初,其初衷大都是想建成正方形,但或出于地形、河流等因素的限制,或出于军事防御需要,也有些出于对

---

① 巫慧、王居正等纂修:《蒲县志》卷二《建置志》,光绪六年刻本。
② 李遵唐等:《闻喜县志》卷十一《艺文》,乾隆三十年刊本。

历史城市形态的继承，使清代许多城市建成了以正方形城市形态为基础的多种多样的方形城市形态。

二、圆形城市及其成因

除了方形之外，圆形也是清代城市外部形态中比较常见的一种。一般而言，圆形城市主要分布在中、南部地区，如江苏松江府城、湖北宜昌府城、安徽徽州府城、广西柳州府城、上海县城等。圆形城市在南方城市中占有一定比例。以江苏省松江府为例，该府所辖行政区内共有松江府城、上海县城、南汇县城、青浦县城、奉贤县城、金山县和川沙厅城等 7 个城市，其中松江府城、上海县城和青浦县城为圆形城市。圆形城市又可以分为正圆形城市、半圆形城市、椭圆形城市三种类型。

（一）正圆形城市

完全的正圆形城市在清代十分少见，这是因为建造一座城市需要考虑各方面的因素，所以这里所谓的正圆形城市是指近似正圆形的城市。正圆形城市一般建造在水网密布的南方，城墙总体来看呈圆弧状，城门数目一般多于北方。如松江府城，广袤九里一百七十三步，高丈有八尺，陆门有四个，东曰披云，西曰谷阳，南曰集仙，北曰通波，在每个陆门的旁边各有水门一个，共八个门，是一座典型的圆形城市。（如图 3-2）再如湖北潜江县城，也是一座正圆形城市，城有北门、南门、大东门、小东门和朝宗门五个门。

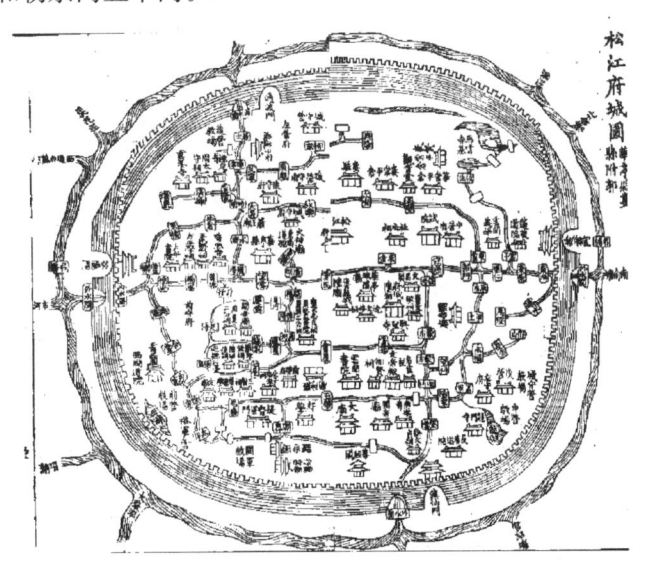

图 3-2 松江府城图

宋如林等修，孙星衍等纂：《松江府志·图考》，嘉庆松江府学刻本。

正圆形城市形成的原因是多方面的，首先，有地形的原因，也有建筑材料方面的原因。著名城市史专家章生道认为："因为圆形城墙围入的单位面积所需的建筑材料比矩形的要少，鼓励背离宇宙论观念也许是出于经济上的考虑。"[1] 中国古代盛行建设方形城市，但如果单纯从技术角度来看，同样多的筑城材料，圆形围成的面积远比方形大，所以从经济角度看，建成圆形城市是合算的。其次，圆形城市的建设也是受地形因素的影响。在南方，由于地势崎岖，建设方形城市的难度较大，加之南方地区河流较多，许多城市就依河流形势而建成圆形。再次，这也和中国古代的风水观念有很大的关系。所谓风水又称"堪舆"，是中国古代流传下来的一种探讨人类与天地之间的关系的学问。其主要内容是通过对地势、房屋建筑等风水进行研究，以采取必要的措施，从而达到避凶化吉的目的。风水观念最看重的就是"气"，这种气是一种存乎于天地之间，虽不为人看到，但可以被感知的一种东西。气是宇宙间的灵魂，正是由于它的存在才使得世间万物变得和谐。除了气之外，还有"势"。所谓"势"是指河流山川的走向，这种"势"对于一个地区或城市的兴衰起着很大的作用。而一个地区只有好的"气"与"势"相结合，才能够使该地区达到天人合一的和谐状态，从而促进该地区的发展。传统的风水学确定方位的"形式法"有五大要素，即觅龙、察砂、观水、点穴和取向。所谓"龙"就是指山脉，"觅龙"就是对山脉的选择。所谓"砂"就是指前后左右环抱的群山，即以朱雀、玄武、青龙、白虎分指前后左右之山，"察砂"就是对前后左右之山进行选择。"观水"是指考察地上地下的水源以及水流的走向。"点穴"则是指确定城市的中心位置，"取向"则指对一个地区的方向进行选定。[2] 根据风水家的理解，最好的风水"宝地"就是那种背山面水，左右两边为远山（即左青龙右白虎）环抱样式的地形，这种地形最利于一个地区的发展。同时他们还认为"无水则气散，无水则地不养万物"。一个城市要有河流环抱，才有生命力。所以许多城市都建在三面环水的地方，以防止"气"的流失。为了顺应水流的形势，许多城市也就建成了圆形。如松江府城位于长江下游太湖平原地区，该地区河网密布，水流众多，其城"后殿九峰，前襟黄浦，大海环其东南，三江绕乎西北，平畴沃野，四望极目，东南之重地也"[3]。这正是风水观念中所认为的好地势，所以松江府城顺应这种地势建成了圆形。广东平远县城也是一个典型的例子。平远县城的北边为凤山，是"邑之前屏"，城的东、南、西三面为前溪所包围，这条溪水呈倒 U 状，从而使得城市建成圆形以顺应溪水的走向。（如图 3-3）再如福建福安县城，该县城"半壁枕山，三面临溪"，这也符合风水观念中背山面水的规划原则，该城为顺应溪水的流向而修建成圆形。

---

[1] ［美］施坚雅主编，叶光庭等译：《中华帝国晚期的城市》，中华书局，2000 年，第 96—97 页。
[2] 于云瀚：《风水观念与古代城市形态》，《学术研究》，2007 年第 2 期。
[3] 宋如林等修，孙星衍等纂：《松江府志》卷十三《建置志·城池》，嘉庆松江府学刻本。

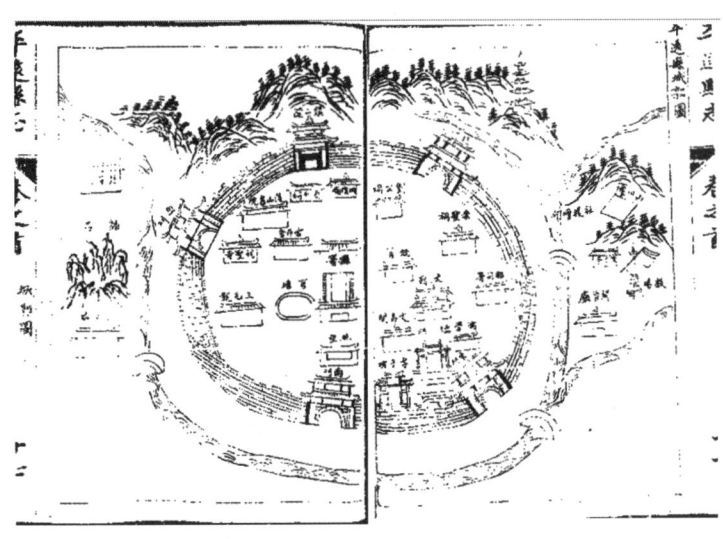

图 3-3 平远县城图

卢兆鳌等修，欧阳莲等纂：《平远县志》卷首，民国二十三重刊本。

（二）半圆形城市

除了正圆形城市之外，清代有的城市还为半圆形，但是这种城市比较少见，只有江苏徐州府城、山西猗氏县城等少数几座城市为半圆形。

徐州位于江苏省北部，"地连鲁豫，控山带河"[①]，自古为兵家必争之地，战略地位十分重要。徐州古有四座城，一为外城，相传为古大彭国，即春秋时的彭城。在外城之内有金城，金城的东北又有小城，在小城的西边还有一城。可见自古徐州就是一座十分重要的城市。晋义熙十二年（416），汴河大水，冲坏了徐州城墙，后又重新修筑。在宋代，苏轼做徐州郡守时曾修筑徐州子城。金哀宗正大初，驻守徐州的完颜仲德"磊石为基，增城之半"。元代，曾将徐州州治迁到东南二里处，到明代又迁回。清代徐州整个城市周"九里有奇，高三丈三尺，址广如之"。由于城市"三面阻水，即汴泗为池，独南可通车马，濠深广各二丈许"[②]，所以徐州府城城市依照水陆形势建成了半圆状。

山西猗氏县城也是一个半圆形的城市。县城"周九里十三步，高三丈，广一丈五尺，门楼四处，敌台一十六座，角楼四座，警铺六十四处，垛口共一千九百三十个，池壕深二丈，阔三丈，内穿城道阔六尺有余"[③]。（如图 3-4）

---

① 朱忻等修，刘庠等纂：《徐州府志》卷十六《建置考》，同治十三年刻本。
② 朱忻等修，刘庠等纂：《徐州府志》卷十六《建置考》，同治十三年刻本。
③ 宋之树等辑：《猗氏县志》卷一，雍正七年刊本。

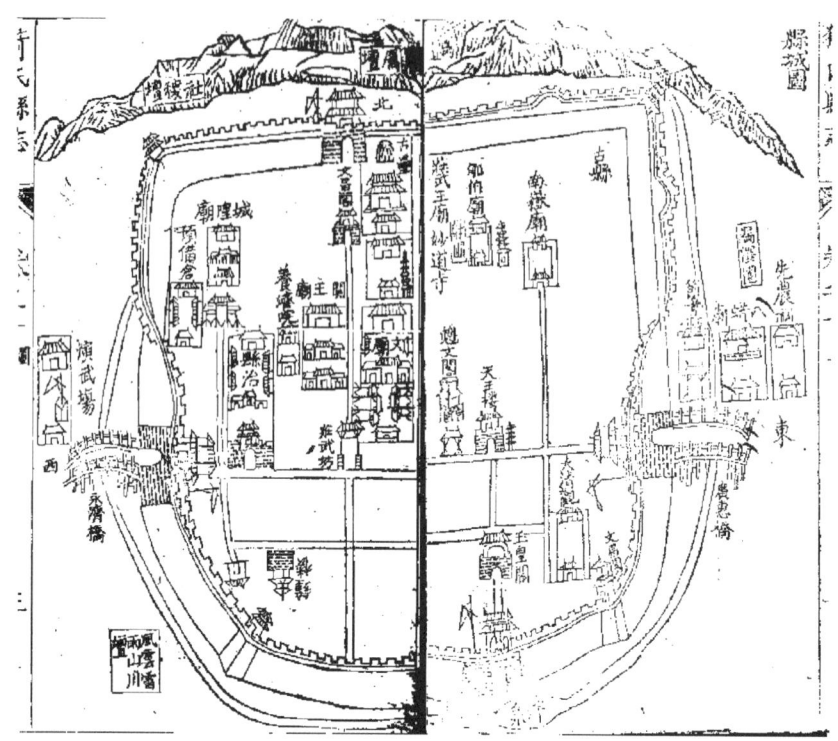

图 3-4 猗氏县城图

宋之树等辑:《猗氏县志·舆图》,雍正七年刊本。

(三) 椭圆形城市

椭圆形城市在清代极少,比较典型的有福建漳平县城。漳平县原隶属于漳州府,后在雍正十二年(1734)改属龙岩直隶州。该县城的外形为东西狭长的椭圆形,东部较西部稍扁。该县城建于明代弘治年间,初为木栅环绕,后改成砖石包砌,"周围六百二十丈,高一丈八尺,为门四,东曰迎恩,南曰朝阳,西曰偃武,北曰拱辰"[1],另外还有三个水门。湖北黄陂县城也是南北长的椭圆形城市,旧为土城,明初管军总制王兴重修城池,万历间,建砖城。陕西宁羌县城,整个城市也呈椭圆状,这是由于县城的北、东、西三面均为玉带河所环绕,为了顺应河流的走势而建成椭圆状。此外还有广东临高县城、青浦县城等也均为椭圆形城市。

三、不规则形城市及其形成原因

方形和圆形城市之外的城市形态均可称之为不规则形。清代,不规则形城市较多,分布范围很广,清代南方相当多地区的城市都呈不规则形态,如江宁府城、杭州府城、广州府城、福州府城、桂林府城、贵阳府城、安庆府城、南昌府城、长沙

---

[1] 林得震等:《漳平县志》卷二《规制志·城池》,道光十年刻本。

府城和武昌府城等重要的省会城市都呈现不规则形状,在北方省会城市中也有济南城呈现不规则形状。不规则形城市的形成原因是多方面。

(一)地理环境与不规则形城市的形成有着密切的关系

形成不规则形城市的原因,大多和地理环境有关系。南方由于山地众多、河网密布,不容易建造方形城市,许多城市就依山川河流之势而造,形成不规则形。如江宁府城的建设就受到自然地理环境的很大影响。清代江宁为两江总督所在地,地理位置十分重要。江宁府城西傍长江,山脉众多,有以紫荆山为主的绵延不断的山脉,整个城市虎踞龙盘,位置险要。也正是这样的地理环境,使得江宁府城随河山地势而建,呈现典型的不规则状。又如遵义府城,在建城时就利用当地的地理形势,"城西南绕山颠无濠,东北临湘江为池"①,从而使得整个城市"罗山带水,险峻天城",形成了不规则形的城市。安徽徽州府城,整个城市也是因山水而修建的,据道光《徽州府志》记载:"徽州府城壁之设因山溪以为险,山起于东北,至南而止,故因而续之以为城,溪亦源于东北,抱城而转至西南而下,故假之以为隍,乃穿九井使阴相灌输,上通铜井,下通釜底皆,溪流之深为潭者也。"②另如济南府城,整个城市北傍黄河,南依泰山,位于华北平原向泰山山脉的交接地带,同时又有大清河、小清河、大明湖等河湖贯穿其中,使得整个城市的建设只能依照地形而建,形成"形如盆盎"的不规则形。尤其是城市东南方,因"城势逼狭,乃委折以因其势,上有九峰,俗名三角楼,又名九女楼,结构天然,制自名手"③,说明济南城因地势而建,呈现不规则形。

除了府城之外,许多州、县城更是因山川地势之而建成不规则形。不规则形的州县城不仅仅局限于南方地区,在华北和西北地区也有分布。如陕西永寿县城,西有翠屏山,南有武陵山,东有烈山,四周为群山所包,从而使得整个城市"四方峍崒,中央坦夷,匾曰金盘",故其城市外部形态呈现不规则形。④又如山西阳城县城,对于这个城市的形状及形成原因,同治《阳城县志》称:该城"西北隆起,形势天然,东西长而南北狭,东南狭逾甚,俗称凤凰城,以形似也,自下望之,居人楼阁高出睥睨,上盖下下高高,因山营构矣"⑤。再如,福建龙溪县城,整个城市的西北角建在山上,北城墙曲折,西城墙有九曲,所以又名九曲城。这种曲折正好将西部的山峰包入城中,南面临大河,城墙较为笔直,东面城墙也有曲折,可以看出,这座城池是充分利用山水形胜的特点来进行城市建设的,城市的形态自然也呈不规则形。

---

① 平翰等修,郑珍等纂:《遵义府志》卷六《城池》,道光刻本。
② 马步蟾纂修:《徽州府志》卷四《营建志·方舆》,道光七年刊本。
③ 王赠芳等:《济南府志》卷八《城池》,道光二十年刻本。
④ 郑德枢修,赵奇龄等纂:《永寿县志》卷三《建置》,光绪十四年刊本。
⑤ 赖昌期修,谭沄、卢廷荣纂:《阳城县志》卷四《方舆》,同治十三年刊本。

(二) 风水观念的流行也与不规则形城市的建设有关系

除了地理环境因素之外,风水观念也是清代城市建成不规则形的一个重要原因。前面在论证关于圆形城市的形成原因时笔者曾经提到,许多圆形城市的形成是由于风水观念的影响。事实上,许多不规则形城市的形成也受风水观念的影响,最典型的莫过于广州城。

广州城位于越秀山下,随着城市的发展,半个越秀山已被包入城中,广州城南临珠江,东西两边各有山脉环绕,这十分符合风水学家所说的风水宝地的论述。尤其是越秀山,被称作广州的龙山,地位十分重要。据《白云粤秀二山合志》记载:"越秀山在会城北为省会主山,由白云山逶迤而西,跨郡而耸起,东西延袤三里余,俯视三城,下临万井,为南武之镇山。"这种山水合抱的地形加之风水观念的影响,使得清代的广州城呈现不规则形,也就有了广州城"六脉皆通海,青山半入城"的城市形象。① 安徽省祁门县县城,西北因山为城,东南因河为池,整个城的北、西、东三面均有山,南面滨河,由于有人认为"自嘉靖邑城筑后,侯峰被压,龙脉有伤"②,所以乾隆年间,在知县吴嘉善的大力请求下,对城市进行了修改,"改侯峰山城于称锤山冈,买胡家塘田安城趾"③。整个城市因为风水原因进行了修改,城市的外部形态也随之呈不规则形。

四川阆中城的外部形态也深受风水观念的影响。阆中城位于四川省东北部嘉陵江中游,东倚巴山,西枕剑阁,地理位置十分险要。清代阆中城市的外部形态呈现不规则状态,这主要是由于阆中城完全按照风水建造而成。阆中城四面群山环绕,"嘉陵江偎城抱郭,经城三面,在蟠龙山下,镶成一个'U'形的环带。阆中城迎山接水,建造在这个山环水绕的'U'形冲积洲上"④,可以看出,阆中城之所以建成不规则状,主要就是受风水观念的影响。

通过上面的分析,我们可以看出,不规则形城市的产生主要有两方面的原因:一为地形原因,城市受到山川河流等地形条件的制约,因山川河流之势而建成不规则形。这是不规则形城市形成的最重要的原因。另一个原因是因为受风水观念的影响,为了选择一个好的城市方位或避免城市受到一些不良风水因素的影响而将城市建成不规则形。需要指出的是,地形和风水这两大原因并不是孤立的,在许多情况下,他们是相互作用的,共同影响着城市的外部形状。古人在建造城市时通常会全盘考虑这两方面,利用山水形胜,设计出既能利用当地的地形特点又符合风水观念的城市形态。

---

① 周霞:《广州城市形态演进》,中国建筑工业出版社,2005年,第49、54页。
② 周溶等修:《祁门县志》卷六《舆地志·城池》,同治十二年刊本。
③ 周溶等修:《祁门县志》卷六《舆地志·城池》,同治十二年刊本。
④ 何一民、范瑛:《阆苑仙境——历史文化名城阆中》,巴蜀书社,2005年,第8页。

四、复式城市及其形成原因

有清一代,除了单体城市之外,还有许多的复式城市。所谓复式城市就是指城市不是由一座城市构成,而是由两个或两个以上的城市组合而成,这类城市称作复式城市。张驭寰将这类城市称作分城,他说:"有不少的城市,建设之初,就开始建设两个城,如南北城或东西城,还有的一个城在中心部位,然后在城门外再建设一个或数个小城,这是很多的……凡是这种城池叫做分城。"① 笔者使用的复式城市也就相当于张著的"分城",之所以用复式城市而不是"分城"这个概念,是由于笔者认为"分城"有一种存在一个主城、几个小城的意义,实际上有的复式城市其几个城市之间并没有主次之分,所以用复式城市或许更恰当些。复式城市的种类很多,大部分城市是由两个城区连接而成,如扬州府城就是由子城和罗城两座城市连接而成,四川会理县城是由县城和外城两部分组成,福建海城县城是由县城和土城两部分组成,山西三元县城则由县城和南城两部分构成,等等。还有的城市是由三个部分组成,如陕西富平县城由县城、连城和南关城三部分组成;广东南雄州城则由斗城、顾城(统称旧城)和新城三部分构成。笔者目前所见到的组成部分最多的城市是甘肃秦州城,该城由雄武城(州城)、中城、西关城、伏羲城和东关城五部分组成。复式城市出现的原因比较复杂,主要有军事因素、人口经济因素、历史传承因素等几大类。

(一) 军事因素和复式城市的关系

在冷兵器时代,城市的重要职能之一就是进行军事防御,在战略要地尤其如此。而将一座城市建成几个城市相连的样式,可以增加对方攻城的困难,有效地增强城市的防御功能。甘肃安定县在清代属甘肃巩昌府管辖,该县县城的主城为方形,城门有二,周长三里三分,为宋绍圣年间泾源道经略使章棨所筑,后明代扩为六里三分,城高三丈。在南城门的外面,又建有关城,关城面积大约和县城面积等同,将整个南门瓮城也包括在内。关城呈现不规则形,城墙十分曲折,形成十分典型的复式城市形态。之所以建造关城,是由于该县"冈峦迤逦,河涧沿流,北控金城,南连德顺,西通陇右,东接会州,四衢八达之区"②,战略位置十分重要,时有边寇入侵,自古为兵家必争之地,为此在瓮城之外又建有关城。关城为土城,关城有镇楼五座,东西南三门建瓮城,十分坚固,史载"虽系土城,边寇称为铁柜"。可见建造关城的主要目的就是为了抵御北方"边寇"的入侵。

(二) 人口经济因素和复式城市的关系

有些城市由于人口激增,经济发展,城内不能承载如此迅速增长的人口,故而

---

① 张驭寰:《中国古代县城规划图详解》,科学出版社,2007年,第312页。
② 张尔介、曹晟等:《安定县志》卷一《地里》,康熙十九年钞本。

在城外空地发展起来。后官方又建造城墙,将城外包围进城内,从而形成复式城市。最典型的例子是山西交城县城和山东临清州城。山西交城整个城市分为两部分:一部分是县衙所在地的县城,另一部分是和县城相连的东关城。(如图3-5)"东关延袤二里许,居民稠密。明嘉靖二十年知县郑镐创筑,墙垣高二丈一尺,根后二丈,顶阔九尺,堑深一丈广如之"①,是整个城市重要的居住区。同治年间,政府又对城墙加以重修,东关城更加完备,"屹立宛若金汤"。作为清代运河重要口岸的临清城更是由于经济发展而扩展成复式城市的典型。临清位于山东省西北隅,古称清源或清渊,后因临近清河而改称临清,历史上一直僻居一隅,默默无闻。在明代由于大运河的开通,位于运河边的临清由于交通区位优势的便利,"为南北往来交会咽喉之地,在东昌郡之北,为其属邑,财赋虽出乎四方而输运以供国用者必休于此而后达,商贾虽周于百货而懋迁以应时需者必藏于此而后通"。使得临清在明中后期和清代中前期迅速发展,成为当时北方最著名的工商业大城市。作为州治所在地的临清城(通称砖城)不临近运河,交通不便,加之城内狭小,承载的人口数目有限,所以在运河沿岸,许多商业、文化建筑设施不断增加,形成了一个真正的经济文化中心。在明代后期,为了加强对临清的控制,当局修建了土城将运河两岸的商业中心围起来,形成了砖城和土城并存的复式城市的格局,并一直延续到清代。

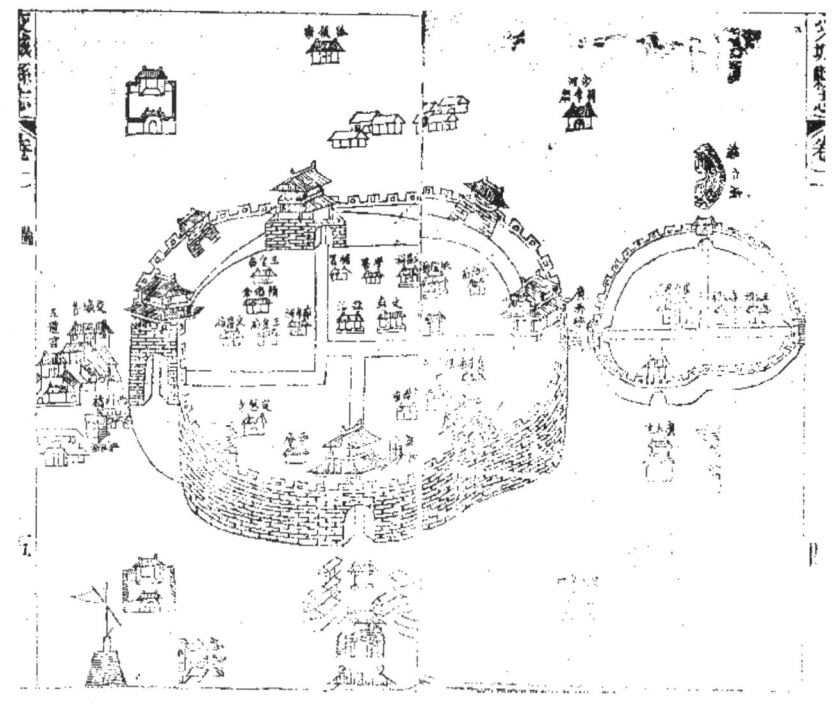

图3-5 交城图

夏肇庸:《交城县志·图考》,光绪八年刊本。

① 夏肇庸:《交城县志》卷三,光绪八年刊本。

（三）历史传承因素和复式城市的关系

许多复式城市的建设并不是在清代完成的，而是在漫长的历史发展过程中，随着后人的不断加筑而形成的。至于为什么加筑，其原因多种多样，但由于这些复式城市都是在前代修筑的基础之上形成的，所以将其归为同一类。如甘肃秦州城就是最典型的例子。笔者在前面已经提到，秦州城是由雄武城（州城）、中城、西关城、伏羲城和东关城五部分组成。对于秦州城的发展过程，《直隶秦州新志》有详细的记载："秦州城盖自唐天宝初节度使王忠嗣城，雄武城在今城之东，宋知州罗拯城东西二城，明洪武初守御千户鲍成约西城旧址而城之……其东郭则裁古城之半以为城，成化间指挥吴钟重修之。其西郭则未遽为郭城也，有城焉名曰中城，辟四门，东接州城为东门，迤南复折而西距罗玉河为西门，北有门外为菜园，南有门外为卫所……逾罗玉桥西始称西郭城，嘉靖中总制刘天和行郡到秦，檄副使朱旒城之，旒责之知州李鲸，鲸以责之西郭之民，令自城之，城成高广次中城，辟门四……又西为小西关城，亦曰伏羲城，以内建太昊宫也，门二，自州城外东郭城一，西郭城三相属以拥州城。"① 从以上资料可以看出秦州城经过唐、宋、明三代的建设，到清代形成了以州城为中心，三个西郭城和一个东郭城相互连接的城市形态。

广东南雄州城由斗城、顾城和新城三部分组成，三城皆为不规则状，"旧城有二，一曰斗城，斗城外为顾城，斗城仅环州治，创于宋皇祐四年……顾城创于乙巳，镇守指挥王玙筑，名旧城曰斗城，外筑土城，三百四十丈……谓之顾城……新城始于己丑韩雍命佥事陈贵自小北门至牛桅潭筑土城三百余丈……斗城顾城今称老城"②，可见，三城都是在清代之前就修筑了，然后三城组合，形成不规则形复式城市。

再如陕西三原县城，整个县城的东西南北面均建有关城，其中北关城建在县城北面，隔清峪水与县城相望，北关城在形制、大小等方面和县城主城相似，这就形成了以县城和北关城两个部分为主的复式城市。北关城于明嘉靖二十六年由巡抚谢兰筑，并在万历间建石梁与县城相连，使得北关城"南临河岸，外门向西，坡上亦建重门与南城同式，两关对峙，楼阁相映，中亘石梁如连飞虹"③，气势十分宏伟。

五、不同形态城市的地域分布特征

城市的外部形态受到多种因素的影响，不同区域的城市因地理环境和人文环境的差异而有着明显的不同。从整体来看，清代的方形城市在北方所占比重较大，而在南方，则以不规则形城市和圆形城市居多。在南方，方形城市虽然也是一种重要

---

① 费廷珍等：《直隶秦州新志》卷三《建置》，乾隆二十九年刊本。
② 余保纯等修，黄其勤纂：《直隶南雄州志》卷十一《建置略·城池》，道光四年刊本。
③ 焦云龙修，贺瑞麟纂：《三原县新志》卷二《建置志第二》，光绪六年刻本。

的类型，但所占的比例较之北方则要小很多。下面选取华北地区城市和长江中下游城市进行对比，探讨两地城市在外部形态方面的不同。

清代华北地区包括直隶省、山东省、山西省、河南省和安徽省北部地区，地理范围大致相当于今天的京津地区、山东省、河北省、河南省以及安徽省北部地区。这一地区的主要地形以华北平原为主，地势平缓，一望无际，只有在山东半岛地区为丘陵地区，地形比较崎岖。该地区的气候为温带半湿润气候，由于距海较近，年降水量在400~800毫米之间。这一地区土壤较为肥沃，是我国主要的农业区之一。历史上，这里是华夏文明的主要发源地，仰韶文化、龙山文化、大汶口文化都位于这一地区，自古以来就是整个中华文明的政治中心区域。在宋代之前，这里也是整个中国的经济重心所在地，宋代以后，随着南方经济的开发，华北地区的经济才被南方逐渐赶上并超越。清代，这里仍旧是整个大清国最重要的地区之一，并且是首都所在地，但由于该地区人口众多，加之土地较南方贫瘠，所以经济发展水平整体落后于长江中下游地区。

华北地区的城市众多，其中不乏重要的城市，如京师、开封、洛阳、济南等。这些城市分布在辽阔的华北平原大地上，城市的外部形态也有其独特的特点。为了能够对这一地区城市的外部形态有一个比较客观的了解，笔者根据自己所掌握的资料，主要研究了华北地区109座城市的外部形态。这109座城市肯定不是整个华北地区的总数，但作为一种估计，还是能够大概反映整个华北地区城市外部形态的基本情况。笔者将这一地区城市的形状也分为三种类型：方形（包括长方形和正方形等）、圆形以及不规则形。由于复式城市在整个城市中所占的比例很少，笔者在此不将其单独列出，而是列入不规则形。（见表3-1）

表3-1 清代华北地区城市外部形态一览表

城市形状	方形	圆形	不规则形	总计
城市数目（座）	89	13	7	109
所占比例（%）	81.7%	11.9%	6.4%	100%

本表根据《中国方志丛书》（成文出版社印行）、《中国地方志集成》（江苏古籍出版社、上海书店和巴蜀书社）所辑华北地区地方志相关资料统计编制。

通过上表，我们可以看出，在华北地区方形城市所占的比例达到了81.7%，远远高于其他形状的城市，除了方形城市之外，是圆形城市，占11.9%，最后是不规则形城市，仅占6.4%。

长江中下游地区在清代包括湖南省、湖北省、安徽省的南部、江苏省、浙江省以及江西省，这一地区在地形上主要以长江中下游平原和东南丘陵为主，是一种平原和丘陵相间的地形，地势时有起伏但起伏并不大。由于处于亚热带季风气候区，该地区降水丰沛，境内水网密布，堪称水乡。在经济上，这里土壤肥沃，光热充足，有许多著名的农产区，如洞庭湖平原农产区、太湖平原农产区、鄱阳湖平原农产区，等等。只有在一些丘陵地区，由于红壤广布，农业产值较低。在历史上，这一地区的开发较北方晚,但由于自然条件较好,从宋代开始,全国经济重心转移到这里。这一地区人口稠密,经济发达,城市的数量居全国之冠,同时由于不同于北方的自然历史条件,这里的城市外部形态与北方也有很大的不同。

对于这一地区的城市外部形态的研究,笔者也采用了同样的统计方法。由于这一地区城市众多,根据笔者所掌握的资料,一共对231个城市进行了分析。通过研究,我们也可以将这一地区城市的外部形态分为三大类:方形(包括长方形、正方形等)、圆形(包括椭圆形和半圆形)和不规则形。(见表3-2)

表3-2 清代长江中下游地区城市外部形态一览表

城市形态	方形	圆形	不规则形	总计
城市数目(座)	47	63	121	231
所占比例	20.3%	27.3%	52.4%	100%

本表根据《中国方志丛书》(成文出版社印行)、《中国地方志集成》(江苏古籍出版社、上海书店和巴蜀书社)所辑长江中下游地区地方志相关资料统计编制。

通过上表,我们可以看出,在长江中下游地区,不规则形态的城市所占比例最多,占了一半以上;其次是圆形城市,占总数的27.3%;数量最少的是方形城市,仅占20.3%。由此可以看出,这一地区不规则形城市数量最多,而方形城市数量最少,这一结果和北方有很大的不同。

位于华北平原和长江中下游地区的城市在外部形态方面之所以出现如此差异,我们认为这和两地的自然地理条件有着莫大的关系。华北多平原,地势平坦,适于建造方形城市,加之深受《考工记》中"匠人营国,方九里,旁三门"的影响,所以方形城市成为这一地区城市的主流。长江中下游地区是一种平原和丘陵相间的地形,境内河网密布,这种地形不适于建造方形城市,只能因地制宜建造成不规则形和圆形城市。

中国古代城市的外部形态建设受《考工记》宗法礼制规划思想和《管子·乘马》中"因天材,就地利,故城郭不必中规矩,道路不必中准绳"的因地制宜城市规划思想双重影响。前者在城市外部形态建设上的具体体现就是方形城市,而后者则主张根据当地的具体情况来建设城市,其发展的结果就是不规则形城市和圆形城市。一般而言,在平原地区,能够建成方形城市就一定会建成方形城市。这充分体现了"方九里,旁三门"的规划观念。在地势比较崎岖的地区,由于《考工记》的思想发挥受到了限制,就转而采用"因天材,就地利"的规划观念,加上受风水观念影响,故而不规则城市的大量出现也是有依据的。总的来看,清代城市的外部形态是宗法礼制思想、因地制宜思想和风水思想这三种观念共同作用的结果。

第二节　清代中前期城市的内部空间形态

城市的内部空间形态是指一个城市内部各个实体要素的布局方式以及它们之间的相互联系,是一个城市的经济、社会、文化结构的物质载体。城市的内部空间形态不是杂乱无章的,而是按照一定的规律组合在一起的。了解城市的内部空间形态对于从整体上把握一个城市的基本面貌,进而掌握一个城市的精髓有着重要的作用。在清代中前期,城市的内部空间形态一方面继承了前代的基本特点,即所谓清承明制,同时又深深地打上了清代所独有的特色。清代城市在空间上一般包括公共建筑区、居住区、商业区、城门与道路系统等几个部分,每个部分又各有其特点。同时,规模越大、等级越高的城市,其内部结构越复杂。为了更深入研究这一时期城市的内部空间形态,我们将清代城市分为都城和地方城市(府州县城)两部分,并分别讨论这两类城市的内部空间形态。

一、清代都城的内部空间形态

作为清帝国的都城,北京是清代中国最大的城市,其在城市的内部空间形态方面也有独特的特点。在共时性上,北京一方面有着清代城市所共有的空间形态,同时又有着国都所特有空间形态,即皇城、宫城及其相应的城市空间。在历时性上,北京城的内部空间布局既在整体上继承了明代北京城的城市布局形式,同时又对明代的城市布局有所改变,形成了一种既糅合前代又富有清代特点的城市内部空间形态。

(一)四重城的空间布局

从地理空间来看,清代北京城由四重城组成,从内到外分别是宫城、皇城、内城和外城。其中宫城是皇帝处理朝政和居住的地方,也是皇帝的后妃和幼年子女居住的地方;宫城外的皇城是官僚的办公区和各种皇家祭祀建筑所在地;宫城外是为内城,内城可以称作首都的"满城",供满族贵族和八旗子弟居住;内城之外是外城,为清代北京普通百姓居住之地,京城内重要的商业场所和娱乐场所也在这里。

1. 宫城的空间布局

宫城又称紫禁城,处于整个皇城的中间。宫城为长方形,"南北各二百三十六丈二尺,东西各三百二丈九尺五寸,门凡四,南曰午门,北曰神武门,东曰东华门,西曰西华门"①,在城外被称为筒子河的护城河所环绕。整个宫城分为前朝和后宫两个部分,前朝主要以太和殿、保和殿和中和殿为主,是皇帝举行盛大仪式以

---

① 周家楣修,张之洞纂:《顺天府志二·京师志二·宫禁上》,光绪十五年重印本。

及进行各种政治活动的地方,在三大殿的两侧分布着武英殿、文华殿、文渊阁、南薰殿等侧殿,武英殿主要用于贮藏书籍,文华殿常用于大臣进解经书,位于文华殿后面的文渊阁则用来贮藏《四库全书》,武英殿之南的南薰殿在乾隆十四年以后用来贮藏历代帝后的画像。总之,三大殿两侧的文华殿、武英殿两区为皇帝讲经藏书与进行文化活动的地方。①沿着三大殿向北过了乾清门就是后宫,后宫是皇帝及其后妃居住的地方。后宫主殿也为三大殿,由南向北依次为乾清宫、交泰殿和坤宁宫,其中乾清宫是皇帝日常居住办公之所,而交泰殿和坤宁宫则是举办各种皇家仪式的地方。在后宫三大殿的两侧也分布着诸多的宫殿,东为景仁宫、承乾宫、钟粹宫、延禧宫、永和宫、景阳宫,西为永寿宫、翊坤宫、储秀宫、太极殿、长春宫、咸福宫,这些宫殿均自成单元,且均为嫔妃居住之所。在这些宫殿的两边还分布着其他的宫殿,如养心殿、慈宁宫、养性殿,等等。②在坤宁宫的后面为御花园,是宫城之内供皇帝游玩之处,经御花园过钦安殿就到达了整个宫城的北门——神武门。总的来看,整座宫城以中轴线为中心,在中轴线上由南至北依次分布着午门、太和门、太和殿、中和殿、保和殿、乾清门、乾清宫、交泰殿、坤宁宫和御花园等建筑,在这些建筑的两边又并列分布着其他的宫殿,布局十分严谨、精密,使得整个宫城看起来宏伟壮观,凸显了皇室的威严。

2. 皇城的空间布局

在宫城之外则为皇城,皇城从外形上看除西南角向内曲折外,整体而言为一方形,整座城长三千二百二十五丈九尺四寸,城门有七,最南门为大清门,大清门北为天安门。天安门为皇城正门,十分重要。如在皇帝颁布诏书之时,"设金凤朵云于天安门上堞口正中,宣诏官朝服,领耆老咸集,行礼奉诏,承朵云由金凤衔下"③,可见仪式之隆重。从天安门到大清门的一段为狭长形的走廊,也属于皇城的一部分,这就使得皇城南面呈T字形。在皇城的南面,从午门到天安门的道路的两边建有社稷坛(西)和太庙(东),分别用来祭祀土地五谷之神和清皇族的祖先。社稷坛和太庙的布局充分体现了"左祖右社"的规划思想。在皇城的北边有景山,由明代建北京城时留下的土渣堆积而成。景山是整个皇城中轴线上的最高点,站在景山上可以向南俯瞰整个皇城,同时也符合城市规划思想中靠山面水的要求。在皇城的西边,则是由北海、中海和南海(也称太液池)等水域和其他宫殿建筑组成的皇家御苑。

3. 内城的空间布局

皇城的外面为内城,内城从外形上看大致呈方形,只是在城的西北角稍微内折。整个城市周长四十里,城门有九,分别是:"南为正阳门,南之东为崇文门,南之西为宣武门,东之南为朝阳门,东之北为东直门,西之南为阜成门,西之北为

---

① 杨宽:《中国古代都城制度史研究》,上海古籍出版社,1993年,第552页。
② 罗保平:《明清北京城》,北京出版社,2000年,第27—28页。
③ 吴长元:《宸垣识略》卷三《皇城一》,北京古籍出版社,1982年,第41页。

西直门，北之东为安定门，北之西为德胜门。"① 整个内城规划十分清晰，内城的中心部位为皇城，在城的南方为宫廷衙署区，在内城的北方则为钟鼓楼建筑，而内城的居民区则主要分布在城的东、西、南三面，内城的东西两面还有商业区。同时，清廷还将内城划分成八个区域，分归八旗管辖。八旗具体的管辖范围如下："镶黄旗居安定门内，正黄旗居德胜门内，正白旗居东直门内，镶白旗居朝阳门内，正红旗居西直门内，镶红旗居阜成门内，正蓝旗居崇文门内，镶蓝旗居宣武门内。"②

4. 外城的空间布局

外城在内城南面，呈长方形。外城建于明代嘉靖年间，原欲建包围整个内城的外城城墙，后由于财力不济，仅建成南面城墙，故使得整个外城仅位于南面。整个外城南长二千四百五十四丈四尺七寸，东长一千八百五丈一尺，西一千九十三丈二尺。有门七座：南为永定门，东南为左安门，西南为右安门，东为广渠门，西为广宁门，东北角为东便门，西北角为西便门。③ 外城是在明代中后期随着商品经济的发展而自发形成的，后又加筑城墙将其围起，所以外城的规划并不像内城那样整齐划一。在城的南边为先农坛和天坛，是清政府用来祭祀天和先农神的地方，这两座建筑规模庞大，占据了整个外城四分之一的面积。在正阳门南面，崇文门和宣武门之间的地区，则为外城最著名的商业区。除此之外，外城的大部分地区就是广大民区和田野。正如瑞典汉学家喜仁龙所说："京城的外城部分，大体是由喧闹的集市、巨大的庙坛和广阔的田畴组成，只有它的北半部才有点像城市……外城最多只有三分之一的地面上盖有房舍，而且大都是很不起眼的房舍。"④ 外城是北京城普通市民生活的地方，城市布局相对显得杂乱，但更富有生活气息。

（二）从功能分区的角度看清代北京城市空间形态

从地理空间上来看，北京城是一个由宫城、皇城、内城和外城四重城组成的城市；从功能分区来看，清代北京城除宫廷外，可分为中央行政区、商业区、文化娱乐区和居住区四大功能区。

1. 中央行政区

中央行政区包括宫廷和衙署区，即宫城和皇城，最主要的行政区位于从天安门到大清门的狭长走廊的两侧，这里集中了清廷最重要的衙署机构。在走廊的东侧自北而南并列分布着宗人府和吏部、户部、礼部衙门。在这四大衙门的东面又自北向南分布着兵部、工部、鸿胪寺、钦天监和太医院等衙署机构。这一组建筑向东即为翰林院和会同馆。在玉河桥的西岸，与会同馆隔岸相对的则为詹事府。而在会同馆

---

① 周家楣修，张之洞纂：《顺天府志一·京师志一·城池》，光绪十五年重印本。
② 周家楣修，张之洞纂：《顺天府志一·京师志一·城池》，光绪十五年重印本。
③ 周家楣修，张之洞纂：《顺天府志一·京师志一·城池》，光绪十五年重印本。
④ [瑞典] 奥斯伍尔德·喜仁龙著，许永全译，宋惕冰校订：《北京的城墙和城门》，北京燕山出版社，1985年，第96页。

的南边沿着正阳门东城根南则为庶常馆。① 在玉河桥东的东长安街附近为理藩院署,掌"外藩蒙古及喇嘛回部金川事"。在大清门至天安门走廊西面,也有许多的衙署建筑。西侧靠近长廊的原为明代五军都督府署所在地,清代以后由于五军都督府的废除而使这一地区逐渐变成民居。在这些民居的西面,自南向北则分布着銮仪卫、太常寺、都察院、刑部、大理寺等衙署。同时"隶属都察院的京畿道御史衙、五城巡城御史、纂修法律的律例馆也相应迁至正阳门内,靠近刑部诸机构。体现职能相近的衙署机构集中分布的意向"②。除了上面所述的衙署区之外,在内城的其他地方也有衙署建筑的设置,如作为军事衙署的各八旗统领署就分布在全城不同的地域,但从整体来看,从天安门到大清门的狭长走廊的两侧这一地区为整个京城的衙署集中区。

2. 商业区

作为清帝国的首都,北京城为四方货物萃聚之所,商业十分繁盛,出现了众多闻名全国的商业区。北京的商业区主要分布在内城的鼓楼、东四牌楼、西四牌楼一带以及外城的前门、菜市口一带。内城由于是满族贵族居住,不事生产,所以商业不如外城繁华,但仍旧十分兴盛,其主要的商业区位于东四、西四和鼓楼一带。"东四"是东四牌楼的简称,这一地区是整个内城东区的商业中心,商品经济十分繁盛。内有首饰店、缎靴店、帽店、估衣店、茶叶店、食品店等,同时还有操纵北京经济命脉的恒兴、恒利、恒和、恒源四大钱铺以及其他的书肆铺、猪市、羊市、马市、雀儿市,等等。③ 与东四相对的西四牌楼则是内城西部的商业中心,商品经济也十分繁华。附近有羊市、马市等专业市场,且多饭庄、戏院等服务性场所。鼓楼商业区主要是从鼓楼向南直抵地安门一带,这一带市肆栉比,货物萃集,是整个内城北部重要的商业中心。除这三个地区,在正阳门外大清门前的棋盘街一带,商业也十分的繁盛。

与内城相比,外城的商业更加兴盛,最主要的商业区当推前门一带。前门是正阳门的俗称,以正阳门大街为中心,在大街的两边分布着各种各样的商业街市,从而组成了名扬全国的前门商业区。史载在正阳门大街的"东边市房后有里街曰肉市,曰布市,曰瓜子店。迤南至猪市口,其横胡同曰打磨厂。内稍北为东河沿,曰鲜鱼口,内有南北孝顺胡同,长巷上下头条、二条、三条、四条胡同,曰大蒋家胡同。东南斜出三里河大街,内有小蒋家胡同、冰窖胡同。此皆商贾匠作货栈之地也"④。而在大街的西边,商业活动更是繁华,有著名的商业街——大栅栏商业街。大栅栏商业街可以说是整个前门外商业区的中心,这里有许多著名的百年老店,如同仁堂药店、马聚源帽店、南豫丰烟店、天蕙斋鼻烟店、云香阁香货店、隆庆号布

---

① 杨宽:《中国古代都城制度史研究》,上海古籍出版社,1993年,第554—558页。
② 侯仁之:《北京城市历史地理》,北京燕山出版社,2000年,第152页。
③ 侯仁之:《北京城市历史地理》,北京燕山出版社,2000年,第243页。
④ 吴长元:《宸垣识略》卷九《外城一》,北京古籍出版社,1982年,第164页。

店、通盛长洋布店、裕丰号药店、育宁堂药店、瑞蚨祥布店，等等。① 除了前门一带，著名的商业区还有菜市口商业区、花市商业区，等等。花市在崇门外以东，从正月起，凡初四、十四、二十四都有市，"市皆日用之物。所谓花市者，乃妇女插戴之纸花，非时花也。花有通草、绫绢、绰枝、摔头之类，颇能混真"②。可见在花市已经形成了专业性较强的专门市场。

3. 文化娱乐区

清代北京的社会文化生活也非常丰富，出现了专门供人们进行文化娱乐消费的文化娱乐区。其中最重要的文化娱乐区当属正阳门西边的琉璃厂一带。琉璃厂原名海王村，明代为烧制宫廷用琉璃瓦的地方，到了清代康熙年间，由于窑厂撤销，这一带成为废墟，并逐渐成为人们游玩郊游的好地方。③ 清代中后期以后，这里逐渐演变成各种书籍古玩等文化产品交易的场所，成为闻名全国的文化街。在琉璃厂内，各种书籍、纸张荟萃，来自全国各地的文人在此流连忘返，还有各种珍贵的古玩字画以及其他古董饰品也是琳琅满目。同时这里也是普通民众进行节日狂欢的好地方，街内有各种说书、曲艺、京戏等文化娱乐节目，极大地丰富了京师普通民众的社会文化生活。除了琉璃厂，在北京还有定期举办的庙会等，这些庙会在举办之日也是市民狂欢的场所，最典型的是东西庙等地。西庙曰护国寺，在皇城西北定府大街正西；东庙曰隆福寺，在东四牌楼西正北。逢初七、初八开西庙，初九、初十开东庙，"开庙之日，百货云集，凡珠玉、绫罗、衣服、饮食、古玩、字画、花鸟、虫鱼以及寻常日用之物，星卜杂技之流，无所不有，乃都城内之一大市会也"。可见东西庙一带也是清代北京重要的文化娱乐活动场所。

4. 居住区

清代北京的居住区比较分散，可以分成皇亲贵族居住区和普通百姓居住区两个部分。作为满族入主中原的王朝都城，清代北京的内城大部分居住的都是满族贵族和八旗子弟，其中宫城为皇帝及其嫔妃的住所，而宫城之外的皇城则是皇族成员的居住地，一般的满族王公大臣则居住在内城的各个地方。同时清廷将全城分成八个区域，由八旗军分别驻守，所以在内城里也居住着许多普通满族百姓。汉族官绅和普通汉族老百姓，则居住在外城南部的广大地区。外城除了先农坛和天坛两个祭祀建筑以及正阳门外的商业区之外，其他的广大地区就大都为普通百姓的居住之地。

（三）清代北京城内部空间布局的特点

1. 城市内部空间布局的政治性

整个北京城的布局基本上沿用了明代北京城的布局，宫城用作皇帝的处理朝政和居住之所，是全城的中心。宫城中轴线上建设三大殿，中轴线的两边分别排列着

---

① 罗保平：《明清北京城》，北京出版社，2000年，第91页。
② 富察敦崇：《燕京岁时记》，北京古籍出版社，1981年，第54—55页。
③ 杨宽：《中国古代都城制度史研究》，上海古籍出版社，1993年，第564—566页。

相关的宫殿建筑群。整个城市规模宏大、气氛威严,体现了皇权的至高无上和尊严神圣。而都城的这一政治特性也对中国其他城市产生了深刻的影响,使中国的各级城市"以行政管理职能为主,为统治阶级服务,寄生性强"[①]。

2. 城市内部空间布局的庄严性

作为清帝国的首都,清代北京城的空间布局严整而有条理,庄严神圣,处处体现了专制主义中央集权国家的威严性。从整体来看,整个城市由宫城、皇城、内城和外城四重城组成,城城相套。皇帝居住的宫城居于正中心,这一设计体现了皇家的神圣性。同时,在建筑格局上,建筑规模宏大、庄重,处于中心位置的皇城布局呈对称分布,三大殿位于中轴线上,左右为其他侧殿,从而使得整个城市凸显出大一统专制帝国的庄严性和神圣性。

3. 城市空间布局的分区性

清代北京在城市空间功能分区上较为完善,整个城市可以分为行政区、商业区、文化娱乐区和居住区四部分。每个区都有固定的地理范围,行政区位于内城,主要集中于从天安门到大清门的狭长走廊的两侧,商业区则在内城和外城都有分布,内城的东西四牌楼一代和外城的前门一带是主要的商业区,而文化娱乐区和居住区则主要位于外城。这种分区方式适合当时北京城的发展状况,而且也对近现代北京城市功能区的演变产生了深远的影响。

二、清代地方城市的内部空间形态

清代地方城市主要是指除都城以外的各地城市,主要分为府级城市和县级城市两大类。府城为府一级行政机关所在地,个别府城也为省级行政机关所在地。另外,与府同级的直隶州和直隶厅城也可归入府级城市范围。县城则是县级机关所在地,与县城同级的还有散州和散厅。府级城市和县级城市虽然在城市规模、城市行政等级方面有着一些差异,但作为传统的政治中心城市,这些城市在内部空间形态方面并没有太大的差异,县城的内部空间形态只不过是缩小化了的府城而已。关于地方城市内部空间形态的具体内容,道光《贵阳府志》中有以下记载:

> 大凡郡县祠宇十:曰朝贺之宫,所以钦奉典礼而上尊天子也。曰官署,所以崇文武而为敷政出治之基也。曰学校,所以隆先师而育士林也。曰坛庙,所以敬神明为民祈报也。曰教场,曰驿舍,曰公馆,曰官厅,皆为治事与安息之公所也。曰狱,所以恤罪人也。曰库局、仓、军储房,所以储财赋器械也。曰营房栅栏,所以资巡警也。曰恤穷之舍,所以广德惠也。曰亭馆,所以宴游而节劳佚也。[②]

---

① 何一民:《从政治中心优先发展到经济中心优先发展——农业时代到工业时代中国城市发展动力机制的转变》,《西南民族大学学报》,2004年第1期。

② 周作楫等修,邹汉章等纂:(道光)《贵阳府志》卷三十五《宫室图记第五》,咸丰刻本。

这段史料记述了中国古代城市里的大部分建筑，这些建筑可以分为行政衙署建筑（官署、官厅）、文化教育建筑（学校）、军事司法建筑（教场、营房栅栏）、庙宇建筑（朝贺之宫、坛庙）和商业建筑（会馆、市场）等几大类。除此之外，清代府县城的城门和道路也是城市内部形态的重要组成部分。

（一）行政衙署类建筑空间分布

府州县城作为清代地方行政机构所在地，其行政衙署建筑很多。府城一般包括府署、通判署、司狱署等府一级行政机构；另外，还有附郭县的县一级行政机构，如县署、县丞署等。部分府城、直隶州城或直隶厅无附郭县，则无相应的行政机构。驻守府城的武职官员的衙署一般有游击署、守备署等。作为省城的府城其行政衙署就更多了，除了上面提到的那些，还有总督衙门、巡抚衙门、布政使司署、按察使司署、学政署等。另外，有的府城还是一些朝廷专门机构的所在地，如在江宁、杭州和苏州的织造衙门，在扬州的两淮盐运使司衙门等。州县城行政衙署一般包括州县署、主簿衙署、典史衙署等县级行政机构。

马正林在总结中国古代城市规划的原则时认为："中国城市不论是首都或地方城市，在规划时都要首先选择中心，中心位置确定后，再向四周扩展……这个中心往往也是皇宫或政府机关、钟鼓楼所在地……中心，有几何中心，也有实际上的中心……中心位置的选择，是根据地理条件、需要和可能确定的，而不是任意选择的。"[①] 清代府城的行政衙署建筑的布局遵循着这样的原则：总体而言，行政衙署一般位于府城的中心位置。根据清代地方志的地图，我们可以看出，在省城中，督抚衙门一般位于最中心的位置，其他的衙门如提督署、布政司署、按察使司署等则分布在督抚衙门周围。如济南府城，巡抚都察院在城中，其地原为明代明德藩王府官邸，在巡抚衙门的东边有济南府治、盐运司、提督衙门等衙署，西北则有课税司等衙署，这些衙署都位于城内东西大道的北边，以巡抚都察院为中心，向两边一字排开。布政司和按察司则分别位于城西北方和东北方。普通府城，其行政衙署大都以府治为中心进行排列，如松江府城就是"在城之中，前临官街，后枕流水"[②]。在府治的周围则有粮补通判署、经历厅署等机构，形成一个以府治为中心的行政衙署区域。济南府城和松江府城的行政衙署中心也是城市的几何中心，但正如马正林先生所说的，行政衙署所位于的中心并不一定是几何意义上的地理中心，它要根据地理条件和需要而确定。

清代府县城行政衙署布局在城市的中心位置，并且多集中分布，一方面是由于府县城为清代的地区行政中心，政治功能居于城市功能的第一位。为了凸显政治权力的至高无上性，大都会将行政衙署布局在全城的中心位置，这是中国古代城市规划的一个重要原则。早在西周时期，城市建设就是按照宗法礼制的原则来严格规

---

① 马正林：《中国城市历史地理》，山东教育出版社，1998年，第463—464页。
② 宋如林等修，孙星衍等纂：《松江府志》卷十四《建置志二·官署》，嘉庆松江府学刻本。

划，城市的中心为代表政治权力的"朝"，而市场和坛庙则布局在其周围。这样的规划理念为后世所继承，并一直延续下来。

（二）文化教育建筑空间分布

府城县城作为一个地区的中心城市，其文化教育机构也比较多。主要有府学、县学、社学、书院、贡院等。清代府城一般各有一所府学、县学，而县城则只有县学。社学是地方创办的小学，通常数量比较多。书院为士子习举业之所，有官办也有民办，在重要的城市一般会有多所。而贡院为科举考试之场所，并非每府皆有，一般只有省会城市才有。这些文化教育机构是传播知识和为政府选拔人才的场所，在府县城的城市布局中占有重要地位。

府学、县学、社学等文化教育机构在城市的位置并不固定，但通常会远离商业区。府学、县学通常还和学政署等主管教育的衙门相连，以便于相互联系。通常，孔庙、文昌宫等与教育相关的祭祀建筑也会位于府学、县学旁边。有的府学、县学则在行政衙署旁，如衢州府学和府治靠近，而县学则临近总督署，位于城北。社学是城市中的小学堂，为方便附近居民就学，一般分布在城市的各个方位。如兰州府城有社学五处，"一在普照寺西，一在道升巷，一在贤良祠，一在府学斋房，一在南关土地祠"①。书院是清代雍正朝以后每一个城市必不可少的文化教育机构，通常一座府城之中书院的数量会有几所甚至十几所之多。关于清代府城书院的布局，刘景纯在研究了清代黄土高原地区的府城书院后认为：黄土高原地区府城的书院大部分位于府城的东方或东南方，并指出这与中国古代"文崇东南"的意识有关系。② 如果将范围扩大，我们可以看到，清帝国府城县城的书院可以布局在城市的多个方位，并根据当地的实际情况来予以设置。如济南至道书院在济南府城北大明湖上，闵子书院在济南府东五里，白鹤书院在城北三十里，历山书院在趵突泉东（城外）；兰州兰山书院在东门外，五泉书院在城北庆祝宫。可以看出，整个清帝国书院的分布是较为分散的。从全国来看，清代府城书院和府治、府学县学相结合的现象较为普遍，如松江云间书院在府治古亭桥西。还有的书院则布局在文庙周围，如灵州城在"文庙傍建修奎文书院"③。作为乡试场地的贡院，一般占地面积都较大，通常位于城市的边缘地带，如甘州府贡院在城东南隅。也有贡院和学政署同为一地的，如兰州"学政行署在府城东……逢武乡试以为贡院"④。但也有的在城市中心区的，如成都就将位于城市中心区的原明蜀王府旧址改建为贡院。

文化教育建筑在清代府城之中的布局并无固定位置，而是根据实际情况分布在城市的不同方位，这些文化教育建筑自身可能会集中布局在一起，便于相互联系。

---

① 陈士桢修，涂鸿仪辑：《兰州府志》卷三《建置志·学校》，道光十三年刊本。
② 刘景纯：《清代黄土高原地区城镇书院的时空分布与选址特征》，《中国历史地理论丛》，2007年第1期。
③ 杨芳灿、郭楷等：《灵州志迹》卷五，嘉庆三年刊刻本。
④ 陈士桢修，涂鸿仪辑：《兰州府志》卷三《建置志·学校》，道光十三年刊本。

另外，文化教育建筑通常也会和行政建筑布局在一起，呈现出政治中心和文化中心相结合的空间格局。

（三）军事司法建筑空间分布

作为政治中心的府县城同时也是该地区的军事中心，一般都会有相当数量的军队驻扎在城区。因此在府县城也会有一些军事训练场所和军事衙门，主要包括教场、演武厅、火药局以及作为驻军管理机构的提督署、总兵署、城守营署、游击署，等等。

司法建筑主要是指监狱和司狱署等。教场和演武厅是八旗或绿营军进行操练的场所，占地广大，一般位于城外或城内四隅，如宁夏府城教场在城西北的德胜门外；甘州府城教场在府城外北边，有演武厅两处，一处在城东北隅，一处在城外东二里；青州府城演武厅在城外东南方。城守营、火药局等机构则主要根据实际情况来设置，一般布局在城市的险要地位，用以保护城市安全、镇压民众反抗，而最常见的布局就是布置在城市四隅。如甘州府城，据乾隆《甘州府志》载，提督署在城西北隅，中营参在"府城西北隅"，左营游（机署）在"城南隅县署左"，前营游（机署）在"府城西隅太虎什"，后营都司在"城南隅县署前"，城守营在"府城东南隅"，神机库"在城东南隅火神庙内"。[①] 登州府城火药局则在城东北角。监狱一般设置在城内四角偏僻之处，这可能是因为这些地方不为人所注意，便于隐蔽，且远离市中心。如宁夏府城监狱在典史署后，位于府城的东南隅，灵州城监狱在城内西北。

（四）庙宇建筑空间分布

"明修城墙，清修庙。"清朝建立后，对于不同民族的宗教予以尊重，并大力提倡佛道等宗教，因而清代各地城市的庙宇建筑众多。这些庙宇除佛教和道教的寺庙宫观外，还包括社稷坛、山川坛、风云雷雨坛、先农坛、武庙（关帝庙）、文庙（孔庙）、城隍庙、八腊庙、土地祠，以及各地祭祀先贤的祠庙。这些寺庙宫观祭坛占据了城市内部相当大的空间，并各自具有不同的功能。佛教寺庙和道教的宫观是城市居民的主要精神家园，分布较广，并无固定规律。社稷坛是用来祭祀社、稷神祇的祠庙，山川坛、风云雷雨坛是祭祀山川、风云雷雨各个神祇的祠庙，先农坛为祭祀先农神的祭坛。一般而言，社稷坛、山川坛、风云雷雨坛和先农坛多建于城外。如兰州府城，社稷坛、山川坛"在南郭"，先农坛在"东门外"。松江府城，"社稷坛在通波门外"，风云雷雨以及山川神坛"在集仙门外"。定州城，"社稷坛在州城西门外"，"风云雷雨山川坛在州城南门"，"先农坛在州城东门外"。[②] 而文庙和武庙则是分别用来祭祀文圣孔子和武圣关羽的祠庙，城隍庙为祭祀专管一城之事

---

① 钟赓起：《甘州府志》卷五《公署》，乾隆四十四年刊本。
② 宝琳等：《直隶定州志》卷五《地理》，道光二十九年刊本。

城隍的庙宇，土地祠和八腊庙则分别用来祭祀土地神和蝗神，这些民间信仰建筑多布局在城内。如松江府城隍庙在兴圣塔院后；娄县城隍庙和华亭县城隍庙在府城城隍庙的附近，文庙、关帝庙在城南部与府学相邻。药王庙、普照寺、火神庙、药王庙等各类宗教建筑大都分布于城内的各个方位，以便民众祭拜。另外，在一座城中通常会有多座同一类型的坛庙，如在松江府城图上，我们可以看到的关帝庙就有四座。这些庙宇为清代城市民众的精神信仰提供了物质载体，也是城市内部空间形态不可或缺的重要部分。

（五）商业建筑空间分布

清代商品经济较明代有所发展，因而府县城的商业区较前代面积更大，分布更广，一般分布在以下几个区域：

第一，分布在城市的固定街区。这些街区通常也是城市人口最多、交通最为发达的区域，这就为商业的发展提供了良好的条件，从而容易发展成商业街市。如宁夏府城，在清代时"人烟辐凑，商贾并集，四衢分列门阛，南北蕃夷诸货并有，久称西边一都会"[1]，其城市最重要的商业区则位于四牌楼附近，"通衢四达，百货杂陈，商贾云集"。除此之外，府城内还形成了米粮市、羊市、碳市、柴市、猪市、骡马市、青果市、番货市、旧木头市、新木头市、故衣市、麻市、箱柜市等各个专业的市场。

第二，分布在城市的寺院等宗教建筑附近。寺院除了宗教功能，也是人们在节日里宴游、聚会的好地方，这也就带动了所在地区商业的发展。许多城市的寺庙附近作为商业中心的历史由来已久。早在宋代，随着坊市制的解体，商业街区就相继兴起。寺庙因为是城市中人口活动的重要场所，因而也逐渐成为商业活动的场所，如北宋都城东京大相国寺一带就成为"伎巧百工列肆，罔有不集，四方珍异之物，悉萃其间"的繁华的商业中心区。[2] 清代，许多城市的重要寺庙附近也形成商业区，如太原大钟寺"寺内及东西街货列五都，商贾云集，踞街巷之胜"[3]。

第三，城门附近及城外关城形成商业区。城门附近及关城是城乡人口进出城市的主要通道，交通的发达和人流的聚集使得这些地区成为重要的商业区。另外，有的城市城内狭小，随着城市商业的繁盛，商业区突破城墙的束缚，向城外发展。这正如章生道所说："一种有规则的例外是与城门外附郭的发展有关的。晚唐时期城市管理开始放松，南宋时城市化有了进展，这些都导致许多城市城门口附郭的发展。因为城门沟通城市与腹地扇形区域间来来往往的全部交通，所以紧靠城门外的地区是为乡村居民服务的集市和开展商业活动最有利的地方。客栈和迎合客商需要的其他服务设施设置在距离商路较远的几座特定的城门之外。很多在明代或明代以

---

[1] 张金城修，杨浣雨等辑：《宁夏府志》卷六《坊市》，嘉庆刊本。
[2] 王得臣：《麈史》卷下《谐谑》，上海古籍出版社，1986年，第88页。
[3] 李培谦等修，阎士骧等纂：《阳曲县志》卷三，民国二十一年重印本。

前筑城的城市，容纳不了发生在清代的城市人口的绝对增长。到十九世纪，有城墙的城市几乎没有不在城门外（至少是一处）发展附郭的。"① 广州府城在清代中期以后，随着城市经济的不断发展，城市开始突破城墙的限制，在城西关附近发展成重要的商业中心。这一地区从广州城外的西北角开始兴起，沿着西城墙一直延伸到城的西南部，绵延数里。这一带为著名的纺织手工业区域，同时随着工商业的发展，富商大贾和资本家还在西关开辟了高级住宅区。同时，专门办理对外贸易业务的官办洋行——十三行也位于这一地区。② 平原县"县治南北关，逢七大集，北关又以四九日小集，东西关，逢二大集，东关又逢五小集。小北关，逢十小集"③。可见在县城里，关城附近也形成了定期的集市。

第三节　清代后期城市空间形态和结构的变化

1840 年中英鸦片战争爆发，战争以中英签订不平等《南京条约》而结束。腐朽的大清帝国在此后逐渐成为西方列强宰割的对象，中国从一个独立的国家向半殖民地国家演变，中国社会性质由此开始发生变化，传统社会开始解体，并向现代社会转型。社会的巨变对城市发展产生了深刻的影响，城市的空间形态和结构也随之而发生一系列变化。

外国势力的入侵和中国国家主权的不断丧失对晚清城市产生了很大的影响。首先，西方列强通过不平等条约强迫清政府在多个城市开埠通商，并凭借各种特权和廉价的工业制成品迅速地控制了这些开埠通商城市的经济，改变了这些城市的经济结构和社会结构，也促使这些城市空间形态和结构发生变化。尤其是在上海、天津、武汉、广州等开埠城市设立租界或租借地，并按照西方的制度和法律来建设、管理租界，从而在中国城市内部形成了新的异质性城市区域，西方各国在租界和开埠通商城市相继建立新式学校、医院、教堂、码头、仓库、影院、公园等，进一步改变了这些城市的外部形态和内部结构。其次，晚清时期，中国出现了一批新兴城市，其中有帝国主义在中国建立的殖民地城市，也有随着经济的开发而出现的新兴工矿城市。这些城市与传统的政治型城市在城市形态和内部结构上有很大的不同，另外，有着悠久历史的传统政治型城市的空间形态和内部结构也在晚清开始发生变化，甚至连京师也在西方的影响下发生变重大的变化。

一、晚清开埠通商城市空间形态和结构的变化

晚清的开埠通商城市分为两种：一种是西方国家通过签订不平等条约开放的通

---

① ［美］施坚雅主编，叶光庭等译：《中华帝国晚期的城市》，中华书局，2000 年，第 108 页。
② 马正林：《中国城市历史地理》，山东教育出版社，1998 年，第 268 页。
③ 黄怀祖修，黄兆熊纂：《平原县志》卷二《市集》，民国二十五年铅印本。

商口岸，这些被称为约开商埠；另一种是清政府为了适应形势的需要，将一些位于交通要道和沿海沿江地区的城市自行开放，这些被称为自开商埠。不管是约开商埠还是自开商埠，在城市的功能和结构上都有着类似的地方。这些开埠通商城市受到西方的影响最为强烈，近代城市经济也随着城市的开埠而不断地发展起来。在约开商埠中，有部分重要城市出现了租界，因而约开商埠所起的作用远比自开商埠突出和重要。它们在晚清中国城市体系中占据了重要的地位，其城市空间形态和内部结构所发生的变化也最大。

近代多个重要约开商埠城市的发展，在很大程度上是与租界的建立相联系的。所谓租界是帝国主义国家强迫中国某些口岸或者城市划出的供外侨"居住和经商"的区域。我国最早的租界出现在上海，从1845年的上海开始，侵略者在中国12个不同城市先后划定了26个专属租界区。[①] 侵略者在租界内拥有行政管理权和土地永租权，他们在租界设立政府机构、法院、警察和税务机关等殖民机构，实行殖民统治。"城市近代化设施无不发端于各国租界，然后才不同程度地达及新旧城区。"[②] 租界作为近代文明的窗口，以其复杂的历史内容影响着中国城市发展的现代化。我国租界城市以上海、天津、汉口最为典型。西方国家还拥有对租界所有事务的管理权，他们根据自己的需要对租界进行规划，按照近代城市的标准来建设城市，使得整个租界区域成为独立于原有城市之外的另一个新的城市区。这就使开埠通商城市的城市空间在地理上被大大扩展，城市的中心区域也由原来的城墙内部转移到了租界区。如天津在开埠前，城市建成区主要在城墙内和关厢附近以及城墙北部、东部靠近运河的地区。开埠后，英、法、美等国迫使清政府将天津城南紫竹林一带划为租界，此后日本、俄国、德国、意大利等国也纷纷在天津旧城之东、之南划定租界，天津城市空间不断扩大。随着租界的繁荣，天津城内及其附近地区的商业迅速落后于租界地区，租界成为天津新的城市中心区。

据统计，"在第一次鸦片战争后短短的半个多世纪内，先后有英、美、法、日、德、俄、意、比、奥等九个帝国主义国家在上海、天津等十七个重要通商口岸建立了三十三个租界"[③]。在这些租界里，西方国家一方面设立领事馆、警察局、医院、教堂等各种公共机构，另一方面还招揽外国商人以及中国商人开设洋行、商店、工厂、银行等现代经济金融机构，从而使租界迅速繁荣起来。

虽然有的开埠城市并没有划定租界，但在开埠之后，这些城市的一些地区也在外商和外资的刺激下，迅速形成了具有近代意义的新型城区，成为与旧中心区相对立的新城区。和拥有租界的开埠通商城市类似，这些虽无租界的开埠通商城市在开埠之前，其城市的中心区域也都是在城墙之内。开埠通商之后，城市靠近海岸线或江岸线的地区迅速被外国资本势力所侵入，他们在这里设立领事馆等行政机构，

[①] 费成康：《中国租界史》，上海社会科学院出版社，1991年，第427—430页。
[②] 罗澍伟：《近代天津城市史》，中国社会科学出版社，1993年，第360页。
[③] 戴一峰：《简述近代中国租界的形成和扩展》，《中国社会经济史研究》，1982年第2期。

同时各种商行、洋行、银行等经济金融机构和建筑也陆续出现,从而形成了与旧城区在建筑风格、空间布局等方面都迥然相异的新城区。如烟台在开埠之前已经是"商号已千余家"的商业城市,但此时城市"商号虽多,亦多在天后宫左右,西不出圩子门(今西马路),东不越广东街,南至奇山所北门尚不足一里,北至海亦尚有数十百步不等"①。烟台城市商业中心主要是在以天后宫前大街为中心的附近,城市居民的居住区也主要是在城墙以内的城区。第二次鸦片战争后,烟台开埠,由于烟台山附近沿海岸线向东的地区临近大海,港阔水深,利于通航,大批外国商人和官员以及传教士在这一地区设立洋行、商行、银行、医院、教堂、学校等各种机构,同时又有法、美、挪威、瑞典、德、荷兰、丹麦、意、俄、日、比等十几个国家在这里设立了领事馆,从而形成了以烟台山为中心,沿海岸一带向东的新城区。19世纪末,该地区已形成了以"烟台山为顶端、以海岸线为边的一个扁平的三角市区"②。这样,烟台城市形成了以天后宫为中心的旧城区和以烟台山为中心包括附近靠海区域的新城区两大城市建成区,后一城区在建筑风格、空间布局等方面与传统的旧城区迥然不同,充满了西方风情,整个烟台的城市空间形态也就变成了由新旧两个不同风格的城区组成的双核心模式。

晚清时期,开埠通商城市的旧城区受到西方政治、经济和文化等多方面的影响,在城市空间形态方面也发生了很大的变化。开埠通商使城市的经济较快发展,人口也迅速增加,城市用地规模不断扩大,城市的外部形态向不规则方向发展。晚清以来,开埠城市由于地理位置优越,国内外贸易频繁,城市面积不断扩大,原有的城市形态空间范围被突破,城市的形态也就不再局限于规则的呈几何图形的城墙之内,城市建成区向城墙外部四溢,其外部形态呈现不规则状。如前面提到的烟台城在开埠之前主城区的中心位置在天后宫前大街左右和奇山所城,所城和天后宫之间还有很大的空白地。但开埠之后,城市用地面积急剧扩大,到光绪二十年后则"西与通伸海洋相连,渐而南连奇山所,渐而太平湾已填就而北抵海矣……东马路之房栉比鳞次,直抵东山"③。天后宫和奇山所城之间的空地已经不复存在,被各类建筑物连成一片,附近的太平湾湿地也被填平,成为市区的一部分,城市的外部形态也较之以前发生了很大的变化。

开埠通商城市的旧城区内部的布局和建筑风格也出现了很大的改变。受到租界等新区建筑的影响,旧城区开始出现一系列具有近代意义的商行、工厂、学校等机构。以及洋人建立的教堂、教会学校等机构。这些新机构在建筑样式或完全采用西式,或中西结合式,在不同程度上改变了旧城区传统城市空间布局的基本样式,促进了城市由传统城市向近代工商业城市的转变。天津旧城区在清末新政时期,在袁世凯的组织下进行了一些市政建设,如建造了天津新车站作为津浦、京奉两条铁路

---

① 王陵基等修,于宗潼等纂:《福山县志稿·商埠志第五》,民国二十年铅印本。
② 王守中、郭大松:《近代山东城市变迁史》,山东教育出版社,2001年,第131页。
③ 王陵基等修,于宗潼等纂:《福山县志稿·商埠志第五》,民国二十年铅印本。

第三章 清代城市形态的变化

的总站,开辟了从城区直抵新车站的大经路和垂直于大经路的横街,并在这些地区设置了北洋铁工厂、勤工陈列所、北洋法学堂、北洋高等女子学堂等工厂和学校。在这些新区内还有司、道官府的新式衙署、公园等,还修建了跨越海河的铁桥,等等。① 这些新式建筑和新式机构的设置适应了近代天津城市发展的需要,改变了天津旧城原有的传统风貌和布局,使旧城区的城市空间形态也发生了显著的变化。

上海是晚清时期第一批开埠城市,在开埠之后的短短十几年的时间里,上海由一个中等商业城市一跃成为近代中国最大的工商业城市,城市的空间形态较之以前也发生了巨大的变化,通过对晚清上海城市空间形态变化的个案考察可以更好地了解晚清开埠通商城市空间形态变化的具体情况。

上海开埠前,只是隶属于松江府的县级城市,城周9里②,城区面积不到2平方公里,县域人口20多万人。③ 上海开埠后,尤其是划定租界后,城市规模显著扩大。1854年工部局成立,1895年上海县城南马路工程局成立,1905年上海城厢工程局成立。这些机构的成立为上海旧城突破封闭城市发展奠定了基础。1910年,上海城市人口已经达到130万人④,城区面积由原来的不到2平方公里,增加到34.2平方公里。⑤ 上海的进出口贸易额从1867年开始占据全国的半壁江山,19世纪后半叶约占60%。⑥ 上海租界的发展带动了上海旧城区的发展,虽然上海县城和租界相比变化较小,但在新兴的生产力的冲击下,上海县城在开埠之后也出现了许多新兴的经济发展要素,传统的城市空间形态也发生了变化。上海城墙严重阻碍了租界与上海县城之间的联系,地方士绅多次提议拆除城墙未果,直到民国初年才将其拆除。但在租界的带动下,华界区域得以不断扩大,上海城市的空间形态突破了城墙的限制,成为由租界、南市、闸北和县城四部分组成的近代工商业大都市,成为全国近代工业中心,成为最大的外贸口岸和内贸中心,成为全国最大和远东数一数二的金融中心。

上海城市空间形态的变化首先表现在上海租界的兴起和发展上。上海开埠不久,按照中英《南京条约》规定,英国人可以在通商口岸居住,1845年上海道台宫慕久和英国驻上海领事巴富尔签订了《上海租地章程》。章程划定洋泾浜以北、李家庄以南之地,准租与英国商人,为建筑房舍及居住之用。⑦ 英国取得了在中国的第一块租界,其后美国也将苏州河以北的虹口一带作为美租界。到1963年,英美两租界合并而成公共租界。法国也在第二次鸦片战争以后强迫上海地方官员将洋泾浜以南、上海县城以北,东到广东潮州会馆,西至关帝庙一带地区划为法租界。

---

① 董鉴泓:《中国城市建设史》,中国建筑工业出版社,1989年,第215页。
② 应宝时修,俞樾纂:《上海县志》卷二《城池》,同治十一年刊本。
③ 邹依仁:《旧上海人口变迁的研究》,上海人民出版社,1980年,第15页。
④ 顾朝林:《中国城市地理》,商务印书馆,1999年,第72页。
⑤ 城周常用里表示,按照360步、1800尺为一清里、每营造尺相当于今制32厘米为标准,一亩等于666.7平方米为准。
⑥ 龙登高:《江南市场史——十一至十九世纪的变迁》,清华大学出版社,2003年,第45页。
⑦ 王铁崖:《中外旧约章汇编》第一册,生活·读书·新知三联书店,1957年,第65页。

后来英法美三国不断以"越界筑路"等方式扩展租界空间，使上海租界的面积不断扩展，到民国初年，整个租界的面积已经扩大到32.82平方公里，是上海旧县城的16倍之多。① 开埠之后，上海逐渐取代广州成为中国最大的商业贸易中心，租界因毗邻黄浦江，航运便利，发展迅速，很快成为上海进出口贸易的中心区域。上海租界也成为外国金融机构林立、西式建筑成群的新的城市中心。到同治四年（1865），在上海租界光银行就已经有十家，各种洋行、商行等更是不计其数，各种近代学校、医院、领事馆等公共建筑、文化建筑也纷纷设在租界。租界成为一个独立于上海旧县城的新的城市中心，租界内部的城市空间布局也迥异于传统的城市空间布局。与此同时，上海的公共设施建设也朝着现代化迈进，自来水，电灯、电话、电车等公共基础设施开始出现。

马克思在《不列颠在印度统治的未来结果》一文中指出："英国在印度要完成双重的使命：一个是破坏性的使命，即消灭旧的亚洲式社会；另一个是建设性的使命，即在亚洲为西方式的社会奠定物质基础。"② 英国人在上海租界的统治也是如此，他们破坏了中国传统的城市发展模式，开始按照他们所熟悉的西方式的城市建设蓝图来建设上海，从而改变了整个上海的城市空间形态：一方面，租界成为上海新兴的城市中心，城市空间突破原有的城墙的限制，城市外部形态朝着不规则的方向变化。另一方面，租界内部的建设也是以西方近代城市为蓝本，城市建筑具有异域风情，城市风格和上海旧县城有着本质的不同，而这些不同和变化也刺激着上海华界地区的城市发展，使晚清时期上海华界地区发生了很大的变化。

上海城市空间形态的变化也表现在华界城市空间形态的扩展和变化方面。随着晚清上海城市经济的发展，城市人口也逐渐增多。同治年间，上海就有"人丁共五十余万，三四十年来，侨寓日多，孳生日众，居民……实有八十余万"。人口的增多必然导致城市用地规模的扩大，从而使上海的城市用地开始突破原有的城墙限制，开始向上海县城外围发展，形成与租界相对应包括上海县城和县城外大片区域的"华界"。上海租界的繁华刺激上海其他地区的发展，除上海旧县城外，上海还有闸北和南市两块地域也发展起来。闸北是上海公共租界北边吴淞江新闸以北的一块广大地区，在行政上属于宝山和上海两县共同管辖。开埠之前这里还是一片水乡泽国，境内农田广布，廛市很少。当闸北南边的租界地区已经发展成繁华的十里洋场时，闸北地区还是一片尚未开发的旷野。甲午战争之后，随着租界的不断扩张，上海地方绅士开始酝酿在闸北地区设立商市，发展经济，同时也可以抵御来自租界不断扩张的压力。1900年，半官方的上海闸北工程总局成立，1906年闸北工程总局改组成官方形式的上海北市马路工巡总局，并负责整个闸北地区的城市建设工作。由于甲午战争后民族资本主义工业发展较快，新开发的闸北地区成为民族资本家设厂的主要地区，城市经济开始迅速发展。与此同时，自来水、电力等各种公

---

① 曹洪涛、刘金声：《中国近现代城市的发展》，中国城市出版社，1998年，第80页。
② 《马克思恩格斯全集》第九卷，人民出版社，1961年，第247页。

共基础建设也迅速展开,新修的沪宁铁路和沪杭铁路的火车站也在闸北地区,从而使得闸北地区得以迅速繁荣起来,成为租界和县城之外的另一个城市中心。[①] 南市是位于上海县城南边的广大区域,这一地区在开埠之前也是人迹罕至的滨江之地。1894年,上海地方官府奏请清政府开发此地并获得批准。上海县城南马路工程局成立后,负责南市地区的开发和建设。工程局于1897年修成外马路,使"昔日之瓦砾荒滨,尽责化为康庄大道,从此铺户繁多,商贾屯集,市面为之振兴"[②]。后鉴于旧马路道路狭窄,来往车辆颇为不便,于是又修筑马路来缓解交通的压力。同时县城南门外直达浦江远至龙华的土地也得到了开发,修筑了东西干路陆家浜路、南北干路黄家阙路、车站路等。带动了整个南市地区的发展,上海城市空间再一次扩大。

上海县城老城区虽然和租界以及闸北、南市相比,自身的变化较小,但早期现代化的车轮仍然是不可阻挡的,上海县城在上海开埠之后也出现了许多新兴的商业店铺和建筑,传统的城市空间形态也发生了一定变化。但上海县城的城墙却严重阻碍了南市和上海县城之间的联系,地方士绅多次提议拆除城墙未果,直到民国初年才将其拆除。总之,闸北和南市两个华界区域的兴起使上海华界区域得以扩大,上海城市的空间形态突破了县城的限制,成为由租界、南市、闸北和县城四部分组成的近代工商业大都市。(如图3-6)

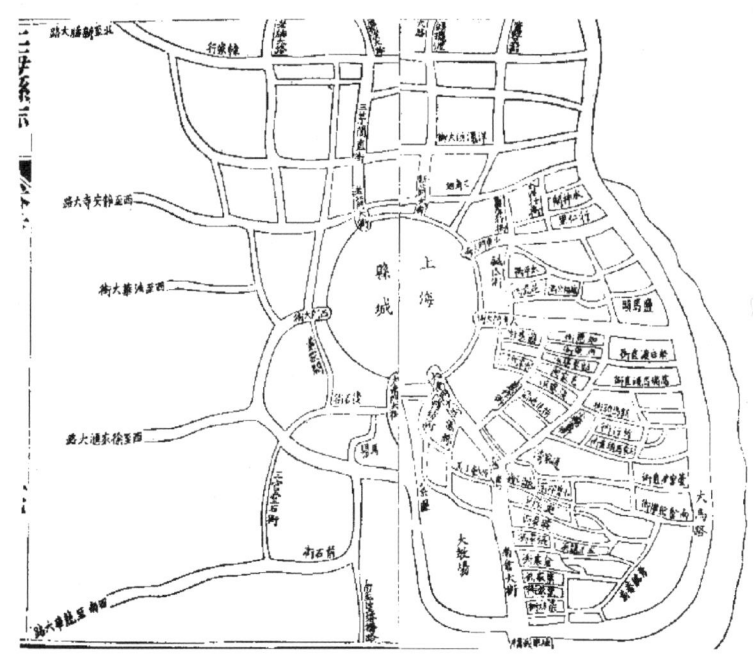

图 3-6　同治十一年上海简图

应宝时修,俞樾纂:《上海县志·卷首》,同治十一年刊本。

---

① 郑祖安:《近代闸北的兴衰》,唐振常、沈恒春:《上海史研究》(二编),学林出版社,1988年,第409—413页。

② 《申报》,1897年12月4日《谳政展期》。

天津城市空间形态的变化也很典型。天津是中国租界专属区最多的城市，1860年，中英签订的《北京条约》规定：以"以天津郡城海口作为通商之埠，凡有英民人等至此居住贸易均照经准各条所开各口章程比例"①。天津计有英、美、法、德、俄、奥、意、比、日等九个租界。开埠之后，英、法、美等国划定将天津城南紫竹林一带划为租界，此后日本、俄国、德国、意大利等国在天津旧城之东、南划定租界。租界占据了整个海河两岸，形成老虎钳形的城市发展格局。天津城市空间不断地扩大，打破了天津旧城市被束缚在西北隅不能快速发展的局面，形成了新市区的开发和旧城区扩展的局面。在开埠前，天津主要是城墙内部和关厢附近以及城墙北部、东部靠近运河的方向比较繁华，这时的天津主要是靠内河航运发展起来的贸易城市。到晚清，随着工业、新兴交通业的发展，天津新市区、租界和旧城区逐渐联成一体，城市规模不断扩大。19世纪末城市城区面积达到了17.35平方公里，相当于当时旧城区面积的11倍。城区人口由近20万上升到60万②，成为北方第一大城市。

我国典型的租界城市除上海、天津外，还有汉口、广州、厦门、镇江、杭州、苏州、重庆、福州等。这些城市受外国资本主义和民族资本主义的影响，加之本身优越的区位条件，城市出现近代工业、交通等新兴产业和新的物质要素。城市出现工业区"使生产者和生产场所在空间上发生了分离……近代铁路、公路的出现，就使城市出现了新的多向延伸发展轴"③。城市的功能、结构以及布局都发生质的变化，城市规模也迅速扩大。

二、晚清殖民地城市空间形态和结构的变化

晚清时期，西方列强通过武力等手段逼迫中国将一些地区租借给他们，随着近代经济的发展，在这些租借地上产生了一些新兴城市。由于这些城市是在西方列强的殖民占领下兴起的，我们姑且称之为殖民地城市。这种类型的城市比较典型的有香港、青岛、大连、哈尔滨等。由于这些城市是在被殖民者占领之后才发展起来的，城市发展按照殖民国家的相关制度和规划方式进行，所以从一开始就具有近代城市的雏形，城市的空间形态与中国传统城市风格迥异。

（一）青岛城市空间形态和结构的变化

青岛位于山东半岛西南部胶州湾东口，"原来只是个小小的渔村，位置靠近胶州湾入口附近的小岛，因这个小岛的郁郁葱葱而得名"④。明代为加强海防，设置

---

① 王铁崖：《中外旧约章汇编》第一册，生活·读书·新知三联书店，1957年，第145页。
② 杨大辛：《天津的九国租界》，天津古籍出版社，2004年，第170页。
③ 庄林德、张京祥：《中国城市发展与建设史》，东南大学出版社，2002年，第194页。
④ 青岛市档案馆：《帝国主义与胶海关》，档案出版社，1986年，第47页。

第三章 清代城市形态的变化

卫所，直到清光绪十七年（1891），"调登州镇总兵章高元率兵四营，移驻胶澳"①，建总兵衙门，并修栈桥，青岛成为重要海防重镇。19世纪末帝国主义掀起了瓜分中国的狂潮，在这次侵略过程中，清政府于1897年被迫与德国签订了《胶澳租借条约》，将胶州湾租借给德国，时间为99年。德国占领青岛初期以建设军事设施为主，同时为把青岛建成其掠夺中国原材料和推销商品的口岸，也非常重视港口建设。但德国人并非局限于将青岛建设成为一个港口的目标上，而是希望将其建设成为东方大港和港口城市，因而德国人高度重视对青岛的城市规划，青岛的城市建设和空间形态是在德国殖民者精心规划下而形成的。1900年德国人编制了《青岛城市规划》，以期在这里建造一个新的城市，并将其命名为青岛。根据该城市规划，德国人将青岛划分为青岛区和鲍岛区两部分，青岛区以德国人居住为主，鲍岛区则以中国人居住为主，整个城市按照青岛的地形和地貌顺势而建。在城市的功能分区上，将铁路线沿着市区西边缘和胶州湾东岸分布，并根据铁路线的方向在市区北侧设置大小码头，以便连接水陆交通。在铁路线的西边则为市区，市区实行功能分区：将太平路、青岛路、广西路一带设为商业区；沂水路、江苏路一带设为花园式住宅区，市区东南部为别墅区，市区西部则为发电厂、屠宰场和兵营。② 晚清时期，青岛的城市建设基本上是按照该规划循序进行。1904年胶济铁路通车，1906年青岛建成深水码头，实现了商港、军港兼备的计划。当胶济铁路和港口建成后，青岛的商业贸易急剧增长。"1899年青岛对外贸易总额为2210164海关两，到1911年已达到46141657海关两。"③ 经济的发展成为城市迅速崛起的催化剂，青岛从一个偏僻的小渔村发展成为一个现代典型的交通枢纽城市。城区人口从1902年的一万四千余人增加到1910年的38264人。青岛城区人口稳步增长，"城区面积扩展为80平方公里，比原市区扩展4倍左右"④。这主要是由于德占时期德国努力经营市政的结果。

德国占领胶州湾的最重要目的就是使之成为德国在远东的重要港口，所以青岛的建设重点是从港口和铁路开始，德国殖民者首先在胶州湾内建造了小港、大港两个码头，将胶济铁路引入市区，使之沿着海岸线深入市区，并与港口连接。在铁路的东边，则为市区，市区南部为欧人区，北部为中国人区。在欧人区，以市政公署为中心，建造了供欧洲人生活和居住用的一系列建筑。德国人的官衙公署及住宅和商业区建在市区西部，稍东的太平湾海岸一带，则成为别墅区和海军陆战营、炮兵营的营房。而在中国人区，则主要是华人的住宅和商店之地。华人居住的城区空间较欧人区狭窄，环境也远差于欧人区，反映了德国殖民者严重的民族歧视心态。青岛的城市建筑风格多采用当时欧洲较为流行的文艺复兴式，建筑古朴、坚固而又不

---

① 赵琪修：《胶澳志》卷一，民国十七年铅印本。
② 谭文婧：《德占时期青岛城市规划研究》，青岛大学2009年硕士学位论文，第9—10页。
③ 交通部烟台港务管理局：《近代山东沿海通商口岸贸易统计资料》，对外贸易教育出版社，1986年，第10—11页。
④ 李万荣：《试论德租时期青岛的对外贸易与城市的近代化》，《长春师范学院学报》，2002年第3期。

失典雅,具有较高的艺术水平和使用价值,使红瓦、蓝天、碧海成为青岛的整体城市形象。青岛的道路建设也很有特色,整个城市的道路体系采取"自由组团与棋盘式布局体系,使道路形态顺山依势,顺坡就地,既有机地把各功能区加以串联,又使各功能区内形成自我协调的道路网结构,以适应不同区域的不同需求"[①]。通过对青岛城市发展的概述,我们可以看出,整个青岛城市的空间形态一方面具有近代城市的特点,不论从功能分区、港口建设还是道路系统布局都与传统的城市空间形态不同;另一方面城市的空间形态也带有浓厚的殖民色彩,这从带有欧式风情的建筑、华欧分区等方面都可以看出来。

(二)大连城市空间形态和结构的变化

大连地处辽东半岛南端,是一个天然的优良港口,在沙俄租借前只是一个有着几十户人家的小村庄。大连城市的形成和发展是在俄国和日本两个殖民国家的主导下形成的。1898年,俄国逼迫清政府签订《旅大租地条约》,强行租借旅顺口、大连湾及其附近海面,俄国享有在租借地内完全的行政管辖权。1899年沙皇尼古拉二世命令在大连湾建城,称为"达鲁尼",开始了对城市的早期建设。1902年将其定为特别市,1905年日俄战争结束,日本把"达鲁尼"改为"大连"。在1899—1911年沙俄和日本占领期间,除兴建港口、铁路外,市区被规划成行政街区、欧罗巴街区、中国街区三部分。[②] 城区内兴建行政、商业、金融、邮电、文化娱乐等大型公共建筑,供水、电力、照明灯等设施也相继完善。此外,还建造了两处大的公园,一处位于中国区和行政街区之间,一处位于原东青泥洼村,在欧罗巴区也建造了两处小公园。经过几年的发展,大连逐渐成为东北地区最为重要的港口贸易城市。"1904年大连城区人口已达8.5万人,城区面积超过8平方公里。"[③] 1904年,日俄战争爆发,俄国将包括大连在内的"南满"权利转让给了日本,在1904至1911年短短几年内,日本接管大连后,在继承俄国所做的大连城市规划的基础上又有所改动,将大连中心区划为工厂区、居住区、商业区和混合区。

---

① 宋连威:《青岛城市的形成》,青岛出版社,1998年,第77页。
② 庄林德、张京祥:《中国城市发展与建设史》,东南大学出版社,2002年,第204页。
③ 《大公报》,1903年8月10日,《旅顺户口统计》。

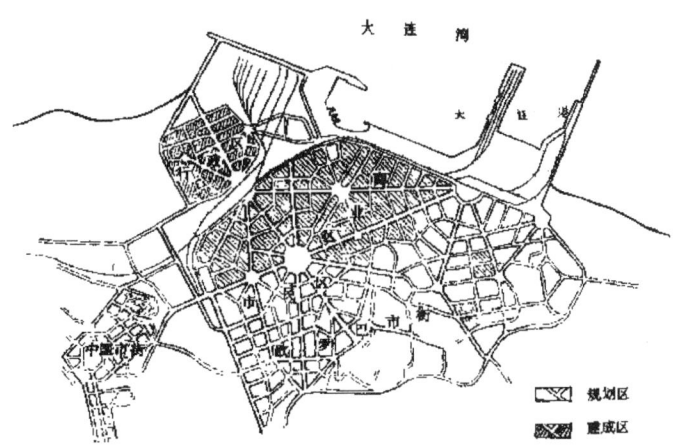

图 3-7 沙皇俄国占领时期的大连示意图

曹洪涛、刘金声：《中国近现代城市的发展》，中国城市出版社，1998 年，第 152 页。

不论是俄国占领时期还是后来的日本占领时期，大连城市的空间形态基本上按照近代港口城市规划来建设，城市道路呈现放射状展开，内部空间布局则按照居住区、商业区、行政区、工业区的布局来建设，具有鲜明的近代工商业城市的特点。同时，和青岛一样，大连城市的空间形态也呈现出浓厚的殖民地特征，在晚清大连城市建筑中，许多建筑都带有浓厚的俄罗斯风格和日本风格。

三、新兴工矿业城市空间形态和结构的变化

19 世纪后期至 20 世纪初，随着近代工业的兴起与矿产资源的大量开发，中国相继出现了一批工业城市和工矿业城市。

（一）工业城市空间形态和结构的变化

工业城市是工业生产活动在整个地区社会经济生活中占据主导地位的城市。工业城市的工业区和工业点分布相对集中，距离较近，彼此间保持一定的协作关系和生产经济联系，并使用共同的城市基础设施和建有统一的居民点系统。工业城市多形成于资源丰富、地理位置优越、经济基础雄厚的地区，其规模大小主要取决于工业生产水平和组织系统的发展特点。

我国的近代工业开始于 19 世纪 60 年代的洋务运动，首先从兴办军事工业开始。随着帝国主义侵略的加深，统治阶级中的一些有识之士在维护清朝封建统治的基础上，主张学习西方技术和发展工业，兴起了以"自强""求富"为目的的洋务运动。在他们的倡导下，1865 年至 1895 年的三十年间，中国先后兴办了 30 多个军事、民用工厂。其中包括采矿、冶铁、纺织等工矿业以及航运、铁路、电讯等交通运输业。一些官僚、地主和商人直接投资近代企业。从此，我国民用工业开始得到发展。1911 年之前，我国逐渐形成了以上海、武汉、广州三大城市为中心的南

方工业中心；以天津、青岛两大工业城市为中心的北方工业中心。另外，在长江三角洲地区也出现了典型的民族工业城市，如芜湖、南通、无锡等；东北地区的沈阳、大连以及济南的新兴加工业，长江中下游的九江、安庆、长沙等城市的轻纺工业都有了发展。工业的发展促使城市逐渐向有利于工业发展的郊区扩展。由于上海、天津、青岛、沈阳等工业城市同时也是开埠城市或殖民地城市，因而此处着重分析芜湖、南通两座新兴工业城市。

芜湖位于长江中下游与青弋江交汇处，是长江沿岸一座重要的港口城市，是清代四大米市之一。1876 年中英签订《烟台条约》，被辟为通商口岸。1877 年 4 月 1 日设立芜湖海关，正式对外开埠。1902 年，签订《芜湖租界租地章程》，规定芜湖不设专管租界，而开为各国公共通商场。开埠通商及租界的划定为芜湖城市的发展带来契机，"外商纷至，轮舶云集，内外转输沪、汉之间"①，城内修建码头、马路、沟渠、桥梁等工程，很快成为长江沿岸重要的通商口岸。芜湖在依赖传统经济行业的基础上，大力发展工业，"1897—1907 年间，投资万元以上的企业就有 6 家"，"1877 年芜湖贸易总额为 158 万海关两，到 1885 年达到 525 万海关两，90 年代初，超过了 1000 万两"。工业的发展成为芜湖城市发展的重要推动力量，城市的空间规模和人口规模随着经济的发展得到迅速增长，"城市规模由原来的 0.75 平方公里，扩展到 2.4 平方公里。人口也由 1878 年的 40000 人增加到 1910 年 137000 人"②。

南通是近代工业城市中民族工业分布最为集中的城市之一。它地处富饶的长江三角洲的中心，有丰富的资源以及优越的交通条件，又有历史悠久的工商业传统，加之接近上海可以得到有效的技术支撑，所以南通的工业在清末得到迅速发展。"1899 年大生纱厂、1901 年通海肯牧公司、1903 年广生榨油厂、1904 年阜生蚕桑染织公司、1908 年建复新面粉厂等相继开工投产，到 1911 年南通共建工厂 12 家，总投资 500 万余元。"③ 近代工业的发展导致南通城市的空间规模迅速突破城墙的限制，向大运河和长江沿岸发展。南通城市的发展在保存原有的基础上，一面改建废弃的新城，一面另外选择城西的唐闸作为工厂的地址，天生港作为港口、运输枢纽，进一步修建狼山，结果使整个城市的结构发生了巨大的变化，从单一的、由城墙围合的封建州城，发展成为商业区、工业区、住宅区等功能分区合理的近代工商业城市，城市的重心由旧城向城南新城区转移。到 1909 年时，城市人口已达到了 96169 人。④ 南通城市的空间规模和人口规模的变化深刻说明了近代工业在城市发展过程中的推动作用。

---

① 鲍寔等纂修：(民国)《芜湖县志》《芜湖新修县志·序》，民国八年石印本。
② 隗瀛涛：《中国近代不同类型城市综合研究》，四川大学出版社，1998 年，第 454 页。
③ 汪敬虞：《中国近代工业史资料》第二辑下册，科学出版社，1957 年，第 109 页。
④ 曹洪涛、刘金声：《中国近现代城市的发展》，中国城市出版社，1998 年版，第 197 页。

第三章 清代城市形态的变化

（二）工矿业城市空间形态和结构的变化

工矿业城市是因矿产资源开发而形成的城市，既有以一种矿产资源而兴起的城市，也有以两种以上资源为主要开发项目而兴起的城市。中国近代工矿业城市始于19世纪60年代，典型的工矿业城市有以开采煤为主的直隶唐山、临城、井陉，河南焦作，山西阳泉、大同、晋城，山东枣庄，江西萍乡，以及东北的抚顺、本溪、鹤岗等城市；以开采铁矿为主的城市有辽阳、鞍山、本溪等；以开采有色金属为主的有湖南新化、常宁水口山，江西大庾，安徽铜陵等城市。① 这些地区的矿产资源在19世纪中叶至20世纪初先后得到开采，由于产业和人口的聚集，形成了新兴的工矿业城市。以上这些城市除唐山等少数城市由于矿山资源开发较早，在清末已经形成城市外，其他大多数资源型城市在晚清时期还处于初始状态，直到民国之后才开始发展成为比较完整意义上的城市。总体上考察，这些工矿业城市由于工矿业开发而兴起，城市空间形态既不同于传统行政中心城市和开埠城市，也不同于近代殖民地城市。这些城市的空间形态和结构主要围绕矿区构建，加之普遍没有科学的城市规划，城市空间形态多数呈现出散乱、复杂的特征，城市功能分区也不明显。

唐山是典型的工矿业城市，其形成和发展与资源的开发紧密相连。唐山位于华北平原东部，煤、铁等资源丰富。"古时本为荒场，到1417年才开始编屯置村，人口逐渐增多。居民主要务农外，也从事土法采煤等一些传统的工矿业，但直到19世纪70年代还停留在手工业操作阶段。1878年唐山建乔屯镇，1889年改名唐山镇。"② 由于唐山地区的地下资源丰富，尤其是煤炭资源甚多，因而1877年直隶总督李鸿章奏请用近代方法开采唐山附近煤矿并获准，于是李鸿章开始筹办开平矿务局，开采唐山开平煤矿。同时，为了煤炭外运，清政府于1881年修建了从唐山到胥各庄的铁路，这是我国历史上第一条自建的铁路。除了开平煤矿和修建铁路之外，在唐山附近又修建了唐山铁路工厂、启新洋灰有限公司等企业，这些近代工厂和企业的陆续开办促进了唐山地区的发展，唐山开始了由村庄向城市的转变。

早期唐山城市是围绕着矿山的开发而自发形成的，并无科学的城市规划，城市中心主要在开平煤矿附近，所以城市的地域结构的重要特征就是城市建成区围绕矿场扩展。③ 由于矿产的开采，矿山的附近人口逐渐聚集，自发形成了具有一定规模的市镇，在最初的煤矿区形成了广东街。广东街上建有矿山技工及高级管理人员的住宅，沿街也相继建有商店、饭店、旅馆以及各种其他商业服务性建筑。1880年后又修建了煤矿管理处和兼做民事衙门的"东局子"。其时唐山规模不大，其建筑样式多元化，既有传统的四合院，也有洋式住宅，还有供矿工居住的简陋的集体棚屋。随着矿区的扩大和人口的增多，矿场附近的几个村庄相连成片逐渐形成聚落。

---

① 庄林德、张京祥：《中国城市发展与建设史》，东南大学出版社，2002年，第182—183页。
② 河北省唐山市地方志编纂委员会：《唐山市志》，方志出版社，1999年，第26页。
③ 隗瀛涛：《中国近代不同类型城市综合研究》，四川大学出版社，1998年，第590页。

在开平矿区的西部为窑柱厂及职工住宅区,西北部由于地势高,环境优美,为外国人居住地区。1881 年修筑了唐(唐山)胥(胥各庄)铁路,从此唐山开始发展起来。唐胥铁路于 1896 年通至山海关,1898 年通至天津。由于工矿以及交通业的迅速发展,唐山人口迅速增加,"到 1910 年人口由 1878 年的几十户,迅速增加到 50000 人"①。在工矿企业附近,原有的几个自然村面积逐渐扩大而相连成城市,城市围绕矿场向外扩展。与此同时,唐山城市的形成也为资源性产业的发展提供了更好的条件,与资源性生产相关的行业也日益成熟。唐山于 20 世纪初兴起了以启新洋灰公司为代表的民族工业,成为城市演进中的重要因素。工矿业和民族工业二者相互促进、相互影响,推动了唐山城市的迅速发展。随着唐山城市经济的持续发展和城市人口的不断增多,唐山城市建成区出现向南漫延的趋势。1910 年唐山铁路车站向南迁移,推动城市进一步向南扩展,在铁路线南部地区形成了新的城市发展中心区,城市建成区的面积扩大,形成了"街市包围矿厂,铁路分割市区的城市格局"②。(如图 3-8)

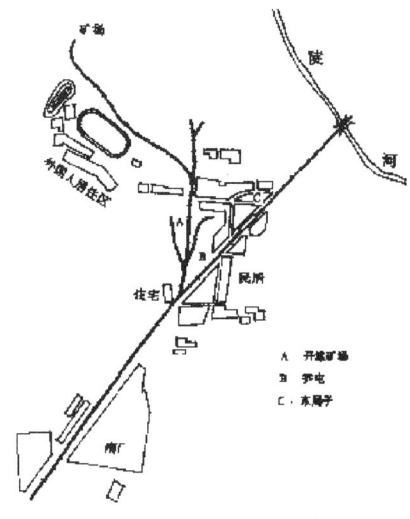

图 3-8　唐山早期城市空间示意图

曹洪涛、刘金声:《中国近现代城市的发展》,中国城市出版社,1998 年,第 207 页。

晚清时期唐山作为新兴工矿业城市,其城市的空间形态为自由发展式,与矿山的开发和铁路的兴建相一致,城市空间围绕着矿山的开发而不断推进,城市包围矿山;铁路的修筑使城市空间沿着铁路不断延伸,铁路在城区中将城市分割成几大块,从而形成了较之于其他城市更为复杂、纷乱的城市空间格局。唐山城市的乱象之所以出现,与城市发展过程中并没有制定科学的城市规划有着密切的关系,城市街区和建筑多是随着矿山的开发和铁路的修筑而随机修建。唐山成为近代中国新兴

---

① [美] 德·希·珀金斯著,宋海文等译:《中国农业的发展(1368—1968 年)》,上海译文出版社,1984 年,第 389 页。
② 隗瀛涛:《中国近代不同类型城市综合研究》,四川大学出版社,1998 年,第 590 页。

工矿业城市随机性发展的典型代表。

四、传统行政中心城市空间形态和结构变化

晚清以来，西方的侵略给中国国家和民族带来了深重的灾难，但是伴随着资本主义的侵略，西方先进的生产力和生产方式也随之传入。这些先进的生产力和生产方式传入中国，促进了中国传统社会的解体，推动了早期现代化的发展，由此也对传统的政治中心城市的空间格局产生了影响。

除了外国人在中国的开埠通商口岸城市兴办工厂以外，中国人也在部分城市开办现代工厂和企业。以李鸿章、曾国藩、左宗棠、张之洞为代表的洋务官员在"求强""求富"等口号下建立了一批近代军事工厂和民用企业，比较著名的有江南制造总局、福州船政局、天津机器局、轮船招商局、开平煤矿，等等。这些企业一般都开在沿海沿江的较大城市中，采用官办或官督商办的管理模式，引进西方的机器设备，制造军用或民用物资。这些洋务企业对中国民族资本主义企业的产生和发展也起了引导和示范作用。甲午战争之后，由于清政府放宽了民间开矿设厂的限制，中国出现了第一批民族资本主义企业。近代工厂企业的建设不仅对于中国近代经济发展有着重要的作用，而且对于部分城市的空间格局也产生了重要的影响。

西方资本主义对中国城市空间的影响不仅表现在开埠通商城市和新兴城市方面，而且也对中国传统行政中心城市产生了直接或间接的影响。中国传统政治中心城市是中国城市的主体，这些城市皆是在中国政治格局居于中心地位的城市，这些城市首先是作为政治统治的中心而存在的，主要包括都城、省会、府城、州县城等行政建制城市。晚清时期，这些传统行政中心城市受到西方政治、经济和文化等多种因素的影响，城市空间形态和结构开始发生了若干变化。作为清朝的都城，北京虽然相对保守，但城市内部空间结构在近代以后也受到多种因素的影响，进而发生了一些变化。

（一）晚清北京城市空间形态和结构的变化

清代中前期，北京作为清廷的首都，其城市空间布局分明，行政区位于内城，主要官署多位于从天安门到大清门的中轴线两侧。晚清以来，西方列强的势力进入中国，而且渗入京师，在北京建立了使馆。清政府不得已将东交民巷一带划为各国使馆区，一个与中国传统城市不同的新功能区在北京出现，从而改变了北京城市的空间结构和形态。东交民巷位于今北京天安门广场东路至崇文门内大街一带，旧名东江米巷，在元代时就已经存在，明代和清代中前期这里是藩属国来北京进贡时临时居住的地方。在第二次鸦片战争中，英法联军攻占北京，英法侵略者在城内大肆烧杀抢掠，并将皇家园林圆明园洗劫一空，使北京受到了极大的破坏。1858年英法等国逼迫清政府签订了《天津条约》，明确规定外国公使可以进驻北京，强行占领了东交民巷一带，在此建立了英法使馆。这一行为很快为美、俄、德、日、奥、

比等国效仿,他们也强迫清政府同意各国在东交民巷附近建立使馆。这样,东交民巷一带成为外国使馆的集中地,但此时的东交民巷还是中国民居、官府、使馆等各种建筑相互交错的区域。1901 年,西方列强与清政府签订了《辛丑条约》,鉴于在义和团事件中各国使馆成为进攻的重要目标,为了更好地保护使馆,条约特别规定:中国人概不准在此居住。这样就明确规定了东交民巷成为各国使馆的专属区,各国纷纷将原有的使馆面积扩大,并派驻军队,设置警察,开办银行,禁止中国人自由通行,东交民巷使馆区成为北京土地上的"城中之国"[①]。东交民巷使馆区的发展,是晚清时期北京城市空间形态变化的一个重要方面,它使北京城市空间的原有布局遭到破坏,以前作为清政府藩属国使臣驿馆的东交民巷区成为外国使馆区,区内出现了大量不同于传统风格的西式建筑群,这些都改变了城市的原来面貌,促进了北京城市空间形态的变化。

北京除了东交民巷区域的功能和形态发生变化外,若干新的政治、经济和文化机构的兴起,也对北京城市的空间产生了重要的影响:一是由于清政府职能的变化,出现了一些新的机构衙署,如海军部、陆军部、迎宾馆等。[②] 清末新政时期有更多的新机构出现,这些机构的修建和建筑样式改变了传统的衙署建筑形态,因而在一定程度上改变了北京城市原有的空间形态。另外,晚清新式学堂普遍建立,尽管不少学堂多沿用原来的老式建筑,但也建造了一些新的建筑物,这些新式建筑物的出现,也使晚清北京城市空间形态发生了一定变化。但这些建筑数量相比传统建筑较少,且分散于城区大街小巷,所产生的影响也就相对较小。

如果说行政机构建设对北京城市空间布局的影响相对较小的话,那么铁路的兴建对城市空间形态变化的影响则较为巨大。城市交通的变化对城市空间形态的变化往往产生较大的影响:一方面,城市交通线路的修建必然涉及原有城市建筑的拆除以及原有道路的改变;另一方面,新的交通路线的出现也带动路线周围区域的发展,并产生新的建筑。晚清时期"中国受西洋文明之激荡……渐以炼铁路代之"[③]。晚清时期,北京共建有三条铁路,分别是京汉铁路、京奉铁路和京张铁路。京汉铁路为北京至汉口的铁路,起初仅修建了从卢沟桥至汉口段,称卢汉铁路。1900 年之后,为了便于运输,英国强行拆除自正阳门沿内城墙向西到西便门一段城墙,铺设了从北京到卢沟桥的铁路,这也是北京城内最早竣工的铁路线。[④] 京奉铁路原为唐山至胥各庄铁路,后向两边延伸,北至奉天,西北至北京,全长计 1100 多公里。这条铁路的修建加强了北京和天津以及东北地区的联系。北京火车站开始修建在北京外城永定门外马家堡,但由于距离北京城较远,乘客多感不便。1901 年 4 月下

[①] 苏纳:《近代北京城市空间形态演变研究 1900—1949》,西安建筑科技大学 2009 年硕士学位论文,第 22 页。
[②] 董鉴泓:《中国城市建设史》,中国建筑工业出版社,1989 年,第 231 页。
[③] 白寿彝:《中国交通史》,武汉大学出版社,2012 年,第 165 页。
[④] 王亚男:《古都的近代化起步:1900—1911 年的北京城市建设》(下),《北京规划建设》,2008 年第 3 期。

第三章 清代城市形态的变化

旬,英国从马家堡重新动工修建该铁路,并将东便门外的一段城墙予以拆除,铁路通过东便门,沿内城墙至正阳门,在正阳门设终点站。① 从北京到张家口的京张铁路则是清政府自行设计建造的第一条铁路,由著名爱国工程师詹天佑主持建造,于1906年建成通车。这样,在北京出现了以京汉、京奉和京张铁路为干线的放射性的铁路网,成为全国铁路的枢纽。除了这些干线之外,还有一些支线铁路。这些铁路线都各建有几个火车站,从而使北京城内出现了大大小小的十几个火车站,这些火车站和铁路线一起,共同构成了北京城市的铁路景观。同时在建造铁路的时候,北京的部分城墙以及其他一些建筑也被拆除,传统北京城的封闭格局遭到破坏,从而促进了北京城市空间形态的变化,使城市的空间形态出现了不同于清代中前期的一系列变化。

近代以后,北京城市商业区、文化区也发生了重要的变化。清代中前期,北京的商业区主要集中于内城的东西四牌楼一带和外城的前门大街一带,尤其以前门大街一带最为繁华。除此之外,在北京还有许多的定期庙会、花会也是进行商品交易的主要场所。晚清时期,北京的商业区也发生了一些变化。"靠近东交民巷的崇文门内大街陆续出现洋店面,形成北京最早的洋风商业街。"② 此外,在王府井大街、东安市场、西单、前门火车站附近等处也分别出现了具有西式风情的新的商业建筑。这些洋建筑和洋店面的出现,使北京传统的城市商业空间形态发生了一些变化,对民国时期北京城市空间形态的变化产生了很大的影响。

晚清时期,北京文化区也出现了一定的变化,推动这种变化的主要因素也与外来因素有关。先是西方传教士在北京城内建造了若干所教堂和教会学校,这些教堂和学校建筑与中国传统建筑迥异,成为晚清北京城市空间形态最突出的变化之一。西方传教士在北京修建的教堂分散于各个区域,其中主要的教堂有宣武门内东侧的南天主教堂、王府井大街北端路东的东天主教堂、西什库地区的北天主教堂、西直门内的西天主教堂、台机厂大街的圣米厄尔教堂、门头沟张家铺的天主教堂、西城的基督教中华圣公会教堂、东单的基督青年会教堂等。教会学校也是在西方教会支持下修建的,一开始主要是初、中等学校,后来逐渐发展成为教会大学,比较重要的有美国基督教公理会创办的育婴学堂、贝满女校、由美国教会创办后改为英美合资经营的汇文大学等。③ 这些教堂和教会学堂在建筑风格上看都是西方式的,给传统的北京城市空间形态带来了一些不一样的色彩。

总之,晚清时期,北京城市商业区和文化区的变化不是体现在整体风格的改变上,而是通过各个散布在城内不同于传统商业、文化风格的建筑来体现的。这些带有西式色彩的建筑的出现,也对北京城市空间形态的变化产生了一定的冲击。

---

① 王亚男:《古都的近代化起步:1900—1911年的北京城市建设》(下),《北京规划建设》,2008年第3期。
② 杨秉德:《中国近代城市与建筑(1840~1949)》,中国建筑工业出版社,1993年,第415页。
③ 曹子西主编,魏开肇、赵蕙蓉著:《北京通史》第八卷,中国书店出版社,1994年,第123—128页。

(二) 清朝沈阳城市空间形态和结构的变化

沈阳城历史悠久，"辽金沈州治，元为沈阳路总管府治，明为沈阳卫"，辽代时在沈州筑有土城。金末，土城毁于战火；元时重筑土城。明洪武二十一年因旧址增筑四门，修筑砖城。据记载，新建砖城"因旧修筑，周围九里三十步，高三丈五尺。池二重，内阔三丈，深八尺，周围一十里三十步"。"天聪五年因旧城增拓其制，内外砖石。高三丈五尺，厚一丈八尺，女墙七尺五寸，周围三百一十二步。周九里三百三十二步。城外池阔十四丈五尺，周十里二百四步"①。"天命十年，以沈阳为形胜之地，王气所钟，遂定都焉。太宗文皇帝底定全辽。筑城垣，建坛庙，营宫阙，号曰盛京。"②清太祖努尔哈赤迁都盛京后，首先建设宫殿，后金十年（1625）开始修建沈阳，至乾隆四十四年（1779）建成。康熙十九年（1680）进行扩建，即建圆形土筑外廓，并由原城之八门通向东、西、南、北的八关。增加的城郭与城墙之间为"城厢"，"郭高七尺五寸，周三十二里四十八步"③。

从清入关前对沈阳城市的大规模建设可以看出，沈阳已经被满族统治者作为王城来修建，城市的主要功能以政治为主，即作为后金和清政权的政治统治中心。盛京城内"百工具备"，钟楼与鼓楼之间店肆栉比，百货云集，经济优势逐渐增强。

鸦片战争之后，随着东北地区的开放，沈阳也发生深刻变化。光绪十年（1884），清政府在沈阳开辟有线电报业务，并开辟了奉天至安东、吉林、珲春的电报线路，在东北形成以奉天为中心的近代通信网络。光绪二十四年在沈阳设立华盛官钱局，发行钱帖。光绪二十九年《中美续议通商行船条约》及《中日通商行船续约》开奉天府为商埠，允许外国人居住、贸易，并于光绪三十三年正式规定"奉天省城商埠地"地界，其位于沈阳老城西门外与满铁附属地之间的城市中心地带，总面积为 21.7 平方公里。光绪三十二年，经前制军赵尔邑奏准修筑马路，辛亥革命前沈阳城内共修筑马路 3931 丈。④ "光绪二十三年，俄国开始修建中东铁路支线，翌年俄国人进入沈阳，并划出西郊共 6 平方公里的土地为铁路用地……其中，铁路用地 1.2 平方公里，市街用地 4.8 平方公里。"⑤ 1903 年中东铁路全线通车后，沈阳城内有大量的外国人来来往往，大力进行官衙、事务所、店铺、旅馆、住宅等建设。城内的井街及大北、小北、大西、小西地区店铺林立，工商业繁荣，城市形态发生很大的改变。

随着开埠通商以及铁路、通讯、银行等先进发展载体的影响，沈阳古城的建设形制受到冲击，城市的结构形态及城市职能发生转化，城市建设向外扩展。清代沈阳为中国传统的城市空间结构，城内街道成为南北东西相交叉的"井"字形，平面

---

① 王河等：《钦定盛京通志》，文海出版社，1965 年，第 293 页。
② 穆彰阿、潘锡恩等：《嘉庆大清一统志》卷五十七《盛京统部》，《四部丛刊续编》影旧钞本。
③ 王河等：《钦定盛京通志》，文海出版社，1965 年，第 294 页。
④ 赵恭寅、曾有翼：《沈阳县志》，成文出版社，1974 年，第 358 页。
⑤ 吴晓松：《近代东北城市建设史》，中山大学出版社，1999 年，第 132 页。

呈廓圆形。内城为方形的铜钱型，是沈阳城市的核心。随着开埠通商以及铁路修建，沈阳城与铁路附属地的联系日益密切，逐渐形成了古城与新城相结合的双核心城市形态，城市空间结构由过去的封闭型向开放型转变。铁路附属地建设完全是现代的城市街道框架及俄式建筑。随着人口的增多，铁路附属地成为沈阳古城的"新城区"。开埠通商推动了沈阳工商业繁荣，城市经济发展，人口增加，城市规模扩大。1908年，沈阳城市人口超过20万。[①]

（三）其他重要传统政治中心城市空间形态和结构的变化

除了北京城以外，其他重要传统政治中心城市的城市空间形态也在欧风美雨的影响下发生了一定变化。一是传统行政中心城市在外部形态方面开始突破原有城墙的限制，产生了变化。晚清以来，一些传统行政中心城市由于近代经济的出现，在城墙的外面靠近交通要道的地方出现了新兴的商业聚居点，使得这些传统中心城市空间开始突破原来城墙的限制，向城墙的外面发展，从而改变了这些城市原有的外部形态。特别是一些在清代中前期呈现方形或圆形的行政中心城市，在晚清时期开始向不规则形状转变。如山东省会济南在清代中前期其城市空间主要局限于城墙内部和东西南北四关之地，以西关区域最为繁华。清末胶济铁路和津浦铁路相继通车，带动了城市铁路沿线地区的发展，在这种情况之下，清政府为了促进济南城市经济的发展，同时避免济南利权为西方列强所攫取，将济南西关以西，胶济铁路以南，东起十王殿，西到南大槐树，南沿长清大道，北至胶济铁路以南的约4000亩地的区域辟为商埠[②]，作为中外商民交易通商之所，济南成为近代较早的自开商埠口岸。济南的开埠地区由于交通地理条件便利，近代工商业很快发展起来，成为济南新兴的工商业聚集区。后来随着这一区域的发展，开埠区逐渐成为老城以外的另一新的城区，城市的发展突破了城墙的限制，城市空间形态出现了较大变化。（如图3-9）

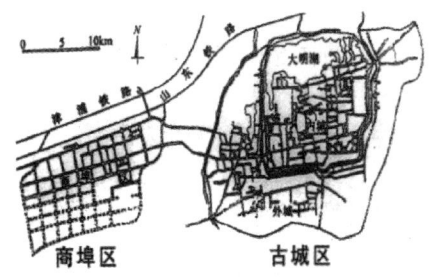

图3-9　济南开埠简图

孟宁：《近代济南城市空间转型及发展研究（1904—1948）》，西安建筑科技大学2009年硕士学位论文，第33页。

---

① 曲晓范：《近代东北城市的历史变迁》，东北师范大学出版社，2001年，第62页。
② 党明德、林吉玲：《济南百年城市发展史——开埠以来的济南》，齐鲁书社，2004年，第79页。

二是部分传统行政中心城市也相继出现了一些近代基础设施和建筑，在一定程度上改变了城市的内部空间布局。清代中前期，行政中心城市在功能上是以政治功能、军事功能为主，其首要功能是作为清政府统治的堡垒而存在的，虽然也存在一些商业性、公共性的建筑，但都是作为政治、军事功能的辅助而存在的。晚清以来，这些行政中心城市虽然仍旧担负着作为政治、军事中心城市的功能，但近代经济和文化因素已经无可避免地渗透进来了，近代经济建筑、社会公共建筑逐渐出现，这就在一定程度上改变了城市原有的内部空间布局，使城市的内部空间结构发生了改变。随着一些具有近代意义的工商业企业的成立，城市内部出现了商业公司和工厂，并随之出现了新兴的商业区域，使城市的商业空间发生了变化。另外，城市的文化空间也发生变化。先是西方传教士在这些城市建立教堂、教会学校以及教会医院。这些教堂、学校、医院等公共建筑也使原有城市的公共空间发生了相应的变化。此外，为了适应近代新的形势发展的需要，这些行政中心城市也设立了城市管理机构、警察机构、审判机构等近代行政机构，这些新机构一般是沿用传统的行政衙署或其他建筑，部分为新建，同样也改变了城市原有的空间结构。如陕西省会西安在清代中前期是西北地区重要的行政中心城市，城市内部空间布局继承了自明代以来的内部空间形式，城市以钟楼为中心，城内大街向四座城门辐射，在城的东北隅为满城，东南隅则为驻扎绿营兵的南城。可以说整个西安城的东半部分主要为兵营建筑，城的西南方向则是众多的衙署所在地，商业区域则主要集中于西大街、北院门一带，属于典型的政治中心城市空间布局样式。① 晚清时期，西安受到近代各种因素的影响，城市的空间布局发生了局部的变化，尤其是清末新政以后，西安这个典型的内陆行政中心城市也开始了缓慢变化。在城市的工商业方面，1904年商人邓永达建立了西安第一所火柴厂；光绪三十一年（1905）陕西巡抚允生在抚院外甬道左右建造楼房十楹，招商开业，这就是后来南院门的第一市场。宣统元年（1909），又出现了惠丰祥、庆丰裕、文盛祥等十家洋货铺。在城市科教文化布局方面，一些西方来的传教士除了在西安建立供传教用的各种天主教堂和耶稣教堂以及其他宗教设施之外，还在这里建立了一些近代意义上的新式学校和医院等公共机构。在清末新政时期，清政府废除了科举考试制度，促进了新式学校的勃兴。清政府在西安创立了一系列的新式学堂，如陕西大学堂、武备学堂、巡警学堂、政法学堂、农林学堂（今西北大学）、师范学堂、女子小学堂，等等。② 除此之外，西安还出现了诸如西安警务总局、西安电报局、西安红十字会医院等新式机构，这些散布于城市各个地方的近代机构以及承载它们的各种建筑在一定程度上改变了西安的城市内部空间形态，成为近代西安城市空间形态转型的开始。

晚清时期，中国传统政治中心城市的空间形态和结构相继发生变化，但不同级别、不同地域的传统政治中心城市在空间形态和结构方面的变化并不相同。一般而

---

① 曹洪涛、刘金声：《中国近现代城市的发展》，中国城市出版社，1998年，第278页。
② 曹洪涛、刘金声：《中国近现代城市的发展》，中国城市出版社，1998年，第279页。

言，城市的行政等级越高，城市的变化幅度越大，基层的县级城市特别是边远地区的县级城市变化相对较小，甚至没有什么变化。晚清城市的变化是外来因素和内部自生因素相互作用的结果，外来因素的刺激起着相对主要的作用。在这种情况下，行政级别越高的城市（主要指都城、省城和一些大的府城）越容易成为西方列强关注的对象，西方列强在这些大城市攫取特权，广泛建立近代工厂、商铺、医院、学校等设施。受这些因素的影响，各种官督商办企业和民族资本企业也开始出现在这些城市中。与之相反，那些行政级别较低的区域行政中心城市（主要是一些边缘地区的府城和大部分州县城）则由于较少受到近代外来因素的刺激，风气闭塞，加之又是传统的行政中心，封建保守势力本来就比较强大，使得这些城市在晚清时期并没有太大的变化，城市空间形态和结构的变化也就极其有限。民国二十五年的《续修清平县志》载有两幅山东省清平县的地图，一幅是嘉庆年间的，一幅是宣统时期的，我们把两幅不同时期的清平县地区加以比照后发现，虽然两幅图从时间上看相差 100 余年，但两幅图所显示的清平县城无论是从空间形态还是内部结构，几乎没有什么区别。

小　结

清代城市在中国整个城市发展过程中起到了承上启下的重要作用，这一时期的城市一方面继承了中国古代传统城市的基本特点，同时又打上了清代城市的印记。在传统和近代的双重刺激下，清代城市的空间形态有许多不同于前代的特点。

第一，清代城市空间形态的承上启下性。

首先，清代中前期城市外部空间形态具有很强的历史继承性。清代是中国农业时代最后一个君主专制王朝，清代中前期城市的外部空间形态仍旧具有中国农业时代城市空间形态的基本特点。凯文·林奇在《城市形态》一书中说：古代中国人认为："城市应是正方形的，规则的，坐北朝南的，强调围合、城门、序列、有意义的方向，以及左右对称。以创造与维持宗教和政治的秩序为明确的目标。"① 林奇的说法与清代城市的外部空间形态是相一致的，清代中前期城市的外部空间形态一般呈现比较规则的方形、圆形等且以方形城市所占比例最多，这和整个中国古代城市的外部空间形态的特点是一致的。只有那些由于客观原因不能建成方形或圆形的城市才会建成不规则形。除了单体城市之外，在清代中前期还有许多复式城市。在城市的内部空间形态方面，作为首都的北京城拥有与其他城市不同的城市空间布局。从城市的地理空间来看，整个北京城是一个由宫城、皇城、内城和外城组成的

---

① ［美］凯文·林奇著，林庆怡、陈朝晖、邓华译，黄艳译审：《城市形态》，华夏出版社，2001 年，第 7 页。

四重城，符合中国古代都城的城市空间布局特点，体现了大一统君主专制帝国的威严性。在府县地方城市空间形态方面，仍然受到政治功能的影响，以行政衙署建筑为核心。这些重要机构和建筑一般布局在城市的中心区域，充分体现了中国古代城市的政治优先性。总之，清代城市空间形态是对整个中国古代城市空间形态的继承，体现了中国古代城市空间形态的基本特点。

其次，晚清时期，是中国社会的转型开端，城市空间形态也随之而发生变化，从封闭式空间向开放式和自由式空间转变。随着欧风美雨的渗入，中国城市现代化也开始启动，城市空间形态也随着城市转型而发生了多种变化。包括传统行政中心城市在内的各类城市的外部形态都相继突破城墙的限制向外部发展，许多方形或圆形城市开始向不规则形转变，城市内部开始出现具有近代意义的各色建筑，改变了城市原有的风格和布局。开埠通商城市的出现使中国城市发生分化，尤其是建有租界的城市更是如此，租界成为独立于中国传统城市旧城区之外的新城区，使这些设有租界的城市规模不断扩大，城市中心区也由原来的旧城区转移到了租界地区。除了传统城市、中心城市和开埠通商城市之外，还出现了新兴殖民地城市和新兴工矿业城市，这两类城市都是近代新兴城市的代表，其空间形态与清代中前期城市的空间形态迥异，深深地打上了殖民地城市和近代工矿业城市的色彩。这些变化是与整个晚清时期社会由传统向近代的转型相一致的，城市开始突破传统的束缚，转变为具有近代职能的新型城市，城市空间形态的变化正是对这一转变的最好诠释。

第二，清代城市空间形态与西方城市空间形态相比也有其独特性。

首先，清代中前期城市空间形态仍具有传统城市的特征，城市的外部形态呈现规则状，其中方形城市所占的比例最大。而这一时期的西方城市外部形态则以不规则为主。这是由于这一时期西方城市的空间形态是适应近代资本主义市场经济发展的结果，城市的形态随着市场的扩展而不断扩展。这一时期政治性仍旧是中国城市的第一特性，由于清政府实行闭关锁国的对外政策，城市的对外贸易极不发达，故而城市外部形态仍旧是传统政治性城市空间形态的延续。在城市的内部形态方面，清代中前期的城市内部布局也没有跳出传统城市空间布局的窠臼，仍然按照中国古代城市空间布局的理论进行布局，在城市的中心位置为行政建筑，具有典型的政治性。而在西方城市则以市场或市政广场为中心，反映了城市内部空间和市场经济之间的紧密联系，城市内部空间具有开放性。

其次，晚清城市的空间形态开始向现代化改变，城市的外部形态开始突破城墙的限制向不规则形转化。中国城市的外部形态也具有了近代城市的某些特点，但这一时期的城市空间形态仍旧具有传统城市空间形态的许多特点，城市的空间形态是传统和近代的混合体。而西方城市在工业革命之后开始向近代工业城市转型，近代城市规划开始在城市空间形态的形成过程中占据主导地位。总之，清代城市空间形态和西方城市空间形态之间有着许多的差异性，从根本上说是由于中西之间不同社会经济体制造成的，这一时期的西方已经进入资本主义社会，市场经济、三权分立

的民主制度已经成为西方社会的基石,而清代则仍旧为专制主义中央集权社会,在经济上商品经济发展仍旧不充分,这就决定了此一时期中国城市的空间形态与西方有很大的不同。

第四章 清代十八行省城市分布的变化

在中国城市发展史上，清代城市处于承上启下的地位。清朝是中国历史上最后一个封建王朝，处于传统农业社会向工业社会过渡的时期，清代城市的发展也体现了传统农业社会城市向工业城市过渡的特点。通过对清代城市分布的特点、变化、规律和影响等进行分析研究，能够让我们获得对清代城市的整体发展更为清晰的认识与了解。清代是现代中国疆域定型的重要时期，清朝"继承了中国历代王朝和周边各民族政权的领土遗产，完成国家的统一，对边疆地区实行有效的管辖"①。由于清代广大内陆边疆地区的居住人口以少数民族为主，其自然地理环境、经济发展水平、人民的生活习惯和精神文化信仰等与内地汉族人有很大差别，因而清统治者在东北、蒙古、新疆设立五个将军辖区，对这些地区实行军府制管辖，在西藏设西藏办事大臣和达赖喇嘛辖区，在科布多设立参赞大臣辖区，在青海设西宁办事大臣辖区。清政府对这些被称为"藩部"的地区实行"因俗而治""因地制宜"的统治。同时在继承元明两朝地方行政制度的基础上，清政府先后在内地设置了十八个行省，下设府、州、县进行分级管理，由此形成了清代省、府（州）、县（州）三级城市行政等级体系。

清代十八行省是指清王朝在中国内陆地区设置的十八个行省。光绪朝以后，清政府因外部危机和加强边疆统治的需要，又先后在台湾、新疆和东北地区增设了五个行省。清朝的十八行省地区是中国传统的农耕区和中华文明的核心区域，也是城市最集中的地区，研究这一地区的城市分布情况，并结合、对比清代藩部城市的分布研究，才能够全面、系统地了解清代城市分布的总体情况，并真正归纳出清代城市分布的总体特征。

第一节 清代十八行省城市空间分布

行政区划是国家对行政区域的划分，具体来说是国家根据政治统治和行政管理的需要，按照一定的原则，综合考虑经济联系、历史传统、地理条件、民族情况、风俗习惯、区域差异和人口密度等各种要素，将国土划分为若干层次和范围的行政

---

① 成崇德：《论清朝疆域形成与历代疆域的关系》，《中国边疆史地》，2005年第1期。

第四章
清代十八行省城市分布的变化

区域系统,并在各个不同层次的区域设置相应的各级地方国家政权机关和行政机关,行使国家权力,实施公众管理,为社会生活、公众交往确立地域空间。

一、行政区划与城市分布的关系

中国古代城市群落都是建立在一定行政区划基础之上,按照一定的原则进行组织布局,从而建构起具有相互联系的城市空间网络体系。因此,行政区划对城市分布有着重要的影响。

首先,行政区划制度是构建城市分布体系的基础。在古代,城市指的是有一定人口聚居的、筑有木质或石质城墙等防御工事的城邑。中国从夏代开始筑城,城指具有一定政治行政功能的大型聚落,其中处于中心地位的城邑称为"都"。[①] 在远古时期东亚地区有很多这样的邦国,"古者,四海之内,分为万国。城虽大,无过三百丈者;人虽众,无过三千家者"[②],其中处于中心地位的国家如夏、商、周成为"万国"的首脑,号称"中国"。虽然这一时期系统的行政区划制度还没有形成,但是这种邦国城邑分布体系为后来的郡县制行政区划制度的形成奠定了基础。

其次,行政区划制度与城市的分布发展有着相对的正相关关系。行政区划制度作为一个国家基于一定的政治、经济目的,在其统治区域内建立的一个由多层级、幅员不等的行政区域体系,势必会对一国内最基层的城市分布发展产生重要的影响。战国时期,秦孝公任用商鞅实行变法,商鞅对秦国的地方行政体制进行了改革,"并诸小乡聚,集为大县,县一令,四十一县"[③]。这一改革的结果初步奠定了中国两千多年来的郡县制基础,也促进了中国古代城市行政体系中县级城市的发展。后来历朝历代无论是采取郡县制、府州县制还是省府(州)县制,都是以县为基础行政单位,在县级行政基础上进行层级划分。纵观秦代到清代的县级政区数目,基本上处于相对稳定状态,县级政区数目与县城数目具有正相关的关系,这说明行政区划制度与城市分布状态有着密切的关系。(见表4-1)

表4-1 历代县级政区数目变化简表(单位:个)

时期	年份	县数	县级政区数
秦		约1000	—
西汉	前8年	1350	1587
东汉	140年	1180	
三国	265年	1190	

---

① 张明庚、张明聚:《中国历代(公元前221年—公元1991年)行政区划》,中国华侨出版社,1996年,第8页。
② 刘向:《战国策》,上海古籍出版社,1985年,第678页。
③ 司马迁:《史记》卷五《秦本纪》,中华书局,1982年,第203页。

续表

时期	年份	县数	县级政区数
西晋		1232	—
南北朝	580 年	1752	—
隋	607 年	1255	—
唐	740 年	1573	—
北宋	1102 年	1234	1270
元		1127	1324
明		1138	1427
清		1455	1549

周振鹤、李晓杰：《中国行政区划通史·总论、先秦卷》，复旦大学出版社，2009 年，第 67 页表 2。

行政区划制度对城市分布发展存在着一定的制约作用。在古代中国，政治因素是兴城建邦的主导因素，由于行政区划的变更，城市数量和分布状态也不断发生变化。在中国古代社会前中期，随着经济的发展、统治的需要以及边疆的开发等，在统治区域内部不断出现县、州、郡等地方行政单位的设置，随着这些地方行政单位的设置，往往在其治所产生新的城市，从这一层面上来说，行政区划制度对城市的分布发展起着积极的促进作用。但是，行政区域对于城市也会产生负面的影响。例如行政区划的合并或减少，会导致城市数量减少或者导致城市出现衰落。另外，行政区划对于经济类城市的发展也起到一定限制作用。宋代以后，随着商品经济的发展，市镇不断涌现，这种新兴的非农业人口聚落虽然不具有政治行政功能和文化教育功能，但经济功能却相当强大，由于未纳入国家的行政区划范围内，因而它的发展受到较大制约，相比于原有的行政城市来说，这些市镇具有地域范围小、人口相对较少、以经济功能为主的特点。① 到元明清时期，部分市镇得到较大发展，甚至在经济发展水平、人口数量以及区域影响力上超过了其所隶属的县治、府治，但是受到行政区划制度严格的层级性和政治性的限制，除了少数市镇能够升级为政治性城市外，大多数市镇直到清末都没有能够摆脱其所隶属的县治、府治的行政控制，从而制约了其进一步的发展，这成为帝制社会晚期城市化速度逐渐变慢的重要原因之一。

由上可知，行政区划制度与城市分布状态有着紧密的关系，行政区划制度萌芽于国家产生后的城市分布状态，在国家体制不断完善过程中对城市分布发展有着一定的促进作用，但随着时代的发展，行政区划严格的层级性和政治性逐渐成为影响城市化进程、制约城市分布发展的重要因素之一。

① 周振鹤、李晓杰：《中国行政区划通史·总论、先秦卷》，复旦大学出版社，2009 年，第 20 页。

二、中国行政区划沿革与城市体系

中国行政区划有数千年的历史,从夏商周时期开始酝酿。夏代中央对地方的行政管理体制是按照部族所居的活动范围地理区域进行管辖的。①商代开始采取分封的方式来统御分散的方国和酋邦。西周时期则全面推行诸侯分封制,使周王朝对地方诸侯有了一定程度的控制。但这一时期周王朝和地方诸侯之间的关系仍然仅是松散的藩属关系或附属关系,还没有形成真正的国家行政区划关系。虽然这一时期城市有了很大的发展,尤其是西周时期出现了中国古代第一次筑城高潮,兴建了上千个城邦,但是由于没有明确的上下隶属关系,也没有建立行政建置体系和实施行政等级,城邦分布也缺乏合理的规划布局和有机联系,因而没有形成全国性的城市体系。

春秋战国时期,随着兼并战争的频繁发生,为了有效管理新开拓的疆土,抵御他国的入侵,许多诸侯国相继在边疆地区和新占领区设置县、郡等地方行政区划,并建立相应的管理机构,明确上下隶属关系,设立行政区划专名,形成固定的行政建置,中国开始出现系统的地方行政区划。这一时期,各大诸侯国内部逐步形成了以郡统县为主的行政等级城市体系雏形,但是由于全国统一的行政区划系统还没有出现,故而没有形成全国性的行政等级城市体系。

秦灭六国后,在全国确立了统一的行政区划制度——郡县制。这种制度适应了建立统一的多民族中央集权国家的要求,也推动了中国城市行政等级体系的形成。从秦代开始,中国逐渐形成了"以朝廷所在城市为中心,以郡县城市为网络分布状的封建大一统的首都郡县制城市体系"②。后来的行政区划制度,无论是郡国并行、州郡县三级、州县两级还是道路制、行省制等,都是在秦代郡县制基础上的演化。

中国古代城市大多是政治军事性城市,实质上就是各级行政区划单位的治所,行政区划单位的数量决定着城市的数量,行政区划单位的等级性决定了中国古代城市体系具有严格的等级结构特征。因此,行政区划制度对中国古代城市的空间分布有着重要的影响,直到晚清以后才有所减弱。

从顺治元年(1644)清军入关开始,清朝成为中国历史上最后一个帝制王朝。其疆域十分辽阔,最盛时"东极三姓所属库页岛,西极新疆疏勒至于葱岭,北极外兴安岭,南极广东琼州之崖山"③,面积有1300多万平方公里。

从清朝国家政区地理的角度来看,全国主要由两部分构成,即藩部和本部④,也可以称为藩部和直省(行省)。藩部主要包括内蒙古(内札萨克蒙古二十四部)、外蒙古喀尔喀部、厄鲁特、回部、西藏五部分,另外再加上清朝统治者的龙兴之地满洲(即东北地区)。本部是指内地十八行省:直隶省、山东省、山西省、河南省、

---

① 张晋藩、王超:《中国政治制度史》,中国政法大学出版社,1987年,第24页。
② 何一民:《中国城市史纲》,四川大学出版社,1994年,第33页。
③ 赵尔巽等:《清史稿》卷五十四《地理一》,中华书局,1976年,第1891页。
④ 萧一山:《清代通史》卷中,商务印书馆,1928年,第154—155页。

陕西省、甘肃省、湖北省、湖南省、浙江省、江苏省、安徽省、江西省、福建省、广东省、广西省、四川省、云南省、贵州省。

清朝入主中原后，沿袭明制，在内地设置了 1 直隶和 14 布政使司（习惯上称为省），唯改南直隶为江南布政使司。康熙六年（1667），增为 17 布政使司，加上 1 直隶，形成了内地十八行省的地方行政建置体制。此外，在藩部地区则设置了 5 个将军辖区、2 个办事大臣辖区和内蒙古地区。这个建置体系延续了两百余年，直到清末才有所变化。

行省制是清代行政区划制度的核心。清代边疆地区的行政区划体制因地制宜，不同的地区有所不同，并多有变化。（如图 4-1）比如在西藏实行的驻藏大臣辖区—达赖、班禅、呼图克图、法王、土司等辖地—营官（藏语称宗溪）① 制度；在外蒙古实行将军辖区—盟—旗制度等。虽然也类似于内地省—府—县三级行政体制，但总体上不如行省制严谨规范，是带有民族特色的过渡性行政区划体制。清代行政区划制度的总体趋势就是逐步在边疆地区推行省制，以实现行政区划"边疆内地化"，客观上推动了清代城市分布范围的扩展。

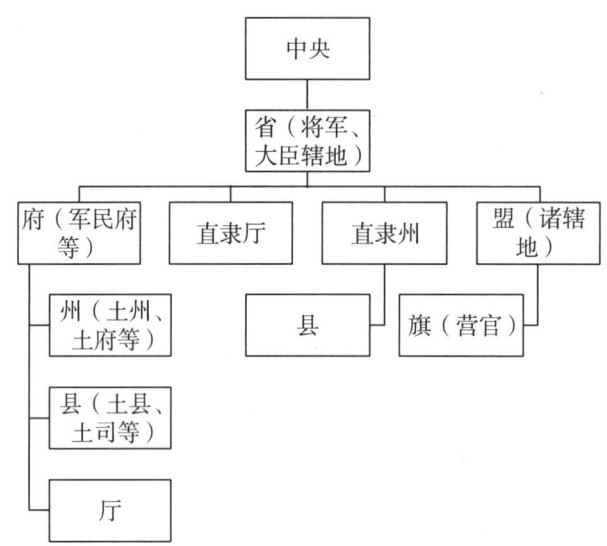

图 4-1 清代行政区划系统

到清末，全国共有 27 个省级行政区（包括 23 个省、乌里雅苏台将军辖区、内蒙古地区、西藏和西宁 2 个办事大臣辖区），下辖 220 个府、60 直隶厅、78 直隶州，统领 85 个厅、147 个州和 1382 个县，另外还有 2 土府、31 土州、4 土县、12 委员和其他 153 个土司，以及内外蒙古和青海的 15 盟（部）、210 个旗、40 余土司，西藏的 16 个辖地和 140 余个营官②。

清代行政区划系统为三级制，省（包括将军辖区、大臣辖地和内蒙古地区）属

---

① 房建昌：《清代西藏的行政区划及历史地图》，《中国边疆史地研究》，1993 年第 2 期。
② 房建昌：《清代西藏的行政区划及历史地图》，《中国边疆史地研究》，1993 年第 2 期。

于第一级，府、直隶州或直隶厅（包括盟、诸辖地）属于第二级，县、散州和散厅（包括旗、营官）属于第三级，在第二级和第三级里还包含大量同级土司（主要设置在西南少数民族地区），比如军民府、土府、土州、土县、长官司等。此外，在清代还存在着作为行省的派出机构——道，但是终清一代，道始终未被视为正式政区，尽管部分地方有的道已经具备了行政区划的实质权力，故在此我们不将道列入清代行政区划系统。有清一代，在中国城市体系中占主导地位的始终是各级行政区划单位的治所城市，所以这个行政区划系统实质上也反映了清代全国城市体系的主体结构。

综上所述，行政区划制度对中国城市的空间分布尤其是城市体系的形成和发展起着重要的作用。

三、清代行政区划与十八行省城市空间分布

清沿明制，设置行省，自顺治至康熙年间，先后设置十八行省，后期又相继增设五个行省：台湾、新疆、奉天、吉林、黑龙江。清廷在行省下设府，府下设县，与府平级的有直隶州、直隶厅，与县平级的有散州、散厅。各省省会、府、县治所均为大小不等的城市，由此构成了中国农业时代独具特色的城市行政等级体系。

（一）清代十八行省行政区划变迁与城市空间分布

清代十八行省地区是清朝的统治核心区域，也是中国传统的政治、经济、文化的主体区域，其行政区划变迁对内地城市的空间分布有着重要的影响，而行政区划的变迁首先就反映在行政单位数量的变化上。（见表4-2）

表4-2 清代十八行省行政单位（不含土司）数量变化一览表

省别	康熙		雍正		乾隆		嘉庆		光绪		宣统	
	府	县	府	县	府	县	府	县	府	县	府	县
直隶	10	130	17	133	24	136	20	141	20	141	22	145
山东	6	104	12	98	10	107	12	105	12	105	13	104
山西	8	94	20	94	21	97	24	93	26	91	31	91
河南	9	106	15	101	13	105	13	104	13	103	15	101
陕西	5	79	14	71	12	81	12	84	12	85	12	86
甘肃	4	37	11	52	14	60	15	67	15	59	15	61
江苏	8	52	12	61	11	64	12	67	12	67	12	69
浙江	11	76	11	77	11	77	11	78	12	78	12	78
安徽	10	57	14	53	13	55	13	54	13	55	13	55
江西	13	78	13	78	14	78	14	78	14	78	14	80

续表

省别	康熙		雍正		乾隆		嘉庆		光绪		宣统	
	府	县	府	县	府	县	府	县	府	县	府	县
福建	10	60	10	63	12	64	12	66	15	75	15	76
湖北	8	60	8	60	10	68	11	67	11	67	12	67
湖南	9	63	9	64	13	70	16	67	18	67	18	68
广东	11	86	11	86	13	88	14	87	18	85	19	84
广西	12	59	12	59	13	67	12	68	15	68	15	72
四川	18	112	17	114	21	128	26	128	25	130	29	145
云南	15	57	20	61	21	72	21	75	22	75	23	78
贵州	12	30	12	45	13	59	16	58	16	57	14	59
总计	179	1340	238	1370	259	1476	274	1487	289	1486	304	1519

《大清会典》（康熙朝）卷十八至十九《户部·州县》；《大清会典》（雍正朝）卷二十四至二十五《户部·州县》；《大清会典》（乾隆朝）卷八《户部·疆理》；《钦定大清会典事例》（嘉庆朝）卷一百五十二至一百五十三《户部》；《钦定大清会典事例》（光绪朝）卷十三至十六《户部》；《清朝文献通考》卷二百六十九至二百九二《舆地考》；《清朝续文献通考》卷三百零五至三百二十五《舆地考》；《嘉庆大清一统志》；《清实录》。

注：（1）府包括直隶州、直隶厅，县包括散州、散厅，康熙朝的府包括军民府。（2）宣统末年四川西部改流后设置的12委员因时间过短，在此不予计入。（3）光绪、宣统朝福建省包含台湾。

从上表可以看出，清代以省为单位的地方行政建置有两个基本变化：

一是不同行政层级行政建置都发生了较大变化，但是各层级的变化不一，十八行省地区的府级单位数量一直在递增，而县级单位数量则在光绪年间不增反减，直到清末才又再度递增。（如图4－2）

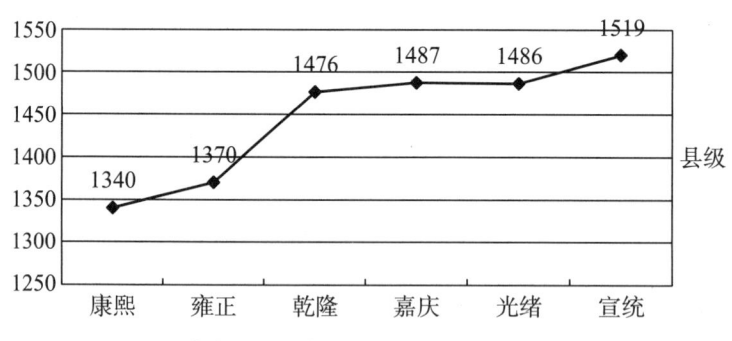

图4－2 清代十八行省县级单位（不含土司）数量变化

资料来源同表4－2。

注：（1）包括散州和散厅。（2）光绪十年，甘肃析部分厅州县往属新疆省，共析9直隶厅、8直隶州、8县往属新疆省，故光绪朝数据略低于嘉庆朝。

二是不同省区的各层级行政建置变化不一。北部和西部行省要比中部和东部行

第四章 清代十八行省城市分布的变化

省的变化幅度大，紧邻边疆或海疆省份的变化幅度要比内陆省份大。终清一代，西南诸省、西北的甘肃、北面的直隶、山西和沿海的江苏、福建等省的行政单位数量增幅最大。由此可知清代城市的变化情况，城市数量总体上在递增，城市的分布范围由内地逐渐向边疆、海疆地区扩展，如图4-3：

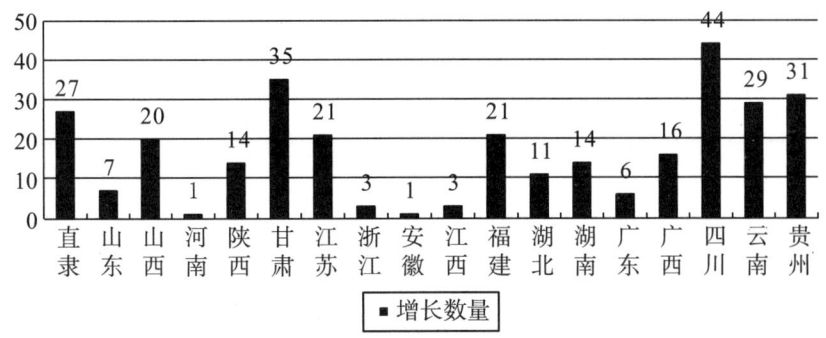

图4-3 清代十八行省行政单位（不含土司）增幅

资料来源同表4-2。

注：清末福建省含台湾。

虽然直至清末，行政建制城市仍是清代城市的主体，但是行政建制城市并不完全等同于行政区划单位，清代存在着大量府县同城或同城分治数县的情况。（见表4-3）

表4-3 清末十八行省建制城市状况一览表

省别	府县同城	同城分治	二者俱有	实际数量
直隶	8		2	155
山西	9			113
山东	10			107
河南	9			107
陕西	6		1	90
甘肃	7		1	67
江苏	3	6	5	61
安徽	8			60
浙江	7		4	75
江西	12		1	80
福建	10		2	77
湖北	10			69
湖南	7		2	75
广东	7		1	94

续表

省别	府县同城	同城分治	二者俱有	实际数量
广西	10			77
四川	11		1	173
云南	14			87
贵州	6			67
总计	154	6	20	1634

资料来源同表4-2。

注：(1) 指行政建制城市，不含土司。(2) 福建含台湾。(3) "二者俱有"，一般指府城有两个附郭县，苏州府有三个附郭县。

此外，有清一代，随着行政区划的调整，还有不少城市被省减裁并。（见表4-4）首先，清初由于长期的战乱导致许多地方人口锐减，无法维持既有行政建置，故而大量裁并县级建置，比如四川省仅在康熙元年就裁撤8个县，康熙七年又省并6县。随着四川经济的逐渐复苏和人口的增长，这些县大多得以复置。其次，行政地位的下降也会导致一些县城尤其是附郭县被裁减，比如广东南雄府在嘉庆十二年至十八年间两度降为直隶州，其附郭保昌县也随之两度被裁撤。① 再次，由于自然灾害等原因导致部分旧县无法维系，只得裁并，比如"清嘉庆二十四年黄河溃决，仪（封）城没于水，县治并于兰（阳）"②，形成新县兰封。此外，为了精简行政机构，提高行政管理效率，清廷也对一些人数较少的县进行了裁并省减，比如山西"马邑之废县归乡"，主要缘于其军镇地位丧失后，"田园荒芜"、人口锐减，渐沦为"下里僻壤"③。

表4-4　清代县城（含散厅）裁撤情况

省别	清前期（1644—1684）		清中期（1684—1840）		清后期（1840—1911）	
	裁撤	复置	裁撤	复置	裁撤	复置
直隶	4	1	4			
山西			4			
陕西			1	1		
甘肃			4			
河南	1		3	1		
江苏	1		1			
安徽			2			

① 余保纯等修，黄其勤纂：《直隶南雄州志》卷十一《城池》，道光四年刊本。
② 纪黄中等：《仪封县志·序四》，民国二十四年铅印本。
③ 霍殿鳌等：《马邑县志·序》，民国七年铅印本。

续表

省别	清前期（1644—1684）		清中期（1684—1840）		清后期（1840—1911）	
	裁撤	复置	裁撤	复置	裁撤	复置
福建						1
湖北	1		1			
广东	2	2	2			
四川	21	2	4	17		
云南	15		3			
贵州	1	1	3		1	
总计	46	6	32	19	2	

资料来源同表4-2。

由上可知，清代的行政区划变迁在很大程度上决定了行政建制城市的兴衰废立，也影响了行政建制城市的空间分布。

（二）清代行政区划特性与城市空间分布

清代十八行省行政单位数量的变化，体现出了清代行政区划制度具有农业经济性、中央集权性、民族统一性和历史继承性等特性，这些特性对十八行省地区城市的空间分布和城市体系的发展也有着重要的影响。

农业经济性，指的是清代行政区划属于"城乡合治的地域型系统"①，受到农耕经济地域性和区域发展不平衡性的制约，城市的分布往往沿着农耕经济扩散的方向而扩展，其分布的数量和密度与地区农业经济发展水平成正相关的关系。自古以来，中国内地就存在着南北差异的问题，先秦至秦汉时期，北方黄河流域是农业发达地区，人口占三分之二，经济也占主体地位。两晋南北朝时期，长期的战乱和经济重心南移，城市的空间分布也随之发生变化。南宋时期，中国的经济重心进一步向南移，明以后南方地区就超过了北方地区成为中国经济的重心，南方城市的数量也随之而增加，成为城市分布的重点区域。（见表4-5）

表4-5 清末内地南北方行政区划单位（不含土司）数量对比

省别	北方		南方	
	数量	比重	数量	比重
省	6	31.6%	13	68.4%
府、直隶州、直隶厅	108	35.5%	196	64.5%
散厅、散州、县	588	38.7%	931	61.3%

---

① 王恩涌：《中国政治地理》，科学出版社，2004年，第57页。

续表

省别	北方		南方	
	数量	比重	数量	比重
总计	702	38.1%	1140	61.9%

刘锦藻：《清朝续文献通考》卷三百零五至三百二十九《舆地考》，新兴书局，1965年。

中央集权性，指的是清代行政区划设置的核心就是加强中央集权。为此，行政区划有着严格的等级制度，以保障行政区划的层级和幅度都能保持在最佳的程度。从表4—6可以看出清代十八行省行政层级的二级行政单位减少幅度是逐渐变小，即平均每个二级单位所管辖的基层单位数量逐渐减少，这是中央政权通过增设二级行政单位来限制地方权力加强中央集权的表现。这种行政层级幅度的变化促使清代城市等级规模结构趋于均衡，行政城市体系更加完善。

表4－6 清代十八行省行政层级幅度变化

	康熙	雍正	乾隆	嘉庆	光绪	宣统
二级行政单位减少幅度	7.49	5.76	5.70	5.43	5.14	5.00

资料来源同表4－2。

民族统一性，指的是清代在少数民族地区实行隶属于全国统一行政区划系统的具有民族特色的行政区划制度，包括盟旗制、伯克制和土司制等。比如，西南诸省直至清末仍保留着大量的土司（见表4－7），这些土司一方面保有部分民族自治权力，另一方面也要受到上级行政单位的严格管辖，同时清政府还通过改土归流等措施使其逐渐转化，将其纳入行省制下的地方行政体制之中。此外，清政府还在少数民族地区广泛设置临时派出机构——厅，而厅也随之逐渐演变成正式的地方行政建置。清代地方行政单位数量增加较多的大都是接邻边疆的省份，这表明通过在边疆地区实行具有民族特色的行政区划制度，推动了清代城市分布范围向边疆地区扩展。

表4－7 清代十八行省土司数量表

省别	康熙		雍正		乾隆		嘉庆		光绪		宣统	
	府	县	府	县	府	县	府	县	府	县	府	县
甘肃								42		42		
湖北				16								
湖南			2	4								
广西	2	47		56		33		46		46		42
四川	4	15		10		57		269		269		43

续表

省别	康熙		雍正		乾隆		嘉庆		光绪		宣统	
	府	县	府	县	府	县	府	县	府	县	府	县
云南	11	14		33		21		50		50		44
贵州	4	73		76		65		81		81		61
总计	21	149	2	195		176		488		488		190

资料来源同表4—2。

注：府包括军民府、宣慰司等同级土司，县包括土州、土府、土县、长官司等同级土司。

历史继承性，是指清代行政区划制度是对中国几千年地方行政区划制度的继承和发展，具有很强的历史传承性，尤其是基层行政区划制度。虽然清代各省的行政单位数量都有所增加，尤其是边疆和海疆地区，但自雍乾以后，大约三分之二省份的行政单位数量变化都基本维持在一个比较平稳的程度，保持了中国城市行政等级体系结构的相对稳定。

综上所述，清代十八行省地区行政区划的变迁和特性对其城市分布和城市体系的发展有着重要的影响，清代内地的地方行政区划制度不仅为清代内地城市稳定发展提供了重要的制度保证，而且成为构建清代内地城市体系的重要基石，也成为影响清代十八行省城市分布的最主要的因素。

四、清代十八行省分省城市空间分布

清代十八行省可分为以下几个大的区域：一是长城沿线诸省，二是西南诸省，三是沿海诸省，四是中部诸省，其城市空间分布的区域差距非常大。[①]

（一）长城沿线诸省城市空间分布

长城沿线有直隶、山西、陕西和甘肃四省，地处中国传统的农牧交界区。历史上这些地区因地处农牧交界带，往往成为农牧文明冲突的重要区域。清朝建立后，随着内外蒙古和新疆纳入清朝统一的管辖之下，这些地区从军事前沿、边防地区变成了内地，与边疆地区的政治、经济、文化交流日益频繁，由此促进了长城沿线商贸城市的迅速兴起，如张家口从军事城市转型为商贸城市。由于军事战略地位的变化和军事功能的消失，清政府于雍正年间对这四省在长城沿线所保留的前明军事卫所进行了大规模的裁并和改置，基本实现了卫所的地方制度化。[②] 卫所改制不仅成为影响长城沿线四省城市空间分布状态变化的重要因素之一，更成为十八行省地区

---

① 本节各行省城市分布图改绘自谭其骧《中国历史地图集》第八册，四川省地图改绘自任乃强、任新建《四川州县建置沿革图说》。

② 顾诚：《卫所制度在清代的变革》，《北京师范大学学报》，1988年第2期。

新增城市的重要来源之一。（见表 4—8）

表 4—8　清代长城沿线四省改置表

省别	康熙				雍正				乾隆				总计
	府	州	厅	县	府	州	厅	县	府	州	厅	县	
直隶				6		1		1				1	9
山西							1				2	6	9
陕西							1					2	3
甘肃					3	3	1	14			2	3	26

资料来源同表 4—2。

明朝定都北京，将直接隶属于京师的地区设为北直隶。由于北直隶位于天子脚下，受政治中心优先发展规律的影响，经济要素、社会要素和文化要素都相继向政治中心的都城聚集，都城所在的北直隶也因此而大受其益，城乡经济在明代有较大发展，人口也有较大幅度的增加，城市数量同样增加较多。顺治元年（1644），清朝定鼎北京，沿袭明制，也以此为都城，设北直隶，次年改北直隶为直隶。清前期，直隶辖 8 府、2 直隶州、115 县、17 散州，有附郭县 9，以保定府为省会。有清两百余年间，随着直隶经济的发展和人口的增加，地方行政建置也发生若干变化，至清季，共设置 12 府、7 直隶州、3 直隶厅、127 县、19 散州厅，有附郭县 12，以保定府和天津府为省会。直隶的城市数量虽然较多，但分布极不平衡。直隶西部为黄土高原东缘，地势由西向东逐渐降低，海河水系诸河流多发源于此，形成了许多山麓河谷。直隶境内长城以北为内蒙古高原南端，以大兴安岭为界，西面地势较高，多沙漠，东面地势较缓，为滦河和西辽河的发源地，多河谷。因而直隶的西部和北部的城市数量较少，主要为清代新设置的城市，尤其以新设置的厅城为主。值得注意的是，直隶境内长城以北地区的城市明显集中于东北部。长城以南、太行山以东的华北平原为直隶城市的主要分布区，顺天府所辖地区的城市数量较多，至清季，顺天府有京师（大兴县为附郭，城东；宛平县为附郭，城西）和良乡县、固安县、永清县、东安县、香河县、三河县、武清县、宝坻县、顺义县、密云县、怀柔县、房山县、文安县、大城县、保定县、平谷县、宁河县等 17 个县城以及通州、昌平州、涿州、霸州、蓟州等 5 州城及东厅、西厅、南厅、北厅 4 厅城。顺天府的城市分布较密集，但分布也较均匀，形成对京师的拱卫之势。渤海湾沿岸为较新的冲积平原，地势低平，易被海水倒灌和遭受涝灾，且多盐碱地，因此清代新置的天津府，所辖城市数量较少，仅有府城（天津县为附郭）和青县、静海县、南皮县、盐山县、庆云县等 5 县城和沧州城，其府州县城的分布状态为近陆而不近海。北部新设的承德府和宣化府所辖城市数量也不多，承德府仅有府城和滦平县、隆化县、丰宁县等城及平泉州城、围场厅城；宣化府也只有府城（宣化县为附郭）和万全县、怀安县、西宁县、怀来县、龙门县、赤城县等 6 县城及延庆州、保安州、蔚州等3州城。

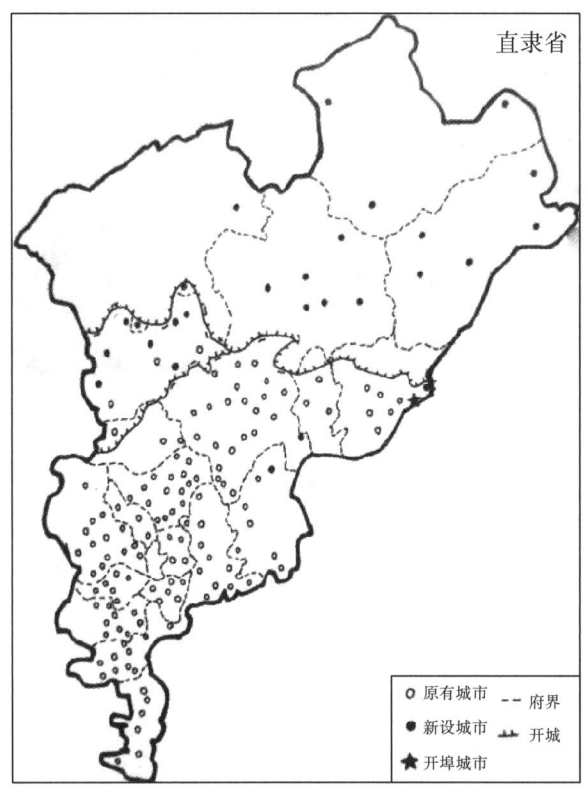

图4-4 清代十八行省之直隶省

清沿明制，设山西省，领5府、3直隶州、78县、16散州，有附郭县5，以太原府为省会。有清两百余年间，山西府州县建置也有所变化，至清末，共计领9府、10直隶州、13直隶厅、85县、6散州，有附郭县9。清代山西省新增城市主要为北部州城和厅城。山西"东据太行，南通怀、孟，西薄于河，北边大青山"①，全省以长城为界，北为内蒙古高原，南为黄土高原。黄土高原内部受到黄河、海河水系的侵蚀形成了许多河谷盆地。各河谷地"土壤肥沃，有河水、地下水或山麓泉水可资灌溉，是山地高原的精华地区"②，因而为山西城市的主要分布地。比如贯穿山西中南部的汾河谷地就形成了以太原为中心的山西省核心城市带，太原府有府城（阳曲县为附郭）和太原县、榆次县、太谷县、祁县、徐沟县、交城县、文水县、岚县、兴县、河曲县、孟县、寿阳县、乐平县、五台县、繁峙县、崞县、静乐县、定襄县、清源县等19个县城，以及岢岚州、保德州、平定州、代州、忻州等5州城。其他还有黄河沿岸城市带、桑干河谷的大同城市群以及临汾、运城等盆地城市群。山西北部为内蒙古高原，多沙漠地，城市数量较少，多散布于河湖周边。

---

① 山西省史志研究院：《山西志辑要》，中华书局，2000年，第2页。
② 中国人民大学经济地理教研室：《中国经济地理讲义》下册，中国人民大学出版社，1956年，第1页。

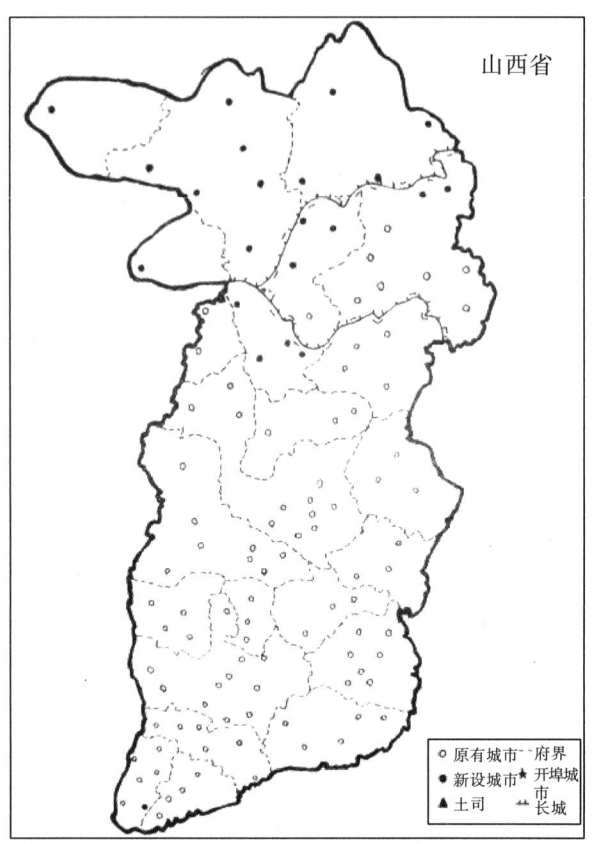

图 4-5 清代十八行省之山西省

清代，直隶和山西两省城市空间分布的特点均为南多北少，并逐渐向北扩展。这两省大致以长城为界，长城以南地区是传统的农耕区，也是历史上人口和城市密集区。长城以北地区则是清代中后期新扩展的省域，也是这两省新增城市的主要集中地。有清一代，山西省先后在长城以北地区新设置 1 府、12 直隶厅和 5 县，而在省内其他区域才新置了 7 县（其中两个是附郭县）。直隶在长城以北地区共新增了 24 个行政建制城市，而在长城以南仅新增 3 个行政建制城市。[①] 长城以北本是内蒙古诸盟旗的牧地，清初开始不断有内地汉民出边移垦，随着移民的增多，逐渐形成了人口聚居点。为了加强管理，清政府从康熙末年开始在这些新垦区设置一些临时派出机构，其中最主要的就是"厅"，即同知或通判的衙署驻地。雍正元年（1723），清廷首先在热河等处设置理事同知一员，掌管旗民事务。同年，又在土默川设归化城理事同知，隶山西朔平府[②]，之后在长城以北陆续增置"口外三厅""归绥六厅"等"管理蒙古民人事务"[③]。乾隆四十三年（1778）以后，又将这些厅逐步改置成府州县，逐步实现了漠南地区行政建置内地州县化。而这些厅的治所也

---

① 指县级（含县级）以上建制城市，如无特别说明，下同。
② 郑裕孚纂，郑植昌修：《归绥县志·舆地志·沿革》，民国二十三年铅印本。
③ 和珅等：《热河志》卷八十三《文秩》，文海出版社，1966 年，第 2902 页。

逐渐演变成为城市，因此，漠南地区行政建置内地化是影响清代直隶、山西两省城市空间分布变化的最主要因素之一。

陕西省"东濒黄河，南据汉水，西连秦陇，北据朔漠"，东邻山西、河南，西连宁夏、甘肃，南抵四川、湖北，北接内蒙古，地域南北长、东西窄，南北长约880公里，东西宽160～490公里。全省纵跨黄河、长江两大流域，北山山脉、南山山脉（即秦岭）横断陕西，将全省分为三部分，北部为陕北高原区，中部为关中盆地区，南部为陕南山地区。

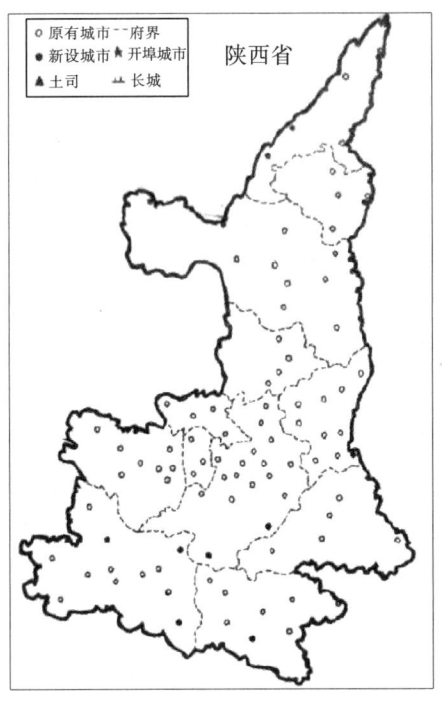

图4-6 清代十八行省之陕西省

清沿明制，置陕西省，计8府、20散州、96县、1直隶州，有附郭县9，以西安府为省会。康熙六年（1667），析陕西省为陕西、甘肃两省，陕西省领4府、1州、1卫，雍正至乾隆年间，陕西省府州县建置有较大变化，至清末计领7府、5直隶州、5散州、8散厅、73县。由于自然地理环境因素的影响，陕西的城市分布极不平衡。陕北高原气候干燥，陕北南部为黄土高原，北部为毛乌素沙漠地区，因而陕北的城市主要集中在洛水、延水、无定河等黄河支流所形成的河谷地带。延安府有延安府城和安塞县、甘泉县、安定县、保安县、宜川县、延川县、延长县、靖边县、定远县等9县城；榆林府有榆林府城（榆林县为附郭）和怀远县、神木县、府谷县等3县城，以及葭州城。陕西中部的关中地区由泾河、渭河、洛河等长期侵蚀、沉积而成关中盆地，"山川雄厚，土田衍沃，古称天府，是为陕区"①，自古就

---

① 穆彰阿、潘锡恩等：《嘉庆大清一统志》卷二百二十六《陕西统部·形势》，《四部丛刊续编》影旧钞本。

为陕西城市主要分布带。西安府有府城（长安县为附郭，城西；咸宁县为附郭，城东）和泾阳县、咸阳县、兴平县、临潼县、渭南县、蓝田县、鄠县、盩厔县、高陵县、富平县、三原县、醴泉县、同官县等13县城，以及宁陕、孝义2厅城和耀州城；凤翔府有府城（凤翔县为附郭）和岐山县、宝鸡县、扶风县、郿县、汧阳县、麟游县等6县城与陇州城；同州府有府城（大荔县为附郭）和朝邑县、郃阳县、韩城县、澄城县、华阴县、蒲城县、白水县等7县城，以及潼关厅城与华州城。陕南大巴山与秦岭之间的汉中盆地，"北瞰关中，南蔽巴、蜀，东达襄、邓，西控秦、陇，形势最重"①，且"厥壤沃美，赋贡所出，略侔三蜀"②，自古就是关西粮仓和陕南商镇，城市数量也较多，汉中府有府城（南郑县为附郭县）和褒城县、城固县、洋县、西乡县、凤县、郃县、略阳县，以及留坝厅、定远厅、佛坪厅等3厅城与宁羌州城；兴安府有府城（安康县为附郭）和平利县、石泉县、洵阳县、白河县、紫阳县等5县城，以及汉阴厅、砖坪厅2厅城。因此，陕西的城市空间分布状态为中部多南北相对少，主要集中在关中平原，并逐渐向南北两端扩展。清代陕西新设行政建制城市多位于陕南山地区和朔北沙漠边缘。到清末，陕西新增城市11个，有6个在南部与四川交界的秦岭—大巴山区，4个在北面长城沿线（有2个是原卫所地置），仅有一个位于秦豫交界的在原卫所地新置的潼关县（乾隆十三年升为厅）。

清代初期，甘肃属陕西省，康熙二年，陕西省设左右二布政使，右布政使治巩昌，分理平凉、巩昌、庆阳、临洮4府。康熙六年（1667），分置甘肃省，改右布政使为甘肃布政使，治巩昌，计领9府、6直隶州、9附郭县，康熙八年十二月，徙省会于兰州。清中期以来，甘肃省的地方行政建置有所变化，至清末计有8府、6直隶州、1直隶厅、47县、6散州、8散厅。甘肃省地处黄河上游，东接陕西，南控巴蜀，西倚新疆，北扼内蒙古、宁夏。甘肃省因甘州（今张掖）与肃州（今酒泉）而得名，位于黄土高原、青藏高原和内蒙古高原上三大自然地理区的交汇处，其东部为黄土高原，有黄河及其支流侵蚀形成的河湟谷地、洮河谷地、泾渭谷地西段等，土壤肥沃，水源较足，为甘肃城市最主要的分布带。西部为位于祁连山和龙首山之间狭长的河西走廊，地势坦荡，海拔平均1500米，气候干旱，风力强劲，日照充足，依靠祁连山的高山雪水发展形成了少量线状分布的绿洲型城市。从空间上看，甘肃省的城市分布状态是南多北少、东多西少，主要集中在陇东南地区，并逐渐向西北和东北扩展，这与清代对西北边地的开拓密切相关。甘肃为康熙年间新设之省，其地"东接邠岐，南控巴蜀，西抵羌戎，北届流沙"，战略地位十分重要，"为新疆之孔道，实天府之要区"③。清初沿袭明制在此广设卫所，到雍乾时"并已升为府县"④。兰州府有府城（皋兰县为附郭）和渭源县、金县、靖远县等3个县

---

① 顾祖禹：《读史方舆纪要》卷五十六《陕西五·汉中府》，中华书局，2005年，第2660页。
② 常璩：《华阳国志》卷二《汉中志》，中华书局，1985年，第15页。
③ 穆彰阿、潘锡恩等：《嘉庆大清一统志》卷二百五十一《甘肃统部·形势》，《四部丛刊续编》影旧钞本。
④ 清高宗敕撰：《清朝文献通考》卷二百八十三《舆地考十五·甘肃省》，商务印书馆，1936年。

城以及河州、狄道2州城。巩昌府有府城（陇西县为附郭）和安定县、会宁县、通渭县、宁远县、伏羌县、西和县等6县城，以及洮州厅、岷州城。在平定蒙古罗布藏丹津叛乱之后，为了加强对河湟地区的管辖，清廷在此先后设置1府、3县、4厅，隶属甘肃。雍正年间，清廷还在宁夏平原移民开垦，"修城郭，建室庐"①。宁夏府有府城（宁夏县附郭，城东北；宁朔县亦为附郭，城东南）和平罗、中卫2个县城以及宁灵厅城、灵州城。康熙年间清廷在青海设置西宁府，隶甘肃，有西宁府城（西宁县为附郭县）和大通县、碾伯县2县城，另有巴燕戎格厅、贵德厅、循化厅、丹噶尔厅4厅城。随着清中叶对西北边地的开拓，甘肃的城市分布由陇东南逐渐扩展到了关西、河湟和宁夏一带，最终形成了呈东南西北走向的近长方形城市带。

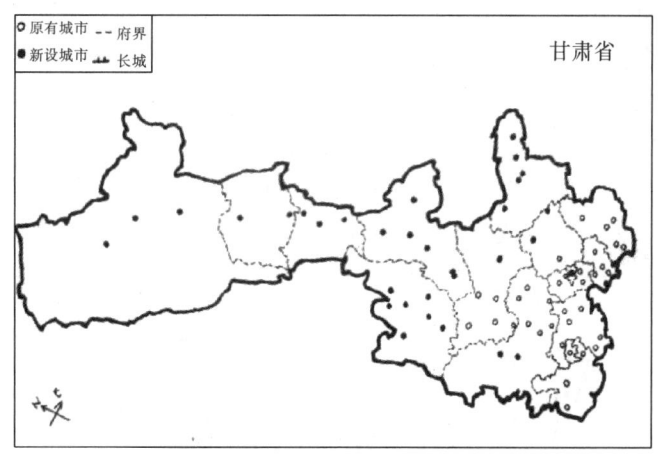

图4-7　清代十八行省之甘肃省

（二）西南诸省城市空间分布

清代，西南诸省城市分布和变迁与土司制度紧密相关。清朝在底定西南诸省后，考虑到这里地处边陲，交通不便，政治经济相对落后，便沿用元明以来的土司制度，封赐了大量的土司和土官。虽然这在清初起了暂时稳定西南边疆的作用，但土司作为地方割据势力严重影响了中央政府对这些地区的政治统治和赋税征收。从康熙朝开始，清政府对西南诸省的土司逐步进行改土归流，推动了西南诸省边地行政建置内地府县化。

云南省"东接黔蜀，南控交趾，西拥诸甸，北距吐蕃"②。秦始皇统一六国后，即在云南东北部设立郡县，并开五尺道联系内地。元代设立行省，明沿其制。清朝建立后也置云南省，计领10府、1直隶州、37散州、31县，有6附郭县，以云南府为省会。有清一代，云南省的府州县建置有所变化，至清末计有14府、4直隶

---

① 张金城修，杨浣雨等辑：《宁夏府志》卷首《宁夏府志序》，嘉庆刊本。
② 穆彰阿、潘锡恩等：《嘉庆大清一统志》卷四百七十五《云南统部·形势》，《四部丛刊续编》影旧钞本。

州、5直隶厅、26散州、13散厅、41县。云南省的地理条件区域差异巨大,地势北高南低,南北之间高低悬殊达6663.6米。自然地理条件的差异性导致了城市分布的差异性。云南西部属于青藏高原东段,海拔很高,平均在4000米以上,多高山峡谷,平坝比较狭窄,加上河流落差很大,水流湍急,交通不便,农业发展很困难,城市也很少,仅苍山洱海间的冲积大原形成了大理城市群。① 云南东部为云南高原,海拔相对较低,在2000米左右,地势渐缓,山脉、河谷渐宽,有许多地势平坦、易于农耕的山间盆地,城市分布较多。从空间上看,云南省的城市主要分布在中部,尤其是集中在滇池和洱海周边,且逐渐向四周扩展。云南府有府城(昆明县为附郭县)和富民县、宜良县、罗次县、呈贡县、禄丰县、易门县等6县城,以及晋宁州、安宁州、昆阳州、崇明州等4州城。大理府有府城(太和县为附郭)和云南县、浪穹县2县城,以及赵州、邓川州、宾川州、云龙州等4州城。

　　清代中后期,云南进行改土归流改革,增设府州县地方行政建置,由此推动了行政等级城市的发展,到清末,云南共新增行政等级城市30个,其中滇东北增加最多,为13个,滇南增加了6个,滇西北增加了5个,滇西南和东南最少,均增加了3个。而清末云南剩余的土司就主要集中在滇西和滇南,滇东北则已基本无土司,这也印证了云南地区改土归流与其城市空间分布变化的存在密切关系。

图4-8　清代十八行省之云南省

　　四川省位于中国西南腹地,地处长江上游,"东据夔门,西连番族,南阻蛮部,

---

① 曾昭璇:《中国的地形》,广东科技出版社,1985年,第67—68页。

第四章
清代十八行省城市分布的变化

北控梁洋"[①]。四川历史悠久，经济、文化发达，元代设行省，明沿其制，相继设置行省。清沿明制，亦设四川省，计领9府、112县、15散州、1散厅、6直隶州，有附郭县10，以成都为省会。清初，四川人口流失甚多，故从外省大量移民，至乾隆年间人口剧增，清季则为人口第一大省，经济发达，城市甚多。至清末，四川计领15府、120县、9直隶州、4直隶厅、13散州、9散厅。四川的城市分布受到地理环境等因素的影响，也表现出极大的区域差异。四川的地势分为盆地、山地和高原，东部是四川盆地，有金沙江、雅砻江、岷江、嘉陵江流经，中部为土壤肥沃的四川盆地，四周为巫山、大巴山、大娄山、邛崃山、龙门山等环绕，其内部又可分为东部农耕比较发达的平行岭谷、中部农业区广大的丘陵和西部农耕经济高度发达的平原，这些地方密布着四川大部分的城市。如成都府有府城（华阳县、成都县均为附郭县）和双流县、郫县、崇宁县、彭县、温江县、新都县、新繁县、灌县、金堂县、新津县、什邡县等11个县城，以及简州、崇庆州、汉州等3州城。成都府与各城市之间距离较近，双流、郫县、崇宁、彭县、温江、新都、新繁、灌县、金堂等县城距成都府城较近，灌县、金堂稍远，但与其他城市也相距不远。成都平原及四川盆地丘陵地区的城市较密集，绵州直隶州有州城和绵竹县、德阳县、安县、罗江县、梓潼县等5县城；资州直隶州有州城和仁寿县、井研县、内江县、资阳县等4县城；邛州直隶州有州城和大邑县、浦江县等2县城；眉州直隶州有州城和丹棱县、彭山县、青神县等3县城；嘉定府有府城（乐山县为附郭县）和峨眉县、夹江县、洪雅县、犍为县、荣县、威远县等6县城，以及峨边厅城；雅州府有府城（雅安县为附郭县）和名山县、荥经县、芦山县、清溪县等4县城，以及天全州城；保宁府有府城（阆中县为附郭县）和苍溪县、南部县、广元县、昭化县、通江县、南江县等6县城，以及剑州、巴州2州城；顺庆府有府城（南充县为附郭县）和岳池县、西充县、营山县、仪陇县、邻水县等5县城，以及广安州、蓬州2州城；潼川府有府城（三台县为附郭县）和射洪县、中江县、盐亭县、遂宁县、蓬溪县、安岳县、乐至县等7县城。清前期，川东和川南城市数量较少，至清后期城市数量也有较大的增加。川东重庆府有府城（巴县为附郭县）和江津县、永川县、崇昌县、大足县、綦江县、南川县、长寿县、铜梁县、定远县等10县城，以及合州、涪州2州和江北厅城；夔州府有府城（奉节为附郭县）和大宁县、巫山县、万县、云阳县、开县等5县城；绥定府有府城（达县为附郭县）和新宁县、东乡县、太平县、渠县、大竹县等5县城和城口厅城。川南叙州府有府城（宜宾县为附郭县）和南溪县、庆符县、富顺县、长宁县、高县、筠连县、珙县、兴文县、隆昌县、屏山县等10县城和雷波厅、马边厅2厅城；泸州直隶州有州城和纳溪县、江安县、合江县等县城。川西高原东部开发较早，唐置建昌府，元置建昌路，明改卫，清设宁远府，有府城（西昌县为附郭县）和盐源县、冕宁县、昭觉县等3县

[①] 穆彰阿、潘锡恩等：《嘉庆大清一统志》卷三百八十三《四川统部·形势》，《四部丛刊续编》影旧钞本。

城，以及越嶲厅、盐县厅2厅城和会理州城。四川西部为川西高原，又叫康藏高原，北面地势较为平坦，草原、沼泽广布，为传统的牧区，南面为高山峡谷，河流两岸散布着一些小冲积平原，这两处的城市均很少，但清代随着川藏贸易的发展，以及改土归流，至晚清也出现了一些行政城市。清季设巴安府，有府城和盐井县、定乡县2县城，以及三坝厅城；康定府有府城和河口县、稻成县2县城，以及理化厅城；登科府有府城和石渠县、同普县2县城，以及德化州、白玉州2州城。此外，在川西北还有松潘直隶厅城和懋功直隶厅。但川西高原的城市数量少，规模小，功能不完善。

四川省的城市空间分布变化与改土归流的关系密切。雍正年间，清廷在西南诸省大规模的推行改土归流，滇黔桂三省进行得较为彻底，而四川推行得较迟，也不彻底，川东南和川西北的土司基本未动，只是调整了川滇黔三省的边界。① 乾隆时，四川省才开始大规模地进行改土归流，先是川东南诸司，或升为府，或置厅州，在平定大小金川之乱后，又在川西北设置了一系列的厅，四川的城市分布开始由传统的中东部逐渐向周边尤其是川西扩展。清末，四川再度掀起改土归流的高潮。首先是对川南的九姓土司和大凉山彝族用兵，武力进行改土归流，在镇压川边藏族的叛乱之后，清政府于1908—1911年间把川边的土司大都改置成四川省辖下的府厅州县（含委员），将川省省域和城市分布拓展到了川边乃至康藏一带。

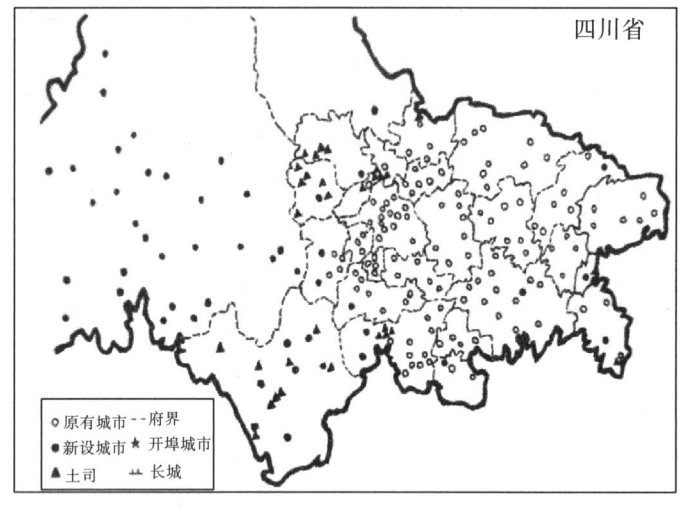

图4-9 清代十八行省之四川省

广西省南临北部湾，面向东南亚，"东据湘水，南控交阯，西接滇黔，北逾五岭"②，周边与广东、湖南、贵州、云南等省接壤。省内峰岭连绵，山水秀丽，海拔500米以上的土石山约占全省面积的三分之二。广西四面为山地所围绕，在中部偏东处形成了"广西盆地"，盆地内有较为宽广的平原，比如郁江平原、浔江平原

---

① 任乃强、任新建：《四川州县建置沿革图说》，巴蜀书社、成都地图出版社，2002年，第40页。
② 穆彰阿、潘锡恩等：《嘉庆大清一统志》卷四百六十《广西统部·形势》，《四部丛刊续编》影旧钞本。

第四章 清代十八行省城市分布的变化

和玉林盆地等,地势平坦、土质肥沃,为主要的农耕区,也是广西城市的起源地和主要分布地。元代设广西行省,明代设广西承宣布政使司。清代设广西省,领 9 府、13 散州、45 县,有附郭县 6,以桂林为省会。清以来,广西省府州县行政建置有所变化,至清末计领 11 府、2 直隶州、2 直隶厅、49 县、15 散州、8 散厅。广西的城市分布也不平衡,主要表现为中部东部多西部少,并逐步向西扩展。位于桂东北的桂林府有府城(临桂县为附郭县)和兴安县、灵川县、阳朔县、永福县、义宁县、灌阳县等 6 县城和全州、永宁州 2 州城,以及龙胜厅、中渡厅 2 厅城;平乐府也位于桂东北,有府城和平乐县、恭城县、富川县、贺县、荔浦县、修仁县、昭平县等 7 县城,以及永安州城、信都厅城。位于桂中东部的柳州府有府城(马平县为附郭县)和雒容县、柳城县、罗城县、怀远县、融县、来宾县等 6 县城和象州城。南宁府有府城(宣化县为附郭县)和隆安县、永淳县 2 县城,以及横州、新宁州 2 州城,此外还有归德土州、果化土州、忠州土州 3 城。位于桂东的梧州府有府城(苍梧县为附郭县)和藤县、容县、岑溪县、怀集县等 4 县城。

广西西部的城市数量较少,但随着桂西的开发,人口的增加,地方行政区划的变化,城市数量也不断增加。从清初到清末,广西新增城市 19 个,其中 17 个在桂西,剩余的土司也集中在桂西。其城市空间分布变化与改土归流密不可分,新增城市里有 14 个就来源于改土归流。

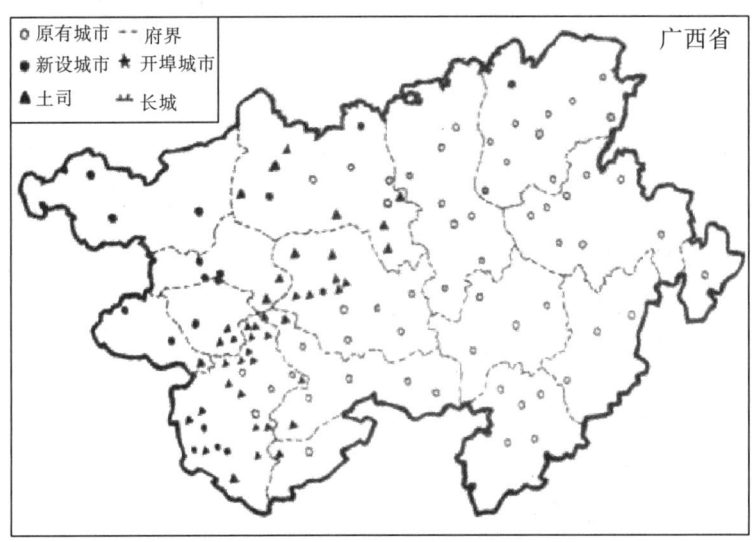

图 4-10 清代十八行省之广西省

贵州省位于中国西南的东南部,全省均属云贵高原,"东阻五溪,西控六诏,南连百粤,北距三巴。上则盘江旋绕,下则舞溪顺流。关雄虎踞,路绕羊肠。穷地之险,极天之峻"①,地形崎岖,河流密布。"在高原上山丘之间分布有大小不等的山间盆地和河谷平原,通称'坝子'。""这些'坝子',地面起伏较小,土层较厚,

---

① 穆彰阿、潘锡恩等:《嘉庆大清一统志》卷四百九十九《贵州统部·形势》,《四部丛刊续编》影旧钞本。

灌溉便利，为省内基本农田的重要组成部分，也是多数城镇的所在地。"① 明朝永乐十一年（1413）设置贵州承宣布政使，正式建置为省，以贵州为省名。清沿明制，设贵州省，计领10府、9散州、14县，有附郭县4，以贵阳为省会。雍正五年（1727），将四川属遵义府，广西属荔波及红水河、南盘江以北地区，湖广属平溪、天柱，划归贵州管辖，将贵州属永宁州划为四川管辖。有清一代，贵州省府州县建置有所变化，至清末计领12府、1直隶州、1直隶厅、13散州、13散厅、33县。清代在贵州也先后施行过改土归流，但清初时"惟贵州府州县皆流官，而同知、通判、州判、县丞之类多以土官为之也"②。故贵州的新设城市主要来自卫所改置，"改卫为县者十有六"③。清初，贵州城市主要集中在黔北和黔中，贵阳府有府城（贵筑县为附郭县）和贵定县、龙里县、修文县等3县城，以及罗斛厅城与定番州、开州、广顺州城；遵义府有府城（遵义县为附郭县）和桐梓县、绥阳县、仁怀县等3县城，以及赤水厅城与正安州城。清中期以后，贵州的城市逐渐向西部、东北和东南扩展，到清末，贵州全省城市分布较为均衡，东部略多，剩余土司主要集中在东北、东南和中部。

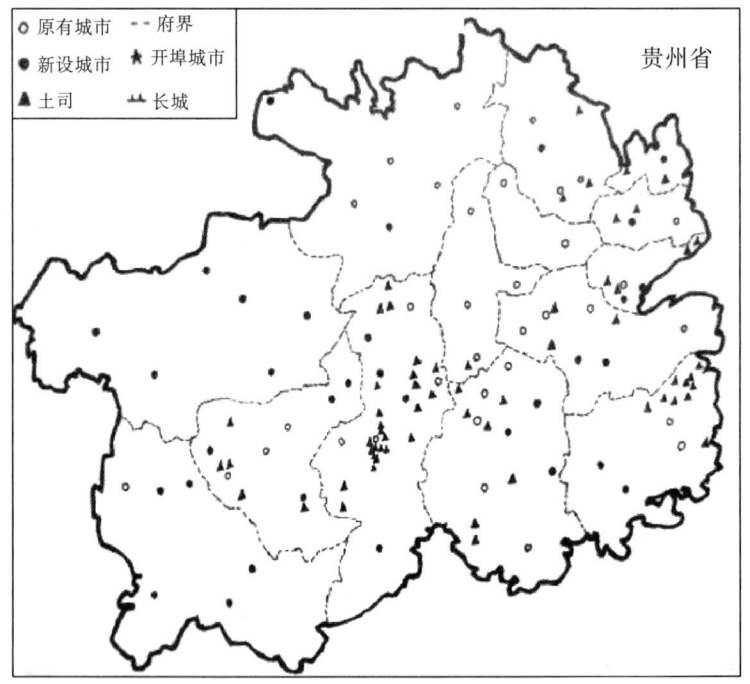

图4-11　清代十八行省之贵州省

---

① 中国科学院地理研究所：《中国省（区）地理》，商务印书馆，1977年，第236页
② 永瑢、纪昀等：《钦定历代职官表》卷七十二《土司各官表》，台湾商务印书馆，1986年，第2851页。
③ 爱必达：《黔南识略》卷一《总叙》，成文出版社，1968年，第9页。

第四章 清代十八行省城市分布的变化

（三）沿海诸省城市空间分布

清代沿海省份共有6个，除去列入长城沿线的直隶，还有江苏、福建、浙江、山东、广东5省。清末曾将福建辖下的台湾府升为省，但清代台湾立省时间太短，故在此不单独列出，仍归福建名下。这5省中江苏和福建2省的地方行政建置数量增幅最大，但各具特点。

江苏省位于华东地区，"东滨海，南据五湖，西接梁楚，北有淮甸"[①]。明代隶南直隶，清沿明制，称南直隶，顺治二年（1645）改南直隶为江南省，领14府，以江宁府为省会。康熙五年（1666），析江南省为二，分置江苏省和安徽省。清前期，江苏省辖江宁府、苏州府、常州府、镇江府、松江府、通州府、扬州府、淮安府、徐州府等9府和1直隶州、46县、6散州，有附郭县9，以江宁府和苏州府为省会。康乾以迄清季，江苏省的经济发展甚快，人口增加，故地方行政建置也有所变化，至清末共计领8府、3直隶州、1直隶厅、62县、7散州厅，有附郭县14。

江苏省自古便是富饶之地、鱼米之乡，全省基本为平原，河湖纵横，以射阳湖、东界河为界，北属华北平原，南属长江中下游平原，其中西南江宁、宜兴一带有少量的低山丘陵，但与平原基本无异。苏北平原因受到黄河泛滥和改道的影响，土地盐碱化较为严重，经济相对落后，故而城市比苏南要少，主要位于京杭运河和范公堤附近。苏南平原地势低平，河湖密布，有长江和京杭运河的充足灌溉与水运便利，自然条件优越，是我国古代的农业文化区之一，开发历史悠久，物产富饶，人杰地灵，城市分布密集。清代江苏省的城市空间分布状态为南多北少，主要集中在苏南地区。江宁府有省会（上元县和江宁县为附郭县）和句容县、溧水县、高淳县、江浦县、六合县、溧阳县等6县城；镇江府有府城（丹徒县为附郭县）和丹阳县、金坛县2县城；常州府有府城（武进县和阳湖县为附郭县）和无锡—金匮县（二县同城，无锡在城西，金匮在城东）、宜兴—荆溪县（二县同城，宜兴在城北，荆溪在城南）、江阴县、靖江县等4县城；苏州府有府城（吴县、长洲县、元和县为附郭）和吴江—震泽县（二县同城，吴江在城东、震泽在城西）、昆山—新阳县（二县同城，昆山在城南，新阳在城北）、常熟—昭文县（二县同城，常熟在城西，昭文在城东）等5县城，以及太湖、靖湖2厅城；松江府有府城（华亭、娄县为附郭）和奉贤县、金山县、上海县、南汇县、青浦县等县城，另有川沙厅城。由于清以后江苏"以各府地广人稠，尤称繁剧，非旧设之县所能兼综"，故新增部分县，"并与旧县分城而理"，"量地制邑"[②]，因此江苏的城市数量实际上增幅不大，到清末共增加了9个。半数以上的城市位于苏南长江入海口处，两个在太湖岛上，剩下两个在苏北近海处。由此可见清以后江苏省的城市空间分布主要是向沿海地区扩展，这也是清代沿海省份的共同特征。

[①] 穆彰阿、潘锡恩等：《嘉庆大清一统志》卷七十二《江苏统部·形势》，《四部丛刊续编》影旧钞本。
[②] 清高宗敕撰：《清朝文献通考》卷二百七十五《舆地考七·江苏省》，商务印书馆，1936年。

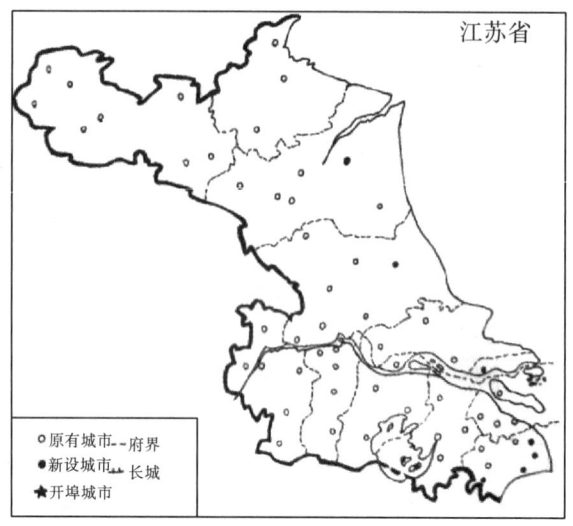

图 4-12 清代十八行省之江苏省

福建位于中国东海之滨,"东南据海,西抵江广,北距岭峤"①,大陆部分 80% 以上为山地丘陵,仅在沿海散布着一些狭小平原,如漳州平原、兴化平原、福州平原和泉州平原等,海岸线曲折且长,有大小岛屿 1600 余个,均居全国各省之首。福建省所辖台湾岛为中国第一大岛,面积达 3.6 万平方公里,山地面积占全岛的三分之二,中部和东部大多为高山和丘陵,统称为台湾山脉,平原和盆地主要分布在西部,有台南平原、屏东平原、宜兰平原、台北盆地、台中盆地和埔里盆地等。清沿明制,置福建省,计领 8 府、1 直隶州,57 县,有 10 附郭县,以福州为省会。有清两百余年间,福建省府县建置有所变化,一是府县建置有所增加,二是台湾析出,单独建省。至清末,福建计领 9 府、2 直隶州、58 县、2 散厅,有附郭县 11。

福建省大陆部分的城市主要分布在沿海平原和内陆丘陵的河谷地带(以闽江、晋江、九龙江、韩江等水系为主干),福州府有府城(闽县、侯官为附郭县,分别在城东和城西)和长乐县、福清县、连江县、罗源县、古田县、闽清县、永福县、屏南县等 8 县城。福宁府有府城(霞浦为附郭县)和福鼎县、宁德县、福安县、寿宁县等 4 县城。泉州府有府城(晋江县为附郭县)和南安县、惠安县、安溪县、同安县等 4 县城,以及厦门厅城。漳州府有府城(龙溪为附郭县)和漳浦县、长泰县、南靖县、平和县、诏安县、海澄县等 6 县城,以及云霄厅城。

---

① 穆彰阿、潘锡恩等:《嘉庆大清一统志》卷四百二十四《福建统部·形势》,《四部丛刊续编》影旧钞本。

第四章
清代十八行省城市分布的变化

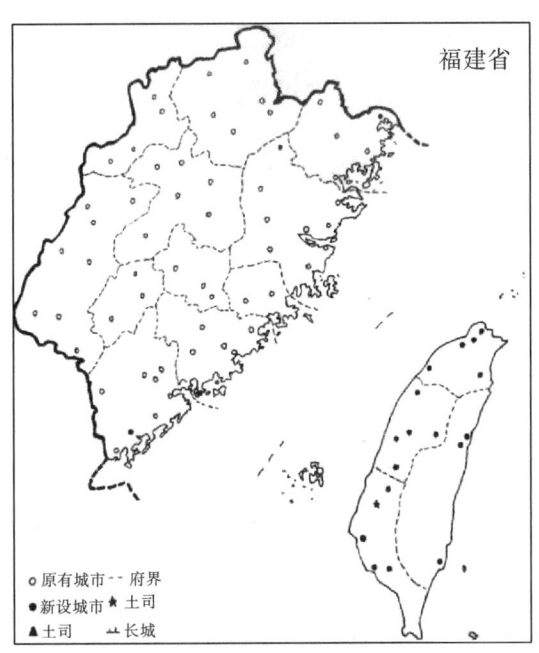

图 4-13　清代十八行省之福建省

　　清代福建省的城市空间分布状态为南多北少，并逐渐向沿海尤其是台湾岛扩展。福建大陆地区的城市增加不多，仅增加了 3 个，均临海或近海。另有一个清末迅速崛起的"大都会"厦门，但清代厦门一直归属同安县，到民国二年才析为思明县。① 清代福建的新增城市主要集中在台湾岛。但台湾土壤膏腴，雨泽丰沛，明中叶以后内地东渡者源源不绝，渐成邑聚。明末，荷兰人窃据台湾，在此修筑赤嵌、热兰遮两城。顺治十八年（1661），郑成功收复台湾，改赤嵌为东都，设一府两县，驻重兵守热兰遮，改称安平镇②，这是台湾行政建置之始。康熙二十二年（1683），清廷统一台湾后置台湾府，隶福建省，领台湾县、凤山县、嘉义县、彰化县。台湾最初的城市都集中在台南沿海一带，后不断向台中、台北扩展，光绪十一年（1885）建省后，又扩展到台东。计领 3 府、6 厅、11 县、1 直隶州，有附郭县 3，以台北为省会。台北府有府城（淡水县为附郭县）和新竹县、宜兰县 2 县，以及南雅厅、基隆厅 2 厅城；台南府有府城（安平县为附郭县）和凤山县、嘉义县、恒春县等 3 县城，以及澎湖厅城；台湾府有府城（台湾县为附郭县）和彰化县、苗栗县、云林县等 3 县城，以及埔里社厅城；台东直隶州有州城及卑南厅、花莲港厅 2 厅城。到光绪二十一年（1895）被割让前，台湾共有 18 个行政建制城市③，基本形成了环岛城市带。

　　浙江省"东濒海，南极闽，西接重山，北限五湖"④，除了北部为狭小的平原

---

① 林学增等修，吴锡璜纂：《同安县志》卷一《疆域沿革》，民国十八年铅印本。
② 朱维幹：《福建史稿》下册，福建教育出版社，1986 年，第 372 页。
③ 含澎湖群岛上的澎湖厅。
④ 穆彰阿、潘锡恩等：《嘉庆大清一统志》卷二百八十一《浙江统部·形势》，《四部丛刊续编》影旧钞本。

和南太湖外,全省75%以上属于东南丘陵,且丘陵直逼海洋,沿海几乎没有平原。浙北平原包括杭嘉湖平原、宁绍平原和温黄平原等,虽然面积狭小,但河湖密布,土壤肥沃,城市分布最为密集。清沿明制,置浙江省,领11府、60县、1散州,有附郭县15,以杭州为省会。清代两百余年间,浙江省的地方行政建置变化较小,至清末计领11府、1直隶厅、60县、3散厅,有附郭县15。清代,浙江省东南丘陵已经被大量开发,在丘陵山地间的河谷盆地形成了许多城市。由于浙西的浙江水系河谷要长于浙东的瓯江、灵江等河谷,所以浙西的城市分布要多于浙东。但总体上看,浙江的城市分布较为均衡,但发展程度有较大差别。杭州府有府城(仁和县、钱塘县均为附郭县)和富阳县、余杭县、临安县、于潜县、新城县、昌化县等6县城,以及海宁州城。嘉兴府有府城(嘉兴县、秀水县同为附郭县)和嘉善县、石门县、桐乡县、平湖县、海盐县等5县城。湖州府有府城(乌程县、归安县为附郭县)和长兴县、德清县、武康县、孝丰县、吉安县等5县城。金华府有府城(金华县为附郭县)和兰溪县、东阳县、义乌县、永康县、武义、浦江县、汤溪县等7县城。衢州府有府城(西安县为附郭县)和龙游县、常山县、江山县、开化县等4县城。严州府有府城(建德县为附郭县)和桐庐县、淳安县、遂安县、寿昌县、分水县等5县城。宁波府有府城(鄞县为附郭县)和慈溪县、奉化县、镇海县、象山县等4县城,以及南田、石浦2厅城。绍兴府有府城(山阴县、会稽县为附郭县)和萧山县、诸暨县、余姚县、上虞县、嵊县、新昌县等6县城。台州府有府城(临海县为附郭县)和黄岩县、天台县、仙居县、宁海县、太平县等5县城。温州府有府城(永嘉县为附郭县)和乐清县、瑞安县、平阳县、泰顺县等4县城,以及玉环厅城。处州府有府城(丽水县为附郭县)和青田县、缙云县、松阳县、遂昌县、龙泉县、庆云县、云和县、宣平县、景宁县等9县城。另外还有定海直隶厅城,无领属。

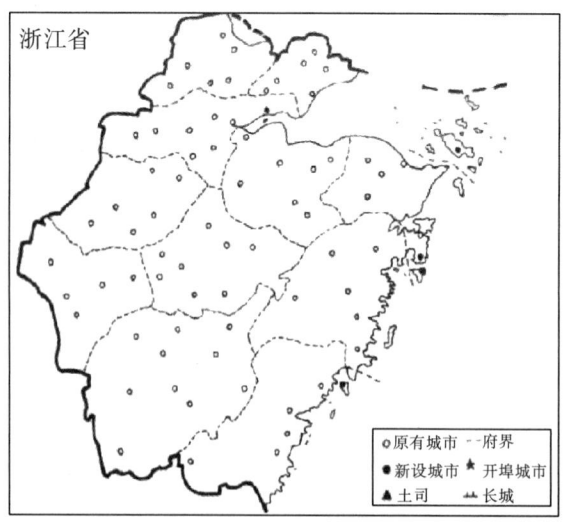

图4-14 清代十八行省之浙江省

第四章 清代十八行省城市分布的变化

山东省"东据海,南距徐邳,西接宋卫,北连燕赵","拱带畿南,转输扼要"①。清沿明制,设山东省,领6府、82县、15散州,有附郭县6,以济南为省会。清代两百余年间,山东省的地方行政建置有较大变化,至清末计领10府、3直隶州、96县、8散州,有附郭县10。首先是府级城市数量增加较多,从6个增加至13个,为济南府、东昌府、泰安府、武定府、兖州府、沂州府、曹州府、青州府、莱州府、登州府、临清直隶州、济宁直隶州、胶州直隶州。山东的城市分布受地形和自然条件的影响,表现不均衡。山东西部为华北平原东端——鲁西北平原,地势平坦,大运河和黄河均从此流过,交通便利,城市分布密集。中东部为延绵至海的山东丘陵,半岛中部的胶莱平原又将其分为胶东丘陵和鲁中南丘陵两部分。胶莱平原地势低平,土壤较为肥沃,鲁中南丘陵海拔较高,为一片方形"崮子",胶东丘陵则地势低平,逼近海洋,海岸线曲折,多优良港湾。除胶莱平原城市相对集中外,丘陵地区城市分布受地理环境限制,比较分散,多临近山麓,数量要少于鲁西。山东省会济南府有府城(历城县为附郭县)和章丘县、邹平县、淄川县、长山县、新城县、齐河县、齐东县、济阳县、禹城县、临邑县、长清县、陵县、德平县、平原县等县城和德州城。泰安府有府城(泰安县为附郭县)和新泰县、莱芜县、肥城县、东阿县、平阴县等县城和东平州城。曹州府有府城(菏泽县为附郭县)和范县、观城县、朝城县、单县、城武县、曹县、定陶县、巨野县、郓城县等县城,以及濮州城。东昌府有府城(聊城县为附郭县)和堂邑县、博平县、茌平县、清平县、莘县、冠县、馆陶县、恩县等县城,以及高唐州城。青州府有府城(益都为附郭县)和博山县、临淄县、博兴县、高苑县、乐安县、寿光县、昌乐县、临朐县、安丘县、诸城县等县城。鲁东的城市数量相对较少,如莱州府除府城(掖县为附郭县)外,仅有潍县和昌邑县2县城,以及平度州城。登州府有府城(蓬莱县为附郭县)和黄县、福山县、栖霞县、招远县、莱阳县、文登县、荣成县、海阳县等县城,以及宁海州城。清季,随着山东开埠通商,沿海地区的城市开始出现较大的发展,烟台、大连、青岛等城市开始崛起。

清代山东与浙江等沿海地区一样,城市空间分布状态基本上都是西多东少,沿海城市分布不如内陆稠密,这受到清代中前期实施的迁海、闭关政策以及沿海多丘陵少平原的地理环境影响。这也印证了清代城市分布趋向以内陆为主,沿海、边疆为辅的基本态势。

---

① 穆彰阿、潘锡恩等:《嘉庆大清一统志》卷一百六十一《山东统部·形势》,《四部丛刊续编》影旧钞本。

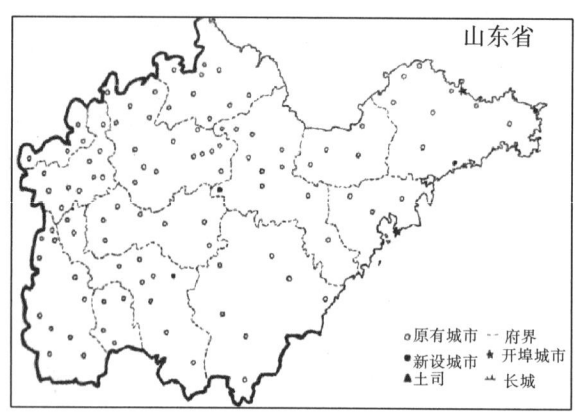

图 4-15 清代十八行省之山东省

广东省是中国大陆南端沿海的一个省份,位于南岭以南、南海之滨,与广西、湖南、江西和福建接壤,与海南隔海相望。"东引瓯越,南滨大海,西距安南,北据五岭"①。清沿明制,设置广东省,计领 10 府、8 散州、76 县、1 直隶州,有附郭县 10,以广州为省会。清以来,广东府州县建置发生一定变化,至清末计领 9 府、7 直隶州、3 直隶厅、79 县、四散州、1 散厅。主要城市有广州府城、肇庆府城、韶州府城、惠州府城、潮州府城、高州府、雷州府城、廉州府城、琼州府、罗定直隶州城、南雄直隶州城、连州直隶州、嘉应直隶州城、阳江直隶州、钦州直隶州城、崖州直隶州城、佛冈直隶厅城、赤溪直隶厅、连山直隶厅城等。广东省全境地势北高南低,中北部为高山丘陵,约占全省面积的 65%,南部沿海地区为低山丘陵、台地和平原,海岸线较为曲折,多岛屿。其中海南岛为中国第二大岛,全岛中部为高山,四周低平,成环形层状地貌,其城市也成环状分布,琼州府所属城市有府城(琼山县为附郭县)和澄迈县、定安县、文昌县、会同县、乐会县、临高县等县城和儋州城。珠江水系的北江、东江、西江三条河流汇聚广东,在广东中北部广阔的丘陵地带形成了众多的河谷盆地,经过宋明以来的大力开发,城市数量要多于南部沿海平原、台地地区。广州府属城市有府城(南海县、番禺县同为附郭县,分别在城西和城北)和顺德县、东莞县、新安县、三水县、增城县、龙门县、香山县、新会县、从化县、清远县、新宁县、阳山县、连州县等 13 县城,以及连州城。肇庆府属有府城(高要县为附郭县)和四会县、新兴县、高明县、广宁县、封川县、开建县、恩平县、阳江县、阳春县等 9 县城,以及德庆州城。因此,清代广东省的城市空间分布状态为中部较多,北部和南部相对较少,沿海城市分布不如内陆稠密,但不断向沿海扩展,其原因与浙江和山东两省大致相同。到清末,广东沿海新增 3 个城市,另有香港、澳门、汕头、北海、海口等 5 城开埠通商后得到迅速发展,但未纳入地方行政建置。

---

① 穆彰阿、潘锡恩等:《嘉庆大清一统志》卷四百四十《广东统部·形势》,《四部丛刊续编》影旧钞本。

第四章
清代十八行省城市分布的变化

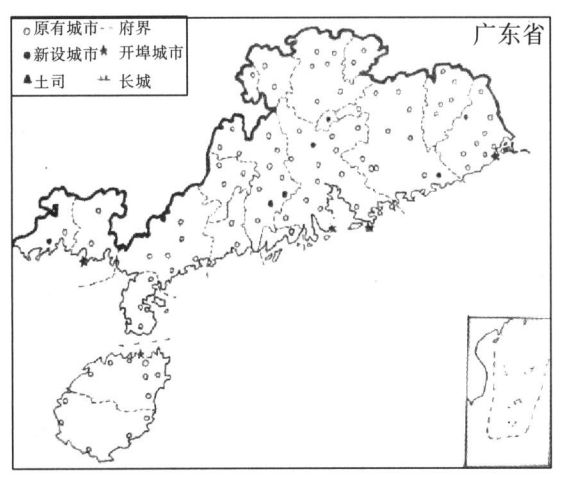

图 4-16 清代十八行省之广东省

（四）中部诸省城市空间分布

湖北省在中国中部、长江中游、洞庭湖以北，北接河南省，东连安徽省，东南和南邻江西、湖南两省，西靠四川，西北与陕西省为邻。"东连溆浦，南距湖湘，西据三峡，北带汉川。"清朝建立后沿明制，设湖广省。康熙三年（1664），分湖广布政使司为左右二布政使司，仍称湖广省。康熙六年，改左布政使司为湖北布政使司，始称湖北省，以武昌为省会。清前期，湖北省计领 8 府、53 县、8 散州，有附郭县 8。清中期以来，湖北省地方行政建置发生一定变化，清末计领 10 府、1 直隶州、1 直隶厅，60 县、7 散州厅，有附郭县 10。其主要城市有武昌府城、汉阳府城、黄州府城、德安府城、安陆府城、襄阳府城、郧阳府城、荆州府城、宜昌府城、施南府城、荆门直隶州城、鹤峰直隶厅等。湖北的城市分布也与其地形有着直接关系，湖北大体上可分为东部江汉平原、西部鄂西山地和东北部的大别山、大洪山丘陵。长江与汉水两大河流汇聚鄂东，不仅形成了土壤肥沃的江汉平原，还提供了便利的水陆交通，造就了湖北省"地居津要，形属上游，为东南之泽国，实菽粟之巨区"[①]，其城市也主要分布于鄂东江汉平原。省会武昌府城位于长江中游之滨，其所属城除府城（江夏县为附郭县）外，有武昌县、嘉鱼县、蒲圻县、咸宁县、崇阳县、通城县、大冶县、通山县等 8 县城，以及兴国州城。同在长江之滨的汉阳府除府城（汉阳县为附郭县）外，有汉川县、黄陂县、孝感县等 3 县城，以及沔阳州城和夏口厅城。夏口厅城在清中期已经是规模甚大的城市，清晚期随着对外开埠通商而成为工商巨埠。同在长江之滨的还有荆州府城和宜昌府城，荆州府有府城（江陵县为附郭县）和公安县、石首县、监利县、松滋县、枝江县、宜都县等 6 县城；宜昌府有府城（东湖县为附郭县）和兴山县、巴东县、长阳县、长乐县等 4 县城，以及归州城。鄂西山区的山间盆地在清中后期得到一定程度的开发，同时也随着地

---

① 穆彰阿、潘锡恩等：《嘉庆大清一统志》卷三百三十四《湖北统部·形势》，《四部丛刊续编》影旧钞本。

方行政建置改革，这一地区的行政建制城市较多，有清一代鄂西增设了1府、1直隶厅和7县，占全省新增城市85%以上。

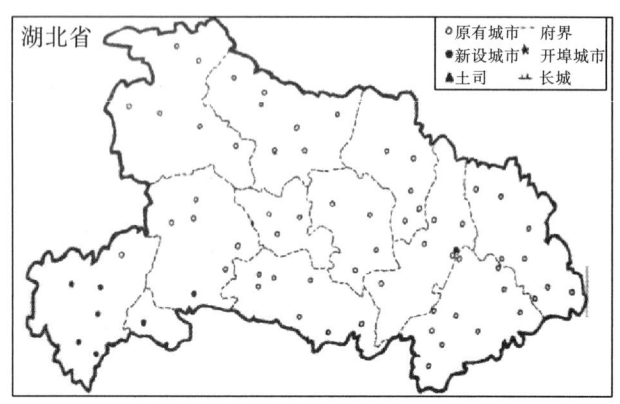

图4-17 清代十八行省之湖北省

湖南省位于长江中游江南地区，大部分地处洞庭湖之南，故而得名湖南，湘江贯穿湖南省南北。湖南"东控安成，南连岭峤，西通黔蜀，北限大江"①。清沿明制，设湖广省。康熙三年，分湖广布政使司为左右二布政使司，仍称湖广省。六年，改右布政使司为湖南布政使司，始称湖南省，以长沙为省会。清前期，湖北省计领7府、2直隶州、57县、6散州，有附郭县8。清中期以来，湖南省的地方行政建置有所变化，至清末计领9府、4直隶州、5直隶厅、64县、4散州厅，有附郭县10。主要城市有长沙府城、宝庆府城、常德府城、衡州府城、永州府城、辰州府城、永顺府城、沅州府城、澧州直隶州城、郴州直隶州城、桂阳直隶州城、靖州直隶州城、南州直隶厅城、乾州直隶厅城、凤凰直隶厅城。湖南省北部为洞庭湖平原，南为湘南丘陵，西为武陵山、雪峰山等山地，平原面积仅占全省的四分之一。湘省的城市基本上分布在湘江水系（湘、资、沅、澧）和洞庭湖周边。永州府位于湘江上游，有府城（零陵县为附郭县）和祁阳县、东安县、宁远县、江华县、永明县、新田县等县城和道州城。长沙府位于湘江中游，有府城（长沙县和善化县为附郭县，分别在城西北和城东南）和湘阴县、湘潭县、浏阳县、醴陵县、宁乡县、益阳县、湘乡县、攸县、安化县等县城，以及茶陵州城。衡州府有府城（衡阳县、清泉县为附郭县，分别在城西和城东）和衡山县、耒阳县、常宁县、安仁县、酃县等县城。岳州府城位于洞庭湖，有府城（巴陵县为附郭县）和华容县、临湘县、平江县等县城。另外，资江、沅江和澧江流域也聚集了不少城市。其中湘北平原和湘南丘陵开发较早，到清代，城市分布较为均衡，东部略多，并逐步向西部扩展，而湘西山地开发较晚，多为清代新设城市，这与改土归流也有相当大的关系。康熙四十二年（1703），清廷首先对湘西"生苗"②进行武力清剿，"勒令归诚，设

---

① 穆彰阿、潘锡恩等：《嘉庆大清一统志》卷三百五十三《湖南统部·形势》，《四部丛刊续编》影旧钞本。
② 指当时未被纳入土司管辖也未设置流官治理的苗族。

第四章 清代十八行省城市分布的变化

立州县"①。次年,"以生苗向化,置同知治其地"②,在湘西设乾州、凤凰2厅。之后清廷开始在湘西和鄂西进行大规模的改土归流,到雍正十三年(1735),湖广"合境无土司名目"③,以前设置用来监控土司的卫所也一并裁掉。有清一代,湘西共增设1府、4直隶厅、6县和1散厅,占到全省新增城市总数的85%以上。

图4-18 清代十八行省之湖南省

安徽省跨长江下游、淮河中游,长江流经安徽段,俗称"八百里皖江"。安徽东连江苏、浙江,南邻江西,西接湖北、河南,北靠山东。"上控全楚,下蔽金陵,扼中州之咽喉,依两浙为唇齿,洪流沃野,甲于东南。"④清初,安徽属南直隶,顺治二年改南直隶为江南省,领14府,以江宁府为省会。康熙五年,析江南省为二,分置江苏省和安徽省,安徽省计领7府、3直隶州,50县、7散州,有附郭县7,以安庆为省会。清代,安徽省的地方行政建置有所变化,至清末,共计领8府、5直隶州,51县、4散州,有附郭县8。主要城市有安庆府城、徽州府城、宁国府城城、池州府城、太平府城、庐州府城、凤阳府城、颍州府城、广德直隶州城、滁州直隶州城、和州直隶州城、六安直隶州城、泗州直隶州城。安徽全省以长江、淮河为界,形成了淮北、江淮、江南三大地域,其北部为华北平原,中部为巢湖平原,西面为大别山区,南部为狭长的长江沿岸平原和东南丘陵。由于宋代以来对东南丘陵的持续开发,全省除大别山区城市分布较少外,其余地区城市分布较为均衡。因此,安徽省的城市空间分布状态为南多北少,淮南城市要多于淮北。淮南的重要城

---

① 李瀚章等修,曾国荃等纂:《湖南通志》卷八十四《武备志七·苗防四》,光绪十一年刻本。
② 清高宗敕撰:《清朝文献通考》卷二百八十一《舆地考十三·湖南省》,商务印书馆,1936年。
③ 赵尔巽:《清史稿》卷五百一十二《土司一》,中华书局,1977年,第14208页。
④ 穆彰阿、潘锡恩等:《嘉庆大清一统志》卷一百零八《安徽统部·形势》,《四部丛刊续编》影旧钞本。

市主要是沿长江分布。安徽的省会安庆府位于皖西南长江沿岸，有府城（怀宁县为附郭县）和桐城县、潜山县、太湖县、宿松县、望江县等5县城。池州府城与安庆隔江相望，有府城（贵池县为附郭县）和青阳县、铜陵县、石埭县、建德县、东流县等5县城。太平府有府城（当涂县为附郭县）和芜湖县、繁昌县2县城。清后期，随着铁路等新式交通运输方式的兴起，铁路沿线城市有较大的发展，如庐州府（合肥县为附郭县）和舒城县、庐江县、巢县县城以及无为州城都有一定的发展。而蚌埠原为小市镇，但在清末因铁路建设而一跃发展成城市，但蚌埠在清代并未列入正式的行政建置，仅设有三县司进行管理。清代，安徽全省城市的数量仅增加了两个，均在淮北。

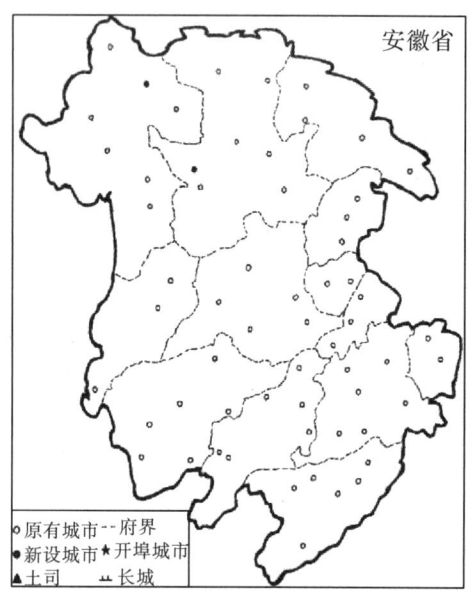

图4-19 清代十八行省之安徽省

江西省位于中国东南部，长江中下游南岸，东邻浙江、福建，南嵌广东，西靠湖南，北毗湖北、安徽，是中国所有省中毗邻省最多的省份。江西省境内除北部较为平坦外，东西南部"三面环山，诸水分出，汇于鄱阳一湖，河道四达，港汊纵横"，北部为鄱阳湖平原，其余地方属于东南丘陵，东为怀玉山，西为罗霄山脉，南为武夷山、大庾岭。清沿明制，置江西省，领13府、77县、1散州，有附郭县14，以南昌府为省会。清代两百余年间，江西省的地方行政建置有所变化，至清末领13府、1直隶州，75县、5散州厅，有附郭县14。江西省的城市基本上是沿着赣江水系由下游平原向中上游河谷盆地逐渐发展起来的。其城市的地理分布为平原多于丘陵山地，城市空间分布状态为北多南少。江西省会南昌府城地处江西省中部偏北，赣江、抚河下游，滨临鄱阳湖，其城市除府城（南昌县、新建县为附郭县，分别在城东和城东南）外，有丰城县、进贤县、奉新县、靖安县、武宁县等县城，以及义宁州城和铜鼓厅城。赣州府位于章江、贡江和赣江交汇处，章、贡两江在赣州府城北端汇合成为赣江，除府城（赣县为附郭县）外，有雩都县、信丰县、兴国县、会昌县、安远县、龙南县、长宁县等县城，以及定南厅和虔南厅城。九江府为江西省的西大门，长江与湖汉九水流经境内，与鄱阳湖和赣、鄂、皖三省毗连的河流汇集，百川归海，水势浩淼，江面壮阔，故而交通便捷，经济发达，人口众多，有府城（德化县为附郭县）和德安县、瑞昌县、湖口县、彭泽县等县城。有清一代，随着对江西省西南部山区的开发，新增城市3个，分别位于赣西、赣南与湘粤交界处的罗霄山脉和武夷山区。

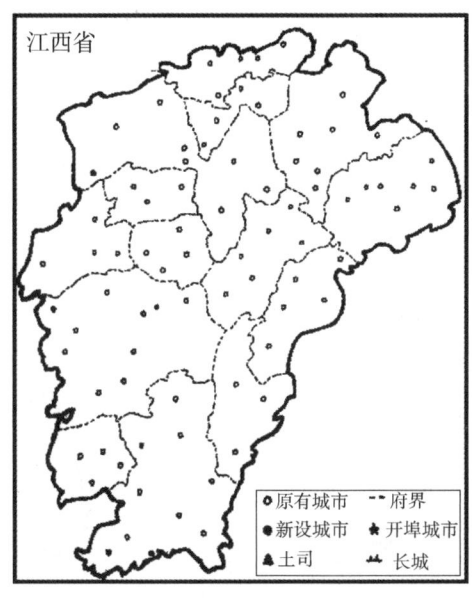

图 4-20 清代十八行省之江西省

河南省位于中国中东部，黄河中下游，东与江苏、山东、安徽相邻，南连湖北，西接陕西，北与山西、河北结合，承东启西、联南望北，"左据成皋，右阻渑池，前乡嵩高，后界大河"①。清沿明制，置河南省，领8府、1直隶州、96县、11散州，有附郭县8，以开封为省会。清代两百余年间，河南省的地方行政建置有所变化，至清末计领9府、5直隶州、1直隶厅、96县、5散州，有附郭县9。主要城市有开封府城、归德府城、陈州府城、河南府城、彰德府城、卫辉府城、怀庆府城、南阳府城、汝宁府城、许州直隶州城、郑州直隶州城、陕州直隶州城、汝州直隶州城、光州直隶州城、淅川直隶厅城。河南的城市分布受到地形的影响，分布不均衡。河南省域由三大地形区构成，西部为黄土高原东缘山地——豫西山地，中东部为华北平原，南部为桐柏、大别山，城市主要集中于中东部平原，西部和南部山地较少。中东部河南府、开封府和归德府集中了较多的城市。河南省会开封府有府城（祥符县为附郭县）和陈留县、杞县、通许县、尉氏县、鄢陵县、中牟县、兰封县、密县、新郑县等9县城，以及禹州。河南府有府城（洛阳县为附郭县）和偃

---

① 穆彰阿、潘锡恩等：《嘉庆大清一统志》卷二百零五《河南统部·形势》，《四部丛刊续编》影旧钞本。

师县、巩县、孟津县、宜阳县、永宁县、新安县、渑池县、登封县、嵩县等县城。归德府有府城（商丘县为附郭县）和宁陵县、鹿邑县、夏邑县、永城县、虞城县、柘城县、考城县等7县城，以及睢州城。东南部的陈州府也有府城（淮宁县为附郭）和商水县、西华县、项城县、沈丘县、太康县、扶沟县等6县城。清代河南省的城市空间分布状态为北多南少、东多西少，形成了中部洛阳到商州的城市带。清季，随着京汉铁路的建设，河南境内铁路沿线的部分城市崛起，特别是郑州成为中国中部的铁路枢纽，经济得到快速发展，人口增加，逐渐向大城市转变。有清一代，河南行政单位调整幅度不大，城市数量也未增加。

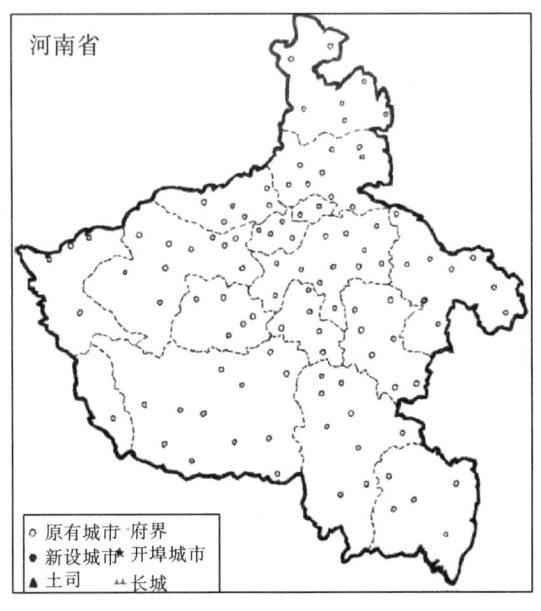

图4—21 清代十八行省之河南省

综上所述，就行政建制城市而言，清代西部诸省是内地城市增长最为迅速的地区，其新增城市占到十八行省新增城市总数的60%以上。因此，清代中前期城市分布的东西差距并不大。但晚清以后，随着经济和交通的发展，地理位置更为优越的东部沿海地区迅速发展起来，兴起了大量暂未被列入行政建置的交通枢纽城市和开埠城市，中国城市东西部分布的差距开始逐渐拉大，不仅表现在城市数量方面，而且也表现在城市的规模和城市的发展水平等方面。

第二节　清代十八行省城市地理分布

清代十八行省城市地理分布的一个共同特征为城市主要分布于平原、盆地和丘陵山地间的河谷地带，并呈现出向高原、丘陵山地发展的趋势，这种趋势与经济和人口流动的趋势是一致的。同时，清代内地各省城市的地理分布与空间分布基本上也是一致的，这说明城市的空间分布与地理分布是紧密联系的——城市的空间分布依托于地理分布，受到地理分布的制约，但在政治经济等因素的影响下，城市的空间分布又具有相对独立性，是城市地理分布的社会化表现。

一、清代十八行省地理环境与城市分布

（一）城市地理环境概述

中国城市的分布深受地理环境的影响，有研究者认为"平原是中国城市的摇篮"，管子也曾说过："凡立国都，非于大山之下，必于广川之上。"中国传统城市主要集中于东部农业发展条件较好的平原和盆地，比如《史记》中所说的西汉 13 个都会均在平原和盆地。随着人类适应自然能力的不断增强和人口的大量增长，尤其是清中期以后内地出现了人口的爆炸性增长，在传统平原和盆地的耕地开发殆尽的情况下，为了生存，人们开始向内地和边疆的高原、山区以及一些未尽开发的平原、盆地挺进，开辟新的农耕区，形成新的聚落和城镇。

清朝疆域辽阔，从地理环境上大致可以分为东北平原、华北平原、长江中下游平原、珠江三角洲及东南沿海平原、蒙古高原、青藏高原、云贵高原、塔里木盆地、柴达木盆地、四川盆地、准噶尔盆地、辽东丘陵、山东丘陵、东南丘陵等 14 大地形区，同时在这些大地形区里还夹杂着许多小平原、小盆地、小丘陵等小地形区。

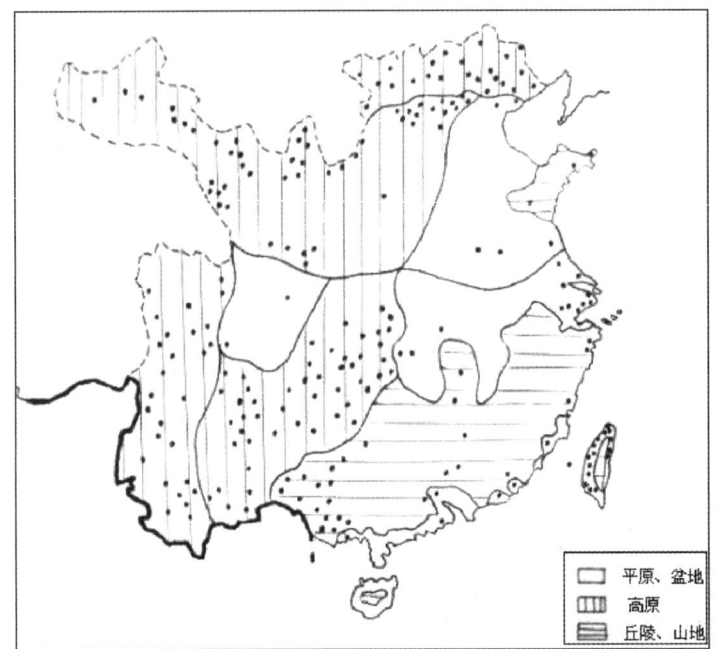

图 4-22 清代内地主要地形区及新增城市分布简图

晚清时期，大量领土被割让，虽然疆域大大内缩，但是内地十八行省所在区域基本上未有太大变动。以清末的省界为限，内地十八行省地理环境的范围大致为北接蒙古高原南部，西起青藏高原东端，东南至大海，内含华北平原、长江中下游平原、珠江三角洲、四川盆地、黄土高原、云贵高原、山东丘陵和东南丘陵等。

（二）主要地形区的城市地理分布

1. 平原区城市地理分布

清代十八行省的平原区约占内地总面积的 20％[①]，主要有华北平原、长江中下游平原和珠江三角洲及东南沿海诸平原。

华北平原是中国第二大平原，位于黄河下游，北起燕山，南到大别山，西起太行山脉和豫西山地，东到山东丘陵和大海，在清代主要包含直隶中南部、豫省中东部、鲁西和苏皖两省北部，面积有 30 多万平方公里，主要由黄、淮、海、滦等水系冲积而成，地面多为肥沃的次生黄土，海拔一般在 100 米以下，一半以上的面积海拔还不到 50 米。[②] 该地区大部分属于暖温带季风气候，四季分明，日照充沛，其中西部山麓地带是大小不等的古代扇形冲积平原，排水状况良好，并有较浅而丰

[①] 地形区面积百分比数据为笔者根据各类地形区大体面积数与清代内地十八行省面积总数估算所得。清代内地十八行省面积总数依据 L. 李查德《中华帝国地理详说》，转引自李济《中国民族的形成》（江苏教育出版社，2005 年，第 94—135 页）。

[②] 中国人民大学经济地理教研室：《中国经济地理讲义》下册，中国人民大学出版社，1956 年，第 2 页。

第四章
清代十八行省城市分布的变化

富的地下水,适于农田灌溉,再加上"土质稀疏而便于翻耕,有较多的腐殖质,利于植物生长,农作物收获量因而较高——较早的发展起以种植黍和粟为主的精耕农业"①。由于农业的发达,故而该地区也较早地出现了城市,成为中国古代城市文明的核心区域。随着农业的发展,中原城市群迅速由黄河两岸向北、东、南三个方向推进,基本涵括了整个华北平原。直至清末,这一区域仍密布着近319个城市,约占内地城市总数的19.5%。②

长江中下游平原西起长江三峡,东到大海,北界大别山,南接东南丘陵,为沿岸带状平原,中间夹杂着许多"低矮丘陵,地形起伏较多",不似华北平原那样"广阔无垠"③,可分为两湖平原(江汉平原和洞庭湖平原)、鄱阳湖平原、皖南沿江平原、皖中平原(巢湖平原)和长江三角洲等,面积有20多万平方公里。该区域属于亚热带季风气候,冬无严寒,雨量充沛,土质肥沃,且河湖密布,灌溉方便,适于种稻。但受到经济中心最初在北方的影响,该区域早期发展较慢,到西汉时仍是"江南地广,或火耕水耨"④。魏晋南北朝以后,随着北方战乱,"避地江南者甚众"⑤,该区域才开始得到大规模的开发,城市也随之大量兴起。到唐宋时,全国城市重心逐渐转移至此。明清时期传统商品经济的兴盛、晚清工商业的勃兴都推动了该区域城市的进一步发展。到1843年,全国人口规模排名前20位的城市有一半位于该区域。而晚清内地46个开埠口岸中也有14个在该区域。清代该区域主要包含鄂东、湘北、皖南、赣北、苏南和浙北,到清末有193个城市,约占内地城市总数的11.8%。

珠江三角洲由西江、北江和东江冲积而成,位于广东中部,面积约9400平方公里,地势均在海拔50米以下,水网密集,"灌溉与交通方便,土壤肥沃,农业最称繁盛"。其周边还有粤西沿海平原、潮汕平原、福建沿海平原、台湾沿海平原和海南沿海平原等一些小平原。这些平原虽然面积都不大,但"农业价值很高"⑥,同时受东南丘陵所迫,海岸线曲折,多优良港湾。该区是华南早期城市的诞生地之一,秦并天下后在此设南海、闽中两郡,西汉在粤西钦廉平原增设合浦郡,并一度在海南沿海平原设儋耳、珠崖两郡。⑦ 魏晋南北朝时期随着"中原乱离,遗黎南渡"⑧,大量城市在此兴起,仅州郡级城市就新增13个⑨,东南沿海城市群初步形

---

① 马克垚:《世界文明史》上册,北京大学出版社,2004年,第176页。
② 本节城市数据来源同表4-2。
③ 中国人民大学经济地理教研室:《中国经济地理讲义》下册,中国人民大学出版社,1956年,第150页。
④ 班固:《汉书》卷二十八下《地理志下》,中华书局,1962年,第1666页。
⑤ 陈寿撰,裴松之注:《三国志》卷十三《魏书十三·钟繇华歆王朗传》,中华书局,1982年,第402页。
⑥ 中国人民大学经济地理教研室:《中国经济地理讲义》下册,中国人民大学出版社,1956年,第172页。
⑦ 谭其骧:《中国历史地图集》,中国地图出版社,1982年,《秦时期全图》。
⑧ 房玄龄等:《晋书》卷十五《地理志下》,中华书局,1974年,第463页。
⑨ 谭其骧:《中国历史地图集》,中国地图出版社,1982年,《东汉时期全图》。

成。唐宋元时,由于海上贸易的发达,该区城市继续得到发展。明清时,虽然受到海禁、迁海等政策的影响,但由于人口激增,手工业和商品经济得以繁荣,城市有所发展。晚清时期,随着大量商埠的开辟和晚清工商业的兴起,该区城市不断增加。到清末,该区有城市72个,占内地城市总数的4.4%。

2. 丘陵、盆地区城市地理分布

清代十八行省的丘陵区约占十八省行总面积的30%,主要有东南丘陵和山东丘陵。盆地区约占内地总面积的8%,主要有四川盆地。

东南丘陵西起云贵高原,北至长江,东南到大海,几乎囊括两广和闽省全部、浙赣湘三省大部以及苏皖两省一部,约占内地总面积的1/5。其中位于长江以南、南岭以北部分称为江南丘陵;南岭以南称为两广丘陵;武夷山以东称为浙闽丘陵(由于山脉逼近海洋,又叫东南沿海丘陵)。该区海拔一般在200~600米之间,部分山峰超过1500米,丘陵多呈东北西南走向。丘陵和低山之间大多为河谷盆地,且地处亚热带,降水丰沛,热量丰富,适于发展农业生产,因此这里最先得到开发,如秦时所设桂林郡,就在浔河河谷处。西汉时,在两广丘陵置2郡22县,在湘南丘陵(江南丘陵西段)置3郡34县①,两广和湘南名城,多肇端于此时。浙闽丘陵虽然开发较晚,但发展很快,尤其是明清时期最宜新垦之地,甚至瓦砾、山场皆可植的玉米②和"不与五谷争地,凡瘠卤沙冈皆可长"的番薯③等高产耐瘠作物的引进,推动了东南丘陵腹地迅速被开发,粮食问题的解决促进人口的增长,也使城市数量增加和规模扩大。到清末,该区域有329个城市,占内地城市总数的20.1%。

山东丘陵是山东中东部低山丘陵的总称,除少数山峰海拔高过1000米以外,其余大部分地区的海拔都不足500米,胶东半岛更只有200米左右,"因而对交通和耕作业的影响都不大。同时丘陵边缘和内部还有着肥沃宜农的山麓平原和宽广谷地"④,再加上该区毗邻中华文明的发源地——华北平原,因此开发较早,城市发展也较早。元代鲁西会通河的开凿,明清胶东海防的加强,以及晚清沿海通商开埠都促进了这里城市的发展,到清末,该区有城市38个,占内地城市总数的2.3%。

四川盆地四周均为大山环绕,西为青藏高原东缘的龙门山、邛崃山,北为大巴山,南为大娄山,东为巫山,面积约18万平方公里。盆地大致由西北向东南倾斜,海拔多在500米以下,气候高温多雨,降水充足,江河众多,水系发达。盆地西部为成都平原,地势低平,"土地肥美,有江水沃野,山林竹木蔬食果实之饶"⑤,东部为低山丘陵,中部为方山丘陵,土质富含磷钾,自然肥力较高。该区由于自然条件较为

---

① 班固:《汉书》卷二十八上《地理志上》,中华书局,1962年,第1594—1596页。
② 包世臣著,潘竟翰点校:《齐民四术》卷一《农政·辨谷》,中华书局,2001年,第6页。
③ 何乔远:《闽书》卷一百五十《南产志》,福建人民出版社,1994年,第4437页。
④ 中国人民大学经济地理教研室:《中国经济地理讲义》下册,中国人民大学出版社,1956年,第2页。
⑤ 班固:《汉书》卷二十八下《地理志下》,中华书局,1962年,第1645页。

第四章
清代十八行省城市分布的变化

优越，很早就出现了农耕文明和城市，战国以后随着都江堰等水利设施的兴修，以及大量移民的进入，该区农业和城市得到迅速发展，后虽经元明清三度兵灾摧残，但又三度复兴。到清末，该区有城市121个，占内地城市总数的7.4%。

3. 高原区城市地理分布

清代十八行省的高原区约占内地总面积的42%，主要有黄土高原、云贵高原、内蒙古高原南部和青藏高原的东部——康藏高原。

黄土高原东起太行山，西至乌鞘岭，北接长城，南界秦岭，在清代主要包括秦省全部、晋省长城以南部分、陇省中东部和豫西，面积达40多万平方公里。除个别高峰外，海拔一般在1000~1500米之间，高原上覆盖着厚厚的黄土层，土质疏松，受河流侵蚀很严重，加上地质构造上断层很多，形成了许多河谷盆地，有汾河谷地、洮河谷地、湟河谷地、关中盆地、汉中盆地和宁夏平原等，"这些河谷盆地，土壤肥沃，有河水、地下水或山麓泉水可资灌溉"①。以上区域毗邻华北平原，为中华文明的发祥地之一，早期城市文明十分发达。但由于该区域的黄土易受侵蚀，气候较为干旱，再加上长期的过度开发，导致水土流失严重，易耕面积逐渐缩小，农业经济逐渐衰退，城市发展相对迟缓，甚至部分区域陷于停滞。到清末，该区有城市约264个，占内地城市总数的16.2%。

云贵高原位于雪峰山以西，大娄山以南，哀牢山以东，在清代包括滇省东部、黔省全部、桂省西部、四川南部和湖广西部。高原由西向北东南三个方向倾斜，海拔在1000~2000米之间，石灰岩喀斯特地貌广布。由于受到河流长期的侵蚀和切割，"山岭起伏，地形崎岖"②，山间夹杂着许多溶蚀而成的坝子和湖盆，土壤肥沃，为高原最宜农耕之处，且该区所处纬度较低，海拔较高，冬不冷，夏不热，雨量充足。战国时这里已经有"耕田，有邑聚"，秦时"略通五尺道"，在此"置吏"③，西汉时先后置4郡68县。④ 直至唐初，中原政权均在此设置郡县，但因地处偏远，交通不便，该区经济和城市发展较为滞后。唐宋时，南诏、大理等少数民族地方政权的建立，促进了该区域城市的发展，元代在该区域建省设县，同时进行移民开垦，促使城市数量猛增，明清时大规模的改土归流进一步推动了该区域城市的迅速发展。到清末，该区域有城市175个，占内地城市总数的10.7%。

---

① 中国人民大学经济地理教研室：《中国经济地理讲义》下册，中国人民大学出版社，1956年，第1页。
② 中国人民大学经济地理教研室：《中国经济地理讲义》下册，中国人民大学出版社，1956年，第221页。
③ 司马迁：《史记》卷一百一十六《西南夷列传》，中华书局，1982年，第2993页。
④ 班固：《汉书》卷二十八上《地理志上》，中华书局，1962年，第1599—1603页。

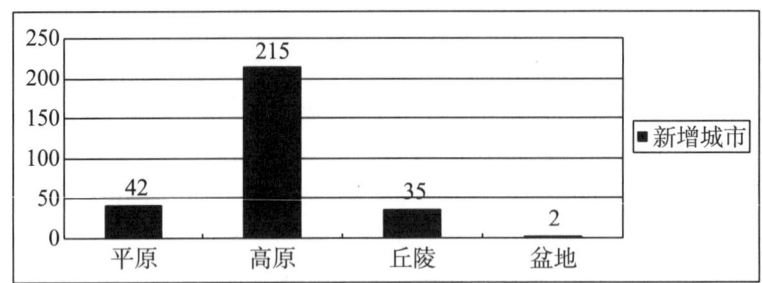

图 4—23 清代内地各地形新增城市数量对比

资料来源同表 4—2。

注：(1) 城市指行政建制城市，不含土司。(2) 此仅以大地形区进行总归。

青藏高原东部向四川盆地和云贵高原过渡的地区又被称为康藏高原，海拔在 3000 米左右，在金沙江以南形成了一系列的横断山脉，山间有多条大江，"山高谷深，水流湍急"，其南端深入北回归线内，属于热带气候，丛林密布；而金沙江以北以东地区则为"地势平缓、略有起伏"的高草原地，是发展畜牧业的好地方。[①] 这里"古为西南夷地，两汉始通中国"，"元征服西番，始分置土司"，明朝以巴塘以东属四川，"以西为乌斯藏所据"。清初"仍分授土司"，巴塘以西"隶于呼图克图"，清中叶在此陆续设厅统辖诸土司，到清末大举改流。加上滇西的改土归流，到清末，该区有城市 71 个[②]，占内地城市总数的 4.4%。

内蒙古高原开阔坦荡、地面起伏平缓，自古以来就是各草原民族的游牧之地。清代，内蒙古南部逐渐被开垦为农耕区，清廷也在此设厅置县，分别隶属直隶、山西两省。其西部为河西走廊，古为月氏、匈奴牧地，西汉时在此置河西五郡，移民开垦，渐成农牧交错区，城市也逐步发展起来。明代和清前期这里多为卫所，清中叶，"由边卫而郡县，自畜牧而农田"[③]，城市也迅速发展起来。到清末，本区域有城市 53 个，占内地城市总数的 3.2%。

综上所述，清中叶以后内地城市的地理分布出现了由平原、盆地逐渐趋向丘陵、高原扩展的新特点。但受到丘陵、高原地理自然环境相对较差因素的制约，内地城市地理分布主要集中在东部平原、盆地的总体格局仍未被打破。清末，虽然平原、盆地的面积仅占内地十八省陆地总面积的 1/5 强，但其城市数量却占总数的 44.8%。[④]

[①] 中国人民大学经济地理教研室：《中国经济地理讲义》下册，中国人民大学出版社，1956 年，第 222 页。

[②] 含 12 委员驻地。

[③] 杨应琚：《西宁府新志》卷三《地理志》，乾隆十二年刻本。

[④] 含位于黄土高原的关中盆地和汉中盆地。

二、地理环境变迁与十八行省城市分布的变化

(一) 河道变迁与城市分布的变化

有清一代，中国内地河道变化最大的是黄河。历史上黄河就以"善淤、善决、善徙"著称，尤其是河南孟津以下的黄河下游河道经常决口、改道，对整个华北平原地区的地貌变迁造成了极大的影响，也对这一地区的城市分布产生了重要的影响。

鉴于历史上黄河水患不断，清代"首重治河"，并"探河源以穷水患"[1]，还专设河道总督掌黄河"疏瀹堤防之事"[2]。明代潘季驯提出了"束水攻沙"和"蓄清刷黄"的治河理论，同时还设计了堤防工程体系，并在总理河道期间将之付诸实践。潘季驯的治河实践对清代产生了重要影响，清朝建立后也长期施行"束水攻沙"的治水方针。"束水攻沙"蕴含着科学的思想，但以坚守堤防为主的防洪方略也有其难以逾越的局限，黄河倒灌淮河的问题反而加重。清嘉庆以后，官吏腐败日甚，河政更趋废弛，"南河岁修经费五六百万金，然实用之工程者不及十分之一，其余以供官员之挥霍"，"竭生民之膏血，以供贪官污吏之骄奢淫僭，天下安得不贫苦"[3]。下游决口泛滥情况与日俱增，河床也日渐淤塞，最终导致咸丰五年(1855)六月，黄河"决兰阳铜瓦厢，夺溜由长垣、东明至张秋，穿运注大清河入海，正河断流"[4]。由于当时清廷忙于镇压太平军运动，军事旁午，无暇顾及河工，导致20年内黄河在铜瓦厢和张秋之间不断泛滥横流。直至光绪元年(1875)，清廷才开始筑两岸长堤，到光绪十四年完工，"全河均入大清河，北流归海之势始定"[5]。

清代黄河下游河道的决口和改道对沿岸地区城市产生了巨大的影响。首先是作为自然灾害给沿岸地区城市造成了巨大的破坏。比如咸丰五年黄河改道，洪水一泻千里，漫流的洪水在运河以西宽达二三百里，洪水波及范围达10府(州)40余州县，受灾面积约3万平方公里。河南兰仪、祥符、陈留、杞县一片汪洋，直隶东明县城被洪水围困长达2年，而山东大半省区被淹，菏泽"以河决未塞，荡潴东西，靡有干土又二十余年"，直至同治年间，曹州、兖州、济宁州等府州境内仍有大量因积水不去而形成的沼泽地带。并且此后数十年，山东省内河道决口不断，"年来水患频仍"[6]，社会动荡不安，大量灾民外出谋生，城市衰败。

其次，咸丰五年黄河改道加速了大运河沿岸城市的衰落，部分被洪水淹没，冲

---

[1] 赵尔巽等：《清史稿》卷一百二十六《河渠一》，中华书局，1976年，第3715页。
[2] 允裪：《大清会典》(乾隆朝)卷七十四《工部·都水清吏司·河工》，文渊阁《四库全书》本。
[3] 小横香室主人：《清朝野史大观》卷十二《清代述异》，中央编译出版社，2009年。
[4] 赵尔巽等：《清史稿》卷一百二十六《河渠一》，中华书局，1976年，第3741页。
[5] 毛承霖：(民国)《续修历城县志》卷九《山水考五·山水一》，民国十五年铅印本。
[6] 朱寿朋编，张静庐等点校：《光绪朝东华录》，中华书局，1960年，第5275页。

塌城墙，这些城市不得不迁移以避水患。由于黄河夺大清河入海，"运河堤埝残缺更甚。自张秋以北，别无来源，历年惟借黄济运而已"①，后又因黄河不断决口泛滥，运河日益淤塞，清廷不得不废止江北河运，改行海运，昔日依靠漕运而兴盛的运河沿岸城市日渐衰弱，"满目劫灰，元气不复"②，随着沿海开放口岸城市的兴起，江北运河沿岸省区的社会经济重心和城市分布重心逐渐由运河两岸转移到东部沿海地区。

再次，黄河的决口泛滥造成了黄河中下游地区大量土地的盐碱化和沙化，严重影响了这一地区城市的发展。比如山东巡抚张曜在光绪十五年所上奏折中就说："山东地方十余年来，黄水为患，灾浸频仍，民间地亩或成巨浸，或被沙压，不能耕种，生计日蹙。"③河南许多城市也备受沙患侵扰，比如道光二十三年（1843）因为黄河决口，中牟县"东北一带，地尽成沙，死人无算，村庄数百同时覆没"④。

最后，黄河的不断决口和改道还破坏了黄淮平原上原有的水系面貌，导致了这一地区城市交通地理的变迁。古代黄河下游平原河网交错，水运便利，比如河南的朱仙镇、万胜镇等均因黄河支流汴河、贾鲁河之利而成为一时雄镇，但自清代中叶以后，特别是随着黄河下游各支流的淤塞，这些城市的对外水上交通中断，从而失去了交通优势，经济衰落，人口流失，逐渐沦为一般乡镇。

长江河道的变迁主要集中在宜昌以下的中下游河床，其中镇江以下长江河口段变化最大，对城市分布的影响也最大。长江河口段由于"流动在它自身冲积的平原上，土质松软，不耐冲刷。在江潮和海潮的冲击下，江岸常随主流线的南北摆动而此于彼坍"⑤。比如扬州府的瓜洲镇就由于江岸受冲，不断坍塌，而在光绪十年（1884）全部沦入大江。⑥而镇江府北岸却在长江的冲刷下不断淤积长出新的沙洲，东晋时开始成洲，明末叶始露出水面⑦，至清代后期始形成雷公岛、太平洲、西沙、中心沙四个江岛，其中以太平洲最大，是长江流域仅次于崇明岛的第二大岛，周边长120公里，南北最长处38公里，东西最狭处3～4公里，陆续有人在此聚居。清光绪三十年（1904）设太平厅，宣统三年（1911）改太平厅为太平县。

清代内地除黄河、长江以外的江河河道也多有变迁，但都不似黄河和长江对地理环境和城市分布影响巨大。

（二）海岸线变迁与城市分布的变化

清代内地海岸线的变迁主要集中在杭州湾以北地区。这一地区除山东半岛沿岸

---

① 赵尔巽等：《清史稿》卷一百二十七《河渠二》，中华书局，1976年，第3789页。
② 张自清等：《临清县志》卷八《经济志十一·商业》，民国二十三年铅印本。
③ 李文海：《世纪之交的晚清社会》，中国人民大学出版社，1995年，第375页。
④ 萧德馨等修，熊绍龙等纂：《中牟县志》，民国二十五年石印本。
⑤ 王育民：《中国历史地理概述》上册，人民教育出版社，1990年，第190页。
⑥ 于树滋：《瓜洲续志》卷一《疆域》，民国十六年铅印本。
⑦ 李长傅：《江苏省地志》第四编《地方志》，中华书局，1936年，第347页。

第四章
清代十八行省城市分布的变化

以外大部分属于平原海岸，杭州湾以南沿海地区则大多为山地丘陵海岸。山地丘陵海岸历史时期变化不大，"而平原海岸则由于河流来沙丰富变化较为显著"①。

渤海湾位于黄河口和滦河口之间，历史上黄河曾三次由此入海，受黄河泥沙淤积以及波浪的作用，海岸线逐渐向外扩展，形成了新的天津平原。由于地势低平，易受海水侵蚀，直至明初，天津一带仍为荒旷之地，到永乐二年才开始筑城建卫。清雍正三年改卫为州，九年，改设天津府，置天津县为府治。但直至晚清时期随着海运的兴起、大沽的开港和租界的建立，城市才逐渐向沿海地区发展。

自金章宗明昌五年（1194）"河决阳武故堤，灌封丘而东"②，黄河所带来的泥沙开始涌入淮河，到明万历六年（1578）潘季驯采取"筑堤束水，以水攻沙"的治河方针后，大量泥沙堆积到黄河入海口，苏北海岸不断向外延伸，形成了大片的盐碱滩地。清代有不少民众到此开垦农田，渐成聚落，清廷也在此增设了阜宁、东台两县和海门直隶厅，但由于"此海岸之成立，不过数百年事，沿岸为低湿地，旧为盐场"，且"入海之水道虽多，但大半淤塞"③，故"河流稀少，农产不盛"，"无繁盛之城市"④。直到民国时期，随着陇海铁路和沿海公路的修建，苏北的城市才逐渐发展起来。

苏南长江口海岸线的变迁主要受到长江和东海海潮长期相互作用的影响。北岸沙嘴从五代后周时起置有海门县，元代以后受长江主流迁移的影响，县属土地大片坍塌，县治曾三次向内陆迁徙，到康熙十一年（1672）终因县境基本坍入江中，民户所剩无几，故而裁县为乡，并入通州。清初，长江江流南倾，长江北岸开始涨积，涨出40多个新沙，绵亘百余里。雍正以后，这里"日渐涨出沙洲，延袤数十里"，"迤南又复屡涨沙洲"，形成了海门群沙，周边民众纷至前来开垦，渐成民人辐辏之地⑤，到乾隆三十三年（1768）乃特设海门直隶厅，民国元年（1912）复称海门县。

长江南岸沙嘴经江阴、太冈、马桥一线向东延伸，地面高程4.5~6米，与钱塘江北岸相连后达杭州湾，南岸沙嘴外侧滨海地区不断淤积成滨海平原，但长期受到长江和杭州湾海潮的冲击和侵蚀，经常发生坍塌，南宋以来各代均在此修筑海塘"以捍御咸潮"⑥。长江所携带的大量泥沙主要沉积在南岸沙嘴的东部，于是南岸沙嘴在南北内缩的同时逐渐向东扩展。清代除了在南岸沙嘴南北部继续修筑海塘外，也增设了部分州县，比如雍正二年（1724）升南岸沙嘴北部的太仓州为直隶州，"于州析置镇洋县属"⑦，同年又在吴淞江入海口附近增置宝山县属太仓州，在沙嘴

---

① 邹逸麟：《中国历史地理概述》，上海教育出版社，2005年，第71页。
② 脱脱等：《金史》卷二十七《河渠志》，中华书局，1975年，第678页。
③ 李长傅：《江苏省地志》第二编《地文志》，成文出版社，1983年，第49页。
④ 李长傅：《江苏省地志》第一编《绪论》，成文出版社，1983年，第23页。
⑤ 刘文彻等：（光绪）《海门厅图志》卷九《地志》，光绪二十六年刻本。
⑥ 赵尔巽等：《清史稿》卷一百二十八《河渠三》，中华书局，1976年，第3815页。
⑦ 穆彰阿、潘锡恩等：《嘉庆大清一统志》卷一百零三《太仓州一·建置》，《四部丛刊续编》影旧钞本。

南部沿海处则"增置奉贤、金山、南汇、福泉四县"①，沙嘴东岸的川沙本"为海上一隅之地"，明中叶始筑城，到嘉庆十年置厅，"遂为滨海一要区"②。至此，随着长江口南北两岸沙嘴的不断东扩，这两地的城市分布也逐渐向东扩展，趋向沿海。

此外，内地的杭州湾、广州湾一带海岸线在历史上也发生过变迁。杭州湾沿岸主要是受海潮侵蚀——"江挟海潮为杭人患，由来已久"，但从五代吴越时起历代均在此修筑海塘，有效地抵御了海潮的侵蚀，到清代更是"不惜亿百万帑金"修筑大石塘，"昆连江塘，巩若磐石，生斯土者不复知有海患"。广州湾沿岸由于珠江水量大，含沙量小，故河口泥沙淤积程度很轻，沿海平原的扩展也较为缓慢。因此，这两地的海岸线变迁对清代城市的分布影响不大。

（三）湖泊变迁与城市分布的变化

清代，中国内地部分湖泊发生了地理变迁，也对城市分布产生了重要的影响。比如自明代嘉靖、隆庆年间开始，为确保荆北地区的安全，明政府采取了"舍南救北"的方针，在荆江北岸筑起了长堤，导致荆江北岸穴口尽塞，长江水沙多排入洞庭湖区，洞庭湖底不断淤高，湖面不断扩大，"每岁夏秋之交，湖水泛溢，方八九百里"③。这一扩展的形势一直延续到清朝道光年间，最盛时湖区地跨4府、1州、9邑，"横亘八九百里，日月若出没其中"④。清咸同年间，由于荆江南岸相继发生决口，形成了四口分流的局面，荆江泥沙大量排入洞庭湖，湖区面积急剧萎缩。华容、安乡以南淤出的陆上三角洲——南洲迅速扩大，由于湖滨土地肥沃，资源丰富，人们闻风踵至，竞相垦殖，逐渐形成聚落和城镇。清廷为了加强对这些地区的管理，于光绪十年（1884）在此设立南洲垦务局。光绪二十年（1894），又置南洲直隶厅。

鄱阳湖是中国第一大淡水湖，也是中国第二大湖，位于江西省北部、长江南岸，赣江、修水、鄱江（饶河）、信江、抚河等水经湖口注入长江。鄱阳湖形似葫芦，南北长110公里，东西宽50~70公里，北部狭窄仅5~15公里。"跨南昌、南康、饶州三郡，广袤数百里，春涨则与鄱江相连，水缩则黄茂白苇旷如平野"。每年湖面水位有较大变化，以致"夏秋一水连天，冬春荒滩无边"，"滨湖之地渐有长缩"，每到春夏水涨时，"新建、进贤、鄱阳三县接壤处巨浸无涯"⑤；冬秋水涸，则各分界限，有数百万亩湖滩地，但不能大量耕种，故而民众在此建圩堤，修陂塘，开垦湖滩。由于过度屯垦，"积渐为患"，导致"鄱湖率多淤塞，冬干水落，洲

---

① 清高宗敕撰：《清朝文献通考》卷二百七十五《舆地考七·江苏省》，商务印书馆，1936年。
② 陈方瀛修，俞樾纂：《川沙厅志·序》，光绪五年刊本。
③ 陈洪谟纂修：《常德府志》卷二《地理志·山川》，嘉靖刻本。
④ 陶澍、万年淳修纂，何培金校点：《洞庭湖志》卷二《湖山四》，岳麓书社，2009年，第40—55页。
⑤ 锡德修，石景芬纂：《饶州府志》卷首《图说》，同治十一年刊本。

第四章 清代十八行省城市分布的变化

渚重沓,通流之处,粮艘或胶,而灌口入江,浅隘难出"①。但有清一代还未达到造成周边城市分布变迁的程度。

洪泽湖是中国第四大淡水湖,在江苏省西部淮河下游,位于安徽与江苏两省中部交界处。洪泽湖本为浅水小湖群,古称富陵湖,两汉以后称破釜塘,隋称洪泽浦,唐始名洪泽湖。自金明昌五年(1194),黄河南徙,经泗水在淮阴以下夺淮河下游河道入海,淮河失去入海水道,在盱眙以东潴水,原来的小湖群的洪泽湖扩大为大湖。清康熙年间,勒辅利用洪泽湖为黄河分洪,促进黄河下游"攻沙",导致洪泽湖水位不断抬高,成为高悬于安徽泗州城之上的"悬湖"。洪泽湖的变迁对周边的城市影响甚大,特别是对泗州城影响尤巨,多次洪漫泗州。康熙十八年"冬十月大水,溃堤决城";十九年再度决堤,"将州城及文武衙门、仓库沉没水中,居民播迁"②,最后"泗州城沦于洪泽湖,寄治盱眙"。乾隆四十二年,清廷被迫移泗州治于虹县。

太湖位于江苏省南部,与浙江省相连,是清代经济最为发达的地区之一,"其广三万六千顷,其周五百里","东南之泽,此为最大"。清代为治水患,筑"五堰于溧阳",以后入湖水量有所减少,再加上清中叶以后这一地区人口剧增,大量民众围湖造田,致使太湖水域面积逐渐缩小,"东南二湖俱成原隰,则壤为科亦以万计",苏州"城南高壤俱成民居"③。由于太湖的不断开发和人口的增加,原来的一些市镇有较大的发展,清廷为此在太湖周边先后增设了震泽、金匮、荆溪、元和、新阳、昭文等县。同时,为了加强对太湖西山、东山两岛新垦之民的管理和整治太湖水匪,清廷还于乾隆、光绪年间在此设立太湖、靖湖两厅,隶属苏州府。但大量的围垦使得本为"出太湖之要道,太湖之上流"的七十二溇"大半湮塞"④,这也最终导致了太湖入海水道逐渐发生变迁——明清之际黄浦江逐渐取代吴淞江成为太湖新的入海通道。而黄浦江水系的形成及其便利的水陆交通在一定程度上促进了上海城市的发展。

综上所述,清代内地河湖海岸等地理环境的变迁对清代城市分布有着一定的影响,不仅直接决定了一些城市的兴衰存亡,客观上也推动了晚清时期内地城市的分布逐渐趋向沿海、沿江地区。

---

① 承霈修,杜友棠纂:《新建县志》卷八十二《艺文论》,同治十年刻本。
② 王锡元等:《盱眙县志稿》卷二《山川》、卷十四《祥祲》、卷一《疆域·沿革》,光绪十七年刊本。
③ 陈和志修,沈彤纂:(乾隆)《震泽县志》卷二,光绪重刊本。
④ 陈和志修,沈彤纂:(乾隆)《震泽县志》卷二,光绪重刊本。

第三节　清代城市行政等级分布

一、清代省会城市的分布

（一）省会的设置变迁

省会，或称省治、制所、省汇，清朝、民国亦称为省城，为一省之行政中心，是一省最高行政机关的驻地。雍正十一年（1733），皇帝曾下诏说："督抚驻扎之所，为省之地。"[①] 督抚为清代的封疆大吏，因此省会城市是清代城市体系中最为重要的组成部分之一。

行省起初是指临时性的中央派出机构，源于魏晋时的行台。金朝曾在边境广置行台尚书省。蒙古人入主中原后仿金制设行尚书省统辖一个大区的路府州县，随着全国统一，行省很快转化成了固定的常设地方行政区，行省统郡县，镇边鄙，与都省为表里，"凡钱粮、兵甲、屯种、漕运、军国重事，无不领之"。故行省权力集中，凡一省内的军、政、财权无不领之。明代虽然不设行省，代之以承宣布政使司，但在地方行政建置上仍然沿袭了元代的行政制度，设置了十三个承宣布政使司和三个特别辖区，故习惯上仍称行省。清代沿袭明制，在内地先后置十七个承宣布政使司和一个直隶，康熙初年均改为行省，共十八个行省。清末又增设新疆、台湾和奉天、吉林、黑龙江等五省。各行省除了江苏设有两个省会外都只设有一个省会。清初，不少行省的省会经常发生变动，康熙中叶以后基本趋于稳定，到清末，全国共有二十四个省会。现将各省省会的确立时间和变迁列表于下。

表4-9　清代省会变迁表

省别	省会变迁和时间			
直隶[(1)]	真定府 1644—1649	大名府 1649—1662	真定府 1662—1669	保定府 1669—1911
山东	济南府 1644—1911			
山西	太原府 1644—1911			
河南	开封府 1644—1911			
陕西	西安府 1645—1911			
甘肃[(2)]	巩昌府 1667—1670	临洮府属兰州（1739年徙临洮府治于兰州，改名兰州府）1670—1911		

[①]《贵州通史》编委会：《贵州通史》第三卷，当代中国出版社，2003年，第712页。

第四章
清代十八行省城市分布的变化

续表

省别	省会变迁和时间			
江苏(3)	江宁府 江南省：1645—1661	苏州府 江南省：1661—1667	江宁府 江苏省：1760—1911 苏州府 江苏省：1667—1911	
浙江	杭州府 1645—1911			
安徽(4)	江宁府 安徽省：1667—1760	安庆府 1760—1853	庐州府 1853—1862	安庆府 1862—1911
江西	南昌府 1645—1911			
福建	福州府 1646—1674	1676—1911		
湖北	武昌府 湖广省：1645—1667，湖北省：1667—1911			
湖南(5)	长沙府 1667—1674	1679—1911		
广东	广州府 1647—1648	1650—1676	1677—1911	
广西	桂林府 1650—1652	1653—1674	1679—1911	
四川(6)	保宁府 1646—1659	成都府 1659—1674	1680—1911	
云南	云南府 1659—1673	1681—1911		
贵州	贵阳军民府（1687年改贵阳府）1658—1674	1680—1911		
新疆	伊犁惠远城（1764年升伊犁直隶厅） 伊犁将军：1762—1884	迪化府新疆省 1884—1911		
台湾	台湾府（1887年改名台南府）1885—1887	台湾府 1887—1894	台北府 1894—1911	
奉天	奉天府 盛京将军：1662—1907，奉天省 1907—1911			
吉林	宁古塔城 吉林将军 1662—1676	吉林乌拉城（1747年升吉林直隶厅，1882年升吉林府） 吉林将军 1676—1676，吉林省：1907—1911		
黑龙江	瑷珲城 黑龙江将军 1683—1685	墨尔根城 黑龙江将军 1685—1689	齐齐哈尔城（1905年升黑水直隶厅，1908年升龙江府）黑龙江将军：1689—1907，黑龙江省：1907—1911	

《清朝文献通考》《清朝续文献通考》《康熙会典》《清实录》《平定三逆方略》《嘉庆大清一统志》《南明史》《陕西通志》《保宁府志》。

注：(1) 清初沿袭明制，为北直隶，顺治二年（1645）改为直隶。清初直隶曾先后设有四巡抚、两总督，到顺治十八年（1661）后统归保定巡抚（后改为直隶巡抚、直隶总督）管辖（《清朝文献通考》卷二百六十九）。故以保定巡抚驻地为直隶省会。

(2) 清初属陕西省，康熙二年（1663）分陕西为左右布政使司（《陕西通志》卷四）。康熙六年（1667）改右布政使司为甘肃布政使司，分置甘肃省（《清实录·圣祖仁皇帝实录》卷二十三）。

(3) 清初沿袭明制称南直隶，顺治二年（1645）改为江南省，置左右布政使司分领全省事务。（《清实录·世祖章皇帝实录》卷十八）顺治十八年（1661）右布政使司徙驻苏州府（《清朝文献通考》卷二百七十五)。康熙六年 (1667) 改右布政使司为江苏布政使司,治苏州府 (《清实录·圣祖仁皇帝实录》卷十八)。乾隆二十五年 (1760) 增设江宁布政使司,驻江宁府 (《嘉庆大清一统志》卷七十三)。故江宁府与苏州府同为江苏省会。

(4) 清初属江南省,康熙六年 (1667) 改左布政使司为安徽布政使司,寄治江宁府 (《清实录·圣祖仁皇帝实录》卷十八)。乾隆二十五年 (1760) 徙安徽布政使司于安庆府 (《嘉庆大清一统志》卷七十三)。咸丰三年 (1853) 因太平军攻陷安庆,徙省会于庐州府。同治元年 (1862) 复徙省会于安庆府 (《清朝续文献通考》卷三百一十三)。

(5) 清初沿袭明制,设湖广省,辖两湖之地 (《康熙会典》卷十八)。康熙三年 (1664) 分湖广布政使司为左右布政使司。康熙六年 (1667) 改右布政使司为湖南布政使司,始称湖南省 (《清实录·圣祖仁皇帝实录》卷十一、二十一)。

(6) 顺治三年 (1646) 沿袭明制设四川省,省会为成都府 (《康熙会典》卷十九)。但由于清初,清军与南明军在四川一直处于拉锯状态,未能有效控制成都,省会实际上一直暂设保宁府 (道光《保宁府志》卷二十八)。顺治十六年 (1659) 底定成都后,省会才开始稳定地设在成都 (《清实录·世祖章皇帝实录》卷一百二十七)。

由上表可知,除了清末新建的五省外,清代十八行省的省会大都比较稳定,有十三个省的省会从设立后就未曾变更。① 这是因为这些省会城市不仅在地理位置等方面具有优势,而且也往往是省区内经济发达、交通便捷、人口较多的地区,故而清朝入关后基本上沿袭明制设置省和省会,未做大变动。清代省会发生变更的原因是多方面的:一是因战争影响而临时改变省会,如四川和安徽两省省会发生过短期的变动。一个是因清初战争对原四川省的省会成都造成严重的破坏,不得不临时移治;另一个是因为清朝后期太平军攻占了安徽的省会,因而清廷不得不将安徽的省会改设他处。但这两省在战争平定后都又将省会移回原城市。二是受政治变迁的影响,如直隶省会在清初即因直隶为畿辅要地,省会的设置事关政局,故而曾发生频繁变迁;另外康熙年间江南省分为江苏省和安徽省,江苏省的苏南地区为经济重地,政事条目日以益繁,故需要重点控制,因而增设苏州为省会,故江苏有两省会。三是因地理位置的影响,当甘肃从陕西省析分出来,其省会初设在传统的政治中心巩昌府,但是巩昌地理位置太靠近川陕二省,离甘肃西部各州县相距过远,难以有效管理全省,而当时仅为临洮府属的兰州却"位于甘肃中部,黄河上游之滨,居两河之中,形胜甲于西北,素称雄镇。其地东屏关陕、捍御秦雍;东南通汉沔,可出荆襄;南扼巴蜀,遥蔽两川;西接羌戎,径达藏卫;西北通新疆,为伊犁之后援;北俯弱水,视套蒙若釜底"②。因此,兰州很快就取代了巩昌的省会地位,成为甘肃的政治中心。

(二) 省会城市的空间分布

省会城市作为中国古代行政等级城市体系中最为重要的一个层级,具有沟通中

---

① 湖南、广东、福建、云南、贵州五省的省会在清初因为战争曾经中断过,但并未变更。
② 白眉:《甘肃省志·形势》,《中国西北文献丛书》第一辑第三十三卷,兰州古籍书店,1990年,第10页。

第四章
清代十八行省城市分布的变化

央和府厅州县的枢纽作用，也具有统领地区的政治中心作用和辐射全省的经济文化作用。因此，省会城市必然会分布在具备优越自然地理环境、深厚人文政治基础和经济较为发达的地方，一般位于省域中心。

清代内地十八行省的省会数量，自乾隆二十五年（1760）以后一直到光绪年间都稳定在十九个。这十九个省会城市从省域空间分布上看大都位于全省的中心位置或重心位置，这是中国传统"择中而立"思想的体现。当然省会并不都是位于严格意义上的区域几何中心，这些城市由于受到自然地理、历史传统、政治军事等因素的影响，一般都会有所偏移。因此，按照偏移的状态可以分为三种类型：一是近河型，有开封、济南、江宁、安庆、武昌、南昌、长沙、苏州、桂林；二是中心型，有保定、太原、西安、兰州、成都、昆明、贵阳；三是近海型，有杭州、广州、福州。

近河型省会城市一般分布在省区内中心区域邻近大江大河的地区，这一类型城市的形成和发展受到周边大江大河的深刻影响。因为大江大河两岸的冲积平原和谷地多为古代农业经济发达地区，水运则是古代性价比最高的交通运输方式，大江大河还是抵御外敌入侵的有利屏障。清代的近河型省会城市主要是以黄河、长江为依托，如开封和济南[①]都位于省区内中心接邻黄河的区域。河南省会开封地处黄河、汴河和贾鲁河交汇处，"襟带河、汴，控引淮、泗"[②]，"据内控外，领袖中原"，乃北方少有之水陆都会。[③] 山东省会济南"东接临淄之饶，西阻济河之险"，为"古齐之名区，东齐之首郡"[④]。江宁、安庆、武昌、南昌和长沙等则位于本省区中心靠近长江干流或重要支流的区域。江苏省会江宁"控制长江，呼吸千里，足以虎视吴楚，应接梁宋"，且"襟带江淮，漕运储谷，无不便利"[⑤]。安徽省会安庆"南滨大江，北介清淮"，为"淮服之屏蔽，江介之要卫"[⑥]。湖北省会武昌地濒江汉众流之汇，前枕长江，北带汉水，"扼束江湖，襟带吴楚"，"南抵五岭，北连襄汉"，"通接雍梁，实为津要"[⑦]。江西省会南昌北望长江，"襟三江而带五湖，控蛮荆而引瓯越"[⑧]。湖南省会长沙居湘江之冲要，北接长江，"控扼湘岭，镇抚蛮猺"[⑨]。

---

① 咸丰五年（1855）前，济南府位于黄河支流大清河畔，咸丰五年黄河夺大清河河道入海，自此以后，济南府接邻黄河干流。
② 顾祖禹：《读史方舆纪要》卷四十七《河南二·开封府》，中华书局，2005年，第2137页。
③ 鲁曾煜修，张淑载纂：《祥符县志》卷二《地理志·形势》，乾隆四年刻本。
④ 穆彰阿、潘锡恩等：《嘉庆大清一统志》卷一百六十二《济南府一·形势》，《四部丛刊续编》影旧钞本。
⑤ 穆彰阿、潘锡恩等：《嘉庆大清一统志》卷七十三《江宁府一·形势》，《四部丛刊续编》影旧钞本。
⑥ 穆彰阿、潘锡恩等：《嘉庆大清一统志》卷一百零九《安庆府一·形势》，《四部丛刊续编》影旧钞本。
⑦ 迈柱等：《湖广通志》卷五《疆域志·形势附·武昌府》，雍正十一年刻本。
⑧ 许应鑅等：《南昌府志》卷二《地理》，同治十二年刻本。
⑨ 穆彰阿、潘锡恩等：《嘉庆大清一统志》卷三百五十四《长沙府一·形势》，《四部丛刊续编》影旧钞本。

江苏另一省会苏州则紧临京杭运河,"有三江五湖之利"①。广西省会桂林虽位于广西中心偏东北区域,但却坐拥灵渠和相思埭两条运河,"枕山带江,控制数千里,诚西南之会府"②。因而近河型省会城市一般都居于省域内的重心位置,水陆交通便捷,聚集力和辐射力都超过省内其他府县城市。

  中心型省会城市一般位于省区内近几何中心区域,这一类型城市的形成受到中心区位因素的影响。省会作为一个省的政治中心,需要分布在省区的相对中心位置,与边缘地区的距离达到基本均衡,这样才有利于加强行政管理和实现有效的政治、经济、文化辐射。清代的中心型省会城市大多位于更需要发挥中心区位作用的军政重地。直隶是畿辅要地,山西为帝京之右辅,而陕、甘、川、滇、黔都是掌控西陲的军政重地,所以这些行省的省会一般都会选择设在省域近几何中心的位置,以利于控扼周边,调拨军队和运输粮赋。直隶省会保定位于直隶正中偏南处,扼华北之要冲,"北控三关,南通九省,地连四部,雄冠中州"③。山西省会太原位于山西中部,自古有"控带山、河,踞天下之肩背,""襟四塞之要冲,控五原之都邑之美誉"④。陕西省会西安位于陕西正中偏南处,"被山带河,四塞以为固"⑤。甘肃省会兰州位于甘肃省中心偏东南处,"黄河绕其北","据陇首,撩西倾,襟带关河"⑥。正是因为兰州的中心位置,故而其取代巩昌成为甘肃省会。四川省会成都位于四川省的中部,地势平坦,"沃野千里","廓灵关以为门,包玉垒而为宇,带二江之双流,抗峨眉之重阻","西控吐蕃,南抚蛮獠"⑦。云南省会昆明位于滇省中心偏东北处,"左带曲临,右襟楚武,为各郡之元百,实全滇之腹心"⑧。贵州省会贵阳位于贵州省中部,据荆楚上游,为滇南之门户。

  近海型省会城市一般分布在省区内中心偏近海区域,这一类型城市的形成受到近海地理环境的影响。清代邻近海洋的省份,以长江入海口为界,长江以南诸省的经济重心和城市重心都位于沿海地区,长江以北诸省则以大陆型城市为主,沿海城市较少。这与中国南方海岸线较为崎岖,多优良港湾,而北方海岸线较为平直的自然地理因素有关,也与当时"北轻南重"的经济格局有关。广东、福建、浙江三省的城市分布重心都位于沿海地区,经济重心区也在沿海,故而省会也必然会设置在沿海区域。但是古代中国本质上还是属于大陆型国家,偏重于制陆,而不重于制海,所以,这三省省会都位于省区内中心沿海近陆处,可兼收海陆之利。浙江省会

---

① 穆彰阿、潘锡恩等:《嘉庆大清一统志》卷七十七《苏州府一·形势》,《四部丛刊续编》影旧钞本。
② 沈秉成等修,苏宗经、羊复礼辑:《广西通志辑要》卷三《桂林府·关隘》,光绪十七年刊本。
③ 穆彰阿、潘锡恩等:《嘉庆大清一统志》卷十二《保定府一·形势》,《四部丛刊续编》影旧钞本。
④ 顾祖禹:《读史方舆纪要》卷四十《山西二·太原府》,中华书局,2005年,第1806、1807页。
⑤ 穆彰阿、潘锡恩等:《嘉庆大清一统志》卷二百二十七《西安府一·形势》,《四部丛刊续编》影旧钞本。
⑥ 穆彰阿、潘锡恩等:《嘉庆大清一统志》卷二百五十二《兰州府一·形势》,《四部丛刊续编》影旧钞本。
⑦ 穆彰阿、潘锡恩等:《嘉庆大清一统志》卷三百八十四《成都府一·形势》,《四部丛刊续编》影旧钞本。
⑧ 范承勋等修,谢俨纂:《云南府志》卷二《地理志五·形势》,康熙刊本。

第四章
清代十八行省城市分布的变化

杭州"西界浙江,东奄左海","川泽沃衍,有海陆之饶",为"江海上游,东南巨屏"①。广东省会广州则"五岭峙其北,大海环其东","负山带海,博敞弥目,中环大江,水陆会同"②。福建省会福州"东带沧滨,百川业会,吻海瓜江",为"东南都会""连山距海边徼重地"③。

综上所述,清代十八行省省会的分布在大致维持本省域中心的基础上,因受到自然地理、政治经济文化等因素的影响而出现了三种类型的偏离。

二、清代府级城市的分布

(一) 府级城市的分布

清代中前期十八行省的重要城市大多属于府级城市,包括府、直隶州和直隶厅。府一般设在区域政治、军事、经济中心处,直隶州一般设置在省内冲要偏远之地,直隶厅则设置在军政要地或新开发的少数民族地区。府级城市属于三级行政体制里承上启下的第二级,在清代城市体系中起着至关重要的作用。

表4—10 清代十八行省府级城市空间分布扩展一览表

	最北	最南	最西	最东
康熙元年 1661年	延庆州 N40.4°	琼州府 S20.0°	雅州 W103°	宁波府 E121.5°
宣统三年 1911年	多伦诺尔厅 N42.2°	崖州府 S18.3°	安西州 W95.8°	定海厅 E122.1°
扩展度数	1.8纬度	1.7纬度	7.2经度	0.6经度
扩展距离	201公里	190公里	616公里	58公里

牛平汉:《清代政区沿革综表》,中国地图出版社,1990年,第16、142、274、342、463页。

清代内地十八行省府级城市的数量增长较快,从康熙二十五年(1686)到宣统三年(1911),府级城市由179个增长为304个,要再加上清末新设五省的府级城市,整个清代府级城市增长了近1倍。从上表又可看出,清代府级城市的分布范围有了很大程度的扩展。府级城市数量的增多和分布范围的扩展,从一个层面反映了整个清代城市分布范围的扩展。

现将清代十八行省府级城市的数量按照传统的空间区位进行划分,并对其进行

---

① 穆彰阿、潘锡恩等:《嘉庆大清一统志》卷二百八十三《杭州府一·形势》,《四部丛刊续编》影旧钞本。
② 顾炎武:《肇域志·广东一》,上海古籍出版社,2004年。
③ 金鋐、郑开极:(康熙)《福建通志》卷六《疆域》,书目文献出版社,1988年,第1337页。

大致的比较分析。(见表4-11、表4-12、表4-13、表4-14)

表4-11 清代十八行省府级城市分区数量和比重变化

时间	长城沿线四省 数量	长城沿线四省 比重	西南四省 数量	西南四省 比重	沿海五省 数量	沿海五省 比重	中部五省 数量	中部五省 比重
康熙朝	27	15.1%	57	31.8%	46	25.7%	49	27.4%
雍正朝	62	26.1%	61	25.6%	56	23.5%	59	24.8%
乾隆朝	71	27.4%	68	26.3%	57	22%	63	24.3%
嘉庆朝	71	25.9%	75	27.4%	61	22.3%	67	24.4%
光绪朝	73	25.2%	78	27%	69	23.9%	69	23.9%
宣统朝	80	26.3%	81	26.6%	71	23.4%	72	23.7%

资料来源同表4-2。

表4-12 清代十八行省不同地区府级城市比重变化

区域	康熙朝	雍正朝	乾隆朝	嘉庆朝	光绪朝	宣统朝
长城沿线四省	15.1	26.1	27.4	25.9	25.2	26.3
西南四省	31.8	25.6	26.3	27.4	27	26.6
沿海五省	25.7	23.5	22	22.3	23.9	23.4
中部五省	27.4	24.8	24.3	24.4	23.9	23.7

资料来源同表4-2。

表4-13 清初各省府级城市一览表

省别	数量	府级城市
直隶	11	顺天府、保定府、永平府、大名府、顺德府、广平府、真定府、河间府、延庆直隶州、保安直隶州、宣化镇
山西	8	太原府、汾州府、潞安府、平阳府、大同府、泽州直隶州、辽州直隶州、沁州直隶州
陕西（包括甘肃）	9	西安府、延安府、凤翔府、汉中府、临洮府、平凉府、巩昌府、庆阳府、兴安直隶州
四川	15	成都府、龙安府、重庆府、夔州府、保宁府、顺庆府、叙州府、马湖府、遵义府、潼川直隶州、嘉定直隶州、雅州直隶州、泸州直隶州、邛州直隶州、眉州直隶州
贵州	10	贵阳府、石阡府、安顺府、黎平府、思南府、思州府、镇远府、铜仁府、都匀府、平越府
云南	18	云南府、大理府、楚雄府、顺宁府、澂江府、广南府、临安府、蒙化府、景东府、广西府、曲靖军民府、鹤庆军民府、姚安军民府、武定军民府、寻甸军民府、丽江军民府、元江军民府、永昌军民府

续表

省别	数量	府级城市
广西	9	桂林府、平乐府、梧州府、柳州府、庆远府、浔州府、思恩府、南宁府、太平府
江苏	8	江宁府、淮安府、扬州府、常州府、镇江府、苏州府、松江府、徐州直隶州
浙江	11	杭州府、嘉兴府、湖州府、金华府、衢州府、严州府、宁波府、绍兴府、台州府、温州府、处州府
福建	9	福州府、兴化府、泉州府、建宁府、延平府、邵武府、汀州府、漳州府、福宁直隶州
山东	6	济南府、东昌府、兖州府、青州府、莱州府、登州府
广东	11	广州府、肇庆府、韶州府、南雄府、惠州府、潮州府、高州府、雷州府、廉州府、琼州府、罗定直隶州
江西	13	南昌府、抚州府、建昌府、瑞州府、袁州府、临江府、广信府、饶州府、九江府、南康府、吉安府、南安府、赣州府
安徽	10	安庆府、徽州府、宁国府、池州府、太平府、庐州府、凤阳府、广德直隶州、滁州直隶州、和州直隶州
湖南	9	长沙府、宝庆府、岳州府、常德府、衡州府、永州府、辰州府、郴州直隶州、靖州直隶州
湖北	8	武昌府、汉阳府、黄州府、德安府、承天府、襄阳府、郧阳府、荆州府
河南	9	开封府、归德府、河南府、彰德府、卫辉府、怀庆府、南阳府、汝宁府、汝州直隶州

资料来源同表 4-2。

表 4-14 清末各省府级城市一览表

省别	数量	府级城市名
直隶	22	顺天府、保定府、永平府、大名府、顺德府、广平府、正定府、河间府、天津府、承德府、朝阳府、宣化府、遵化直隶州、冀州直隶州、赵州直隶州、深州直隶州、定州直隶州、易州直隶州、赤峰直隶州、张家口直隶厅、独石口直隶厅、多伦诺尔直隶厅
山西	32	太原府、汾州府、潞安府、泽州府、平阳府、大同府、蒲州府、宁武府、朔平府、辽州直隶州、沁州直隶州、平定直隶州、霍州直隶州、隰州直隶州、绛州直隶州、解州直隶州、保德直隶州、代直隶州、忻直隶州、归化城直隶厅、绥远直隶厅、和林格尔直隶厅、清水河直隶厅、托克托城直隶、萨拉齐直隶厅、丰镇直隶厅、宁远直隶厅、五原直隶厅、陶林直隶厅、武川直隶厅、兴和直隶厅、东胜直隶厅
陕西	12	西安府、凤翔府、同州府、汉中府、兴安府、延安府、榆林府、乾州直隶州、鄜州直隶州、邠州直隶州、商州直隶州、绥德直隶州
甘肃	14	兰州府、巩昌府、平凉府、庆阳府、宁夏府、西宁府、甘州府、安西直隶州、秦州直隶州、阶州直隶州、肃州直隶州、泾州直隶州、固原直隶州、化平川直隶厅

续表

省别	数量	府级城市名
四川	28	成都府、龙安府、重庆府、夔州府、绥定府、保宁府、顺庆府、潼川府、叙州府、宁远府、雅州府、嘉定府、巴安府、康定府、登科府、绵州直隶州、茂州直隶州、忠州直隶州、酉阳直隶州、永宁直隶州、资州直隶州、泸州直隶州、邛州直隶州、眉州直隶州、理番直隶厅、松潘直隶厅、懋功直隶厅、石砫直隶厅
贵州	14	贵阳府、石阡府、安顺府、兴义府、大定府、遵义府、黎平府、思南府、思州府、镇远府、铜仁府、都匀府、平越直隶州、松桃直隶厅
云南	23	云南府、大理府、丽江府、楚雄府、永昌府、顺宁府、曲靖府、东川府、昭通府、澂江府、广南府、开化府、临安府、普洱府、武定直隶州、镇雄直隶州、广西直隶州、元江直隶州、永北直隶厅、蒙化直隶厅、景东直隶厅、镇沅直隶厅、镇边直隶厅
广西	15	桂林府、平乐府、梧州府、柳州府、庆远府、浔州府、思恩府、南宁府、泗城府、镇安府、太平府、郁林直隶州、归顺直隶州、百色直隶厅、上思直隶厅
江苏	12	江宁府、淮安府、扬州府、徐州府、常州府、镇江府、苏州府、松江府、海州直隶州、通州直隶州、太仓直隶州、海门直隶厅
浙江	12	杭州府、嘉兴府、湖州府、金华府、衢州府、严州府、宁波府、绍兴府、台州府、温州府、处州府、定海直隶厅
福建	11	福州府、福宁府、兴化府、泉州府、建宁府、延平府、邵武府、汀州府、漳州府、永春直隶州、龙岩直隶州
山东	13	济南府、东昌府、泰安府、武定府、兖州府、沂州府、曹州府、青州府、莱州府、登州府、临清直隶州、济宁直隶州、胶州直隶州
广东	19	广州府、肇庆府、韶州府、惠州府、潮州府、高州府、雷州府、廉州府、琼州府、罗定直隶州、南雄直隶州、连州直隶州、嘉应直隶州、阳江直隶州、钦州直隶州、崖州直隶州、佛冈直隶厅、赤溪直隶厅、连山直隶厅
江西	14	南昌府、抚州府、建昌府、瑞州府、袁州府、临江府、广信府、饶州府、九江府、南康府、吉安府、南安府、赣州府、宁都直隶州
安徽	13	安庆府、徽州府、宁国府、池州府、太平府、庐州府、凤阳府、颍州府、广德直隶州、滁州直隶州、和州直隶州、六安直隶州、泗州直隶州
湖南	18	长沙府、宝庆府、岳州府、常德府、衡州府、永州府、辰州府、永顺府、沅州府、澧州直隶州、郴州直隶州、桂阳直隶州、靖州直隶州、南州直隶厅、乾州直隶厅、凤凰直隶厅、永绥直隶厅、晃州直隶厅
湖北	12	武昌府、汉阳府、黄州府、德安府、安陆府、襄阳府、郧阳府、荆州府、宜昌府、施南府、荆门直隶州、鹤峰直隶厅
河南	15	开封府、归德府、陈州府、河南府、彰德府、卫辉府、怀庆府、南阳府、汝宁府、许州直隶州、郑州直隶州、陕州直隶州、汝州直隶州、光州直隶州、淅川直隶厅

资料来源同表4—2。

第四章 清代十八行省城市分布的变化

从以上诸表可以看出清代十八行省府级城市地区分布具有四个特征。

第一，清初府级城市的地区分布严重不平衡，随着清代中后期府级城市的增设，至清末逐渐趋于各地区均衡分布，但各省的分布也不平衡，山西省的府级城市数量在清初仅8个，但到清末则达32个，为各省之最，主要增加的是直隶厅和直隶州城，直隶厅城多达13个，直隶州城也有10个。四川省和云南省的府级城市数量在清前期数量排名在前，云南为各省第一，有18个之多，四川省为15个，清末四川增至28个，云南也增至23个，增加的府级城市也主要是直隶州厅。清末福建省的府级城市数量最少，仅11个，与清初相比仅增加了2个。另外，湖北、浙江、江苏、陕西的府级城市在清末均只有12个，分别较前期也有所增加，但增加的数量不多，这些省区都以府城为主，较少直隶州、厅城。

第二，长城沿线行省的府级城市发展最快，尤其以山西的府级城市数量增加为最。清初长城沿线行省府级城市的比重不足西南地区行省的一半，位居四大地区之末，到清末随着府级城市的增加，其总量与西南地区大致相等，高于中部地区和沿海地区。

第三，西南地区府级城市所占比重的下降幅度虽然较大，但仍然保持一定优势，这与清中后期的改土归流的地方行政改革有着直接的关系。

第四，中部地区府级城市所占比重逐渐下降，沿海地区府级城市所占比重则先降后升。

造成清代府级城市以上这些分布特征的原因是复杂多样的。首先，自宋代经济重心南移后，南方就一直是全国城市分布的重心，比如康熙朝近80％的府城都分布在南方重要省区，而长城沿线四省府级城市数量很少。这导致长城沿线四省区府级城市管辖的辖区面积过大，严重影响了中央集权和行政管理的效率。从雍正朝开始，清廷即在全国范围，特别是针对北方地区进行政区改革，其中一个重要措施就是增设直隶州。以雍正朝为例，全国共增设直隶州70个，其中长城沿线四省就达30个，占增设直隶州总数的42.9％。① 经过雍乾两朝一系列政区改革，再加上甘肃建省，平定青海，长城沿线卫所制度化和内蒙古牧区的内地化等，长城沿线四省的府级城市数量大量增多，仅陕甘两省的府级城市数量在康雍年间就增长了两倍，该区域与其他地区间的差异逐渐缩小。

其次，西南地区是中国古代文明的发源地之一，成都平原很早就有了高度发达的古代城市文明，四川从唐代开始逐渐成为全国经济发达的地区之一。元明两代为了加强对西南边疆少数民族的统治和管理，又在云贵地区大量建置府州县，因此西南地区各行省的府级城市数量在清初要多于中部和东部地区。随着清代中前期在西南诸省大量施行改土归流，这里的府级城市的数量迅速增加，即使在清中期以后这一地区的行政等级城市发展速度逐渐放缓，其府级城市数量和比重仍然在十八行省地区中始终保持着优势。

---

① 林涓：《清代统县政区的改革——以直隶州为中心》，《中国历史地理论丛》，2000年第4期。

再次，中部诸省虽然受清代中前期直隶州改革和改土归流的影响，府城数量有了很大的增加，但因地处内陆，交通不如沿海便利，政治地位又不如西南诸省和长城沿线诸省重要，在晚清以后城市发展逐渐停滞，府城比重逐渐下降。东部沿海诸省虽然在清代中前期受到禁海、闭关等政策的消极影响，城市发展较慢，但晚清以后，随着晚清资本主义工商业和交通运输的发展，该地区凭借交通地理位置的优势得以迅速发展，许多原本行政地位较低的经济重镇逐步升级为府级城市，府城城市占全国的比重逐渐上升。

此外，为了加强对内地和边疆地区少数民族的管理，清政府将内地府属同知、通判的办事衙门——厅，移植到这些少数民族地区，并使之逐渐成为一种正式的地方行政建置。厅分为直隶厅和散厅，直隶厅直属于布政使司，其行政级别等同于府。康熙五十七年（1718），于嘉峪关边外开置靖逆厅，以同知分治，首设直隶厅。此后，清政府陆续在边疆以及内地一些军政重地设置直隶厅。（如图4-24）虽然直隶厅的数量占整个府级城市总数的比例并不大，但直隶厅数量的区域变化对清代府级城市的地区分布变化也有着一定的影响。比如，乾隆朝90%以上的直隶厅增设在直隶和山西省，从而大大缩小了府级城市的地区分布差距，也加强了两省对漠南地区的管理。嘉道至光宣年间，西南地区的直隶厅数量增幅为各地区之首，成为维持其府城比重优势的重要因素。晚清新设直隶厅主要集中在山西和东部沿海地区，成为这一时期拉大东西部城市差距的重要原因。

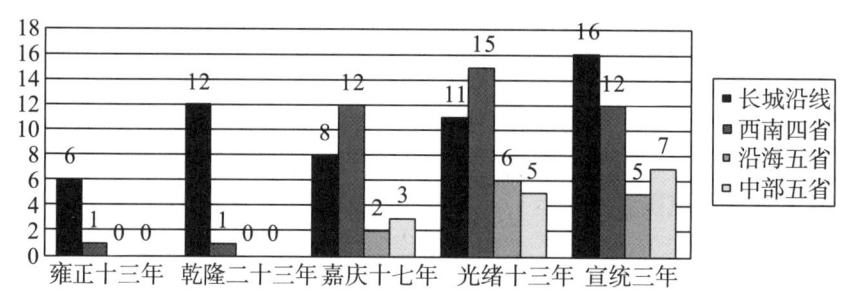

图4-24　清代直隶厅数量区域变化

资料来源同表4-2。

（二）各类型府级城市的分布变化

1. 府城的分布变化

清朝入关之后，沿袭明制，将府作为最主要的一级统县政区。康熙初年在全国设置了大约160个府，后逐渐增设，到宣统末年全国大约有220个府，平均每4.17年增加1府。其中十八行省地区在康熙初年约有158个府，到宣统末年约有188个府，两百余年间新设府30个，占全国新设府总数的一半。而内陆边疆地区除盛京在清初即设有两府以外，均是到光绪年间才始设府，且仅限于新疆、盛京、吉林、黑龙江四省，因此内陆边疆地区为清代府城发展最为迅速的地区，也是清代府级城市分布迅速扩展的重要推力，这充分证明了清代府城分布具有由内地向边疆地区逐渐扩展的趋势。

表 4-15 清代府城数量变化

省别	康熙	雍正	乾隆	嘉庆	光绪	宣统
直隶	8	9	10	11	11	12
盛京	2	2	2	2	3	8
吉林					2	11
黑龙江						7
山东	6	6	10	10	10	10
山西	5	7	9	9	9	9
河南	8	8	9	9	9	9
陕西	4	4	6	7	7	7
甘肃	4	8	9	9	8	8
江苏	7	7	8	8	8	8
浙江	11	11	11	11	11	11
安徽	7	7	8	8	8	8
江西	13	13	13	13	13	13
福建	9	9	10	10	12	12
湖北	8	8	10	10	10	10
湖南	7	7	9	9	9	9
广东	10	10	10	9	9	9
广西	12 (2)	10	11	11	11	11
四川	12 (4)	11	11	12	12	16
云南	15 (6)	19	21	14	14	14
贵州	12 (4)	12	13	12	12	12
新疆					2	6
总计	160	168	190	184	190	220

资料来源同表 4-2。

注：(1) 该表不含土司，括号中数字为军民府数量。(2) 光绪、宣统两朝台湾独立设省后所设府包含在福建省内。

府城在清代可分为设有附郭县的府城与不设附郭县的府城。其中作为省会的府城一般设有两个或者两个以上的附郭县，而不设附郭县的府城在清代府城中只占少数，最主要的就是清代前期在西南地区设置的军民府。军民府始设于明朝，洪武十五年明政府在平定云南后，为了有效管辖当地的少数民族，结合当地土司制度，创设了军民府，之后又在四川、广西、贵州等少数民族地区设置了多个军民府。清初沿袭明制，仍在西南地区设置了十余处军民府。康熙二十六年（1687），清廷对贵州的军民府"裁各府军民"①。其后雍正朝对西南地区地方行政建置进行大力改革，军民府逐渐减少。乾隆三十年（1765），清廷"又定云南武定、曲靖、东川、元江、永昌等府，俱罢称军民府"②，至此西南地区的军民府逐渐被改成府厅州县。

2. 直隶州与直隶厅的分布变化

直隶州与直隶厅在清代同属于府级政区，直隶厅大多设于边疆少数民族地区，直隶州则一般置于地要事繁之区，二者与府的一个重要区别在于均不设附郭县，直隶厅甚至一般都不领州县，直隶州则下辖少数州县，但所辖数目要远少于府。（见表4-16）

表4-16　清末十八行省地区府级单位下辖县级政区数量对比

	数量	下辖县级政区数量	平均管辖数
府	188	1316	7
直隶州	76	200	2.63
直隶厅	40	3	0.075

资料来源同表4-2。

从康熙朝后期开始，清廷为了加强中央集权，开始逐渐解决府级行政单位统县数量过大的弊端，实行了增设直隶州等政区改革。经雍乾两朝的努力，到清代中期，直隶州的数量增加了近3倍，有效地平衡了各府统县数量，从而对提高行政效率起到了一定的推动作用，也进一步加强了中央集权。但从清中期直至清末，直隶州的数量没有再出现太大增幅，分布也主要限于内地省区，西南的云贵地区直至嘉庆年间才开始增设直隶州，东部沿海的浙江省终清一代都未设直隶州，而清末新设的东北三省也始终没有直隶州的建置，新疆与台湾的直隶州总数也未超过5个。可见直隶州作为一种清前期内地政区调整的产物，到清后期已经渐渐失去了其发展的空间，并未实现向边疆地区的扩展。（见表4-17）

表4-17　清代直隶州数量变化

省别	康熙	雍正	乾隆	嘉庆	光绪	宣统
直隶	2	6	6	6	6	7
盛京						
吉林						
黑龙江						
山东		6		2	2	3

① 爱必达：《黔南识略》卷一《贵阳府》，成文出版社，1968年，第11页。
② 昆冈等：《钦定大清会典事例》（光绪朝）卷二十七《吏部十一·官制·各省知府等官二》，光绪三十四年石印本。

续表

省别	康熙	雍正	乾隆	嘉庆	光绪	宣统
山西	3	12	10	10	10	10
河南	1	7	4	4	4	5
陕西	1	10	6	5	5	5
甘肃			3	6	6	6
江苏	1	5	3	3	3	3
浙江						
安徽	3	7	5	5	5	5
江西			1	1	1	1
福建	1	1	2	2	3	3
湖北				1	1	1
湖南	2	2	4	4	4	4
广东	1	1	3	4	5	7
广西		2	2	1	2	2
四川	6	6	9	8	8	9
云南				4	3	4
贵州				1	1	1
新疆					4	2
总计	21	65	58	67	73	78

资料来源同表 4-2。

注：光绪、宣统两朝台湾独立设省后所设直隶州包含在福建省内。

直隶厅作为清廷为有效管辖内地和边疆少数民族所特设的管理机构，在清代中后期随着边疆地区的开发与内地化得到迅速发展，其数量翻了两番，分布范围也由直隶、甘肃、山西、四川四省迅速扩展到全国十七个省，置于所有的边疆省区。（见表 4-18）

表 4-18 清代直隶厅数量变化

省别	康熙	雍正	乾隆	嘉庆	光绪	宣统
直隶		2	8	3	3	3
盛京					1	5
吉林				3		1

续表

省别	康熙	雍正	乾隆	嘉庆	光绪	宣统
黑龙江					2	6
山东						
山西		1	2	5	6（7）	12
河南						1
陕西						
甘肃	3	2			1	1
江苏				1	1	1
浙江					1	1
安徽						
江西						
福建						
湖北						1
湖南				3	5	5
广东				2（1）	5（4）	3
广西					2	2
四川			1	6	4（5）	4
云南	1		3		5	5
贵州				3	3	1
新疆					11	8
总计	7	13		29（28）	50（51）	60

资料来源同表4-2。

注：光绪、宣统两朝台湾独立设省后所设直隶厅包含在福建省内。括号中数字为根据《清朝文献通考》《嘉庆大清一统志》《清朝续文献通考》《清实录》等相关记载修订后的数字。

综上所述，有清一代，府城始终作为府级城市的主体遍布于全国各省区，直隶州的设置一方面是为了解决府过大，管辖县级行政单位过多，从而提高行政效率。另一方面也是因为部分城市和地区人口多，事务杂繁，因而增设直隶州，以加强管理，清代中前期直隶州在内地得以迅速发展，从而使地方府级行政区渐趋合理。直隶厅也是为了适应对内地和内陆边疆少数民族地区加强管理的需要而增设的地方行政机构，清初为临时性，后则为固定化，在清中后期迅速扩展到边疆各省区。

三、清代县级城市的分布

清朝康熙年间，万维翰在《幕学举要·总论》中曾说道："万事胚胎皆在州县。"可见县级城市是清代行政城市体系的基础，无论是府级城市还是省会城市都是立足于县级城市。清代的县级城市主要由县、散州和散厅构成。

（一）县城分布概况

清代县制是对中国两千余年县制的继承和发展。明末，在南北两直隶加十三布政使司区域范围共有"县千一百三十有八"①，而根据《康熙会典》的记载，在清初，内地十八行省（基本上为明代两直隶加十三布政使司地域）共有1152个县，与明代相差无几。两百多年后，到宣统末年，内地十八行省县的数量也增加无几，因而清代县的数量保持着相对稳定的历史继承性。（见表4-19）

表4-19 清代县的数量变化

省别	康熙	雍正	乾隆	嘉庆	光绪	宣统
直隶	112	117	120	124	123	128（127）
盛京	7	9	8	8	14	32（31）
吉林					2	18
黑龙江						7
山东	89	89	96	96	96	96
山西	78	87	89	85	85	85
河南	95	97	99	97	96	96
陕西	68	69	73	73	73	73
甘肃	28	42	47	51	47	47
江苏	46	59	61	62	62	62
浙江	75	76	76	76	75	75
安徽	50	50	51	51	51	51
江西	77	77	76	75	75	75
福建	60	61	62	62	70	70
湖北	52	52	60	60	60	60
湖南	57	56	64	64	64	64

---

① 张廷玉等：《明史》卷四十《地理志一》，中华书局，1974年，第882页。

续表

省别	康熙	雍正	乾隆	嘉庆	光绪	宣统
广东	78	78	80	79	78	79
广西	45	46	47	47	49	49
四川	97	97	112	111	112	121
云南	26	29	33	39	39	41
贵州	19	30	34	34	33	33
新疆					6	21
总计	1159	1221	1288	1294	1310	1383（1381）

资料来源同表4-2。

注：（1）光绪、宣统两朝台湾独立设省后所设县包含在福建省内。（2）括号中数字为根据《清文献通考》《嘉庆大清一统志》《清朝续文献通考》《清实录》等相关记载修订后的数字。

从上表可以看出，清代县的分布极不平衡，清末，直隶、四川等省的县的数量均在百个以上，山东、河南、陕西、江西、广东、浙江等地域较大的省，所设县的数量也较多，在七八十个左右。云南和贵州两省的县数量最少，云南为41个，贵州为33个。此外，其他各省县的数量相差不多。在清代内地十八行省中，有七个省的县和县城数量在250余年里增幅没有超过5个，其中江西省在清末时县的数还略少于康熙年间，另有5个省的县数量增幅超过5个，但少于或等于10个。县的数量增幅超过10个的省份为直隶、甘肃、江苏、四川、云南和贵州，这六省均属于接邻边疆或海疆的省份，充分反映了清代县行政建置向边疆和海疆扩展的趋势。

清代县和县城的增置主要有以下几个原因：一是为了巩固边防，加强对边疆海防重地的控制；二是为了推进改土归流，加强对内陆局势不稳定地区的控制；三是为了适应经济发展，加强对经济交通要地的控制。

首先，清代边疆与海疆地区县和县城数量增加最多。清代中前期，清廷对东北、内外蒙古地区实行较为严厉的"封禁政策"，造成这些地区地广人稀，政治经济发展水平远远落后于内地，也导致了边防空虚，外敌乘虚而入。从1858年到1881年，沙皇俄国通过武力、讹诈等手段与清政府签订了一系列不平等条约，割占我国东北和西北边疆150多万平方公里的土地。为了巩固边防，避免这些地区继续被沙俄蚕食，清政府从1884年起在新疆改设行省，逐渐加大了在这些地区增设府厅州县的力度。通过20多年的努力，清廷在这些地区设置了相当数量的县和县城，加强了对这些地区的政治控制，也在一定程度上巩固了边防。如吉林在清代"土广人稀，缓视文治，是以两百余载，行省未开。迨时势变迁，强邻眈逐"，才知"弃利于地，益启戎心，于是移民实边，田畴增开，成聚成邑，经野设官。至（光绪）三十三年（1907）奏改行省"。到清末，吉林省"凡领府十一、直隶厅一、散厅四、州三、县十八"。另外，从光绪二十八年（1902）清廷解除蒙地禁令开始，

第四章
清代十八行省城市分布的变化

大量移民涌入内蒙古地区开荒成聚，一批新设县也随之出现。

清代中前期，清廷对东南海防地区的地方行政建置的设置较为忽视。比如从康熙二十四年（1685）统一台湾后直至同治十三年（1874）的一百九十年间，台湾人口增加了二十余倍，但地方行政建置却只增加了 1 县 3 厅，且在乾隆五十三年（1788）后，台湾才被允许建造砖石城墙。① 光绪朝，清廷开始认识到台湾关系国家东南甚巨，方才加快了对台湾城市的建设。台湾正式建省后，计领 3 府、6 厅、11 县、1 直隶州，有附郭县 3，以台北为省会。

其次，改土归流是清代县和县城增设的重要原因之一。雍正年间，清廷对西南诸省进行了大规模的改土归流，共革除土司 160 余家，并新设流官 121 个，新设 25 个县（包括卫所）。② 到清末，清廷又加大了对川边藏区改土归流的力度。中央以川为入藏要道，遂授赵尔丰为川滇边务大臣，并由度支部支拨开办经费百万两。尔丰遂将巴塘、里塘改流。然地方广袤六千余里，故沿途增设驿站，关外设旅店，并于巴塘湖口建钢桥，设制革厂、织绒厂、面粉厂、医院，并设里化县、定乡县于里塘，巴安县于巴塘。③ 终清一代，清廷对西南地区的大范围改土归流，加强了中央对西南边疆的控制，促进了当地行政区划的内地化和城市化。

此外，清廷为了加强对内陆盗贼横行、变乱频发地区的控制，实行"要地有统理，剧邑有分任"④。比如广东"所隶东北境，旧名花山，层峰叠巘，与南海、三水、清远、从化、英德、增城、龙门接壤，中多积盗，蔓延起伏，毒流数邑"，"百十年来议剿无功，议抚无效，民靡有宁"，于是到康熙二十五年"析南海、番禺二县地创立花邑（县）"，并特选贤能知县进行教化，之后"人才迭出，风气日升"⑤。又如安徽寿州，"周围千里，民俗刁顽，命盗频闻，私铸赌博叠经发觉，知州一人难以肆应"，因而在雍正十年（1732）"以城内东北隅并北门外之石马店、东门外之石头埠等处地方划分新县"，同治四年（1865）"县治移于下蔡镇，俾沿淮要区得所控扼"⑥。

最后，随着经济的发展，清廷还在许多交通要道和经济要地增设县城，以加强管理和增加赋税。比如江苏"扬州府江都县路当冲要，事物殷繁，附居府城，幅员辽阔，应增设一令，分疆而治"，遂在雍正十年（1732）"析江都县之西北境为为甘泉县"。乾隆三十三年（1768）又以"扬州所属之泰州，地方濒海襟江，民繁事剧"，特"分东台场以为县"⑦。

---

① 马汝珩、马大正：《清代的边疆政策》，中国社会科学出版社，1994 年，第 214—215 页。
② 马汝珩、马大正：《清代的边疆政策》，中国社会科学出版社，1994 年，第 391 页。
③ 丁士源：《梅楞章京笔记》，中华书局，2007 年，第 288 页。
④ 李师沆等：《凤台县志》卷一《舆地志》，光绪十九年刊本。
⑤ 王永名修，黄文龙等纂：《花县志·序》，光绪十六年重刊本。
⑥ 李师沆等：《凤台县志》卷一《舆地志》，光绪十九年刊本。
⑦ 阿克当阿等修，姚文田等纂：《扬州府志》卷五《沿革》、卷首《重修扬州府志序·嵩序》，嘉庆十五年刊本。

(二）散州、散厅分布概况

在清代，县级政区除了县以外，还有散州和散厅。散州是府属行政单位，或因地特设，或以繁要之县改设，其规制如县。[①] 散厅则是为了加强对边疆或内地少数民族地区的管理增设的特殊的地方行政机构，与散州一样隶属于府。清代散州和散厅的分布极不平衡。（见表4－20）

表4－20 清代散州数量变化

省别	康熙	雍正	乾隆	嘉庆	光绪	宣统
直隶	18	16	16	17	17	17
盛京	2	3	4	4	5	6
吉林					1	3
黑龙江						1
山东	15	9	11	9	9	8
山西	16	7	6	6	6	6
河南	11	4	6	6	6	5
陕西	11	2	5	5	5	5
甘肃	9	10	8	7	6	6
江苏	6	2	3	3	3	3
浙江	1	1	1	1	1	1
安徽	7	3	4	4	4	4
江西	1	1	1	1	1	1
福建						
湖北	8	8	8	7	7	6
湖南	6	6	3	3	3	3
广东	8	8	7	7	6	4
广西	14	12	16	16	15	16
四川	15	16	11	11	11	13
云南	31	31	31	27	26	25
贵州	11	13	14	13	13	13
新疆						1
总计	190	152	155	147	145	147

资料来源同表4－2。

[①] 张德泽：《清代国家机关考略》，学苑出版社，2001年，第221－222页。

第四章
清代十八行省城市分布的变化

从上表可以看出，清代不同时期，散州的数量有较大变化，康熙年间散州的数量最多时达到190个，但分布不平衡，以云南为最，达31个，直隶为18个，四川、山东、山西、贵州等省数量较多，均在10个以上，但浙江、江西仅1个，而福建终清一代没有设1个散州。雍正年间，全国散州数量有一定减少，主要是清廷增设直隶州，有许多散州被升格为直隶州。如雍正二年（1724）闰四月，以山西"太原、平阳二府，地方辽远，请改设直隶州分辖"，共增设8个直隶州。同年九月，也以山东"济南府辖三十州县，兖州府辖二十七州县，幅员既广，管辖殊艰"，"将泰安州、武定州、滨州、曹州、沂州、济宁州，俱升为直隶州，统辖各县，一应考成照知府之例处分"①。雍正以后，直至清末，全国散州数量基本上维持在150个上下，除了在清末东三省和新疆增设了11个散州，以及广东在光绪年间将钦、崖二散州升为直隶州外，内地十八行省各省的散州数量都变化不大。

散厅为清代所特有的地方行政单位，与散州略同，但与之不同的是散厅或属将军管辖，或属道、府管辖。其主要源于清代知县的佐贰官同知、通判，多被派出分防，专管某地，慢慢成为固定的行政单位。比如"康熙三十九年，永新知县夏之时请设员弹压其地，部准分防。雍正五年巡抚迈柱始请以吉安同知移驻莲花桥"，到乾隆八年（1743），乃分永新县和安福县地"于莲花桥设治"②建厅。又如"浙江宁波府属南田，兀峙外海，贴近三门，与宁海、定海、玉环等厅县相为犄角，诚为东浙屏蔽，南洋要冲"③，"光绪元年始行开放，招民承垦，立有保甲局。嗣后人民侨居较多，仿照玉环办法，收租为粮，改局为抚民厅"④。还有在一些少数民族聚居区，不宜设州置县，也多设厅进行管理。比如云南维西厅，"雍正七年，以其为云南西北门户，乃分隶鹤庆府，移通判治之，建城设兵"。乾隆十九年，以地距丽江较近，改隶丽江府。⑤贵州安顺府属之郎岱厅，本为"土司陇氏地"，"（康熙）五年讨平之，雍正九年始设同知驻其地"⑥。雍正七年（1729），清廷更是在"黔省新辟苗疆，立营设官"，"于都匀府添设同知、通判各一员，以同知分驻八寨，以通判分驻丹江；镇远府添设同知一员，分驻清水江；黎平府添设同知一员，分驻古州。俱加以理苗同知字样。一所设同知、通判专驻苗疆"⑦。

---

① 《清实录》第七册《世宗宪皇帝实录》1卷二十四"雍正二年九月庚戌"条，中华书局，1985年。
② 定祥修，刘绎纂：《吉安府志》卷一《沿革》，光绪元年刊本。
③ 《清实录·附宣统政纪》卷十六"宣统元年六月下癸卯"条，中华书局，1987年。
④ 吕耀铃、严家祯等：《南田县志》卷二十五《地理志·建置》，民国十九年铅印本。
⑤ 余庆远：《维西见闻记·概说》，方国瑜：《云南史料丛刊》第十二卷，云南大学出版社，2001年，第58页。
⑥ 爱必达：《黔南识略》卷四《安顺府》，成文出版社，1968年，第42页。
⑦ 《清实录》第八册《世宗宪皇帝实录》2卷八十九"雍正七年十二月戊申"条，中华书局，1985年。

表 4－21　清代散厅数量变化

省别	康熙	雍正	乾隆	嘉庆	光绪	宣统
直隶					1	1
盛京				3	2	3
吉林					4	4
黑龙江						
山东						
山西			2	2	1 (0)	
河南				1	1	
陕西			3	6	7	8
甘肃			5	9	6	8
江苏				2	2	4
浙江				1	2	2
安徽						
江西			1	2	2	4
福建		2	2	4	9	7
湖北						1
湖南		2	3			(1)
广东			1	2 (1)	1	1
广西		1	4	5	2 (4)	6 (7)
四川		1	5	6	7	11
云南		1	8	9	10	12
贵州		2	11	11	11	13
新疆						1
总计		9	45	63 (62)	69	86 (88)

资料来源同表 4－2。

注：（1）光绪、宣统两朝台湾独立设省后所设散厅包含在福建省内。（2）括号中数字为根据《清朝文献通考》《嘉庆大清一统志》《清朝续文献通考》《清实录》等相关记载修订后的数字。

从上表可以看出，由于雍乾时期在西南诸省进行了大规模的改土归流，陆续增设了一大批由同知、通判等主政的散厅。雍正时期散厅的数量仅 9 个，分别在福建、贵州、湖南各设 2 个，四川、云南、广西三省设 1 个。乾隆朝有比较大的增加，一是设散厅的省由 6 个增至 11 个，二是总量有较大增长，由雍正朝的 9 个增至 45 个，贵州省增加得最多，为 11 个，云南其次，为 8 个，四川、甘肃紧随其后，分别为 5 个。乾隆朝以后，全国散厅数量一直处于稳步增长态势，至宣统年间总量达到 86（88）个。内地十八省除安徽和山东从未设有散厅外，各省都设有数量不等的散厅，山西原设有散厅，后升为直隶厅。但从总的分布来看，散厅主要集中在边疆和海疆地区少数民族地区，内地省份的散厅数量不多，变化也较小。

综上所述，作为清代最基层的城市，县级城市的分布呈现出了向内陆边疆少数民族地区与海疆地区迅速扩展的特点，这与府级城市的分布状态的变化趋势相吻合，也印证了整个清代城市分布变化的特征就是由内地向边疆与海疆地区扩展。

四、清代非行政建制城市的分布

（一）非行政建制城市的兴起与演变

清代非行政建制城市主要指纳入清朝地方行政建置体系的市镇。市镇是古代农业经济发展的产物，最早起源于南北朝时期的"草市"，到唐末五代北宋时开始出现市镇，即：民聚不成县而有税课者，则为镇，或以官监之。[①] 其时，市镇属于县级政府监管下的介于城市和农村之间的市场，有少量的非农业人口居住。明清时期，随着商品经济的发展，市镇发展进入到一个兴盛时期，部分市镇发展迅速，无论是人口数量还是空间规模都要比当时的许多县城要大，故明清历朝都沿用了宋代以县统镇的办法，在城乡之间商贾汇集的中心地区设镇置官，特别是在一些较大的市镇设有官员和行政机构，甚至驻兵，以征收商税，保护治安，管理地方。但是市镇始终只是一种经济型的市场聚落，而不是正式的地方行政建置，也还没有发展成为完整的城市。宣统元年（1909），清政府颁布了《城镇乡地方自治章程》，用法律的形式明文规定府治、厅治、州治、县治的城厢为城；城厢以外的村、镇、屯、集、圩等村落，5万人以上的称镇，以下的称乡。可以看出，这一时期的市镇还未纳入行政等级城市之列，虽然到清宣统三年（1911）11月，南方爆发辛亥革命后，江苏省临时议会颁布了一个《江苏省暂行市乡制》，将宣统元年《城镇乡地方自治章程》里面所称的"城"和"镇"统称为"市"。[②] 但有清一代，市镇始终未被列入官方认可的城市范围，只能称其为非行政建制城市。

清代前期，由于长期的战乱，传统经济受到很大的破坏，清初的城市恢复与重建主要还是依托行政力量，这一时期各级行政治所基本上就是该地区的经济中心。清代中期，随着政治环境的安定，以及农业经济的恢复和发展，手工业和商业也逐渐恢复并超过明代鼎盛时期。经济的发展和商品贸易的繁荣推动了市镇的发展，19世纪，中国中小市镇就已达28000余个，为历史最高水平。[③] 随着经济的发展和人口的增加，大批经济型市镇开始涌现，部分市镇逐渐发展成为与县治相抗衡的地区经济的中心，还涌现出了许多地区性经济大镇，甚至是区域性的巨镇，其中有少量

---

① 高承：《事物纪原》卷七《州郡方域部》，中华书局，1989年，第358页。
② 吴桂龙：《清末上海地方自治运动述论》，《近代史研究》，1982年第3期。
③ 何一民：《中国城市史纲》，四川大学出版社，1994年，第222页。

巨镇在人口规模和市场功能上都超过了管辖它的县治、府治，成为区域经济中心，地区经济中心开始逐渐与行政治所相分离，著名的有如汉口镇、佛山镇、景德镇等。这些巨镇、经济大镇逐渐取代原有的行政治所城市成为地区经济中心，在很大程度上影响和改变了清代内地的城市分布格局，尤其是经济城市的分布格局。

（二）非行政建制城市的分布

清代非行政建制城市的崛起，分布范围很广泛，但以江南地区最为发达。清中期，江南地区因为棉纺织业的发达和运河贸易的繁荣，市镇极为兴盛，拥有许多地区性的大中市镇，如著名的乌青镇"巨丽甲他镇，市逵广袤十八里"①，盛泽镇也是"今则万家烟火，百倍于昔，其热闹与郡间门埒"②，朱泾镇更是"烟火稠密，商贾辐凑，有城市气象"③，乾嘉以后升为金山县治。其他如法华镇、唯亭镇、南浔镇、濮院镇、王江泾、菱湖镇等都是人口超过 5 万的大镇，堪比府城，此外还有 20 余个人口与县治相仿的中等市镇。

南方除了江南以外，长江中上游地区的市镇也很兴旺。长江中游的江西拥有清代四大名镇之一的景德镇，还有"五方杂处，千家烟火"的"巨镇"吴城镇，以及樟树、河口等大镇；两湖地区则有"天下四聚之一""户口二十余万"的汉口镇④，还有"皆烟火数千家"的船溪镇、"炊烟万户"的津市等。横跨江淮、比邻大运河的安徽也兴起了不少大镇，比如位于和州"含山县南八十里"的运漕镇，就"地临大河，上通巢湖，下接大江，民居稠密，商贾辐辏"⑤。长江上游的四川市镇发展迅速，到乾嘉时大约有 3000 个市镇，形成了以赵家渡、太和、白沙、中坝四大重镇为首的一批地区大镇。此外，随着对外贸易和内陆商品贸易的发达，珠江三角洲地区也出现了许多大中市镇，其中就有名列天下四聚和四大名镇的佛山镇。

南方其他地区的市镇则发展相对缓慢。福建受到清代中前期迁海、闭关等政策的影响，商业贸易发展缓慢，缺乏大镇。西南边疆省份的市镇也很少，根据《嘉庆大清一统志》的记载，云南没有镇，贵州也只有三个小镇，广西虽然有不少圩镇，但是规模较小，发展也不稳定。

北方市镇的发展程度相比于南方要逊色一些，但是到乾嘉时期，沿着交通主干线也出现了不少大镇。比如地处中原的河南有四大名镇之一的朱仙镇，还有荆紫关、赊旗、周家口、清化等大镇；直隶、山东也在运河沿岸兴起了杨柳青、安平、景芝、周村等大镇；山西中小市镇比较兴旺，但大镇较少，仅张兰镇"四方辐辏，俨如大邑"⑥，与湖北汉口无异；陕甘地区虽然边贸兴盛，但也缺乏大镇，仅有一

---

① 董世宁：《乌青镇志》卷二《形势》，民国七年刊本。
② 仲廷机：乾隆《盛湖志》卷上《沿革》，江苏古籍出版社，1992 年，第 374 页。
③ 常琬修，焦以敬纂：《金山县志》卷一《疆域·镇市》，乾隆十六年刊本，民国十八年重印。
④ 贺长龄：《皇朝经世文编》卷四十，沈云龙：《近代中国史料丛刊》，文海出版社，1973 年。
⑤ 穆彰阿、潘锡恩等：《嘉庆大清一统志》卷一百三十一《和州·关隘》，《四部丛刊续编》影旧钞本。
⑥ 徐品山修，陆元锒纂：《介休县志》卷十二《艺文》，嘉庆二十四年刊本。

第四章 清代十八行省城市分布的变化

些"为商贾聚集之地,繁盛不减州城"①,居民数倍于县城的中镇。②

由上可知,清代中期的市镇发展很是兴旺,出现了区域性的巨镇——四大名镇,还有约四五十个堪比府城的地区大镇和一批等同县治的中镇。由于这些市镇规模较大,经济影响范围也广,清政府为了加强管理,按照规模大小分别在这些市镇派驻了不同级别的官员,比如四大名镇都是同知驻镇,吴城、张兰等镇也都驻有同知,大镇一般驻通判、县丞,小镇设巡检。不少巨镇、大镇还修筑有城墙和驻军,比如张兰镇镇城周五里,汉口驻扎有水师,位于嘉陵江畔的合川涞滩镇也筑有坚固的城墙,并建有瓮城和藏兵洞。随着规模的扩大,有些市镇取代了原有县治,也有的市镇如山东颜神镇更是以市镇为基础"改设新县"③。

虽然清代中期这些巨镇、大镇已经具备了区域或地区重要经济型城市的特征,但当时全国经济的重心仍在行政治所城市尤其是府级城市,京师和江苏省会苏州均属天下四聚,苏州而外,尚有芜湖、扬州、江宁、杭州以分其势④,各省会与诸府城大多仍为各地区的经济中心,不过非行政建制城市的迅猛发展还是对全国城市分布变迁产生了巨大的影响。在清代中期,逐渐形成了以天下四聚为核心,以各省省会和巨镇为区域中心,以府城、大镇为地区中心,以长江、黄河为横轴,以大运河和中原陆路为纵轴,辐射全国的"井"字形重要经济城市分布格局。

清代后期,随着晚清工商业的发展,东部沿海、沿江和铁路沿线交通枢纽处迅速崛起一批小城镇。比如杭州府羊市街,"地本僻静,光绪季年,杭沪铁路成,铁轨穿穴东城,羊市街设有车站,马路纵横,商旅云集,遂成市场"⑤。上海县曹家渡一带,同治初年"地甚荒僻,绝少行人。光绪十八年,有人购地建筑油车,是为成市之始",后随着"富商巨贾莫不挟其重资设厂经商",市面大为发达,东西长二里许,鳞次栉比,烟户万家。晚清工商业的发展推动了非建制城市的发展,部分市镇进一步突破了行政等级的限制,以至在民国时期发展成为重要的新兴城市。特别是随着中国开埠通商,部分非行政建置体系的通商口岸城市发展成为新兴城市,与行政建置内的通商口岸城市一起成为晚清中国重要经济城市的主干,这也导致了清代后期重要经济城市的分布逐渐趋向东部沿海和沿江地区,初步形成了沿江和沿海两条经济带。

---

① 吴炳:《陇州续志》卷二《建置志·市镇》,乾隆三十一年刊本。
② 严如熤:《三省边防备览》卷十四《艺文下》,道光二年刻本。
③ 富申修,田士麟纂:《博山县志》卷一《建置》,乾隆十八年刻本。
④ 刘献廷:《广阳杂记》卷四,中华书局,1957年,第193页。
⑤ 龚嘉俊修,李榕纂:《杭州府志》卷六《市场》,民国十一年铅印本。转引自何一民:《清代城市空间分布研究》,巴蜀书社,2018年,第184页。

表 4—22　晚清部分地区城市（镇）发展趋势

区域		1843 年	1893 年	数量变化
内地	西北	119	114	−5
	云贵	52	81	+29
	小计	171	195	+24
沿江	长江上游	170	202	+32
	长江中游	303	293	−10
	长江下游	330	270	−60
	小计	803	765	−38
沿海	东南沿海	125	138	+13
	岭南	138	193	+55
	华北	416	488	+72
	小计	679	819	+140
总计		1653	1779	+126

顾朝林等：《中国城市地理》，商务印书馆，1999 年，第 82 页。

与此同时，由于外国资本主义商品经济的冲击，以及铁路、轮船等新式交通的兴起，中国的经济格局发生了巨大变化，传统的商路发生变迁，各地经济、政治等发生变化，部分传统经济城市和市镇也逐渐衰落。比如清中期的四大名镇除了汉口逐渐转型为晚清商业城市外，其他都不同程度地衰落，朱仙镇甚至到晚清时沦为普通的市镇。内地大多数的传统市镇由于缺乏经济动力也是发展迟缓，陷于停滞，即使东部沿海地区的市镇发展也是各有兴衰。从总体上来看，晚清时期东部地区的市镇盛多衰少，中西部地区的市镇则盛少衰多，东西部重要经济城市分布的差距逐渐拉大，这在一定程度上加剧了全国城市分布的不平衡。

图 4—25　清代十八行省地区新增城市分布简图

第四章
清代十八行省城市分布的变化

综上所述，清代中国城市的分布受非行政建制城市迅速发展的影响，重要经济型城市的分布状态经历了由内地"井"字形分布趋向东部沿江沿海分布的变化，这种变化影响了全国城市的分布格局，也加剧了东西部城市分布的差异。

第四节　交通运输变迁与城市分布的变化

一、清代内地传统陆路交通与城市分布

受自然条件的影响，中国内地传统交通在历史上存在着"南船北马"的巨大差异。秦岭淮河以北多平原，气候干燥，降水量少，一般河流流量较小且不稳定，含沙量也多，发展内河水运难度较大，交通运输多以陆路为主。而秦岭淮河以南的广大地区降水丰富，江河流量较大且较稳定，含沙量也少，再加上这一地区多丘陵山地，陆路交通发展较为困难，故多以水运为主。另外我国的河流多呈东西走向，故内地南北交通多为陆路，而东西交通多赖水运。

夏商周时期，随着畜力牵引车的发明和使用，远途陆路交通迅速发展起来，商代先祖就曾"肇牵车牛，远服贾"。周人更是十分注意整修道路，有"周道如砥，其直如矢"的美誉。春秋战国时，中原的魏、齐、赵各国之间已经开辟了不少交通大道，即所谓的"午道"[①]。

到秦汉时，不仅"为驰道于天下，东穷燕齐，南极吴楚，江湖之上，濒海之观毕至"[②]，还在西南地区开辟五尺道、灵关道和西南夷道，在河西、西域开拓通往中亚的"丝绸之路"。随着陆路交通的兴盛，在交通枢纽之处兴起了大量的都邑，比如陶"天下之中，诸侯四通"，巴蜀"栈道千里，无所不通"，邯郸"北通燕、涿，南有郑、卫"，"洛阳东贾齐、鲁，南贾梁、楚"，均为当时繁盛之都会，天水、陇西、北地、上郡虽"地亦穷险，唯京师要其道"，也为边贸重镇。[③]

唐宋时期，随着江南的持续开发，南方尤其是岭南、闽浙山区的陆路交通发展迅速，城市也随之兴起。到元明时，中央王朝都把开道设驿作为镇戍地方、传递信息的重要手段，陆路交通开始延伸至内陆偏远边区，促进了边疆城市的发展。

清代在内地广设"驿""站"，在边疆设"卡伦""军台""塘"等，形成了以北京皇华驿为中心，通向全国各地的驿道系统。以驿道为主干，再辅以传统的或者新开辟的陆上商路最终构建了清代中前期覆盖全国的陆上交通网，其中清代十八行省地区的陆上交通线路主要有"三纵两横"五条。

[①] 陈航等：《中国交通地理》，科学出版社，2000年，第17页。
[②] 班固：《汉书》卷五十一《贾山传》，中华书局，1962年，第2328页。
[③] 司马迁：《史记》卷一百二十九《货殖列传》，中华书局，1982年。

"三纵"，一是以京师为起点，向北经张家口、库伦，达中俄边境的恰克图。往南经天津、济南、兖州、徐州，过凤阳府后分为两条，主干为南行经庐州、安庆、南昌，沿赣江水路南下，过大庾岭，经韶州到达广州府；这是一条纵贯南北的水陆交替的商业运输线。另外，过凤阳府后往东经江宁、镇江，沿江南运河过苏州、上海，至杭州、绍兴、宁波、福州等地。二是北起京师，往南经保定、正定、卫辉，过郑州府后分为东西两条，其一继续向南过武昌、岳州、长沙，沿湘江南下，过南岭，经韶州到广州府，其二往西南经南阳、襄阳、当阳、常德，溯沅江而西，过辰州、沅州，走黔北镇远、贵阳到云南府。三是北起京师，出居庸关，经陕西凤翔府，或从宝鸡过秦岭，或走略阳，或走汉中，过大巴山，经四川广元、绵州到成都府，向西经雅安、打箭炉入康藏，再经昌都至拉萨。

"二横"，一是自新疆古城横贯塞外的一条东西向商业交通线，自新疆三城之一的古城过河西走廊，经兰州，或沿泾水东向，或沿渭水东向，俱会于西安府，之后或继续向东过潼关、陕州、河南、郑州到开封府，或折向东北，经蒲州，沿汾河而上，到大同、归化乃至京师；或折向东南，走汉水，过襄阳，到武昌府。一是以云南府为中心，东过百色厅，沿右江、郁江东向到梧州府，再顺西江而下过肇庆，到广州府；另从云南府往西则过大理、永昌、腾越、思茅入缅甸。

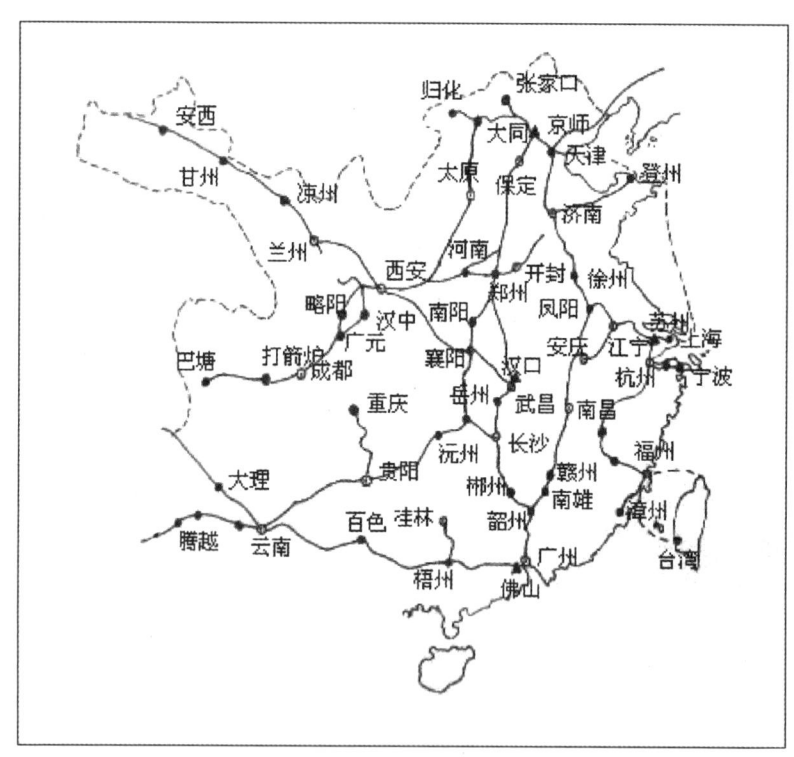

图4-26 清代中前期十八行省地区主要陆上交通线

根据郭沫若《中国史稿地图集》（地图出版社，1979年，下册第107页）"清代前期的商业城市与盐、铁等手工业、矿业分布及交通分布图"改绘。

第四章 清代十八行省城市分布的变化

这五条商路以当时的"天下四聚"为中心，基本上途经内地十八行省的省会以及当时最为繁盛的府城和市镇，再加上省区间和地区间的陆上商路，共同建构了沟通整个内地的陆路交通网。随着这些商路的开辟，不少原本处于高原山区的小村落、小聚落迅速崛起，成为商贸重镇，促进了清代中前期的城市分布逐渐向边疆和山区扩展。

除了以上陆路交通路线外，清代各省区之间还形成了若干密集道路网络，随着清代中后期长距离商业贸易的发展，除了主要陆路交通线沿途的城市有较大发展外，一些较为偏僻的区域的交通也有较大发展，同时沿线的城市也出现新的变化。

清以前，云南与外部的联系较弱，交通极为不便，清廷加大了对云南铜矿的开采和运输，由此促进了云贵高原地区交通的发展和城市的兴起。"滇南僻处边荒，生产甚少，惟矿厂甲于天下，治滇者自以铜政为先第。"清代中前期云南铜业迅速发展，先后开辟了东川—永宁、寻甸—威宁两路京铜陆运，再加上民间的铜路，带动了沿途商贸的兴旺和城市的繁盛。比如云南东川府自康熙年间发现铜矿并设厂开采后，内地民众蜂拥而至，铜厂渐次兴旺，成为滇省最大的铜矿产区，"人烟辐辏，买卖街场，各分市肆"，清廷先后在此"添设会泽县"和巧家厅；云南昭通府本"地阻舟楫，物贵民艰"[①]，迨至乾隆年间通川河道开通以后，铜运坦行，商货骈集[②]，"四方之人来就，旷土聚居，日集日增，渐成土著，城市乡村皆满"[③]，清廷先后在此新置3县2厅。四川南部的马边地区也因铜矿开采而得到发展，鼎盛一时，有"小成都"之名，乾隆二十九年（1764）清廷在此设厅建置。贵州"毕节，为黔滇两省铜运总汇处，市集甚盛"[④]，云南平彝"地当滇黔之交，为六诏锁钥"[⑤]，这两地均因铜矿的运输而迅速发展，由偏远之卫所一跃成为清代的新设县城。

此外，滇南自古就为中国与南亚、东南亚地区贸易往来之要道，到清代更是有大量的城市因对外商贸而兴盛。比如清代云南府成为滇省对外各通道与内地转口贸易的枢纽，"货财辐辏四方"[⑥]。大理府位于滇缅要道和茶马古道的交汇地，"商贾辐辏，甲于他郡，亦滇中一都会也"[⑦]。永昌府"之在滇省，地处极边，与缅甸接壤，一切货殖较他郡为多，故贾客亦最众"，"南北街场星罗棋布"[⑧]。永昌府属腾越厅"北通片马，南控七司，为出缅之门户。民善贸迁，多侨缅，四乡殷实，瓦屋鳞比，为滇中各县所罕见"。普洱府属车里宣慰司，"为缅甸、南掌、暹罗之贡道，

---

① 《清实录》第十一册《高宗纯皇帝实录》3卷一百六十一"乾隆七年二月是月"条，中华书局，1985年。
② 《清实录》第十一册《高宗纯皇帝实录》3卷二百三十一"乾隆九年十二月庚申"条，中华书局，1985年。
③ 王崧：《道光云南志钞》，云南大学出版社，1995年，第65页。
④ 王昶：《蜀徼纪闻摘录》，《小方壶斋舆地丛钞》第八帙，杭州古籍书店，1985年，第13页。
⑤ 任中宜：《平彝县志·序》，康熙四十四年刻本。
⑥ 范成勋等修，谢俨纂：《云南府志·序》，康熙三十五年刊本。
⑦ 陆韧：《高原通途——云南民族交通》，云南教育出版社，2000年，第103页。
⑧ 刘毓珂等：《永昌府志》卷十七《建置志·市肆》，光绪十一年刊本。

商旅通焉"①。茶马古道上的思茅也在雍正年间置为厅，迅速发展成为滇南商贸重镇。

清代，随着西藏被纳入清王朝的有效管辖，内地与西藏的互市贸易得到进一步发展，由此促进了川藏沿途商贸城市的兴起。在清代，四川与西藏之间的陆路通道上涌现出了打箭炉、甘孜、巴塘、理塘、昌都等商贸城市，比如"四川打箭炉为入藏必经之地，百货完备，商务称盛"，"不下数千金，俗以小成都名之"②。川西北的松潘古城，"有城堡房屋，地方宽阔，水草俱好，利于互市"③，清廷将其置为与蒙藏边民进行茶马贸易的场所，"人烟稠密，商贾辐辏，为西陲一大都会"④；巴塘为"通西宁、西藏、云南孔道，沃野千里"，"有街市，皆陕西客民贸易于此"⑤，为口外一大都会。

蒙古地区与内地之间的互市贸易古已有之，但经常受到政治和战争等因素的影响，时断时续。清朝建立，清王朝与漠南、漠北蒙古族的王公贵族结盟，将其纳入统一的管辖之中，汉蒙贸易和中俄贸易大兴，促进了长城沿线城市的兴起。清代中前期，清廷先后在此开辟了五条驿道，并设置了归绥、张家口、多伦诺尔、独石口、八沟、塔子沟、三座塔、丰镇等厅。比如归绥"东控北平，西连甘肃，南为山西之门户，北扼蒙古之咽喉，居民商贾云集，四冲要域也"⑥，雍乾年间才开始设厅筑城，到清末已成为统辖十二厅的绥远将军及归绥兵备道驻防之重镇和蒙地皮毛运往内地的重要中转站，"运驼多至二十万头，茶市亦盛"，为"河套之东一都会也"，其所属的杀虎口等驿站也因为茶马贸易而成为一方重镇；"茶市以张家口为枢纽，货物辐凑，商贾云集"⑦。多伦诺尔地处荒漠，在清初时不过是一小市镇，自康熙年间在此建造两所喇嘛寺，"蒙古人往来频繁，乃商务渐盛，居民亦众，今则人家鳞比，衡宇相望，居然汉漠之间一都会矣"⑧。

河西走廊沿途的城市自汉唐以来就为与西域、中亚贸易往来的商业都会，到清高宗平定天山南北后，更是成为内地与新疆、蒙古、青海等地进行互市贸易、钱粮运输和移民迁徙的重要中转站和粮食等生活用品补给地，故沿途城市也得到较大发展。比如甘州"四面番回环峦绮布，固华夷交会，西域通衢也"⑨。柳沟人烟稠密，坊店宽敞。⑩敦煌在"雍正初设沙州卫，复迁内地户民以实之"，乾隆年间改卫为

---

① 《普洱府志·叙》，咸丰元年刻本。
② 徐珂：《清稗类钞·农商类·打箭炉商务》，中华书局，2010年，第2336页。
③ 《清实录》第七册《世宗宪皇帝实录》1卷三十一"雍正三年四月丙申"条，中华书局，1985年。
④ 张典等修：《松潘县志》《凡例·松潘县城垣街道图说》，民国十三年刻本。
⑤ 魏源：《圣武记》卷五《西藏后记》《附录康辀纪行》，世界书局，1936年。
⑥ 郑裕孚纂，郑植昌修：《归绥县志·舆地志》，民国二十三年铅印本。
⑦ 姚明辉：（光绪）《蒙古志》卷三《都会》，光绪三十三年刊本。
⑧ 姚明辉：（光绪）《蒙古志》卷二《都会》，光绪三十三年刊本。
⑨ 钟庚起：《甘州府志》卷三《国朝辑略》，乾隆四十四年刊本。
⑩ 常钧：《敦煌随笔》卷上《柳沟》，黄永武：《敦煌丛刊初集》，新文丰出版公司，1985年，第64页。

县，其地"前阳关而后玉门，控伊西而制漠北"，为"华戎所交一大都会"①。凉州则"山陕客此者恒家焉，今生齿日繁"，商业迅速发展，"河以西之商货，凉庄为大，往者捷买资甘肃，今更远诸安西、沙、瓜等，以利塞外"②。

清中期以后，中国内地省际陆路贸易的繁盛也促进了清代内陆山区城市的发展。如位于川陕交界大巴山区的四川太平县，与兴安、汉中接壤，为陕西四川门户，清代因省际贸易的发展而成为川陕马骡交易市场。与太平县相邻的陕南定远，原本"地旷人稀，狐狸所居，豺狼之薮"，清初大量流民迁徙到此，利用其"为汉中东南门户"的地理优势，从事"盐布零物、借资商贾、负粮贸易"等，并兴办纸厂，人烟渐繁茂，嘉庆七年（1802）析置为厅。湖北当阳"本瘠土，而西枕夷陵、北跨临沮、东连郢都、南带沱江，在山水之交，为四达之地"，是中原南下湖广、滇黔的必经之处。广西西隆州"西连云南，北接贵州，贵州地无三里之平，所在皆险，近年以来，要隘之处俱设塘添汛，星棋列布"③，故成为滇南商贾往来，牛驮马载之地。地处南岭的湖南郴州"南通交广，北达湖湘，为往来经商拨运之所"，郴江沿岸店铺林立，"行旅客商络绎不绝"，"诚楚南一大冲会也"④。

赣南山区地连闽粤，自古就为东南商贸聚会之所，其沿途商路线上兴起了大量的城市。比如江西省赣州"处于江南，地最旷，大山长谷，荒翳险阻，交广闽越"，为"铜盐之贩道所出入"。江西省吉安府泰和县，"据郡上游"，为"控途水陆道交广者"，"由之行商往来，通货南北"，龙泉县则"当水陆之冲，舟车漕运交会于兹"⑤。

综上所述，清代中前期由于经济的发展，促进了陆上交通的兴盛，而经济的发展和交通的兴盛不仅促进了原有的区域中心城市的发展，也促进了内陆山区和内陆边疆地区城市的兴起与繁荣，成为清代中前期城市分布趋向边疆、山地的重要原因之一。

二、清代传统水路交通与城市分布

在农业时代生产力低下的条件下，水上交通总体上比陆路交通更有优越性，也更加便捷和低廉，因而古人很早就开始利用江河湖泊开展水上交通。春秋战国时期，长江、黄河与淮河都已通航，并有大量的文献记载，据载春秋时秦国就曾通过渭河、黄河和汾河运粮救济晋国，卫齐之间也经常利用黄河支流漯水进行交往，而在长江流域，春秋晚期的吴楚越等国俱已开始大规模的使用水师作战，"横行于江、

---

① 苏履吉等修，曾诚纂：《敦煌县志》卷首《三序》、卷二《地理志》，道光十一年刊本。
② 张玿美修，曾钧等纂：(乾隆)《武威县志·风俗志》，乾隆十四年刻本。
③ 沈秉成等修，苏宗经、羊复礼辑：《广西通志辑要》卷八《泗城府》，光绪十七年刊本。
④ 朱偓等修，陈昭谋纂：(嘉庆)《直隶郴州总志》卷二十一《风俗志》，嘉庆二十五年刻本。
⑤ 曾国藩等修，赵之谦等纂：《江西通志》卷四十六《舆地略二·疆域三》，光绪七年刻本。

淮东"①，吴国还曾"从海上攻齐"②。随着战争和商贸的频繁，各国纷纷开凿运河，以补充自然水道的不足。先是吴人开凿了沟通江、淮的邗沟，后魏国"引河东南为鸿沟，以通宋、郑、陈、蔡、曹、卫，与济、汝、淮、泗会"，形成了黄、淮、江三大水系相互连接的水运交通网，推动了中原城市的繁盛和东南吴、越等地城市的兴起。自秦以后历代多开凿南北走向的运河，以利大规模的水上交通运输。如秦代在岭南开凿沟通珠江和长江水系的灵渠，三国时期曹操在河北开凿直通滦河的五条运河，隋代更是开凿了沟通五大水系、长达2700多公里的南北大运河，元明清时期又将其改造为贯通东部的京杭运河。各地运河的开凿不仅加强了内地南北交通，还促进了沿线城市的兴起与发展。

隋唐以后，随着航船技术的进步和指南针的运用，海运也有了明显的发展，推动了沿海港口城市的崛起。如唐代海上对外贸易有较大发展，沿海港口城市广州、扬州、杭州、明州、温州、福州、泉州、登州等都到了一定的发展。宋元时期，广州、泉州、明州等港更是成为海外闻名的大城市，特别是元代泉州被马可·波罗誉为"世界上最大的港口之一"③。到清代中前期，水运因其省时、省力、运输成本低等优点，一直是长短途运输的主要方式之一。内陆水运因康乾时期长距离贸易的发展而更加兴旺，清廷在京杭运河、长江中下游和支流湘江下游、赣江及其支流以及西江、闽江等处都设置了水驿和水铺，其他没有设为驿道的河流也有许多河段可以通舟行船，也为重要的商贸运输通道。这些水运通道加上陆路通道构成了清代辐射全国、四通八达的水陆交通网，不仅促进了清代商品流通的发展，加强了各地之间的交流与联系，还促使水陆交汇之处兴起了大量都会。

（一）漕运与城市分布

由于清代政治中心和经济重心相分离，故"漕运资乎东南"，京杭运河成为南北物资、文化交流的大动脉。漕运的发展促进了京杭运河沿线城市的兴起与繁荣。比如清初沿袭明制"定设漕运总督一人，驻扎淮安"④，"凡湖广、江西、浙江、江南之粮艘，衔尾而至山阳，经漕督盘查，以次出运河。虽山东、河南粮艘不经此地，亦皆遥禀戒约，故漕政通乎七省，而山阳实咽喉要地也"⑤。淮安府治（山阳县为附郭）为贡道转轴和南运河漕运中枢，清中叶已是"淮郡三城内外，烟火数十万家"，"仓司屯卫，星罗棋布，俨然省会"⑥。运河的繁盛带动了沿河周边一批新兴市镇兴起，其中清江浦发展最盛，"舟车鳞集，冠盖喧闹，两河市肆栉比，数十

---

① 司马迁：《史记》卷四十一《越王勾践世家》，中华书局，1982年，第1746页。
② 司马迁：《史记》卷三十一《吴太伯世家》，中华书局，1982年，第1473页。
③ ［意］马克·波罗著，梁生智译：《马可·波罗游记》，中国文史出版社，1998年，第217页。
④ 席裕福、沈师徐辑：《皇朝政典类纂》卷四十八《漕运一》，沈云龙：《近代中国史料丛刊续编》，文海出版社，1982年，第1页。
⑤ 吴昆田等纂：《淮安府志》卷八《漕运》，光绪十年刊本。
⑥ 周钧、段朝瑞等：《续纂山阳县志》卷一《疆域》，民国十年刊本。

里不绝"①，雍乾年间先后成为南河总督驻地和清河县治。此外，运河南段的扬州、江宁和苏州自唐宋以来就为繁盛都会，在清代更是与淮安并称为南运河沿线的"四大都市"。

运河北段沿岸的城市也有了很大的发展，比如山东临清"为挽漕之咽喉，当舟车水陆之冲，固商贾辐辏之区也"②，"每届漕运时期，帆樯如林，百货山积"，"其盛时，北至塔湾，南至头牌，绵亘数十里，市肆栉比，有肩摩毂击之势"，其中"中洲一带，街衢洞达，灯火万家"③；济宁位"冀鲁郊，而控宋野，环汶水而带泗流，舟车临四达之衢，商贾集五都之市"，自元代会通河开凿后，更是"南通江淮，北达漳卫，水陆所辖，屹为要区"④。清代城市继续发展，大量工商业者"阗城溢郡，辐辏鳞萃，无虑数十万"，这两个城市在乾隆四十一年（1776）先后升为直隶州。天津在清初仅为卫所，但其地"当九河津要，路通七省舟车"，为京师门户和运河漕运的枢纽，康熙年间海禁开放后更兼为北方海上贸易的重要港口，其城市迅速发展，雍正三年改天津卫为直隶州，九年升为天津府，到道光年间已是居民近20万人的大型商业城市。

（二）长江水运与城市分布

清代长江从湖北江夏至下游丹徒都为水驿道，而上游宜宾到江夏段也是商贾贩运的要道，此外其大多数支流如上游的岷江、嘉陵江、白水江、涪陵江等，中游的汉水、湘江、赣江等均可通舟楫，为商旅往来通津。随着长江水运的发展，长江流域尤其是长江中下游地区的城市有了很大的发展。

清代长江水运有很大的发展，便利的交通、频繁的商贸促进了长江干流沿岸城市的兴起与发展。比如重庆为"三江总汇，商贾辐辏之区，川西北各井盐一水舟来，鳞集江岸，盐之薮也"，在清中叶迅速发展成为长江上游最大的商业城市和货物集散中心。乾隆年间，重庆成为长江上游水陆冲衢，吴、楚、闽、粤、滇、黔、秦、豫等省商人云集，府城内人口密集，万家烟聚，坊厢廛市傍壑临岩而建，九门外两江舟集如蚁，酒楼茶舍与市廛鳞次栉比。重庆府属江北镇，在重庆府城长江以北，发展尤为迅速，乾隆十九年（1754）"因镇所形势冲要，以重庆府同知移驻江北"⑤，析置为厅。长江中游的汉口镇发展更是迅速，康熙时就已成为天下四聚之一，到清中叶更是"东西三十里有奇，路衢通达，市廛栉比，舳舻衔接，烟云相连，商贾云集"，"人烟数十里，贾户数千家"，光绪二十四年（1898）升为夏口厅；荆州府属彝陵州，地处水陆要冲，上游重地，为清代川盐外运的重要中转站，到雍正十三年（1735）升为宜昌府，并置附郭东昌县。

---

① 卫哲治等纂修，陈琦等重刊：《淮安府志》卷五《城池》，咸丰二年重刊本。
② 张度修，朱钟纂：(乾隆)《临清直隶州志·序》，乾隆五十年刻本。
③ 张自清等：《临清县志》，民国二十三年铅印本。
④ 徐宗幹修，许瀚等纂：《济宁直隶州志》卷二《方舆志三·疆域》，咸丰九年刻本。
⑤ 福珠郎阿修，宋煊、黄云衢纂：《江北厅志》卷一《舆地志·建制沿革》，道光二十四年刻本。

此外，水运的兴盛还推动了长江各支流沿岸城市的发展。比如贵州思南府位于"黔楚蜀通津"的乌江沿岸，"襟带川蜀，控扼黔楚，山溪连亘，水路要区"①，"为赴省孔道，城外德江舟楫通行，贩蜀盐者多取道于此"。汉水上游及其支流所流经的陕西汉中、兴安二府多为群山峻岭，人迹罕到，唯"大小溪涧无不深通流畅，民间积聚柴炭竹木得以转输贸易"。自清初起，大量客民扶老携幼，千百为群，到处络绎不绝，渐成村落。康熙年间，清廷"特开路于诸岭上"，"而后屡事通修，遂成坦途"，加上汉水之利，城市迅速兴起。乾隆十五年（1750）移汉中水利通判驻留坝，三十年（1765）正式设留坝厅，道光年间始筑城，遂成"控川陕之通衢，为梁洋之门户"②，道光年间又先后在此置佛坪厅和砖坪厅；江西赣江沿岸"各处市镇，除景德镇外，以临江府之樟树镇、南昌府之吴树镇为最盛"，"樟树、吴树帆樯蔽江，人货辐辏，几于日夜不绝。故咸丰以前，江西商务可谓极盛时代。惟彼时省会，转视两埠弗如"③。

（三）其他河段水运与城市分布

除了运河、长江以外，内地以珠江水系的西江水运最为昌盛，西江干流和许多支流皆可行舟，便利的水路交通促进了西江流域城市的兴起与发展，比如右江沿岸的百色"地当极边，万山重叠，惟厅治滨江源，出云南土富州下达南宁汇于郁水，铜运、盐运与夫东道行商帆樯时集"，形成了清代岭南最重要的商道——百色大道。雍正七年（1729）清廷在此置厅，次年建城，光绪二年（1876）升为直隶厅。此外，"肇庆据上游，当岭西孔道"，"苍梧地总百粤，雄踞南极，为水陆之冲"④，"南宁控遏两江，坐慑交趾"，柳州则"三江四合，抱城如壶"，"柳江绕其前，鹊山护其后"⑤。这些西江沿岸城市也都在清代依靠便利的水运迅速发展成为"粤西雄郡"、"东南巨镇"。

黄河的水运深受沙患影响，黄河除了支流泾、渭、汾等部分河段经疏浚后可发通航外，相当部分河段不宜通航。凡通航的河段对沿河城市都有较大推动作用，如随着明末清初对贾鲁河、沙河等黄淮支流的疏浚，推动了地处贾鲁河水运终点的朱仙镇迅速崛起，成为河南与山西、陕西和江淮地区物资调运的中转站，最盛时人口达20余万，"百货充斥，会城因之号繁盛焉"，一跃成为天下四大镇之一。河南陈州府的周家口镇原来"仅有子午街一道，居民数家"，但坐拥贾鲁河和沙河之利，清代以来"人烟聚杂，街道纵横，延及淮宁境，连接永宁集"，"舟车辐辏，烟火万家，樯柅树密，水路交会之乡，财货堆积之薮"，为"豫省一大都会也"⑥。河南陈

---

① 爱必达：《黔南识略》卷十六《思南府》，成文出版社，1968年，第109页。
② 贺仲瑊等：《留坝厅志》卷一《厅境栈道图》、卷四《土地志》，道光二十二年刊本。
③ 付春官：《江西商务说略》，《江西官报》，1906年第27期。
④ 蔡方炳：《舆地全览》，《小方壶斋舆地丛钞》第一帙，杭州古籍书店，1985年。
⑤ 舒启修，吴光昇纂：《柳州县志》卷二《地舆》，民国二十一年铅字重印本。
⑥ 徐家璘、宋景平等修，杨凌阁纂：《商水县志》卷五《地理志·里地方·周家口镇》，民国七年刻本。

州也因"所属周家口一带地方，水陆交冲，五方杂处。一切刑名钱谷、稽查保甲，各处验勘难以悉举，事本繁多"，在雍正十二年（1734）升为府。

（四）海运与城市分布

清初，受禁海、迁界的影响，沿海城市受到极大的摧残，比如仅福建省就有19个县被划为界外，大片良田被荒废，大量民舍被毁坏，大批居民死亡，沿海一带荒无人烟，城市萧条。康熙二十三年（1684），清王朝完成统一大业后，下令开放全国海禁[①]，并设立广州、厦门、宁波、上海四个通商海关，沿海航运开始得到恢复并发展，沿海城市也逐渐兴起和发展。

广州、宁波自古以来就是海贸重港，在清代中前期继续得到发展，广州成为全国海运的中心和对外贸易的中心，宁波则为浙江沿海贸易中心。松江府属上海县，地当江海和南北洋航运的交汇处，又有江南宽广繁盛的腹地为依托，清以后发展迅速，到乾隆年间已是"舳舻尾衔，帆樯如栉"。嘉庆时，上海更是"鳞萃羽集，远及西洋，暹逻之舟，岁亦间至。地大物博，号称繁剧，诚江海之通津，东南之都会"[②]。厦门"幅员虽小"，但"自康熙十九年奠定后，人民蕃庶，土地开辟，市廛殷阜，四方货物辐辏，骎骎乎可比一大都会矣"[③]。

除了这四大通商海关城市外，其他沿海城市也有所发展，并新兴了一批沿海城市。雍正十二年（1734），山东登州府在沿海新置荣成、海阳二县，其中荣成县海贸最盛，"南北商船出入成山头，必泊于此，口内可容五六百艘，市廛茂密"。此外，浙江在舟山岛置定海厅、象山南田岛置南田厅；福建在沿海增置福鼎县、马巷厅、云霄厅；广东则新置赤溪直隶厅、陆丰县、防城县和南澳厅等。

综上所述，内河水运和沿海运输的发展促进了清代中前期内地东部沿江、沿海地区城市的兴起与发展，并与边疆、山区城市的迅速崛起相结合，构成了清代中前期城市分布变化的两大趋向，进而推动了中国的城市分布由传统的中原腹地向周边扩展。

三、晚清交通变迁与城市分布

1840年鸦片战争以后，伴随着西方列强对中国的殖民侵略，轮船、铁路和公路等晚清交通运输方式开始传入中国，由此引起中国内部的交通路线发生巨大变化。而交通路线的变化对城市的盛衰产生了直接的影响，部分城市因新式交通方式的兴起而得到飞跃发展，部分原来不是城市的地方也发展成为城市，但是原来一些重要的商路沿线城市却因交通路线的变迁，顿时失去了往日的辉煌，开始衰落。

[①] 《清实录》第五册《圣祖仁皇帝实录》2卷一百一十六"康熙二十三年九月甲子"条，中华书局，1985年。

[②] 应宝时修，俞樾纂：《上海县志》卷首《卢焕及陈文述序》，同治十一年刊本。

[③] 周凯修，凌翰等纂：《厦门志》卷二《分域略》，道光十九年刊本。

早在清代中期,在自然环境变迁等因素的影响下,中国内地的部分传统商路已经逐渐在发生着变迁,而晚清交通运输方式的变迁更是加速了这一过程,并最终导致了传统商路沿线城市的发展停滞与衰弱和新的交通枢纽城市的兴起。

(一)晚清交通变迁与部分传统交通沿线城市的衰落

首先,由于轮船、铁路运输的出现,南北漕运最终被停办,运河日渐淤废,沿线城市迅速衰落。

大运河向来水源不丰,常年需要从黄河引水,但黄河泥沙甚多,对大运河河道造成影响,容易造成河道淤塞。清道光初年运河已是"底高一丈数尺,两滩积淤宽厚"。进入晚清以后,大运河的状况每况愈下、日益恶化,河床泥沙淤积日趋严重,咸丰五年(1855),黄河在河南三阳铜瓦厢决口,从山东张秋穿运河东去,改道山东利津入海,一时黄水泛滥,"运河阻滞",而给予大运河交通运输以致命打击的是太平天国农民战争。在江南地区持续了十余年的太平天国农民战争,封锁了大运河上的交通运输,切断了贯通南北的经济大动脉,漕运因此停运。太平天国战争结束后的第二年(1865),清政府曾尝试恢复漕运,但大运河由于多年无法治理,淤塞更加严重,几近断航,沿途"节节阻滞,艰险备尝","船户不愿北行"。虽然清廷想方设法维持漕运,采取了"借黄济运"等方法,但还是难以为继。此时,尽管漕运体系尚未完全解体,但海运取代河运已经是大势所趋。从此,运河逐渐不再发挥南北经济联系的内河航道主干道的作用,漕运运输体系解体。而此时随着沿海部分城市的开埠通商,西方列强纷纷在中国开办轮船公司,以蒸汽机为动力的轮船运输逐渐被引进中国并得到推广,"沿海数千里,洋舶骈集"[①]。从同治十一年(1872)起清廷逐渐采用轮船运输粮食走海路到京师。到光绪二十七年(1901),随着运河的日渐淤废以及海运的昌盛,兴盛了数百年的南北漕运最终被废止。

运河漕运的衰弱,使沿线城市深受打击,逐渐衰弱,不少城市已无昔日繁华景象,有些甚至完全湮没无闻。比如江苏扬州位于运河之咽喉,为南北交通要道,在清初成为两淮盐运中心和江北商业中心。扬州位于江苏省中部、江淮平原南端,南临长江,中贯运河,沟通南北的运河要道和连接东西的长江在扬州交汇,使扬州具有独特的优势,从唐代开始就成为十分繁荣发达的工商业城市。唐代扬州曾是亚洲的第一大港,其城市经济之繁荣之发达,被世人称之为"扬一益二"。清朝扬州因盐业的繁荣而再度兴盛。由于扬州所居的南北交通枢纽地理位置和两淮盐业中心的地位,确保了扬州在清代作为漕运的咽喉和以盐业南北货为主的商业贸易的繁荣,成为沟通南北东西贸易的四汇五达之衢[②],为长江下游地区最重要的商品集散中心之一,四方舟车云集,商贾荟萃,商业高度繁荣。在盐业带动下,扬州的商业活动联系着大半个中国的广大地区和对外市场的繁荣。扬州的运输业也得以发展,清代

---

① 赵尔巽等:《清史稿》卷一百二十七《河渠二》,中华书局,1976年,第3791页。
② 雷应元:(康熙)《扬州府志·序》,康熙三年刻本。

中期扬州盐运量达到高峰，其运量之大，堪称全国之最。盐商掌握的商业资本相当雄厚，富者以千万计，百万以下者，皆谓之小商。①"四方豪商大贾，鳞集麇至，侨寄户居者不下数十万"②，"富丽繁华为本省第一"。盐商为迎接乾隆帝巡幸而建造了大量华丽精美的园林宫殿，创办书院、学校，资助刻书业，出资编印扬州文人诗文集，并大量藏书、收画、藏画等，客观上起到了建设城市和刺激工商业经济发展的作用。南北货商业是明清时期扬州城市的第二大商业。运河交通便利，扬州又处于南北要冲之地，是南北货物的集散中心，南北商人多向这里聚集。扬州城内形成了一些包括南北货在内的商业街，如绸缎、名酒，等等。南北货商业的发展是扬州繁华的主要原因之一。③然而，清季运河运输功能的丧失，商路改道，扬州从交通运输的中枢变为边缘，从而逐渐走向衰落。咸丰年间，大运河运输受战争的影响而中断，江浙之漕，包括江北漕粮"统归上海，兑交海船运赴天津"④。道光末年，太平军进入扬州一带不久，清朝统治者把漕运改从海道北上，淮盐也由以中央发给凭证运销固定地点的办法改为由盐政发给执照、凭证运输。导致扬州大量人员失业，受直接影响的是船工、搬运工，而受间接影响的则是靠商业、服务业而生存的大量市民。沿江一带，一时形成了大批失业队伍。加之太平军三次攻占扬州城，"商人之居镇、扬二郡者，十有八九亦遭荼毒"⑤，侥幸逃脱的商人也是家资罄尽。运河功能的丧失，商路的改变，导致扬州城市赖以发展的商业贸易条件日渐恶化，对扬州城市的发展产生了严重的威胁。特别是津浦铁路建成后，扬州因"南北交通线改道，遂一落千丈"⑥。除扬州外，曾经为"运河之都"的淮安自"黄流北去，淮渎南趋，漕政单微，河防寝息"⑦。同治十一年（1872），漕粮改为海运后，淮安更是完全丧失漕粮运转枢纽的地位。"迨津浦铁道成"，"山阳几成僻壤"⑧。曾经是"南通瓜镇，北走燕齐，绾毂水陆，实七省之咽喉"的清江浦，也因运河失去长距离运输功能而"遂成下邑"⑨，"商贩裹足，百业由之耗蔽"⑩。其余江苏运河沿岸城市如镇江、高邮、宿迁等也在海运和铁路运输的夹击下日益衰弱。

山东运河沿岸城市受损更为严重。明清时期，山东临清依靠运河漕运迅速崛起，成为江北五大商埠之一，繁荣兴盛达五百年之久，有"繁华压两京""富庶甲齐郡"之美誉；然而自"运河淤涸，而商业终衰"，"部落零星，无复市衢矣"，再加上"迭经兵燹，元气不复，城中人烟寥落，非复当年繁盛矣"⑪。另一个重要的

---

① 小横香室主人：《清朝野史大观》，中央编译出版社，2009年，第1072页。
② 卫哲治等纂修，陈琦等重刊：《淮安府志》卷十三《盐法》，咸丰二年重刊本。
③ 傅崇兰：《中国运河城市发展史》，四川人民出版社，1985年，第345页。
④ 方浚颐修：《续纂扬州府志》卷四《赋役志》，同治十三年刊本。
⑤ 王振忠：《明清徽商与淮扬社会变迁》，生活·读书·新知三联书店，1996年，第160页。
⑥ 李长傅：《江苏省地志》第四编《地方志》，中华书局，1936年，第319页。
⑦ 徐钟令：《民国淮阴志征访稿》卷二《地理志三·图一》，江苏古籍出版社，1991年。
⑧ 周钧、段朝瑞等：《续纂山阳县志》卷一《疆域》，民国十年刻本。
⑨ 刘垣寿等修，范冕等纂：《续纂清河县志》卷一《疆域·形势》，民国十七年刻本。
⑩ 徐钟令：《民国淮阴志征访稿》卷二《地理志三·图一》，江苏古籍出版社，1991年。
⑪ 张自清等：《临清县志》，民国二十三年铅印本。

运河城市济宁作为自元代就开始的治理和管理运河的最高长官的驻所，曾十分繁华，但自运河失去漕运之利，备受水患侵扰，"自南运失治，汶泗泛滥于其间，东平、济宁、鱼台数郡绵历三四百里，岁浸民田不下七千万亩"，到清末"水旱频仍，民多忧患"，直到光绪末年津浦铁路支线——兖济铁路修通后，才"商务渐兴""工业亦日有起色"。①山东东昌府城在"昔年河运通时，水路云集"，"绾毂御漳，万货辐辏"，为"江北一郡会""济上一都会也"，"故其城不能十里，而壮丽严整甲于他郡"②，自咸丰年间漕运不济后，"地面萧疏，西商俱各歇业，本地人之谋生为倍艰矣"③。

其次，轮船、铁路等晚清交通运输方式的兴起与发展改变了传统交通地理的基本格局，造成了全国交通地理的大变迁，使内地除运河城市以外的许多传统交通枢纽城市也逐渐丧失了原有的优势地位，发展陷于停滞或者相对衰弱。

华北地区自元代以后就为畿辅要地，其驿路分布密度要远远高于其他地区，仅在直隶、河南和山东三省就分布着2000多个驿站、上万个急递铺和数条官马大道，再加上大运河和沿海海运，构成了清代中前期内地最为发达的水陆交通网，并形成了许多传统交通枢纽城市。但晚清以后，随着京汉、津浦、胶济、正太等铁路的修通，一些城市由于不再具有交通枢纽地位而逐渐走向衰弱。比如直隶省会保定自古就为北方政治军事重镇，在清代中前期更是拥有贯通南北的官马大道和便利的水运，全国商贾辐辏云集，十分繁华。但到晚清以后，随着海运和铁路运输的兴起，保定逐渐丧失了原有的华北交通枢纽地位，发展相对缓慢，"尚不及繁盛一镇，而商贾亦因之凋敝"④，其政治地位也被天津所取代，逐渐沦为一般的中等城市。河南省府开封曾为七朝古都，在清代中前期由于贾鲁河的疏浚，经济有所发展，到清中叶以后，随着贾鲁河的淤塞，发展逐渐陷于停滞。晚清以后，地处内陆的开封虽然也有汴洛铁路经过，但交通地理条件已远不如邻近的郑州，发展相对衰弱，其经济和政治地位也逐渐被居于铁路枢纽位置的郑州所取代。

陕西省的省会西安府城在历史上曾为十三朝古都，"被山带河，四塞为固"，"实为八川所萦，高源下泽结络其间"，水陆交通便利，清代中前期西北用兵所需之钱粮和吴楚漕储入关均在此转运，乃西北地区的交通枢纽和政治军事中心。城市不断发展，"城内街巷繁多"，道光年间人口最多时达到57万余，但"自同治纪元以来，迭遭寇乱，又经光绪丁丑、庚子连岁大祲"，"各仓人口凋残，较昔几于减倍矣"⑤，再加上缺乏新式交通运输方式，城市逐渐衰弱，直到陇海铁路修通以后才开始缓慢复兴。

内陆地区的其他许多传统交通枢纽城市也因缺乏新式交通运输的支持而在晚清

---

① 袁绍昂等：《济宁县志》卷一《疆域略·山川篇》、卷二《法制略·实业篇》，民国十六年铅印本。
② 嵩山修，谢香开等纂：(嘉庆)《东昌府志》卷五《城池》，嘉庆十三年刻本。
③ 陈庆藩修，叶锡麟、勒维熙纂：(宣统)《聊城县志》卷一《方域志·风俗》，宣统二年刻本。
④ 金良骥等修，姚寿昌等纂：《清苑县志》卷二《赋税·户口》，民国二十三年铅印本。
⑤ 翁柽修，宋联奎纂：《咸宁长安两县续志》卷四《地理考上》，民国二十五年铅印本。

第四章 清代十八行省城市分布的变化

时期迅速衰弱。如:"河南之周家口、湖北之樊城、江苏之王家营、山东之德州等处,昔称孔道,繁庶无比;今皆井里萧条,往来之车,日无数两(辆),顿宿之舍,镇无几家。"①湖北襄阳昔为南北通衢,商务繁盛,洎京汉铁路成而一落千丈矣。②

(二) 晚清交通变迁与新兴交通枢纽城市的兴起

随着晚清交通运输方式的兴起,大宗货物运输逐渐向海运港口和铁路沿线集中,促进了铁路沿线城市和东部沿江沿海地区港口城市的迅速发展。不仅推动了一些地理位置较为优越的传统商业城市迅速向晚清工商业城市转型,还促进了一大批新兴交通枢纽城市的崛起。

1. 晚清水运交通变更与城市分布的变化

鸦片战争后,随着五口通商的开辟,以蒸汽机为动力的轮船首先被引入,由此带来了交通工具和运输方式的重大变革,轮船航运成为大宗商品运输和人员远距离出行的重要交通工具。中国晚清轮船业产生的初期,怡和、旗昌、宝顺等外国大洋行控制了轮船航运。长江口岸开放后,长江轮船航运得到较大发展,仅上海经营长江沿线业务的大小轮船公司就有20多家。同治十一年(1872)11月,李鸿章奏请试办轮船招商公局。同年底获准在上海开办,定名为轮船招商公司,主要从事客运和漕运等运输业务,为中国晚清第一家轮船航运公司,也是洋务派兴办的第一家民用企业。次年,李鸿章改轮船招商公司为轮船招商局。轮船招商局成立之初,与美资旗昌洋行和英资太古洋行等展开激烈竞争,规模逐渐扩大,相继在天津、牛庄、烟台、汉口、福州、广州、香港以及国外的横滨、神户、吕宋、新加坡等处开办分局。轮船航运的兴盛推动了轮船航运沿线的重要港口城市的兴盛,沿海沿江的一些重要开埠通商城市如上海、天津、江宁、广州、宁波、杭州、福州、重庆等都在新式轮船运输的推动下继续发展繁荣,如上海"迨中外通商,轮轨辐辏,工商垒集",到清末已为国际商港,逐渐取代广州港而成为全国对外贸易中心,并渐成一国际都市,为我国第一大都会。一批沿江沿海中小城市也有了很大发展,沿江城市宜宾、宜昌、岳阳、汉口、九江、安庆、芜湖、镇江均有了较大发展,如安徽芜湖"扼中江之冲,南通宣歙,北达安庐,估客往来,帆樯栉比,皖江巨镇莫大乎此",到光绪初年开埠以后更是"外商纷至,轮舶云集,内外转输",成为沪汉之间的巨擘。上海、天津、广州等城市兼具轮船运输和铁路运输,成为江海水陆联营的新型综合性交通枢纽城市,并逐步转型为晚清工商业城市。

同时,大量的新兴城市也在沿海和沿江地区迅速崛起,比如汕头原为广东澄海县属下一小渔村,"康熙时建炮台,为海防要隘,而商船多停泊焉",咸丰八年在此置鮀浦司。同治三年(1864)开埠互市后,英、德、日等国汽船公司相继在此开辟航线,再加上光绪末年修通的潮汕铁路,汕头埠迅速发展,人烟辐辏,逐渐发展

---

① 屠仁守:《奏陈铁路益慎始疏》,《洋务运动》第六册,上海人民出版社,1961年,第203页。
② 何一民:《近代中国衰弱城市研究》,巴蜀书社,2007年,第356页。

成为新兴工商业城市。其他如秦皇岛、青岛、烟台、威海、北海、沙市、吴淞等小村镇也都在晚清时期随着开埠通商和轮船航运的发展而迅速崛起为新兴城市。

到19世纪末，我国沿海与长江中下游水运干线网的轮廓逐渐形成，以上海为轴心向东西延伸的长江流域经济带和向南北延伸的东部沿海城市带也逐渐形成，内地城市分布的重心也逐渐转移到这里。

2. 晚清铁路兴起与城市分布的变化

从光绪二年（1876）吴淞铁路正式通车开始，铁路运输在中国逐渐发展起来。甲午战争后，列强趁机纷纷在华争夺势力范围与筑路权，大量投资修建铁路，清廷也自办修筑了十余条铁路，到清末基本形成了贯穿东部南北的两条铁路交通干线。

这些铁路交通线一部分是沿着原来的官马大道或者传统商路修筑的，推动了沿线传统交通枢纽城市向晚清城市的转变。比如山东省府济南本就位于京师至江宁的官马大道上，"为南北襟喉之地""实四塞之奥区"①，在清代中前期迅速发展，但其经济地位仍居于省内其他城市如潍县、烟台和济宁之下。到光绪三十年（1904）胶济铁路通车、济南开埠之后，"鲁西各县之营业逐渐移集济南"，"富商大贾鳞萃麕至，即负贩小民亦皆提携妇孺，侨寓其间，以谋生计"，城市人口迅速增加，一跃成为山东最大的工商业城市。清末津浦铁路通车后，济南更是成为两路枢纽，"胶济、津浦两车站左近，商民时寻隙地，增建庐舍，星罗棋布，俨成市廛"②。其余如京师、邢台、郑州、徐州、衡阳、韶州等传统交通枢纽城市也都在晚清时期依靠铁路的带动和晚清政治经济文化的发展而逐步转型为晚清工商业城市。

同时，新的铁路交通线路的开辟促进了沿线新兴交通枢纽城市的崛起。比如唐山本为直隶东北处一个叫桥头屯的荒僻小村落，光绪三年（1877）清廷在此创设开平矿务局，并相继开通煤河航道、修筑唐胥铁路，随着经济日益发展，人口不断增加，光绪四年（1878）升为乔头镇，二十四年（1898）更名唐山镇，迅速崛起，成为以煤炭为主的新兴工商业城市。另外，如石家庄、蚌埠等也都是在清末随着铁路的修建而开始了由小村镇向大城市跨越的进程。

此外，铁路运输的发展还在一定程度上促进了边疆地区的开发。比如清末滇越铁路的修筑明显改善了云南的对外交通，促进了沿线城市的兴起与发展。"滇越铁路入自河口，经蒙、阿、宁地，交通四达，最为滇省重镇，冲剧繁难要缺。"③ 云南个旧的锡矿生产在清代中期虽然有较大的开发，但受交通的制约，对外运输困难，铁路修建后，铁路与滇越路衔接，运输锡料年产额约三千吨，"光绪间设府同知，驻个旧"④。个旧逐渐兴起成为新兴工矿城市。

清末铁路运输的迅速发展打破了轮船航运一统天下的单一格局，随着铁路交通逐渐由沿海和沿江地区向内陆腹地延伸，有力地推动了内陆城市的发展。

---

① 王赠芳等：《济南府志》卷三《疆域》，道光二十年刻本。
② 毛承霖：《续修历城县志》卷四《地域考三·户口》，民国十五年铅印本。
③ 方国瑜：《云南史料丛刊》第12卷，云南大学出版社，2001年，第130页。
④ 赵尔巽等：《清史稿》卷七十四《地理二十一》，中华书局，1976年，第2344页。

第四章 清代十八行省城市分布的变化

综上所述，轮船、铁路等晚清交通运输方式的发展不仅改变了清代中前期内地的基本交通格局，还导致了内地交通枢纽城市的发展变迁，推动了晚清时期内地的城市分布逐渐趋向东部沿江沿海和铁路沿线地区。到 1893 年，长江下游、东南、长江中游和华北京广线以东地区的城镇数量已占到内地总数的三分之二以上。① 中国重要城市分布开始出现区域分布的严重不平衡状态，新兴的经济中心城市和特大城市大部分都在东部地区。重要城市分布的不平衡，一方面有利于东部和中部地区城市和区域的发展，另一方面却对西部地区城市和区域的发展产生了不利影响，从而严重制约了中国整体城市化的进程，这一趋势直至新中国成立后才得到遏制，并出现了初步的转变。

小 结

城市的分布是一个国家或地区城市发展状态在地理空间上的表现。研究一个国家或地区的城市分布可以让我们更加宏观、更加形象地了解其总体城市发展过程，从而更加科学地去分析研究其城市化的历史进程，更加准确地归纳总结出其城市发展的特点与规律，为我们当前大力推进城市化，搞好城乡统筹一体化提供有益的经验和教训。

由前面的论述可以发现，清代内地十八省的城市分布主要有如下几个特征：

第一，清代内地十八省的城市分布发展过程具有鲜明的阶段性。清代城市分布发展的历史进程大体上可以分为清代中前期和晚清时期两个阶段。清代中前期中国内地十八省的城市属于传统古代城市，它的分布是在明代城市体系框架基础上继承、延续和发展起来的。在城市体制上，清代延续和发展了元明以来以省—府—县为层级的，具有农业经济性、中央集权性、民族统一性和历史继承性等特性的行政区划体制，并以此为基础构建了一个金字塔式的高度等级性和集权性的全国城市体系。晚清时期，受西方近现代工商业冲击和自身封建专制政体衰败的影响，传统古代城市逐渐向晚清城市转变，大量新兴城市也如雨后春笋般迅速崛起，传统城市分布状态与城市体系逐步瓦解，新的晚清城市体系逐渐形成，城市分布特别是重要城市的分布也发生了巨大变化。

第二，清代的城市分布发展具有很强的扩张性。清朝作为中国最后一个中央集权的专制帝国，其政权的中央集权性和专制主义程度都达到了历史的最高峰。相比于汉唐元明，清朝奠定了现代中国疆域版图的基础，在一个比较稳定的时期内国土面积达到 1300 多万平方公里，海疆面积也达 300 多万平方公里。面对这亘古所未有的疆域，清政府为了实施有效管理，不仅在内地进行增设直隶州的改革，还在西南地区开展大规模的改土归流，并创设了适用于边疆少数民族地区的厅制。最终，

---

① 何一民：《近代中国城市发展与社会变迁（1840~1949）》，科学出版社，2004 年，第 177 页。

清政府凭借强大的政治军事力量将内地的府厅州县体制不断推向边疆少数民族地区和海疆新开发地区，这促使清代城市分布范围由内地不断向外围陆疆和海疆扩展。

第三，清代的城市分布发展具有承前启后的统一性和深入性。中国从秦代开始，城市分布范围就逐渐由黄河流域、长江游流域向岭南、西南和漠北扩展。但是，受地理环境、政治经济等因素的制约，除了岭南地区和西南部分地区的城市系统得以确立外，漠北、青藏、东北以及台湾等陆疆、海疆地区直至清初仍是城市数量较少，且分布较为分散，内地与边疆地区在城市分布上仍然具有极大的不平衡性。清朝的城市分布在前代的基础上除了继续向陆疆、海疆地区扩展外，还逐渐由平原、盆地地区向高原、丘陵山地区深入发展，城市分布向一些死角地带渗透。同时，随着清代中后期对内陆边疆地区（主要是东北、内蒙古、新疆和台湾）的开发，以及晚清海运、铁路等交通的兴起，内陆边疆地区的经济逐渐发展起来，大量城市也随之兴起。内地与边疆的城市逐渐紧密连接到一起，全国统一的城市体系初步形成。

第四，清代的城市分布发展具有典型的自然性。虽然晚清时期清代城市逐渐向晚清城市转变，但是有清一代，传统城市仍然是清代城市的主体。而传统城市在分布上极易受自然地理环境的影响，清代的城市分布也具有这个典型的特性。比如清代内地十八行省地区以平原、丘陵和盆地地形为主，而边疆藩部地区则以高原、山地为主，平原盆地地区适宜发展农业，高原山地易于发展畜牧业，平原盆地地区水陆交通均较为便利，而高原山地则交通多受限制。受地理环境因素的影响，清代内地十八行省地区的城市数量和分布密度要远远高于藩部地区。除此之外，清代频繁的自然灾害和一些较为重大的地理环境变迁也对不少城市的兴衰成败有着重要的影响。

第五，清代的城市分布发展具有一定的时代特殊性。纵观中国两千多年的封建王朝史，伴随着王朝的兴衰更替，中国人口数量一直呈缓慢螺旋上升的状态，直至清初，内地总人口数也与西汉鼎盛时相差无多。然而自康乾后，内地人口出现了爆炸性的增长，在内地许多省份都积攒了大量过剩人口。为了应对这一人口危机，清政府除了在内地增设府厅州县加强管理外，还通过鼓励移民、实行军垦军屯等措施引导内地民众移居边疆，这直接促成了清代中后期第一波城市发展高潮。到晚清时期，面对突如其来的边疆危机，清政府为了有效实边，又被迫全面开放蒙疆与东北地区，在新疆、台湾建省，并采取政府引导、地方鼓励的方法推动更多的内地民众移居边疆和海疆地区。内地人口大量移居边疆、海疆，很大程度上加速了边疆与海疆地区城市的发展，也促成了清代中后期第二波城市发展高潮。最终有力地推动了清代城市分布向边疆、海疆地区扩展。

综上所述，清代城市分布在总体上呈现出了由内地十八行省地区不断向内陆边疆、海疆地区扩展，由东部平原、盆地和丘陵地形区向西部、北部高原山地扩展的趋势，这也是晚清中国和当代中国城市分布变迁的总体趋势。同时，清代城市分布的变迁过程也是晚清中国政治经济体制变迁和交通地理变迁的一个缩影。最终，清

第四章 清代十八行省城市分布的变化

代城市分布发展初步实现了由传统区域城市分布体系向晚清全国统一的城市分布体系的转变，奠定了当代中国城市分布的基本框架，在历史上具有承上启下的巨大作用。

第五章　清代内陆边疆地区的城市分布

　　清代的内陆边疆地区，包括东北、蒙古、新疆和西藏四个地区。在清代以前，各民族群众在这里共同生活，共同开发。相比内地，清代内陆边疆地区人口稀少，经济落后，城市建设较为缓慢。

　　出于政治、军事方面的考虑，清政府在全国各地设立八旗驻防，内陆边疆地区也出现了大量具有重要军事目的的军镇和驻防城，一些原本人口稀少的地区开始出现城市。这些驻防城，规模不大，且带有明显的军事特征，主要分布在东北、蒙古和新疆地区。

　　随着人口的不断增多，以及受到内地各种自然灾害的影响，内地流民开始向内陆边疆地区迁移。虽然清政府对东北和蒙古一再实行封禁政策，但是这些地区人口还是在逐渐增加。到了清代中后期，东北和蒙古逐渐解禁，内地移民因此增加迅速，农业开始兴盛，出现了大量的流民聚居地。新疆在清政府"移民实边"政策的实施之下，农垦兴起，人口增加，在各驻防城的基础之上，新疆各大垦区形成了城市密集分布的城市群。为了管理不断增多的移民，清政府在东北、蒙古和新疆建立了与内地相同的民治建置，形成各种等级的治所城市。并且，由于大一统的社会环境和稳定的政治环境，中原各地与内陆边疆各地区之间、边境地区与相邻国家之间的商业贸易也越来越兴盛，出现了一些互市地点和商业市镇。内地移民和商人的迁移，多沿各交通要道，如阿尔泰军台、柳条边、长城、西藏茶道等，因此这些建制城市和商业市镇也多围绕交通沿线分布。

　　到了清代晚期，近代交通方式开始进入中国，东北和蒙古东部地区开始出现铁路，使原本自然交通难以触及的东北腹地开始成为交通便利之地。随着帝国主义列强入侵中国，内陆边疆的一些地区被迫开埠通商。在外国资本的刺激之下，一些原有的小村落逐渐发展壮大，成为城市。而在开埠城市和交通枢纽城市的拉动之下，它们的附属地区也开始得到发展，形成了一些市镇和贸易点，并随之成为小城市或城镇。这些交通枢纽城市和商业城市都依托便利的交通运输方式，因此都围绕着铁路、航运码头和港口分布。

　　同时，受自然环境、民族宗教信仰等因素的影响，内陆边疆城市分布受到很多限制。特别是在蒙古和西藏地区，一些城市围绕寺庙分布，或者由于寺庙的出现而出现。自然条件的相对恶劣使内陆边疆地区气候极度干燥，因此这些地区的城市都分布在各大水系附近，如辽河流域、黑龙江流域、雅鲁藏布江流域、塔里木河流域等。

第一节 清代东北地区[①]的城市分布

东北地区作为清王朝的发源地，在清代中前期受到特殊的管辖，清王朝采取多种措施禁止内地汉民进入东北地区和内蒙古，实行种族隔绝。清政府在辽宁和内蒙古以明辽东长城为基础修建了一道壕沟，沿壕植柳，称柳条边，又名盛京边墙、柳墙、柳城、条子边。由于清政府实行封禁制度，东北地区的发展受到很大影响。晚清时期，由于内地人口压力日益增大，"闯关东"的人越来越多，加上边患日甚，故而清王朝不得不彻底解禁。大批内地人开始向东北地区移民，由此推动了东北地区的城市出现较大发展。与此同时，沙俄、日本对东北地区展开殖民掠夺，开工厂、矿山，并修筑铁路和公路。东北地区的城市在外力冲击和内部应力相结合的作用下，出现了不同的发展趋势，有的兴盛，有的衰落，城市空间分布发生了较大的变化。

一、影响清代东北地区城市分布的主要因素

（一）自然地理对东北城市分布的影响

东北地区是我国纬度位置最高的区域，地域广阔，自然环境多样，气候自南向北从暖温带、中温带过渡到寒温带，自东向西从半湿润区过渡到半干旱区。地形上分为三种类型：西部的草原地区、东部和北部的高山丘陵地区、南部和中部的平原地区。

1. 草原地区与城市分布

东北地区的西部与蒙古交界的区域分布着广阔的呼伦贝尔草原，地势东高西低，总面积约93000平方公里，年平均温度在0℃左右。境内虽然分布有不少河流和湖泊，但是水流不畅，沼泽遍地，牧草繁茂，是蒙古族传统的游牧之地。

呼伦贝尔草原一直都在蒙古族的控制之下，极少有汉人在此居住和进行农耕生产，经济以游牧业为主，农业较为落后。在传统的游牧经济的生产条件下，该地区人口居住分散，清初这里基本没有城市。

2. 高山丘陵地区与城市分布

包括大小兴安岭以及长白山地区，分布着黑龙江、松花江、乌苏里江和鸭绿江等多条重要的江流，森林资源和河流资源十分丰富。但是本区域山地面积广阔，森

[①] 本章的东北地区以清代东北地域而言，包括现在的辽宁、吉林、黑龙江三省和内蒙古自治区的呼伦贝尔，总面积大约为120万平方公里，加上清末被俄罗斯侵占的150万平方公里土地，约270万平方公里。

林密集，可以耕作的面积很小，加上地处中国的最北端，气候寒冷干燥，分布着大片的冻土，也不适于农作物的生长。生活在该区域的满族、朝鲜族、达斡尔族、鄂伦春族、鄂温克族、赫哲族等，多以游牧、采摘等原始经济形式为主，人口稀少，故农业生产技术长期较为落后，"自洪荒以来，迄为射猎时代，未进于农业"①，城市发展严重滞后。

高山丘陵的密布也使本地区的交通极为不便，黑龙江地区虽然水网纵横，但是由于"水势深阔，舟楫虽通，商贾不复往来"②，黑龙江的航运在清前期仅限于军事活动方面。直到清末，沙俄在此区域修筑铁路，其交通状况才发生较大变化，从而促进了该地区人口的流动和城市的兴起。

3. 平原地区与城市分布

东北平原是中国面积最大的平原，由松嫩平原、辽河平原和三江平原组成。东北三大平原的自然环境不同，因而在历史上受开发的程度也不同。松嫩平原和三江平原经常遭遇洪涝灾害，加之这一地区冬季长、气温低，土地沼泽化和盐渍化严重，适耕能力很差，素有"北大荒"之称，十分荒凉，人迹罕至。而位于东北南部的辽河平原则土壤肥沃，气候适宜，加上辽河的灌溉，自古便是重要的农耕区，特别是位于辽河中下游平原的辽东地区，人口集中，城市历史悠久，是东北地区城市分布最为密集的地区。东北地区有记载的建城最早的城市襄平（现在的辽阳）就位于辽河平原之上。据《汉书·地理志》载："大梁水西南至辽阳入辽荶曰辽阳。"小辽水（现在的浑河）出辽山西南，流经辽阳县与大梁水会，"水北曰阳"。自汉代至清代，辽阳一直都是中国东北地区的政治、经济、文化中心和交通枢纽，也是军事重镇。

东北三大平原地区具有良好的水运条件，这对清代中后期东北地区的城市分布产生了巨大的影响。相对于黑龙江，辽河的支流虽然流程不长，但在当时，这样的小河反而更容易通行。同时，平原地区与黄海和渤海相接，那些具有良好出海口的地方，则因为商业贸易的发展而成为晚清港口城市。清末，原定开埠的是牛庄，但因为出海口太浅，不适于大型轮船进出，便将开埠之地改为营口，营口因此得到迅速发展，而牛庄则逐渐衰落。

（二）交通地理对东北城市分布的影响

1. 驿路交通对东北城市分布的影响

中国古代的交通，陆路以各个驿站形成的驿路为主，水路则以漕运为主。东北地区也是一样，在晚清新式交通方式传入之前，东北的交通较为发达，陆路以奉天、吉林、齐齐哈尔三将军驻地为中心，水路有辽河、松花江和鸭绿江。清代中前期，东北地区的水路运输以中小型木船为主要的运载工具，以粮食为主要运输货

---

① 魏声和：《吉林地志》，李澍田：《长白丛书》初集，吉林文史出版社，1986年，第8页。
② 徐宗亮等：《黑龙江述略》，黑龙江人民出版社，1985年，第21页。

物，由于多在小河上从事运输，因此对黑龙江等大江大河航运缺乏驾驭能力，不少木船，"船身笨重，江流悍急，水手又不娴驾驶……即有沉溺之虞"①，因此在晚清新式交通和邮政方式传入之前，东北地区的主要交通往来以陆路为主。

　　清初，为了加强对东北地区的统治、巩固边防、提供通讯联络和交通运转，也为了各驻防城之间交通往来的需要，清廷在东北地区设立了大量驿站、铺司、马拨等，形成了完整的驿传系统，由此形成了驿路交通网。东北驿路的修筑主要为保证将军驻所地与北京之间联系的畅通，建立各驻防将军与各副都统所在地或军事重镇之间的联系网，沟通与邻区之间的政治、军事往来，因而东北最主要的驿路就是连接北京和东北三大将军驻地的官路，俗称"大站"，又称"东道"。该驿路由北京出发，从山海关出关，经过锦州、广宁到盛京将军驻地盛京，然后再从盛京出发，经开原到吉林将军驻地吉林，并从茂兴等地到达黑龙江将军驻地齐齐哈尔。此条驿路再延伸则通往雅克萨，并连接通往朝鲜半岛的国际道路②，其中北京到盛京的路段又被称为"御路"。清以前，从盛京入关到北京的驿路，是从盛京经辽阳、牛庄、广宁，再入关，绕道而行，费时费力，极为不便。1621年，努尔哈赤攻占盛京后，即下令修一条直抵广宁的道路，宽3丈，"平坦如砥，师旅出入便之"。除盛京—山海关—北京的驿路外，在盛京将军管辖境内先后开辟的驿路还有盛京—开原、盛京—凤凰城、盛京—法库、盛京—兴京、盛京—金州、通化—东沟、塔子沟—古北口等重要驿路。③ 清初，在吉林将军管辖境内的驿路干线以宁古塔为中心，康熙十五年（1676）以后，随着吉林乌拉成为吉林将军治所，形成了以吉林乌拉城为枢纽呈辐射状通向四面八方的驿路干线网络。先后开辟的驿路干线有宁古塔—鹦哥关（英额门）、吉林—开原、吉林—宁古塔、吉林—伯都讷、吉林—三姓、宁古塔—三姓等线路。黑龙江将军管辖境内的驿路，以齐齐哈尔为中心，以北至瑷珲、南至茂兴的驿路为主干，然后沟通境内四处。由于黑龙江地处极北，外临俄罗斯的威胁，因而先后修筑了5条交通干线与北京、盛京、吉林直接相通：墨尔根—雅克萨线、齐齐哈尔—黑龙江线、齐齐哈尔—茂兴线，齐齐哈尔—呼伦贝尔线、乌兰诺尔—呼兰线。④ 东北的驿路成为陆上主要的交通干线，而各驿站又成为人口和商品的聚集地。清廷给驿站的驿丁分发土地让其自给自足，"授有官田，力耕当差"⑤。随着驿丁家庭的繁衍，驿站周围开始出现居民聚居点。同时，由于东北的封禁政策，流民在进入东北之后没有土地可以开垦，而驿丁却可以将自己的土地出租。在利益的驱动下，一些驿丁冒险把土地租给移民耕种。于是，越来越多的移民开始在驿站附近驻足，使原来的聚居点逐渐发展壮大，形成村镇，部分驿站继而发展成为城市。同时，由于人口的增多和农业的发展，越来越多的商贩也沿商道进入东北。他们在驿

---

① 徐宗亮等：《黑龙江述略》，黑龙江人民出版社，1985年，第71页。
② 何一民：《近代中国衰落城市研究》，巴蜀书社，2007年，第329—330页。
③ 丛佩远：《清代东北的驿路交通》，《北方文物》，1985年第1期。
④ 丛佩远：《清代东北的驿路交通》，《北方文物》，1985年第1期。
⑤ 徐宗亮等：《黑龙江述略》，黑龙江人民出版社，1985年，第35页。

路沿线的重要村镇进行交易，促进了聚居点之间的交流和经济发展。清代后期东北各地区设立的州县城，大都位于驿路沿线，一些城市就是在驿站的基础之上发展而来。如清末在吉林地区设立的宾州府城，就是由原来吉林城和三姓城之间的苇子沟站发展而来，其府治就设在苇子沟。而东北驿路的北道和中道必经之地的法库门，也由柳条边的边门发展成为城市，在清末成为法库直隶厅治所。

此外，驿站交通的发展对于东北驻防城的分布也有一定的影响，特别是吉林和黑龙江地区的驻防城。齐齐哈尔城在建城之前是一个被称为卜奎的小村落，清政府在这里设立驿站之后，它便成为进入黑龙江后的第一个水陆交汇之地①，地理位置十分重要。正因为此，清政府在此地建立驻防城，取代瑷珲和墨尔根，成为黑龙江将军的驻地。

2. 辽河航运对东北城市分布的影响

辽河航运历史悠久，早在汉代就已经开始。但在清代以前，辽河航运主要以军事运输和粮食运输为主，且只限于辽河下游到入海口一段。辽河及其支流的主要码头只有锦州蚂蚁屯、牛庄，宁远钓鱼台，盖州西河口、岫岩大孤山等，辽河沿线仅有田庄台、辽阳、铁岭、开原、千金寨（今抚顺）、掏鹿（今西丰）等10个左右的中小市镇。② 1861年，营口开埠，辽河航运业开始蓬勃兴起。

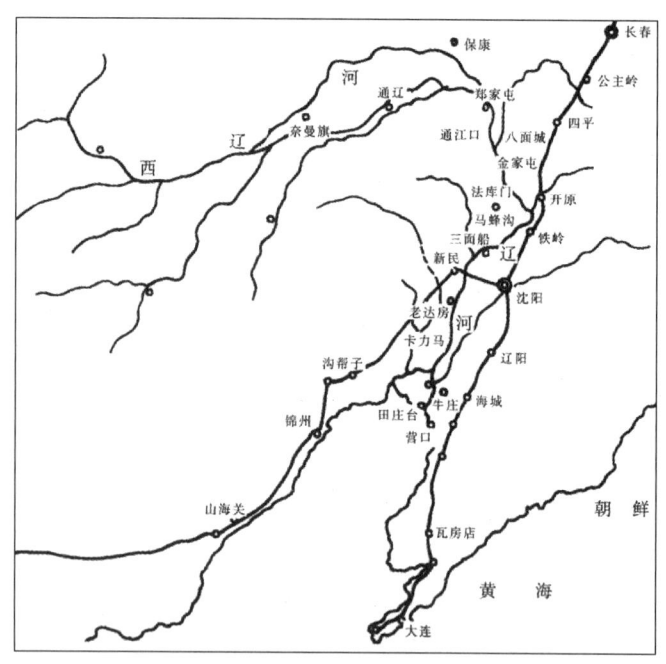

图 5-1　辽宁航运码头示意图

曲晓范：《近代东北城市的历史变迁》，东北师范大学出版社，2001年，第31页。

---

① 刘文鹏：《论清代东北驿站功能的发展》，《吉林师范大学学报》，2003年第2期。
② 曲晓范：《近代东北城市的历史变迁》，东北师范大学出版社，2001年，第27页。

第五章 清代内陆边疆地区的城市分布

营口又名没沟营，是海城县牛庄所属的小姐庙、田庄台、没沟营三个码头之一，最早只是蒙古人的窝棚。1850年前后只有1000~2000人，主要为渔民、商人和码头工人，没有筑城，只是一个小居民点。1861年开埠之后，清政府开始在营口修筑土圩墙。此后，由于航运业的发展，"营口遂为东北之唯一口岸，日趋繁盛"①。到光绪三十三年（1907），"至其运数至十一万五千次以上，故河中常见帆樯衔接，往来无间……商业繁盛，巨商大贾甚多，最繁华之港也，人口约五万余以上……本港销售地，辽河一带为最，吉林、长春（宽城子）、伯都讷、齐齐哈尔等处物产……依船运而出于营口"②，营口逐渐发展成为东北三省唯一的海上贸易和货物集散地，是辽宁南部重要的商贸中心。

由于辽河航运的发展和营口的开埠通商，辽河沿线的城市有较大发展。清季辽河及其支流沿岸的码头大大小小共有187处，比较出名的较大码头有20余处，这些码头在营口港口吞吐量不断增大的带动下，成为东北地区进出口货物集散地，逐渐形成以营口为中心的辽河沿线城镇带。辽河上游地区以昌图、通江口为中心，包括金家屯、大民屯、郑家屯、三江口、奉化、怀德、法库、八面城等城镇；辽河中游地区以铁岭、新民为中心，包括开原、老达房、掏鹿等城镇；辽河下游地区以营口为中心，包括三岔河、牛庄、台安、田庄台、海城等城镇；辽河的支流太子河、浑江流域则有山城镇、抚顺、小北河、辽阳、浑河堡、长滩、刘二堡等城镇。③ 辽河航运带动了东北南部城镇的发展。

3. 铁路对东北城市分布的影响

清代中前期，吉林将军辖区和黑龙江将军辖区由于实行封禁，长期人烟稀少，经济、社会发展滞后，城镇数量少、规模小，除了齐齐哈尔、宁古塔、三姓、伯都讷、呼兰、阿勒楚喀、瑷珲、墨尔根、吉林乌拉等军事、政治城镇之外，较少其他类型的城镇。但随着晚清时期清廷对东北的解禁，内地移民大量进入吉林、黑龙江，东北地区人口出现较大的增加，这些移民有不少都聚集在城镇中，由此推动部分城镇规模扩大。19世纪末，沙俄为了掠夺和侵略中国，威迫清廷，于1898年8月开始在东北修筑中东铁路。中东铁路以哈尔滨为中心，分东、西、南部三线，分六处同时开始相向施工。北部干线（满洲里—绥芬河）和南满支线（宽城子—旅顺）及其他支线，全长约2500多公里，采用俄制1524毫米轨距，干支线相连，恰如"T"字形，分布在中国东北广大地区。1903年7月14日，中东铁路全线通车，并开始正式营业。

中东铁路西起满洲里，中间经哈尔滨，东到绥芬河，然后出国境，南段从哈尔滨经长春至大连、旅顺，为其支线（后来被日本窃取，被称为南满铁路），形成"丁"字形的铁路线，贯穿黑龙江、吉林、辽宁三省，使东北北部内陆与沿海港口

---

① 连浚：《东三省经济实况概要》，华侨实业社，1931年，第222页。
② ［日］松本敬之著，马为珑译：《富之满洲》，政治转输社，1907年，第94页。
③ 曲晓范：《近代东北城市的历史变迁》，东北师范大学出版社，2001年，第271—272页。

互相连接,结束了东部内陆地区长期与外部世界隔绝的局面。除中东铁路外,东北还有一条重要的铁路,即京奉铁路。京奉铁路最早建成的路段是 1881 年建成通车的唐胥铁路(唐山至胥各庄)。1893 年,唐胥铁路南端及北端终点分别延伸至天津和山海关,并改称津榆铁路。1894 年,津榆铁路由天津经津芦铁路(天津—北京卢沟桥)延伸至北京,改称京榆铁路,又称京山铁路。1898 年 10 月,清政府将京榆铁路延伸至奉天(今称沈阳),改称关内外铁路,并与英国、俄国签订关内外铁路借款合同。1907 年改建为标准轨距,改称京奉铁路。此外,东北地区还有吉长铁路(吉林—长春)、齐昂铁路(齐齐哈尔—昂昂溪)、安奉铁路(安东—奉天苏家屯)。

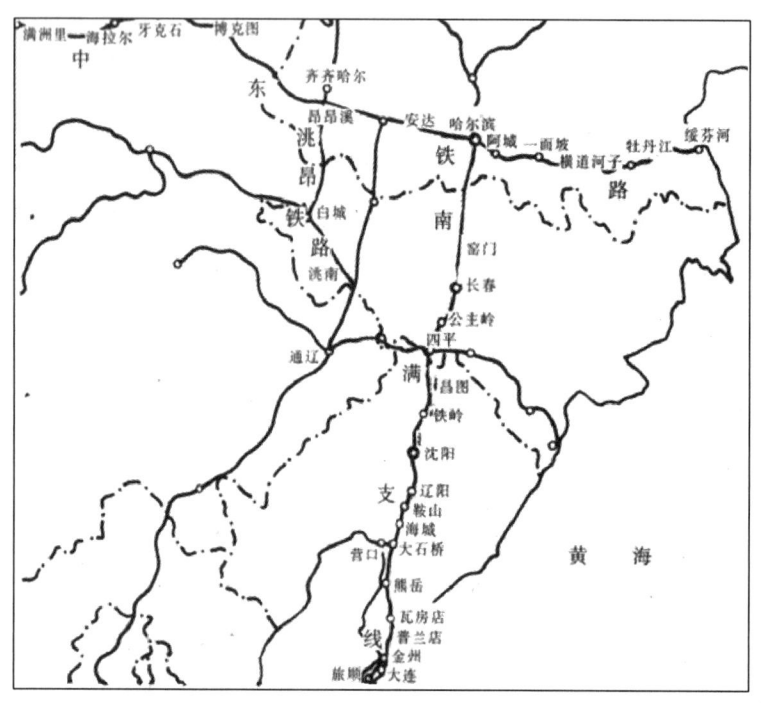

图 5-2 铁路沿线的东北城市分布图

曲晓范:《近代东北城市的历史变迁》,东北师范大学出版社,2001 年,第 61 页。

中东铁路、京奉铁路等铁路的修筑改变了东北的交通地理,中东铁路及其支线的修筑,以哈尔滨为中心,一共设有 92 个车站。[①] 一些默默无名的村落由于铁路的拉动作用而开始发展,到民国时期,这些站点附近人口聚集,已经成为规模不一的城市。铁路取代了传统的驿路运输,从而改变了东北地区的城市分布,在此之前的东北城市主要沿驿路沿线分布,而铁路通车后,东北主要城市主要沿铁路分布。铁路沿线的城市都有了很大发展,哈尔滨、长春等铁路枢纽城市逐渐兴盛,其后发展成为大城市,而一些原本位于荒凉之地的村镇,也因铁路延伸到这些地区,逐渐

---

① 杨余练等:《清代东北史》下,辽宁教育出版社,1991 年,第 425 页。

第五章 清代内陆边疆地区的城市分布

摆脱了地广人稀的困境,大量移民通过火车进入东北腹地,在满洲里—哈尔滨—绥芬河和四平—长春—哈尔滨这两个铁路区间及其邻近区域形成了人口密集地带,使原本荒无人烟的东北北部出现了许多村落,并逐渐发展成为城镇,使东北的经济中心从辽河流域转移到了铁路沿线。以下我们以哈尔滨和满洲里为例加以说明。

哈尔滨位于松花江畔,很早就有人类在此活动。直到19世纪末,哈尔滨只有村屯数十个,加起来人口也不过三五千人。然而随着中东铁路的开建,大批劳工、技术人员和军队,以及内地移民、商贩蜂拥而至,到1899年,哈尔滨人口数量已经在4万以上。中东铁路通车后,哈尔滨人口更是骤增,1903年人口已达7万以上,1907年更是增至10万以上。[①] 中东铁路开始建设以来,沙俄投入巨额资金对哈尔滨进行各种建设,规划了若干街道,公园、学校、邮局等公共事业纷纷得到发展,街道两旁商铺林立,各种风格的建筑拔地而起,并且出现了一批工商业企业。短短十年左右,哈尔滨就完成了从乡村向城市的过渡,成为东北地区的大都会。

满洲里位于内蒙古呼伦贝尔大草原的腹地,东依兴安岭,南濒呼伦湖,西邻蒙古国,北接俄罗斯,在中东铁路修建之前一直是蒙古族的游牧之地。光绪二十七年(1901)满洲里车站建成,光绪二十九年(1903)中东铁路全线通车。满洲里作为铁路沿线的重要城市,开始得到很好的发展。在修筑铁路时,满洲里还没有固定的房屋,铁路工作人员只能住在蒙古包。但到光绪三十年(1904),铁路开通后短短一年的时间,满洲里已经形成了城市的雏形。日俄战争爆发之后,满洲里成为沙俄重要的军事中心。

(三)军事政治经济政策对东北城市分布的影响

1. 军事政策与驻防城的建设

清军入关之后,东北一度空虚,为了巩固统治,清政府在东北各地设立了大量的八旗驻防军队,特别是在东北北部与俄国接近的地方,为了抵抗沙俄的入侵,清政府设都统、副都统管辖,并驻有重兵,由此形成了若干军事城镇。康熙年间,东北正式确立了奉天将军(后改为盛京将军)、宁古塔将军(后改为吉林将军)和黑龙江将军三将军分治的驻防体制,各驻防地由将军、副都统、总管、城守尉和协领统兵驻扎,一直延续两百余年,由此形成了将军、都统、副都统、总管等多层级的驻防等级城市体系。

[①] 哈尔滨市地方志编纂委员会:《哈尔滨市志》,黑龙江人民出版社,1998年,第58页。

表 5-1　清代中期八旗驻防情况表

三将军统辖	各地八旗驻防
盛京将军统辖	锦州府副都统、熊岳副都统、兴京城守尉、辽阳州城守尉、开原城守尉、广宁协领、牛庄协领、凤凰城城守尉、义州城守尉、复州城守尉、金州协领、岫岩城守尉、盖州协领
吉林将军统辖	宁古塔副都统、伯都讷副都统、三姓地方副都统、拉林副都统、阿勒楚喀副都统（拉林副都统裁撤后改设）、珲春协领、双城堡协领、打牲乌拉协领
齐齐哈尔将军统辖	黑龙江副都统、墨尔根副都统、呼伦贝尔总管、呼兰城守尉、布特哈总管

允祹：《大清会典》（乾隆朝）卷九十六《八旗都统》；王河等：《钦定盛京通志》卷十《建置沿革志》；穆彰阿、潘锡恩等：《嘉庆大清一统志》卷五十七、卷七十一。

清代中前期，八旗驻防军队所在地如已有城池则沿袭原有的城池布置驻防，如没有城池则择址建筑新城。新城的修筑主要是在吉林将军和黑龙江将军辖区。在设置驻防城之前，白山黑水之间不少地区人迹罕至，荒凉至极，几乎没有城市，设立将军、副都统之后，为了驻扎军队和防御的需要，才开始修筑城堡。不少城堡修建之时，只不过是军事要塞，人口稀少，主要的居民都是驻防的八旗兵丁及少量家属，军事特征十分明显。但随着当地农业和工商业的发展，部分重要的驻防城逐渐变为军事、政治、经济中心和交通枢纽，并在柳条边外形成了著名的"边外七镇"，分别是宁古塔、齐齐哈尔、瑷珲、墨尔根、三姓、吉林和伯都讷。

这些驻防城受军事政策的影响极大，也随着军事政策的变动而兴衰。例如宁古塔城向为东北军事重镇，后金建立后，努尔哈赤曾派兵戍守宁古塔。但宁古塔在成为将军驻地之前，其旧城十分简陋和狭小，人口稀少，"城方二里，垒石成垣，城内居民，寥寥数家，东西各一门，以通往来"①。顺治十年（1653），清廷决定将盛京昂邦章京（即总管）所辖的黑龙江、松花江、乌苏里江流域，包括黑龙江上游的石勒喀河流域和库页岛在内的海中诸岛，划为单独的行政区，设置宁古塔昂邦章京，驻防宁古塔。康熙元年（1662），清廷再次提升该处的军政级别，将宁古塔昂邦章京改为"镇守宁古塔等处地方将军"，仍驻宁古塔。因为原有旧城已经不能适应发展的需要，康熙五年（1666），宁古塔将军巴海开始修建新城。宁古塔城不但是军事重镇，而且也成为区域的政治中心，集聚了一定的人口，"人烟稠密，物货客商，络绎不绝，居然有华夏风景"②。但是，宁古塔城依然带有明显的军事防御特点，"内城中惟容将军、护从及守门兵丁，余悉居外"③。由于宁古塔地理位置稍偏，当中俄边界冲突趋缓后，宁古塔已不再适合作为区域的政治、军事中心，故而康熙十五年（1676），宁古塔将军衙门移驻吉林船厂，由将军主持修筑吉林乌拉城

---

① 张缙彦：《宁古塔山水记》，康熙刻本。
② 吴振臣：《宁古塔纪略》，李澍田：《吉林纪略》，吉林文史出版社，1993年，第84页。
③ 吴振臣：《宁古塔纪略》，李澍田：《吉林纪略》，吉林文史出版社，1993年，第84页。

第五章 清代内陆边疆地区的城市分布

（今吉林省吉林市），竖木为墙，史称"吉林木城"。乾隆二十二年（1757），清廷将宁古塔将军改称"镇守吉林等处地方将军"（简称吉林将军）。在宁古塔将军的治所移至吉林之后，宁古塔城的政治、经济、文化中心地位逐渐被吉林取代，发展明显停滞。

呼兰城的兴起也与军事需要有关。呼兰位于黑龙江省南部，南与宾县相望，东临巴彦县，西毗肇东市，北接绥化市、兰西县。呼兰被视为"龙兴之地"，受到长期封禁，但呼兰的自然环境非常好，是通向北疆腹地的交通要冲，区内陆路交错，江河纵横，有松花江、呼兰河、泥河、少陵河、漂河等"一江四河"，因而呼兰成为黑龙江最早开发的地区之一，雍正十二年（1734）始设呼兰城，置城守尉。其时黑龙江各驻防城都设有屯田，但农业技术较为落后，加上气候恶劣，经常有各种自然灾害发生，一旦遇到旱灾、洪灾等，八旗官兵的粮草问题就难以解决。并且广大边外地区多高山大河，从边内地区运输粮食也非常不便。此时，"墨尔根、齐齐哈尔诸城……胥倚呼兰接济……呼兰一隅实为全省粮台"。而呼兰地处松花江和其支流呼伦河交汇之处，由于水势不大，航运方便，遂专设水师营用于粮食运输，"其水师船十艘，专司水运，则全省之辎重队也"①。呼兰经过百余年的开发，至晚清时，已成为黑龙江地区八旗驻防的主要后勤保障基地，号称"满洲粮仓"。城内店铺林立、舟车辐辏、商贾云集，成为南北经济交流的中心。光绪年间，改呼兰城守尉为呼兰城副都统，与呼兰理事厅同知、绥化厅理事通判驻地合称"呼兰三城"。呼兰城虽然一直未筑城墙，但人口众多，除政治、经济功能较强外，文化也较盛，城内还有文昌庙、武帝庙、先农坛、龙王庙、昭忠祠，有满官学，有军器库，有公备仓②，因而城市的功能和形态已经较完备。

打牲乌拉的发展也与打牲乌拉总管的设置有着直接的关系。努尔哈赤灭乌拉部之后，在其领地改设打牲乌拉府。崇德年间，清廷在打牲乌拉府设置梅得章京一职，负责管理属下旗人。清军入关后，打牲乌拉府正式划归清廷内务府，顺治年间设打牲乌拉总管衙门，也称为"打牲乌拉衙门"。顺治年间，打牲乌拉建有城，康熙四十五年（1706）改建，"筑土为墙，周八里"③。后来改为打牲乌拉协领，是全国唯一的负责采办特产和贡品的机构，负责采集和征收从吉林城到伯都讷之间的松花江、长白山等区域的特产，比如珍珠、人参、貂皮等，因而商业十分繁盛，当时号称东陲第一大城。

2. 东北封禁、开禁等政策对城市的影响

（1）封禁政策的实施及影响。明清之际的战争使东北地区的南部一片荒芜，顺治皇帝入关之后，满族各王公贵族带领几乎全部的旗人及其奴仆"从龙入关"，致使东北地区特别是辽沈地区人口急剧减少，大量土地荒芜，不少城镇甚至成为空

---

① 黄维翰：（宣统）《呼兰府志》卷三《财赋略》，成文出版社，1974年，第359页。
② 徐宗亮等：《黑龙江述略》，黑龙江人民出版社，1985年，第29页。
③ 长顺等修，李桂林等纂：《吉林通志》卷二十四《舆地志十二·城池》，光绪十七年刻本。

城。之后，顺治皇帝宣布招民开垦，以保证粮食和赋税收入。但是在整个清代中前期，这样的政策持续时间非常短，为了保护满族的"龙兴之地"，清政府对东北的广大地区实行了长时期的封禁政策，并且在顺治和康熙年间修筑"柳条边"①，限制内地汉人前往边外地区。清政府在柳条边设边门，置哨卡，划分边内外，旨在限制内地汉人和朝鲜、蒙古人等去边外采参、狩猎和垦殖。若需要进入边外禁地，则必须持有所在地方政府发给的印票，限时、限人出入。康熙年间虽然有因为内地灾荒等因素，迫使清政府弛禁，但这只是暂时的放松。据《清实录·高宗纯皇帝实录》记载，乾隆五年四月甲午乾隆帝称："盛京为满洲根本之地，所关甚重，今彼处聚集民人甚多，悉将地亩占种。盛京地方粮米充足，并非专恃民人耕种而食也，与其徒令伊等占种，孰若令旗人耕种乎！即旗人不行耕种，将地亩空闲，以备操兵围猎，亦无不可。"此后，清政府采取了多项措施对东北实施严厉封禁，如严禁从山海关出入，严禁商船携载无关人员，严厉稽查保甲，奉天空闲地亩专令旗人垦种，严禁凿山，重治偷挖人参以清积弊，关外各边关严查出入。且对吉林将军辖区所属吉林、伯都讷、宁古塔等城市设立户籍，清查驱逐游民，现有居民逐一查明，编为保甲，设甲长、保正，书十家名牌，严行禁止未入籍之单丁等。在黑龙江将军辖区也对所属居民分隶八旗查辖，初至询明居址，令五人互结注册，外来商人贸易毕即促回。凡有人病故、回籍，即除名，该管官每月上报，如有人犯法，将该管官查议。对于久住该地有家室及非贸易者，也要分别注册，回关内者给票放行，不能回关者则给一定限期，并严厉禁止商人在黑龙江各地娶旗女、典买旗屋、私垦或租种旗地以及散处城外村庄，凡由奉天、船厂等处及喜峰口、古北口前往黑龙江贸易者，俱须呈地方官给票，在边口、关口查验后方准前往。清代中前期，清政府对东北地区基本上是封禁—局部开放—严厉禁止—暂时开放—再严厉禁止，始终以封禁政策为主。② 这种封禁政策实行了100多年，一个直接的后果就是使东北地区长期地广人稀，经济发展缓慢，直接抑制了其城镇发展。特别是被山海关和柳条边两道防线封锁的吉林、黑龙江地区，成为流放之地，发展更为迟缓。虽然迫于生计，关内大量移民冒着生命危险，用各种方式源源不断地进入东北地区，当时号称"闯关东"，但是在封禁政策下，移民数量还是有限的，对于土地辽阔的东北地区来说，仍然是地广人稀，人口密度依旧很低。这也是清代中期吉林、黑龙江地区城市分布稀疏的最主要原因。

(2) 农垦屯堡与移民实边政策的实施。清初，由于辽东地区人口大量减少，土地荒芜，因而顺治帝颁布《辽东招民开垦条例》，开始在关内招民前往辽东地区开垦。同时，为了八旗驻防兵丁的供给需要，也为了安置一些旗人，清政府在东北地区开设屯田。此后，虽然封禁政策有所反复，但是旗人屯田从未停止，加上流民偷

---

① 柳条边有"老边"和"新边"之分。"老边"又称"盛京边墙"，从山海关起向东北延伸，至开原威远堡，从威远堡折向东南至兴京，再折西南至凤凰城；"新边"从威远堡到今吉林舒兰，为南北走向，为"禁中之禁"。
② 马汝珩等：《清代的边疆政策》，中国社会科学出版社，1994年，第105页。

第五章 清代内陆边疆地区的城市分布

偷闯关，东北农垦面积随着人口的增长不断扩大。乾隆初年，清廷设黑龙江屯庄，选盛京旗丁携家前往，官府出资修建房屋，给地60亩，并给农具，10丁1庄，每6亩给籽种2斗，庄给牛6头，口粮给。温德亨都尔图等地也照此办理。其后，清廷不断移旗屯田，并在奉天、吉林、宁古塔、伯都纳、阿勒楚喀、三姓、珲春、长春实施优惠政策，对贫无力者发官帑相贷，吸引闲散旗人前往屯田。但旗民数量有限，且不少旗民不擅耕种，因而清廷的屯田措施并不能解决东北的根本问题。与此同时，封禁政策不仅在一定程度上阻碍了东北地区的深入开发，也使边疆空虚，造成了边疆的隐患。随着内地人口膨胀，人地矛盾日益尖锐化，清廷有时也不得不放松对东北的封禁。如乾隆年间天津、河间等处发生旱灾，灾民多出喜峰口、古北口、山海关就食，清廷为了京师地区的安宁，不得不默许灾民出关，对贫民出关者不必拦阻，即时放出，但不声张，恐贫民成群结伙，投往关外。

第二次鸦片战争后，清廷迫于人口压力、边疆危机和财政危机等多重压力，不得不改变严厉封禁东北的政策，开放东北实施移民实边政策。此后，东北人口迅猛增长。1895年东北地区有人口6958424人，1911年达到19964226人，不到20年时间就增长到近3倍，从而改变了东北地区的人口分布和城市分布。1661年，奉天将军辖区的人口密度为1.17人/平方公里，吉林将军辖区的人口密度为0.53人/平方公里，黑龙江将军辖区的人口密度为0.17人/平方公里。1840年，奉天将军辖区的人口密度为16.12人/平方公里，吉林将军辖区的人口密度为1.73人/平方公里，黑龙江将军辖区的人口密度为0.54人/平方公里。到1911年，奉天省的人口密度为74.21人/平方公里，吉林省的人口密度为29.62人/平方公里，黑龙江省的人口密度为6.95人/平方公里。[①] 从以上人口密度的变化可以明显看出，清代东北地区的人口推进有一个从奉天由南向北逐渐推移的过程。虽然相对于奉天来说，吉林和黑龙江的人口总数依然很少，但是两个地区的人口增长速度较快。随着移民区域的不断扩大，内地人口也开始从东北东部向西部扩散。

人口的快速增长促进了东北地区的农业开发，大批移民进入东北地区，辽东地区的土地很快开垦殆尽，因而大量移民由南往北，又开始进入松花江和嫩江流域。

嘉道之前，主要屯田地点在黑龙江和吉林的松花江两岸，嘉道时期，屯垦的地点增加到双城堡和伯都讷。到了咸丰年间，清政府开放呼兰地区，随后，封禁最为严厉的吉林也开始弛禁。移民不再局限于松花江两岸，开始向东西两个方向扩张，逐渐延伸到乌苏里江流域和长白山地区。原本被称为"北大荒"的黑龙江松嫩平原开始得到大规模开发，农垦的范围已经突破到了黑河一带。

---

① 赵文林等：《中国人口史》，人民出版社，1988年，第470—471页、第611—613页。

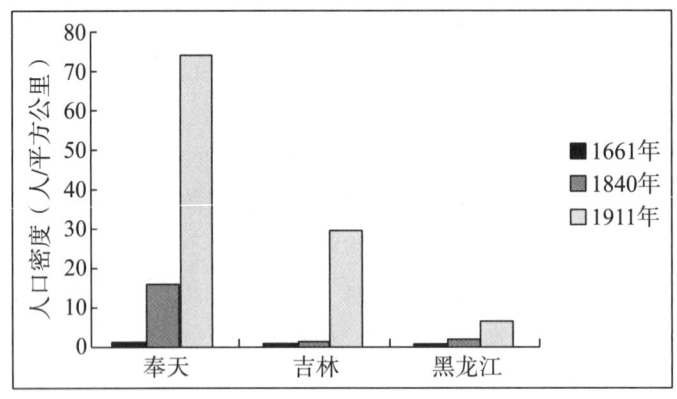

图 5-3 清代东北人口密度变化

赵文林等:《中国人口史》, 人民出版社, 1988 年, 第 611-613 页。

在进行农垦之前, 广大边外地区除去几个驻防城市之外, 荒无人烟, 一片荒凉, "合河东、河西之腹里以观之, 荒域废堡, 败瓦颓垣, 沃野千里, 有土无人, 全无可恃"[①]。而内地移民的涌入, 不但使东北人口大为增加, 同时也促进了东北地区农业的发展, 而农地的开发又吸引了更多的移民进入。如嘉道时期开始屯垦的双城堡, 在屯田之前, "盖一荒陬耳……无城郭, 无人民记载"[②]。嘉庆十七年（1812）, 清政府在双城堡进行屯田试垦之后, 才开始筑城设治。此后, 随着农业的发展, 不少旗人看到双城堡土地肥沃, 耕种颇有成效, 纷纷呈恳, 情愿来屯垦种。到嘉庆末年, 吉林、盛京旗丁奉命和自愿来双城堡进行屯垦的已经达到 3000 多户、1 万多丁口。咸丰年间, 双城堡已成为重要的粮豆集散地。

（3）外力的渗入与商埠城市的兴起。鸦片战争之后, 外国侵略者以武力逼迫清政府签订了丧权辱国的一系列条约, 除了割地赔款, 清政府还被迫开放通商口岸。除去约开商埠之外, 新政时期清政府还自行开埠, 将一些城市确定为通商口岸。商埠和租借地的开放, 使大量内地商人和外国商人涌入, 东北经济开始被纳入资本主义世界市场体系中, 促使东北地区出现了一些新兴城市。

光绪三十一年（1905）, 清政府与日本签订《中日会议东三省事宜条约》, 确定开放东北。条约规定: "中国政府应允俟日俄两国军队撤退后, 从速将下开各地方, 中国自行开埠通商: 奉天省内之凤凰城、辽阳、新民屯、铁岭、通子江、法库门; 吉林省内之长春（即宽城子）、吉林省城、哈尔滨、宁古塔、珲春、三姓; 黑龙江省内之齐齐哈尔、海拉尔、爱珲、满洲里。"[③] 此次开埠, 奉天省共有 6 座城市, 吉林省共有 6 座城市, 黑龙江省共有 4 座城市, 总计 16 座城市。[④] 除以上各开埠城

[①] 贺长龄:《皇朝经世文编》卷八十, 沈云龙:《近代中国史料丛刊》, 文海出版社, 1973 年。
[②] 高文垣等:《双城县志》卷一《序》, 成文出版社, 1973 年, 第 3 页。
[③] 王铁崖:《中外旧约章汇编》第二册, 生活·读书·新知三联书店, 1959 年, 第 340 页。
[④] 虽然说是"自行开埠", 但实际是和日本约定, 并且写入了《会议东三省事宜》附约第一款, 根据中国第二历史档案馆的资料, 也可将齐齐哈尔等几个城市开埠列为约开, 从这个方面来说, 其实质还是约开商埠。

第五章 清代内陆边疆地区的城市分布

市外,加上中英《天津条约》规定开埠的营口,中美《通商行船续订条约》约定自行开埠的安东(今丹东),中日《通商行船续约》约定自行开埠的大东沟,中日《图们江中韩界务条款》开放的龙井村(今吉林省龙井市)、局子街(今吉林省延吉市)、头道沟、百草沟(今吉林省汪清县),1907年设关开埠通商的绥芬河,以及被俄国强行租借的旅顺和大连,截至1911年东北各省区一共有商埠26处,是晚清时期中国开放商埠最密集的地区之一。

开埠通商在客观上大大促进了东北城市的发展,一些小村落由于通商后经济逐渐兴盛起来,进而发展为城市,大连就是一个典型。大连位于辽东半岛最南端,西北濒临渤海,东南面向黄海。在清代中前期,大连地区因清政府的东北封禁政策而极为荒凉,人烟稀少。直到19世纪80年代,清政府才于大连湾北岸建海港栈桥、筑炮台、设水雷营,由此推动人口的聚集,出现几个规模甚小的村镇。甲午战争后,俄国强租大连和旅顺,并开建大连城市。根据1903年1月1日的调查,大连人口的四分之三从事非农业的第二、第三产业,属于建材工业的有石灰厂、木工场、炼瓦厂等;为生产与生活服务的有自来水厂、旅馆、饭店等。[①] 昔日的渔村变成了一座初具规模的城市。大连由于良好的地理位置而逐渐取代营口,成为东北的主要海港。1907年7月,清政府正式在大连设立海关,大连成为东北对外经贸的主要商埠之一。再如珲春,原来也只是一个军事重镇,开埠通商之后,东北边境贸易开始逐渐兴盛,珲春发展成为与俄罗斯海参崴和朝鲜雄基港进行贸易的商业中心,从军镇开始迈入城市的行列。但并不是所有的商埠都在清代得到了很快发展,一些开埠通商口岸虽然规定开放,但实际被搁置,有一些到民国时期才开始得到真正发展。东北商埠的分布集中在水陆交通沿线,大连是港口城市,营口是辽河航运码头,其余基本都在铁路沿线,而像宁古塔等远离铁路、航运等交通路线的商埠,则因为交通不便,开埠事宜被搁置。

(4) 工矿业的兴起对晚清城市分布的影响。明末清初,除去辽东地区,东北的广大土地都在各少数民族部落的管辖之下,居民以游牧、渔猎、采摘等为生。到清代后期,随着屯垦和商业贸易的发展,东北各地陆续形成了一些工商业城市。此外,在原来的边远地区也因工矿业的兴起而出现新的城镇。东北一些边境地区特别是东北北部,长期为鄂伦春、达斡尔、锡伯、赫哲等民族聚集之地,气候寒冷,交通不便,基本上是以原始经济为主。居民生活所需要的米、油、盐等物品,基本上是通过以物易物的方式交换而得,生产力低下,人口稀少。但由于这些地区地下资源丰富,故而工矿业相继出现,从而使边境地带也开始出现城市。

清末民初,东北地区的主要矿产有金矿、煤矿和铁矿,各矿分布地点不一。金矿主要分布在三江口、兴东、乌云、观音山、车陆、瑷珲、黑河、呼玛、漠河至奇干河一带,其中以漠河金矿最为著名。漠河位于大兴安岭北麓,黑龙江上游南岸,

---

[①] 沈毅:《略论近代大连城市的产生》,《历史教学问题》,1992年第1期。

位于中国版图的最北端，漠河的自然资源丰富，尤以森林、矿产等资源闻名于世。早在明代就开始对此地的金矿进行开采。光绪初年，有俄国人结伙到漠河盗采黄金。为防止盗采黄金，保护利权，清廷于光绪十四年（1888）在此处创办漠河金矿总局，由此推动了此地人口的聚集和产业的聚集。光绪三十四年（1908），东三省总督徐世昌、黑龙江巡抚周树模奏请设立漠河直隶厅，后未实行。

东北的煤矿资源也甚为丰富，南满煤矿之著名者有抚顺煤矿、本溪湖煤矿；北满煤矿亦甚多，主要有鹤立岗煤田、扎赉诺尔煤田、穆棱密山煤田、东宁煤田、拉法河煤田等。煤矿开采属劳动密集型行业，对煤矿的大规模开采，也促进了人口的聚集和相关产业的发展，由此促进了该地城市的发展。

东北铁矿以辽宁省为盛，主要有本溪湖铁矿、鞍山铁矿。[①]

随着各种矿藏的开采，大量人口向矿区聚集，矿业城市发展迅速。其中最典型的是漠河，在开矿之前，漠河只是索伦部族的游猎之地。光绪十四年（1888）开办金矿之后，漠河"以绝域穷荒、人迹罕到之地，兵民辐辏，商贾繁兴，屹然为边陲重镇"[②]。东北逐渐形成了一批资源型城市，而资源型城市受到资源分布和储藏量的影响和制约，一旦资源开发殆尽，这些城市就失去了继续发展的动力。清季对东北边远地区矿产资源的开发，使一些原本的荒凉之地逐渐形成了新的聚落，并有部分矿区发展成为城市，从而也对城市的分布产生了直接影响，并对之后的东北城市发展产生了影响。

二、清代东北地区的城市分布

（一）清代中前期东北地区的城市分布

明末清初，由于激烈的战争，东北地区的城市在努尔哈赤和皇太极两代"毁城迁民"的政策之下遭到了毁灭性的打击，大部分城镇毁坏严重，成为废城或者空城，许多城市从繁荣走向衰败，甚至消失，致使东北地区的城市发展在很长一段时间处于停滞状态。康熙二十一年（1682），南怀仁在其《鞑靼旅行记》中写道："在辽东，村镇全已荒废。残垣断壁，瓦砾狼藉，连续不断。废墟上所建的房屋，毫无次序，有的是泥土夯筑，有的是石块堆砌，大多是草苫的、瓦顶的、木板圈房缘的极罕见到。战争前的许多村镇，其遗迹早已消失。"[③]辽东尚且如此，更不用说更加荒凉的吉林和黑龙江了。从清初设置驻防城开始，东北地区的城市开始新一轮的发展，到清代中期，随着人口的增多和农垦兴起，又出现了一些新的城市。

---

① 周志骅：《东三省概论》，商务印书馆，1931年，第59—69页。
② 孙毓棠：《中国近代工业史资料》第一辑下册，科学出版社，1957年，第737页。
③ ［比］南怀仁著，薛红译：《鞑靼旅行记》，李澍田：《长白丛书》初集，吉林文史出版社，1986年，第138页。

第五章 清代内陆边疆地区的城市分布

1. 军事驻防与军城的分布

根据《盛京通志》以及《嘉庆大清一统志》的记载，我们整理出东北三大将军辖区的各级驻防城。（见表 5-2）

表 5-2 清代中前期东北三大将军辖区驻防城一览表

辖区		驻防地
盛京将军辖区	盛京将军	驻盛京
	兴京城守尉	兼辖抚顺防御所，驻兴京
	开原城守尉	驻开原，原明辽海卫，兼辖铁岭防御所、法库边门防御所
	辽阳州城守尉	驻辽阳州城，即明辽东都司城
	广宁协领	驻广宁城，即明广宁卫城
	牛庄协领	驻牛庄城，明为驿站，有土城，清天命八年（1623年）重修
	凤凰城城守尉	驻凤凰城，明时设官兵于此，为边敦要地
	锦州府副都统	驻锦州城，原明广宁中右二屯卫；兼辖义州城守尉
	义州城守尉	驻义州城，原明义州卫城
	熊岳副都统	驻熊岳城，原明熊岳堡；兼辖复州城守尉、金州协领、岫岩城守尉、盖州协领
	复州城守尉	驻复州城，原明复州卫城
	金州协领	驻金州城，原明金州卫城
	岫岩城守尉	驻岫岩城，有码头，原明岫岩堡
	盖州协领	驻盖平县城，原明盖州卫城
吉林将军辖区	吉林将军	驻吉林城，康熙十二年（1673）建
	宁古塔副都统	驻宁古塔城，康熙五年（1666）建
	伯都讷副都统	驻伯都讷城，康熙三十二年（1693）建
	三姓地方副都统	驻三姓城（依兰），康熙五十四年（1715）建
	珲春协领	驻珲春城，康熙五十四年（1715）建

续表

辖区		驻防地
黑龙江将军辖区	黑龙江将军	驻齐齐哈尔，康熙三十年（1691）造
	黑龙江副都统	驻黑龙江城，康熙二十三年（1684）造
	墨尔根副都统	驻墨尔根城，康熙二十五年（1686）造
	呼伦贝尔总管	驻呼伦贝尔城，雍正十二年（1734）建
	呼兰城守尉	驻呼兰城，雍正十二年（1734）建
	阿勒楚喀副都统	驻阿勒楚喀城，雍正七年（1729）建①
	拉林副都统	康熙二十三年（1684）设拉林仓，同治七年（1868）建土城②
	打牲乌拉协领	驻打牲乌拉城，康熙四十二年（1703）建
	双城堡协领	驻双城子，嘉庆十九年（1814），设委协领等官驻防③
	布特哈总管	康熙三十年（1691），设总管等官驻防④

从上表可以看出，盛京地区的驻防城大多是在原来明代卫所的基础之上设置，沿袭了原来明代的城址。此一地区在明代就是辽东都指挥使的辖区，设置了诸多卫城。虽然在明末清初的战争之中，大部分的明代卫城遭到不同程度的破坏，但是其城市基础和基本分布格局还在，清政府对这些城市稍加修缮，就可以直接利用。

吉林和黑龙江地区的驻防城则基本都是清代之后建立，并且由于清代东北边防的主要任务是加强对蒙古的控制和抵御沙皇俄国的入侵，这些新建的驻防城都位于柳条边外，与蒙古东部相邻，也是防御沙俄的第一线。

2. 府县治所城市及其分布

由于顺康时期的招民开垦政策，以及后来内地移民不顾禁令偷偷迁移，东北地区的人口到清代中期已经有所增加。为了管理这些汉人，清政府在东北增设府县，形成一些行政建制城市。

根据《嘉庆大清一统志》记载，东北地区的行政建置如表5-3所示：

---

① 王河等：《钦定盛京通志》，文海出版社，1965年，第587－637页。
② 长顺等修，李桂林等纂：《吉林通志》卷二十四《舆地志十二·城池》，光绪十七年刻本。
③ 穆彰阿、潘锡恩等：《嘉庆大清一统志》卷五十七《吉林》，《四部丛刊续编》影旧钞本。
④ 穆彰阿、潘锡恩等：《嘉庆大清一统志》卷七十一《黑龙江》，《四部丛刊续编》影旧钞本。

表 5-3 清代中前期东北地区府县城市及治所一览表

辖区		治所及其他
奉天将军辖区	奉天府	府治盛京,为陪都,位于辽河流域,属边内,官道重要站点,今辽宁省沈阳市
	锦州府	府治锦县,位于辽河平原、渤海辽东湾岸、柳条边沿线,属边内,为驿道站点
	岫岩厅	厅治岫岩城,位于辽东半岛、黄海海滨,属边内,有大洋河,有驿传铺司
	昌图厅	厅治牛家屯,原明辽海卫城,位于辽河东岸,属边外,有驿传铺司
	新民厅	厅治新民屯,没有修筑城池,位于辽河流域、柳条边沿线,属边内,有驿站
	宁远州	厅治宁远,位于辽西地区,辽东湾西岸,有驿站,属边内,有宁远西河、宁远东河
	复州	治所复州城,位于辽东半岛、复州河、沙河流域,属边内,为商船海道咽喉
	义州	治所为义州城,原明义州卫城,位于辽西大凌河流域、柳条边沿线,属边内
	辽阳州	州治辽阳,明辽东都司城,位于辽河支流太子河和浑河流域,属边内,有驿站
	开原县	县治开原,原明安乐州,位于辽河流域、柳条边沿线,属边内,为官道重要站点
	铁岭县	县治铁岭,原明铁岭卫城,位于辽河流域,属边内,有驿站
	海城县	县治海城,旧为明海州卫城,位于辽河流域,属边内,有驿传铺司
	盖平县	县治盖州城,原明盖州卫城,位于辽河流域,属边内,有驿传铺司,今辽宁省盖州市
	宁海县	县治金州城,原明金州卫,西临渤海,东临黄海,属边内,为山东进入奉天之门户,境内有沙河、清水等水系
	锦县	为锦州府城附郭县
	广宁县	县治广宁,旧为明广宁卫城,位于辽西,属边内,有驿站,今辽宁省北镇市
吉林铁将军辖区	吉林厅	厅治吉林城,乾隆十二年(1747)设,位于松花江畔、柳条边沿线,属边外,为官道重要站点
	长春厅	厅治宽城子,位于嫩江流域、松嫩平原、柳条边沿线,属边外,为官道站点

图5-4 清代中前期东北城市分布示意图

清代,东北地区实行旗民双重管理制度:八旗制度用以管理旗人,府县制度用以管理汉人。驻防城市的建设多出于军事目的,一般位于交通要冲,因而同时也是移民进入东北地区的必经之地和人口汇聚之所。如盛京、锦州、开原、辽阳、广宁、义州、复州、宁海、盖平等,都设置有驿站,它们或沿柳条边与直隶、蒙古相接,或沿海与直隶、山东相望,是内地移民进入东北地区的门户。因此,八旗制度和府县制度又往往在同一座城市之中并存。锦州、义州、广宁、铁岭、开原、昌图等府县沿柳条边一线在盛京到北京的御路之上从南向北分布,移民穿过柳条边,最先到达这些地方的城镇,因而这些府县也都成为移民最先开始集聚的地方。如位于辽东半岛的宁海、复州,与胶东半岛隔海相望,从山东进入东北,"顺风一昼夜即达其境,威邑地瘠民贫,十余年来,携眷就食者,屈指知名不下百余家"①。海城、牛庄、辽阳等县则位于辽河支流沿岸,水运方便,同时,由于设有驻防城,驿路交通也极为方便,有利于移民的聚集。

这些府县治所城市,除了吉林和长春在柳条边外,其余都分布在边内奉天地区,这与清政府的封禁政策是相呼应的。顺康时期,招民开垦的区域主要集中于辽东,辽东因而聚集了大量移民。从乾隆到嘉庆初期,是东北地区封禁最为严厉的时期,清廷认为:"东三省为根本重地……是以内地贸易之人,不许在彼居住谋生,如有私自逗留,尚当驱逐出境。"② 这一政策虽不能完全禁止移民,却也大大放缓了移民进入东北地区的速度,特别是柳条边外地区,由于距离内地遥远,虽有流民迁入,但数量很少。

---

① 毕懋第:《威海卫志》卷十《外志》,民国十八年铅印本。
② 《清实录》第二十九册《仁宗睿皇帝实录》2卷一百二十六"嘉庆九年二月癸酉"条,中华书局,1986年。

（二）清代后期东北地区的城市分布

1. 驻防军城与府县治所城市的分布

光绪年间，清政府调整八旗驻防，在原有的基础之上新增几个驻防点。

同治八年（1869），设五常协领，驻五常堡，属于吉林副都统；光绪六年（1880），设海龙总管，驻海龙城，是清初封禁的盛京围场之地；光绪八年（1882），设兴安城副都统总管，驻兴安城；光绪二十五年（1899），设通肯副都统，驻通肯城，在呼兰副都统辖区的北部。①

清代晚期的驻防已经不完全是为了驻兵的需要，五常协领的设置是为了管理越来越多前来开垦的旗人；海龙总管是因围场开禁放垦，为管理海龙荒务局而设；兴安城副都统总管的设置是为了管理托河、阿里河、呼玛尔河、多布库尔河、毕拉尔河五个地区鄂伦春族游牧的相关事宜；而通肯副都统的设置则是为了安置和管理在通肯河一带开垦农地的旗人。随着清末东北三将军的裁撤，驻防制度很快被府县制度取代。

晚清东北开禁之后，大规模的移民迁入和农垦开发使得设立府州县成为一种必然。光绪三十三年（1907），清政府下令裁撤三将军，设奉天省、吉林省和黑龙江省，东北开始全部实行府县制度，到宣统三年（1911）东北地区一共有 98 个府、厅、州、县。② 与之相对应，每一个府城、州城、厅城、县城都是规模不一的城市。尽管行政建置数量与城市数量并不能完全等同，但可以从一个侧面反映出东北城市的增加。

表 5-4　清代中晚期东北府厅州县与驻防城对比

辖区	时期	府厅州县	驻防城
奉天省	清中期	奉天府、锦州府、新民厅、岫岩厅、昌图厅、复州、义州、辽阳州、宁远州、承德县、开原县、铁岭县、海城县、盖平县、宁海县、锦县、广宁县	兴京城、开原城、广宁城、义州城、熊岳城、凤凰城、复州城、岫岩城、盖州、金州、锦州、牛庄、辽阳州城
	清晚期	奉天府、锦州府、新民府、兴京府、昌图府、海龙府、长白府、金州厅、法库厅、凤凰厅、营口厅、锦西厅、盘山厅、庄河厅、辉南厅、义州、岫岩州、复州、宁远州、辽阳州、承德县、开原县、铁岭县、海城县、盖平县、辽中县、本溪县、宁海县、锦县、广宁县、绥中县、抚顺县、镇安县、彰武县、通化县、怀仁县、辑安县、临江县、安东县、抚松县、宽甸县、安图县、东平县、西丰县、西安县、柳河县	兴京城、开原城、广宁城、义州城、凤凰城、熊岳城、复州城、海龙城、锦州、牛庄、盖州、金州、岫岩城、辽阳州城

---

① 朱平汉：《清代政区沿革综表》，中国地图出版社，1990 年，第 113 页。
② 根据《清史稿》记载，奉天省有府 8、厅 8、州 6、县 33，吉林省有府 11、州 1、厅 5、县 18，黑龙江省有道 3、府 7、厅 6、州 1、县 7。但有一部分府厅县在柳条边外，我们将其划入蒙古范围。

续表

辖区	时期	府厅州县	驻防城
吉林省	清中期	吉林厅、长春厅、伯乌讷厅	吉林城、宁古塔城、伯都讷城、三姓城、双城堡、拉林城、阿勒楚喀城、珲春城
吉林省	清晚期	吉林府、长春府、新城府、双城府、宾州府、延吉府、密山府、五常府、宁安府、依兰府、临江府、榆树厅、滨江厅、东宁厅、珲春厅、虎林厅、伊通州、濛江州、绥远州、桦甸县、磐石县、舒兰县、双阳县、长寿县、阿城县、敦化县、穆棱县、额穆县、汪清县、和龙县、方正县、桦川县、富锦县、饶河县	宁古塔城、吉林城、伯都讷城、三姓城、珲春城、拉林城、五常堡、双城堡、阿勒楚喀城
黑龙江省	清中期	无	黑龙江城、呼兰城、呼伦贝尔城、布特哈、齐齐哈尔城、墨尔根城
黑龙江省	清晚期	绥化府、呼兰府、黑河府、胪滨府、龙江府、嫩江府、海伦府、兴东道、瑷珲厅、呼伦厅、讷河厅、巴彦州、兰西县、木兰县、余庆县、青冈县、拜泉县、大通县、汤原县	齐齐哈尔城、黑龙江城、呼伦贝尔城、墨尔根城、呼兰城、布特哈、兴安城、通肯城

赵尔巽等：《清史稿》卷五十五至五十七《地理二》《地理三》《地理四》，中华书局，1976年，第1925—1982页。

黑龙江地区在清代中期没有民治建置，因此没有府县建置，但是分布有驻防城。清末建省之后，这些驻防城也随之转变为府县治所。

东北地区新增的城市分布如下[①]：

奉天省：海龙府，治海龙城，位于松花江流域、柳条边沿线，属边外，有马拨；长白府，治塔甸，位于鸭绿江流域，属边外，有龙华冈道；法库厅，治法库，法库边门，位于辽河流域，属边内，辽河航运码头之一；营口厅，治营口，位于辽河流域、中东铁路沿线，属边内，有航运码头；锦西厅，治江家屯，位于辽西，京奉铁路沿线，属边内，有七里河、女儿河；盘山厅，治双台子，位辽西辽河流域，濒临渤海，属中东铁路沿线，属边内；庄河厅，治庄河城，位于辽东半岛黄海北岸，属边内，有大庄河，有码头；辉南厅，治谢家店，位于鸭绿江流域，属边外，有官商路；辽中县：阿司牛录屯，位于哈喇河西岸，属边内，有航运码头；本溪县，治本溪湖，位于太子河北岸、中东铁路沿线，属边内，有煤矿；绥中县，治中后所，位于京奉铁路沿线，长城和柳条边沿线，属边内，有六州河、黑水河；抚顺县，治抚顺城，抚顺防御所驻地，位于浑河、太子河流域，属边内，有辽河航运码头、煤矿，为安奉铁路站点；镇安县，治小黑山，位于辽河流域、柳条边和京奉铁

[①] 据《清史稿》《中国历史地图集·清时期》《清代政区沿革综表》整理，三书在新增城市的表述中偶有不合。

路沿线，属边内；彰武县，治横道子，位于辽河流域、柳条边沿线，属边外，有官商路；通化县，治头道江，位于鸭绿江流域、柳条边沿线，属边外，有马拨；怀仁县，治六道河，位于柳条边沿线、辽河支流与鸭绿江交汇之处，属边外，有马拨；辑安县，治通沟口，位于鸭绿江北岸，属边外，有马拨；临江县，治帽儿山，位于鸭绿江流域，属边外，有荡平岭道；安东县，治大东沟，位于鸭绿江流域、安奉铁路沿线，属边外，清末为商埠；抚松县，治双甸，位于松花江上游，属边外，沿松花江可直达吉林；宽甸县，治宽甸，位于鸭绿江流域；东平县，治大度川，位于辽河流域，属边外，有码头、官商路；西丰县，治掏鹿，位于辽河流域、柳条边沿线，属边外，为辽河航运码头之一，有官商路；柳河县，治柳河，位于图们河南岸，属边外，有官商路。

吉林省：宾州府，治苇子沟，位于松花江南岸、中东铁路沿线，属边外；延吉府，治延吉冈，位于图们江流域，属边外，有驿站、官商路、商埠；密山府，治蜂密山子，位于三江平原、黑龙江支流乌苏里江流域、官道沿线，属边外；五常府，治五常堡，位于拉林河流域、官道沿线，属边外，为台站之一；榆树厅，治孤榆树屯，位于松花江流域松嫩平原，属边外，有驿站；滨江厅，治哈尔滨，位于松花江流域、中东铁路中心站点，属边外；东宁厅，治三岔口，属边外，中东铁路东线、中国境内终点站绥芬河站在厅境内，今黑龙江省东宁县；临江府，治拉哈苏苏，位于松花江和黑龙江交汇之地、官道沿线，属边外；虎林厅，治呢玛口，位于黑龙江支流乌苏里江左岸、官道沿线，属边外；伊通州，治伊通，位于松花江支流伊通河沿线，铁路修筑之前为吉林与奉天之间的交通要地，属边外；濛江州，治二道江，位于松花江上游、官道沿线，属边外；绥远州，治伊力嘎，位于黑龙江及其支流乌苏里江交汇之处、官道沿线，属边外；桦甸县，治桦树林子，位于松花江上游、官道沿线，属边外；磐石县，治磨盘山，位于辉发河、呼兰河流域、官道沿线，属边外；舒兰县，治朝阳川，位于柳条边沿线、松花江流域，属边外，为官道台站之一；双阳县，治苏斡延，位于柳条边沿线、松花江流域，属边外，为吉林至盛京的第三个驿站；长寿县，治烧锅甸子，位于松花江支流蚂蜒河流域、中东铁路沿线，属边外；敦化县，治鄂多哩城（敖东城、阿克敦城），位于牡丹江源头、官道沿线，属边外；穆棱县，治穆棱河地，乌苏里江支流穆棱河岸、中东铁路沿线，属边外；额穆县，治额穆赫索罗地，位于松花江流域，属边外，为官道台站之一；汪清县，治百草沟，位于图们江沿岸、官道沿线，属边外，清末为商埠；和龙县，治和龙峪，位于图们江沿岸、官道沿线，为中韩互市通商之地，属边外；方正县，治方正泡，位于松花江中游南岸、官道沿线，属边外；桦川县，治佳木斯，后徙悦来镇，位于三江平原、松花江下游南岸，佳木斯为松花江航运码头之一，属边外；富锦县，治富克锦，位于三江平原、松花江下游南岸、官道沿线，属边外；饶河县，治饶力河，位于三江平原、乌苏里江中下游、官道沿线，属边外。

黑龙江省：绥化府，治北团林子，位于松嫩平原、松花江支流呼兰河流域、官道沿线，属边外；黑河府，治大黑河屯，黑龙江流域、官道沿线，属边外，为黑龙江主航道；胪滨府，治满洲里，位于呼伦贝尔、黑龙江流域，为中东铁路进入中国的第一站，属边外，清末为商埠；海伦府，治即通肯副都统城，位于松花江支流通肯河、呼兰河流域、官道沿线，属边外；兴东道，治道治萝北，位于黑龙江、松花江交汇之地，属边外，专办垦务、林、矿各事宜，有金矿、官商路；兰西县，治双庙子，位于松花江支流呼兰河岸、商道沿线，属边外；木兰县，治大小木兰塔地，松花江支流木兰达河岸、官道沿线，属边外；余庆县，治余庆街，呼兰河流域、官道沿线，属边外，有铁山包运煤航道；青冈县，治柞树冈，位于松嫩平原、通肯河流域，属边外，有驿站；拜泉县，治巴拜泉，位于松嫩平原边缘、通肯河流域、官道沿线，属边外；大通县，治崇古尔库站，位于松花江流域，属边外，有驿站；汤原县，治汤旺河口，位于松花江支流汤旺河流域，属边外，有驿站；兴安城，兴安城副都统总管住地，位于黑龙江城和墨尔根城之间，由于"城署均处洼下，工费万金，岁未逾纪，已坍塌不可居"[①]，移驻卡勒塔尔奇站，属边外。

  从上文可以看出，边外地区的府县增加数量远大于边内，清季边内仅有府县城市10座，而边外则有府县城市54座。另外，由于辽河航运的发展和铁路的开通，边外城市也不再局限于柳条边附近，开始深入东北腹地。清中期吉林地区只有吉林和长春2厅，清季则增加到5府、4厅、3州、14县。原本没有府县设置的黑龙江地区在清季也相继设置了4府、7县，以及1个驻防城。东北城市的分布已经从原来的奉天由南向北部往吉林和黑龙江推进。（如图5-5所示）

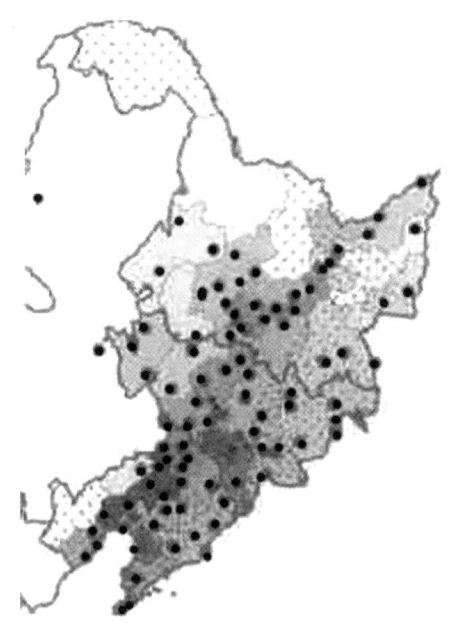

图5-5 清末东北的府县城市分布

方修琦等：《从城镇体系的演变看清代东北地区的土地开发》，《地理科学》，2005年第4期。

---

① 徐宗亮等：《黑龙江述略》，黑龙江人民出版社，1985年，第33页。

第五章 清代内陆边疆地区的城市分布

在新增加的城市之中，几乎所有的城市都在交通道路沿线，有的设有驿站，有的设有官商路，还有的就位于铁路或航运沿线。像大通县，其县治崇古尔库站，即"吉林江北五站之一"①，是三姓城到吉林城之间的重要驿站；而兴安城副都统总管后来的驻地卡勒塔尔奇站，也是由黑龙江城到墨尔根城之间的驿站发展而来。而像营口、锦西、盘山、抚顺、镇安、宾州、滨江、东宁、长寿、穆棱、胪滨等城市都是在辽河航运线或铁路沿线上，也有部分城市如营口是港口城市，靠近辽东湾，为"轮舶交通之地"②，同时又在京奉铁路线之上，为水陆交通枢纽，因而经济得到较快发展，其军事地位也有所提高，在光绪年间还设有巡海兵舰用以海防。

2. 其他类型城市的分布

除以上这些行政建制城市，东北还有一些非行政建制的交通枢纽城市和工业城市，主要是由通商口岸、辽河航运码头、铁路沿线较大的站点以及矿山开发点发展而来，如大连、旅顺、普兰店、瓦房店、大民屯、通江口、八面城、绥芬河、漠河、乌云、车陆、鹤立冈、观音山、鞍山、佳木斯、横道河子、沟帮子、富拉尔基、昂昂溪、呼玛、铁山包、新宾堡等。具体分布如下③：

大连、旅顺、普兰店、瓦房店：都在辽东半岛，濒临黄海和渤海，为中东铁路重要站点，旅顺和大连为租界地，是重要的港口；

大民屯：辽河航运码头之一，商业发达；

通江口：辽河航运码头之一，俨有都会气象，清末辟为商埠；

八面城：辽河航运码头之一，商业繁茂；

绥芬河：位于乌苏里江流域，清末割地之后为中东铁路东线中国境内终点站，为中俄边境，清末辟为商埠；

漠河：位于黑龙江流域，割地之后成为中国的最北端，有金矿；

乌云：位于黑龙江岸，割地后成为中俄边境，有金矿；

车陆：位于黑龙江岸，割地后成为中俄边境，有金矿；

鹤立冈：位于黑龙江流域，有煤田；

观音山：位于黑龙江岸，割地后为中俄边境，有金矿；

鞍山：位于辽河流域，中东铁路站点之一，有铁矿；

佳木斯：位于黑龙江、乌苏里江、松花江交汇的三江平原，中东铁路站点之一；

横道河子：位于辽河流域，中东铁路站点之一；

沟帮子：位于辽西大凌河流域，中东铁路站点之一；

富拉尔基：位于嫩江流域，有中东铁路库勒站；

昂昂溪：位于嫩江流域，通过齐昂铁路与中东铁路相连；

---

① 赵尔巽等：《清史稿》卷五十七《地理四》，中华书局，1976年，第1976页。
② 赵尔巽等：《清史稿》卷五十五《地理二》，中华书局，1976年，第1933页。
③ 根据《清史稿》《中国历史地图集·清时期》《富之满洲》整理。

呼玛：位于黑龙江流域，有金矿、卡伦；

铁山包：位于呼兰河流域，有运煤航道；

新宾堡：辽河和鸭绿江交汇之处，是一大市场。

这些非行政建制城市分布的最大特点就是都位于水陆交通沿线。在铁路沿线的有大连、旅顺、普兰店、瓦房店、绥芬河、漠河、大石桥、鞍山、公主岭、佳木斯、范家屯、横道河子、沟帮子、富拉尔基、昂昂溪；在航运沿线的有大连、旅顺、大民屯、通江口、大石桥、鞍山、公主岭、范家屯、横道河子、沟帮子和新宾堡。

东北开禁之初，人口大量涌入，但是这种移民带有很大的自发性，缺乏合理的引导，因而移民进入东北后流向不一，更多的移民涌往边外地区，因为这些地区"繁肫虽异于昔，抑仍山泽之利未尽启，膏沃之壤未尽辟……盖其渐进之度，胥任乎趋势之自然"①。在交通不便的农业时代，边外地区因高山大河阻隔，交通极为不便，而通往边外的沿途山林经常有盗贼啸聚出没，客商和行人出入都极不安全。随着中东铁路的开通，边外地区进入铁路时代，前往边外地区变得方便，故移民多往吉林和黑龙江。在较短的时间内，这些地区的人口剧增。吉林地区在1890年的人口密度为2.57人/平方公里，1898年增加到4.40人/平方公里，而在1903年中东铁路通车之后，到1911年迅速升至29.62人/平方公里。② 黑龙江地区也是如此，位于齐齐哈尔附近的富拉尔基，"开辟最先，生聚日繁，盖铁路交通之效"③。

三、清代东北地区城市分布的特点

城市的分布受到自然地理环境和交通、经济、政治、军事等因素的影响，这是世界各地所有城市分布的共性，但不同地区的自然地理环境和交通、经济、政治、军事的情况不同，因而也各自呈现出不同的特点。总体上看，影响东北地区城市分布的因素多样，但不同的时期，影响的主要因素不同，故而城市分布也有所不同。清代中前期，东北地区的城市分布受到政治、军事和自然地理环境较大影响，在封禁政策条件下，东北地区中部和北部长期处在地广人稀的境况。但由于极北地区与俄国毗邻，出于军事战略的考虑，清政府在东北设立八旗驻防，因而边外地区相继出现了若干军事城市。总体上看，此一时期，东北的城市分布极不均衡，一是主要集中在辽东地区，二是主要分布在边外重要的战略要地。清后期，东北城市的分布更多受到清政府对东北的开禁、东北对外开埠通商和现代交通方式的引入与建设等多方面的影响，故而城市分布发生较大变化。东北开禁，移民大量涌入，尤其是吉林和黑龙江两地区在清代中前期人烟稀少，城镇数量偏少，规模也甚小，但随着人

---

① 魏声和：《吉林地志》，李澍田：《长白丛书》初集，吉林文史出版社，1986年，第8页。
② 赵文林等：《中国人口史》，人民出版社，1988年，第613页。
③ 赵尔巽等：《清史稿》卷五十七《地理四》，中华书局，1976年，第1979页。

口的不断增加，城镇数量也相应增加，规模也在不断扩大。19世纪末，东北在英、俄、日等国的威迫之下开埠通商，外国势力侵入东北，同时，轮船航运的开辟和铁路的修筑改变了东北的交通地理和运输路线，使移民能够大批进入东北腹地，在铁路沿线产生了交通枢纽城市，加速了整个东北地区城市的发展，从而也对东北的城市分布产生了直接的影响。从整体上考察，清代东北的城市分布具有以下特点。

（一）东北城市多沿水系分布

人类的生存和农业发展都离不开水，因而城市沿江河水系分布是一个共同的取向，江河不但可以提供充足的水资源以保证人类的生产生活，还可以保证航运交通的便利。但东北地区的城市沿水系分布又有其区域特色。东北的水资源丰富，但水系的开发程度不同。边内以辽河为主，边外则有黑龙江及其支流松花江、嫩江、乌苏里江，此外还有鸭绿江、图们江等，水资源十分丰富。但由于清前期政府实行封禁政策，因而边外地区开发受到极大限制，边内以辽河流域为主的地区则得到较大的开发。

辽河是东北地区南部的最大河流，是中国七大河流之一，流经河北、内蒙古、吉林和辽宁4个省区。辽河流经内蒙古之后，进入奉天，"同省悉受其灌溉"[①]，在辽宁盘山县注入渤海，全长1430公里，流域面积22.9万平方公里。辽河全流域由两个水系组成：一为东、西辽河，于福德店汇流后为辽河干流，经双台子河由盘山入海，干流长516公里；另一为浑河、太子河，于三岔河汇合后经大辽河由营口入海，长94公里。辽河流域内山地占48.2%，丘陵占21.5%，平原占24.3%，沙丘占6%。辽河流域是中华文明的发源地之一，很早就得到开发，城市文明历史悠久，因而辽河流域的城市数量甚多。在清代中前期，东北地区的城市主要集中在此一区域。清季随着辽河航运的兴起，沿线各港口得到发展，从而促进了沿河市镇的发展，逐渐形成辽河沿岸的市镇带。

边外黑龙江将军辖区（黑龙江省）和吉林将军辖区（吉林省）河流众多，黑龙江将军辖区有黑龙江、松花江、乌苏里江三大水系，吉林将军辖区则有松花江、乌苏里江和图们江，"源流纵横……通省三十七属，咸被沾溉，农利之饶，即缘乎此"[②]。清代中前期，黑龙江将军和吉林将军辖区的城市以驻防城为主，这些驻防城主要位于几大江河水路与陆路交汇的重要口岸。清后期，随着轮船航运的开辟和铁路的修筑，大批移民涌入东北，吉林和黑龙江两地的城市出现大发展，而这些新增城市也大都分布在几大水系附近，不管是原有的城市，还是清末商埠、铁路沿线城市，其城址都在这几条大河沿岸。黑龙江支流众多，流域最广，因此其流域内分布的城市也最多，仅府县城市就有51个，其余城市也都分布在不同的河流沿岸。

---

① ［日］松本敬之著，马为珑译：《富之满洲》，政治转输社，1907年，第7页。
② 魏声和：《吉林地志》，李澍田：《长白丛书》初集，吉林文史出版社，1986年，第8页。

（二）城市沿陆路交通线分布，但清前后期的分布也有所不同

清代中前期东北地区的陆路交通以驿路为主，以各驿站为交通节点，流民进入东北，皆沿驿道前行，其间虽然也有一些捷径，但大多要经过蒙古草地，或者"萑苻俶扰，道途螯屋"①，很是不安全。驿路沿途都设有驿站，由驿丁或兵丁守卫或负责维修，相对平坦和安全。再加上驿丁可以出租土地，更是吸引了内地无地之人前往这些地区，因而在清前期，驿路沿线的驿站成为人口的汇聚地，而一些重要城市也都分布在驿路沿线。

清代晚期，铁路的兴起，改变了东北地区的陆路交通地理，铁路"纵横平野间，最为完备，运输发达"②，使移民进入边外不仅大为便捷，而且量大，成千上万的人随火车源源不断地进入东北，他们在火车所到之处的一些重要站点聚居。铁路还与部分港口相通，加速了货物的流通速度，促进了贸易发展，带动了一批早期现代化城市在铁路沿线出现，哈尔滨、长春、满洲里等就是典型。

（三）东北城市分布从分散走向集中

清代前期，东北地区因封禁而人烟稀少，城市甚少，且分布非常分散，盛京将军辖区的城市相对集中，但边外吉林将军和黑龙江将军辖区的城市数量极少，规模甚小，非常分散，除了驻防城之外，几乎别无它城。"咸丰十一年以前，号全省六城"③，各城之间距离较远，虽然有驿站相通，但由于缺乏人口和农业支撑，城市相对孤立。随着清晚期对东北的开禁和对外开埠通商，东北地区人口增加，农垦扩大，商业贸易有很大发展，城市相继涌现，开始由分散走向集中。先是辽河沿线由于航运发展，市镇逐渐兴盛，逐渐形成以营口为中心的辽河城镇带。其后中东铁路通车，铁路的许多站点由于人流密集，逐渐得到发展，形成以哈尔滨为中心的铁路城市带。

第二节 清代蒙古地区的城市分布

清代的蒙古地区，南边与内地以长城为界，东部与东北地区以柳条边为界，北与俄罗斯相邻，包括内蒙古六盟、套西二旗、察哈尔八旗、归化城土默特、山西和直隶长城以北地区，以及乌里雅苏台。整个蒙古地区以戈壁为界，又分为漠南内蒙古和漠北外蒙古两部。蒙古地区的主要居民是蒙古族，长期以游牧为主要经济形式，其居住也常处于流动状态，蒙古包一直是他们的居住场所，因而城镇数量较

---

① 魏声和：《吉林地志》，李澍田：《长白丛书》初集，吉林文史出版社，1986年，第8页。
② ［日］松本敬之著，马为珑译：《富之满洲》，政治转输社，1907年，第8页。
③ 徐宗亮等：《黑龙江述略》，黑龙江人民出版社，1985年，第18页。

少。元代，蒙古族统一中国，相继在蒙古地区建立了多个规模较大的城市，如元上都、哈拉和林等，但这些城市在明代基本上都消失了。进入清代以后，蒙古地区结束了分裂和战争，被纳入清王朝的统一管辖之中，因而蒙古社会开始出现前所未有的变化，不同类型的城市相继出现。

一、影响清代蒙古地区城市分布的主要因素

（一）自然地理对蒙古城市分布的影响

清代的蒙古，因为在长城以北，被称为塞北，又因为疆域广阔，海拔较高，被称为蒙古高原，属典型的大陆性气候，温差大，降水量少。蒙古在清朝各省区中是面积最大的区域，但大约1/3的土地面积是戈壁大漠，"无从耕种，不宜畜牧，景物凋零，杳无人迹"①。因而蒙古的地理环境和气候条件不适宜人类生存，也不利于形成城市和发展经济，其城市的发展和分布受到自然地理条件的影响很大。但由于蒙古内部自然地理条件有着区域的差异，因而漠南蒙古和漠北蒙古的城市分布有很大的差异。

1. 漠北蒙古的自然地理环境及其对城市分布的影响

漠北蒙古包括土谢图汗部、车臣汗部、札萨克图汗部、三音诺颜部，以及科布多、唐努乌梁海地区，大约是现在蒙古国和俄罗斯联邦图瓦共和国部分地区。相对于漠南蒙古，漠北蒙古离海洋更加遥远，且靠近西伯利亚地区，更加干旱，也更加寒冷。

在干旱少雨、分布大片戈壁沙漠的蒙古地区，水资源显得尤其重要。漠北蒙古的河流很多，多发源于雪山融水，主要有色楞格河、克鲁伦河、敖嫩河、郭而坤河、图拉河、札布干河、科布多河等，以及由它们形成的大小湖泊。但是，漠北地区山地面积广阔，分布着阿尔泰山、杭爱山等山脉，加上气候寒冷，虽然水域众多，但适合灌溉农垦的地方却很少，"流域广阔，惜芦葭丛生，不适耕种"②。只有科布多、乌梁海、库伦一带，即今蒙古国科布多、乌兰固木、乌兰哈达一带，"树木繁茂及饶，有农田牧场之地不少"，元代蒙古故都喀喇和林就位于这片区域之内。但是当元王朝政权消亡之后，漠北蒙古地区由于缺乏农耕经济和工商业的支撑，城市也随之衰落。

2. 漠南蒙古的自然地理环境及其对城市分布的影响

漠南蒙古东部以柳条边为界与东北地区相邻，南部以长城为界与直隶、山西等省相隔，包括哲里木盟、卓索图盟、昭乌达盟、锡林郭勒盟、乌兰察布盟、伊克昭盟、套西二旗（额济纳土尔扈特旗、阿拉善厄鲁特旗）、归化城土默特和察哈尔等

---

① 姚明辉：（光绪）《蒙古志》卷一《沙漠》，光绪三十三年刊本。
② 姚明辉：（光绪）《蒙古志》卷一《河流》，光绪三十三年刊本。

部，以及山西和直隶长城以北地区。漠南蒙古所处纬度较高，高原面积大，平均海拔高度1000米左右，边沿有山脉阻隔，气候以温带大陆性季风气候为主，降水量少且分布不匀，风沙大，寒暑变化剧烈。由于漠南蒙古地域广袤，故而区域差异也相当巨大，大兴安岭北段地区属于寒温带大陆性季风气候，巴彦浩特—海勃湾—巴彦高勒以西地区属于温带大陆性气候，东北降水多，雨水量从东向西部递减。年平均气温为0℃~8℃，气温年差平均在34℃~36℃，年总降水量为50~450毫米，东部降水量可达486毫米，西部的阿拉善高原年降水量少于50毫米。漠南蒙古靠近中原农耕地区的东部和南部，气候条件相对较好，土地也较肥沃，较适宜人类居住和农业的发展。漠南蒙古的主要河流有嫩江及其支流洮儿河、绰尔河、辽河及其源头西拉木伦河、老哈河，以及黄河，此外还有一些内陆河和湖泊，大多分布在承德、东三盟、察哈尔、归化城土默特和伊克昭盟一带。因此，清时期漠南蒙古的人口也相对集中在这些地区，特别是承德、察哈尔和归化城土默特，"今热察绥三区阴山山脉分布之地。富于矿物及森林，且多良好之牧场及肥沃之农田。移民垦殖，最为相宜"①。有清一代，移民最先进入的蒙古地区就是承德、东三盟、察哈尔、归化城土默特和伊克昭盟这一带，并且在此最先形成了农区或半农半牧区，由此带动了该地区城市的发展。

漠南蒙古的沙漠、戈壁主要分布在套西二旗，套西二旗的气候极度干燥，即使有河流和湖泊，也被强大的蒸发量所消耗，水资源缺乏，可以耕种的土地更是稀少，"地多砂碛而少树木，除牧畜外多不适于他项生产"②。因此，套西二旗是清代漠南蒙古地区人口最为稀少的区域，套西地区的城市发展极为缓慢。

（二）交通地理对蒙古城市分布的影响

1. 蒙古地区的主要交通道路与城市

明朝末年，努尔哈赤建立后金，为了争取漠南蒙古各部对后金的支持，采取了联姻、推行后金法令、确立盟旗制度、尊崇喇嘛教等一系列措施，从而使漠南蒙古各部完全归附后金，满族与蒙古族在长期的交往过程中逐渐融合。

清朝建立后，蒙古地区被完全纳入中国版图，实现了长期的和平发展。自明代册封俺答汗为顺义王之后，满汉蒙各民族保持了长时间的和平，为以后该地区的发展奠定了基础。清朝建立以来，大一统国家进一步确立，清王朝对这些地区实现了更加有效的统一管辖。清廷对蒙古族等少数民族实行开明政策，推动了蒙古地区的发展，从而为人口的聚集和村庄的形成提供了稳定的条件。

清王朝在优待蒙古贵族的同时，也加强了对蒙古地区的管理，先后设立了乌里雅苏台将军和绥远将军，同时在蒙古地区大力发展驿路交通，建立了以台站和卡伦为节点的交通网络体系。康熙年间，开设喜峰口、古北口、独石口、张家口和杀虎

---

① 高博彦：《蒙古与中国》，《亚洲民族考古丛刊》第六辑，南天书局，1977年，第8页。
② 高博彦：《蒙古与中国》，《亚洲民族考古丛刊》第六辑，南天书局，1977年，第8页。

第五章 清代内陆边疆地区的城市分布

口五个台站,中原各地经过这五个关口就能直接进入蒙古地区,而蒙古各部也可通过各驿路进入内地。同时,清廷还规定了各部进京谒见的路线。据记载,蒙古各旗前往北京谒见的贡道路线如下:科尔沁、扎赉(赍)特、杜尔伯特、郭尔罗斯,由山海关;土默特、喀喇沁、敖汉、奈曼、扎鲁特、翁牛特、喀尔喀左翼,由喜峰口;乌朱(珠)穆沁、巴林、阿霸垓、蒿齐忒、阿霸哈纳尔、克西克腾(克什克腾),由独石口;四子部落、苏尼特、毛明安、喀尔喀右翼,由张家口;吴喇忒(乌拉特)、归化城土默特、鄂尔多斯,由杀虎口;喀尔喀、厄鲁特、土尔古特,由张家口、独石口、喜峰口。① 清代两百余年间,蒙古各部朝觐,"均驰驿往来"②。蒙古各部,包括其他地区的人,进出蒙古,也大都通过驿道,沿途以台站为休息之处。把各个台站相连,就串成了蒙古地区的交通网络。(见表5-5)

表5-5 清代蒙古的主要驿路

驿道		沿途
漠南	张家口	出张家口,过长城后分为两路:一路往西到达归化城;一路往西北,经锡林郭勒盟的苏尼特左翼、右翼二旗,到达乌兰察布盟的四子部落旗、喀尔喀右翼旗、茂明安旗,并延伸至漠北蒙古。
	喜峰口	出喜峰口,经卓索图盟的喀喇沁右翼旗、喀喇沁中旗、喀喇沁左翼旗、土默特右翼旗、土默特左翼旗,昭乌达盟的喀尔喀左翼旗、敖汉旗、奈曼旗、札噜特左翼旗、札噜特右翼旗,哲里木盟的科尔沁左翼后旗、科尔沁左翼中旗、科尔沁左翼前旗、右翼中旗、郭尔罗斯后旗、郭尔罗斯前旗、科尔沁右翼前旗、科尔沁右翼后旗,到扎赉特旗。
	古北口	出古北口,经昭乌达盟的翁牛特右翼旗、翁牛特左翼旗、札噜特左翼旗、札噜特右翼旗、巴林左翼旗、巴林右翼旗、阿噜科尔沁旗,到达锡林郭勒盟的乌珠穆沁右翼旗、乌珠穆沁左翼旗。
	独石口	出独石口,经察哈尔左翼、昭乌达盟的克什克腾旗,到达锡林郭勒盟的阿巴噶右翼旗、阿巴噶左翼旗、阿巴哈纳尔右翼旗、阿巴哈纳尔左翼旗、浩齐特右翼旗、浩齐特左翼旗。
	杀虎口	出杀虎口,分两路:一路向西北,经归化城到乌兰察布盟的乌喇特三旗;一路从经归化城到伊克昭盟各旗。
漠北		又称阿尔泰军台或北路驿站,主要线路有:赛尔乌苏—库伦,库伦—恰克图,赛尔乌苏—乌里雅苏台,乌里雅苏台—科布多。

马汝珩等:《清代边疆开发》下册,山西人民出版社,1998年,第320-321页。

以驿路和台站形成的交通网将蒙古地区的大小城镇和村庄连接起来,使蒙古地区的交通更为便利,商旅往来更加频繁,促进了商贸城市的形成和发展,一些地处交通要冲的市集开始逐渐发展为城市,比如经棚。经棚又叫做金棚子,清初是庙会

---

① 允裪等:《大清会典》(乾隆朝)卷七十九《理藩院》,文渊阁《四库全书》本。
② 允裪等:《大清会典》(乾隆朝)卷七十九《理藩院》,文渊阁《四库全书》本。

和法事活动场所,有佛事活动和商贸活动时,僧侣商贩扎堆,搭置棚帐,僧侣诵经,商人则进行货物交易,故此地被称为"经棚"。可见,当时经棚只是个临时的市集之所,初期并没有固定的居民,只有流动人口,但随着移民的增加和商贸的发展,此地逐渐发展成为有一定规模的城镇。据清季俄国人记载:"(经棚)是大约八十年前在这里盗掘金子的汉人每年搭窝棚的地方建立起来的,在那以前,这里除旗庙外,没有任何居民点。久而久之,随着克什克腾旗境内汉人移民的增加,城市越来越发展。该城坐落在把满洲(关东本土)与多伦诺尔及张家口连接起来的通商大道上,这大大有助于该城作为一个相当大的商业点的名声的传播。"① 由于交通便利,经棚的商贸中转十分兴盛,粮食、酒类、烟草等从各地经由这里转运往多伦诺尔和漠北蒙古各地。

清代晚期,东北地区的辽河轮船航运和中东铁路也延伸到了蒙古地区。与东北地区相界的蒙古哲里木盟为辽河的上游地区,境内较大的辽河码头有梨树城、郑家屯、康家屯、八江镇等。中东铁路也经过这里,主要车站有四平街、满沟、怀德、安达、林家甸等,这些车站都在通江口到宽城子的商路之上,受到航运和铁路的拉动作用,人口迅速增加,经济也开始发展起来。"商业发达,此为最要……农安、奉化、康平、怀德诸市,皆随辽河发达,自然发生之新都府也……其至冬月,河流虽有障碍,然东清铁道可于地方通过也。"②

2. 交通沿线的"买卖城"

顾名思义,"买卖城"就是做买卖的地方,这是蒙古地区特有的称呼。清代,蒙古人把那些进入蒙古的内地旅蒙商人叫作"买卖人",他们在内蒙古的一些重要的交通枢纽或军事城市附近相继开设商号,进行各种商贸活动,逐渐形成街市,因而他们所在的城镇就被称为"买卖城"。此后,蒙古地区的商业城市都被称作"买卖城"。同时,由于蒙古连接中俄,清政府为了开展中俄贸易,在边境设立了一些互市的场所,这些场所也被称为"买卖城"。

根据《蒙古志》记载,除去恰克图作为清代专门的对外商贸口岸,其他的"买卖城"大多形成于随军商贸。在康熙和乾隆平准之时,为了解决清朝大军的后勤供应,允许部分商人随军贸易,因而每当清朝大军停留在某处,就会有很多随军商人在军队驻地进行各种商品交易。战事结束后,清朝大军撤回内地,一些随军商人仍然继续留在蒙古地区的部分交通要冲开展商业活动,日积月累,在临时交易市场的基础之上逐渐形成了"买卖城",为城内外居民和附近的寺庙提供各种生活必需品。这些"买卖城"往往不在城市里面,而是分离于城池之外,类似于原来城池的"卫星城"。"买卖城"里几乎没有农业生产,全是单纯的商业交易,这就决定了它不但要交通便利,更必须依附于有农业生产能力的原有政治军事城镇。因此,"买卖城"

---

① [俄]阿·马·波兹德涅耶夫著,刘汉明等译:《蒙古及蒙古人》第二卷,内蒙古人民出版社,1983年,第408页。
② [日]松本敬之著,马为珑译:《富之满洲》,政治转输社,1907年,第139—140页。

更像是一座附城,以补充原有城市的经济职能。例如乌里雅苏台买卖城,距乌里雅苏台城大约一公里,中间隔着扎噶苏坦河。可以说,整个乌里雅苏台由两个部分构成:一个部分是乌里雅苏台城,主要发挥政治、军事功能;另外一个部分就是"买卖城",主要发挥经济功能。两城相结合构成了功能相对完整的城市。

清末,漠北蒙古被俄罗斯侵吞。清政府在蒙古开商埠,赤峰、多伦诺尔、归化城、包头等都辟为开埠城市。随着对外贸易的发展,这些商埠出现了较大发展,涌现出一批新兴城市,其中包头的发展最迅速。包头"昔名博托,蒙古语也",在萨县西,北通蒙古,西接黄河①,位于阴山山麓。阴山横亘内蒙古中部,山势陡峻,是我国北部边塞的天然屏障。而包头地区的昆都仑沟正处于阴山中段,因"(阴山)南麓转得以稍避北寒,气候和平"②,使得该处的自然条件较为优越。包头的水陆交通十分便捷,河谷平坦宽阔,可通车马,是横穿阴山最理想的交通坦途③,"黄河自出长城,北而东,东而南,成一大湾曲,是曰河套,流势颇缓,非若内地黄河之急,故可行舟楫"④。包头恰好位于河套地区,并且设有黄河码头,是"至鄂尔多斯必经之要津"⑤,向西可到达宁夏境内,向东可以进入山西境内和归绥地区,于是逐渐成为鄂尔多斯、阿拉善等旗的贸易场所。包头在清代前期被称为"包头村",规模甚小,"乾隆五年(1740),居住在包头村的人口已达70户、350人……至乾隆五十年(1785)发展至600户、3500人,平均每年增加人口11.77户、70人"⑥。增加的人口大多是来此开荒的农业人口,手工业者、商人等非农业人口只占移民中较少的一部分。至清代后期,随着内蒙古与内地商贸的发展,包头在该地区独特的交通优势得以凸显。

(三)军事政治政策对蒙古城市分布的影响

蒙古的地理位置极为重要,"大有高屋建瓴、左顾右盼、无所不适之势"⑦。其地域广阔,地处边境,特别是漠北蒙古,一直都为沙俄虎视眈眈;加之清初噶尔丹之乱的影响,遂使清政府尤其重视蒙古地区的安全问题,在蒙古大量驻军,设将军管辖,修建驻防城。而在清代之前,内地和蒙古之间纷争不断,时有战争。长城作为区分农耕民族与游牧民族的界线,在阻挡游牧民族侵扰中原的同时,也限制了汉蒙两族的交流和迁移。清王朝统一全国之后,内地和蒙古地区长期敌对的局面得到改善。虽然在文化、社会、生活习惯等方面,长城内外依然有很大的差别,但是长城作为边境线的军事防御功能逐渐丧失,这为内地流民迁移蒙古提供了便利。移民

---

① 廖兆骏:《绥远志略》,南天书局,1987年,第76—77页。
② 汪公亮:《西北地理》,正中书局,1936年,第244页。
③ 杨永祥、窦瑛:《包头古代地理环境与文化生成刍议》,《阴山学刊》,1990年第3期。
④ 姚明辉:(光绪)《蒙古志》卷一《河流》,光绪三十三年刊本。
⑤ [日]下村修介等著,王宗炎译:《新译蒙古地志》,启新书局,1903年,第11页。
⑥ 政协包头市东河区文史资料委员会:《东河文史》第六辑,1989年,第151—152页。
⑦ 高博彦:《蒙古与中国》,《亚洲民族考古丛刊》第六辑,南天书局,1977年,第5页。

越过长城进入蒙古地区的现象越来越普遍,这也是蒙古地区城市出现的重要条件。

1. 军事政策与驻防城的建设

（1）漠北蒙古驻防城。清初,清廷在外蒙古设定边左副将军（又称乌里雅苏台将军）管理军政事务,驻乌里雅苏台；将军之下设参赞大臣,驻科布多。

乌里雅苏台"为外蒙古科布多、乌梁海之中枢"①,康熙皇帝在对准格尔用兵之时,就在此驻有重兵。对乌里雅苏台城墙的记载始于雍正年间,"城建于雍正年间,修于乾隆年间,咸丰时毁而再筑"②,但当时只是木城一座,仅为驻军之用。乾隆年间,定边左副将军移驻乌里雅苏台之后,在原来的基础上增筑城墙。定边左副将军节制漠北喀尔喀蒙古四盟八十六旗以及阿尔泰山和天山之间的乌梁海诸部,因此其驻地乌里雅苏台也成为整个漠北地区的政治中心,乃"边外第一重镇也"③。其军事、行政功能远远大于其他功能,城中居民多为八旗驻防兵,还有一些蒙古族居民,多以游牧为生,不务耕种。驻防兵的生活物资等多由城外的"买卖城"提供。

科布多"扼外蒙古西北之咽喉,且通新疆各重镇,故最为要隘,征蒙古戍卫,不异乌里雅苏台"④,"乾隆二十四年,平西域置城"⑤。

为了巩固统治,清政府在漠南修建绥远城时,也在漠北修建了鄂尔昆（又称鄂尔坤、鄂尔浑）城,用以驻防。除此之外,漠北还有一些规模较小的驻防城,康熙五十八年（1719）,筑城于莫代察罕搜（叟）尔及鄂尔斋图呆尔,驻兵屯田,设置驿站。⑥"雍正二年,北路军营移驻察罕廋（叟）尔及扎克拜达哩克……（乾隆）十三年,选驼五百运归化城米赴塔密尔军营"⑦。并且,这些军营都筑有城堡,"那时中国人建立的这种要塞很多……在特斯河畔,鄂尔坤河畔,拜达里克河畔,推河畔,塔米尔河畔及扎克河畔等地"⑧。

（2）漠南蒙古驻防城。清朝建立后,因蒙古已纳入统一的版图,故而蒙古与内地再无战事,清廷也减少了在漠南蒙古的驻军。漠南蒙古驻防主要有三处：第一处为归化、绥远二城,设绥远城将军,驻绥远城；第二处为察哈尔地区,设察哈尔副都统,驻张家口；第三处为热河地区,设热河副都统,驻承德。

早在康熙时期,清廷为征讨噶尔丹,就在内蒙古设立了右卫建威将军,统筹蒙古驻防事宜。当时内蒙古的驻防重城是归化城,其城历史悠久,且地理位置优越,

---

① 姚明辉：（光绪）《蒙古志》卷二《都会》,光绪三十三年刊本。
② 姚明辉：（光绪）《蒙古志》卷二《都会》,光绪三十三年刊本。
③ ［日］下村修介等著,王宗炎译：《新译蒙古地志》,启新书局,1903年,第138页。
④ ［日］下村修介等著,王宗炎译：《新译蒙古地志》,启新书局,1903年,第138页。
⑤ 穆彰阿、潘锡恩等：《嘉庆大清一统志》卷五百三十三《科布多》,《四部丛刊续编》影旧钞本。
⑥ 《清实录》第六册《圣祖仁皇帝实录》3卷二百八十五"康熙五十八年八月庚申"条,中华书局,1985年。
⑦ 赵尔巽等：《清史稿》卷五百二十一《藩部四》,中华书局,1977年,第14399—14400页。
⑧ ［俄］阿·马·波兹德涅耶夫,刘汉明等译：《蒙古及蒙古人》第一卷,内蒙古人民出版社,1989年,第257页。

第五章 清代内陆边疆地区的城市分布

但是规模较小,清以后经济功能不断增强,因而城市建成区已经满足不了增加驻防军队的需要,故乾隆帝决定再在此附近修建一座新城。建成后乾隆帝将其命名为绥远城,以为八旗驻防之用,并将原来的右卫建威将军移驻新城,改称绥远城将军。绥远城是一座典型的军事城镇,以军事驻防为主,居民也以八旗官兵及其家属为主,是为满城。城内设有将军衙门及各种军事机构,和归化城形成犄角之势,"当关外之冲,扼陇西之隘,所谓北门锁钥者"①。

察哈尔地区在长城沿线,为内地和蒙古交界,"京西一带边墙之外多系平原旷野,四通八达,边口皆宜慎防,而张家口、独石口尤为极冲之所"②,军事地位非常重要。清政府在乾隆二十六年(1761)设立察哈尔都统,驻张家口,总管军事驻防和察哈尔游牧事宜。

承德的地位比较特殊,在地理上属于蒙古范围,行政归属上则属于奉天将军。康熙皇帝出于威慑蒙古以及为了重拾八旗子弟的尚武之风,在热河地区设置木兰围场,自十六年(1677)北巡之后,"木兰秋狝"逐渐成为定制,于是热河便成为清代历朝皇帝经常巡幸的地方。清廷相继在承德修建了多处行宫;特别是承德避暑山庄,经过乾隆朝不断的扩建,成为清代北方最大的皇家园林。在此之前,这里还只是一个叫作热河上营的小居民点,不过几十户人家。随着避暑山庄的兴建和驻防兵丁的不断增加,这个小居民点迅速发展起来,成为具有一定规模的城市。

2. 清政府的封禁与开禁政策和行政治所城市的发展

(1) 封禁与开禁政策对蒙古的影响。清初,清政府在蒙古地区推行封禁政策,严厉禁止内地商人和农民进入蒙古地区经商和农垦,并在各盟旗之间划分旗界,固定牧场,不准越界游牧。清代中前期,由于政治改革、经济发展、社会较安宁、引进高产农作物等原因,中国人口出现快速的增长,人地矛盾越来越尖锐,移民成为解决生存问题的一个重要途径。此外,北方各省区频繁发生的自然灾害也对移民产生了巨大的推力,促使当地的民众向外迁移。故而从雍正、乾隆年间开始一直到清末,山西、陕西、山东等省的大量民众向蒙古、东北等地持续不断地移民。雍正时期,由于中原地区灾荒不断,清廷曾颁布借地养民令,允许灾民到蒙古等地谋生。乾隆初年,"山陕北部贫民由土默特而西,私向蒙人租地垦种,而甘省边民亦复辟殖,于是伊蒙七旗境内,凡近黄河、长城处,所在多有汉人足迹"。其中山西人居多,"山西人携家开垦,其田地散布山谷间,山土饶沃"③。乾隆以后之所以出现大规模的移民潮,主要原因还是因为人口增加和灾荒频繁。乾隆年间内地人口大量增加,和康熙时期相比,乾隆时期人口增加更迅速,人口"较之康熙年间,计增十五倍有奇"④。乾隆十八年(1753)以后的十余年间,仅山西一省的人口就增加了 500

---

① 高赓恩:《绥远全志》卷二,成文出版社,1968年,第108页。
② 《清实录》第十册《高宗纯皇帝实录》2卷一百四十五"乾隆六年六月乙卯"条,中华书局,1985年。
③ 曹树基:《中国移民史》第六卷《清民国时期》,福建人民出版社,1997年,第484页。
④ 《清实录》第二十七册《高宗纯皇帝实录》19卷一千四百四十一"乾隆五十八年十一月戊午"条,中华书局,1986年。

多万。与此同时，北方各省的自然灾害频发，山西省北部、中部自然环境较为恶劣，农业生产匮乏，"晋北土质干燥，气候较寒，山田高耸，无川流灌溉，所凭藉者雨泽耳。故晴雨稍有失时，便成灾歉"①。据统计，在1739—1809年的70年间，旱灾、水灾、冻灾、蝗灾等灾害持续不断地侵袭山西省，大灾之后则是大饥，"乾隆五十五年，雁门关以北，岁大饥。父鬻其女，夫鬻妻，三陌五陌，得钱便相随彼略卖人者"②。灾荒频繁，民不聊生，大量难民被迫迁出山西，移民到与其相邻的蒙古地区。乾隆年间，清政府重新又封禁蒙古，限制内地人口流入蒙古地区。然而每当发生严重灾荒，政府又不得不暂时开禁，在灾荒结束后又封禁。开禁是为了缓解内地社会矛盾，而封禁则是害怕大量的人口进入蒙古地区后难以控制，因而政策多变，循环往复，不得不实施禁止—局部开放—禁止—暂时开放—再禁止的政策。晚清时期，中国社会的矛盾更加尖锐和复杂，清王朝面临的阶级矛盾和民族矛盾不断激化，人口和财政压力加大，外有西方列强的侵略，边疆危机日益严重，因此不得不实行"移民实边"政策。清末新政时期，清政府放垦蒙地，更是促进了内地移民的大量涌入。由于开禁政策的实施，大量灾民涌向蒙古地区，在漠南蒙古形成了不少人口聚集点，从而大大增加了蒙古地区的人口数量，改变了该地区的人口结构和民族构成。这些移民到了蒙古地区之后，带来了较为先进的农耕技术，促进了这些地区农业的发展，而农业的发展则为人口的聚集和村庄、城镇的形成准备了条件。

汉族移民进入蒙古地区，特别是漠南蒙古地区，一部分通过长城各口，一部分从东北地区跨越柳条边进入。因此，蒙古地区的人口增多也从长城沿线和柳条边沿线开始，从归化城土默特、察哈尔南部、卓索图盟、昭乌达盟沿长城逐渐向北推进，或者由辽东地区沿柳条边逐渐向西推进。人口的增多推动蒙古地区的农业发展，使得蒙古地区特别是漠南蒙古从原来的游牧之地开始农田延绵、村落密集，与内地无异。

---

① 安介生：《山西移民史》，山西人民出版社，1999年，第415页。
② 朱休度：《拟古诗为满洞子妻作》，转引自安介生：《山西移民史》，山西人民出版社，1999年，第395—396页。

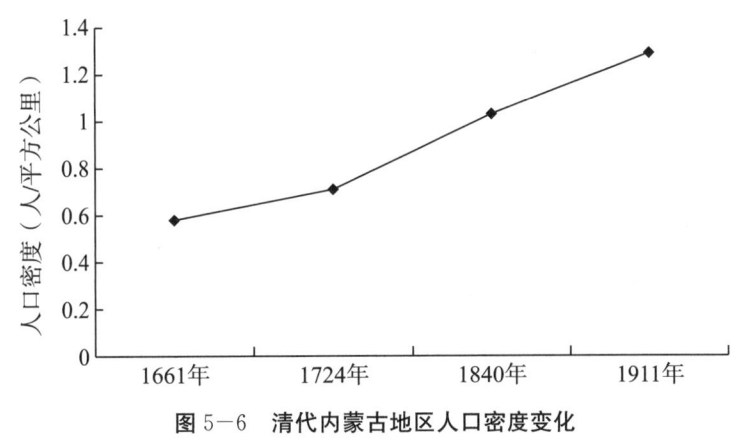

图 5-6 清代内蒙古地区人口密度变化

根据赵文林等《中国人口史》(人民出版社，1988 年)第 611—613 页绘制。

漠北地区的农业发展始于康熙年间，其时，为了解决对准噶尔战争中清军的粮食供应问题，清政府开始进行北路屯田，一共有 5 个地方，除额尔齐斯屯田区在新疆之外，其余 4 个屯田区都在漠北蒙古，分别是科布多—乌兰固木一带、察罕瘦(叟)尔、鄂尔齐图果尔和鄂尔昆—济尔玛台—图拉一带①，分别在科布多、三音诺颜部和土谢图汗部境内。屯田不仅解决了军队的粮食问题，也为漠北城镇的形成和商业发展打下了基础。尽管漠北蒙古的部分区域形成了农耕区，但随着战事的结束，漠北地区的屯田逐渐停止，而后的耕地主要由驻军士兵、发配的罪犯以及部分当地人开垦，人口的增加并不明显。由于资料的缺乏，不能清楚地得知漠北地区的具体人口数量，但是就居住方式来说，漠北蒙古是以游牧为主的地区，游牧的蒙古部落多以可以转移的蒙古包为住所，经常处于迁移状态；半农半牧的地区，从事农耕的人口则以固定式的蒙古包或者固定建筑的房屋为住所，开始定居。清季有人称："移转式之蒙古包，今仅见于外蒙……固定式之蒙古包，外蒙方面尚未见。"②可见当时漠北地区的农业依然很落后，绝大多数的蒙古人没有开始定居生活，因而清代漠北地区的村落和城市发展受到极大的限制。

漠南蒙古的农垦分布与人口的迁移具有互动关系，清代前期农垦与人口迁移主要分布在 4 个地区：东三盟、归化城土默特、察哈尔和河套地区。清前期，内地移民开始进入蒙古地区进行农垦的时候，采取春去秋归的"雁行"方式，人口的流动性很强，住所也不固定。清中叶之后，内地移民开始在蒙古居住地建造房屋逐渐定居，并影响和带动部分蒙古人民开始从事农耕并定居，形成了大大小小的村落。"各方农民租种蒙古地亩，初则数椽茅屋，略避风雨，比户聚居，渐成村落。"③ 到了清代后期，整个漠南蒙古只有乌珠穆沁、浩奇特、阿巴哈纳尔等旗还保留有游牧

---

① 成崇德：《清代前期蒙古地区的农牧业发展及清朝的政策》，《清代边疆开发研究》，中国社会科学出版社，1990 年，第 178 页。
② 高博彦：《蒙古与中国》，《亚洲民族考古丛刊》第六辑，南天书局，1977 年，第 23 页。
③ 钟秀等：《古丰识略》卷二十三《地部·村庄》，咸丰刻本。

专用的转移式蒙古包,其他地区都是固定的蒙古包或者建造的房屋①,已经变成了纯农业区或半农半牧区,部分居于重要交通要冲的村落也逐渐形成城市。

(2) 厅县制的设置与行政等级城市的发展。蒙古各地原本皆为蒙古族游牧之地,清政府实行盟旗制度对其进行管辖。随着内地移民的不断涌入,蒙古地区形成了汉族人与蒙古族人杂居的局面,居民之间因经济、信仰、习俗等原因导致的冲突亦越来越多。雍正元年(1723),清廷为了缓解民族矛盾和有效管理汉族移民,将内地中央集权制统治下的府州厅县地方行政建置推广到蒙古地区,开始实行蒙汉分治的二元管理体制。对于蒙古族依然实行盟旗制度,而对汉族移民则设立道、府、州、厅、县等各级行政建置加以管理,这些内地行政建置主要设在漠南地区。

漠南蒙古最早出现的行政建置是厅级建置。清前期,厅并不是固定的行政单位,但因知府、知县治所之外的城镇有较大的发展,知府、知县将自己的左贰官同知、通判派出分防,专管某些事务,将派出之办事处名之为"厅",其后慢慢成为正式的行政单位。雍正元年,设热河直隶厅,与府同级,为蒙古地区设厅之始。随着蒙古地区移民人口的持续增多,原来的厅制已经不适应管理的需要,因而清政府又开始在蒙古地区设立府县。而后,蒙古地区民治建置不断完善。各级地方行政建置形成从上至下的层层管理体系,也形成了不同级别的政治中心城市。

清代中后期,蒙古地区所形成的行政建制城市,一部分是为了使原有城市更好地开展行政管理,故而选择条件较好的城镇安置属官,协助管理城市范围内的事务,由此推动这些城市的发展;一部分是为了安置和管理移民的需要,在设置治所时选择合适的地址,这些设置地区虽然人口并不多,但设治之后,由于成为区域行政中心,越来越多的商人、手工业者以及其他各业人员都向这些中心汇聚,故而人口渐增,交易繁盛,形成城市。

3. 蒙古王公王府治所与城市的发展

蒙古部分城市的形成,还有一个特殊原因,即与蒙古王公的王府建立有着直接的关系。虽然蒙古各部以游牧生活为主,居无定所,但是清代蒙古地位最高的札萨克王公所居住的地方一般都建有王府。有的王府规模很大,建成之后便成为一个部族的政治中心,人口逐渐聚集,商业发展,比较典型的就是定远营。定远营西接平羌,遥通哈密、巴里坤等处,东接威城,因其地理位置险要而驻兵。后来由于阿拉善亲王的战功卓著,乾隆皇帝便将定远营赏赐与他,允许他在此建立王府。虽然之前就开始筑城并驻有重兵,但是定远营发展成为城市是从阿拉善亲王开始。阿拉善亲王进驻定远营之后,首先建造王府和庙宇,随后官僚、贵族等也开始建造公所和住宅,人口逐渐增多。定远营城依据地形高下,倚山筑城,气势轩昂,占地东西长约1里,南北宽约1里,面积约1平方里,城墙周长3.3里。王府是城中最为重要、最为恢宏的建筑。在王府的东北山坡,依山建有王府东花园,依次有绣楼、马王庙、观景台、娘娘庙、长亭、怡心亭等建筑,以供王爷、福晋以及府人观光休

---

① 高博彦:《蒙古与中国》,《亚洲民族考古丛刊》第六辑,南天书局,1977年,第23页。

闲。王府及附属建筑在风格上体现出了汉、蒙风格的融合。城内居民多为蒙古驻防兵，也有少量开设商店的汉人，其他居民基本都住在城外，商业贸易等也在城外的商业街进行。

4. 宗教因素对蒙古城市分布产生了重要影响

清政府对蒙古族实行盟旗制度，并十分重视利用宗教对其进行统治。除了大力支持喇嘛教在蒙古的传播外，清廷还先后支持喇嘛教在蒙古地区建立了大批寺庙。这些寺庙一般都建在草原的重要位置，虽然这些区域在建庙之前大都无城镇村庄，但建庙之后，各寺庙成为蒙古人的宗教信仰中心，经常会举行各种宗教活动，具有巨大的吸引力，特别是规模较大的寺庙，一般由宗教地位较高、有重大影响力的活佛主持，笃信佛教的蒙古人民会从各地前来参拜。这些寺庙一般都位于交通要冲，往来方便，因而在寺庙周围渐渐聚集起不少人口，为城市的发展打下基础。"喇嘛之部落，冠绝内外蒙古地，即喇嘛庙是也。庙之周围，大小喇嘛之住宅，鳞次栉比……构造概系砖制……其附近喇嘛信徒之张幕居住，与汉商设天幕而贸易者，殊占多数。故喇嘛庙之所在，实即蒙古之都市"①。漠南的多伦诺尔和漠北的库伦就是其中的典型例子。

（1）多伦诺尔城市的兴起。多伦诺尔位于察哈尔地区，原本只是一个小镇，面积广阔。虽然名字来源于"七个湖泊"，但到了清代，这些湖泊早已干涸，"弥望芜草，不见一树，地质沙碛，五谷不生"②。"多伦会盟"之后，康熙皇帝决定建寺以彰盛典，在多伦诺尔建立汇宗寺，并迎请西藏活佛二世章嘉呼图克图入驻该寺，主持整个蒙古地区藏传佛教的相关事宜。汇宗寺有跳舞场、大山门、天王殿、钟鼓楼正大殿（上下层）、东西配殿、官仓、佳仓、后殿等建筑。汇宗寺在当时是口外最大的喇嘛庙，巍然耸立，金碧辉煌，有喇嘛1000余名，每个喇嘛年饷银50两，由各旗县供给，清廷将庙周围方圆60里的土地出产均划归汇宗寺。雍正时期，清政府又在汇宗寺西南面建立善因寺，供三世章嘉呼图克图居住。从此之后，多伦诺尔变成蒙古地区的宗教中心之一，在承德外八庙建成以前，蒙古各部的王公贝勒每年都会到多伦诺尔集会，各地信徒往来频繁，商人小贩也逐渐增多，一边参加宗教活动，一边进行商业贸易。由于每年前来汇宗寺朝拜的信徒不断增多，为他们提供宗教服务和生活服务的人员也在不断增加。康熙四十九年（1710）和乾隆六年（1741），清政府分别设置兴化镇和新盛营，以供朝拜者和商人居住。而后二者互相融合，成为多伦诺尔地区的"买卖城"。到了清末，多伦诺尔"买卖城"已形成相当的规模，"人家鳞比，衡宇相望，居然汉漠之间一都会矣，市长三十里，广十八里，汉蒙异居"③。多伦诺尔没有城墙，它的出现源于汇宗寺和善因寺的建立，并由于商业的发展而最终形成城市。

---

① 高博彦：《蒙古与中国》，《亚洲民族考古丛刊》第六辑，南天书局，1977年，第23—24页。
② ［日］下村修介等著，王宗炎译：《新译蒙古地志》，启新书局，1903年，第139页。
③ 姚明辉：（光绪）《蒙古志》卷二《都会》，光绪三十三年刊本。

(2) 库伦城市的兴起。库伦在漠北土谢图汗部境内，早在明末清初就已经是蒙古喀尔喀部最大的活佛哲布尊丹巴呼图克图的坐床之地。到了清代，库伦的宗教地位更加凸显，在蒙古各寺院中居于首位，特别是二世哲布尊丹巴呼图克图将库伦作为其坐床之地后，库伦就成为活佛的常驻之地。库伦不但是蒙古地区的宗教中心之一，很快也成为蒙古地区研习藏传佛教佛法的教学中心，故而来库伦的信徒也越来越多，不少人也在此定居。"喇嘛哲布尊丹巴呼图克图亦居此……蒙古尊之为神，每夏季来膜拜者，肩摩毂击焉"①。"这样，喇嘛们开始从蒙古境内各地聚集到库伦来，无疑地，到这里来的人有许多不仅要住很长时间，而且还会定居下来。"② 随着库伦宗教地位的提升，也因其为中俄咽喉的交通地理优势，清政府在此设立库伦办事大臣，负责办理中俄边界、中俄互市以及监督哲布尊丹巴呼图克图的相关事宜。准噶尔战事结束之后，库伦办事大臣的权力越发扩大，库伦不但成为漠北地区的宗教中心、中俄贸易的经济中心，也成为漠北地区除乌里雅苏台之外另一个政治行政中心，其城市地位进一步提高，城市职能进一步完善，人口逐渐增加。"现在由于到库伦来的不仅是格跟的朝拜者，而且各阶层的蒙古人由于司法和行政的公务也开始纷纷来到这里……中国商贾现在在库伦定居下来，只有在需要进货的时候才到长城以南去。"③

人口的增加和商业的发展使多伦诺尔和库伦从一个宗教中心逐渐发展成为以寺庙为中心的城市，其人口构成以喇嘛为主，多伦诺尔"多寺院，大小凡十五……聚十五寺之喇嘛僧，竟有二千余人"，库伦"人烟稠密，口三万余，多喇嘛僧徒"④。

二、清代蒙古地区的城市分布

（一）漠北蒙古的城市分布

清代中前期，漠北蒙古的城市数量甚少，以驻防城为主。《嘉庆大清一统志》关于漠北蒙古的城市只在"建置沿革"中提到乌里雅苏台城和科布多，同时提及恰克图地区也筑有城市。库伦虽然是库伦办事大臣驻地，并且是漠北的宗教中心，但因没有修筑城池而没有被算入城市之列。成书于光绪年间的《蒙古志》关于漠北蒙古"都会"的记载也只有库伦、恰克图、乌里雅苏台和科布多。光绪二十九年（1903）出版的《新译蒙古地志》有关漠北蒙古"都府"的记载也同样只有库伦、喀喇和林、乌里雅苏台、科布多。由此可见，漠北蒙古虽区域广阔，但城市数量甚

---

① 姚明辉：（光绪）《蒙古志》卷二《都会》，光绪三十三年刊本。
② ［俄］阿·马·波兹德涅耶夫著，刘汉明等译：《蒙古及蒙古人》第一卷，内蒙古人民出版社，1989年，第76页。
③ ［俄］阿·马·波兹德涅耶夫著，刘汉明等译：《蒙古及蒙古人》第一卷，内蒙古人民出版社，1989年，第78页。
④ 姚明辉：（光绪）《蒙古志》卷二《都会》，光绪三十三年刊本。

少，分布分散，城市与城市之间的距离也相当远，交通极为不便。

清时漠北蒙古与漠南蒙古不同，由于移居的汉人甚少，农业始终没有得到发展，因而清廷也未在漠北蒙古建立府州厅县等地方行政建置，故而该地区一直处于将军、大臣、都统等管辖之下，非游牧人口基本集中在乌里雅苏台、科布多、库伦等地方（即便是现在，蒙古国将近一半人口仍集中在首都乌兰巴托，即库伦）。因而终清一代，漠北蒙古的城市数量没有什么太大的变化，城市分布也同样变化不大。

漠北蒙古最主要的城市就是乌里雅苏台、库伦和科布多，恰克图作为中俄商贸的交易场所，也得以发展。

乌里雅苏台位于三音诺颜部，最初建城的目的是为了驻军，是漠北蒙古的最高行政中心和军事中心；库伦位于土谢图汗部，虽然没有建筑城池，但从它的宗教地位、经济地位，以及人口数量来说，都已经具备城市的功能，并且还是漠北蒙古规模最大的城市；科布多位于漠北科布多地区，由驻防城发展而来；恰克图位于土谢图汗部，中俄在这里互市，是重要的边贸城市。这四座城市，同时也是漠北蒙古的交通枢纽，北路阿尔泰军台就是以这些城市为中心而设置的。《新译蒙古地志》中提到的元故都喀喇和林，是元时蒙古帝国的首都之一，一度是世界上最为繁华的城市之一。然而随着蒙古帝国的衰落，喀喇和林也逐渐荒芜，到清代，此城已是荒凉之地，"遗址废墟，一无存者"[①]。

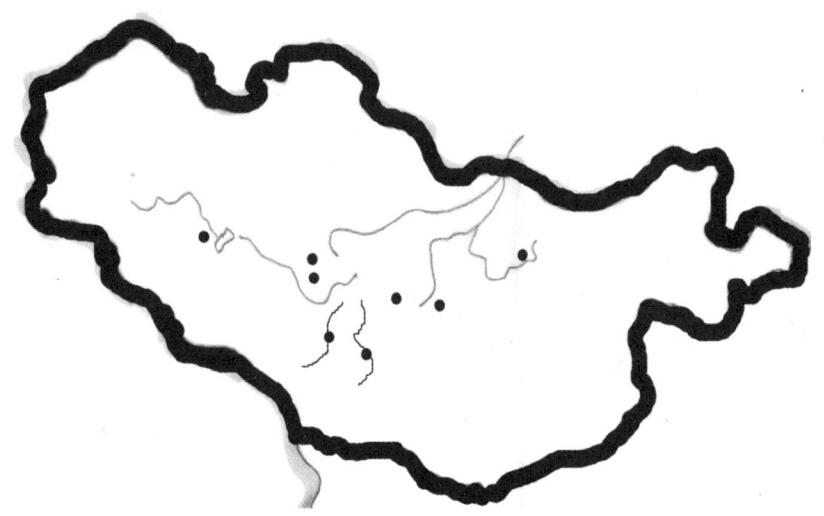

图 5-7 清代漠北蒙古城市分布示意图

此外，清初在漠北蒙古还设置有一些驻防城，如鄂尔坤、莫代察罕叟尔、扎克拜达里克、推河、塔密尔等，以及多伦诺尔等，这些驻防城在相关志书中都没有提及。漠北蒙古城市的分布都接近河流：乌里雅苏台在台色楞格河流域，靠近乌里雅

---

① ［日］下村修介等著，王宗炎译：《新译蒙古地志》，启新书局，1903 年，第 137 页。

苏台河；库伦在鄂尔坤河支流图拉河畔；科布多与科布多河相邻；鄂尔坤在鄂尔坤河边；莫代察罕曳尔在乌里雅苏台河附近；扎克拜达里克在拜达里克河东岸；推河在推河西岸；塔密尔在塔密尔河畔。

（二）漠南蒙古的城市分布

1. 18世纪之前漠南蒙古的城市分布

在18世纪之前，漠南蒙古的城市数量非常少。《嘉庆大清一统志》对漠南蒙古地区每一旗的沿革、游牧地都有详细的描述，但却无城市的记载，如"（土默特）（右翼）驻大华山，在喜峰口东北五百九十里，东西距二百九十里，南北距一百八十里。""（左翼）驻旱龙潭山在喜峰口东北八百二十里，东西距一百六十里，南北距一百三十里。""（敖汉一旗）驻古尔板图尔噶山，在喜峰口东北六百里，东西距一百六十里，南北距二百八十里。"[1] 漠南蒙古各盟旗的游牧的地域范围虽然十分广阔，但是蒙古游牧者没有在草原上建筑城市，他们一般是驻扎在山中或者湖泊附近，只有土默特左右二旗驻扎在归化城中。据《嘉庆大清一统志》记载，漠南蒙古地区只有两座城市，即绥远城和托克托城（脱脱城），也都位于归化城土默特地区。

归化城为明代所筑，一度是土默特地区的政治、文化和经济中心，在明末清初的战争中毁坏严重。康熙年间，由于远征噶尔丹的需要，清政府对其进行了修缮。战事结束之后，归化城的战略地位依然重要，"归化城，路当通衢，地广土肥，驻兵可保护扎萨克蒙古等，调用亦便"[2]，故而清廷在此驻有重兵。同时，归化城是蒙古地区交通的中心枢纽城市，来往蒙古都要以它为中转站，经归化城可以到漠南蒙古西部各盟旗，并由此到漠北蒙古、新疆的伊犁和塔尔巴哈台，因此归化城的商业贸易在清中期也非常兴盛。再加上地理上接近内地，流民迁移进入蒙古首先以归化城为停留之地。归化城兵屯和民屯的土地开垦不断加强，促进了农业的发展，从而为城市的人口增长和工商业发展提供了经济基础。在归化城基础上建立的绥远城则完全是出于军事目的，因而其城建成之后，是绥远城将军的治所所在，是漠南蒙古的军事、政治中心。

托克托城位于黄河河套东北转折处，始建于唐代，元代时蒙古骑兵南下中原，都是在托克托城一带渡过黄河，故军事地位十分显要，自唐到明都是兵家必争的战略要地。明代时在托克托城设有东胜卫，筑卫城，后因蒙古军队的压力，明军南撤，故而该城渐渐败落，一直到18世纪，随着人口的增多和土地的开垦，托克托城才又重新发展起来。

2. 18世纪之后漠南蒙古的城市分布

18世纪以后，随着清政府渐次对内地汉人开禁，允许放垦，移居蒙古的内地汉人越来越多，农业、工商业均得到较大发展，城市数量随之而增加。清代中前

---

[1] 穆彰阿、潘锡恩等：《嘉庆大清一统志》卷五百三十五，《四部丛刊续编》影旧钞本。
[2] 《清实录》第九册《高宗纯皇帝实录》1卷九"雍正十三年十二月丙戌"条，中华书局，1985年。

第五章 清代内陆边疆地区的城市分布

期,漠南蒙古地区的城市数量较少,能称之为城市的仅多伦诺尔、归化城和定远营城。然而到清后期,城市数量却大增,特别是长城沿线地区出现了一批地方行政建制城市,主要有热河厅(后为承德府)、归化城厅、八沟厅(后为平泉州)、多伦诺尔厅、萨拉齐厅、托克托厅、和林格尔厅、四旗厅(后为丰宁县)、清水河厅、绥远城厅、塔子沟厅(后为建昌县)、喀喇河屯厅(后为滦平县)、宁远厅、丰镇厅、三座塔厅(后为朝阳府)、乌兰哈达厅(后为赤峰州)、围场厅、奉化县、怀德县、康平县、农安县、辽源州、五原厅、武川厅、陶林厅、兴和厅、建平县、洮南府、东胜厅、大赉厅、靖安县、开通县、安广县、安达厅、肇州厅、长岭县、阜新县、林西县、绥东县、开鲁县、醴泉县、镇东县、隆化县、德惠县等。(详情见表5-6)

表5-6 清代漠南蒙古府厅州县治所设置

府厅州县名	设治时间	治所	今属
热河厅(后为承德府)	雍正元年(1723)	承德	河北省承德市
归化城厅	雍正元年(1723)	归化城	内蒙古自治区呼和浩特市
八沟厅(后为平泉州)	雍正五年(1727)	八沟	河北省平泉县
多伦诺尔厅	雍正十年(1732)	多伦诺尔	内蒙古自治区多伦县
萨拉齐厅	雍正十二年(1734)	萨拉齐	内蒙古自治区包头市萨拉齐镇
托克托厅	雍正十二年(1734)	托克托	内蒙古自治区托克托县
和林格尔厅	雍正十二年(1734)	和林格尔	内蒙古自治区和林格尔县
四旗厅(后为丰宁县)	乾隆元年(1736)	土城子	河北省丰宁县
清水河厅	乾隆元年(1736)	清水河	内蒙古自治区清水河县
绥远城厅	乾隆四年(1739)	绥远城	内蒙古自治区呼和浩特市
塔子沟厅(后为建昌县)	乾隆五年(1740)	塔子沟	辽宁省凌源市
喀喇河屯厅(后为滦平县)	乾隆七年(1742)	喀喇河屯	河北省滦平县
宁远厅	乾隆十五年(1750)	哈尔图	内蒙古自治区凉城县
丰镇厅	乾隆十五年(1750)	丰镇	内蒙古自治区丰镇市
三座塔厅(后为朝阳府)	乾隆三十九年(1774)	三座塔	辽宁省朝阳市

325

续表

府厅州县名	设治时间	治所	今属
乌兰哈达厅（后为赤峰州）	乾隆三十九年（1774）	乌兰哈达	内蒙古自治区赤峰市
围场厅	光绪二年（1876）	二道沟（后移克勒沟）	河北省围场满族蒙古族自治县
奉化县	光绪三年（1877）	梨树城	吉林省梨树县
怀德县	光绪三年（1877）	八家子	吉林省公主岭市
康平县	光绪六年（1880）	康家屯	辽宁省康平县
农安县	光绪十五年（1889）	农安	吉林省农安县
辽源州	光绪二十八年（1902）	郑家屯	吉林省双辽市
五原厅	光绪二十九年（1903）	隆兴长	内蒙古自治区五原县
武川厅	光绪二十九年（1903）	可可以力更	内蒙古自治区武川县
陶林厅	光绪二十九年（1903）	科布尔	内蒙古自治区察哈尔右翼中旗科布尔镇
兴和厅	光绪二十九年（1903）	二道河	内蒙古自治区兴和县
建平县	光绪二十九年（1903）	新邱	辽宁省建平县
洮南府	光绪三十年（1904）	双流镇	吉林省洮南市
东胜厅	光绪三十年（1904）	板素壕	内蒙古自治区鄂尔多斯市东胜区
大赉厅	光绪三十年（1904）	莫力红岗子	吉林省大安市
靖安县	光绪三十年（1904）	白城子	吉林省白城市
开通县	光绪三十年（1904）	七井子	吉林省通榆县
安广县	光绪三十一年（1905）	解家窝棚	吉林省大安市
安达厅	光绪三十二年（1906）	安达	黑龙江省安达市
肇州厅	光绪三十二年（1906）	肇州	黑龙江省肇州县
长岭县	光绪三十二年（1906）	长岭子	吉林省长岭县
阜新县	光绪三十四年（1908）	鄂尔土板（后移至水泉）	辽宁省阜新市
林西县	光绪三十四年（1908）	林西	内蒙古自治区林西县
绥东县	光绪三十四年（1908）	小库伦	内蒙古自治区库伦旗
开鲁县	光绪三十四年（1908）	开鲁	内蒙古自治区开鲁县
醴泉县	宣统元年（1909）	醴泉镇	内蒙古自治区突泉县
镇东县	宣统元年（1909）	南叉干挠	吉林省镇赉县
隆化县	宣统二年（1910）	唐三营	河北省隆化县北

续表

府厅州县名	设治时间	治所	今属
德惠县	宣统二年（1910）	大房身	吉林省德惠县

此表内容大部分参照乌云格日勒：《十八至二十世纪初内蒙古城镇研究》，内蒙古人民出版社，2005年，第68—76页。但也有部分内容为笔者根据其他资料而增加。

以上这些漠南蒙古新建立的地方行政建制城市分布较为分散，也不均衡。（详情见表5—7）

表5—7　清代漠南蒙古的行政建制城市

哲里木盟	
府厅县	治所及区位
洮南府	治双流镇，位于洮儿河南，属嫩江流域，系乌珠穆沁往来大道，有驿站、官商路，与吉林界。
肇州厅	治肇州，位于松花江、嫩江交汇之处，有中东铁路站点，有码头、驿站、官商路，与吉林界。
安达厅	治安达，位于嫩江东岸，有驿站、官商路，与吉林界。
大赉厅	治莫勒红岗子，位于洮儿河汇入嫩江之处，有码头、驿站、官商路。
辽源州	治郑家屯，位于辽河流域、柳条边沿线，有辽河码头、官商路，与吉林、奉天界。
农安县	治农安，位于伊通河西岸，有驿站，与吉林界。
长岭县	治长岭子，无河，北有大漠，有驿站，与吉林界。
德惠县	治大房身，位于松花江和伊通河沿岸，有吉长、中东铁路站点和官商路，与吉林界。
奉化县	治梨树城，位于辽河流域、柳条边沿线，有辽河码头、中东铁路站点和铺司、官商路，与吉林界。
怀德县	治八家镇，位于辽河流域、柳条边沿线，有辽河码头、中东铁路站点和铺司，与吉林界。
靖安县	治白城子，位于洮儿河岸，属嫩江流域，有驿站、官商路，与吉林界。
开通县	治七井子，位于洮儿河流域，为洮辽驿路，与吉林界。
安广县	治解家窝棚，位于洮儿河岸，属嫩江流域，有官商路，与吉林界。
镇东县	治南叉干挠，位于洮儿河岸，有驿站、官商路，与吉林界。
醴泉县	治醴泉镇，位于洮儿河流域，有驿站、官商路，与吉林界。
康平县	治康家屯，位于辽河流域、柳条边沿线，有铺司、道路，与奉天界。

续表

卓索图盟	
热河厅（后为承德府）	治承德，位于滦河流域、长城沿线，有边墙、行宫、驿站，属直隶。
三座塔厅（后为朝阳府）	治三座塔，位于大凌河流域、柳条边沿线、长城沿边，有边门，与奉天、直隶界。
八沟厅（后为平泉州）	治八沟，位于滦河和老哈河流域、长城沿线，有驿站，属直隶，与奉天界。
四旗厅（后为丰宁县）	治土城子，位于滦河流域、长城沿线，有行宫，属直隶。
塔子沟厅（后为建昌县）	治塔子沟，位于大凌河流域、柳条边沿线、长城沿边，有边门，与奉天、直隶界。
喀喇河屯厅（后为滦平县）	治喀喇河屯，位于滦河流域、长城沿线，有行宫、边门，属直隶。
围场厅	初治二道沟，后移至克勒沟，位于滦河流域，有驿站、卡伦，属直隶。
隆化县	治唐三营，位于滦河支流伊逊河河岸，为去往木兰围场之要道。
建平县	治新邱，位于老哈河流域、柳条边沿线，与奉天界。
阜新县	初治鄂尔土板，后移至水泉，在大凌河流域、柳条边沿线，与奉天界。
绥东县	治小库伦，位于辽河支流养息牧河流域，与奉天界。
察哈尔①	
多伦诺尔厅	治多伦诺尔，位于滦河流域，有汛、大庙、买卖城。
丰镇厅	治丰镇，位于海河支流永定河流域、长城沿边，为山西进入蒙古之门户。
宁远厅	治哈尔图，位于长城沿边、杀虎口外驿道沿线，有黄河、海河支流，与山西界。
兴和厅	治二道河，位于永定河流域、长城沿边，与直隶界。
陶林厅	治科布尔，位于黄河流域。
归化城土默特	
归化城厅	治归化城，位于黄河支流黑河流域，有卡伦、台站。
绥远城厅	治绥远城，位于黄河支流黑河流域。
萨拉齐厅	治萨拉齐，位于黄河流域，有卡伦、台站。
清水河厅	治清水河，位于黄河流域、长城沿边，与山西界。
托克托厅	治托克托，位于黄河流域、长城沿边，与山西界。
和林格尔厅	治和林格尔，位于黄河流域、杀虎口外、长城沿边，与山西界。

---

① 张家口厅、独石口厅由于其厅城位于长城以南，且在行政上属于直隶管辖，故未将其划入蒙古范围。

第五章 清代内陆边疆地区的城市分布

续表

昭乌达盟	
乌兰哈达厅（后为赤峰州）	治赤峰，位于辽河西源老哈河流域，有驿站，与奉天、直隶界。
开鲁县	治开鲁，位于辽河流域、柳条边沿线，与奉天界。
林西县	治林西，位于辽河流域，与直隶界。
乌兰察布盟	
武川厅	治乌兰花，位于黄河流域。
五原厅	治隆兴长，位于黄河流域。
伊克昭盟	
东胜厅	治板素壕，位于黄河流域、长城沿边，与陕西界。

牛平汉：《清代政区沿革综表》，中国地图出版社，1990年，第69—78页。

除了以上地方行政建制城市外，漠南蒙古还有一些新兴的城市，如归化城土默特，治包头，在黄河北岸，有码头，属萨拉齐厅；昭乌达盟，治经棚，与直隶界，属乌兰哈达厅（后为赤峰州）；阿拉善厄鲁特旗，治定远营，位于黄河流域，与宁夏、甘肃界。

漠南蒙古的厅城和县城，多为管理移民而设，因此在分布上与农垦区相适应，除去武川厅、五原厅所在的乌兰察布盟与戈壁相连接之外，其余城市大都分布在接近内地的地方，特别是长城沿线。因为察哈尔、归化城土默特、哲里木盟、卓索图盟等地区是移民最早进入的地方，农业开垦较早，人口聚集较多，工商业也较发达，故而城市分布较为密集，其余各盟地只是零散分布。（如图5-8所示）

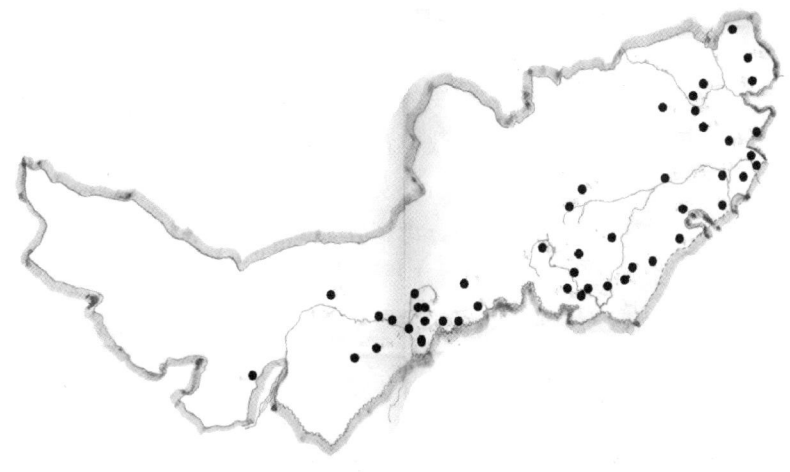

图5-8 清代晚期漠南蒙古城市分布示意图

从上图可以看出，漠南蒙古的城市主要分布在漠南靠近内地的南部地区，基本上都位于河流附近，在黑龙江及其支流的主要有农安、大赉、靖安、开通、安广、安达、肇州、洮南、醴泉、镇东、德惠;在黄河及其支流的有归化城、萨拉齐、清水河、托克托、和林格尔、绥远城、宁远、五原、武川、陶林、东胜、包头、定远营等;在辽河及其支流的主要有八沟、乌兰哈达、奉化、怀德、康平、农安、辽源、建平、林西、绥东、开鲁、经棚等;在海河—滦河水系的主要有热河、八沟、多伦诺尔、四旗、宁远、丰镇、兴和、围场、滦平、隆化等;在其他水系的主要有塔子沟、三座塔、阜新等。

这些城市既位于江河湖泊附近,也位于陆路交通的重要节点,不少城市还是商道和驿路的主要站点,位于长城、柳条边沿线的主要有热河、八沟、清水河、托克托、和林格尔、四旗、宁远、丰镇、塔子沟、三座塔、奉化、怀德、康平、辽源、兴和、滦平、建平、东胜、开鲁、阜新等;位于铁路、航运车站、码头的主要有奉化、怀德、大赉、包头、肇州、德惠等;其他驿道沿线的主要有农安、长岭、靖安、开通、安广、安达、洮南、醴泉、镇东、归化城、萨拉齐、清水河、托克托、和林格尔、绥远城、宁远、五原、武川、陶林、东胜、定远营、乌兰哈达、农安、林西、绥东、经棚、多伦诺尔、围场、隆化等。

三、清代蒙古地区城市分布的特点

清代蒙古地区的城市分布与发展受到多方因素的影响,有如下几方面的特点。

(一) 城市分布与政治、军事关系密切

受自然环境和民族习俗的影响,蒙古地区历史上的城市数量历来就很少,并且随着游牧政权的盛衰而或繁荣或衰败,到了清代,一些历史城市甚至已经变成废城。清代中前期,出于国防的需要和加强对蒙古的统治,清政府先后在蒙古地区派驻大军,蒙古大部分地区才开始出现城市。这些城市的军事功能和政治功能较突出,主要为驻防城。清后期,随着移民的增多和经济的发展,清政府在漠南蒙古盟旗制度之外设立了府厅州县等地方行政建置,最初只是为了更好地管理移民,但作为区域行政中心,这些行政建置的治所都发展成为具有一定规模的城市。承德市是最典型的例子。在兴建避暑山庄之前,承德属于蒙古游牧之地,而在避暑山庄兴建之后,短短几十年时间,"户口日滋,耕桑益辟,俨然一大都会也"[①]。清政府随之而设立热河直隶厅,进一步推动城市的发展,其后再改厅为府。

(二) 城市数量少,密度低

作为地方行政单位,清时蒙古地区在中国行政区划中面积最大,但是在清代中前期的城市数量却最少,比新疆和西藏的城市数量还少。蒙古地区由于特殊的自然

---

① 和珅等:《热河志》卷七十三《学校一》,转引自陈喜波等:《论清代长城沿线外侧城镇的兴起》,《北京大学学报》,2001年第3期。

第五章 清代内陆边疆地区的城市分布

地理环境，形成了以游牧为主的经济形态和分散的居住方式，内蒙古的人口数量在清代中前期也相对较少，因而游牧经济、分散流动的居住方式以及人口等因素严重制约了城市的发展。清初，受到战争的影响，除了归化城，蒙古几乎没有其他可以称得上城市的大型城镇聚落。有清一代，经过清政府苦心经营，到清末，漠北初步形成了以乌里雅苏台、科布多、库伦三个城市为主的漠北城市体系；漠南形成以归化城、绥远城为中心的漠南城市体系。但是，相对于内地各省星罗棋布的城市布局，蒙古的城市分布十分稀疏，除去漠南蒙古靠近长城沿线的归化城土默特、哲里木盟等地区的城市相对较密集，其余各地的城市分布非常分散。

（三）城市分布极不平衡，主要沿水系和交通线分布

从自然地理上说，蒙古的城市多集中在江河流域附近，漠北主要是色楞格河及其支流鄂尔坤河、科布多河，以及它们的各条支流，"（推河、塔楚河）水草肥美，地质膏沃，最适耕种"[①]；漠南主要是黄河、辽河、黑龙江和海河—滦河水系，除去长岭县无河流分布之外，其余都是沿水系分布。

从交通地理上说，蒙古城市多集中在交通要道沿线，长城、柳条边、驿道沿线都是城市相对密布的区域。漠北地区的城市，主要是乌里雅苏台、科布多、库伦和恰克图，都是阿尔泰军台交通枢纽所在；漠南哲里木盟、卓索图盟、察哈尔、归化城土默特地区的城市沿长城和柳条边分布，其余各地的城市都是重要的台站，也是行商的重要交通站点，往往由于交通优势而带动商业贸易的发展，商贸的发展也带动了城市的形成和发展。例如，归化城、多伦诺尔是漠南蒙古的交通枢纽；八沟、塔子沟、三座塔、阜新、开鲁等，沿喜峰口驿道分布；而赤峰、经棚、林西等，沿古北口驿道分布。内地移民进入蒙古，或穿越长城，或通过柳条边，因此，蒙古地区城市在长城和柳条边沿线也分布较多。

从地区划分上说，蒙古城市集中于漠南蒙古，特别是与内地相接的哲里木盟、卓索图盟、昭乌达盟、察哈尔和归化城土默特地区；漠北地区虽然面积宽广，但是城市较少。

---

① ［日］下村修介等，王宗炎译：《新译蒙古地志》，启新书局，1903 年，第 127 页。

第三节　清代新疆地区的城市分布

一、影响清代新疆地区城市分布的主要因素

（一）自然地理对新疆城市分布的影响

新疆的地形特点是"三山夹两盆"，北为阿尔泰山，南为昆仑山，天山横亘中部，把新疆分为南北两半，南部是塔里木盆地，北部是准噶尔盆地，"四面环以高峻之山峰，中包广大之沙漠，除可耕之地外，悉为不毛之沙砾"[1]。新疆气候的最大特点便是干旱，降水偏少。因此，水资源相对丰富的绿洲便成为新疆人民的主要活动场所，其城市也多建立在绿洲之上。[2]

天山对于新疆的意义重大，新疆水量最大的伊犁河，以及我国最大的内陆河塔里木河的主要水源阿克苏河都发源于天山。天山融化的雪水也是新疆人民生活和农业生产的重要保证，"各城屯田处所亦必息其水之多寡酌量开垦。有泉处绝水，若无河流积雪之水，每多乏水之虞"[3]。天山"皑皑之白雪，实新疆人民最贵重之天惠，何也？盖新疆降雨少量，且乏淡水泉之土地，故日用之饮料水及灌溉田园，皆以雪融以赡其用"[4]。

南疆地区地域广阔，天山以南与昆仑山脉之间是塔里木盆地，分布着我国最大的沙漠——塔克拉玛干沙漠。此地极度干燥，许多雪水形成的河流都干涸在沙漠里，几乎没有生命存在。塔里木河是南疆最主要的河流，涵盖塔里木盆地的大部分地方。在塔里木盆地北部地区，由于地处沙漠边缘，且离天山较近，又有塔里木河的滋润，故而形成水草丰茂的绿洲。昆仑山的冰川溶化后形成了多条河流，如叶尔羌河、和阗河、克勒底雅河等，以及从塔吉克斯坦流入新疆的克则勒河（克孜勒河），在塔里木盆地南部和西部边缘也形成了一些绿洲，但是进入沙漠之后，这些河流往往都消失在了茫茫大漠之中。

北疆地区的自然环境与南疆有较大差异，天山往北与阿尔泰山之间是准噶尔盆地，分布着我国第二大沙漠——古尔班通古特沙漠，但沙漠面积相对较小，河流分布较多，主要有发源于天山的伊犁河、玛纳斯河和发源于阿尔泰山的额尔齐斯河。此外，北疆还有一些发源于天山的河流，流程很短，在天山北麓形成之后，有的消

---

[1] 张献廷：《新疆地理志》，民国三年石印本。
[2] 绿洲：特指沙漠中具有水草的绿地，多呈带状分布在河流或井、泉附近，以及有冰雪融水灌溉的山麓地带，大小不一。
[3] 佚名：《回疆志》，成文出版社，1968年，第17页。
[4] 张献廷：《新疆地理志》，民国三年石印本。

失在沙漠和戈壁之中，有的在河流的下游形成尾闾湖，人们多沿湖或者沿河居住。

新疆的城市受到特殊的自然地理环境的影响，其分布主要集中在绿洲地带和河流附近。而占新疆面积最大的沙漠因没有人居住，故而便没有城市存在。此外，新疆的天山山脉、阿尔泰山及昆仑山地区的人口也较少，经济落后，因而也较少有城市分布。

(二) 军事政治经济政策对新疆城市分布的影响

1. 军事政策与驻防城

乾隆朝以后，清王朝统一了西域，将其地名为新疆。为了加强对新疆地区的统治，清政府在新疆实行军府制，同时也因地制宜地在军府制下实行伯克制度（主要通行于维吾尔、柯尔克孜、塔吉克等族聚居区）。伊犁将军是新疆地区的最高军政长官，将军之下设都统、参赞大臣、办事大臣、领队大臣等职，分驻天山南北各地，管理本地军政事务，并将各地满洲、蒙古八旗及其眷属移驻伊犁等地，令其永远戍守。清政府吸收了历史上游牧民族多从北方南下占领天山南路的历史经验，同时，为了抵御在西北边境蠢蠢欲动的俄罗斯侵略者，清政府将在新疆的统治重心放在天山北路，并在北疆修建了大量的驻防城。（见表5-8）

表5-8 清代新疆八旗驻防情况

辖区	官衔	驻地
总领	伊犁将军	伊犁惠远城
北路驻防	伊犁参赞大臣	伊犁惠远城
	塔城参赞大臣	塔尔巴哈台
东路驻防	乌鲁木齐都统	巩宁城
	库尔喀喇乌苏领队大臣	庆绥城
	古城领队大臣	孚远城
	巴里坤领队大臣	会宁城
	吐鲁番领队大臣	广安城
	哈密办事大臣	哈密
	昌吉游击	昌吉
	玛纳斯副将	玛纳斯
	阜康知县	呼图壁
	济木萨参将	济木萨
	精河都司	精河
	喀喇巴尔噶逊守备	嘉德

续表

辖区	官衔	驻地
南路驻防	喀什噶尔参赞大臣	喀什噶尔
	英吉沙尔领队大臣	英吉沙尔
	叶尔羌办事大臣	叶尔羌
	和阗办事大臣	伊里齐城
	乌什办事大臣	乌什
	阿克苏办事大臣	阿克苏
	喀喇沙尔办事大臣	喀喇沙尔

管守新:《清代新疆军府制度研究》,新疆大学出版社,2002年,第58—96页。

在清以前,南疆有若干城市和城堡,因而清军占领南疆后,驻兵也以这些城市或城堡为主。而北疆原有的部分城堡多遭战争破坏,因而清廷在北疆驻有大军,同时也筑有若干驻防城。自乾隆二十三年(1758)至四十八年(1783),新疆先后修建大小驻防城近40座,逐渐形成以伊犁、乌鲁木齐为中心的北疆军事城镇体系。这些驻防城建立之初,职能都非常单一,只是为了驻军之用,但一般都位于交通枢纽或要道,具有明显的地理优势,如乌鲁木齐"居天山之阴,地当孔道"①,巴里坤为天山北路门户,南接哈密,北靠喀尔喀,西邻乌鲁木齐,原本就是清政府和准噶尔部战争的军事前哨。经过若干年后,这些军事城市逐渐叠加了行政管理和经济、文化功能,城市功能逐渐完善。

2. 民族分治与复式城市的形成

由于新疆民族构成复杂,宗教信仰与生活方式各异,民族之间极易发生文化冲突,清统治者认为:"官兵不便与回人杂处……不若将各城官兵调集,驻扎一处。"② 因此清政府在新疆采取了民族分治的政策,不但把八旗驻防与绿营分开,设立"满城"和"汉城";在南疆维吾尔族聚居地,还将驻防官兵和回民隔离,设立了"回城"。北疆地区多满城和汉城,伊犁九城之中,惠远、惠宁为满城,宁远为回城,绥定、广仁、瞻德、拱宸、熙春、塔尔奇为汉城;乌鲁木齐迪化城是汉城,巩宁城为满城;巴里坤镇西城是汉城,会宁城是满城;古城的孚远城为满城。南疆则多回城和汉城,喀什噶尔分徕宁汉城与回城;哈密新城为汉城,旧城为回城;吐鲁番广安城是满城;沙雅尔有回城;叶尔羌分回城、汉城;等等。因此,在新疆的同一个区域内往往会出现满城、汉城、回城并立的情况,有的是在原来的城市里分隔出一个特定区域,有的是在旧城附近新建城池。各城的距离较近,城与城之间设有商业地块以供民众交易。随着时间的推移,虽然各民族之间的交流越来越

① 穆彰阿、潘锡恩等:《嘉庆大清一统志》卷二百八十《迪化直隶州》,《四部丛刊续编》影旧钞本。
② 《清实录》第十八册《高宗纯皇帝实录》10卷七百四十三"乾隆三十年八月丙寅"条,中华书局,1986年。

多,已经突破了城墙的界限,但是民族分治的政策直到清季新疆建省之后,才正式取消,同一地区的满城、汉城、回城大部分都划入同一个县治之中,并逐渐融合,但不同民族分区而居的情况仍然存在。

3. 人口增加与农垦屯堡对城市分布也产生重要的影响

新疆受自然条件和民族习惯影响,清代以前其经济发展方式素有"南农北牧"的大分工。南疆回部多从事农业,过着定居生活,北疆准噶尔部则一直处在游牧状态。清廷统一新疆后,为了加强对新疆的统治,也出于国防的需要,大规模实行"移民实边"政策,大力开展屯垦,尤其在北疆地区设立了大量的屯堡,制定了对屯民租给农具、划分土地、提供种子等多种优惠政策,鼓励内地无地或少地的农民前来新疆从事屯垦,由此吸引了大批内地人进入新疆各地。在平噶尔丹之前,准噶尔部有人口60万左右,加上南疆的回部和其他民族,全疆人口不超过100万,但是到了清末,新疆人口增加到了1300万。① 除了人口的自然增长外,其中一个重要的原因就是人口的机械增长。新疆移民的来源以甘肃、陕西等邻近地区为主,此外还有部分绿营屯兵、内地遣犯、以及移驻北疆的部分八旗官兵等。

清政府在新疆经济发展方面采取的是重北轻南政策,特别是在发展农业屯垦经济方面以北疆为重心。由于清政府在南疆设立了严格的隔离制度,极大地限制了内地移民的进入,因而在乾嘉时期,除了一些流动商贩来南疆进行贸易,较少有内地的移民到南疆开垦,南疆的农业基本依靠当地维吾尔族人进行传统的耕种。直到道光之后,南疆才开始全面推行屯垦,放宽移民进入南疆的规定,招徕内地商民和流民开辟新垦地,因而南疆一些绿洲的人口逐渐增多,许多原来荒凉的地方也逐渐出现村落,一些民屯也经过发展而形成村镇。如巴尔楚克民屯"纠工筑城,开渠引水,招民种地……不数月而成街市"。达瓦克"除砂碛冈梁之外,均已搭盖房屋,陇亩相望,俨然一大村落"②。南疆农业的发展和随之而兴起的商业贸易为城市的形成打下了坚实的人口基础。

北疆的屯垦分为兵屯、户屯、回屯、旗屯、遣屯五种不同的方式。为了安置前来认垦的民户,清政府在主要的军事重镇和水资源较为丰富的绿洲地带都修筑了城堡,设立官署办理各项移民屯垦事务,移民大多都在这些大小城堡内或就近安置下来。如乌鲁木齐下辖的巴里坤、库尔喀喇乌苏、古城、吐鲁番四大城周边都各有城堡,大部分由屯地的移民发展而来,"木垒河东西吉尔玛泰、奇台东西格根、吉布库、更格尔等处……向设八屯,自乾隆三十一年以来,招民垦出良田三万四千余亩"③。"辑怀城……为古牧地中营屯……屡丰堡……为七道湾中营屯……惠徕堡……为六道湾中营屯"④。

随着移民的不断增多,屯点城堡也日益密集,主要分布在天山与准噶尔盆地之

---

① 华立:《清代新疆农业开发史》,黑龙江教育出版社,1998年,第4页。
② 华立:《清代新疆农业开发史》,黑龙江教育出版社,1998年,第206—207页。
③ 贺长龄:《皇朝经世文编》卷八十一,沈云龙:《近代中国史料丛刊》,文海出版社,1973年。
④ 佚名:《新疆四道志》卷一,成文出版社,1968年,第27—28页。

间的绿洲地区，沿天山北麓水平延伸，东至巴里坤，西抵伊犁，北到塔城，形成三个互相联系、相互衔接的农业生产区：一是以宜禾县为主，包括奇台垦区、木垒、东西吉尔玛泰、东西格根、吉布库等地的镇西府巴里坤垦区；二是以迪化为中心，包括阜康、昌吉、济木萨、玛纳斯、呼图壁等地的乌鲁木齐垦区①；三是以伊犁河谷和塔城山间盆地组成的伊犁垦区。巴里坤垦区和乌鲁木齐垦区经过库尔喀喇乌苏、精河向西，与伊犁垦区相连。《隔离下的融合：清代新疆城市发展与社会变迁（1759—1911）》的作者认为，北疆发展屯垦城市，其实质为城市腹地的开拓过程②，这一见解是正确的。清中后期，北疆各屯城不但是垦区军政管理中心，而且也是垦区的基层中心市场，通过这些城堡、屯地，使伊犁、迪化与周边相互独立的城市开始连为一片，成为一个有着内在联系的城市体系。新疆建省之后，除了一些屯城在战乱中被毁坏外，大部分都形成了地方城镇。

（三）交通地理对新疆城市分布的影响

清廷在统一新疆后，为了加强对新疆的统治和巩固国防，除驻扎重兵外，还大力修驿道、设台站、建卡伦，建设了较为完备的陆路交通体系。新疆自古便是著名的"丝绸之路"，与内地形成了多条重要商路，与毗邻国家也有着交通联系，因而清中期以后，从内地前往新疆的除大量的屯垦农民外，携带货物前往新疆商贸的内地商人也逐渐增多。此外，新疆与印度、俄罗斯等国家进行的边境贸易也由于交通顺畅而得到进一步发展。

清廷收复新疆后，为了加强对新疆的统治和经营，特别重视对新疆的交通建设，故而形成了以驿路和驿站、军台为主的交通体系。这个体系把天山南北和其他地区相互连接起来，其时新疆主要的陆路交通道路有以下几条：

伊犁—乌鲁木齐—哈密：从伊犁惠远城，经过精河、库尔喀喇乌苏、绥来、呼图壁、昌吉到乌鲁木齐，分东南（经吐鲁番）、东北（经巴里坤）两条支线到达哈密，再通过嘉峪关与通往北京的皇华驿道相接，是北疆最主要的交通线。

塔尔巴哈台—伊犁或乌鲁木齐：从塔尔巴哈台城到奎屯台站，向西可以到伊犁，向东可以到乌鲁木齐，也是北疆重要的通道。

哈密—吐鲁番—喀什噶尔：一般以吐鲁番为界分东西两段。东段从吐鲁番到哈密，再与北疆的主干道重合；西段从吐鲁番经过喀喇沙尔、库车到达阿克苏，往西南至叶尔羌，再向西北经英吉沙尔到喀什噶尔。这条路向东通过哈密与北疆、内地相连，向西可以由喀什噶尔翻越葱岭到达中亚各国，是天山南路的主干道，南疆各重要城镇都可以通过这条路到达。

南疆和北疆之间横亘天山，因而南北之间的交通必须穿越天山，清朝时连接天

---

① 殷晴：《新疆经济开发史研究》上册，新疆人民出版社，1992年，第117页。
② 黄达远：《隔离下的融合：清代新疆城市发展与社会变迁（1759—1911）》，四川大学2006年博士学位论文，第100页。

第五章 清代内陆边疆地区的城市分布

山南北的道路主要有两条：一条是乌鲁木齐—哈密，另一条是阿克苏—伊犁。

这些交通要道通过台站、驿站相连，"四通八辟，棋布星罗"①，形成系统的交通网络，不仅给军事行动提供便利，同时也是新疆内部人口流动和商业贸易往来的重要通道。内地移民迁入和商人行旅通常由两条路进入新疆，一条从张家口、归化城，经过蒙古草地。在蒙古草地的一段又可分为两条路线：北路经乌里雅苏台、科布多到古城，南路沿草地与宁夏、甘肃的边界经巴里坤到乌鲁木齐、伊犁。这条商路以直隶、山西的商人以及蒙古商队居多。另一条路是从河西走廊出嘉峪关，到哈密后分道进入天山南北，再分为两条路，一条沿天山南麓，经吐鲁番、喀喇沙尔、阿克苏到叶尔羌，为南路；一条从巴里坤沿天山北麓，经迪化、精河，越过塔尔奇山到伊犁，为北路。这条商路以陕甘、江浙、湖广、四川等商人居多。

亚洲各国与新疆的贸易主要集中在南疆，以新疆境外各汗国、邦国商人为主，以古丝绸之路为主要商道，从塔里木盆地分为南北两条：南部从莎车（叶尔羌）向西、西南方向，经葡宾（克什米尔）前往西亚和南亚；北部从疏勒（喀什噶尔）向西、西北方向，翻越阿赖岭前往西亚和中亚。

交通网络的构建，使新疆内部的人口流动加大，也吸引着内地商民深入新疆各地进行商业贸易，使新疆在军事驻防和农垦屯堡基础上形成的各军镇、村落逐渐发展扩大，促进了新疆各商业城市和商业中心的形成。《新疆图志》对于清代新疆的城市和商业有如下记载：

> 乌鲁木齐……东西延袤八里，市廛迤逦相属，肩摩毂击，比于吴会之盛；
> 伊犁九城，惠远最大，广衢容五轨，地极边，诸夷会焉；
> 古城商务于新疆为中枢，南北商货悉自此转输，廛市之盛，为边塞第一；
> 吐鲁番，当孔道……亦一都会也；
> 塔尔巴哈台……中外之要区，边隅之重闱焉；
> 库车，其民富而多贾；
> 温宿……膏壤千里……商旅四达；
> 喀什噶尔，当西南之冲，亦一都会也……交通繁盛，商廛栉比；
> 自喀城（喀什噶尔）折而东历英吉沙尔而至莎车，再东南入于和阗，为西城也……南疆之精华萃焉……家给人足，富庶称最。

以上这些城市都位于交通沿线，有的还是交通枢纽。由于这些城市具有交通优势，使得商贩云集，贸易兴盛。左宗棠收复新疆时，清政府为了大军的后勤补给而号召内地人支援边疆，一些内地贫民、商人随大军来到新疆，俗称"赶大营"，并逐渐形成山、陕、徽、津、鄂、豫、湘、陇等"八大商帮"。他们跟随清军而行，沿路交易，为清军提供后勤补给，从而在交通线的部分节点附近逐渐出现一些交易市场，随着交易市场的发展，一些条件较好的地方进一步发展为商贸城镇。

---

① 袁大化等：《新疆图志》卷七十九，文海出版社，1965年，第2987页。

二、清代新疆地区的城市分布

新疆地区的城市文明历史悠久，西汉时期便有数十个绿洲城市国家，称之为西域36国，这些城市国家有的曾十分繁华。随着时间的流逝、气候的变化和战争的破坏，许多城池消失在茫茫黄沙之中，"星移物换，往昔盛大之地迫于物理上之变化，多化为沙漠；往时繁华之都邑，埋没于沙漠者多，故化荒寥之境域"①。清初，新疆的城市数量较少，北疆以游牧为主，城市较少；而南疆虽以农牧为主，但其城市规模一般较小，且多在战争中遭到严重破坏。乾隆年间，清廷平定噶尔丹之后，收复新疆，在南北疆筑城驻兵，屯田开荒，设置驿站，建立军府，大力开发新疆，促进了新疆的城市发展，但总体上而言，清代新疆的城市数量仍然很少，规模不大，分布极不平衡。

（一）南疆地区的城市分布

南疆是指天山以南的广大区域，包括塔里木盆地、塔克拉玛干沙漠以及吐鲁番盆地。清廷统一新疆之前，南疆就有著名的"回疆八城"，分别是喀什噶尔、叶尔羌、英吉沙尔、和阗、阿克苏、乌什、库车和喀喇沙尔。清朝统一新疆之后，由于战争的影响，除去喀什噶尔、叶尔羌和阿克苏还保持一定的规模之外，其余诸城都遭受了不同程度的破坏，颇为残破。

图5-9　清中期南疆城市的分布示意图

《大清会典·理藩院》（乾隆朝）对南疆诸城的记载如下：

---

①　张献廷：《新疆地理志》，民国三年石印本。

第五章 清代内陆边疆地区的城市分布

哈密：城二，旧城周四里，新城周里许，堡五；

辟展：城一，周里许，所属城村二十有九，最著者曰吐鲁番；

哈拉沙拉：城二，旧城在海杜河西，新城在特博尔古西，所属城村十有五，最著者曰库尔勒，曰布古尔；

库车：城一，周四里六分六厘；

沙雅尔：城一，周二里许；

赛里木（赛哩木）：城一，周一里九分，在赫色尔河西四十里，东北距库车城二百十里，所属村庄十有一；

拜东：城一，踞山冈，周一里三分，在哈拉乌苏西三十里，赛里木西九十里，所属村庄二十有二；

阿克苏：城四，踞高崖二三十丈，四城连峙，每城周里许，东西南三面环一大城垣，垣外以沟界之，东距雅尔汉三百二十里，所属村庄三十有六；

乌什：城一，周三里二分……在阿克苏西境……所属村庄十有一；

喀什噶尔：城一，周四里余，在巴尔昌西南百四十里，乌什西南九百三十五里，所属城村十有六，最著者曰英阿萨尔（英吉沙尔）；

叶尔羌：城一，周十余里，所属城村甚多……最著者二十有七；

和阗：城六，曰伊立齐，曰哈拉哈什，曰玉陇哈什，曰齐喇，曰塔克，曰克里雅。[①]

另据《清实录·高宗纯皇帝实录》记载，清政府在原先南疆八城的基础之上，又设置和修筑了多个小城，形成了大、中、小三种规模的城市体系，"查回部设立……共三十一城。计其大小酌为三等：叶尔羌、喀什噶尔、阿克苏、和阗为四大城；乌什、英吉沙尔、库车、辟展为四中城；沙雅尔、赛哩木、拜、库尔勒、玉古尔、牌租阿巴特、塔什巴里克、哈喇哈什、克勒底雅、玉陇哈什、齐尔拉、塔克、阿斯腾阿喇图什、阿喇古、玉斯腾阿喇图什、英额奇盘、巴尔楚克、沙尔呼勒、鲁克察克、托克三、喀喇和卓、洋赫、克勒品为二十三小城"[②]。《大清会典》（乾隆朝）成书于乾隆二十九年，而《清实录·高宗纯皇帝实录》中的这段文字记载于乾隆二十六年，时间上相差无几，所记内容也基本相同，由此可见南疆的四大城叶尔羌、喀什噶尔、阿克苏、和阗都已经形成了一定的规模，除了自身的城池之外，还有不少所属的中小城镇；而四中城和诸小城从属于四大城，同时也各自有所属的附属村镇，其中部分村镇虽然没有修筑城池，也无行政建置，但是由于这些村镇的经济较发达，所聚集的人口也较多，故人们依旧把它们当作城市看待。据载，"今玉陇哈什以下三村，皆无城，而民物殷庶，聚落最盛，故虽无城垣，

[①] 允祹等：《大清会典》（乾隆朝）卷八十《理藩院》，文渊阁《四库全书》本。
[②] 《清实录》第十七册《高宗纯皇帝实录》9卷六百四十二 "乾隆二十六年八月戊寅"条，中华书局，1986年。

而列于六城之内"①。可以说，当时新疆的城市体系已经相对完整，城市分布布局也基本定型，直到清末新疆建省，南疆的城市分布都没有发生大的变动。

南疆的城市主要沿塔里木盆地边缘的河流和绿洲而建。塔里木盆地北靠天山山脉，南临塔里木河的城市主要有乌什、阿克苏、赛哩木、拜、库车、库尔勒、沙雅尔、喀喇沙尔、玉古尔等诸城。辟展、哈密、吐鲁番、鲁克察克、托克三等城在塔里木盆地之外，紧靠天山南麓，因此虽然远离塔里木河，但冰川融雪形成的水资源丰富，城市依然可以生存。塔里木盆地西缘，克则勒河下游、喀什噶尔河附近的城市主要有喀什噶尔、英吉沙尔、牌租阿巴特、塔什巴里克等城。塔里木盆地南缘，昆仑山北麓，靠近叶尔羌河、和阗河和克勒底雅河等水系主要有叶尔羌、和阗、英额奇盘、克勒底雅、玉陇哈什、哈喇哈什、齐尔拉、塔克等城。

（二）北疆地区的城市分布

北疆是指天山以北、阿尔泰山南的广大区域，包括准噶尔盆地和古尔班通古特沙漠。北疆自古就以游牧为主，人民长年过着逐水草而居的生活，较少建设城郭。清初，康乾用兵新疆，导致新疆人口大量减少，或死于痘疫，或逃亡至俄国境内，或死于战争。②整个北疆千里空虚，荒无人烟，少数原有的城镇也多被破坏成废墟。乾隆年间，清廷为了加强对北疆的统治，先后在北疆各地大力建设军事基地和各级行政中心，北疆出现了一次大规模的城市建设高潮。清代北疆的城市主要分布在三个区域，逐渐形成三个城市群：一是伊犁地区城市群，二是乌鲁木齐地区城市群，三是塔尔巴哈台地区城市群。

1. 伊犁地区城市群

伊犁地处中亚内陆腹地，境内高山峻岭，又有广阔的山间平原盆地和河谷地，有200多条河流，水草丰茂，物产富饶，又称伊列、伊丽、伊里等名，乾隆年间收复新疆后定名伊犁。由于伊犁的战略地位作用，清军在伊犁地区相继修筑了多个城市。（见表5-9）

表5-9　清代伊犁地区城市一览表

城名	修筑年代
塔勒奇城（塔尔奇城）	乾隆二十六年（1761）
绥定城	乾隆二十七年（1762）
惠远城	乾隆二十八年（1763）
惠宁城	乾隆三十一年（1765）
宁远城	乾隆二十七年（1772）
广仁城	乾隆四十年（1775）

---

① 穆彰阿、潘锡恩等：《嘉庆大清一统志》卷五百二十八《和阗》，《四部丛刊续编》影旧钞本。
② 赵文林等：《中国人口史》，人民出版社，1988年，第448页。

第五章 清代内陆边疆地区的城市分布

续表

城名	修筑年代
熙春城	乾隆四十五年（1780）
瞻德城	乾隆四十五年（1780）
拱宸城	乾隆四十五年（1780）

穆彰阿、潘锡恩等：《嘉庆大清一统志》卷五百一十七《伊犁》，《四部丛刊续编》影旧钞本。

以上城市以惠远城为中心，惠远城为伊犁将军府所在地，也是当时新疆的军事、政治中心。惠宁城、绥定城、广仁城、宁远城、瞻德城、拱宸城、熙春城、塔尔奇城等八城围绕惠远城，如众星拱月，一同被称为"伊犁九城"。九城之中，惠远城规模最大，又称"伊犁大城"，其余八城为它的卫星城。其中，惠远、惠宁为满城，宁远为回城，其余六座为汉城，九座城市既相隔一定距离，相互独立，又有着密切的政治、军事和经济联系，因而逐渐形成有着内在联系的城市群。各城初创之时，都以军事、政治功能为主，居民以八旗、绿营官兵及其眷属为主，后经多年经营，经济、文化功能逐渐叠加，至清末均已发展成为颇具规模的城镇，仍然是以惠远城最为繁盛，"伊犁九城，惠远最大，广衢容五轨，地极边，诸夷会焉。每岁布鲁特人驱牛羊十万及哈喇明镜等物，入城互市，易砖茶、缯布以归。西方行贾者，以所有易所鲜，恒多奇羡，民用繁富"①。

2. 乌鲁木齐地区城市群

乌鲁木齐地区位于新疆中北部，天山中段北麓、准噶尔盆地南缘，历史上是水草丰美的牧场，唐朝时建有城市，然至清廷统一新疆前，此地区仍然是以游牧为主，雍正年间修筑镇西府城。清廷收复新疆后，即在乌鲁木齐地区大规模屯田，乾隆二十三年（1758）清军在今南门外修筑一座土城，城"周一里五分，高一丈二尺"。乾隆二十八年（1763），又把旧土城向北扩展，达到周长五里四分，竣工时，乾隆赐名"迪化"。乾隆年间，清军先后在乌鲁木齐地区修筑有多座城市以及城堡，由此逐渐形成乌鲁木齐地区城市群。（见表5-10）

表5-10 清代乌鲁木齐地区城市一览表

城名	修筑年代及其他
镇西府城	雍正九年（1731），筑为巴尔库勒城（巴尔坤城），东有会宁城，为满洲兵牟驻防之所。
阜康县城	乾隆二十七年（1762）建。
昌吉县城	乾隆二十七年（1762）建，名宁边城。
迪化州城	乾隆三十八年（1773）建，名巩宁城，又迪化汉城，乾隆三十年建。

① 钟广生等：《新疆志稿》卷二《商务》，成文出版社，1968年，第128页。

续表

城名	修筑年代及其他
奇台县城	乾隆四十一年（1776），改奇台堡为奇台县，始筑城；又孚远城，为满洲兵驻防之所。
绥来县城	乾隆四十二年（1777）修筑，左右二城，左为绥宁城，右为康吉城。
庆绥城	乾隆年间修筑，库尔喀喇乌苏领队大臣所驻。
安阜城	精河，乾隆四十八年（1783）建。
嘉德城（达坂城）	地名喀喇巴尔噶逊，为通吐鲁番路。
景化城	地名呼图壁。

穆彰阿、潘锡恩等：《嘉庆大清一统志》卷二百七十一《镇西》、卷二百八十《迪化》、卷五百一十八《库尔喀喇乌》，《四部丛刊续编》影旧钞本。

此外，在乌鲁木齐都统驻地的迪化州城周边还围绕修筑了很多城堡，这些城堡主要是清政府为了招民开垦而修筑，其中有些屯堡逐渐形成城镇。（见表5-11）。

表5-11 清代乌鲁木齐周边城堡

方位	城堡
东路	惠来堡、屡丰堡、辑怀堡、阜康城、惠徕堡、育昌堡、时和堡、恺安城、保惠城、古城汉城、靖宁城、木垒城、镇西城
南路	嘉德城
西路	宣仁堡、怀义堡、头屯所、宁边城、宝昌堡、乐全堡、芦草沟所、景化城、康吉城、绥宁城、绥来堡、遂成堡、丰润堡、安阜城

祁士韵：《西陲要略》卷二，成文出版社，1968年，第48-49页。

乌鲁木齐都统衙门治迪化州城巩宁，故而迪化成为乌鲁木齐地区的军事中心。乾隆二十五年（1760），设镇迪道，亦驻巩宁城，下辖迪化直隶州和镇西府，巩宁城于是成为乌鲁木齐地区政治、军事的中心。由于迪化城地处天山南北和东西的孔道，遂成为重要的商埠，加之清政府鼓励屯垦，各地移民大量集中在乌鲁木齐地区，迪化州城很快就从军镇发展成为都会，迪化州"东曰迪化，西曰巩宁，满城附城郭，东西延袤八里，市廛迤逦相属，肩摩毂击，比于吴会之盛。纪昀笔记谓当时有'小苏杭'之称"①。此外，随着乌鲁木齐地区农业和商业的发展，周边的一些屯堡逐渐发展成为城市。"奇台、东格根吉布库，官兵屯田万有余亩，内地商贾艺业民人，俱前往趁食，聚集不少。而该地屯田民人，生齿繁衍，扶老携幼，景象恬熙。……昌吉、瑚图壁、玛那斯等处，其地肥水饶，商贾众多，计与乌鲁木齐相似。约计乌鲁木齐所属，连年在外招募户民，及内地送往户民，共垦有营屯田地三十余万亩，颇为殷足。年来往彼贸易之民，日益众多，是以乌鲁木齐、特讷格尔等

---

① 钟广生等：《新疆志稿》卷二《商务》，成文出版社，1968年，第128页。

处商民,请移眷来屯。"①

3. 塔尔巴哈台地区城市群

乾隆二十九年(1764)八月,清廷委派绰克多为参赞大臣,驻塔尔巴哈台地区,受伊犁将军节制,管理塔尔巴哈台地区的驻防、巡边、屯田诸务,并节制境内蒙古、哈萨克等族牧区,掌管祭祀,倡导文教。绰克多带领600名绿营兵从乌鲁木齐赶到雅尔(今哈萨克斯坦的乌尔扎尔),修建肇丰城。肇丰城处于雅尔河东岸,自然条件极为恶劣,天寒地冻,而牧场遥远,近城所有地亩不敷兵丁耕种;夏季多白蝇叮咬,为害甚巨,"军民不堪其苦"。乾隆三十二年(1767),新任参赞大臣阿桂在距肇丰城105公里处"楚呼楚"寻找到一片绿洲,即在此建新城,乾隆帝钦命名为"绥靖城"②,并将楚呼楚地名改为塔尔巴哈台,绥靖城后来被称为塔尔巴哈城,简称塔城。塔城位于新疆的最北边,与俄国相接,"而且为外蒙入新疆之通路,边防之紧,在该省为最"③,清政府在这里设置重兵,故其成为北疆仅次于伊犁、乌鲁木齐的军事重镇。但是"其地边瘠苦寒"④,在伊犁、乌鲁木齐地区的军镇逐渐发展成为城市的时候,塔城还只是维持军事职能。随着中俄贸易的发展,塔城的经济功能不断增强,逐渐成为中俄贸易的一个重要商业口岸。担任过沙俄政府驻塔城领事的尼·维·鲍戈亚夫连斯基曾经这样评价塔城:"对中国人来说,塔城所以重要,主要是因为它是紧靠俄国的一个边防点……对我们俄国人来说,塔城所以重要,是因为它是一个大贸易中心,是我们向中国出口商品的货栈。同游牧在塔尔巴哈台地区的蒙古人、吉尔吉斯人所进行的大量草原上的贸易,就是以此为基地开展的。其次,从俄国运往乌鲁木齐以及中国内地的商品主要也是通过塔城,而从中国境内运往俄国的商品,同样也要经过塔城。"⑤清末,塔城开埠之后,清政府和沙俄政府对此都十分重视,俄国在塔城内设立领事馆、银行,清政府则在塔城划分出贸易圈,圈内经营俄货、地方土杂货的洋行林立,客观上促进了塔城的城市发展,"自俄国商货转运各城者皆由此灌输,狭薄之风为之一变,中外之要区,边隘重闗系焉"⑥。

(三)新疆建省后城市分布的变化

同治年间,新疆发生动乱,由此导致阿古柏入侵以及俄国对伊犁地区的侵占。战争导致新疆各地城市遭到不同程度的破坏,一些城市毁于战火,如惠远城完全成为废墟。光绪二年(1876),左宗棠受命率军分三路进入新疆,采取先北后南,缓

---

① 贺长龄:《皇朝经世文编》卷八十一,沈云龙:《近代中国史料丛刊》,文海出版社,1973年。
② 穆彰阿、潘锡恩等:《嘉庆大清一统志》卷五百一十九《塔尔巴哈台》,《四部丛刊续编》影旧钞本。
③ 张献廷:《新疆地理志》,民国三年石印本。
④ 钟广生等:《新疆志稿》卷二,成文出版社,1968年,第131页。
⑤ [俄]尼·维·鲍戈亚夫连斯基著,新疆大学外语系俄语教研室译:《长城外的中国西部地区》,商务印书馆,1980年,第88页。
⑥ 钟广生等:《新疆志稿》卷二,成文出版社,1968年,第131页。

进速战的作战方针。先收复了乌鲁木齐及周围地区，然后攻打吐鲁番，打开了通向南疆的门户。阿古柏兵败身亡，清军收复喀什噶尔。次年，清军收复除伊犁以外新疆全部地区。为了加强对新疆的统治，清廷对新疆城市进行了大规模的重建和整修，形成了继乾隆以后新疆又一次建城高潮，此次建城主要是对被破坏的城市加以重建或修复，新建的城市数量较少，或沿袭旧址，或在旧址附近重建，故对城市分布并没有产生大的影响。光绪十年（1884），新疆建省，原有的军事城市自然也就成为府县建置，其城市分布也基本没有太大的变化。据《清史稿》记载，新疆行省"凡领府六，直隶厅八，直隶州二，厅一，州一，县二十一"。（见表5-12）

表5-12 清代新疆地方行政建置一览表

府厅城	所属县城
迪化府	领县六，迪化，阜康，孚远，奇台，昌吉，绥来。
伊犁府	领县二，绥定，宁远。
温宿府	领县二，温宿，拜城。
疏勒府	领县二，疏附、伽师。
莎车府	领厅一，州一，县二，蒲犁厅，巴楚州，叶城、皮山。
焉耆府	领县三，新平、轮台、婼羌。
镇西直隶厅	
吐鲁番直隶厅	领县一，鄯善。
哈密直隶厅	
库尔喀喇乌苏直隶厅	
塔尔巴哈台直隶厅	
精河直隶厅	
乌什直隶厅	
英吉沙尔直隶厅	
库车直隶州	领县一，沙雅。
和阗直隶州	领县二，于阗、洛浦。

赵尔巽：《清史稿》卷七十六《地理二十三》，中华书局，1976年。

府厅县地方行政建置的设立，促进了新疆城市的发展，各府厅县的治所均为规模不等的城市。其城市的空间分布如下：

新疆省会为迪化府城，以迪化县为附郭，其城位于天山北麓、准噶尔盆地边缘，天山横亘境南，有乌鲁木齐河，有卡伦、台站、驿站。

阜康县治所在阜康城，位于天山北麓、准噶尔盆地边缘，境内的河流都发源自博格达山（天山山脉），有卡伦、台站、驿站。

孚远县治所在恺安城，光绪二十年（1894）重修后改名孚远，其城位于天山北麓、准噶尔盆地边缘,城南河流都发源自博格达山,有卡伦、驿站。

奇台县治所原在靖远城,光绪十五年(1889)移到古城,其城位于天山北麓、准噶尔盆地边缘,境内木垒河、达坂河等都源自天山,有卡伦、台站、驿站。

昌吉县治所原在宁边城,光绪二十九年(1903)移驻呼图壁景化城,其城位于天山北麓,河流源自天山,有卡伦、台站、驿站。

绥来县原治康吉城,其城南有绥来城,光绪十二年(1886),两城合并;其城位于天山北麓、准噶尔盆地边缘,河流源自天山,有卡伦、台站、驿站。

伊犁府治在绥定城,以绥定县为附郭,其城位于天山北麓、伊犁河北岸,有卡伦、台站、驿站;府境内还有惠远城,将军、副都统、参赞大臣、领队大臣等驻在此城;另有拱宸城,为参将、通判等驻守;广仁城则游击驻守;瞻德城有守备驻守;熙春城有都司驻守。

宁远县治所在宁远城,位于天山北麓、伊犁河北岸,有卡伦、台站、驿站,清末割地之后,成为中俄边境。

温宿府治所为温宿府城,以温宿县为附郭,原为阿克苏回城地,光绪九年(1883)筑新城作为府治,其城位于天山南麓、阿克苏河流域、塔里木盆地边缘,有卡伦、台站、驿站。

拜城县治所在拜城,位于天山南麓、塔里木河流域、塔里木盆地边缘,有卡伦、驿站。

疏勒府治所在旧喀什噶尔道徕宁城地,道光七年(1827)筑恢武城,其城位于天山南麓、喀什噶尔河流域、塔里木盆地边缘,有卡伦、驿站。

疏附县治所在疏附城,原为喀什噶尔地区回庄之一,位于天山南麓、喀什噶尔河流域、塔里木盆地边缘,有卡伦、驿站。

伽师县治所在伽师县城,即牌租阿巴特回庄,位于天山南麓、喀什噶尔河流域、塔里木盆地边缘,有卡伦、驿站。

莎车府治所在莎车府城,为旧叶尔羌回城,光绪二十四年(1898)筑新城,位于昆仑山北麓、叶尔羌河流域、塔里木盆地边缘,有卡伦、驿站。

蒲犁厅在蒲犁厅城,为旧色勒库尔地,光绪二十八年(1902)设,位于天山南麓、叶尔羌河流域、塔里木盆地边缘,有卡伦、驿站。

巴楚州治所在巴尔楚克城,位于天山南麓、叶尔羌河流域、塔里木盆地边缘,有卡伦、驿站。

叶城县治所在叶城,位于昆仑山北麓、叶尔羌河流域、塔里木盆地边缘,有卡伦、驿站。

皮山县治所在固玛,为原南疆回庄之一,位于昆仑山北麓、叶尔羌河与和阗河之间、塔里木盆地边缘,有卡伦、驿站。

焉耆府治所在旧喀喇沙尔回城,位于天山南麓、塔里木河流域、塔里木盆地边缘,有卡伦、驿站。

新平县治所在新平城,位于天山南麓、塔里木河流域、塔里木盆地边缘,有卡伦、驿站。

轮台县治所在玉古尔城，位于天山南麓、塔里木河流域、塔里木盆地边缘，有驿站。

婼羌县治所在婼羌城，位于昆仑山北麓、塔里木盆地边缘，有驿站。

镇西厅治所在会宁城，位于天山南麓，有巴里坤湖，有卡伦。

吐鲁番厅治所在广安城，位于天山南麓，有白杨河、乌斯水等，有卡伦、驿站。

鄯善县治所在鄯善县城，即辟展，位于天山南麓，有泉，有卡伦、驿站。

哈密厅治所在哈密城，位于天山南麓，与甘肃、蒙古相界。

库尔喀喇乌苏厅治所原在治庆绥城，筑新城后改名为库尔喀喇乌苏，位于天山北麓、准噶尔盆地边缘，有精河、奎屯河等，有卡伦、驿站。

塔尔巴哈台厅治所在原治绥靖城，光绪十四年（1888）筑新城，位于天山北麓、额尔齐斯河流域，有驿站，为中俄边境。

精河（晶河）厅治所在安阜城，位于天山北麓，有精河、奎屯河等，有卡伦，清末割地之后，成为中俄边境。

乌什厅治所在乌什城，位于天山南麓、塔里木河流域、塔里木盆地边缘，有卡伦、驿站。

英吉沙尔厅即英吉沙尔回庄，位于天山南麓、叶尔羌河流域、塔里木盆地边缘，有驿站。

库车州治所在旧库车回城，位于天山南麓、塔里木河流域、塔里木盆地边缘，有卡伦、驿站。

沙雅县治所在沙雅尔回城，位于天山南麓、塔里木河流域、塔里木盆地边缘，有卡伦、驿站。

和阗州治所在和阗城，位于昆仑山北麓、和阗河流域、塔里木盆地边缘，有驿站。

于阗县治所在克勒底雅城，位于昆仑山北麓、克勒底雅河流域、塔里木盆地边缘，有驿站。

洛浦县治所在洛浦城，光绪二十八年（1902）设，位于昆仑山北麓、和阗河流域、塔里木盆地边缘，有驿站。

新疆的城市分布以天山为界，位于天山北麓的城市主要有迪化、阜康、孚远、奇台、昌吉、绥来、伊犁、宁远、镇西、库尔喀喇乌苏、塔尔巴哈台、精河；位于天山南麓的城市主要有温宿、拜城、疏勒、疏附、伽师、蒲犁、巴楚、焉耆、新平、轮台、吐鲁番、鄯善、乌什、英吉沙尔、库车、沙雅、于阗、洛浦等。以上所有的城市都沿水系分布，在塔里木河流域的有温宿、拜城、疏勒、疏附、伽师、莎车、蒲犁、巴楚、叶城、皮山、焉耆、新平、轮台、婼羌、吐鲁番、鄯善、乌什、英吉沙尔、库车、沙雅、和阗、于阗、洛浦。几乎所有的城市都在交通沿线，都设有驿站、台站或卡伦。（如图5-10）

第五章 清代内陆边疆地区的城市分布

图 5-10　清晚期新疆城市分布示意图

三、清代新疆地区城市分布的特点

（一）新疆城市分布受军事、行政因素影响较大

清初，新疆传统的南农北牧的经济特征使得整个新疆的城市数量甚少，分布稀疏，南疆只有数座城镇，而天山北路的准格尔部则是游牧部落，逐水草而迁徙，几乎没有建设城郭。乾隆时期，清廷收复新疆后，在新疆派驻大军，并在北疆和南疆分别建设了一大批军事城市。这些城市主要修筑在交通要冲的军事要地。另外，由于新疆特殊的区情，清廷在新疆实行民族隔离政策，为了民族分治的需要，在各地城市的基础之上又修建了满城、回城以及汉城等，形成特有的复式城市。

晚清时期，受到割地赔款的影响，新疆城市分布发生很大变化。乾隆年间，惠远城作为伊犁将军驻地，是整个新疆的政治、经济和文化中心。清末，沙俄通过强迫清政府签订不平等条约割占了伊犁以西大片土地，原来作为政治、军事中心的惠远城一方面受到战争的严重破坏，另一方面因不平等条约失去广阔腹地而变为边境城市。新疆建省后，其政治中心不得不转移到乌鲁木齐，因而伊犁在其后处于不断衰落状态，而乌鲁木齐则不断发展，成为新疆的政治、军事、经济和文化中心城市。从总体上看，以伊犁、乌鲁木齐为中心的北疆城市带和以喀什噶尔、叶尔羌等为中心的南疆城市带，是在乾隆时期的城市分布基础上形成的，城址基本没有变化，只是原来相对独立的城市群，经过移民、屯垦以及商业的发展而开始相互联系，连成一片。

（二）城市分布密度低，分布极不平衡

清以前，新疆城市数量甚少，除南疆外，北疆较少有城市。清廷收复新疆后，新疆先后出现过两次城市建设高潮：一次是在乾隆年间统一新疆之后，建立了一批军事城镇和屯城，形成南疆八城、伊犁九城和乌鲁木齐三大城镇群；另外一次筑城高潮是在清代晚期新疆建省后，其时新疆城镇因回乱和阿古柏入侵而满目疮痍，清政府对被破坏的城镇加以重建，形成以喀什噶尔为中心的南疆城镇带和以乌鲁木齐为中心的北疆城镇带。相较于清代初期，清代中期和晚期新疆的城市分布范围广泛得多，数量也增加很多。但是和新疆广阔的疆域一对比，其城市的分布就显得很稀疏。

我们将清末新疆的行政建制城市密度和同时期的江苏相比，便可知新疆的城市分布密度很低。新疆土地辽阔，沙漠和高山所占面积甚广，因而人口稀少，城市分布稀疏，每5.38万平方公里才有一个城市，而江苏经济发达，人口密集，故每0.1298平方公里就有一个城市。（见表5-13）

表5-13 清末新疆与江苏行政建制城市密度对比表

省别	面积（万平方公里）	人口密度（人/平方公里）	建制城市数
新疆	210①	1.27	39
江苏	10.26	293.01	79

根据《清史稿》《中国人口史》整理。

新疆特殊的自然地理环境对城市的分布产生了重要的影响，导致城市分布极不平衡。由于新疆的地形为三山夹两盆，故城市相对集中于天山南北两麓狭长的绿洲地带。天山南北两麓由于自然条件较好，河流分布广泛，同时也是新疆重要的交通要道。新疆内部往来都需要翻越天山，沿两麓行走，这个区域历来城市分布都相对集中。清代，南疆地区包括喀什噶尔，叶尔羌、阿克苏等大城，以及其他诸多中小城，沿天山南麓分布；北疆地区包括乌鲁木齐、伊犁、古城等，沿天山北麓边缘分布。天山之外，新疆的其他城市主要是塔里木盆地和昆仑山之间的叶尔羌、和阗诸城，以及准噶尔盆地和阿尔泰山之间的塔尔巴哈台诸城。这些地方的城市分布远不如天山南北两麓集中。另外，就地理环境来说，新疆的城市都沿水系分布，北疆伊犁河、乌鲁木齐河、精河等，多源自天山；南疆集中分布在塔里木河及其支流流域，除去吐鲁番、哈密，其他城市都位于塔里木河沿线。

---

① 现在的新疆维吾尔自治区面积约166万平方公里，加上被俄罗斯割占的44万平方公里，共约210万平方公里。

第四节 清代西藏地区的城市分布

一、影响清代西藏地区城市分布的主要因素

清代的西藏，其疆域大致与现在的西藏自治区相吻合，分为喀木、前藏、后藏和阿里地区，由达赖和班禅分别管理前藏和后藏，并设驻藏大臣总揽全藏事务。

（一）自然地理对西藏城市分布的影响

西藏位于我国青藏高原，是世界上海拔最高的地区，地形复杂多样，三面都是高山雪岭，除了与陇西高原相接的东部地区交通相对便利外，其余地区分布着高山河谷，江流湍急，地形闭塞，进出十分不便。西藏气候恶劣，虽然地域广阔，大部分地区却由于寒冷、空气稀薄、大雪积压而成为无人区。

按照方位，西藏可以分为藏南、藏东和藏北三个区域。

1. 藏南地区

藏南地区是指位于喜马拉雅山和冈底斯山、念青唐古拉山之间，沿雅鲁藏布江及其支流流域所形成的广阔地带，包括现在的日喀则、拉萨、山南和林芝市。

在雅鲁藏布江流域，分布着许多大小不一的河谷平原和湖边平原，加上受印度洋季风的影响，藏南地区"天时较宜，雨泽亦多"①，是世界上降水量最大的地区之一，不但适合农业生产，而且地势平坦，也适合人们的居住和往来交流，"故西藏之农村、都邑、寺庙，皆密布于此河流本、支流所在之地"②。历史上藏南地区的南部就是雄伟的喜马拉雅山脉，在成为西藏地区天然屏障的同时，也极大地阻碍了藏南与山脉南边的廓尔喀（尼泊尔）、哲孟雄（锡金）、布噜克巴（不丹）等国家的交通往来。由于受到恒河的侵蚀，喜马拉雅山脉在西藏与印度的相接地区，即今墨脱一带形成河谷，成为西藏与南边邻国之间交往的主要通道。

2. 藏东地区

藏东地区包括西藏与四川、云南相接的地区，即今天的昌都地区，分布着丹达山与怒江、澜沧江和金沙江三条大河及其支流，海拔高，气温低，人民多以游牧为生。只有怒江、澜沧江"沿江一带，气候中和"③，"稍有耕种者，沿水而居"④，有少量的农业产区。

---

① 洪涤尘：《西藏史地大纲》，正中书局，1936年，第27页。
② 任乃强：《西藏的地理区划》，陈家琎：《西藏地方志资料集成》第一集，中国藏学出版社，1999年，第2页。
③ 《科麦县志略》，陈家琎：《西藏地方志资料集成》第二集，中国藏学出版社，1997年，第164页。
④ 《硕督县志略》，陈家琎：《西藏地方志资料集成》第二集，中国藏学出版社，1997年，第182页。

东西走向的丹达山是西藏地区前藏和喀木的分界线,加上三条大河的阻隔,喀木和前藏之间的交通也十分不便,"山河之险远胜内地,一夫把隘,万众趑趄"[①]。虽然历史上有"茶马古道"贯通西藏和内地,但是大多只是小路。

3. 藏北地区

藏北地区是指位于昆仑山、唐古拉山和冈底斯山、念青唐古拉山之间的区域,主要是指羌塘高原和昆仑山区。

羌塘高原是青藏高原海拔最高的地方,温度极低,气候干燥,虽然分布有大量的湖泊,但多为咸水湖。由于海拔高、温度低,分布着大片冻土,极不适合农作物的生长,大部分地区都是"无人区",只有在南部接近冈底斯山和念青唐古拉山的地区,分布有牧草,是西藏重要的牧区。

昆仑山区在西藏的最北边,是整个西藏气温和降水量最低的地方,也不适合人类居住。而越过昆仑山,便是我国最大的塔克拉玛干沙漠,不但无人居住,甚至人迹罕至。

综合而言,西藏的三大地理区域,只有藏南地区的雅鲁藏布江沿线是适宜人类居住的地方,不但气候适宜,而且农业有一定的发展,历史上是西藏城市相对集中之地。但是,与内地相比较,藏南地区仍然海拔高、空气稀薄,内地人"初至其地,甚觉困疲,稍一动作,即喘急异常,不能久留",即便是久住之人,也"往往觉其心脏神经消化皆甚不便"[②]。因此,在高山大河所造成的交通不便和气候所导致的生活不便等多重因素影响之下,西藏地区的人口极少,这也极大地限制了西藏城市的发展。虽然在清代的典籍之中,前藏向有三十一城之说,但就其人口而言,人口在两万以上的,即便是在民国时期也只有拉萨和日喀尔公喀尔(贡嘎)两座城[③],其他的小城都不过几百户几千人而已,城市用地规模也都普遍很小。

(二)交通地理对西藏城市分布的影响

1. 驿路官道修筑对城市分布的影响

早在元朝中央政府将西藏纳入统一的管辖之后,就开始注意对西藏的陆路交通进行建设,修筑了多条驿路官道。从元明到清代,建成三条从内地进入西藏的驿路,分别是甘藏驿道、滇藏驿道和川藏驿道。

青藏之间的交通兴起较早,从西宁到拉萨之间的路程在古时是丝绸之路的一部分,在清代之前就是入藏官道,但是因为沿线要经过青海蒙古的草原,这些地区多为荒无人烟之地,因而清以后就把入藏官道改为从成都出发经打箭炉(今四川康定)到拉萨的川藏线,于是甘藏驿道逐渐冷清。滇藏之间的交通,一般指从中甸到拉萨的路程,中间经洛隆宗到达拉萨,沿路崇山峻岭,道路险阻。川藏驿道在清代

---

① 黄沛翘:《西藏图考》,西藏人民出版社,1982年,第82页。
② 洪涤尘:《西藏地理》,陈家琎:《西藏地方志资料集成》第一集,中国藏学出版社,1999年,第9页。
③ 尹扶一等:《西藏纪要》,蒙藏委员会编译室,1930年,第29—32页。

是从内地进入西藏的主要官道，故而"驻藏大臣往返皆以四川为正驿，而互市与贡道亦皆在打箭炉"①。

川藏驿道是指从成都到雅安府，再经打箭炉到拉萨之间的线路。清代之前，由于丹达山和金沙江、澜沧江、怒江的阻隔，川藏驿道的交通往来同样艰险异常。康雍乾三朝，清政府几次出兵西藏，都是从四川派兵，一路上劈山开路，架设桥梁，"十余年来，官兵往返其间，崇山鸟道，尽属坦衢，荒服穷陬，咸沾德化"②。在此基础之上，清政府在沿途设置驿站，驿道路线如下：打箭炉—里塘—巴塘—江卡—察雅（乍丫）—昌都（察木多）—嘉峪桥—洛隆宗—硕班多—拉里—江达—墨竹工卡—德庆—拉萨。清政府在驿路沿线设立了大量的塘、汛。塘的作用主要是传递公文和信件，汛则属于军队建置，都设立在交通要冲之处，"遇沿边、沿海、沿江处所及大道之旁，皆按段置立墩堡，分驻弁兵，是为差防兵"。不但可以控制路途险要之处，还可以维护驿路上交通安全。清政府由四川派兵驻守川藏线各汛，这些官兵深入西藏地区，其中部分人与藏民通婚，逐渐定居下来，在川藏沿线形成聚落，"承平之世，番境宁谧，官弁员丁，静居无事，多娶番妇，营生业，或设商店，或垦荒土，渐次兴家立业，繁衍子孙……大凡康藏大道沿线汉民，十分之九，皆军台丁吏之遗裔"③。

从打箭炉到拉萨，中途在察木多形成了重要的城市昌都。昌都在西藏主要城市中兴起较晚，但发展甚快，地位重要。昌都地区在吐蕃噶尔家族执政时期被武力纳入藏区。④ 昌都"三山环逼，二水合流，为西藏门户，界通川滇"⑤，是川藏线的重要站点之一，清中期以后一直是藏东地区的政治和文化中心。雍正年间，清政府在此设立驿站，驻扎官兵，开始建城。雍正八年建土城一座，"内为粮台、游击及千把、外委各衙门，自设治以粮台为县署。南门外为万寿宫，有观音阁，南北一街，人民二百余户环城而居"⑥，逐渐成为西南重镇，是康藏交往的枢纽城市。

2. 商道对西藏城市的影响

西藏自古就有著名的"茶马古道"，茶马古道沿线的城镇由于茶马互市得到一定的发展。到了清代，由于战争的结束和经济的发展，马匹的需求量大为减少，马市逐渐淡出，取而代之的是"边茶贸易"，以四川砖茶为最大宗。

清代川茶，往北运到甘肃甘南藏区，往西运到拉萨，络绎不绝的商人马队蜿蜒于高山大河之间，逐渐开拓出川藏茶道。为了行商安全，为了维护贸易的顺利进行，清政府在茶道沿线设立驿站，便利了商人们的行走，使边茶交易更加深入藏区。

---

① 黄沛翘：《西藏图考》，西藏人民出版社，1982年，第78页。
② 焦应旗：《西藏志》，成文出版社，1968年，第142—143页。
③ 伍非百：《清代对大小金川及西康青海用兵纪要》，民国二十四年铅印本。
④ 土呷：《吐蕃时期昌都社会历史初探》，《西藏研究》，2002年第3期。
⑤ 松筠：《卫藏通志》卷四《程站》，西藏人民出版社，1982年，第235页。
⑥ 刘赞廷：《昌都县志略》，《西藏地方志资料集成》第三集，中国藏学出版社，2001年，第4—5页。

川藏茶道从四川打箭炉，经东俄洛、泰宁、道坞、炉霍、甘孜、德格到察木多，此后与官道重合。大量商贩行走其间，交易量大，"经过崎岖险峻之山道。输入于西藏。年由打箭炉输致于巴塘者约一千万斤"①。边茶贸易的发展，不但促进了藏区的物资流通，也促进了沿线商业市镇的发展。特别是清政府在四川打箭炉设立茶市之后，打箭炉以东地区的茶叶运输以脚夫背运，川西藏区的打箭炉、松潘等地脚夫云集，商贾辐辏，人口增多，渐成城镇。

由于地理条件的限制，打箭炉以西往西藏方向，采用骡马驮运。对西藏地区而言，受茶道影响比较大的是喀木地区，如察木多。由于处于官道和商道的汇合之处，察木多不但行政人员和驻藏官兵往来不绝，且"蜀商滇客，辐辏而至"②，汉商与藏民杂居，人口增加的同时，城市经济也得到很大发展。

除了与内地相联系的茶道外，西藏还有一条通往新疆的商路——新藏线，路线如下：拉萨—曲水—白地（拜的）—江孜—日喀则—罗多可，最后翻越昆仑山到达新疆的和阗和叶尔羌。但是由于河流和湖泊众多，这条路只能在冬天河流湖泊水面结冰之后才能在冰面上行走，"夏日则水潦漫衍，无人问津"。再加上羌塘高原和阿里地区的严酷气候，行走于这条路的行人非常有限。

西藏毗邻多个国家，因而很早就与相邻国家有着密切的贸易往来，由此形成了多条商道。一是往印度：拉萨—白地（拜的）—春堆—江孜—帕里宗—亚东—大吉岭，或者为噶大克—罗多克—拉达克—印度；二是往不丹：拉萨—白地（拜的）—春堆—不丹；三是往尼泊尔：日喀则—定日—聂拉木—加德满都。③ 通过这些商道，西藏的边贸十分兴盛，"其布匹绸缎、绫锦等项，皆贩自内地。有白布回民贩卖氆氇、藏锦、卡契缎布等类，皆贩自布鲁克（不丹）、巴勒布、天竺（印度）等处"④，由是也产生了一些商业城市。

例如罗多克，不但是西藏与新疆之间重要的交通站点，也是中印之间的交通要冲，其城"西北通拉达克，东北通新疆和阗，东南通前藏，大道四出，交通称便，贸易亦颇兴盛，为西藏西北隅之一小都会也"⑤。

又如定日，地处喜马拉雅山脉，世界最高峰珠穆朗玛就在境内，海拔高，且交通不便，清前期是个人口不过250户的小山庄，但是由于其处西藏与尼泊尔之间的商道之上，且在中尼边境，藏族民众和尼泊尔民众多在此处交易。同时，它还是聂拉木、济隆等后藏城市通往前藏的必经之路，因此贸易兴盛。"平时虽觉寂寥，然至开市及有事时，则附近人民辐辏而至，帐幕云连……荒凉之乡，俄变为繁华之

---

① 尹扶一等：《西藏纪要》，蒙藏委员会编译室，1930年，第56—57页。
② 黄沛翘：《西藏图考》，西藏人民出版社，1982年，第232页。
③ 洪涤尘：《西藏地理》，陈家琎：《西藏地方志资料集成》第一集，中国藏学出版社，1999年，第13页。
④ 焦应旗：《西藏志》，成文出版社，1968年，第124页。
⑤ 洪涤尘：《西藏地理》，陈家琎：《西藏地方志资料集成》第一集，中国藏学出版社，1999年，第20页。

境"①，因而到清代后期定日成为后藏地区的一个重要的商业都市。

（三）经济因素对西藏城市分布的影响

清代中前期，边茶贸易和边境贸易促进了西藏城市的发展，在西藏形成了一些商业市镇。清末，软弱无能的清政府在英帝国主义的胁迫之下，被迫开放了亚东、江孜和噶大克等西藏口岸，这些口岸城镇在殖民经济的刺激下，逐渐发展成为城市。

亚东本来只是中印边境的一个小山村，被强行辟为商埠之后，清政府在此设立了西藏第一个海关。此后，亚东开埠，英属印度与西藏间的贸易节节攀升，也带动了村落的发展，逐渐成为城市。"亚东，为通西（锡）金国境之一小市也。清光绪十九年始以此地为互市场，自后日兴月盛，遂成西藏惟一之商埠。由印度及广东方面所来之输出、入品，皆须经过此地。"②

江孜，又称"季阳则"，位于前藏的西南部，对内与定结、帕里宗等后藏城市相通，为藏区各城市之间的交通枢纽；对外与不丹、锡金等相邻，印度、不丹等地进入西藏，多取道江孜，是藏南部地区的交通要隘，地理位置十分重要。光绪三十二年（1906）开埠之后，江孜成为西藏和不丹之间的主要交易市场，并逐渐超越亚东，"商业地位，亚于拉萨、日喀则，而甲于亚东、噶大克，为西藏第三大都会也"③。

噶大克在开埠前也不过是阿里地区的一个小村镇，地处偏僻，交通不便，气候寒冷，夏季和印度之间的交易颇为兴盛，冬季则因大雪封山而人迹罕至，因此每年的交易时间非常短暂。然而时人将其归入西藏重要城市之列，应该是由于噶大克得天独厚的地理位置，往东可通日喀则、拉萨，往西可至波斯和阿富汗，往南可达印度、尼泊尔，往北可到新疆，"其地当四达之冲……为藏境西陲之锁钥也"④。

然而和内陆地区的其他开埠城市相比，西藏的商埠城市不仅数量少，其规模也甚小。在江孜和噶大克开埠之前，亚东是西藏的唯一开埠城市，藏印之间的贸易都在此进行。从1894年5月到1898年年底，亚东关的进出口货物累计为180多万两。⑤而东北第一个开埠的城市营口，仅1895年一年，其进出口货物就到了946.6万两⑥，远远高于亚东商埠。

这与亚东的地理条件有很大的关系。虽然一直是通往印度的咽喉所在，但是由于亚东海拔高，进出多经过高山深谷，交通极为不便。英政府在亚东80里远的大

---

① 陈观浔：《西藏志》，巴蜀书社，1986年，第89—90页。
② ［日］山县初男：《西藏通览》，华文书局，1969年，第308页。
③ 洪涤尘：《西藏地理》，陈家琎：《西藏地方志资料集成》第一集，中国藏学出版社，1999年，第19页。
④ 洪涤尘：《西藏地理》，陈家琎：《西藏地方志资料集成》第一集，中国藏学出版社，1999年，第18页。
⑤ 刘武坤：《西藏亚东关史》，中国矿业大学出版社，1997年，第41页。
⑥ 营口市地方志编纂委员会办公室：《营口市志》第一卷，中国书籍出版社，1992年，第38页。

吉岭修筑铁路，使印藏之间的贸易环境大为改观，但是西藏内部通往亚东的交通状况依旧没有得到改善，"我国之至西藏，行程数月，备受艰苦"①。与之相比，内地的开埠通商口岸的交通都有很大的改善，甚至东北的营口原本交通不发达，但开埠后辽河航运舟楫往来快捷，同时还是中东铁路的重要站点和渤海海运的重要港口，水陆交通极为便利，货物的流通速度快，贸易量也因此大增，城市发展迅速，也带动了周边的城市发展。

因此，亚东等西藏城市在开埠的刺激之下，虽然贸易有所发展，被史籍记录为"都会"，但是其城市规模都非常小。彼时，卫地最大的城市日喀尔公喀尔城，其人口也不过"番民二万余家"②，更不用说边远的亚东了。

（四）宗教因素对西藏城市分布的影响

清代西藏是一个全民信教的地区，藏传佛教在西藏人民的生活中占有非常重要的地位。清朝建立后，为了加强在西藏的统治，清廷极力避免与西藏本土文化发生冲突。为达到西藏社会安定的目的，清廷大力提倡和利用藏传佛教，以此作为思想统治的工具，在西藏实行政教合一的统治政策。

由于统治者的提倡、鼓励和支持，藏传佛教在清代的西藏达到鼎盛时期，寺庙作为信徒参与宗教生活的重要场所，不管是在地位上还是数量上，都对西藏的城市产生了重要影响。西藏的两个最重要的城市——拉萨和日喀则都与寺庙有着密切的关系，拉萨围绕大昭寺和小昭寺发展而成，日喀则以扎什伦布寺为中心逐渐扩展而成。清代，寺庙遍布西藏各地，不能说所有的寺庙所在地都发展成为城市，但每个重要的城市，一定都有寺庙的存在。乾隆年间，前藏有大小寺庙3150余个，后藏则有327个。③ 不管是大城市，还是穷乡僻壤大小村落，凡是有人聚居的地方，都有寺庙的踪迹。藏族、蒙古族各族为了他们的信仰，不远千里前往拉萨等城市参拜、朝圣，一些重要的寺庙周围集聚起众多人口。如江卡，有"汉人寺在南墩，每年七月，巴（巴塘）、察（察木多）二地客民皆云集贸易，如内地庙会"④。乍丫在江卡的西南边，其名字就来自于"札雅庙"，原来属于吐蕃，吐蕃王朝衰落之后，其民众渐散，各自成为部落，直到明清之际，"有蕃僧……与其徒创立寺院讲经，蕃人归之"⑤。

藏族人民信仰佛教，家中如有多个孩子，一般都会有一个或者几个入寺为僧。西藏社会普遍奉喇嘛为上层阶级，藏区的人民也愿意成为僧侣。据统计，在乾隆年间，达赖管辖范围内有喇嘛302500多人，班禅管辖范围内，有喇嘛13700余人。

---

① 洪涤尘：《西藏地理》，陈家珅：《西藏地方志资料集成》第一集，中国藏学出版社，1999年，第18页。
② 穆彰阿、潘锡恩等：《嘉庆大清一统志》卷五百四十七《西藏》，《四部丛刊续编》影旧钞本。
③ 黄沛翘：《西藏图考》，西藏人民出版社，1982年，第77页。
④ 黄沛翘：《西藏图考》，西藏人民出版社，1982年，第77页。
⑤ 姚莹：《康輶纪行》，黄山书社，1990年，第3页。

清朝中后期，西藏喇嘛的人数更是迅速增加，仅布达拉宫就有喇嘛两万多人。① 在藏传佛教之中，黄教格鲁派最盛，戒规严格，严禁娶妻，这就导致了西藏地区人口出生率下降，人口总数长期增长缓慢，这也在某种程度上限制了西藏城市的发展。

二、清代西藏地区的城市分布

由于特殊的高原地理环境的制约，经济的不发达，以及人口总量不多，长期以来，西藏城市的数量有限，城市的规模也不大。除了少数具有中心地位的城市功能较完善外，相当一部分城市的功能都不完善。西藏的"城"并不像内地的城镇一样由城池围合而成，而是"凡有官舍、民居之处，于山上造楼居，依山为堑，即谓之城"②。西藏特殊的自然地理环境使藏民多造楼而居，这些"楼居"被称为碉房，一般都建在制高点上，利于防御，因而只要有官府的碉房建筑以及民居，都可以被称之为"城"。据康熙年间《西藏详图》和《三藏分界图》记载，西藏被称之为"城"的人口聚居地有数十个：喇萨、得秦城、奈布东城、垂佳普郎城、野尔古城、满撮纳城、札木达城、古鲁纳木吉牙城、工布硕卡城、朱木宗城、达克布冬顺城、则布拉冈城、达克博奈城、第木宗城、日噶牛城、楚舒尔城、日喀尔公喀尔城、拜的城、多宗城、僧格宗城、董郭尔城、第巴达克匝城、伦朱布宗城、墨竹贡噶尔城、蓬多城、达克布谷音那木加城、直谷城、鸟噶达尔萨城、裕勒佳阿杂城、日喀则、林奔城、纳噶拉则城、拜纳木城、江孜城、乌雨克灵喀则城、定结城、罗西噶尔城（定日）、帕尔宗城（帕里）、盆苏克灵城、吉龙、阿里宗城、聂木拉城、尚纳木林城、章拉则城（拉孜）、章阿布林城（卡噶、昂仁）、堆冲城、桑阿曲宗城、匝作里冈城、达尔宗城、洛隆宗城、硕般多城、索克宗城、贡觉城、布拉木达克喇城、古格扎什鲁木布则城、鲁多克城、则布龙城、刷宗城、苏尔洞宗城、博尔宗城、拉达克城、毕底城、嘎尔多木城、冲龙城、扎西冈城、日地城、楚木尔地城、第穆冈地城。③另有巴塘、理塘、节达木（中甸）等城，康熙五十五年（1716），清政府将巴塘、理塘划归四川，节达木则划归云南。又据魏源《西藏后记》记载：乾隆年间全藏所辖60余城，卫地为30城，藏地为18城，喀木为9城，阿里为12城。④《嘉庆大清一统志》记载西藏地区辖有60余城。从清初到嘉庆年间，西藏地区的城市变化不大，其分布见表5-14：

---

① 洪涤尘：《西藏地理》，陈家琎：《西藏地方志资料集成》第一集，中国藏学出版社，1999年，第31页。
② 穆彰阿、潘锡恩等：《嘉庆大清一统志》卷五百四十七《西藏》，《四部丛刊续编》影旧钞本。
③ 朱平汉：《清代政区沿革综表》，中国地图出版社，1990年，第417—420页。
④ 魏源：《西藏后记》，《圣武记》卷五，世界书局，1936年，第152页。

表 5-14　清代中前期西藏城市分布一览表

卫地诸城	
喇萨城	本无城，有大庙，今达赖喇嘛居于此
得秦城	在喇萨东南三十八里
奈布东城	在喇萨东南二百二十里
桑里城	在喇萨东南二百五十一里
垂佳普朗城	在喇萨东南二百六十里
野而古城	在喇萨东南三百一十里
达克匝城	在喇萨城东南三百三十七里
则库城	在喇萨东南三百四十里
满撮纳城	在喇萨东南四百四十里
拉巴随城	在喇萨东南四百四十里
扎木达城	在喇萨东南五百四十四里
达喇马宗城	在喇萨东南五百六十里
古鲁纳木吉牙城	在喇萨东南六百二十里
硕噶城	在喇萨东南六百四十里
朱木宗城	在喇萨东南七百五十里
东顺城	在喇萨东南七百七十里
则布拉冈城	在喇萨东南八百七十里
纳城	在喇萨东南九百六十里
吉尼城	在喇萨东南九百八十里
日噶牛城	在喇萨西南三十里
楚舒尔城	在喇萨西南一百一十五里
日喀尔公喀尔城	在喇萨西南一百四十里，有番民二万余家，为卫地最大之城
岳吉牙来杂城	在喇萨西南三百三十里
多宗城	在喇萨西南四百二十里
僧格宗城	在喇萨西南四百三十里
董郭尔城	在喇萨西二十五里
第巴达克匝城	在喇萨东北九十二里
伦朱布宗城	在喇萨东北一百二十里
墨鲁恭噶城	在喇萨东北一百五十里
蓬多城	在喇萨东北一百七十里

续表

藏地诸城	
日喀则城	在喇萨西南五百三十三里，为班禅喇嘛所居，户二万三千余，兵五千三百余
林奔城	在日喀则城东一百九十一里
纳噶拉则城	在日喀则城东二百五十里
拜的城	在日喀则城东三百三十二里
拜纳木城	在日喀则城东南七十里
季阳则城	在日喀则城东南一百二十里，户三万余，兵七千五百余
乌雨克灵喀城	在日喀则城东南三百七十里
丁吉牙城	在日喀则城西南四百一十里
罗西噶尔城	在日喀则城西南五百四十里
帕尔宗城	在日喀则城西南六百四十里
盆苏克灵城	在日喀则城西南七百二十三里
济隆城	在日喀则城西南七百四十里
阿里宗城	在日喀则城西南七百六十里
尼牙拉木宗城	在日喀则城西南七百八十里
尚纳木林城	在日喀则城西北一百一十里
章拉则城	在日喀则城西北八百一十里
章阿布林城	在日喀则城西北九百零七里
喀木（康）诸城①	
桑阿充宗城	在巴塘城西南六百里
匝坐里冈城	在巴塘城西北三百五十里
薄宗城	在巴塘城西北六百里
苏尔莽城	在巴塘城西北八百里
罗隆宗城	在巴塘城西北八百五十里
解冻城	在巴塘城西北九百五十里
舒班多城	在巴塘城西北一千一百五十五里
达尔宗城、索克宗城	俱在巴塘城西北一千二百二十里
滚卓克宗城	在巴塘城北二百八十里
阿里诸城	
布拉木达克喇城	距喇萨西南二千五百余里，其所属有喀尔多木、日底二城

---

① 《嘉庆大清一统志》中另有巴塘城、理塘城和中甸，今不录。

续表

阿里诸城	
古格扎什鲁木布则城	在喇萨西南二千四百九十余里,其所属有冲龙、则布龙、楚尔木的三城
拉达克城	在喇萨西南三千七百五十余里,其所属有扎石刚、丁木刚、喀式三城
毕底城	在喇萨西南三千八百余里
鲁多克城	在喇萨西北二千九百三十余里

穆彰阿、潘锡恩等:《嘉庆大清一统志》卷五百四十七《西藏》,《四部丛刊续编》影旧钞本。

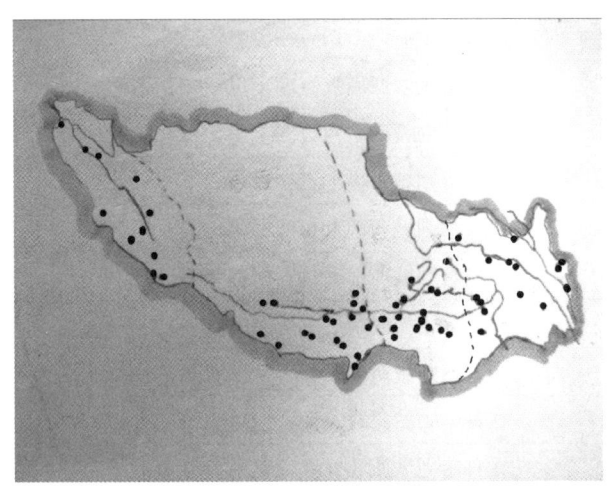

图5-11 嘉庆年间西藏的城市分布示意图

据《嘉庆大清一统志》《中国历史地图集·清时期》绘制。

从图5-11可以清楚地看到,前藏南部和后藏南部的城市密度明显高于其他地区,且集中分布在雅鲁藏布江流域,"诸河流之西藏,不过经其一隅,而雅鲁藏布江则自西徂东横亘全境,前后藏重要都会亦大抵皆在此河之流域"[①]。西藏城市绝大部分沿雅鲁藏布江及其支流分布,形成了以拉萨为中心的前藏城市群以及以日喀则为中心的后藏城市群。另外还有藏东喀木地区和阿里地区,喀木地区的城市以巴塘为中心,分布在澜沧江和怒江沿线;阿里地区的城市则分布在拉楚河沿岸。而藏北地区无一城市分布,这与西藏的地形关系密切。

阿里地区地处藏西北高海拔地区,气候条件恶劣,生态环境脆弱,经济发展落后,人口数量极少,因而城市数量少,规模小,发展十分缓慢。阿里地区地处偏远,与内地往来不方便,与西藏的中心城市拉萨也相距较远。阿里地区是西藏文化的发源地之一,因该地区在漫长的地势运动中被逐渐隆起的冈底斯山所阻,"此区

---

① 邵钦权:《卫藏揽要》,成文出版社,1968年,第47—48页。

第五章 清代内陆边疆地区的城市分布

沉滞未进,反被认为域外"①,只有西南部有小片区域发展了农业,因此阿里地区的城市也多分布于此,历史上著名的古格王国就坐落在这片区域。

关于阿里地区的城市分布,《嘉庆大清一统志》有以下记载:阿里诸城,布拉木达克喇城,布拉木之地,距拉萨西南二千五百余里,其所属有喀尔多木、日底二城。又古格扎什鲁木布则城,喇萨西南二千四百九十余里,其所属有冲龙、则布龙、楚木尔的三城。拉达克城,在喇萨西南三千七百五十余里,其所属有扎石刚、丁木刚、喀式三城。毕底城,在喇萨西南三千八百余里。鲁多克城,在喇萨西北二千九百三十余里。

清代后期,噶大克是西藏阿里地区最大的城市,位于象泉河畔。罗多克也是西藏阿里地区的重要城市,地处诺和湖的南面。此外,阿里地区以四宗六本驻地为中心,逐渐形成一系列城镇,这些城镇作为政治军事堡垒的同时,也逐渐发展为季节性商业中心。②

阿里地区除了噶大克外,重要的地方城市还有布拉木达克喇城、古格扎什伦博和鲁多克城。③然而各城规模皆小,即使有名的罗多克也仅为西藏西北的一个小城镇,它西北通拉达克,东北通新疆和阗,东南通前藏,大道四出。比如诺和城,在诺和湖之东北岸;札锡冈城,在印度河上流之南岸;泽布隆城,在萨特里日河之南岸,市况均大致相同。④

康藏地区的城市体系基本上是按照交通的走势和商业贸易的发展而形成,最主要的交通商贸通道便是由四川沿康藏通往卫藏地区的道路。清季,昌都是康区的政治、宗教、经济中心,但民国初年以后,因长期的战事导致昌都衰落,故而打箭炉取而代之,成为康藏区域的中心城市,昌都、巴安次之,察雅、硕督、宁静又次之,另有安良、雅江、理化、思达、嘉黎、大昭等城市。

清代,四川在治藏安藏过程中的作用大大提高,驻藏的官员、派遣的戍军所需之粮饷,基本上都由四川供应。四川与西藏商贸关系密切,以茶为主,包括土产百货等各种物资的汉藏贸易兴起。康熙四十一年(1702)正月,"命喇嘛达木巴色尔济、郎中舒图、员外铁图等往打箭炉地方,监督贸易。"⑤ 自此,打箭炉商贸正式开始,各地商人云集。商务日趋繁盛之后,又于大渡河上建泸定桥,打箭炉成为川茶输藏的集散地和川藏茶马大道的交通枢纽。康熙五十七年(1718),为平定准噶尔乱藏,开辟了自打箭炉经里塘、巴塘、江卡(芒康)、察雅至昌都的川藏南路大道,沿途设立粮台、塘铺。由于这条路主要供驻藏官兵和输藏粮饷来往使用,故习

---

① 任乃强:《西藏的自然区划》,陈家琎:《西藏地方志资料集成》第一集,中国藏学出版社,1999年,第4页。
② 黄博:《清代西藏阿里的域界与城邑》,《中国藏学》,2009年第4期。
③ 黄博:《清代西藏阿里的域界与城邑》,《中国藏学》,2009年第4期。
④ 洪涤尘:《西藏地理》,陈家琎:《西藏地方志集成》第一集,中国藏学出版社,1999年,第20页。
⑤ 《清实录》第六册《圣祖仁皇帝实录》3卷二百零七"康熙四十一年正月丙午"条,中华书局,1985年。

惯上称之为"川藏官道"。自打箭炉出口至藏，计程不及 5000 里。共安台 84 处，安汛 13 处。内拨浪工（把总 1 名，兵 10 名），里塘（把总 1 员，兵 25 名），海子塘（兵 8 名），立登三坝（兵 10 名），大所（兵 10 名），巴塘（守备 1 员，兵 50 名，总管自察木多东乍丫至打箭炉一路之塘汛），江卡（把总 1 员，兵 20 名），梨树（兵 10 名），石板沟（兵 8 名），阿足（把总 1 员，兵 20 名），乍丫（把总 1 员，兵 30 名），昌都（原驻云南官兵 1000 名，雍正十二年内减撤 400 名），说板多（把总 1 员，兵 50 名，后减撤 30 名），拉里（把总 1 员，兵五十名，后减存兵 5 名），江达（守备 1 员，兵 120 名，后驻千总 1 员，兵 40 名）。

清中期以后，打箭炉的地位变得越来越重要，随着商业贸易的发展，政治地位也不断提高，由此进一步推动了城市的发展。光绪三十四年（1908），清廷在打箭炉旧地设康定府，隶川边安康道。民国元年（1912），四川总督尹昌衡奉命西征，设西征司令部于康定。除康定外，康区的重要城市还有昌都、巴塘、泸定、甘孜等，各城市之间除政治联系外，经济、文化联系也十分密切。

昌都是成都与拉萨交通线中途的一个节点，在清代是川藏交通要道上重要的枢纽和藏东地区的政治、经济、文化、交通中心。雍正八年（1730），建土城一座，内设粮台、游击及千把、外委各衙门。道光年间，昌都城后山上有喇嘛数千，山下土城为游击、戍兵及粮务驻所，城外藏民四五百户，汉人贸易者，数十家，与藏民杂处。清中叶，驻藏大臣松筠谈及昌都，认为此"乃川、滇、西藏三界之中最为重地"，为"扼要之区"，"东走四川，南达云南，西通西藏，北通青海"，"为西藏门户"。意大利学者伯戴克在《十八世纪前期的中原和西藏》中也写道："昌都是西藏东部交通的枢纽。"清末驻藏大臣联豫在上书光绪帝时就奏称昌都"为入藏通衢"。清季，昌都"居民六七百户，大小喇嘛寺甚多。汉人居此者亦不少。设有军粮府治理之"。人口的集聚带来与其相联系的商业的发展，昌都"贸易已达到了年 8 万英镑，主要是用鹿茸、麝香、黄金和白银来交换丝绸、棉纺品和家庭日用品"。昌都为康藏北部的商业贸易中心，汇集了来自江乍、同普以及三十九族、八宿类鸟齐恩达等处的山货药材，青海玉树的食盐，云南丽江的鸦片、粉条、木碗、黄糖、火腿。四川经康定运藏的茶叶、皮匹、贫烟、绸缎、哈带，以及西藏内运的毛织物、纸烟等均经过昌都。当时县城共有户口 500 余家，昌都有居民 2 千余人，其中汉居 1/10。① 民国以后，因康藏冲突，昌都逐渐衰落。

巴塘东接乡城、理塘县，南连得荣县，西隔金沙江与西藏芒康、盐井、贡觉县和云南省德钦县相望，北与白玉县交界。雍正七年（1729），清政府置巴塘宣抚司，下辖 7 个土百户。光绪三十三年（1907），赵尔丰改土归流后始设县，次年设为巴安府治。1925 年隶属西康特别行政区，有居民 1 万余人。商品输入的为四川、印度、西藏等地所产丝绸、烟及汉广杂货、布匹；输出的为药材、皮毛、褥子等。

泸定位于雅安和康定之间，界于邛崃山脉与大雪山脉之间，大渡河由北向南纵

---

① 游时敏：《四川近代贸易史料》，四川大学出版社，1990 年，第 51 页。

第五章 清代内陆边疆地区的城市分布

贯全境,是进藏出川的咽喉要道,素有康区东大门之称。1911年,赵尔丰经略川边,大力推行改土归流,改为县治。1930年县城商铺30余家,其中陕商有8家。货物从四川入口的为纸、布、盐、茶、杂货,运至泸定再转销康定。[①]

甘孜位于康区西北部,雅砻江上游,在清代属于扎撒、麻书、白利三土司领地。1911年,改土归流,撤销三土司。

清代晚期,由于外力的入侵,中国城市发生巨大的变化,特别是东中部的城市开始出现早期现代化转型,城市空间分布有较大变化,特别是大中城市的空间分布有较大变化。西藏虽然受到现代化浪潮的冲击,但城市分布却差别不大。成书于光绪时期的《西藏图考》对于西藏城池的记载与清代嘉庆年间的变化不大,如察木多地区比《嘉庆大清一统志》中"喀木诸城"反而少了洛隆宗城和硕般多城,归入"其他城市"之列;前藏城市比《嘉庆大清一统志》中"卫地诸城"中多出札什城;后藏城市与《嘉庆大清一统志》中"藏地诸城"一致;阿里地区城市与《嘉庆大清一统志》中"阿里诸城"一致。《西藏图考》中属于"其他城市"的还有:

江卡:守备署在江卡;

乍丫:乍丫土城周围约百余丈……守备署在乍丫;

类伍齐:类伍齐土城周二百余丈;

洛隆宗:官寨即名洛隆宗藏委碟巴住坐之所,本处居民在官寨对门小河岸居住,俱筑土为室;

硕般多:硕般多城筑土甃石为城……僧众俱在城内修建房屋,环绕居住;

达隆宗:与硕般多同;

拉里:剌麻(喇嘛)俱住山上寺内,番民住土房者仅十余户,居黑账房者百余户;

成书于光绪三十三年(1907)的《西藏通览》中有"都邑"记载[②]:

拉萨:前藏首府……市廛杂列其间,商贾辐辏,街市繁盛,人口约五万余,有法王宫殿、驻藏大臣等衙门;

札什伦布:后藏首府……人口约二万;

类乌齐:为喇嘛红教胡土克图所驻之地;

硕般多:有城郭,人民悉住城内,盖已脱番风,筑室而居;

泽当:前藏之一都府……市街稍繁,贸易亦盛,地甚膏沃,以无数村落、大小寺院夹河棋布;

察木多:自拉萨出打箭炉之要路……人口约一万二千,其间有四分之一系喇嘛僧侣;

墨竹工卡:其区域狭小,惟风景最佳,田畴相连,土民从事耕作,与支那

[①] 游时敏:《四川近代贸易史料》,四川大学出版社,1990年,第47—48页。
[②] [日]山县初男:《西藏通览》,华文书局,1969年,第303—308页。

本部无异；

洛隆宗：藏炉往来要津之一，市镇土地丰沃；

嘉裕桥：由洛隆宗东八十里……土人称为三霸桥，为西藏著名大桥；

萨伽：后藏之一都府，有大喇嘛庙，为胡土克图所驻，市街之大，约札什伦布之半，阛阓罗列，买卖尚旺，其商贾半系捏（尼）泊尔之尼瓦尔族；

聂拉木：有三百余户之市镇，由捏（尼）泊尔通西藏以此为第一要冲，且系边境咽喉、军事重地；

济咙：约四百余户，为后藏南部一都府；

定日：约二百五十户，平时虽甚寂寥，然至开市及有事时，则附近人民辐辏而来，帐幕云连，市街雾拥，荒凉之境，俄变为杂沓之区，此地为西藏南陲之锁钥地；

亚东：为通西金（锡金）国境之一小市也……遂成西藏惟一之商埠。

成书于民国时期的《西藏史地大纲》也对西藏"重要城市"有所记载①：

首邑与商埠：拉萨、日喀则、亚东、噶大克、江孜；

属于前藏之城市：德庆、墨竹工卡、泽当、曲水、白地、旁多；

属于后藏之城市：帕里、干坝、拉孜、萨噶、聂拉木、济隆、定日；

属于阿里之城市：罗多克、诺和城、札锡冈城、泽布隆城。

表 5-15　清代西藏不同时期的城市

地区	中期	后期	今属
前藏	喇萨	拉萨	西藏自治区拉萨市
	得秦城	得秦城	西藏自治区达孜县
	奈布东城	奈布东城	西藏自治区乃东县
	垂佳普朗城	垂佳普朗城	西藏自治区琼结县
	野而古城	野而古城	西藏自治区曲松县加瓦乡
	满撮纳城	满撮纳城	西藏自治区错那县
	札木达城	江达	西藏自治区工布江达县
	古鲁纳木吉牙城	古鲁纳木吉牙城	西藏自治区郎县
	硕噶城	硕噶城	西藏自治区工布江达县雪卡乡
	朱木宗城	朱木宗城	西藏自治区林芝县觉木乡
	东顺城	冬顺城	西藏自治区隆子县
	则布拉刚城	则布拉刚城	西藏自治区林芝县嘎玛乡
	纳城	纳城	西藏自治区米林县

---

① 洪涤尘：《西藏史地大纲》，正中书局，1936年，第42—49页。

第五章 清代内陆边疆地区的城市分布

续表

地区	中期	后期	今属
前藏	吉尼城	吉尼城	西藏自治区米林县
	日噶牛城	日噶牛城（业党）	西藏自治区曲水县聂当乡
	楚舒尔城	楚舒尔城	西藏自治区曲水县
	日喀尔公喀尔城	日喀尔公喀尔城	西藏自治区贡嘎县
	多宗城	多宗城	西藏自治区洛扎县
	僧格宗城	僧格宗城	西藏自治区洛扎县生格乡
	董郭而城	董郭尔城	西藏自治区堆龙德庆县东嘎镇
	第巴达克匝城	地巴达克匝城	西藏自治区达孜县
	伦朱布宗城	伦朱卜宗城	西藏自治区林周县松盘乡
	墨鲁恭噶城	墨鲁恭噶城	西藏自治区墨竹工卡县
	蓬多城	蓬多城	西藏自治区林周县
	薄宗城	薄宗城（博窝）	西藏自治区波密县松宗镇
	则库城	则库城	西藏自治区措美县哲古镇
	桑里城	桑里城	西藏自治区桑日县
	达喇马宗城	达喇马宗城	
	拉巴随城	拉巴随城	西藏自治区加查县拉绥乡
	达克匝城	达克匝城（达尔玛）	西藏自治区措美县
		泽当	西藏自治区乃东县泽当镇
		达隆宗	西藏自治区边坝县
		拉里	西藏自治区嘉黎县
后藏	日喀则城	日喀则城	西藏自治区日喀则市
	林奔城	林奔城	西藏自治区仁布县
	纳噶拉则城	纳噶拉则城	藏自治区浪卡子县
	拜的城	拜的城	西藏自治区浪卡子县白地乡
	拜纳木城	拜纳木城	西藏自治区白朗县
	季阳则城	季阳则城	西藏自治区江孜县
	乌雨克灵喀城	乌雨克灵喀城	西藏自治区南木林县
	丁吉牙城	丁吉牙城	西藏自治区定结县
	罗西噶尔城	罗西噶尔城（协噶尔）	西藏自治区定日县
	帕尔宗城	帕尔宗城	西藏自治区亚东县帕里镇
	盆苏克灵城	盆苏克灵城	西藏自治区拉孜县彭措林乡

续表

地区	中期	后期	今属
后藏	济隆城	济隆城	西藏自治区吉隆县吉隆镇
	阿里宗城	阿里宗城	西藏自治区吉隆县
	尼牙拉木宗城	尼牙拉木宗城	西藏自治区聂拉木县
	尚纳木林城	尚纳木林城	西藏自治区南木林县
	章拉则城	章拉则城	西藏自治区拉孜县东
	章阿布林城	章阿布林城	西藏自治区昂仁县
		萨迦	西藏自治区萨迦县
		萨嘎	西藏自治区萨嘎县
		亚东	西藏自治区亚东县
		干坝	西藏自治区岗巴县
阿里	布拉木达克喇城	布拉木达克喇城	西藏自治区普兰县
	古格扎什鲁木布则城	古格扎什鲁木布则城	西藏自治区扎达县
	鲁多克城	鲁多克城	西藏自治区日土县
	则布龙城	则布龙城	西藏自治区札达县
	达拉克城	达拉克城	今属印控克什米尔
	喀尔多城	喀尔多城	西藏自治区普兰县
	冲龙城	冲龙城	西藏自治区扎达县
	札石岗城	札石岗城	西藏自治区噶尔县札西岗乡
	木日底城	木日底城	西藏自治区普兰县
	楚木尔	楚木尔	今属印控克什米尔
	丁木刚城	丁木刚城	今属印控克什米尔
	毕底城	毕底城	今属印度
	喀式	喀式	今属巴控克什米尔
		噶大克	西藏自治区噶尔县
喀木	桑阿充宗城	桑阿充宗城	西藏自治区察隅县
	匪坐里冈城	匪坐里冈城	西藏自治区左贡县田妥镇
	达尔宗城	达尔宗城	西藏自治区波密县
	罗隆宗城	洛隆宗城	西藏自治区洛隆县
	舒班多城	硕般多	西藏自治区洛隆县硕督镇
	索克宗城	索克宗城	西藏自治区索县
	滚卓克宗城	滚卓克宗城（锁庄子）	西藏自治区贡觉县

第五章 清代内陆边疆地区的城市分布

续表

地区	中期	后期	今属
喀木	苏尔莽城	苏尔莽城	西藏自治区墨脱县
	解冻城	解冻城	西藏自治区边坝县
		乍丫	西藏自治区察雅县

注：本表根据以下三部文献相关内容而制。
(1) 洪涤尘：《西藏史地大纲》，正中书局，1936年。
(2) 任乃强：《西藏辖县的探索》，《康藏研究》，第22期，1948年。
(3) 黄奋生：《藏族史略》，民族出版社，1985年。

根据各类史籍记载，有清一代，西藏城市略有增加，但变化不大。前藏的扎什城严格来说并不能算是城市，它只是拉萨城的一个附属城。雍正五年（1727），清政府在西藏设置驻藏大臣，同年留驻军队在拉萨城内。此后为了加强军队的集中管理与训练，减少清兵给拉萨市民带来的不便，于雍正十年（1732）在扎什地区另选址建城驻军，为清军在西藏的大本营，是拉萨城市的重要组成部分，进一步增大了拉萨的城市规模。

亚东和噶大克，清末开埠通商后开始进入城市的行列。而像泽当、达隆宗、拉里、萨迦、萨嘎、干坝、乍丫等新增加的城市，都是位于交通要道沿线，拉里"实察木多与西藏中通之咽喉"[①]，干坝"迤西定结连，路皆称险要"[②]。但这些城市的规模都较小，功能也不完善。

总体而言，西藏的城市规模很小，就其人口而言，西藏城市人口达2万以上者，仅拉萨、日喀尔公喀尔（贡嘎）、日喀则和江孜四城，其余多在万人以下，甚至不过几百户，如定日人口仅250户，帕里人口约2千，干坝人口约2千。但是对于人口基数本来就很少的西藏来说，这些城、都邑或是区域政治中心，或是区域贸易枢纽，都具备了一定的城市功能。

三、清代西藏城市分布的特点

（一）城市分布受自然条件的影响大

西藏地区海拔高，气温低，空气稀薄，高山冰川分布极为广阔，阿里地区由于其恶劣的气候和地理环境，相对而言，不适于人居住，甚至没有大的城镇，只有一些边境贸易的村镇。阿里地区虽然曾经建立过兴盛的古格王国，修筑过规模较大的都城，但是其都城到了清代只剩下一片废墟。而前藏和后藏的一江两河流域地区，

---

① 黄沛翘：《西藏图考》，西藏人民出版社，1982年，第98页。
② 黄沛翘：《西藏图考》，西藏人民出版社，1982年，第111页。

由于河流较平缓，有多个河谷平原，加之气候相对温和，人口相对密集，故城镇的分布也相对密集。

（二）城市分布不平衡

就地形地貌来说，西藏城市分布最集中的是在藏南雅鲁藏布江流域，前藏、后藏的重要城市大部分都位于此区域；次之为藏东地区的澜沧江和怒江流域，以及阿里地区，也是西藏与内地往来的重要门户通道所在，沿线都有城市分布；藏北地区几乎没有城市。

就地区划分来说，西藏城市集中在前藏和后藏地区。前藏城市以拉萨为中心，各城紧凑分布，形成前藏城市群；后藏城市则以日喀则为中心连续分布，形成后藏城市群；阿里地区城市极少，且分布比较分散。

（三）城市发展缓慢

与东北、蒙古和新疆地区不同，清政府在西藏既没有开展屯田，也没有移民实边，西藏地区的人口增长缓慢。顺治十八年（1661），全国人口平均密度为每平方公里 9.50 人，西藏人口平均密度为每平方公里 0.93 人；宣统三年（1911），全国人口平均密度上升到每平方公里 42.24 人，而西藏人口平均密度却只有每平方公里 1.33 人，远远低于全国的增长水平。[①] 与此同时，西藏长期处于封建农奴制社会、政教合一的统治和庄园制度之下，手工业和商业的发展受到极大的限制，经济发展十分缓慢。另外，西藏以畜牧业为主、农业为辅的自然经济也严重制约了城镇的形成和发展，使清代西藏的城镇一直处于极为缓慢的自然发展状态。

小　结

内陆边疆地区的城市到清末时已经得到了很大的发展，特别是东北地区的城市分布从原来的零星稀疏，逐渐演变成城市带，蒙古、新疆的城市也都有较大发展，西藏的城市较明代也有所发展，但相比之下，变化较缓。清代内陆边疆的城市分布，在时间和空间上都有其自己的特点。

一、影响城市分布的因素多样，不同的地区有较大的差异

清代是中国历史的一个重要转折点，清前期，政治上前所未有的大统一使内陆边疆地区完全进入中原王朝的统治体系之中，得到一定的发展；而清晚期，在西方工业文明和外国势力的影响下，中国结束了几千年的农业时代，向工业时代过渡，

---

① 赵文林等：《中国人口史》，人民出版社，1988年，第474—475页。

第五章 清代内陆边疆地区的城市分布

政治、社会、经济、文化等各方面都发生了巨大变化，内陆边疆城市也得到进一步的开发和发展，部分地区的城市现出了早期现代化转型。

在清代以前，东北、蒙古、新疆和西藏地区主要是各少数民族的活动区域。东北在女真人的控制之下，蒙古和新疆北部为蒙古族所掌握，南疆为回部所控制，西藏为明朝所管辖。东北和蒙古以长城为界，与中原内地相隔，在历史上与中原王朝战火不断，长城一带历来就是战争的最前线。而新疆和西藏，由于大山高原、戈壁沙漠等相隔，也一直游离于中原王朝之外。虽然在历史上中原与边疆之间通过各种方式也有一定的交流，但政治、战争等因素使这种交流并不十分普遍。清代统一中国之后，东北、蒙古、新疆和西藏都进一步发展，政治环境的统一和稳定促进了边境与内地的各种交往。特别是移民实边政策实行之后，迁往边疆各地的内地移民越来越多，极大地促进了内陆边疆地区的开发，也促进了城市的出现。

清代以前，内陆边疆地区主要在各少数民族的控制之下，一直都是以游牧经济为主，逐水草而居，以蒙古包、黑帐等为住所，没有固定的房屋。虽然在一些区域，农业和商业也有一定的发展，比如南疆回部和丝绸之路沿线，出现了一些定居城市和商业城镇，但由于战争和自然条件的限制，这些城市往往随着统治者的兴衰而兴衰，没有延续性。进入清代以后，随着内地移民的不断迁入，内陆边疆各地的农垦兴起，耕地范围不断扩大，少数民族也逐渐从以游牧经济为主转变为以农业经济为主，原来的游牧之地逐渐变成连绵的农田，各种屯堡、农庄密布，一些人口聚居地逐渐发展为城市，如东北双城堡、五常堡等，到清末都成为县治。

随着商业贸易的发展，内地商人也随着移民进入边疆腹地，遍布内陆边疆各地，进行各种商业贸易活动。商业经济的发展，促进了边疆地区商业城市的形成，同时，许多农垦屯堡在商业因素的刺激下不断发展扩大，城市功能不断完善。清末，东北边疆一些地区被迫成为通商口岸，在畸形的殖民经济的带动下，这些地区迅速从小村落发展成为商业城市，如哈尔滨、大连等。

清代以前，内陆边疆和其他地区一样，都以驿路交通为主。东北、蒙古、新疆地区陆路以驿站、台站为主，西藏地区以塘、汛为主，有完备的驿传体系。内陆边疆地区水系密布，在清代以前，航运虽然有所进行，但规模不大。清代前期，移民都是沿驿道进入边疆地区，因此形成的聚落也都沿驿道分布。到了清代晚期，现代交通开始引入中国，辽河轮船航运开始兴起，东北和漠南蒙古东部也开始出现铁路运输。辽河航运促使辽河沿线城镇带的出现，铁路的开辟则使移民沿铁路线深入东北北部，突破了传统驿路交通所不能达到的地方。在铁道附近形成的新的聚落，逐渐演变成为城市，如满洲里、四平街、郑家屯等，到清末逐渐变成为胪滨府、怀德县、辽源洲治所所在地。

清代以前，中国城市的发展变化基本都是在内部因素的影响之下。清代晚期，随着帝国主义列强的入侵，中国开始变成半殖民地半封建社会，外部因素的影响日益加大。内陆边疆城市也不例外，各地都有地方被开辟为通商口岸，有的成为租借地，在外因的作用下开始发展，从原来不知名的小村落，在短期内迅速成为功能完备的城市，如哈尔滨、大连、营口等。

内陆边疆地区是少数民族聚居之地，受宗教影响大，特别是蒙古和西藏地区，都信奉藏传佛教，在宗教信仰上有共同之处。虽然只有西藏建立了政教合一制度，但是藏传佛教对蒙古地区的影响依旧不能忽视，漠南多伦诺尔、漠北库伦等城，都是在藏传佛教寺庙的带动之下形成的。在西藏地区，藏传佛教寺庙是西藏人民的生活中心，西藏的城市也多围绕藏传佛教寺庙分布。藏传佛教对西藏、蒙古城市起到促进作用的同时，也对城市的发展有所制约，主要体现在人口的再生产方面。由于藏传佛教在西藏和蒙古地区具有崇高的地位和广泛的影响，大量的藏族人和蒙古人成为僧侣，而藏传佛教主张不婚不育，因而直接导致了西藏、蒙古地区人口增长缓慢。

二、清代内陆边疆地区的城市密度低，分布不平衡

与内地行省相比，内陆边疆地区的面积大、人口少，在城市数量上又远远低于内地行省，特别是新疆、蒙古和西藏地区。而清末的东北地区，由于清政府开放移民政策，人口大增，同时外国资本渗入，由此推动了东北地区城市的快速发展。

如果将西藏所有可称之为"城"的都会和城镇全部相加一共约 70 城，而清末位于东部的浙江省仅县级治所城市就有 76 座。表面上看两者相差不多，但浙江面积"广八百八十里，袤一千二百八十里"，而西藏"广六千余里，袤五千余里"①。西藏的面积远大于浙江，因而西藏的城市密度远远低于浙江。且浙江由于江南市镇经济的发展，一些规模比较大的市镇已经达到了城市的水平，如果算上这些城市，浙江的城市密度将会更高。

边疆各地的地形、地貌、气候等较为恶劣，或是高原大漠，或是冰川雪域，或是崇山峻岭，虽然面积广阔、水资源丰富，但山地、峡谷居多，可供农耕的平原地区极少，加上气候极度寒冷干燥，也不适于农作物的生长。只有与内地相接的一些地区，以及大河附近的一些冲积平原，气候相对适宜，成为人口聚居之地。比如辽河平原、长城沿线、伊犁河流域以及西藏雅鲁藏布江沿线，这些地区都相对密集地分布着城市。

清时，除去西藏，其他内陆边疆地区的人口都有不同程度的增多，但相对于内地行省来说，内陆边疆地区的人口密度依旧很低。这就直接导致了这些地区的城市密度很低。

---

① 赵尔巽等：《清史稿》卷六十五《地理十二》、卷八十《地理二十七》，中华书局，1976 年，第 2128、2470 页。

表 5-16　清代部分地区人口密度变化（单位：人/平方公里）

地区	1661 年	1860 年	1911 年
辽宁	1.17	20.53	74.21
吉林	0.53	1.76	29.62
黑龙江	0.17	0.58	6.95
内蒙古	0.58	1.10	1.29
新疆	0.73	0.53	1.27
西藏	0.93	1.23	1.33
山东	55.38	233.81	202.24
江苏	99.92	312.83	293.01
四川	1.68	88.01	85.32
贵州	6.18	28.12	54.45
云南	3.07	16.72	23.96
广西	4.11	34.84	37.53

赵文林等：《中国人口史》，人民出版社，1988 年，第 611—613 页。

到清末，东北地区城市主要分布在黑龙江、松花江、嫩江、辽河流域，以及柳条边、铁路沿线、航运码头一带；蒙古地区城市主要分布在漠南、辽河、黄河流域和长城、柳条边、驿道沿线；新疆地区城市主要分布在伊犁河、塔里木河流域，且其驿道也沿天山南北麓，因此在天山南北两麓也集中分布有城市；西藏地区城市主要分布在雅鲁藏布江、怒江、澜沧江流域，以及川藏、前后藏、阿里之间的塘汛沿线。

三、清代内陆边疆地区的城市分布由内向外逐渐推进

明末清初，内陆边疆各地的城市数量极少，基本都集中在各区域的部分地区，东北地区主要在南部辽河流域，蒙古在漠南归化城土默特地区，新疆城市在天山以南地区，西藏城市则在藏南雅鲁藏布江流域。其余地区虽然建有一些城堡，但是占地规模和人口数量都较小，城市功能也极不完善。

进入清代之后，为了军事驻防的需要，清政府修建了大量驻防城，东北北部的黑龙江流域，漠北的乌里雅苏台、库伦、科布多，北疆的伊犁、乌鲁木齐等地都开始出现城市。而随着东北、蒙古开禁，黑龙江流域、漠南蒙古北部的城市数量逐渐增多。西藏与内地的交通沿线的城市也得到一定程度的发展，晚清时期，随着开埠通商和边贸的发展，也兴起了少量的对外商贸城市。

四、清代内陆边疆地区的城市从分散的单一城市向相对集中的城市群发展

清代中期之前(包括清代以前),内陆边疆各地的城市大多由于军事需要而建。这些城市作为重要的军事堡垒、驻防城而成为地区的中心,城市功能较为单一。由于没有农业的支持和商业贸易的往来,这些城市之间缺乏经济、文化的联系,彼此相对孤立。清中期之后,随着人口增加,以及农业、商业和手工业的发展,城市与城市之间的联系不断加强,开始由屯堡、市镇等卫星城镇连成一片,初步形成一定规模的城市群,如辽河码头沿线的城市群,以伊犁、乌鲁木齐为中心的北疆城市群等。

第六章 清代主要河流城市的空间分布与变迁

第一节 中国城市的近河性与清代水系城市分布

水是生命之源，人类的生存与发展，离不开水的滋养。世界各地的城市，从一开始就与河流结下了不解之缘。同恒河流域的古印度、两河流域的古巴比伦、尼罗河流域的古埃及等世界其他文明古国一样，中华文明的发祥也与河流有着密切的关系。作为人类文明重要载体的城市，其选址亦与水有着密切的关系。章生道指出："水也许是影响城址选择的最重要因素。"因为"它在运输、防卫、给水以及通过灌溉间接地影响粮食供给等方面起了重要的作用"①。早在商代和周初，我国的城市就已显露出临近江河的格局②，"得水为上""沿河设城"，一直被作为古代城址选择的通则。此一原则一直从先秦沿用到清代，几千年间，中国的城市都具有临河性和近河性的特点。清代的城市主要分布在长江、黄河、京杭运河、珠江、淮河、辽河、海河、黑龙江、塔里木河、雅鲁藏布江等十大水系。每一条大河沿岸具体的城市分布状况如何，其呈现的特征又如何，各条大河的城市分布状况、特征又有哪些相似和不同之处？另外，作为我国历史上最后一个封建王朝，清朝一方面承接了几千年来中华文明的成果，另一方面又在鸦片战争后因外力的强行侵入，开启了现代化进程，因而清朝在中国历史上具有承上启下的特殊历史地位。在此历史转折时期，与河流有密切关系的中国水系城市，在经历了河道的改变、轮船航运的兴起、铁路的兴建等之后，又面临着怎样的挑战与转变？所有这些问题，都是值得我们细致探讨和研究的。

一、清代城市分布的临河性和近河性特点

河流与城市有着密切的关系，它们在城市的运输、防卫、给水、灌溉等方面都起着非常重要的作用。我国古代一直以"得水为上""沿河设城"作为城址选择的

---

① ［美］施坚雅主编，叶光庭等译：《中华帝国晚期的城市》，中华书局，2000年，第91页。
② ［美］施坚雅主编，叶光庭等译：《中华帝国晚期的城市》，中华书局，2000年，《导言》第8页。

通则。清代的长江、黄河、京杭运河、珠江、海河、淮河、辽河、黑龙江、塔里木河、雅鲁藏布江等十大水系干支流沿岸分布有大量的城市，其数量按清朝地方行政等级城市统计（包括省会，府城、直隶州城、直隶厅城，县城、州城、厅城），依次为长江主干流有各级城市 251 座，黄河主干流有各级城市 174 座，京杭运河主干流有各级城市 57 座，珠江主干流有各级城市 98 座，海河主干流有各级城市 142 座，淮河主干流有各级城市 53 座，辽河主干流有各级城市 22 座，黑龙江主干流有各级城市 34 座，塔里木河主干流有各级城市 19 座。雅鲁藏布江流经的西藏地区因在清代没有设置行省，故相关历史文献未对其城市数量进行较为准确的记载，但从相关地图中可以明显看出，该地区的大部分城市都分布于雅鲁藏布江及其支流沿岸。中国主要河流城市的规模，从城周统计来看，在记载较为完整的几大内陆河流中，长江、黄河、运河、海河、淮河的城市规模都较为均衡，府级城市的城周集中在 7~9 里，县级城市集中在 3~9 里，过大和过小的城市均较少。相比之下，珠江水系城市的规模则明显偏小，府级城市有多个在 5 里以下，县级城市也大多小于 4 里。

"沿河设城"是城址选择的通则，在这一前提下，河流城市的空间分布又受到气候、地形地貌、河流状况等自然因素的影响，而政治、经济、文化等因素也会对其造成一定的影响。综合对十大河流的考察，清代河流城市的空间分布主要呈现出以下特征：

第一，与明代相比，清代河流城市的空间分布呈现明显的扩张性，新增了为数不少的城市。

第二，清代河流城市的空间分布呈现传承性和深入性，内地河流城市占据主导地位，内陆边疆地区的城市有所发展。

第三，清代河流城市的空间分布受地形地貌影响很大，城市分布倾向于地势平坦、农耕条件优越的平原地区，山地、峡谷带则少有城市分布。

第四，清代河流城市空间分布受气候影响很大，在全国范围内，由于长年低温、气候恶劣，沿内陆边疆河流分布的城市数量少、密度低。而大部分河段流经温带、亚热带的内陆河流沿岸则分布有数量较多的城市，密集程度也较高。就单条河流而言，河流上游特别是气候恶劣的河源段地区分布的城市数量非常有限，密集程度也很低，而中下游的城市则较多，密集程度也较高。

第五，清代河流城市间的联系和互动有所加强，但总体而言交流仍然较为缺乏，城市多随河流自然走向呈点状分布，带状和片状城市带较少。

第六，清代的河流城市绝大多数分布于河流两岸，跨河设城的城市极少，其中又以河流北岸居多，这与中国传统的"水南阴，水北阳"的风水学说有着直接的关系。

第七，两条重要的河汇交汇处一般都坐落有城市，且大部分都较为繁荣，越是大江大河交汇，其城市规模也就越大。

由于相当部分城市都临河而建，或近河而建，故河流本身的变化，必然会对城

第六章 清代主要河流城市的空间分布与变迁

市产生一定的影响。就几条大江大河的情况来看,在清代变动最大的是黄河,其善淤、善决、善徙,给下游的众多城市造成了巨大的破坏,而淮河、运河在清代变化也十分显著,故沿河城市深受其害,特别是运河的废弃直接导致沿岸一些重要工商业城市普遍衰落。另外,长江、海河等部分河段在清代也出现过洪涝和改道。当然,河流的变化也并不总是给沿岸城市带来破坏,也会给沿岸居民带来好处,珠江三角洲地区围垦带来的农业经济的发展,就是一个很好的例子。

与河流的自然变化相比,人为因素带给水系城市的变迁更为突出。总的来看,依据城市的兴衰,有清一代,城市的发展大致可分为三阶段:第一阶段,清初,一系列的战乱和各种灾害、疫情和人祸,给城市带来了巨大的、甚至是毁灭性的破坏。第二阶段,清中期,从康熙二十三年(1684)三藩之乱结束到道光二十年(1840)鸦片战争爆发的百余年间,是中国城市发展的平稳和兴盛时期,其中康雍乾三朝更是中国传统城市发展的高峰,这一时期,城墙普遍得到修葺和重建,城市中的人口数量也有了恢复和增长。另外,这一时期的农业经济有了明显发展,河道得以整治,航道有了进一步开发,而这几个因素,又促进了城市商品经济的兴盛,一些城市还因此出现溢出城墙发展的现象。第三阶段,晚清时期,由于外力侵入后,一系列矛盾被激化,各地起义不断,战乱连年,对城市造成了严重的破坏,其中以太平天国起义为最。而对外战争的屡战屡败,其结果除割地赔款外,还被迫开辟了多个通商口岸。这些通商口岸城市也因之而得早期现代化风气之先,加之轮船航运的发展,这些城市多在清末迅速发展和崛起。清末,轮船之外的一种新式交通方式——铁路的出现对中国城市空间分布产生了巨大影响。由于铁路的兴起,部分江河的水运被替代,导致了沿河城市的衰落,运河城市表现得最为明显。但也有个别河流城市因有铁路经过,反而得到较快的发展,如黄河水系城市郑州,因铁路建设而成为中原交通枢纽,城市得到快速发展,最终取代了开封的区域中心地位。总的来看,清末的各大水系中,长江水系城市普遍崛起和发展,而黄河水系城市继清中期后持续衰落,运河城市则迅速衰败,珠江水系城市有所发展,各边境水系城市数量有所增加也有了一定的发展,但并不完善,与内地仍然有较大差距。

水是人类的生命之源,也是城市的命脉,"没有水源的城市难以兴起,也无法延续发展"[①]。由于早期人类凿井技术并不发达,且水井的供水量有限,河流供水一直是古代人们生产、生活用水的主要供给方式。城市是人口聚集的产物,大量人口聚居在一个狭小区域里,不仅生活需水用量大,城市建设、社会生产需水用量也大,同时水运交通在古代对城市的发展有着至关重要的作用,因此,古代城市选址必然要以临水作为一个原则。

中国内地基本上属于温带季风和亚热带季风气候,且位于世界上最大的海洋——太平洋西岸,受湿润的海洋气团的影响,降水较为丰沛,加上中国是个多山

---

① 马正林:《中国城市历史地理》,山东教育出版社,1998年,第302页。

的国家,而"山地一般具有多云雾和多雨的特点"①,乃河流的主要发源地,因此,中国内地形成了众多的河流,仅《水经注》中记载的江河就有1252条。

中国内地江河的中下游沿岸地区大多地势平坦、土壤肥沃,饮用灌溉和水路交通均十分便利,是发展农业生产的最佳区域,也是城市选址的最优位置。而且中国人自古就对河流有种特殊的膜拜心理,据《山海经》和《尚书》记载,九州之内约有300多条河流被尊为神水,中国历代统治者都喜欢祭祀大江大河,地方上的官吏乡绅也经常举行山水祭祀,所谓"天子祭天下名山大川,五岳视三公,四渎视诸侯,诸侯祭其疆内名山大川"②。河流已经成了中国城市不可或缺的一部分,并深深地渗入其所怀抱的城市的文化中。

中国的湖泊数以万计,仅面积在1平方公里以上的湖泊就有2800多个,总面积达8万多平方公里。但除去咸水湖因湖水难以饮用,湖岸无法兴建城市,大量的淡水湖也由于湖面盈缩不定、洪涝灾害频发而在沿岸很少有城市,仅巢湖、滇池等少数水位较稳定的淡水湖附近建有少量城市。③

因此,中国历代的城市一般都位于河流沿岸,有研究者经过考察后断言:"试观我国古代城池,没有一个城池不是临水的。"④现以清代十八行省的各级城市为例来看清代城市与河流的关系。首先,京师顺天府就位于永定河和北沙河(今称温榆河)之间,通惠河和凉水河等河流穿城而过。⑤ 其次,内地省会城市也均位于河流沿岸:保定位于滱水支流—亩泉河(古称清苑河)北岸⑥,江宁位于长江东南岸,苏州位于大运河东岸⑦,安庆位于长江北岸,太原位于汾水岸上,济南位于黄河(为大清河、济水故道)左岸,开封位于黄河与贾鲁河、惠济河交汇处,渭水自西向东穿过西安府,兰州位于黄河东岸,杭州位于浙江北岸,南昌位于赣江东岸,武昌位于长江南岸,长沙位于湘水东岸,成都为郫江、锦江、府河等河流所环绕,福州位于闽江北岸,广州位于珠江北岸,桂林位于漓水北岸,昆明位于滇池西岸、盘龙江西北岸,贵阳位于南明河畔。清代府级城市众多,清末内地十八行省约有304个府级城市,而县级城市则多达1530余个(其中部分为府城附郭,与府城同为一城),马正林在《中国城市历史地理》一书中曾以清代雍正朝陕西省的府县城市为例进行考证,得出了"这些城市的城址绝大多数也位于河流岸上"⑧的结论,此一结论基本上也可用于其他省区。

中国内陆边疆地区面积广大,不同区域的情况有所不同,但一个共同的特征则是大城市都临河或近河。东北地区和西藏南部均位于季风区,属于湿润半湿润地

---

① 曾昭璇:《中国的地形》,广东科技出版社,1985年,第9页。
② 司马迁:《史记》卷二十八《封禅书》,中华书局,1982年,第1357页。
③ 马正林:《中国城市历史地理》,山东教育出版社,1998年,第312—313页。
④ 张驭寰:《中国城池史》,百花文艺出版社,2003年,第299页。
⑤ 谭其骧:《中国历史地图集》,地图出版社,1987年,《清时期·直隶》。
⑥ 金良骥等修,姚寿昌等纂:《清苑县志》卷一《地理·川泽》,民国二十三年铅印本。
⑦ 穆彰阿、潘锡恩等:《嘉庆大清一统志》卷七十二《江苏统部·形势》,《四部丛刊续编》影旧钞本。
⑧ 马正林:《中国城市历史地理》,山东教育出版社,1998年,第309页。

第六章 清代主要河流城市的空间分布与变迁

区,降水较为丰富,拥有大量的河流和湖泊。如东北地区不仅有黑龙江、乌苏里江、松花江、嫩江、辽河、鸭绿江等大河,还有兴凯湖、天池等湖泊,还由于河湖众多形成了大面积的沼泽洼地①,东北早期的城市就孕育于白山黑水之间。西藏则有宽广的雅鲁藏布江和1000多个高原湖泊②,拉萨—日喀则城市带就位于雅鲁藏布江河谷。而新疆、蒙古虽地处干旱、半干旱地区,但其主要城市仍多位于河流附近。比如库伦城在"图拉河源之西,哈拉河源之东",恰克图"位色楞格河东岸",乌里雅苏台城"位乌里雅苏台河北",科布多城"位伊克阿拉克泊西岸""布彦图河环流其西与北"③;伊犁九城均在伊犁河畔,迪化三面临河,其余4府8厅2州也俱在河流附近。④

综上所述,清代内地的各级城市大都位于河流沿岸,而内陆边疆地区的城市尤其是西北、漠北干旱半干旱地区的城市更是严重依赖河流,加上位于湖畔的城市,清代城市的地理分布具有明显的近河性特点。(见表6—1)

表6—1 清末主要水系干流沿岸的重要城市

水系	沿岸省会	沿岸府城	沿岸县城
长江水系	湖北:武昌 安徽:安庆 江苏:江宁	江苏:镇江 安徽:太平、池州 江西:九江 湖北:黄州、汉阳、荆州、宜昌 四川:夔州、忠州、重庆、泸州、叙州	江苏:宝山、太平、丹徒、仪征、江宁、上元 安徽:当涂、芜湖、铜陵、贵池、怀宁、东流 江西:彭泽、湖口、德化 湖北:蕲州、武昌、黄冈、江夏、汉阳、夏口、嘉鱼、石首、江陵、枝江、宜都、东湖、归州、巴东 湖南:临湘 四川:巫山、奉节、云阳、万县、丰都、涪州、长寿、江北、巴县、江津、合江、纳溪、江安、南溪、宜宾、屏山、雷波 云南:巧家
黄河水系	甘肃:兰州 河南:开封 山东:济南	河南:陕州 山西:保德 甘肃:宁夏	山东:利津、蒲台、齐东、济阳、历城、齐河 河南:祥符、孟津、灵宝、阌乡 山西:垣曲、平陆、荣河、河曲 陕西:潼关、吴堡、葭州、府谷 甘肃:平罗、宁夏、宁朔、中卫、靖远、皋兰

---

① 曾昭璇:《中国的地形》,广东科技出版社,1985年,第335—338页。
② 曾昭璇:《中国的地形》,广东科技出版社,1985年,第136、145页。
③ 姚明辉:(光绪)《蒙古志》卷二《都会》,光绪三十三年刊本。
④ 赵尔巽等:《清史稿》卷七十六《地理二十三》,中华书局,1976年,第2371—2394页。

375

续表

水系	沿岸省会	沿岸府城	沿岸县城
珠江水系	广西：桂林 广东：广州	广西：百色、泗城、庆远、镇安、太平、南宁、思恩、柳州、平乐、梧州、郁林、浔州、上思 广东：肇庆、罗定、韶州、连州、连山、南雄、佛冈、惠州	云南：陆凉、平彝、沾益 贵州：下江、古州、都江、荔波 广西：西林、阳万、奉议、思恩、明江、龙州、新宁、隆安、柳城、全州、北流、博白、横州、藤县 广东：德庆、新兴、封川、阳山、乐昌、仁化、河源、长宁、龙川、始兴、英德、从化、清远、三水、四会、高明、新会、归善、博罗、阳春、河源、永安、镇平、大埔、归善、东莞、龙门等 湖南：临武 江西：长宁
京杭运河	江苏：苏州 浙江：杭州	浙江：嘉兴 江苏：常州、镇江、扬州、淮安 山东：济宁、东昌、临清 直隶：天津	浙江：钱塘、石门、秀水、嘉善 江苏：吴江、震泽、吴县、元和、长洲、无锡、金匮、武进、阳湖、丹阳、丹徒、甘泉、江都、高邮、宝应 山东：山阳、清河、宿迁、聊城、武城、德州 直隶：东光、沧州、青县、静海、天津、通州、大兴、宛平
淮河水系		安徽：颍州、六安、凤阳 江苏：淮安、徐州 河南：陈州、汝宁、归德、光州、许州、汝州、郑州 山东：沂州、兖州、济宁、泰安	安徽：亳州、涡阳、蒙城、太和、宿州、五河、怀远、颍上、霍邱、寿州、凤台、天长 河南：陈留、柘城、宁陵、扶沟、鹿邑、沈丘、息县、光山、罗山、固始、新蔡、永城、夏邑、舞阳、叶县 江苏：桃源、宿迁、邳州、安东 山东：峄县、沂水、费县、定陶、莱芜、东平
海河水系	直隶：保定	直隶：天津、张家口、独石口、宣化、河间、易州、定州、顺德、广平 山东：临清 山西：大同、宁武	直隶：宝坻、蓟州、平谷、密云、香河、怀柔、昌平、延庆、赤城、保安、怀来、龙门、怀安、蔚州、顺义、通州、房山、涿州、霸州、静海、交河、阜城、平山、阜平、新乐等 山西：天镇、丰镇、灵丘、朔州、山阴 山东：馆陶

谭其骧：《中国历史地图集》，地图出版社，1987年，《清时期》。

注：本表中府含直隶厅（州）、县含散厅（州）。

第六章 清代主要河流城市的空间分布与变迁

二、清代主要水系城市分布

（一）长江水系城市

长江发源于青藏高原唐古拉山脉各拉丹东峰西南侧，其干流全长6300多公里，自西向东横贯中国中部，流经清代的西藏、青海两大臣辖区和川、滇、鄂、湘、赣、皖、苏7省，加上数百条支流，流域面积达180.85万平方公里①，约占清代陆地面积的1/7，宜昌以上为上游，宜昌至湖口段为中游，湖口以下为下游。

长江水系的城市起源很早，迄今为止所发现的中国最早古城——城头山古城即在长江中游湖南境内。位于长江下游的良渚古城也距今4600多年，其面积达290万平方米，其规模为新石器时期古城之最。成都平原的宝墩古城的建设也距今约4500年，其规模也达280万平方米，仅次于良渚古城。商周时长江上游峡江一带和嘉陵江流域出现了早期巴人的城邑。②同一时期成都平原也出现了数量较多的早期古城群，蜀人先后建立了蚕丛、柏灌、鱼凫、杜宇、开明等五朝，相继移治郫邑，徙治成都。战国后期，秦灭巴蜀，"置巴、蜀及汉中郡。分其地为四十一县"③，形成了以岷江、嘉陵江为主干的长江上游城市群。春秋以前，长江中游的江汉平原"已有人们生息劳动，并营建聚邑、建立政权"④，到春秋战国时形成了以楚都郢为中心的长江中游城市群，秦汉以后逐渐向南侧的湘江、赣江流域扩展。西周初年吴太伯在长江下游太湖平原建故吴城（今无锡），之后吴王寿梦筑吴城（今苏州），"置都驿，招四方贤客"⑤，吴王夫差建邗城（今扬州）、越国大夫范蠡筑越城（今南京），长江下游三角洲城市群初步形成。

秦始皇统一中国之时，长江流域共有11郡50余县，其中干流沿岸有8个重要城市（3郡治，5县治）⑥，城市数量并不多，上中下游三个城市群之间的联系也比较薄弱。魏晋南北朝时期，"自夷狄乱华"，"遗民南渡，并侨置牧司"⑦，"又以旧州遐阔，多有析置"⑧，长江流域城市迅速发展。唐宋以后，随着经济重心和人口分布重心进一步南移，长江流域城市持续发展，彼此间的联系也越加紧密。晚清时期，沿江城市相继开埠通商，最终推动了长江城市带的形成。到清末，长江流域共有765个城镇，其中干流沿岸有16个府级城市，内含武昌、安庆和江宁3个省会城市，另有34个县级城市。

---

① 晋淑兰、张武冰：《中国地图集》，中国地图出版社，2003年，第2页。
② 常璩撰，任乃强校注：《华阳国志校补图注》，上海古籍出版社，1987年，第4页。
③ 常璩撰，任乃强校注：《华阳国志校补图注》，上海古籍出版社，1987年，第11页。
④ 邹逸麟：《中国历史地理概述》，上海教育出版社，2005年，第42页。
⑤ 陆广微著，曹林娣校注：《吴地记》，江苏古籍出版社，1986年，第88页。
⑥ 谭其骧：《中国历史地图集》，中国地图出版社，1982年，《秦时期·淮汉以南诸郡》。
⑦ 沈约：《宋书》卷三十五《州郡一》，中华书局，1974年，第1028页。
⑧ 魏徵等：《隋书》卷二十九《地理上》，中华书局，1973年，第807页。

清代长江流域城市带主要由长江上游、中游和下游三大城市群构成。长江上游城市群以成都、重庆为流域中心,以叙州、潼川、思南等为次流域中心,由长江上游干流沿着岷江、嘉陵江和乌江三支流扩展分布;长江中游城市群以武昌、汉口为流域中心,以长沙、南昌和襄阳为次流域中心,由长江中游干流沿着汉江、赣江和湘江三支流扩散分布;长江下游因支流较少,其城市群以江宁、安庆为流域中心,沿着下游干流呈线状分布。

(二) 黄河水系城市

黄河发源于青藏高原巴颜喀拉山北麓,其干流全长5464千米,横贯中国东中西部,流经清代的青海大臣辖区、内蒙古地区和川、甘、陕、晋、豫、鲁、直隶7省,流域面积达75.24万平方公里。托克托城厅属河口镇以上为上游,河口镇到河南孟津为中游,孟津以下为下游,拥有流域面积达1000平方公里的一级支流76条,为中国第二大河。①

黄河是中华民族的母亲河,也是中华城市文明的哺育者。夏商时期的都邑大都位于黄河下游的河洛地区,西周虽然崛起于黄河中游的渭河平原,但在灭商后仍"营周居于雒邑","居九鼎焉"②。据不完全统计,周代河洛地区拥有150~200座城邑。③春秋战国时,在晋秦赵魏等诸侯国的经营下,黄河中游支流——渭河和汾河流域的城市迅速兴起,与下游河洛的中原城市群并盛。秦汉以后又逐渐向上游的河套和陇右发展,形成了唐宋以前中华城市文明的中心。宋代以后,黄河中上游植被被破坏,水土流失严重,黄河下游含沙量剧增,水患不断,再加上兵灾动乱,黄河流域的城市陷于停滞甚至衰退。到清末,黄河流域城市约有236个④,其中干流流经6个府级城市,内含兰州、开封和济南3个省会城市,另有19个县级城市。

黄河上游城市群主要以兰州为流域中心,以宁夏、西宁为流域次中心,主要沿干流分布,并向洮水、湟水流域扩展;黄河中游城市群以西安和太原为流域中心,以凤翔、霍州等为流域次中心,沿着中游干道向汾河、渭水两支流扩展,形成渭水和汾河两大区域城市群;黄河下游在咸丰五年(1855)改道前以开封为流域中心,以河南、徐州为流域次中心,改道后开封逐渐衰弱,济南和郑州取而代之成为新的流域中心,徐州则脱离了黄河水系。

(三) 珠江水系城市

珠江为中国第三长河,主要由西江、北江和东江构成,支流众多,总流域面积达45.36万平方公里。西江为水系主流,发源于云南,其上中游分别被称为南盘

---

① 陈梧桐、陈名杰:《黄河传》,河北大学出版社,2001年,第6、30页。
② 司马迁:《史记》卷四《周本纪》,中华书局,1982年,第129、133页。
③ 姚士谋、陈振光、朱英明:《中国城市群》,中国科学技术大学出版社,2006年,第260页。
④ 水利电力部水管司、科技司、水利水电科学研究院:《清代黄河流域洪涝档案史料》,中华书局,1993年,第5—7页。

江、红水河、黔江和浔江，梧州以下称为西江，干流全长 2214 公里，流域面积占珠江水系流域总面积的 77.83%，主要支流有北盘江、柳江、郁江和桂江等。北江源于江西信丰县，干流全长 468 公里，流域面积占珠江水系流域总面积的 10.3%。东江发源于江西，全长 520 公里，流域面积占珠江水系流域总面积的 5.96%。这三条河流分别从东、西、北三个方向在广东三水附近形成"诸河汇集，八口分流"的珠江。①

秦统一中国后，"略定杨越，置桂林、南海、象郡"②，其郡县多位于西江干支流沿岸③，珠江水系城市始兴。西汉时沿西江、北江和东江下，"咸会番禺"④，平定南越，在北江和东江行军沿岸增设曲江、含洭、浈阳、桂阳、阳山、博罗、龙川等县⑤，初步形成珠江水系城市群。后随着魏晋南北朝时期大量北人南迁、牛耕南传，以及宋代沿西、北、东三江干流两岸陆续修筑堤围，珠江流域农业经济迅速发展，其城市群也日渐成熟。

西江城市群为珠江水系城市的主干，其以梧州和广州为流域中心，以桂林、南宁、百色等为流域次中心，沿着西江诸支流扩散分布；北江城市群以韶州为中心，东江城市群以嘉应、惠州为中心，沿着北江和东江的主干流分布，其城市数量远逊于西江城市群。

（四）京杭运河、海河、淮河等水系城市

京杭运河北起京师，南到杭州，流经直隶、山东、江苏和浙江四省，贯通海河、黄河、淮河、长江、钱塘江五大水系，全长约 1794 公里，所过府州县城 50 余个，其中府级以上城市有十余座，包括京师和苏州、杭州两省会，"近地水泉无数，无不引为便漕之用"⑥，为清代最为重要的漕运通道和商道。

海河水系古为黄河入海河道，到公元前 4 世纪黄河下游全面修筑堤防之后，海河才开始脱离黄河水系而逐渐演变为独立的地方水系。到东汉末年曹操开白沟和平虏渠之后，五大水系汇合的海河水系基本形成，但河道仍极不稳定，变迁无常。⑦海河水系以京师和天津为流域中心，沿着五大支流扩散分布，基本上包括了直隶长城以南的所有城市，为畿辅最重要的水系。

淮河水系也曾为黄河入海河道，"宋熙宁中，始分趋东南，一合泗入淮，一合济入海。金明昌中，北流绝，全河皆入淮"⑧，"咸丰中，铜瓦厢绝，黄流北徙，

---

① 水利部珠江水利委员会、《珠江志》编纂委员会：《珠江志》第一卷，广东科技出版社，1991 年，第 1—2 页
② 司马迁：《史记》卷一百一十三《南越列传》，中华书局，1982 年，第 2967 页。
③ 谭其骧：《中国历史地图集》，中国地图出版社，1982 年，《秦时期·淮汉以南诸郡》。
④ 班固：《汉书》卷九十五《西南夷两粤朝鲜传》，中华书局，1962 年，第 3857 页。
⑤ 谭其骧：《中国历史地图集》，中国地图出版社，1982 年，《西汉时期·荆州刺史部、交趾刺史部》。
⑥ 稽璜、刘墉等：《钦定皇朝通志》卷二十九《地理略六·水道二》，文渊阁《四库全书》本。
⑦ 邹逸麟：《中国历史地理概述》，上海教育出版社，2005 年，第 57—58 页。
⑧ 张廷玉等：《明史》卷八十三《河渠一·黄河上》，中华书局，1974 年，第 2013 页。

宋、元来河道为之一变"①。淮河水系主要流经豫东、苏北和皖北地区。

东北诸水系中辽河水系城市发展最早，从清初起就形成了以奉天府为中心、沿着辽河诸支流分布的盛京城市群，松花江、黑龙江水系城市则兴起较晚，清初仅在黑龙江和松花江主干流沿岸兴建了黑龙江城、墨尔根、吉林和齐齐哈尔等一些军事性城堡，直到清末，这一地区的城市才逐渐发展起来，这些城市构成了清代东北城市的主体。

雅鲁藏布江流域分布着西藏半数以上的城市，其中西藏的两大中心城市——拉萨和日喀则均位于其干流沿岸。②

第二节 清代长江水系城市的空间分布与变迁

长江西起青海，东到大海，以非凡的气势浩浩荡荡地横跨辽阔的华夏大地。来自巴萨通拉木山（今唐古拉山脉）长江之源的托克托乃乌兰木伦河（今沱沱河），一路向东，接纳了7000余条大小支流，串联了洞庭湖、鄱阳湖等众多的湖泊，最后注入东海。长江全长6300多公里，流域面积达180.85万平方公里，为中国第一、世界第三的江河。长江干流在清代主要流经青海、西藏、四川、云南、湖北、湖南、江西、安徽、江苏等省区，从上海流入东海。

水与人类的文明有着密切的关系，"逐水而居"是古代各个民族的共性，依托长江，中华文明一步步向前发展。在发展的过程中，作为人类文明标志的城市在长江两岸产生并发展起来，到中国农业文明最后一个发展高峰期——清代，沿长江城市的规模和功能都已经发展到了一个较高的水平，数量更是多达251座。

在这251座沿江城市中，包括作为区域中心的大型城市，以及各种类型的中、小型城市。此外，1840年鸦片战争后，长江沿岸还出现了一批因开埠通商而兴起的新型城市。这些不同类型的城市以其自身独特的分布特点，错杂于浩浩荡荡的长江两岸。作为人口、资源、信息的集约点，这些城市在维系清王朝的统治、运作和发展方面都发挥着重要的作用。

一、清代长江水系城市的数量和规模

我国古代以"得水为上""沿河设城"作为城址选择的通则，长江作为中国第一大江河，无论是其长度、流域面积还是水量，都是其他河流无法企及的，这就为沿江城市的形成与发展打下了基础。长江流域有着优越的气候条件，除上游源头地区外，其流域大部分区域均为亚热带季风气候，温暖湿润、四季分明、年积温高，

---

① 赵尔巽等：《清史稿》卷一百二十八《河渠三》，中华书局，1976年，第3796页。
② 谭其骧：《中国历史地图集》，地图出版社，1987年，《清时期·盛京、黑龙江、吉林、西藏》。

第六章 清代主要河流城市的空间分布与变迁

多年平均降水量 1100 毫米,高于全国年降水量 40%,雨季从 4 月到 10 月①,降水充沛、雨热同期。"气候是影响城市建设最直接和最敏感的因素之一"②,温暖湿润的气候,较其他气候条件而言更宜于人类活动和居住;而丰富的热量和降水,又为农作物的生长提供了良好的条件,从而为人类的定居提供了保障。另外,从地形地貌上来看,虽然长江流域也有高山和丘陵,但却分布有成都平原、江汉平原、洞庭湖平原、鄱阳湖平原等大片地势平坦、农业发达的地区,从而为城市的产生和发展提供了良好的条件。

(一) 清代长江水系城市的数量

依河流形态特征,长江通常被分为三段:江源至湖北宜昌以上河段为上游,全长 4500 余公里,主要支流包括雅砻江、大渡河、嘉陵江、岷江和乌江;宜昌至江西湖口为中游,长约 950 公里,主要支流有沅江、湘江、汉水和赣江;湖口至长江入海口为下游,长约 930 公里,支流很少,较为重要的有黄浦江。长江各段河流沿岸在清代分布的城市数量见表 6-2:

表 6-2 清代长江水系城市数量简表

河流分段	河流名称	行省	府、直隶州、直隶厅	县、散州、散厅
上游	长江干流	4	府 10、直隶州 3、直隶厅 1	县 21、散州 4、散厅 6
	雅砻江	2	府 3	县 5、散州 1、散厅 1
	大渡河	1	府 4、直隶厅 3	县 3、散厅 2
	嘉陵江	3	府 5、直隶州 2	县 15、散州 4、散厅 1
	岷江	1	府 3、直隶州 2、直隶厅 2	县 19、散州 3
	乌江	2	府 7、直隶州 2	县 9、散州 6、散厅 2
合计(去除重复)		5	府 23、直隶州 9、直隶厅 4	县 69、散州 16、散厅 11
中游	长江干流	4	府 8	县 25、散州 3、散厅 1
	沅江	2	府 6、直隶州 1	县 15、散州 2、散厅 3
	湘江	2	府 4	县 13、散州 1
	汉水	2	府 6、直隶州 1	县 23、散州 3、散厅 2
	赣江	1	府 5、直隶州 1	县 18
合计(去除重复)		7	府 28、直隶州 3	县 93、散州 8、散厅 5
下游	长江干流	3	府 10、直隶州 3、直隶厅 1	县 29、散州 1
	黄浦江	1	府 1	县 7、散厅 1
合计(去除重复)		3	府 11、直隶州 3、直隶厅 1	县 36、散州 1、散厅 1

---

① 董哲仁:《中国江河 1000 问》,黄河水利出版社,2001 年,第 16 页。
② 邓先瑞、邹尚辉:《长江文化生态》,湖北教育出版社,2005 年,第 303 页。

续表

河流分段	河流名称	行省	府、直隶州、直隶厅	县、散州、散厅
总计（去除重复）		11	府58、直隶州15、直隶厅5	县198、散州24、散厅17

注：本表据以下四部文献相关内容而制。

(1) 赵尔巽等：《清史稿》卷五十四至八十一，中华书局，1976年。
(2) 谭其骧：《中国历史地图集》，地图出版社，1987年，《清时期》。
(3) 穆彰阿、潘锡恩等：《嘉庆大清一统志》，《四部丛刊续编》影旧钞本。
(4) 牛平汉：《清代政区沿革综表》，中国地图出版社，1990年。

从上表可见，若按照清代中国城市的最基层的建制城市——县城及其同等级的散州、散厅计算，长江水系城市共有县级城市239座，其中成都、长沙、衡州、南昌、江宁、扬州、松江等7座府城为双附郭，故而应减去7个，另外还应加上无附郭县的康定、大定、石阡、思南等4个府城，和泸州、忠州、秦州、阶州、茂州、眉州、酉阳、荆门、和州、通州等10个直隶州城，以及永北、武定、松潘、理番、海门等5个直隶厅城，共计251行政建制城市。

在这251座城市中，除4个无附郭县的府城外，其余府城均与县城相重合，其中部分府城还是行政级别更高的省城，为省、府、县同城治。清代，县级城市"不仅是最基层的行政城市，而且任何一个府城或省城都是建立在县城的基础上的"，如成都既是四川省的省城，又是成都府的所在地，同时还是成都县和华阳县治所，换句话讲，"省城必然处在一个府城之中，而一个府城又必然在一个县城之中"[①]。清代长江水系城市的府城和省城数量，及其在该水系及全国所占的比例如表6-3：

表6-3 清代长江水系省城及府城数量表

河流名称	行省总数	河流流经省城数量	所占比例	府的总数	河流流经府城数量	所占比例
长江水系	11	6	≈54.5%	58	49	≈84.5%

资料来源同表6-2。

在长江干支流所流经的11个省区中，有6个省的省城位于长江沿岸；而干支流所流经的58个府当中，亦有约84.5%其治所选在长江沿岸，长江沿岸的省城和府城在全国所占的比例也分别约为26.1%和22.8%。另外，在清朝设立的地方行政级别最高的8个总督中，就有3个总督的治所设在长江流域，其中两江总督驻江宁府、湖广总督驻武昌府、四川总督驻成都府，分别位于长江的上、中、下游。

就中国传统城市而言，具有"城"的行政功能一直起着主导作用，"其'城'的分量不仅大于'市'的分量，而且'市'的部分明显附属于'城'的部分，'市'虽可能曾一度昌盛，但总体上讲，'市'是因'城'而繁荣，因'城'而兴而辉

---

① 赵世瑜：《腐朽与神奇——清代城市生活长卷》，湖南人民出版社，2006年，第9—10页。

煌"。也就是说，城市的经济功能受到政治功能的制约和影响，行政等级越高的城市，其在区域中的经济地位也就越高，城市功能和作用就越强，因而也往往成为某一区域的经济中心城市。从长江水系城市中省城和府城所占的较高比例，可以看出清代的长江沿江城市，不仅数量众多，而且地位较高。

（二）清代长江水系城市的规模

如前文所述，行政等级越高的城市，也往往是某一区域的中心城市，其规模也多大于行政级别低的城市。一般而言，省城或府城的规模较一般的县级城市大。但清朝作为中国君主专制中央集权的集大成者，康雍乾时期，国力达到鼎盛时期，统一国家内的多层次市场体系形成，商品经济出现空前的发展，部分行政级别并不是很高的城市因此而兴盛起来，城市的经济功能增强，人口增多。长江作为贯穿中国东、中、西部三大区域的水路交通运输线，在清代中期也得到很大开发，由此推动了长江城市的兴起与发展。在农业时代，判断城市发展的标志主要有两个方面：一是城市的空间规模，即城市的占地面积；一是城市的人口规模，即城市人口数量的多少。

在传统农业时代，城墙与城市的关系十分密切，在有一定行政级别的非农业人口聚落一般都修筑有城墙。章生道认为城墙于中国传统城市而言非常重要，"在帝制时代，中国绝大部分城市人口集中在有城墙的城市中，无城墙型的城市中心至少在某种意义上不算正统的城市"①。清代方志在记载城池时，一般会以"城周"计，虽然明清时期因工商业的发展，一些城市出现了于城外设市这种突破城墙的现象，但总的来看，城市的范围还是于城墙环绕之内为界定，因而"城周"在考量一个城市的用地规模方面，有很大的参考意义。清代长江水系府级、县级城市（包括散州、散厅）城周统计如表6-4：

表6-4 清代长江水系府级、县级城市城周统计表（单位：里）

城周 河流分段	府级城市							县级城市（州、厅、县）							
	≥20	15～19	10～14	7～9	5～6	<5	无载	≥20	15～19	10～14	7～9	5～6	3～4	<3	无载
长江上游	1		2	5	3	3	2	2			12	16	30	16	7
长江中游	1	1	4	9	6	4					8	17	37	9	7
长江下游	1		2	5				2	1		10	4	7	1	2
总计	3	1	8	19	9	7	2	4	1		30	37	74	26	16

依据穆彰阿、潘锡恩等《嘉庆大清一统志》中各相关府、州中"城池"内容统计而得。里、丈、尺、步等单位的换算，据黄盛璋《历代度量衡里亩制度的演变和数值换算[续二]》(《历史教学》，1983年第3期）。1里=360步=180丈=1800尺=576米；1步=5尺=0.5丈=1.6米。下同。

---

① [美]施坚雅主编，叶光庭等译：《中华帝国晚期的城市》，中华书局，2000年，第84页。

从上表中可以看出，清代长江水系城市从总体来看，行政级别较高的府级城市的城周集中在 6~14 里，其中以 7~9 里最多；而行政级别较低的县级城市的城周则集中在 3~9 里，其中 3~4 里的城市占绝大多数。总的来看，整个长江水系城市的城周较为均衡，过大或过小的城市均较少。需要指出的是，15 里以上的城市，府级城市共计 4 座，而县级城市亦占到 4 座，当然长江流经的地区如此广阔，地域差别可能会造成某一地区的府城远不如另一地区的县城。但细致考查这几座城市，则可以排除这一因素。城周在 15 里以上的 4 座县级城市分别为重庆府的江北厅、合州，江宁府的江浦县，常州府的无锡县，而其所在府的府城附郭县，城周大小不一，重庆府 12 里余、江宁府 96 里、常州府 10 里余，除江宁府城外，其他几座府级城市的城周均不到 15 里。也就是说，单从城周来看，沿江城市中出现了县级城市规模大于同属府城的规模。清代长江沿岸非传统政治中心城市的兴盛，从该处可窥一二。但总体来看，县城城周大于府城的情况只有极个别，一般都有具体的原因，需要做具体的分析。

再从城市人口规模来看，因人口统计涉及范围过广，资料难以搜寻，就如人口史专家曹树基在《中国人口史》等著作中也有很多时候采用概数。由于清代中前期较少关于城市人口的具体统计，其中"丁""口"等更缺乏定论，故难以像城周一样尽数统计。此外，清代城市人口在不同时期有很大的变动，如清初经历长达数十年的战乱后，若干城市人口出现锐减，而到清中期则不断恢复并有所增长。成都在清初几乎成为一座空城，而到乾嘉时期则发展成为有 20 余万人口的大城市。另外，清代中前期的江宁府、苏州府、杭州府、扬州府等城在清代中期都是规模甚大的重要城市，甚至有研究者认为江宁府和苏州府的人口超过百万，但这些城市在太平天国战争中遭到严重破坏，城市人口大幅减少。而上海、汉口、重庆等城市则随着开埠通商，城市经济功能强化，城市人口迅速增加。至清末，上海人口达百万人以上，汉口与武昌、汉阳三城逐渐融为一体，城市人口也在 50 万以上，重庆则发展到 30 余万。据施坚雅估计，1843 年人口在 10 万以上的长江水系城市有苏州、南京、上海、芜湖、扬州、无锡、镇江、武汉、南昌、湘潭、长沙、成都、重庆等 13 个，人口在 5 万~10 万之间的城市有安庆、常州、赣州、九江、衡州、叙州、泸州、嘉定、万县等 9 个。①

清代长江流域除建制城市有较快的发展外，非建制的准城市——市镇也因商业、手工业的发展而有了较大的发展，特别是长江中下游地区，农业的商品化日趋突出，部分农产品和手工业品与国内多个市场发生了直接的联系，长距离大宗贸易兴起，推动了市镇的发展。这些市镇多数位于长江水系的交通要冲，以非农业人口和非农业产业聚集为主，其中有部分市镇出现了较大的发展，其规模超过所属的县城。例如盛泽镇在明代原为一小村落，清以后，其丝绸业出现较大发展，至乾隆年间发展成为江南的大市镇。"居民百倍于昔，绫绸之聚亦且十倍。四方大贾辇金至

---

① ［美］施坚雅主编，叶光庭等译：《中华帝国晚期的城市》，中华书局，2000 年，第 274 页。

第六章　清代主要河流城市的空间分布与变迁

者无虚日，每日中为市，舟楫塞港，街道肩摩。盖其繁阜喧盛，实为邑中诸镇之第一。"[1] 清代这些新兴的市镇从本质上讲属于城市范畴，但是也与传统的行政建制城市有一定的区别，主要表现在这些市镇不具有行政中心功能。此外，市镇也有多种类型，部分市镇发展起来后，逐渐被纳入行政建制城市。清代长江流域的市镇较为发达，无论是数量还是规模上，都是其他江河流域或区域不可企及的，这些市镇作为城市体系的重要组成部分，在社会经济发展进程中发挥着不可替代的作用，其中部分重要市镇如汉口镇、景德镇、佛山镇等则被纳入行政建制城市体系，发展成为建制城市。如江西景德镇在清代由于制瓷业的发展，城市人口达10万以上，并逐渐超越了原来所隶属的浮梁县，发展成为区域经济中心和行政中心。汉口镇也在清中后期成为区域的经济贸易中心，其行政地位也逐渐提高，并与汉阳、武昌三城合一，发展成为中国的大城市。

二、清代长江水系城市的空间分布及其特征

长江作为中国第一大河，是中华文明的发源地之一，孕育了大批的城市。长江的不同区段的自然地理条件有着巨大的差异，因此也对城市的形态、规模和分布产生了重要的影响。一般说来，城市多集中分布于丘陵平原型河流区，尤其多分布于地势平坦的平原区，虽然在河谷的阶地、山区的山间盆地以及一般的平缓丘陵也分布有城市，但总体说来数量较少。而峡谷型河流区由于地势地形的限制，城市数量相对较少，而且规模一般都不大。长江流域的地势地形多样化，因而不同区段的城市分布也各有特点。

（一）清代长江上游城市的空间分布及其特征

长江上游指湖北宜昌（清宜昌府东湖县）以上河段，除干流外，还包括雅砻江、大渡河、嘉陵江、岷江、乌江五大支流。长江干流上游全长4500余公里，主要流经青海、西藏、云南、四川等省区，而其支流还流经陕西、贵州等省。

长江上游水系横贯中国地势三大阶梯中的第一、二级阶梯，流经区域的自然地理条件复杂多变，包括青海南部高原、川西高原、横断山脉高山峡谷、云贵高原、秦巴山地、四川盆地和鄂黔山地。[2] 各区域的自然环境、政治地位和经济发展水平不尽相同，因而城市分布的状况各有差异。大体上可分为三段：第一段为江源至四川宜宾（清叙州府宜宾县）以上河段，即一般所称的金沙江；第二段为宜宾县至三峡以上河段，即川江段；第三部分为长江三峡至宜昌以上河段。

1. 金沙江段的城市空间分布及其特征

长江上游的青海南部高原、川西高原和横断山脉高山峡谷为长江流经的第一级

---

[1] 陈夔缵等修，倪师孟等纂：《吴江县志》卷四《镇市村》，民国年间石印本。
[2] 朱振宏、程卫民：《长江400问》，黄河水利出版社，1999年，第6页。

阶梯，也是最高的一级阶梯，其高程一般在海拔 3500～5000 米。发源于青海境内的托克托乃乌兰木伦河和通天河①，分别长 375 公里和 1563 公里，平均海拔在三四千米，气候非常恶劣，尤其是托克托乃乌兰木伦河流域，年平均气温在零下 4 摄氏度至零下 5 摄氏度之间，年降雪期长达 350 天之久。② 这一地区由于自然环境较为恶劣，极不适合人居，因此人口稀少，经济落后。清廷虽然也在此一地区设有行政辖区，但重视程度远不如人口稠密的地区，因而这一区域在清朝几乎没有严格意义上的城市。

通天河以下的金沙江，全长 2308 公里，流经西藏、云南、四川三个省区。金沙江奔腾于川、藏、滇三省间的高山峡谷之中，跨越中国地形的两个阶梯。与这一区域的另一条支流雅砻江的中下游一样，金沙江属于峡谷型河流，其特点是"河谷切割较深、落差大、水量丰富、水资源、矿藏和森林资源丰富"，但"人少，土地利用率低，交通条件差，经济开发程度较低"③。另外，这一河段的大部分区域属于清朝统治的边陲地区，因而城市数量非常少，仅稀疏分布有巧家厅、永善县、屏山县等 16 座城市，这些城市规模普遍较小，其中有 7 座城周在 3 里以下，而且，除个别城市外，距离河流均较远。④ 其支流雅砻江沿岸也仅零星分布有 8 座城市，其中 7 座均是康熙朝以后新设置的城市。

2. 川江段城市空间分布及其特征

这一区域属于我国的第二级阶梯，海拔较前一区域降低了很多，在 500～2000 米之间。⑤ 在城市形成和发展中，地貌是其重要的影响因素之一，一般而言，地势平坦的地区是城市形成的理想地点。从这一方面来看，这一区域就较前一河段更为优越，农业发达，因而更宜于城市的形成和发展，而这一优势在成都平原尤为明显。另外，这一区域的气候也优于青藏高原南部和横断山脉高山峡谷地区。就河流类型而言，干流的大部分（即流经四川盆地的河段）为丘陵平原型河流，"这类河流出自峡谷，流经丘陵与平原"，"人口密集，土地利用率较高，交通便利，经济开发程度较高"⑥。而且，这一区域历来就受到统治者的重视，在清代亦是如此。由于多方面的原因，这一区域分布的城市数量远远超过上段，仅长江干流段县城及同等级的散州、散厅就有 17 个，再加上泸州和忠州两座直隶州城，共 19 座。这些城市规模也普遍较大，城周规模大于 10 里的有重庆府城和江北厅城，城市分布也较上一段密集。

---

① 托克托乃乌兰木伦河今称沱沱河，通天河在清朝亦称木鲁乌苏河，金沙江在四川境内的一部分在清朝时称布垒楚河。见谭其骧：《中国历史地图集》，地图出版社，1987 年，《清时期·青海、四川》。
② 徐刚：《长江传》，福建教育出版社，2000 年，第 32、33、63 页。
③ 朱振宏、程卫民：《长江 400 问》，黄河水利出版社，1999 年，第 8 页。
④ 谭其骧：《中国历史地图集》，地图出版社，1987 年，《清时期·四川、云南》。
⑤ 朱振宏、程卫民：《长江 400 问》，黄河水利出版社，1999 年，第 6 页。
⑥ 朱振宏、程卫民：《长江 400 问》，黄河水利出版社，1999 年，第 8 页。

第六章 清代主要河流城市的空间分布与变迁

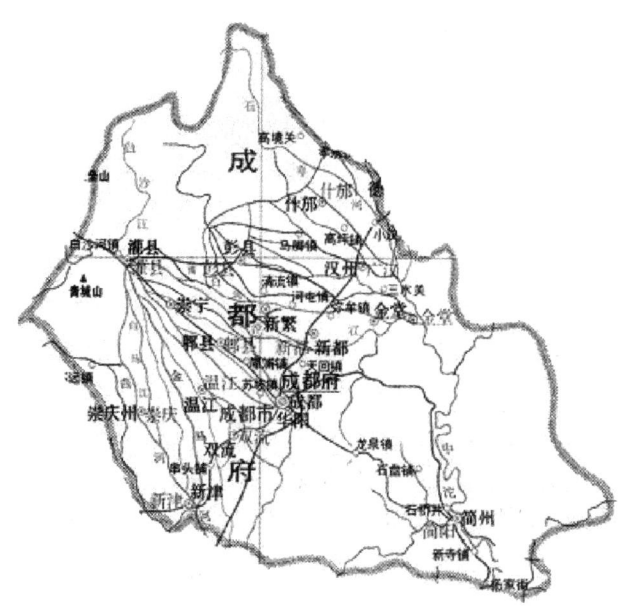

图 6-1 城市分布密集的成都府

这一河段汇入的支流众多，较大的有岷江、大渡河、嘉陵江和乌江。岷江发源于四川北部的岷山，全长 793 公里，向南流经松潘、茂州、汶川、理番后，进入成都平原地区。岷江上游属峡谷型河流，流经龙门山脉的高山峡谷，落差较大，水流湍急，因而分布的城市数量相对较少。但是这一区域为农牧文明的交接带，农耕民族对这一地区的开发较早，岷江上游河谷是古蜀最早开拓的地区，古蜀农业即是从岷江上游河谷开始的。① 21 世纪初，考古工作者对岷江上游的营盘山遗址浮选出的农作物籽粒和田间杂草种子进行了对比，农作物籽粒的数量占绝对优势，说明当时的农业生产已经初具规模。② 秦汉时期，岷江上游相继建立了松潘、威州等城市。但总体来看，岷江上游的城市零散而稀少。岷江以及龙门山脉发源的多条江河进入成都平原后，河面骤然开阔，流速平缓，泥沙大量沉积，在成都平原区形成冲积扇。③ 岷江中游段河流，土地肥沃，河渠纵横，农业发达，人口密集，是中华文明的发源地之一，早在距今 4500~3000 年之间，就形成了发达的城市文明，先后有五个政权在此建都，相继建立了宝墩古城群、三星堆古城、金沙古城。因而从先秦以至清，成都平原分布的城市数量很多，包括四川省会成都府城在内的大小城市有 15 座，密集程度非常高。尤其是成都平原，自都江堰修成后受其水资源之惠，得以成为富饶的"天府之国"，人口繁盛，城市密集（如图 6-1）。岷江出成都平原后继续南流，在嘉定府（乐山）汇合大渡河，至叙州府（宜宾）汇入长江。据统计，岷江沿岸在清代共分布有 25 座城市，若算上支流大渡河沿岸的 5 座城市，共

---

① 蒙文通：《巴蜀古史论述》，四川人民出版社，1981 年，第 47-48 页、第 75-82 页。
② 赵志军、陈剑：《四川茂县营盘山遗址浮选结果及分析》，《南方文物》，2011 年 3 期。
③ 陈正祥：《长江与黄河——附淮河与海河》，香港商务出版社，1978 年，第 22 页。

30座，其城市数量远超长江干流段分布的城市数量，由此可见岷江水系城市的地位和作用。

长江上游较大的支流还有嘉陵江和乌江。嘉陵江发源于秦岭，其上游属峡谷型河流，流过昭化后，河道逐渐开阔，比降也有所降低，属丘陵平原型河流。嘉陵江在清代流经甘肃、陕西、四川三个行省，于重庆汇入长江，沿岸城市共有22座。重庆是长江与嘉陵江的交汇处，历史虽然悠久，但在清以前主要是以军事功能为主。清代，随着川江航运的开发，四川、贵州、甘肃等省的物资通过长江运往东南地区，因而重庆的经济地位得到提升，由此也促进了城市的发展。19世纪末，重庆开埠通商，初步奠定了重庆成为长江上游经济中心的基础。乌江发源于贵州西部乌蒙山脉东麓，向北流经大定、安顺、贵阳、遵义、思南等府境，于涪州汇入长江，乌江水系在清代共分布有21座城市。

总的来看，长江上游主要支流的城市比长江干流金沙江段的城市数量多，城市密集程度也明显高，特别是在成都平原区。正是因为如此，在明以前世人都称岷江为长江之源。岷江与金沙江汇合后至三峡，长江沿岸城市有泸州、江津、合川、永川、重庆、长寿、涪陵、丰都、忠县、万州、云阳等10余座，这些城市的历史都较为悠久，都是清以前就已经建立。

3. 长江三峡至宜昌之间河段城市空间分布及其特征

长江三峡指从奉节（清夔州府城所在地奉节县）白帝城到宜昌南津关江段，由三段峡谷（即今称的瞿塘峡、巫峡和西陵峡）和介于其间的宽谷组成，全长204公里。该区域处于"大巴山、大娄山和八面山等聚汇处，地壳长期处于上升阶段"，形成了峭壁林立的石灰岩山地，整个峡谷区峡滩相间分布，"峡谷两岸峭壁危岩林立，大多高出江面500多米"①。长江在这一段的河流类型为典型的峡谷型，其特征为长江流经三段峡谷区时两岸峡谷壁立，河道迂回曲折，"江面束狭，最窄处不到百米宽"②。虽然部分江段也属宽谷地段，为该地区的居民提供了发展农业的地理条件，但此江段在整体上属于峡谷型河流区，"人少，土地利用率低，交通条件差，经济开发程度较低"的总体特征从未改变，且该地区仅有少量的几条小支流汇入，地势陡峭，分布的城市数量自然不会太多。在长达204公里的河段，清代时仅稀疏地分布着奉节县、巫山县、巴东县、归州直隶州4座城市。

4. 长江上游城市的空间分布特征

长江上游城市分布的总体状况表现为城市数量少、分布稀疏，除长江支流的成都平原外，长江干流和其他支流的城市数量都相对较少，特别是金沙江段的城市非常少。长江上游全长4500余公里，占了长江全长的2/3以上，干流沿岸在清代分布的城市数量为35座，城市平均密度仅约为1/100公里。从江源至宜宾县以上河段，由于地处边陲、多高山峡谷、气候恶劣等原因，仅稀疏地分布有16座城市；

---

① 邓先瑞、邹尚辉：《长江文化生态》，湖北教育出版社，2005年，第24页。
② 邓先瑞、邹尚辉：《长江文化生态》，湖北教育出版社，2005年，第24页。

长江进入宜宾县后,地势转为平坦,岷江、嘉陵江等丘陵平原型河流的汇入,为长江补充了水量,同时还提供了优越的航运条件,另外,这一地区在清朝的政治地位、经济发展程度也高出金沙江段以上地区许多。长江上游干流和支流共有85座城市,就其分布特征来说,一是在成都平原岷江水系集中分布了数量较多的城市,形成了以成都为中心,呈网络状分布的城市格局。二是城市在长江干流沿岸分布较为均匀,主要有宜宾、南溪、江安、纳溪、合川、合江、江津、重庆(巴县)、江北厅、长寿、涪州、忠州、酆都、万县、云阳等,这些城市都建立较早。① 但是长江干流地区由于受地理条件的限制,没有形成像成都平原那样网络状的城市密集分布,整体呈现出类似走廊式的长江沿岸城市带格局,而大渡河、嘉陵江等支流的主要河段的城市也多沿河岸而分布,重要城市基本上都在河岸数里范围内。三是三峡至湖北宜昌府东湖县以上河段的城市受地理环境等影响,数量极少,仅稀疏地分布有奉节、巫山、巴东、归州等4座城市。四是两河汇合之处一般都形成了重要城市,如大渡河汇入岷江处的嘉定府城,岷江汇入长江处的叙州府城,嘉陵江汇入长江处的重庆府城都是重要城市。② 从总体而言,长江上游第一段和第三段的城市数量少、密度低,而长江支流岷江至宜宾至三峡以上的区域,则在清代集中分布了数量较多的城市,并在清中后期分别形成了以成都和以重庆为中心的两大城市群。

(二)清代长江中游城市的空间分布及其特征

从湖北宜昌至江西湖口为长江中游,除长江干流外,还包括汉水、沅江、湘江、赣江四条主要支流和洞庭湖、鄱阳湖两大湖泊。长江干流中游段全长950公里,在清代主要流经湖北、湖南、江西三个行省,其支流则流经贵州、广西、陕西三个行省。

1.影响长江中游城市空间分布的自然地理因素

长江中游地区大部分属于我国的第三级阶梯,"除去少数山峰海拔高达1000米左右外,一般海拔在500米以下"③。这一区域的地貌以平原为主,间有少量丘陵,正所谓"山随平野尽,江入大荒流"。如前文所引,"地势平坦的地区是城市形成的理想地点",而平原理所当然地成为"中国城市的摇篮"④。这一地区的大部分城市都包含在两湖平原(江汉平原和洞庭湖平原)内,另外,江西省的九江府(德化)、湖口县等少量城市属于鄱阳湖平原。

与三大冲积平原相关的长江中游的主要支流,除沅江和汉水上游属峡谷型河流外,湘江、汉水中下游、赣江均属丘陵平原型河流,这一段的长江干流也同样属于丘陵平原型河流。除去从湖北省荆州府宜都县(今枝城)到湖南省岳州府(今岳阳市)城陵矶一段的荆江的地理条件较差,特别是有"九曲回肠"之称的下荆江段较

---

① 谭其骧:《中国历史地图集》,地图出版社,1987年,《清时期·四川》。
② 谭其骧:《中国历史地图集》,地图出版社,1987年,《清时期·四川》。
③ 邓先瑞、邹尚辉:《长江文化生态》,湖北教育出版社,2005年,第40—41页。
④ 马正林:《中国城市历史地理》,山东教育出版社,1998年,第22—23页。

为险恶，不利于水运，且易发生洪水外，大部分河段都是水量丰富，江面宽广。另外，长江中游河段还串联了洞庭湖和鄱阳湖等众多湖泊，汇集了大量的水资源。据统计，在洞庭湖与鄱阳湖之间600公里的河段，长江得到的水量补给高达4000多亿立方米，相当于给长江增加一倍的水量。① 另外，洞庭湖和鄱阳湖均属于吞吐湖，它们"既能蓄纳江水，又可以把湖水排入江河，对江河水量起着天然的调蓄作用"②。

另外，长江中游优越的气候也为农业的发展提供了条件：平原区"年积温达5100℃～5600℃，无霜期有250～280天"③。受益于自然条件的优越，长江中游自古就是中国著名的农产品生产区，享有"湖广熟、天下足"的佳誉。农业的发达，又推动了城市的产生和发展。

除自然条件外，这一区域自唐宋经济重心南移后，就一直是中国农业和商品经济发达的地区。经济的发达，加之地理位置的重要，该区域倍受历代统治者的重视，清朝亦如此。而且，该地区的文化也非常发达，是楚文化和吴文化的主要区域，历来文人辈出。

2. 清代长江中游城市的空间分布及其特征

长江中游优越的自然条件，发达的经济水平，重要的政治、文化地位，共同推动了本地区城市的发展，清时该区域共有104座城市（其中干流段沿岸城市为29座），是长江上、中、下游三段中城市数量最多的一段，城市密度也较上游段城市密度高出一些，干流段城市密度约为3/100公里。

与长江上游川江段相类似，在长江中游干流两岸，较为均匀地分布着多个城市，呈现走廊式的分布格局。另外，长江中游的四大支流——汉水、沅江、湘江、赣江也串联了许多城市，其中包括长沙府城、南昌府城这样的省会城市。由于汉水在湖北汉阳府城（汉阳）与干流汇合，而沅江、湘江流入洞庭湖，赣江流入鄱阳湖后间接与干流相连，干流与支流两岸的城市一起，形成了类似"卅"字形的城市分布格局，其中又以武汉为中心。

（三）清代长江下游城市空间分布及其特征

江西湖口以下河段为长江下游，总长930公里。长江下游除干流外，还有一条主要支流——黄浦江。长江下游在清朝主要流经江西、安徽、江苏三个行省。

长江下游的自然条件对于城市的发展非常有利。首先，就地形地貌而言，这一区域属于我国的第三级阶梯，地势低平，一般海拔在500米以下，其中长江三角洲地区的海拔多在10米以下。④ 其次，长江下游气候温暖湿润，土壤肥沃，自唐代后期以来，这一地区就得以较好的开发，成为中国最发达的农业区之一。长江三角

---

① 徐刚：《长江传》，福建教育出版社，2000年，第209、283页。
② 朱振宏、程卫民：《长江400问》，黄河水利出版社，1999年，第26页。
③ 邓先瑞、邹尚辉：《长江文化生态》，湖北教育出版社，2005年，第60—61页。
④ 邓先瑞、邹尚辉：《长江文化生态》，湖北教育出版社，2005年，第40—41页。

第六章 清代主要河流城市的空间分布与变迁

洲平原区更是被誉为"富甲天下"的粮仓。此外，就长江的河流状况而言，长江下游河段属于丘陵平原型河流，具有同长江中游一样的自然地理优势。长江下游经过上游和中游的水资源积累后，这一河段的水量非常丰富，具有"江宽水深"的特点。另外，长江下游区域靠近大运河，沟通南北和东西交通，并且与大海相接，交通便利，区位优势十分明显。

由于自然地理和经济的优势，长江下游干流沿岸共分布有 33 座城市，分布密度约为 4/100 公里，再加上支流黄浦江流经的几座城市，共计 38 座。虽然就城市总量而言，不及长江中游和上游，但下游很少有支流湖泊汇入，流域面积狭窄，因而城市的密度反而更高。另外，从城市的行政等级和规模来看，这一区域分布的重要城市并不比上游和中游少，长江下游也有两个省会城市——安庆府城和江宁府城，此外还有扬州、芜湖、上海等重要城市。特别是 19 世纪中期以后，上海开埠通商，上海作为中国的经济中心城市迅速崛起，长江下游的城市地位得以提高。这些城市各自在一定范围内充当着区域中心的角色，它们或发挥着显要的政治、军事作用，或发挥着重要的经济、文化作用，或二者兼而有之。

由于地处平原、江宽水深，且少有大型支流汇入，所以长江下游城市总的呈现出标准的走廊式格局。因城市密度较高，并有航运和发达的陆路交通网络，故城市之间彼此间的联系和互动较为紧密。另外，长江下游段，特别是长江三角洲地区，河网密集，地势平坦，加之明清时期商品经济有很大发展，故分布于该地区的市镇数量持续增多，规模也不断扩大，与城市一起，形成带状城镇带。① 其中，江宁府城（江宁、上元）和上海县为这一区域的中心。

综上所述，长江流域全长 6300 多公里，其干流和支流沿岸城市达 251 座之多，其中，上游 4500 公里，分布有 109 座城市；中游 950 公里，分布有 104 座城市；下游 930 公里，分布有 38 座城市（如图 6-2）。虽然就数量来看，长江上游分布的城市最多，下游最少，但综合河流长度、流域面积、支流多寡等因素加以考量，就干流而言，长江上游的城市分布还是最为稀疏，特别是从江源至宜宾以上沿岸地区的城市数量不仅少，而且规模小，影响力薄弱。长江中游干流段的城市的城市数量相对较多，分布密度远大于长江上游干流地区；而长江下游干流的城市总量虽然少于上游和中游地区，但由于河道较短，支流少，其干流沿岸城市分布密度却最高，每百公里就有 4 座城市，高于中游的每百平方公里 3 座城市。

---

① 谭其骧：《中国历史地图集》，地图出版社，1987 年，《清时期·安徽、江苏部分》。

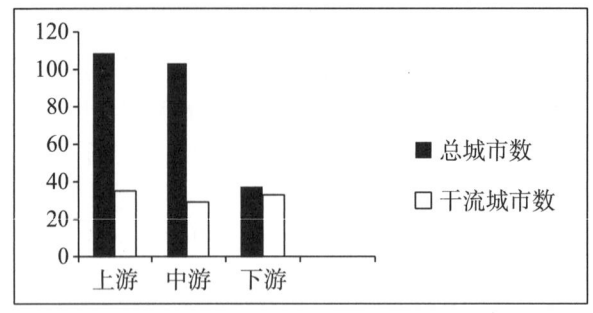

图 6-2　清代长江水系城市分布

就分布特征而言，仍表现"得水为上""沿河设城"，长江流域城市随着长江干流和主要支流河道蜿蜒起伏而分布着，形成了走廊式分布格局，除去长江上游流经的第一阶梯外，从成都开始，这条长长的城市走廊自西向东延伸，而各大支流也如多条走廊，串联着各沿岸城市在某一个结点上与干流汇合，两两汇合处的水陆枢纽，往往就是区域中心城市所在。如嘉陵江与长江汇合处形成了重庆府城；汉水与长江汇合处形成了武汉三镇；秦淮河与长江汇合处形成了江宁府城（即南京）；黄浦江汇入长江之处则形成了上海；等等。但是，长江上游的成都府较为特殊。成都府城也位于岷江的支流郫江和锦江两河交汇处，成都与其他4座中心城市所不同的是，它没有直接与长江干流相连接，但在长江城市中，成都是历史最悠久的城市，而且由于有利的自然地理条件，成都有着4500多年城市文明史。3000多年来，成都城址不移，城名不改，历来都是区域的政治、经济和文化中心。因而成都虽然并不处于长江干流，但其发展却优于若干位于长江干流的城市。

由于长江流量大、水面宽，一些河段还常出现洪涝，对城市居民的生产和生活会造成严重威胁和一些限制，洪涝等自然灾害在生产力低下的农业社会尤为明显，故清代长江干流城市多分布于长江两岸的台地。据章生道研究，中国江河两岸城市分布受河流运输、物产丰富程度、人口由北向南迁移以及日照等因素的影响，"河流北岸的城市数目远比南岸为多"①。这一观点就清代长江水系的情况来看是成立的，雅砻江、岷江、大渡河、嘉陵江、汉水几大支流均从北岸汇入，南岸的大支流则只有乌江、湘江和赣江，相比之下，南岸分布的城市数量自然赶不上北岸。就是在长江干流，这一状况在上、中游也较为明显，而下游则因为航运发达，"沿岸主要城市倾向于在两岸交替选址"②。

三、清代长江水系城市的变迁

在清代两百多年的发展过程中，长江水系城市发生了较大的变迁，这些变迁一

---

① ［美］施坚雅主编，叶光庭等译：《中华帝国晚期的城市》，中华书局，2000年，第94—95页。
② ［美］施坚雅主编，叶光庭等译：《中华帝国晚期的城市》，中华书局，2000年，第95页。

方面与长江水系自身的变化有关系,如洪涝灾害、河道泥沙淤积、江潮冲击、河道变迁等。另外,清朝政局的变动、长江航运的开发、战争、开埠通商等非自然因素,也对沿江城市的发展变迁产生了重要的影响。

(一) 洪水与河道的改变对城市的影响

长江河道的变迁主要集中在宜昌以下的中下游,其中主要有三段,分别为荆江段、武汉段和镇江以下河口段。

1. 荆江段河道的改变对沿岸城市的影响

荆江指长江干流从湖北省枝城(清荆州府宜都县)到湖南省岳阳市(清岳州府城)城陵矶的一段江流。荆江段长江的河道迂回曲折,有"万里长江,险在荆江"之说。这一特征在荆州府藕池口以下的下荆江尤为明显,它的直线距离只有 80 公里,但河道则长达 240 公里,江水在这里绕了 16 个弯,有"九曲回肠"之称。元末之前,下荆江河道还是单一顺直的江道,元明之交,因受洞庭湖顶托的影响,泥沙积沉严重,河道逐渐弯曲。清道光以前,长江在石首境内的"下荆江河曲开始自下而上发展,江水经石首县北,又东过调弦口,又东北折而东南至监利县西境"①,荆江弯道曲流逐渐形成。复杂多变的河道,让该地区成为洪水的高发区。从明中期以后,历朝历代统治者都或多或少地对荆江大堤进行过扩建和加固,明万历年间,荆江北岸江陵、监利二县沿岸的大堤已长达 4.9 万余丈,南岸的枝江、松滋、公安、石首四县也共筑有江堤 5.4 万余丈。② 清朝建立后也继续加强了对荆江段的堤防工程建设,并在乾隆五十三年(1788)大水后,改民堤为官堤,由朝廷拨专款修筑。③

荆江河段河道的变迁,以及由此引发的水患频发,一方面对城市居民的生产和生活带来了不利的影响,另一方面也影响到沿岸城市的形制,为了加强防洪,这一地区的沿江城市都在城墙之外还多了一道绵延而坚固的江堤,但这些城市在清代也多次遭到洪水危害,因而严重制约了城市的发展。

2. 武汉段河道的改变对沿岸城市的影响

明清时期,长江武汉段同样发生了巨大的演变。在明朝,这一地区的鹦鹉洲、刘公洲曾经是百货云集的码头,然而到明代后期,长江流域出现了一次较大的洪水期,鹦鹉洲与刘公洲于明末崇祯年间逐渐消失了。清乾隆年间,汉阳城南又有新洲生成,名补课洲,嘉庆时为存古迹,复改名为鹦鹉洲。④ 这片新生的陆地逐渐与汉阳连成一片,成为府城的一部分。如此"荒洲成闹市,闹市复没于江流"的情况,在武汉非常明显。

---

① 罗传栋:《长江航运史》(古代部分),人民交通出版社,1991 年,第 307 页。
② 陈曦:《从江陵"金堤"的变迁看宋代以降江汉平原人地关系的演变》,《江汉论坛》,2009 年第 8 期。
③ 邓先瑞、邹尚辉:《长江文化生态》,湖北教育出版社,2005 年,第 212 页。
④ 罗传栋:《长江航运史》(古代部分),人民交通出版社,1991 年,第 307 页。

由于长江武汉段众水汇流，故经常发大水，在洪水季节，武汉三镇就如同汪洋中的几个孤岛。初步统计，自晚清有水文记录以来，该地区平均每6年就有1次大水，每次大水入城，"水及门楣，舟触市瓦"①。由于经常发洪水，武汉三镇城区都必须加强堤防，使江堤成为城市形制的一个重要组成部分。早在北宋时期，武昌就已修筑石堤。明正统年间，武昌城外沿江岸修筑有红石驳岸，清代多次补修。道光时，周天爵在武昌城南保安门外筑白沙洲至金口江长堤达60华里。张之洞治鄂时，全面整修堤防，包括武昌城北面红关至青山长30华里的武丰堤，南面金口至平湖门的武泰堤，并修建了城外滨江的红石驳岸，与南北两堤相通平齐。汉阳在清代也修有郭公堤、龙灯堤、永丰堤、保丰堤等。汉口在同治年间亦由当地人集资修筑了长40华里的长丰民垸，另外，还有同治时修建的汉口堡、光绪时的张公堤，等等。②

长江武汉段除干流外，作为长江中游主要支流的汉水，同样也是一条变化多端的河流。汉水的变迁推动了新兴的工商业城市汉口的形成与发展，汉口在清代中后期，在整个长江流域乃至整个清王朝城市体系的发展变迁中，影响都非常巨大。

汉口原为汉水入长江口的三角洲，全境为一片沼泽，明成化年间，汉水下游改道，原本自汉阳城南注入长江的汉水，改由自城正北注入③，于是汉口逐渐成陆，有了可以停靠船只的湾泊。明末清初，汉口凭借优越的区位优势，迅速发展起来，成为清代中国"四大名镇"之一。

3. 镇江以下河口段的改变对沿岸城市的影响

长江在镇江以下的扬子江段沿岸为冲积平原，土质松软，不耐冲刷，在江潮和海潮冲击下，江岸常随主流线南北摆动而淤坍④，成为万里长江变化最大的江段。江岸的变化对城市的兴衰所产生的影响也十分巨大，扬州府瓜洲镇就是一个典型的例子。瓜洲镇位于江苏省扬州府南端，处于古运河和扬子江交汇处，为江淮千年古镇，清代在此设巡检行署、漕运府、都督府等，地位十分重要。然因在两水交汇之处，江岸长期受江潮冲击，不断坍塌，最终瓜洲镇所在地于光绪十年（1884）全部沦入大江，瓜洲镇的居民不得不迁移。与之相反，镇江北岸却不断长出新的沙洲，太平洲在明末始露出水面⑤，清中期，这里已成为可建城邑之洲，聚集了越来越多的居民。光绪年间，清廷置太平厅，属镇江府，宣统三年（1911）改太平厅为太平县。

苏南长江口海岸的变迁同样对城市发展产生了很大的影响。受长江和杭州湾海潮的冲击和侵蚀，长江入海口南岸沙嘴经常发生坍塌，南宋以来，历朝历代均在此修筑海塘。长江所携带的大量泥沙主要沉积在东部，因而，南岸沙嘴在南北内缩的

---

① 皮明庥：《近代武汉城市史》，中国社会科学出版社，1993年，第13页。
② 皮明庥：《近代武汉城市史》，中国社会科学出版社，1993年，第13、14、15页。
③ [美] 罗威廉著，江溶、鲁西奇译：《汉口：一个中国城市的商业和社会（1796—1889）》，中国人民大学出版社，2005年，第35页。
④ 王育民：《中国历史地理概论》上册，人民教育出版社，1987年，第190页。
⑤ 李长傅：《江苏省地志》第四编，中华书局，1936年，第347页。

第六章 清代主要河流城市的空间分布与变迁

同时，逐渐向东扩展，由此推动了南岸农业的发展和人口的聚集，在南岸沙嘴北部形成了城市。清初设太仓州，雍正二年（1724）升太仓州为直隶州。① 同年，又在吴淞江入海口附近增置宝山县，在沙嘴南部沿海处增置奉贤、金山、南汇、福泉四县。沙嘴东岸的川沙本为海上一隅之地，明中叶始筑城，到嘉庆十年（1805）置厅，遂为滨海一要区。② 长江北岸沙嘴受长江主流迁移的影响，海门县属土地从元代以后就不断坍塌，县治曾三次向内陆迁徙，康熙十一年（1672），终因县境相当部分土地坍入江中，民户所剩无几，裁县为乡，并入通州。③ 雍正以后，泥土又开始沉积，形成海门群沙。乾隆中叶，大部分沙洲被开垦为良田，乾隆三十三年（1768），在该地特设海门直隶厅。④

随着长江口南北两岸沙嘴的不断扩展，两地的城市分布也逐渐向东扩展，趋向沿海。

综上所述，长江河道的改变主要在中下游，其结果有两个：一是水患频发，二是造成两岸及入海口沙州坍塌或新的沙洲产生。在两者的影响下，沿江城市一方面在城市形制方面发生了变化，表现为防洪大堤挺立于城墙之外，这在荆江段和武汉段表现得尤为明显；另一方面，有的老城市逐渐衰落，甚至消失，而新的城市则得以形成并兴盛起来，主要表现在长江入海口江段。

另外，长江主要支流汉水的改道，也成就了汉口这个新型城市的崛起，汉口由于在清后期因开埠通商而获得进一步发展，从而改变了整个长江流域的经济贸易，甚至是政治、文化体系。

（二）政局的变动对沿江城市的影响

如前文所述，在中国传统社会，"城"所代表的政治军事功能一直起着主导作用，政治对于城市的影响非常深远。就清代来看，在两百多年的王朝变迁过程中，政局变迁的主线包括清前期的战争与动乱，清中期的统治稳定与加强，清晚期西方势力侵入后的嬗变与清王朝的衰亡。清晚期，开埠通商对沿江城市的影响巨大而复杂，我们将另起一节专门论述，本处仅就这一时期的重大政局变动对沿江城市的影响进行分析。

1. 清初战乱对长江城市的破坏

战争是造成城市衰落的一个十分重要的原因，战争对城市的危害，不仅在于战争对于城市最直接的破坏，尤其可怕的是，"它还可以诱发其他破坏因素，形成城

---

① 穆彰阿、潘锡恩等：《嘉庆大清一统志》卷一百零三《太仓州一·建置》，《四部丛刊续编》影旧钞本。
② 陈方瀛修，俞樾纂：《川沙厅志·序》，光绪五年刊本。
③ 陈金渊：《南通地区成陆过程的探索》，《历史地理》第三辑，上海人民出版社，1983年，第30—32页。
④ 穆彰柯、潘锡恩等：《嘉庆大清一统志》卷一百零七《海门厅·建置》，《四部丛刊续编》影旧钞本。

市衰落综合征,从而导致城市快速衰落"①。明末清初,华夏大地上持续不断地爆发了各种战争,作为文明中心的城市不可避免地成为主要战场,各种灾害、疫情和人祸也肆虐横行,给城市带来了巨大的,甚至是毁灭性的破坏。城市形制被破坏甚至被摧毁,城市人口锐减,经济凋敝,原有的社会秩序也被打乱。

长江流域的城市亦如此,清军南下时,曾残酷地对多座城市进行屠城:顺治二年(1645)六月,清军抵达江阴,城中百姓坚守孤城达两个多月,后城破被屠,城内百姓仅剩"大小五十三人"②;同年十月,赣州城破,惨遭屠城;顺治五年(1648)清军将领金声桓反正归明,赣州战火又起,人口损失惨重;南昌府城虽未遭屠城,但在清军南下的战争中同样损失惨重;长沙一带在大顺军与明军的掳掠下,本已哀鸿遍野,顺治六年,清军攻破湘潭县城后,又进行了残忍的屠城,湘潭几成空城;饶州府一带虽未发生大规模的战争,但民变却导致了地方的残破。③

康熙十二年(1673年)爆发的三藩之乱,同样对四川、贵州、湖南三省部分地区以及江西吉安一带造成了很大的破坏,导致城市的残破和衰败。四川城市在明末清初遭到史无前例的大破坏,许多城市更是成为废墟。如四川的省会成都,"丁口稀若晨星","成都府所属州县,人烟断绝千里,内冢白骨亦无一存"④。除了战争导致人口大量流失外,人口迁徙外地也是另一个重要原因。据记载,自张献忠弃成都后,"成都残民多逃雅州,采野菜而食,亦有流入土司者"。在此后十余年间,"成都空,残民无主,强者为盗,聚众掠男女,屠为脯。继以大疫,人又死。是后虎出为害"⑤。康熙三年(1664)时成都、华阳两县各440户,合计880户,人口约4400人。⑥后又遇三藩之乱,人口更是凋零。康熙二十年(1681),四川全境肃清以后,朝廷招抚难民时,很少有成都难民复籍,整个四川大地荒无人烟。康熙二十四年(1685),清政府对四川人口统计,全省仅9万余人,比元初的人口还少。四川的大部分城市都十分凋零。

2. 清代中前期沿江城市重建与发展

康熙二十三年(1684)三藩之乱结束后,清政权进入稳定期,而政权的稳固又为经济的发展提供了一定的条件,可以说,从康熙二十三年三藩之乱结束到道光二十年(1840)鸦片战争爆发的百余年间,是清代城市发展难得的平稳和兴盛时期,康雍乾三朝更是中国传统城市发展的顶峰阶段。

(1)城墙的修葺与重建。清王朝在政权初定后,便采取一系列措施,从政治、经济、文化和社会等多个方面对城市进行恢复和重建,其中,城墙的修葺与重建备

---

① 何一民:《近代中国衰落城市研究》,巴蜀书社,2007年,第33页。
② 韩菼:《江阴城守纪》卷下,《台湾文献史料丛刊》第六辑,台湾大通书局,1987年,第38页。
③ 葛剑雄主编,曹树基著:《中国人口史》第五卷《清时期》,复旦大学出版社,2001年,第23—32页。
④ 孙锓:《蜀破镜》,何锐等:《张献忠剿四川实录》,巴蜀书社,2002年,第402页。
⑤ 费密:《荒书》,何锐等:《张献忠剿四川实录》,巴蜀书社,2002年,第437页。
⑥ 佟世雍修,何如伟等撰:(康熙)《成都府志》卷十《城郭》,康熙二十五年抄本。

第六章 清代主要河流城市的空间分布与变迁

受重视。从顺治年间开始，清廷就颁布一系列法令，要求各地方官员对城墙进行备建，但由于全国各地经济凋敝，人力、财力有限，顺康之际往往局限于重建城门、城楼，以及对城墙的修补等方面，而一半以上的城市重建则集中在经济繁荣的乾隆时期。嘉庆以前，被破坏的城墙大多数得到修复或重建。以重庆、上海、成都这几座区域中心城市为例，重庆府城于"康熙二年修，乾隆三十年重修"①。上海县城"康熙十九年修，雍正九年、乾隆四十年重修"②。成都府城"康熙初重建，雍正五年修，乾隆四十八年重修"③。康熙初年，四川巡抚张德成、成都知府冀应熊等带头捐资，征得巨款，开始动员民工，修筑成都城墙。新筑成都城墙高3丈，厚1.8丈，周长4014丈，垛口5538个，东西相距9.3里，南北相距7.7里，城楼上建有敌楼4个，堆房11个，城墙开有4个城门：东迎晖、南江桥、西清远、北大安，外环有池。④ 成都城墙的重筑，标志着清代成都城市重点工程开始起步。康熙五十七年（1718），全国皆定，四川经济日趋繁荣，百废俱兴，荒田多已得到开垦，农业生产已恢复到明末战乱前的水平，成都也是"人民廛市殊倍于昔"，于是清统治者始拨巨款再次修建成都城墙，并大力鼓励民间捐资。另外还采取以工代赈方式，动员全川军民参加修筑成都城墙。新建成都城墙内外均由砖筑，所有砖及工程均由各州县分段承包，并在砖样、土质、制式等方面做了严格的规定，每一批砖上要刻有相关人员的名字，以便溯源检查质量。⑤ 这次修建，动员了全川的力量，除对原有城墙加砖修筑以外，还在城西新筑了一座特殊的新城——满城。满城位于大城的西南隅，周长4.5里，高1.38丈，筑有城门5座，城楼4座，满城内修有八旗旗官街8条、兵丁胡同33条。满城又称"少城""子城"，是专为满族八旗官兵及家属修建，汉人禁止入内。满城犹如一座巨大的军营，设有衙署、营房、盘查哨卡、军械库、火药库、钱粮库以及练兵场、庙宇和祠堂等。由于清统治者对满族人实施特殊的供养政策，满族人不事劳动，因而满城内无商业和手工业，满族人的经济生活需仰仗大城。满城的修筑使成都城市的基本格局发生了巨大变化，清代成都城区形成了三重城的套城格局。清人吴好山的《成都竹枝词》写道："本是芙蓉城一座，蓉城以内请分明。满城又共皇城在，三座城成一座城。"

清代中前期，清政府除对城墙修建外，也新设置了部分城市，使城市数量到清中期也有一定增加。清代长江水系新置的城市有府城1座、直隶州城1座、直隶厅城1座、县城25座、散州城1座、散厅城16座，这些新增设的城市绝大多数都设置于雍正、乾隆和嘉庆年间。

---

① 穆彰阿、潘锡恩等：《嘉庆大清一统志》卷三百八十七《重庆府·城池》，《四部丛刊续编》影旧钞本。
② 穆彰阿、潘锡恩等：《嘉庆大清一统志》卷八十二《松江府·城池》，《四部丛刊续编》影旧钞本。
③ 穆彰阿、潘锡恩等：《嘉庆大清一统志》卷三百八十四《成都府·城池》，《四部丛刊续编》影旧钞本。
④ 衷以任：（嘉庆）《成都县志·聂张二公书院图记补序》，嘉庆二十一年刻本。
⑤ 衷以任：（嘉庆）《成都县志》卷一，嘉庆二十一年刻本。

(2) 长江上游航道的开发与城市的发展。随着清中期政局的稳定，以及商业贸易的发展，长江航道得以开发，开发主要集中在江流险急、险滩鳞次的长江上游江段。金沙江通川河道的开浚，可谓是长江上游航道开发中工程最巨、难度最大者。明朝就曾多次商议开浚，但均因阻碍重重而搁置。清康熙年间，朝廷又议此项工程，但最终也未能付诸实施。随着滇铜开采规模的扩大，陆路运输昂贵这一问题日益显露，金沙江开浚迫在眉睫。乾隆五年（1740）七月和次年二月，云南总督庆复两次上奏，请开金沙江通川河道。在听取了朝廷赞成和反对两方的意见后，清廷派官员进行了实地考察，最终下决定对该江段进行大规模的开浚。乾隆七年（1742），乾隆帝下旨开凿金沙江。① 开江整治工程自永善坝始，顺江疏浚至叙州府（宜宾）。据《云南铜政考》载："云南布政司张允随委官民侠对金沙江进行整治，自叙州以上一千三百余里凿险滩一百三十四处，边凿边通。"② 乾隆十三年（1748），工程告竣，叙州至云南蒙姑一段，自此成了铜运的航路。而金沙江的疏浚开通，促进了沿岸城市的发展，提升了金沙江与岷江交汇处的叙州府城的地位和交通枢纽功能，推动了川江航运的发展。

除开浚金沙江外，险象环生的三峡航道也多次得到整治。据地方志记载，乾隆二十三年（1758），荆宜道曾募工疏凿了东湖县城上游90里的查波滩。道光二年（1822），于归州城修建了沿江纤道，陡绝处还设有铁链防护。道光三年（1823），湖北商人李本忠捐银整治了瞿塘峡一带黑石滩内的燕须嘈、石板峡等处滩石，并修建了纤道。③ 另外，在三峡等川江航道之江狭滩险处，地方官员纷纷于大江两岸插立标记，为舟船导航。

长江上游的嘉陵江航道，在明代已是舟船云集，入清后，江船云集，货物运输更胜前朝，为保贸易顺畅，沿岸各州县纷纷对其实施整治。清初，凿平了保宁府城（阆中）境内的龙爪滩；合州城外段航道中有一段长34米和险滩，被称之为巨梁滩，曾覆舟无数，为嘉陵江水运之"大患"，当地官员先后于乾隆十七年（1752）、道光十七年（1837）和光绪十八年（1892）三次兴工，将此险滩除去。

长江上游航道的开发，加强了长江上游与长江中下游地区城市之间的经济文化联系，对依赖于"黄金水道"舟楫之便的沿江城市来说，无疑成为商业贸易发展的一大推动力。而且，作为沟通沿江城市的"大动脉"，长江航道的顺畅又进一步加强了沿江城市间的联系和互动，在现代轮船大规模进入长江流域后，这种联系和互动进一步加强。

(3) 长江沿江城市人口的恢复和增长。清中期政局的稳定和经济的复苏带动了城市的发展。"城市是人类的集居点，主体是人"，因而，城市发展的一个主要表现就在于"城市人口之增加"④。清初城市人口锐减的状况在康雍乾时期不仅得到改

---

① 王纲：《清代四川史》，成都科技大学出版社，1991年，第760—762页。
② 罗传栋：《长江航运史》（古代部分），人民交通出版社，1991年，第310页。
③ 罗传栋：《长江航运史》（古代部分），人民交通出版社，1991年，第310页。
④ 赵冈：《中国城市发展史论集》，新星出版社，2006年，第7页。

变,而且还出现了人口的空前增长。以湘潭为例,在清兵南下的过程中,湘潭惨遭屠城,几成空城,经过清中期的恢复和发展,至嘉庆二十一年(1816),人口已达399300口。另外,赣州城在乾隆四十七年(1782)的人口数量,也达到了334526口。①

此外,城市空间规模也有扩大,主要反映在城市的发展突破了城墙限制。这方面更多地受到手工业、商业等经济因素的影响。

3. 晚清政局的动荡对长江水系城市的影响

1840年,西方列强用坚船利炮敲开了清王朝的大门,也惊破了"天朝上国"的美梦。外力的侵入彻底改变了农业中国的发展道路,中华民族与西方列强之间的矛盾、清朝统治者与西方列强之间的矛盾、中国广大民众与清统治者之间的矛盾日趋激化,并相互纠缠在一起,从而导致了晚清政局的动荡和社会的动乱。对于长江流域的城市来说,影响最大的主要是两次鸦片战争、太平天国运动、"东南互保"和辛亥革命。

第一次鸦片战争爆发后,战火很快燃到上海、镇江和南京3座城市。1840年6月19日,英军占领上海县城,五日后退军,其间对城中百姓多方抢劫勒索,地方土匪也乘机作乱,造成了社会的动荡不安,幸而城市本身未遭严重破坏。而英军溯江西而上进犯镇江城,"比户劫略,无家不破……西门桥至银山门,无日不火,市为之空,城乡皆被蹂"。7月27日,英军抵达江宁,中英双方经过谈判后,签订了《南京条约》。之后随着清政府的屡战屡败,又签订了一系列与沿江城市相关的条约,一个又一个通商口岸被"打开"。

1851—1864年的太平天国运动对长江流域城市的影响主要集中在中下游地区。1852年12月攻克岳州后,太平军在此建立了水师,随后顺江而下,一举占领了汉阳、汉口、武昌,后与清军交锋,弃武昌,并于次年2月占领九江、安庆,3月攻克芜湖、南京,后在南京定都,改称天京。

在太平军顺江而下一举占领多座城池的过程中,给这些城市带来了很大的破坏,而更大的破坏则在于之后十余年里太平天国与清军连年不断的战争。其中较大的战役有1853年3月攻克镇江,6月再克安庆;1854年6月再克武昌;1855年4月三克武昌;1860至1862年三次进攻上海;1858至1864年双方在安庆发生多次战役;1853至1864年在南京周围发生包围与反包围战。② 这些战争,导致城市人口急剧下降,特别是九江和安庆,湘军在攻克两城后,分别进行了残酷的屠城。另外,战争引起的饥荒、瘟疫,也导致了城市人口的急剧下降。战乱蔓延,所到之处,田园荒芜,百业俱废,城市经济也日渐凋敝。另外,城市形制本身也遭到了很大的破坏,南京城经过多年的战乱,本已是满目疮痍,1864年破城后,经过湘军

---

① 葛剑雄主编,曹树基著:《中国人口史》第五卷《清时期》,复旦大学出版社,2001年,第137、132页。
② 张仲礼、熊月之、沈祖炜:《长江沿江城市与中国近代化》,上海人民出版社,2002年,第14页。

的烧杀抢掠，更是成为一片废墟。同治三年（1864），毛祥麟这样描述从上海到南京途中所见之情形："秦淮水遏不流，岸曲河房，尽成灰烬……皇城旧址，蹂躏尤深，行四五里，不见一人，亦无一屋。"① 海关十年报告中这样描述当时的南京城："残破不堪，引不起西方人的兴趣。"其商业贸易地位一落千丈，被先于自身开埠的邻近城市镇江和九江所代替。而繁荣的汉口，在经历这场浩劫后，也"荡为瓦砾，骤难复原"。上海虽然在1860到1862年的三次战争中均因战事发生在郊区未受到直接破坏，但清政府为镇压小刀会起义却对城市造成了巨大的破坏。1853年，上海道吴健彰为切断城外商民与城内起义军的联系，令清军在当时最为繁盛的商业区一带放火焚烧商店民房。小刀会起义失败后，清军更是在城内四处纵火，先前繁华的闹市，顿成灰烬。②

1911年的辛亥革命，同样与沿江城市有着密切的联系，但影响相对较小，除个别城市受到破坏外，大多数城市都经历的是不流血的革命。辛亥革命"酝酿在上海，领导总部在上海，起事在武昌，经济来源在上海，建都在南京"③。另外，长沙、九江、南昌等沿江城市，也在革命中发挥了重要的作用。就城市本身来说，武汉三镇在清军与民军的多次激战中遭到了严重的破坏，武昌城内许多建筑物被毁，汉口的江岸、江汉地区被清军的炮火毁坏殆尽。清军还在租界外纵火，大火席卷一二十里，五日不熄，"遂使锦绣之场，一旦化为灰烬"。

综上所述，清初的一系列战乱对城市来说是灾难性的，长江流域城市亦是如此。战火波及之处，人口锐减，经济凋敝，城市的基础设施包括城墙及城内建筑物等更是遭到了巨大的破坏。清中期政局的稳定，推动了城市的发展，一方面城市规模有了扩大，另一方面新的城市得以建立起来。从康熙二十三年（1684）三藩之乱结束到道光二十年（1840）鸦片战争爆发的百余年间，是清代城市发展的兴盛时期，也是中国农业时代城市发展的高峰期。1840年以后，中国政局开始动荡，各类矛盾也不断被激化，单就城市本身来说，第一次鸦片战争、太平天国战争和辛亥革命都对长江中下游城市造成了不同程度的破坏，尤其是太平天国战争所造成的破坏十分巨大，人口大量损失，城市遭到严重破坏，一些重要城市也因此而在数十年间一蹶不振。

（三）国内商品经济的发展和开埠通商对沿江城市的影响

1. 鸦片战争前国内商品经济的发展对沿江城市的影响

虽然政局的变动对中国传统城市的影响是占主导地位的，但经济的作用也不可忽略，特别是对于清代的长江流域城市而言更是如此。长江沿岸城市因为有黄金水道的舟楫之便，商业贸易对城市发展起了很大的推动作用，城市经济的发展带给城

---

① 毛祥麟：《甲子冬闱赴金陵书见》，孙文光：《中国历代笔记选粹》上，华东师范大学出版社，1998年，第87页。
② 张仲礼、熊月之、沈祖炜：《长江沿江城市与中国近代化》，上海人民出版社，2002年，第15页。
③ 张仲礼、熊月之、沈祖炜：《长江沿江城市与中国近代化》，上海人民出版社，2002年，第19页。

第六章 清代主要河流城市的空间分布与变迁

市的影响是多方面。

中国的中央集权君主专制王朝是建立在农业经济基础之上的，城市的维系与发展也主要依赖农业经济。然而到了明清时期，尤其是清朝，人口大量增加，区域发展极不平衡，部分地区的人地矛盾十分尖锐，促使人们不得不在农业生产之外另寻他途。统治者出于征收赋税和社会稳定的考虑，也放宽了对非农业经济的限制，从而促使了城市手工业和商业的快速发展。

长江沿岸城市手工业的发展主要集中在长江中下游地区，尤其是纺织业，其规模很大，以至于有的学者以此作为明清时期资本主义萌芽的标志。以南京为例，在乾嘉时期，南京城的织机数量已达到 3 万多张。① 康熙《松江府志》中记载："大抵十分百姓言之，已六七分去农。"而这些离开农业生产的人口，大多进入城市，投入棉织业、丝织业作坊中，其劳动方式和生活方式都发生巨大的变化。在清中期，由于商品经济的发展，上海已经成为重要的商贸城市。早在 18 世纪中叶，国内商品货物"通过江海关的货物价值估计接近一千四百万两，同时关税几乎达到八万两"②。"在 19 世纪 20 年代之前，每年通过上海港口的货物据估计达到了三千万两。"③ 罗兹·墨菲这样评价开埠前的上海贸易："这座城市是当时世界上居于领先地位的港口之一，它的运输量等于甚至超过了同一时期的伦敦。"除国内贸易外，这一时期上海的国际贸易也发展了起来。当英国商人第一次到达上海时，他们发现了一座正在运营的"北茶货栈"，其所运的，是从上海运出的安徽茶的一部分，而它们的最终目的地，是莫斯科和圣彼得堡。④ 而罗威廉笔下的汉口，更是"北货南珍藏作窟，吴商蜀客到如家"的商业都会。⑤ 此外，其金融业的发展也非常显著，上海早在 1776 年就拥有 18 家钱庄，到 1796 年，更是增加到了 88 家。汉口等地的钱庄业也很发达，它们在外国银行进入中国之前的很长一段时间里主导着帝国的金融业。

对于城市来说，商品经济的发展特别是商业的繁盛，最直接的影响就是城市空间突破了城墙的限制。有学者指出"城墙的从无到有标志着文明的开始"，而"城墙的从有到无则标志着文明进入了新的阶段"⑥。康乾年间，一些城市中靠近交通要道的城门外的空间逐渐被新的商业贸易空间占据，发展成为交易的集市。在长江流域，主要体现在城门外临江一侧，例如湘潭有一城一市，城外河流自锦湾逶迤而至宋家桥，长约 15 里，在清代发展成为十分繁华的市街；芜湖弼门外有长街约 7 里，沿青弋江北岸延伸至江河汇合处，在康熙年间，更建成以长街为主干的 33 条

---

① 何一民：《近代中国城市发展与社会变迁（1840~1949 年）》，科学出版社，2004 年，第 8 页。
② 黄启臣：《清代前期海外贸易的发展》，《历史研究》，1986 年第 4 期。
③ 潘君祥、陈立仪：《十九世纪后半期上海商业的演变》，《历史研究》，1986 年第 1 期。
④ ［美］林达·约翰逊主编，成一农译：《帝国晚期的江南城市》，上海人民出版社，2005 年，第 210 页。
⑤ ［美］罗威廉著，江溶、鲁西奇译：《汉口：一个中国城市的商业和社会（1796–1889）》，中国人民大学出版社，2005 年，第 21 页。
⑥ 赵世瑜：《腐朽与神奇——清代城市生活长卷》，湖南人民出版社，2006 年，第 218 页。

街道；南昌府城外临赣水的街市在清末汇集了大量船户、店铺，人口稠密，商业繁盛过于城内；而后来因开埠而大为发展的上海，实际上在18世纪之前，其城市的发展就已经超出了城墙的限制，在城市东门和黄浦江岸之间形成了非常繁荣的商业郊区，该地区有着熙熙攘攘的港口和码头。①

2. 开埠通商对沿江城市的影响

1840年，即道光二十年，鸦片战争爆发，西方列强的坚船利炮惊醒了"天朝上国"的美梦，也敲开了中国的门户。自此以后，西方列强的势力不断渗入这个曾经十分封闭的帝国。作为政治、经济和文化的中心，城市自然成为西方列强进行各方面侵略、渗透的主要目标。清朝屡战屡败后，列强便以签订条约的形式，强迫清政府开放了一系列通商口岸。长江贯穿中国东、中、西部，因而长江沿岸城市所具有的"黄金水道"区位优势，更是列强所关注和觊觎的，在清末开放的71个条约口岸城市中，长江流域的城市就占了9个。② 这些开埠通商城市按照时间先后顺序，可将其划分为四批：第一批是根据《南京条约》开放的上海，第二批为根据《天津条约》开放的镇江、汉口、九江，第三批为根据《烟台条约》开放的宜昌、芜湖，第四批为根据《新订烟台条约续增专条》开放的重庆，以及根据《马关条约》开放的沙市。江宁本来根据《天津条约》，应在第二批开放城市的行列中，但因多种因素故延迟到1899年才正式开放。从地理上看，这些城市"大体依下游、中游、上游逐渐上推"。从时间上看，"1843—1861—1876—1890，大体每隔15年就增开一批，直到通商口岸布满长江沿线"。③

鸦片战争后，中国开始沦为半殖民地半封建社会，城市发展动力也随之发生变化，"从以行政军事为主要推力，到以现代经济因素为主要推力；从以手工业和农业为主，到以近代工业、商业为主；从以中国传统内贸商业化浪潮为主，到以外贸商业化浪潮为主"④。这种变化在长江沿岸开埠通商城市尤为突出，随之而来的，是城市形制、城市地位和功能的变化。

（1）城市形制的变化。如前文所述，早在鸦片战争爆发前，部分沿江城市的建成区空间就因商业和手工业的发展而突破了城墙的限制，向城墙之外的空间迅速扩展。开埠通商以后，商品贸易快速发展和现代工业的兴起更加明显。以重庆为例，重庆开埠后，商贸的发展带动了长江和嘉陵江沿岸一批码头和货栈的兴起，从朝天门码头到南纪门，形成了一个长达7里的新兴商业区——下半城。城中商店林立，车水马龙，十分繁华。芜湖弼门外的长街，在这一时期更是商店、作坊林立，南北货物聚集。宜昌在开埠后，于旧城南门外沿江数里形成了领事馆、教堂、洋行、轮

---

① 张仲礼、熊月之、沈祖炜：《长江沿江城市与中国近代化》，上海人民出版社，2002年，第588页。
② 如按条约算，应有11个，但1902年中英《续议通商行船条约》规定开放的万县和安庆，因厘税问题没有解决而未开放，所以实际开放的口岸城市为9个。
③ 张仲礼、熊月之、沈祖炜：《长江沿江城市与中国近代化》，上海人民出版社，2002年，第31页。
④ 何一民：《近代中国城市发展与社会变迁（1840~1949年）》，科学出版社，2004年，第125页。

第六章
清代主要河流城市的空间分布与变迁

船和各色商店云集的繁荣商业区——"洋街"①。部分沿江城市因轮船航运的发展,空间分布趋向沿江分布,其中汉口最为明显。"昔日汉口,沿汉水而建,迄于汉水、长江交汇之处。开埠后,城区向下延展,转向沿江。"② 上海则是所有城市中变化最突出的,上海老城区已经在上海新城区中所占的比重日益下降,租界及周边开发区成为上海的新城区。

19世纪下半叶,西方的政治、经济、文化等多种现代化要素进入中国城市,导致这些城市内部形制的变化更为明显。虽然直到清朝覆亡,开埠的城市中仍有许多"传统"的"图景",但城市的变化却十分明显,大到一条街道,小到一盏路灯,都无不彰显着它与"传统"不同的"现代化"基质。而这种变化的起始,通常来源于租界。租界的规划、建设基本上就是外国城市在中国的翻版。1845年,上海道与英国驻沪领事签订《上海租地章程》,中国第一个租界出现。此后,美、法先后于1848年、1849年在上海开辟租界,至1899年,各国租界面积扩张到33503亩③;汉口开埠后,英、德、俄、法、日五国也先后设立租界,至1907年,各国租界面积总计3000亩,"在汉口镇下游的长江边形成一片江岸线长达4公里的外国租界区"④。此外,九江、镇江两地也辟有各100多亩的英租界;芜湖设有英、美、德"公共通商租界"700多亩;重庆城外设有日租界约700亩。⑤ 除重庆的日租界因距城太远而未兴盛外,其他5座城市中的租界都发展成为非常繁华的城市新区。尤其是上海和汉口,租界成为外国商人、传教士等的聚居地,租界带来了西方市政建设模式,为城市带来了一抹"现代化"的光鲜色彩,城市的商业重心也逐步向这一地区转移。而租界的示范作用,也逐步影响到租界外的城区,进而改变着城市的景观。

现代化市政基础设施建设首先体现在道路的改善,如上海自开埠通商以后即高度重视道路等基础设施建设。19世纪70年代,上海租界内的道路已是规划完整,道路宽阔,四通八达,清洁平整。上海租界的道路建设对华界产生了很大的示范效应,一批进步官员和绅商受其影响,始议华界路政。经过多年努力,光宣年间,上海华界共修建30余条现代马路,一改过去狭窄难行、肮脏不堪的道路环境。⑥ 汉口于1907年在原先的汉口堡处建"后城马路",上起硚口,下至江汉口,为汉口的第一条城市马路,后又建有数条宽阔平坦的现代化道路。⑦ 与道路基础设施改善相适应的是现代交通工具的出现。上海1901年始有汽车,初由匈牙利人引进。1903

---

① 张仲礼、熊月之、沈祖炜:《长江沿江城市与中国近代化》,上海人民出版社,2002年,第132、135、137页。
② 皮明庥:《近代武汉城市史》,中国社会科学出版社,1993年,第112页。
③ 熊月之、周武:《上海——一座现代化都市的编年史》,上海书店出版社,2007年,第79页。
④ 费成康:《中国租界史》,上海社会科学院出版社,1991年,第288页。
⑤ 张仲礼、熊月之、沈祖炜:《长江沿江城市与中国近代化》,上海人民出版社,2002年,第62、64、65页。
⑥ 熊月之、周武:《上海——一座现代化都市的编年史》,上海书店出版社,2007年,第87页。
⑦ 皮明庥:《近代武汉城市史》,中国社会科学出版社,1993年,第113页。

年，汉口的第一辆汽车"来路卡"在租界出现。1908年，上海共公租界的美商购入5辆汽车，专营汽车出租业务；1908年上海的有轨电车也开始通车营业。①

另外，对城市生产和生活以及景观影响巨大的还有供电、供水系统的初步建立。上海在中国城市中起步最早，19世纪80年代，上海租界进入电灯时代，江宁府城也于1898年开始供电。②镇江在1905年建成发电厂。③汉口于1908年建成既济公司，开始向租界外的城区供电。④电灯的使用，大大改变了城市的面貌和人们的生活方式。它"不仅使商店得以在夜幕降临时能够继续营业，而且鼓励了人们到灯火通明的公共场所度过夜晚的闲暇时光"⑤。这一时期自来水也在长江沿岸重要城市相继出现，上海早在1863年就开始在租界建自来水厂和铺设自来水管道，成为中国最早使用自来水的城市，其后越来越多的城市相继开始使用自来水。新式供水系统不仅使城市生活和生产用水变得更加方便，而且也更加卫生，有利于身体健康，并改变了人们的生活和卫生习惯。

城市现代基础设施一旦开始出现并为人们所接受，其发展趋势就不可逆转，不仅长江开埠通商城市普遍进行城市现代基础设施建设，越来越多的非开埠城市也普遍接受城市现代基础设施。如深处中国西南内陆的长江上游城市成都，在20世纪初期也开始发展现代电力产业，劝业场为城中最早安装电灯之处，每晚开灯时，"电灯骤明，华光四射，欢声雷动"，周围的茶馆也由此兴盛。由于电灯的使用，改变了茶馆的营业方式，"成都茶园发达，几有一日千里之势"⑥。

（2）城市地位和功能的变化。长江沿岸开埠通商城市得风气之先，在现代市政建设方面起步较早，城市景观也较早染上了光鲜亮丽的现代化色彩。然而若将视野放诸整个长江流域，进而放眼整个清王朝版图，就会发现这股"西风"不仅改变了景观，也改变了城市的地位和功能。

沿江城市的兴衰与商业贸易密切相关，而商贸的盛衰又与航运密不可分。19世纪中叶，上海等城市开埠通商前，长江上游河道虽有开发，但"黄金水道"优势还未真正得到发挥，只有轮船航线开通以后，长江贯通中国东、中、西的经济大动脉的功能才开始凸显。长江轮船航运最早开辟的是上海至汉口的申汉航线。1876年，汉口以西至宜昌段航道对外轮开放。1890年重庆开埠后，上海至重庆的长江航道也随之全线开通。但由于川江水道艰险，直至1906年重庆才开始有直接对外贸易，此前重庆的对外贸易主要通过汉口、宜昌等口岸转运。在轮船航线开通之前，受自然条件限制，长江沿江城市形成了以宜宾、宜昌、汉口以及苏州为中心的

---

① 熊月之、周武：《上海——一座现代化都市的编年史》，上海书店出版社，2007年，第187—189页。
② 施福康：《上海社会大观》，上海书店出版社，2000年，第107页。
③ 张仲礼、熊月之、沈祖炜：《长江沿江城市与中国近代化》，上海人民出版社，2002年，第38页。
④ 皮明庥：《近代武汉城市史》，中国社会科学出版社，1993年，第101—102页。
⑤ 王笛著，李德英等译：《街头文化——成都公共空间、下层民众与地方政治，1870—1930》，中国人民大学出版社，2006年，第182页。
⑥ 《通俗日报》，1909年10月20日。

四大区域性环流结构。① 随着轮船航线的贯通，重庆和上海迅速崛起，分别取代宜宾和苏州，成为长江上游和下游新崛起的两大商贸中心。汉口在19世纪后期也迅速从太平天国战争的破坏中恢复并进一步发展。以重庆、汉口、上海为中心的三大贸易圈逐渐形成，打破了原本的四大区域性环流结构。当然，这一过程是缓慢的，贸易惯性的影响巨大而深远，至清朝覆亡，原本的四大区域性环流结构仍不同程度地存在。

除了重庆、汉口和上海三大中心外，镇江、芜湖、九江、宜昌、沙市等城市也在开埠之后得到不同程度的发展。就物流方面而言，呈现出以上海为"一大中心"，镇江、芜湖、九江、汉口、重庆为"五大中介"的特点。② 在开埠通商城市的带动下，未开埠的长江沿江城市也因轮船航运带来了商贸的繁荣，沿江城市逐步形成了彼此联系和相互依赖的长江城市带。

当我们将视野由长江流域放宽至整个中国的版图，可以看到，随着近代中国的对外开放，城市发展的格局发生了很大的变化，原来在农业时代居于领先地位和繁荣富足城市榜单上的内地工商业城市，如广州、扬州、杭州、苏州、成都等城市的地位逐渐下降，而沿海沿江的部分通商口岸城市则逐渐取而代之。19世纪五六十年代，上海取代广州成为中国对外贸易的中心，整个长江流域也被纳入世界贸易体系之中。而开埠城市的现代工业、市政、文化的起步，更充当了整个中国早期现代化转型的先驱，在历史的进程中发挥着不可忽视的重要作用。

第三节　清代黄河水系城市的空间分布与变迁

黄河是中国第二大河，在世界上排名第五位。黄河全长5464公里，自西向东流经中国北方辽阔的大地，孕育并见证着中华文明几千年的发展历程。早在180万年以前，有着文明摇篮、中华民族"母亲河"美誉的黄河，就哺育了西侯度人。其后，蓝田人、北京人、陈家窝人、大荔人、丁村人、河套人也都在黄河流域留下了印记。当中国历史进入文明时代，黄河流域更是昂首独占了中国几千年政治、经济、文化中心的位置——夏、商、周、秦、汉、唐和北宋都在这里建都；关中平原和伊洛盆地，是天下富庶之所在；从《诗经》到唐诗宋词，从《史记》到《资治通鉴》，数之不尽的不朽篇章在这里诞生。

然而似乎所有的繁华都有黯淡的时候，再厚重的沉积也阻挡不了历史车轮前进的步伐。自西晋以来，北方战乱连年，黄河流域人口大量向南迁移。到唐末五代，战火再起，整个黄河流域硝烟弥漫，河道也屡屡溃决，两岸田地日渐荒芜，经济渐趋凋敝。而此时的南方，却在悄然崛起，以江南地区为代表的粮食高产区，以漕运

---

① 张仲礼、熊月之、沈祖炜：《长江沿江城市与中国近代化》，上海人民出版社，2002年，第280页。
② 张仲礼、熊月之、沈祖炜：《长江沿江城市与中国近代化》，上海人民出版社，2002年，第30页。

为主要方式,置换着黄河流域经济中心的位置,导致了政治中心和经济中心的分离。北宋灭亡后,黄河流域更是"江河日下",千年来"北强南弱"的状况由此改变,长江流域城市逐渐取代黄河流域城市成为中国经济发展的重心。

时光流转,到了封建时代最后一个朝代——清朝,虽然黄河流域的中心地位早已不复存在,但作为仅次于长江的中国第二大河流,黄河流域依然是中国城市分布的重要区域,黄河沿岸仍然坐落有百余座城市。这些城市在清朝的政治、经济和文化中发挥着不可或缺的作用。

一、清代黄河水系城市的数量和规模

黄河流域面积达 752443 平方公里,平均流量 1774.5 立方米/秒,为仅次于长江的中国第二大河流。源出巴颜喀拉山北麓的涓涓细流,一路向东,汇集了 76 条一级支流和数之不尽的溪川,最后注入渤海。

黄河流经的大部分地区处于暖温带,年平均降水量为 400~600 毫米,且集中在夏秋两季,雨热同期,为农作物提供了较为优越的生长环境。中国远古时期的气候比现在温暖,当时亚热带北界在秦岭、淮河一线以北,黄河流域的很大一部分地区处于亚热带。[1] 这种气候不仅利于各种作物的生长,也适宜人类居住和生产生活。而黄河上中游黄土高原的土壤,质地疏松,易于耕种,在古代植被未遭破坏之前,土壤中尚含有厚实的腐殖质,十分肥沃。黄河下游的土壤也多由黄土高原冲刷沉积而成,同样疏松且较为肥沃。

"得水为上"是城市选址的一大原则,自巴颜喀拉山汩汩东流的中国第二大河及其支流,为城市的产生和发展提供了先决条件。正如有研究者所言:"没有农业的出现就谈不上定居,没有定居就不可能出现城市。"[2] 黄河流域优越的自然环境促进了农业的发展,而早期农业的发展则成为城市产生和发展的启动力。早在龙山文化时期,黄河流域的农业就相当发达,并由此产生了城市。随着文明的推进,黄河流域城市的数量和规模都在不断扩增,功能也日趋完善,至清代,黄河水系沿河城市已达 174 座。[3]

(一)清代黄河水系城市的数量

黄河自青海发源,流经内蒙古地区和甘肃、山西、陕西、河南、直隶、山东、江苏等七个行省,全长 5464 公里。通常被分为上、中、下游三段:从河源至内蒙古河口镇(清山西省托克托城直隶厅处)为上游,按今计长 3472 公里,是全河最长的一段,汇入的支流数量也最多,以湟水、洮水、祖厉河、清水河为主;河口镇

---

[1] 陈梧桐、陈名杰:《黄河传》,河北大学出版社,2001 年,第 58 页。
[2] 顾朝林:《中国城市地理》,商务印书馆,2002 年,第 3 页。
[3] 黄河干流在清朝多次改道,在统计时,无论故道前或改道后的河道,其两岸城市皆列入。

第六章 清代主要河流城市的空间分布与变迁

到河南郑州桃花峪（清河南郑州直隶州荥阳县处）为中游①，按今计为1206公里，主要支流包括无定河、渭河、汾河、洛河；桃花峪以下为黄河下游，按今计约786公里，主要支流为大汶河、沁水。包括支流流经城市在内，清代黄河水系各段分布的城市数量见表6-5：

表6-5 清代黄河水系城市数量简表

河流分段	河流名称	行省	府、直隶州、直隶厅	县、散州、散厅
上游	黄河干流	2	府3、直隶州1、直隶厅2	县7、散州2、散厅4
	湟水	1	府3	县4、散厅1
	洮水	1	府2	县1、散州2、散厅1
	祖厉河	1	府2	县2
	清水河	1	府1、直隶州1	县2
合计（去除重复）		2	府5、直隶州2、直隶厅2	县12、散州4、散厅6
中游	黄河干流	3	府9、直隶州6、直隶厅1	县33、散州3、散厅1
	渭河	2	府5、直隶州2	县18、散州2
	汾水	1	府4、直隶州3	县19
	无定河	1	府1、直隶州1	县4
	洛河	2	府1、直隶州2	县7
合计（去除重复）		4	府13、直隶州11、直隶厅1	县77、散州5、散厅1
下游	黄河干流	4	府12、直隶州1	县48、散州6
	大汶河	1	府2	县4、散州1
	沁水	2	府3、直隶州1	县8
合计（去除重复）		6	府14、直隶州2	县58、散州6
总计（去除重复）		7	府29、直隶州15、直隶厅3	县147、散州15、散厅7

资料来源同表6-2。

由上表可得，清代黄河水系的城市，按县（包括同等级的散州、散厅）级建制城市计，共169座，其中宁夏府城和西安府城均为双附郭，故应减去2个县级行政建置，另外，还应加上保德、绥德、陕州、秦州、霍州、绛州、郑州7个直隶州城，故而黄河水系的建制城市共计174座。②

在清代黄河水系流经的174座建制城市当中，大部分为县级行政建置，但也有一部分行政地位较高，是省城、府城所在地，其数量及在黄河水系所占的比例见表

---

① 中、下游的分界有多种说法，其中最主要的有两种，一为桃花峪，一为河南孟津，为统计方便，本文以河南府与郑州直隶州交界处为中、下游的分界，即郑州直隶州以上属中游，以下划为下游。
② 黄河故道流经的城市共15座，其中江苏省境内县10、散州1；山东省境内县3，州1，若将其减去，则清代黄河流经城市共有159座。

6—6：

表 6—6　清代黄河水系省城及府城数量表

河流名称	行省总数	河流流经省城数量	所占比例	府的总数	河流流经府城数量	所占比例
黄河水系	7	5	≈71.4%	29	18	≈62%

资料来源同表 6—2。

甘肃、陕西、山西、河南和山东五省的省会城市——兰州、西安、太原、开封和济南，都位于黄河干流或支流流经处，或干支流交汇处，而黄河干支流流经的 29 个府，亦有约 62% 选择将府城建设在黄河水系之畔。黄河水系城市与长江水系城市相比，城市总量较少，城市行政等级也相对较低，省城和府城的数量在全国所占比例均低于长江水系，但就黄河水系流经城市的比例来看，府城比例仍然较高，而且省会城市总量达 5 座，故而在清代城市体系中仍然具有仅次于长江水系的重要地位。清代黄河水系城市与长江水系城市的差距更多表现在经济方面。

（二）清代黄河水系城市的规模

《周礼·考工记》载：国都的营制为"方九里，旁三门，国中九经九纬，经涂九轨，左祖右社，面朝后市，市朝一夫"。后世王朝多以此为参照建立城池，但受种种因素的制约，各地城池虽遵循一定的规则，却各不相同，但基本上几乎所有的城市都修筑有城墙，因而城墙是城市建区规模大小的一个主要参照系。我们根据相关资料对清代黄河水系的 18 座府级城市（包括省城）和 149 座县级城市的城周进行了统计。（见表 6—7）

表 6—7　清代黄河水系府级、县级城市城周统计表（单位：里）

城周 河流分段	府级城市						县级城市（州、厅、县）						
	≥20	15～19	10～14	7～9	5～6	<5	无载	≥20	15～19	10～14	7～9	5～6	3～4	<3	无载
黄河上游		1		1	1						6	2	4		6
黄河中游	2		2	3						2	13	16	37	5	2
黄河下游	1		3	4				2		3	11	18	16	3	3
总计	3	1	5	8	1			2		5	30	36	57	8	11

依据穆彰阿、潘锡恩等《嘉庆大清一统志》各相关府、州中"城池"内容统计而得。

从上表可见，清代黄河水系的府级城市，城周大于 20 里的府级城市有 3 座，15～19 里的有 1 座，10～14 里的有 5 座，7～9 里的有 8 座，5～6 里的只有 1 座，10 里以上的占一半以上。府级城市的规模相对较大，10 里以下的也主要集中在 7～9 里，数量多达 8 座。而县级城市的规模普遍较小，10～14 里的城市只有 5 座，

第六章 清代主要河流城市的空间分布与变迁

7~9里的城市稍多一点,有30座,6里以下的城市很多,其中以3~4里规模的城市数量最多,达57座。这一状况与长江水系相类,即过大或过小的县级城市数量均较少,城市规模较为均衡。在县级城市中,城周大于10里的有7座,分别为陕西潼关厅,山西平遥县,直隶开州,山东阳谷县、东平州、德州、汶上县,虽然这些县级城市在城周上超过了一般县级城市,甚至超过了一些府级城市,但需要指出的是,这7座城市中,除潼关、平遥和开州外,其他几座城市也是运河沿岸城市。这些城市的发展受到运河航运的影响很大。因而如果将这些城市从黄河城市中暂时排除,则可看出,黄河城市与长江水系城市不同,长江水系城市在清代更多是在政治行政功能基础上叠加了经济功能,甚至部分城市成为经济型城市,而黄河水系城市在清代仍属于传统政治型城市,是政治军事功能而不是商品经济的兴盛造就了较大的城市规模。

就人口规模来看,黄河水系的城市虽然相比其他水系的城市规模较大,但却逊于长江水系城市。清时期黄河水系没有一座城市人口超过50万人。据施坚雅估计,道光二十三年(1843),中国人口10万以上有24座城市,其中仅3座是黄河水系城市,即开封、西安和太原。而黄河水系的另两个省城济南、兰州,以及宁夏府城和西宁府城等的城市人口在5万~10万。因而就城市规模而言,黄河水系的大城市数量明显比长江水系的大城市数量少。有清一代,长江沿岸城市较为兴盛而黄河水系城市相对衰落由此可以窥见一二。

二、清代黄河水系城市的空间分布及其特征

黄河源出巴颜喀拉山,自河源一路向东,涓涓细流汇成大河,"东西贯九州",呈"几"字形河流形态,如同一条美丽的丝带横跨在辽阔的北方大地上,而沿河的城市就如同镶嵌在这条丝带上的颗颗明珠,为黄河文明带来了耀眼夺目的光彩。黄河水系174座城市,因河而兴,因河而发,也因河而衰。黄河水系自身的河流类型,流经处的自然环境、社会经济状况,是影响它们分布的基本因素。黄河按其自然条件的变化而分上、中、下游三段,不同河段的城市空间分布不同,其分布特征也有所不同。

(一)清代黄河上游城市的空间分布及其特征

从河源至内蒙古托克托县河口镇(清山西省托克托城直隶厅)河段为黄河上游,按今计全长3472公里,自青海发源后,流经内蒙古地区和甘肃、山西两个行省,主要支流有湟水、洮水、祖厉河和清水河。黄河上游跨越我国地形的第一级阶梯和第二级阶梯,流经区域大多属于高原峡谷地貌,但亦有湟水谷地、银川平原和河套平原这样地势低平之处。受地形影响,上游的基本特征为河道比降大、水流湍急,但在不同河段亦有差别。就河流类型和地形地貌考量,可将黄河上游细分为三段。

1. 河源段的城市分布

从约古宗列渠至青海贵德（清甘肃省西宁府贵德厅）龙羊峡以上部分为河源段。黄河河源的涓涓细流，东流至星宿海，又流经中国最大的高原淡水湖扎陵湖（清代称查灵海）和鄂陵湖（清代称鄂灵海），逐渐成为一条宽30～40米的大河。河流继续向东，流经巴颜喀拉山与阿尼玛卿山之间的古盆地和低山丘陵，其间虽有数段峡谷，但总体而言河谷较宽阔，水流也较为平缓。① 而青海、四川和甘肃交界处以下河段，则多高山峡谷，黄河穿行其间，非常湍急，落差达2985米。

黄河河源段的海拔多在4200米以上，气候可谓"全年皆冬"，在巴颜喀拉山北麓，极端最低气温甚至达到零下53℃，且为中国冰雹集中区，尤其是玛曲以上地区，每年下冰雹多达15～25天。② 恶劣的气候和高山峡谷地貌，让这一地区成为历代王朝统治者的管理薄弱区。清朝虽设有青海西宁办事大臣和诸旗及土司，但河源段人口稀少、分散，没有形成较大规模的非农人口聚落，因而也未设置府、州、县等地方行政建置，故而河源段并无严格意义上的城市。但该河段汇集了众多湖泊和白河、黑河等支流，已成大河之势，为以下河段沿河设城做了准备。

2. 峡谷段城市的空间分布及其特征

从龙羊峡到宁夏青铜峡（清甘肃省宁夏府宁灵厅境内）部分为上游峡谷段。该段地处黄土高原，海拔在1000～2000米，属中温带，气候条件较前段优良，但降水稀少，年降水天数少于70天。就地形地貌而言，该河段流经地区多为山地和丘陵，地质条件复杂，呈现峡谷和宽谷相间的形势。"峡谷段"可谓名副其实，有包括龙羊峡、刘家峡、青铜峡在内的峡谷共20几处。③ 各峡谷皆崖陡谷深、峭壁林立，黄河川流其间，河床顿形狭窄，水流十分湍急。故而峡谷内无论是地形地貌抑或河流状况，都不适合建城。此一河段的城市，主要分布于峡谷之间的宽谷之中，包括西宁府的贵德厅、巴燕戎格厅、循化厅，兰州府的河州、皋兰县、金县、靖远县，宁夏府的中卫县、宁灵厅等。另外，该河段还有湟水、洮水、祖厉河、清水河等数条支流汇入，它们汇入黄河处，通常地势较平坦，故而一般都有城市。如兰州府城位于湟水、洮水汇入黄河处，河州则位于夏河汇入黄河处，而靖远县和中卫县分别位于祖厉河和清水河与黄河交汇处。④

就整个峡谷段来看，黄河干流分布有9座城市，该河段的支流流域面积都较小，分布的城市数量亦非常有限，湟水中下游气候优良、农业发达的湟水谷地，在清代时亦只分布有4座城市。故此一河段的黄河干流和支流沿岸城市总计仅17座，数量少、密度低是这一河段城市分布的总体特征。除兰州府城因地处汇集有黄河、湟水、大夏河、洮水等河流而形成的扇状水系，从而导致河州、皋兰、金县、狄道州较为集中外，其他河段的城市分布均非常稀疏，彼此间的联系也并不紧密，呈点

---

① 王建平：《黄河概说》，黄河水利出版社，2008年，第14页。
② 王建平：《黄河概说》，黄河水利出版社，2008年，第8页。
③ 金开诚：《黄河》，吉林文史出版社，2010年，第7页。
④ 谭其骧：《中国历史地图集》，地图出版社，1987年，《清时期·甘肃》。

状散落于干、支流交汇处的宽谷地带

3. 冲积平原段城市的空间分布及其特征

从青铜峡至内蒙古托克托县河口镇为上游冲积平原段。过青铜峡后，黄河沿贺兰山转而向北，出宁夏（清甘肃省宁夏府）进入内蒙古鄂尔多斯高原后，受阴山阻挡，又折而向东，到托克托县，又掉头沿吕梁山南下。这一马蹄型的大湾，即所谓的"河套"，而它流经之处的一大片冲积平原，就被称为"河套平原"，其中宁夏部分又通常被称为宁夏平原或银川平原。

河套平原总面积约 2.5 万平方公里，海拔 900~1200 米，年平均气温 5.6℃~7.4℃，地势平坦、气候优越。但与上一河段相同的是降水量稀少，这成为黄河上游普遍面临的一个大问题。河套平原的年平均降水量仅 150~400 毫米，因而对发展农业十分不利。但庆幸的是此一河段的黄河，在汇集了众多支流后，水量丰沛，河宽水深，水质也较佳，且受平原地形影响，流势较缓，因而为河套平原和宁夏平原发展农业提供了较丰富的水利资源，故"黄河百害，唯富一套"，河套地区得益于黄河之水，水草丰美，农业发达，宁夏平原更是有着"塞上江南"之美誉。

就自然条件来看，这一段的黄河干流，河宽水深，流经处多是地势平坦的平原地区，农业也较为发达，但清代在宁夏府境内仅分布有灵州、宁夏府和平罗县 3 座城市，其城市数量远少于峡谷段的城市数量。其原因应是多方面的，其中一个重要原因就是该地区地处边陲，为历代王朝统治的薄弱地带。该地区处于长城——封建王朝时期中国的"城墙"之外，长期成为农牧文明冲突的地区，经常发生战争。因为该地区位于长城之外，北宋并未将该地区全部纳入版图。① 该地区历来为少数民族的游牧区，彼此之间经常发生争战，而游牧部落与中原王朝统治者之间也多发生战争。清代，该地区被纳入清王朝统一管辖，其政治地位得到一定提高，宁夏平原划归甘肃行省宁夏府管辖，并在雍正二年（1724）时置灵州、宁夏府城和平罗县。② 但此一地区与内陆各行省的平原地区相比，其行政地位仍然很低，人口仍然较少，非农产业不发展，严重影响了城市的形成和发展。

综上所述，黄河上游中最长的一段，汇入的支流也最多，但在清代仅建有 21 座城市，它们主要分布在峡谷段的宽谷地带和宁夏平原，而在河源和狭义的河套平原段，则没有行政建制城市。就黄河干流来看，共有 12 座城市，平均 289 公里才有 1 座城市，除兰州府和宁夏平原区的城市较为集中外，其他河段的城市分布都非常稀疏，彼此间的联系也很少，呈点状零星散落于干支流交汇的宽谷处。该河段的主要支流有湟水、洮水、祖厉河和清水河，其流域面积很小，城市数量也很少，主要城市都位于干、支流交汇处。

---

① 谭其骧《中国历史地图集》各分册相关朝代全图。
② 牛平汉：《清代政区沿革综表》，中国地图出版社，1990 年，第 468—469 页。

(二) 清代黄河中游城市的空间分布及其特征

河口镇到河南郑州桃花峪（清河南郑州直隶州荥阳县）部分为黄河中游，全长1206公里，流经山西、陕西、河南，主要支流包括无定河、渭河、汾河和洛河。①

黄河中游流经地区属我国的第二级阶梯，平均海拔1000～2000米，降水量在400～800毫米，并有吕梁山、秦岭、太行山等多雨中心地区。总的来看，黄河中游地区的自然条件较上游地区优越，也更加符合城市选址的条件。具体而言，又可根据地形地貌的差异分为晋陕峡谷段、平原盆地段和晋豫峡谷段三部分。

1. 晋陕峡谷段城市的空间分布及其特征

黄河自河套平原东流，在河口镇受阻于吕梁山，突然急转南下，原本平缓的水流瞬间浪花飞溅，湍急非常。河流所行之处，即晋陕峡谷地区，从河口镇一直延伸到禹门口，全长725公里，落差达300多米。② 在晋陕峡谷段汇入黄河的支流非常多，但各支流的流域面积和流量都十分有限，该河段最大的支流为无定河，全长375公里。③ 其他各小型支流，从黄河两岸呈羽毛状汇入干流。黄河流经晋陕峡谷段，两岸皆崖陡谷深，峭壁林立，河水也变得湍急凶猛，因而并无修筑城市的空间，也不利于提取用水和发展水上交通运输。但支流的两岸则"往往有较大面积的冲积平原和较为宽广的台地"，这些平原和台地，"多沿山麓分布，依山傍水，既便于人们进行生产活动，洪水到来时也可以跑上台地或登上附近的山岭去躲避"④。因而，远古时期的人们通常将这些平原和台地作为居住地，这为城市的形成和发展创造了条件。黄河晋陕峡谷段分布有19座城市，山西境内有偏关县、河曲县、兴县、临县、永宁州、宁乡县、石楼县、永和县、大宁县、吉州、乡宁县等11个城市，陕西境内有府谷县、神木县、葭州、吴堡县、清涧县、延川县、延长县、宜川县等8个城市。以上城市除河曲、葭州、吴堡县等依黄河干流而建外，其他城市都分布在离黄河干流较远的各支流的中下游处。如偏关县位于关河下游，神木县位于屈野河中游，兴县位于蔚汾水中下游，临县位于湫河中游，绥德州位于无定河中下游，清涧、延川县位于清涧河中下游。⑤ 因而黄河此一河段的城市分布特征表现为干流城市数量较少，而支流城市数量相对较多，这与其自然地理环境有着直接的关系。

2. 平原盆地段城市的空间分布及其特征

出禹门口后，黄河继续南下，较前一段而言，该部分河面开阔、水流平缓，但

---

① 中、下游的分界有多种说法，其中最主要的两种一为桃花峪，一为河南孟津，为统计方便，本文以河南府与郑州直隶州交界处为中、下游的分界，即郑州直隶州以上属中游，以下划为下游。
② 陈梧桐、陈名杰：《黄河传》，河北大学出版社，2001年，第27页。
③ 陈梧桐、陈名杰：《黄河传》，河北大学出版社，2001年，第36页。
④ 陈梧桐、陈名杰：《黄河传》，河北大学出版社，2001年，第59页。
⑤ 谭其骧：《中国历史地图集》，地图出版社，1987年，《清时期·陕西、山西》。

第六章 清代主要河流城市的空间分布与变迁

"冲淤变化剧烈,主流摆动频繁"①。因此,该段分布于黄河干流两岸的城市也不多,仅有山西境内河津、垣曲、荣河、临晋、永济等5座城市,陕西境内韩城、郃阳、朝邑、华阴等4座城市。其分布特征也与上一段相似,城市主要坐落在黄河支流河岸,距离干流较远。自北而南的黄河一直奔流到陕西潼关(清潼关厅附近),受华山阻挡,急转90度后折转向东,沿秦岭北麓直奔三门峡(清陕州直隶州城附近),该段分布的城市也很少,包括陕西省的芮城、平陆,以及河南省的阌乡、灵宝、陕州直隶州城等5座城市。②黄河中游平原盆地段的城市,主要分布在黄河两大支流的冲积平原——汾渭平原,该平原又由陕西境内的渭河平原和山西境内的汾河谷地组成。渭河是黄河最大的一条支流,发源于甘肃渭源(清兰州府渭源县),流经甘肃、陕西两个行省,在潼关注入黄河(《清史稿》载于同州府华阴县处汇入)③,全长810多公里。渭河陕西段西起宝鸡(清凤翔府宝鸡县),东至黄河,又南北界秦岭和陕北高原的长条形平原,即渭河平原。因其在战国末年为秦国故地,又称为"秦川";因地处函谷关、散关、武关、萧关等众关之中,故又称"关中"④。渭河平原东西长约360公里,海拔在500米以下,年平均气温13℃~15℃,境内除渭河外,尚有漆水河、泾河、石川河、北洛河等多条支流流经,年平均降水量500~700毫米,水资源非常丰富,且土壤肥沃,农业生产条件可谓优越。⑤另外,由于地处"众关之中",渭河平原具有重要的军事战略地位,为十余朝的政治中心地区。所谓"关中自古帝王州",历史上曾有13个王朝或政权在这里建立都城,曾出现过秦咸阳城、汉长安城、隋唐长安城这样的特大城市。清代,关中平原亦分布有数量众多的城市,仅渭河沿岸就有21座城市,因渭河的较大支流主要从北岸汇入,因而这些城市也多密集分布于北岸河网交错处。

汾河是黄河的第二大支流,发源于山西宁武县(清宁武府宁武县)的管涔山,由河津(清绛州直隶州河津县)汇入黄河,全长695公里。⑥该水系在清代分布有21座城市,主要集中在汾河谷地一带。汾河谷地由北部的太原盆地和南部的临汾盆地组成,前者位于山西省中部,北起黄寨石岭关(清忻州直隶州与太原府交界处),南至灵石(清霍州直隶州灵石县)韩侯岭,面积达5000平方公里,海拔700~800米;临汾盆地则位于山西省南部的霍县(清霍州直隶州城)和稷山(清绛州直隶州稷山县)之间,面积约5000平方公里,海拔400~500米。汾河谷地土壤肥沃、灌溉便利,自古就是山西地区重要的粮、棉产地。清代的汾河谷地共分布有16座城市,因汾河支流很少,且河流多流经平原地带,水势较为平缓,因而这些

---

① 王建平:《黄河概说》,黄河水利出版社,2008年,第16页。
② 谭其骧:《中国历史地图集》,地图出版社,1987年,《清时期·陕西、山西、河南》。
③ 赵尔巽等:《清史稿》卷六十三《地理十》,中华书局,1976年,第2096页。
④ 陈梧桐、陈名杰:《黄河传》,河北大学出版社,2001年,第37页。
⑤ 仇立慧:《古代黄河中游都市发展迁移与环境变化研究》,陕西师范大学2008年博士学位论文,第14页。
⑥ 黄锡荃、苏法崇、梅安新:《我国的河流》,商务印书馆,1982年,第88—89页。

城市多分布在汾河两岸，依河而建。

3. 晋豫峡谷段城市的空间分布及其特征

自三门峡（清陕州直隶州城附近）开始，黄河进入晋豫峡谷，该峡谷一直延伸至河南孟津（清河南府孟津县西），全长约150公里，谷底宽200~800米，是黄河整个流程中的最后一段峡谷。①

晋豫峡谷段两岸的各种自然条件，均不利于城市的设置，这在前文各峡谷段部分已有论述，晋豫峡谷段也同样符合这一规律。在长达150公里的流程中，黄河干流沿岸只分布有河南府的渑池县、新安县和山西绛州直隶州的垣曲县3座城市，而且渑池和新安坐落于洛河的支流涧河沿岸，离黄河较远。

通过晋豫峡谷到达孟津后，黄河进入我国地形的第三级阶梯，河面突然变得开阔起来，宽度从300米剧增至3000米。孟津到桃花峪一段，是黄河向平原区的过渡段，黄河在这一段接纳了支流洛河。洛河发源于陕西华山的南麓，下游接纳伊河后，又称伊洛河，在巩义市（清河南府巩县西）注入黄河，全长420公里。② 流域中位于河南西部的盆地带，为洛阳盆地，又称伊洛河盆地，境内河流众多，土壤肥沃，农业发达，且西连崤山、东傍嵩山、南依熊耳山、北界邙山，所谓"金城之固"，在"筑城以卫君，造郭以守民"的封建王朝时期，是非常理想的城市选址区。历史上有着"十省通衢"之誉的洛阳，就曾有夏、商、西周、东周、东汉、隋唐等13个王朝建都于此，或将其作为陪都。③ 清代洛阳盆地临洛河两岸分布着永宁县、宜阳县、洛阳、偃师县、巩县等城市。

虽说城市选址有"得水为上"这一重要原则，但河流泛滥、洪涝灾害等，也会给城市带来威胁，尤其是大江大河，一旦发生水灾，其后果十分严重。这一状况在生产力较为低下的农业时代非常明显，水深滩险、浪花飞溅之处，虽有可提供灌溉、饮用抑或航运的资源，但更是危及生命财产的所在，是人们避之不及之处，更不用说建立城市了。

黄河中游的干流，因流经晋陕、晋豫两大峡谷，河流本身落差大，流速急，因而不利因素在这一段尤为凸显。而黄河支流则通常因为水量相对有限，对人类生产生活的威胁较小，而且其两侧河岸多因长期的冲积作用而形成较为宽阔的平原。清代的黄河中游河段干流共流经33个县、3个散州城和1个散厅城，以及陕州、绥德、保德3个直隶州城，但除个别城市外，大多数城市均位于两岸呈羽毛状汇入黄河的支流中下游处，离黄河有一定的距离。一方面可以适时地利用黄河的水资源，另一方面又可有效地躲避水患。而中游的几条大型支流，则不仅在汇入黄河处建有城市，更在沿河流延伸的广阔平原或河谷地段，哺育了众多的城市。其中渭河水系共分布有包括西安府城在内的21座城市，分布特征为北多南少；汾河水系和洛河

---

① 陈梧桐、陈名杰：《黄河传》，河北大学出版社，2001年，第28页。
② 陈梧桐、陈名杰：《黄河传》，河北大学出版社，2001年，第51页。
③ 仇立慧：《古代黄河中游都市发展迁移与环境变化研究》，陕西师范大学2008年博士学位论文，第16页。

水系分别分布有 20 座和 7 座城市,多临河而设。

(三) 清代黄河下游城市的空间分布及其特征

河南桃花峪以下河段为黄河下游,按今计全长约 786 公里,清代流经河南、直隶、山东、江苏四个行省①,该河段支流非常少,主要有沁水和大汶河。

自黄土高原而来的河流,携带了大量的泥沙,尤其是河口镇至潼关一段,泥沙甚多。据统计,该段进入黄河的泥沙占全黄河沙量的 90%。② 黄河经过中游的"染色"后,原本清澈的河流变成了名副其实的"黄河"。而下游流经区域又为我国的最低一级阶梯,河谷开阔、比降平缓,于是大量的泥沙便在河道中一路淤积,从而导致河床不断抬升,为了防止河水漫溢,人们不断加高河堤,故黄河水面逐渐高出堤外地面,成为"悬河"。由于河道高出地面,河水非常容易泛滥成灾,对沿岸的城市和农村造成了很大影响。

黄河下游历来水患频发,据史料记载,从先秦到民国时期的 2500 年间,此段黄河决溢达 1500 余次,大的改道 26 次,平均"三年两决口,百年一改道"③。因此,避免洪水的威胁,成为黄河下游城市选址的一大考量。河南省境内的黄河下游河段,分布着包括河南省会开封府城在内的 15 座城市,从地图上可以非常明确地看出,这些城市都无一例外地分布在离黄河较远之处。它们中的大部分,与中游城市一样,分布在支流的中下游。例如武陟县坐落在沁河下游,汜水县位于汜水下游,郑州直隶州城分布在贾鲁河下游,商丘建于北沙河下游等。④

清代江苏境内的黄河河流城市共有 11 座,它们中的一部分与河南境内的黄河水系城市相似,位于离黄河较远处,但徐州府城(附郭铜山县)、宿迁县、桃源县、清河县、安东县等城市却分布在黄河沿岸。究其原因,宿迁、桃源、清河 3 县位于运河沿岸,占据东南漕运的有利位置,而该段的运河,又离黄河非常近,元明清时期,"由清口至董口二百余里,必藉黄为转输"⑤。因此,这 3 座城市与其说是离黄河近,不如说是离运河近。而徐州府城,不仅有运河南北而过,且境内有房亭河、荆山口河等多条河流汇入,在南宋黄河"夺泗入淮"之前,实属泗水和汴河交汇处,且地理位置非常重要,有"北国锁匙,南国门户"之称,历为兵家必争之地,故虽有黄河水患之险,但自然条件、政治军事地位,加之封建城池的传承性,让清朝的徐州府城依然坐落于此。而安东,隋唐时期称涟水,在金元以来黄河夺淮入海之前,属淮河沿岸城市。

黄河下游决口泛滥的现象时有发生,造成河道游荡摆动,迁徙不定,清咸丰五年(1855),黄河就发生了一次大的改道,河流在兰考(清河南开封府兰封县)铜

---

① 黄河在清咸丰五年改由渤海湾入海,江苏省境内为黄河故道流经处。
② 朱兰琴:《黄河 300 问》,黄河水利出版社,1998 年,第 8 页。
③ 朱兰琴:《黄河 300 问》,黄河水利出版社,1998 年,第 122 页。
④ 谭其骧:《中国历史地图集》,地图出版社,1987 年,《清时期·河南》。
⑤ 赵尔巽等:《清史稿》卷一百二十六《河渠一》,中华书局,1976 年,第 3717 页。

瓦厢处折而向北，此后的黄河，在铜瓦厢和张秋（清山东兖州府寿张县属镇）之间不断迁徙摇摆达20年之久，直至光绪十四年（1888年），两岸长堤才修筑完工，黄河进入大清河，由渤海湾入海，北流之势始定。①

改道后的黄河，流经直隶和山东两个行省，就流经的城市而言，直隶境内有城市3座，山东境内若加上黄河故道流经的3个县和一个散州，共有26座城市。从地图上可以看出，在这些城市中，张秋镇以西的12座城市均距离黄河较远，而自张秋镇开始，黄河入大清河河道，至武定府利津县入渤海，因该段原为较小河流流经处，对城市设置的不利因素不像黄河那么大，因此东平州、东阿县、长清县、齐河县、历城县、济阳县、齐东县、青城县、蒲台县、利津县等城市都临河分布。②

黄河下游共流经65座城市，其中干流沿岸城市为55座，若减去黄河故道流经的15座，共40座。由于黄河下游易发水灾，故而相当部分城市也多远离黄河河道。

综上所述，清代的黄河水系，共分布有174座城市，其中，上游坐落有21座城市，干流部分占了12座；中游分布有88座城市，干流占40座；下游分布有65座城市，干流依改道后河段计算，共有40座。可以看出，黄河流域的城市分布整体呈现出上游数量少、密度低，中下游数量较多、密度高的特征，其中又以下游的城市密集程度最高。（如图6-3）

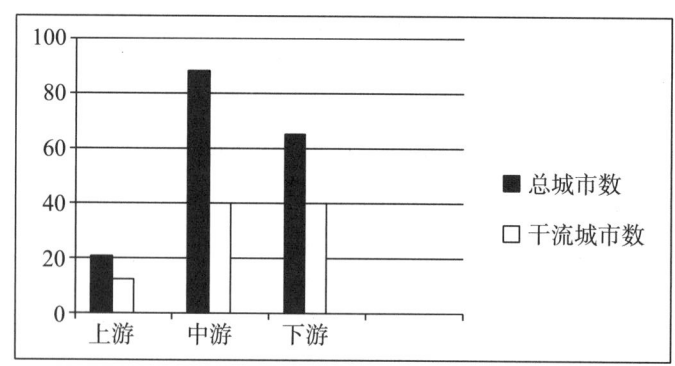

图6-3　清代黄河水系各段城市数量简图（数据参考上文）

地势平坦的地区更利于城市的建立和发展，这一特征同样适用于清代的黄河水系城市。黄河横贯我国地形的三大阶梯，其中下游流经地区多为平原地形，而上游和中游分布的城市，也大多位于地势平坦之处——上游的城市均分布于峡谷段（龙羊峡到青铜峡）中干支流交汇的宽谷处，以及宁夏平原区；而中游的城市，干流段多分布于从黄河两岸汇入的小型支流中下游冲积平原区。此外，黄河主要支流渭河、汾河、洛河的平原盆地段，亦分布有数量较多的城市。

---

① 毛承霖：《续修历城县志》卷九《山水考五·山水一》，民国十五年铅印本。
② 谭其骧：《中国历史地图集》，地图出版社，1987年，《清时期·山东》。

三、清代黄河水系城市的变迁

黄河自古就是一条不安定的河流,尤其是河南桃花峪以下河段,所谓"三年两决口,百年一改道"。河流自身的变动,自然会给沿岸城市带来巨大的影响。

除自然因素外,政局的变动,特别是清初的战乱、清末外国列强的入侵、回民起义等,也同样造成了黄河水系城市的变迁。随着外力侵入,长江水运和海运迅速发展,通商口岸城市相继崛起,铁路等现代交通工具大量引进,也对黄河水系城市产生了重要的影响。

(一)水患与河道改变引起的黄河水系城市变迁

黄河水患和干流改道主要集中在下游河段,清朝建立后,鉴于前朝的教训,"首重治河,探河源以穷水患"①,并专设河道总督掌黄河疏浚堤防之事。清廷对于治理黄河水患多次给予巨大的财政支持,如道光二十一年(1841),祥符县段黄河决堤,清廷用帑600余万两;次年六月又决堤,更用帑1190余万以救灾和筑堤。但由于治理黄河者"往往违水之性,逆水之势,以与水争地,甚且因缘为利",从而导致黄河下游"溃决时闻,劳费无等,患有不可胜言者"②。因而清代两百余年间黄河下游的水患不断发生,对城市和农村产生了巨大的负面影响,其中咸丰五年(1855)的黄河大改道,对沿岸城市的影响最巨,也最为深远。清嘉庆以后,朝政日益腐败,原本成效就颇微的河政形同虚设,黄河下游决溢泛滥有增无减,河床淤塞日益严重,最终导致了咸丰五年的大决堤、大改道。咸丰五年六月,黄河"决兰阳铜瓦厢,夺溜由长垣、东明至张秋,穿运注大清河入海,正河断流"③。洪水所到之处,河南兰封县、祥符县、陈留县、杞县等地一片汪洋,直隶南部、山东大半省区被淹,而此时适逢太平军在南方兴起,清政府忙于镇压,无暇顾及河政④,竟放任黄河在铜瓦厢和张秋之间不断迁徙摇摆长达20年之久,导致直隶东明县城被洪水围困长达两年。⑤ 山东曹州府附郭菏泽县更是因为河决未塞,荡漾东西,"靡有干土又二十余年"。甚至到同治年间,曹州、兖州、济宁等府州境内仍有大量积水不去,形成沼泽。

黄河洪水泛滥,必然会扰乱沿岸人民正常的生产秩序,导致经济的衰败,同时,原有的社会秩序也随之被坏。例如康熙十四年(1675),黄河决徐州潘家塘、宿迁蔡家楼大堤,又决睢宁花山坝,复灌清河治,导致这一地区"民多流亡"⑥。

---

① 赵尔巽等:《清史稿》卷一百二十六《河渠一》,中华书局,1976年,第3715页。
② 赵尔巽等:《清史稿》卷一百二十六《河渠一》,中华书局,1976年,第3716页。
③ 赵尔巽等:《清史稿》卷一百二十六《河渠一》,中华书局,1976年,第3741页。
④ 林修竹:《历代治黄史》卷五"同治十三年"条,民国十五年铅印本。
⑤ 任传藻、穆祥仲等:(民国)《东明县新志》卷一《舆地志·黄河》,民国二十二年铅印本。
⑥ 赵尔巽等:《清史稿》卷一百二十六《河渠一》,中华书局,1976年,第3719页。

咸丰五年（1855），黄河大改道后，山东水患频仍，盗贼滋积，大量灾民流亡。经济的凋敝、社会的动荡，其结果是大量城市衰败，更有部分城市整个城市都长期被淹没在积水中，不得不举城搬迁。如江苏省徐州府沛县城于乾隆四十六年（1781）河决被淹，不得不徙城；咸丰元年（1851）黄河再决，全城覆没，县治又迁夏镇；十一年方还旧治。河南省会开封于道光二十一年（1841）黄河决口，府城被淹8个月之久，不得不废弃清康熙元年所筑城池，重筑开封新城。①

黄河中下游河道长期决口泛滥，导致黄河中下游地区土地大量盐碱化和沙化，造成滨海之邑，其地多沙，从而严重影响了这一地区经济的发展和城市的生存。②河南的许多城市备受沙患，道光二十三年黄河决口，中牟县东北一带，地尽成沙，死人无数，数百村庄同时覆没。③山东亦是如此，巡抚张曜在光绪十五年（1889）向朝廷所上奏折中称：山东地方十余年来，黄水为患，灾患频仍，民间地亩或成巨浸，或被沙压，不能耕种，生计日蹙。④淮河流域的广大地区，虽然在咸丰五年（1855）后脱离了黄河经常决口泛滥的影响，但长期的破坏已使该地区的土地大面积盐碱化，昔日的良田沃野变成了沙卤赤地，再也无法重现"江淮熟、天下足"的富饶情景。⑤

另外，古代黄河下游平原河网交错，水运便利，河南朱仙镇、万胜镇等均因黄河支流汴河、贾鲁河之利而兴盛起来，成为一时之雄镇。但随着黄河的不断决口和改道，黄淮平原上原有的水系地貌遭受严重破坏，这一地区的交通地理也随之变迁，导致这些地区的城镇逐渐衰落，沦为一般市镇。

黄河下游的决溢和改道还严重影响了运河沿岸城市的生存和发展。自嘉庆以来，"河流屡决，运道被淤，因而借黄济运"。咸丰五年黄河改道后，"中原多故，运道中梗"。清廷最终于光绪二十七年（1901）废除江北运河，改行海运。⑥对因漕运而兴盛的运河沿岸城市而言，运河漕运的废止无疑是致命的打击，相当部分城市在此后日渐衰落，"满目劫灰，元气不复"⑦。

（二）政局的变动对黄河水系城市的影响

"承前启后"通常被用来描述清朝在整个中国历史发展进程中的作用，作为封建王朝的集大成者和现代化的启动者，这个王朝如同落日余晖般，行将落幕却又灿烂绚丽；又如同黎明前的晨曦，黯淡无边却又透着些微光亮。而少数民族政权统治下满汉的冲突与协调，外力侵入后各类矛盾的爆发与调控，更让这个王朝呈现出前

---

① 程子良、李清银：《开封城市史》，社会科学文献出版社，1993年，第187页。
② 沈传义等修，黄舒昺纂：《祥符县志》卷七《河渠·河防·浚惠济河记》，光绪二十四年刻本。
③ 萧德馨等修，熊绍龙等纂：《中牟县志》，民国二十五年石印本。
④ 李文海：《世纪之交的晚清社会》，中国人民大学出版社，1995年，第375页。
⑤ 何一民：《近代中国衰落城市研究》，巴蜀书社，2007年，第648页。
⑥ 赵尔巽等：《清史稿》卷一百二十七《河渠二》，中华书局，1976年，第3793页。
⑦ 张自清等：《临清县志》卷八《经济志十一·商业》，民国二十三年铅印本。

第六章
清代主要河流城市的空间分布与变迁

所未有的纷繁与复杂，处在其中的城市，也随着政局的变动与稳定，时起时落，或兴或衰。

1. 清初战乱对黄河水系城市的破坏

作为一个少数民族建立的政权，清王朝在入主中原的过程中，满汉之间的对抗是激烈而残酷的，加之明末的各种战乱，华夏大地上众多的城市遭到了前多未有的破坏。城市本身的形制被严重破坏，甚至被摧毁，而原有的社会秩序和经济秩序也被打乱，导致城市人口锐减、经济凋敝。

明末的战乱给黄河水系城市带来了巨大的破坏。以开封城为例，李自成围攻开封时，明统治者为挫败起义军，竟决开黄河，原本"富庶甲于中原"的古都会，"竟成巨浸"，城中百姓避之不及，37万人口被洪水冲走，被淹没者达34万人。战后很长一段时间，开封都是一座废墟，满目疮痍，再不见昔日的繁华。

以往在对清军南下过程中所爆发的一系列战争进行研究时，学者通常都将目光更多集中于南方各省，其实，包括黄河流域在内的北方各省亦有较大规模的抗清斗争。顺治五年（1648）十一月，清军山西大同总兵姜瓖易帜反清，大同周围11城皆叛。起义得到了山西各地汉族官绅的积极响应，很快整个山西省除太原及少数城池外，皆被起义军占领。次年元月，清军包围大同，八月城破，之后便是一连串残酷的屠杀，因地方志对该类事件有所顾忌，故记载难见于志书。但据曹树基推测，山西一省在清初至少有半数以上的县城进行过抵抗，而且可能发生过大批的屠城事件，屠杀的人口不少于40万。① 另外，陕西的抗清斗争也有一定的规模，在战乱中，城市遭受破坏，人口锐减，经济凋敝。

2. 清中期黄河水系城市的重建与发展

康熙二十三年（1684）三藩之乱结束后，清朝政权进入稳定期，清统治者开始着手对城市进行恢复和重建，其中城墙的修葺与建筑倍受重视，黄河流域的城市亦如此。以5个省会城市为例，兰州城于乾隆三年大修，四十七年添修，嘉庆十七年补修，又于十九年拆修，二十七年补修。② 西安城于顺治十三年修，康熙元年，乾隆四年、二十八年、四十七年，嘉庆十六年屡修。③ 太原城于顺治六年于西南隅筑城，为八旗兵驻防之所，后相继增修。④ 开封城于康熙初重建，乾隆二十年二年修，二十九年重修。⑤ 济南城于乾隆十三年修，五十二年，嘉庆十六年重修。⑥

---

① 葛剑雄主编，曹树基著：《中国人口史》第五卷《清时期》，复旦大学出版社，2001年，第34页。
② 穆彰阿、潘锡恩等：《嘉庆大清一统志》卷二百五十二《兰州府·城池》，《四部丛刊续编》影旧钞本。
③ 穆彰阿、潘锡恩等：《嘉庆大清一统志》卷二百二十七《西安府·城池》，《四部丛刊续编》影旧钞本。
④ 穆彰阿、潘锡恩等：《嘉庆大清一统志》卷一百三十六《太原府·城池》，《四部丛刊续编》影旧钞本。
⑤ 穆彰阿、潘锡恩等：《嘉庆大清一统志》卷一百八十六《开封府·城池》，《四部丛刊续编》影旧钞本。
⑥ 穆彰阿、潘锡恩等：《嘉庆大清一统志》卷一百六十二《济南府·城池》，《四部丛刊续编》影旧钞本。

有关黄河水系5个省会城市重建的记载，除太原较为概括外，其余均详细记录了城墙重建和修复的时间、次数。从中可以看出，自顺治年间开始，各地方政府就已经开始对城墙进行修建了，但由于全国各地经济凋敝，人力、财力有限，顺康之际往往局限于重建城门、城楼，以及对城墙的修补等方面，一半以上的城市重建则集中在经济繁荣的乾隆时期。嘉庆以前，被破坏的城墙大多数得到修复或重建。

除了对战乱中被破坏的城市进行重建和修复外，清中期还新建了多个城市。黄河流域新建的建制城市多达22个，其中黄河上游新建7个县城（其中包括宁夏府城的双附郭）和1个散州城与4个散厅城，黄河中游新建5个县城和1个散厅城，黄河下游新设5个县城，其设置年代多为雍正朝和乾隆朝。[①]

清中期政局相对稳定、经济逐渐复苏，带动了城市的发展。城市发展的一个重要指标就是城市人口的增加，乾隆年间，济南府城的城市人口接近5万，太原府城人口约5万，西安府城人口约5.5万，兰州城人口约2.5万。而在明末曾遭受重创，人口锐减的开封府城，到康熙三十二年（1693）时，城市人口又达到49万。

（三）晚清政局的动荡对黄河水系城市的影响

1840年，列强用坚船利炮打开了清王朝的大门，也敲醒了"天朝上国"的美梦。外力的侵入，彻底改变了封建王朝的发展道路，各类矛盾被激化，导致了政局的动荡和社会的动乱。对于黄河流域城市而言，影响最大的是捻军起义和回民起义。

捻军起义爆发于1853年，并持续到1868年，其活动范围甚广，在1863年之前主要以安徽省西北地区为根据地，并频繁地袭击邻近各省；1864至1868年，则凭借一支经过扩充且战术精良的骑兵，在整个华北平原发动了广泛的战争。就黄河流域而言，在19世纪50年代末，捻军的远征就渗入河南中部并迫近黄河，到1859年10月，捻军已经离开封城不到30英里；1861年9月，捻军又迫近古都洛阳。山东境内也于1860年10月被捻军攻入，据记载，其势力迅速席卷了4个府，掠夺了20个县，自曹县起，往北几乎远达黄河新河道的各地。同治六年（1867），捻军在巨野与清军作战，溃散后其中一支由中牟窜许、陕，经灵宝、阌乡进入陕西，即所谓的"西捻军"。这支起义军迅速占领黄河流域城市华阴、朝邑等县，并于次年先后两次攻打西安。

对于如此大范围的起义，清政府曾先后派僧格林沁亲王、曾国藩、李鸿章进行镇压，双方在河南、山东、陕西、直隶等地展开多次激战，直至1868年8月，战事才最终结束。黄河流域的多个城市被卷入战火，遭受了巨大的破坏。不仅如此，捻军起义还触发了各地的叛乱。例如19世纪50年代中期，河南省境内发生了涉及20多个县的大规模抗税运动，各地盗匪的活动亦被捻军助长，从而进一步加重了

---

① 牛平汉：《清代政区沿革综表》，中国地图出版社，1990年，第41—78、186—227、435—485页。

第六章 清代主要河流城市的空间分布与变迁

社会的动荡。① 另外，捻军还经常与其他农民军协同作战，包括与太平军和回民起义军的合作，战争的强度无疑增加，对城市的破坏程度也随之增加。

对黄河流域城市构成较大破坏的另一次起义是1862年至1878年活跃于陕西、甘肃两省的西北回民起义。同治元年（1862），太平军进入商洛地区后，渭南地区汉、回两族争衅骤起，一般的民事纠纷很快演变为民族屠杀，继而演变为一场大规模的战争。战火迅速蔓延，波及陕西、甘肃、新疆的多个城市。② 1866年，西捻军突入陕西与回军会师，战争进一步复杂化。清军忙于镇压捻军起义，对回民起义多有鞭长莫及和无暇顾及之感，一直到清军于1868年将捻军镇压后，方集中力量镇压回民起义，直至1873年，清军才平定了这场起义。③ 在清军镇压回民起义的过程中，交战双方都对城市进行了破坏。黄河流域的宁夏府、西宁府、巩昌府，以及渭河两岸的凤翔府、西安府、同州府，都是回民起义及其相关战事的主要发生地。战争对城市的破坏是残酷而巨大的，以宁夏府城为例，同治四年（1865）年底，宁夏府城的回民战败缴械投降，但清军入城后，不仅诛杀了起义军领袖，而且还对城内百姓"不分汉、回，尽力诛洗，大肆焚掠。城中户庐灰烬，火光烛天"，"万家皆成焦土"④。

在捻军起义、回民起义和清军的镇压对黄河流域各城市造成巨大重创的同时，光绪初年，山西、陕西境内又遭受了特大旱灾，进一步加深了城市和乡村的苦难与创伤。同州府朝邑县在道咸年间尚属"乡里庶富，户口浩繁"，而自同治壬戌，"捻逆继至，以及光绪丁丑、戊寅大荒，贼伤饿毙者减十之四"⑤。凤翔府岐山县的人口，"至咸丰间而繁衍已极，厥后（回逆倡乱），发捻迭扰，死亡流散，户口遂减。又屡遭荒饥，息养为难，盖至今而疮痍尚未尽复焉"⑥。

清末时局的动荡，也对城市产生了影响，在黄河中游地区，不少城市的形制发生了新变化。19世纪五六十年代，太平军、捻军等频繁入侵城镇，处于防御考虑，清政府一面下令城乡组织团练，一面号召修筑村寨和城郭。山东省的主要城镇就在这一时期广泛修筑了外廓圩墙，以济南为例，其外廓圩墙周长40里，比原城大3倍多。

明末清初，华夏大地频繁发生的战乱，以及由此而来的瘟疫肆虐、人口锐减、社会动荡、经济凋敝等，共同构成了城市衰落综合征。黄河流域的大部分城市在这一衰落综合征的打击下，迅速衰败。清中期平定三藩之乱后，政局渐趋稳定，清朝统治者开始着手城市的恢复和重建，战乱中被破坏的黄河流域各城市得到修复和进

---

① ［美］费正清：《剑桥中国晚清史（1800—1911）》，中国社会科学出版社，1993年，第514页。
② 葛剑雄主编，曹树基著：《中国人口史》第五卷《清时期》，复旦大学出版社，2001年，第568页。
③ 徐中约：《中国近代史：1600—2000，中国的奋斗》，世界图书出版公司北京公司，2013年，第184页。
④ 马寿千：《清朝同治年间西北回民自卫抗清斗争述略》，《西北史地》，1986年第1期。
⑤ 《朝邑县乡土志·户口》，成文出版社，1969年，第66页。
⑥ 《岐山县乡土志·户口》，成文出版社，1969年，第50页。

一步完善，清初人口锐减的状况也有明显改善。另外，城市数量在这一时期也有所增加，黄河流域有确切资料可查的新置城市共22座。鸦片战争后，外力的侵入激化了社会的各类矛盾，政局再度陷入动荡和混乱，历时十余年的捻军起义和西北回民起义对黄河流域城市的冲击最为猛烈。河南、山东、甘肃、直隶各省的部分黄河水系城市，在战火中损失惨重，再度陷入凋敝，而山西、陕西省在光绪年间又遭大旱，黄河及其支流流经的同州府、西安府、凤翔府等城市更是满目疮痍、元气大伤。

1840年爆发的鸦片战争，对清朝来说是一个分水岭。在此之后，外力的侵入改变了整个社会原有的发展进程，而其中又以城市的改变最为显著。但对于黄河流域各城市而言，外力的影响更多的是间接的。两次鸦片战争、中法战争、中日甲午战争等，其主战场均未涉及黄河流域，清政府屡战屡败后被迫开放的79个约开商埠，无一个是黄河水系城市。[1] 就是30余个自开商埠中，也仅有山东济南，河南郑州、洛阳以及江苏徐州4座城市属黄河水系，而郑州、徐州迟至1922年才成为自开商埠城市，因而清代的自开商埠城市黄河流域仅有济南和洛阳两个。[2] 自开商埠虽然对城市的发展起到了一定的推动作用，如济南在1905年开埠后，"经济发展很快，推动了城市的转型和早期现代化的发展"[3]。但与沿江、沿海众多约开商埠相比，其开放时间靠后，受西方影响小，城市现代化进程明显慢。自开商埠城市尚且如此，黄河水系其他城市的现代化程度之低、发展速度之缓慢更是可想而知。而沿江、沿海的开埠通商城市，则凭借便利的交通、广阔的腹地，自唐宋以来经济重心南移后，又一次占得了早期现代化的先机，迅速地繁荣和兴盛起来。

第四节 清代京杭运河城市的空间分布与变迁

综观华夏大地上众多的河流溪川，绝大多数都是自西而东的流向，然而有一条长约1794公里的河流，却反其道而行之。它北达京师，南抵杭州，纵贯直隶、山东、江苏、浙江四个行省，沟通海河、黄河、淮河、长江、钱塘江五大水系，自南而北，成为沟通中国南北的大动脉。它就是世界上最长的人工河——京杭运河。京杭运河的修建，带动了沿岸城市的发展，到了清代又出现了新的变化。

一、清代京杭运河城市的数量和规模

京杭运河的修建，非一朝一代之功。回溯中国运河史的开篇，时逢春秋晚期，

---

[1] 隗瀛涛：《中国近代不同类型城市综合研究》，四川大学出版社，1998年，第211—215页。
[2] 隗瀛涛：《中国近代不同类型城市综合研究》，四川大学出版社，1998年，第239、240页。
[3] 隗瀛涛：《中国近代不同类型城市综合研究》，四川大学出版社，1998年，第250页。

第六章 清代主要河流城市的空间分布与变迁

王道势微，诸侯竞起，吴王夫差欲征伐齐国，逐鹿天下，下令开挖邗沟，这就是中国最早的运河，也成为京杭运河的前身。战国时期，先后又开凿了大沟，引黄河之水从今河南原阳县南下注入今郑州市以东的圃田泽；为了沟通黄河和淮河，另又开凿鸿沟。隋朝建立后，改造邗沟，开凿京淮段至长江以南的江南运河，开挖永济渠，北通涿郡，形成多支运河系统。大运河重要河段的开挖，主要在隋朝和元朝。隋取得政权后，为了加强南北的经济联系，即对大运河中最早开挖的邗沟段进行改造。大业元年（605），"发河南诸郡男女百余万，开通济渠，自西苑引谷、洛水达于河，自板渚引河通于淮"①。大业四年（608），"诏发河北诸郡男女百余万开永济渠，引沁水南达于河，北通涿郡"②。大业六年（610），"敕穿江南河，自京口至余杭，八百余里，广十余丈"③。此为运河史上开挖规模最大的一次。

自唐朝以后，由于都城北定，而经济重心进一步南移，出现政治中心与经济重心分离的趋势，因而历代王朝统治者都十分重视对贯通南北的大动脉——大运河的治理和经营，即所谓"用东南之财赋，统西北之戎马"④。元朝定都北京后，政治中心由中原转到了华北，运河西绕洛阳，费时费工，且在唐宋时期，洛阳以北的永济渠已大部淤塞。⑤ 为此，元世祖忽必烈于1283年下令开挖了山东境内济宁至东平的济州河，又于1289年开挖了自东平至临清的会通河。⑥ 至此，南北大运河基本定型。明清两代维持元代运河的基本格局，并多次开挖和疏浚大运河。明代于永乐至万历年间，进一步疏浚了通惠河和会通河，并对淮安至扬州的里运河进行改造，从而使元代初步定型的京杭运河更为畅通。⑦ 清朝建立后，京杭运河成为自京师达杭州，沟通南北的大动脉。明清时期，商品经济出现空前的发展，京杭运河在漕运和南北物资交流方面的作用日趋重要。得益于此，运河沿岸的城市渐渐兴盛起来，出现了普遍的繁荣和富庶。清中期以后，黄河屡决，运河被淤，漕运面临困境。咸丰五年（1855），黄河北徙后，运河更几陷停顿。鸦片战争后，外力侵入所带来的海运、铁路等新型交通方式，最终迫使履蹒跚的漕运让步。光绪二十七年（1901），清廷废止漕运，京杭运河沿岸城市亦随之衰落。

京杭运河虽然有某些河段是天然的河流和湖泊，但更多的是由人工开挖的。与长江、黄河以及华夏大地上众多的天然河流不同，京杭运河不存在源头，亦没有入海口。就运河的自然因素而言，对沿岸城市影响不如天然河流显著。京杭运河不是天然形成，部分河段的开凿较晚，两岸的一些重要城市，在运河开通之前就已存在，因而，它并不能像长江、黄河等河流那样，拥有"文明摇篮"的光环，但这并

---

① 魏徵：《隋书》卷三《帝纪第三·炀帝上》，中华书局，1973年，第63页。
② 魏徵：《隋书》卷三《帝纪第三·炀帝上》，中华书局，1973年，第70页。
③ 司马光：《资治通鉴》卷一百八十一《隋纪五》，中华书局，1956年，第5652页。
④ 邱浚著，林冠群等校点：《大学衍义补·都邑之建》，京华出版社，1999年，第723页。
⑤ 黄锡荃、苏法崇、梅安新：《我国的河流》，商务印书馆，1982年，第240页。
⑥ 朱偰：《中国运河史料选辑》，中华书局，1962年，第61、64—65页。
⑦ 傅崇兰：《中国运河城市发展史》，四川人民出版社，1985年，第68页。

不意味着京杭运河对沿岸城市的影响就弱于天然河流。相反，因为相对稳定的河流环境，以及沟通南北大动脉的地位，京杭运河对城市的影响甚巨。清代，京杭运河沿岸城市对运河交通运输和商品流通的依赖程度甚至高于天然河流。可以说，京杭运河虽然在城市的形成方面没有构成很大的影响，但它对城市的发展和变迁却有着巨大而深远的影响。

清代京杭大运河流经直隶、山东、江苏、浙江四个行省，运河沿岸城市与传统的行政中心城市有所不同，这些城市不仅具有重要的行政功能，而且经济功能尤为突出。

（一）清代京杭运河城市的数量

京杭运河自北而南，可依次分为7段：最北段自京师至通州段为通惠河（清代亦称大通河）；通州至天津一段为北运河；天津至临清直隶州城段称南运河；山东境内临清以下河段为鲁运河；台儿庄（清代山东峄县境内）至淮安府城段称中运河；淮安至扬州段为里运河；镇江至杭州段称江南运河。各段城市在清代分布的数量见表6-8：

表6-8　清代运河城市数量简表

河流名称	行省	府、直隶州、直隶厅	县、散州、散厅
通惠河	1	府1	县2、散州1
北运河	1	府2	县3、散州1
南运河	2	府4、直隶州1	县11、散州3
鲁运河	1	府3、直隶州2	县12、散州1
中运河	2	府3	县6、散州1
里运河	1	府2	县5、散州1
江南运河	2	府6	县16、散州1
合计（去除重复）	4	府16、直隶州2	县52、散州8

资料来源同表6-2。

从上表可知，清代运河沿岸分布的县级行政建置共有60个，但其中顺天、扬州、常州3座府城为双附郭，而苏州府城则有3附郭，故而应减去5个县级行政单位，另外还应加上运河沿岸的临清、济宁两座直隶州城，共计有大小行政建制城市57个。

在运河流经的城市中，除县级建置外，还有京师、省会和府治所在城市，其数量以及在整个水系所占比例见表6-9：

第六章 清代主要河流城市的空间分布与变迁

表 6-9　清代运河沿岸省城及府城数量表

河流名称	行省总数	河流流经省城数量	所占比例	府的总数	河流流经府城数量	所占比例
运河	4	2	50%	16	10	62.5%

资料来源同表 6-2。

从上表可以看出，清代运河流经四个行省，其中有两个省的省会城市位于运河沿岸，比例占到了 50%；这一数据虽然不及长江的 54.5% 和黄河的 71.4%，但运河北端的大兴和宛平，不仅是顺天府城所在地，还是京师的所在地。另外，运河流经的 4 个省所属 16 个府，其中有 10 个府城位于运河沿岸，就府城来看，比例也占到了 62.5%，低于长江的 84.5%，却略高于黄河的 62%。也就是说，运河沿岸并不乏行政等级高的城市，但总的来看，更多的是经济功能强大的城市，而且，即使在政治地位较高的苏州府城、杭州府城中，经济因素所占的比例也较传统行政中心城市高出许多。

（二）清代京杭运河城市的规模

城市的规模可以通过城墙的周长来考察，而城墙周长也是衡量一个城市规模、地位和功能的重要因素。城市发展越完善、人口越多，城市面积往往也越大，城墙周长也越大。清代运河沿岸府级城市和县级城市的城周规模统计数据见表 6-10：

表 6-10　清代运河沿岸府级、县级城市城周统计表（单位：里）

城周＼河流分段	府级城市						县级城市（州、厅、县）							
	≥20	15～19	10～14	7～9	5～6	<5	无载	≥20	15～19	10～14	7～9	5～6	3～4	<3	无载
通惠河	1										1				
北运河				1							3				
南运河				1						2	2	5	4		
鲁运河				1				1		2	1	4	4		
中运河				1								2	3		1
里运河			1	1							1	2			
江南运河	1		1	3						1	4	2	1		
合计（去除重复）	2		2	6				1		5	12	13	11		2

依据穆彰阿、潘锡恩等《嘉庆大清一统志》各相关府、州中"城池"内容统计而得。

从上表可以看出，清代运河流经的城市，府级城市的城周规模集中在 7～9 里，县级城市则集中在 3～9 里，与长江、黄河相比，运河城市的城市面积普遍要大，府级城市的城墙周长没有一个小于 7 里，县级城市的城墙周长也没有小于 3 里的。

上表另外一点值得关注的是，京杭运河沿岸府级城市的城周集中于 7~9 里，而同级别的县级城市，也有 12 座。另外，县级城市中城墙周长大于 10 里的也有 7 座。就是说，从整个运河水系来看，为数不少的县级城市，其城市规模较大，甚至已超过了部分行政等级较高的府城。但是需要强调的是，运河的府级城市有规模甚大者，这些府城和县城的超常规发展，实际上都与大运河带来的商品经济的兴盛不无关系。

就人口规模来看，运河城市的规模也普遍较大。据研究者考察，明清时期人口大于 100 万的 3 座城市之一的苏州就位于运河沿岸，而人口在 50 万～100 万的 9 座城市中，也有扬州、杭州、天津 3 座位于运河沿岸。在大约 100 座人口在 20 万～50 万的城市中，更有镇江、淮安、常州、仪真（即扬子县）、嘉兴、临清、济宁、德州等多座运河城市。江南运河沿岸的市镇浒墅的人口也在 20 万～50 万。① 以上这些运河沿岸城市人口规模较大，除了行政地位较高的省城和府城外，还有部分县级城市，甚至还有个别市镇人口也达到了较大规模。可见明清时期运河沿岸城市商品经济的发达对于人口聚集的作用。据施坚雅估计，1843 年中国人口在 10 万以上的 24 座城市中，运河沿岸城市有天津、济宁、苏州、扬州、镇江、无锡 6 座，次等的较大城市有临清、嘉兴 2 座，其人口在 5 万～10 万。② 就大城市的数量而言，运河城市明显多于黄河水系。与长江水系城市相比，在清代中前期，两者可能不相上下，甚至运河沿岸的大城市数量还偏多。只是到清晚期以后，随着长江水系城市的开埠通商，上海等城市崛起，与此同时，运河航运出现衰落，故而运河的大城市数量明显不及沿长江水系。

二、清代京杭运河城市的空间分布及其特征

运河沟通南北的航运优势，对城市的分布造成了很大影响。例如通州城就是因南北漕运尾闾的优越位置，而在原明代粮仓基础上沿河筑城而形成，天津、临清等城市也类似。③ 而德州、济宁、扬州等城址的变迁，以及淮安、杭州等城池的扩建与改动，也受到运河很大的影响。④

此外，与天然河流不同，运河无源头，亦无入海或入江河口，其水量主要依靠与之沟通的天然河流或湖泊补给，因此，无论是运河自身，还是运河沿岸城市的分布，都与多个水系有着密切的关系。另外，虽然运河流经处为我国地形的第三级阶梯，但其间的地势落差依然很大，运河有所谓"三起三落"之说，故运河在各段的状况差别较大，这在一定程度上也影响了城市的分布。

---

① 顾朝林：《中国城镇体系——历史·现状·展望》，商务印书馆，1992 年，第 64 页。
② [美] 施坚雅主编，叶光庭等译：《中华帝国晚期的城市》，中华书局，2000 年，第 274 页。
③ 傅崇兰：《中国运河城市发展史》，四川人民出版社，1985 年，第 73、79、85 页。
④ 傅崇兰：《中国运河城市发展史》，四川人民出版社，1985 年，第 82、91、93、96、98 页。

第六章 清代主要河流城市的空间分布与变迁

(一) 清代通惠河、北运河段城市的空间分布及其特征

通惠河在清代亦称大通河、玉河,为大运河最北段,它起自京师东便门外大通桥,东流至通州,又南至张家港,全长 40 余里。① 通惠河在元代至元二十九年(1292)开挖,但并未开通航运②,主要是由于北京与通州的地势高差过大,且水源缺乏,故而该河段未能通航。明朝定都北京后,在很长一段时间里并未利用通惠河,南方漕运到达通州后,改由车运③,直到明世宗嘉靖年间,才得到有效的疏浚,"漕舻直达京师,迄于明末"④。

通惠河以下经香河、武清,达天津的这段运河,为北运河,又称白漕,计 280 里,该河段实为白河下游。白河发源于河北西北部大马群山,东南流经密云,"南流经通州,合通惠及榆、浑诸河,亦名潞河。三百六十里,至直沽会卫河入海,赖以通漕"⑤。该河段利用天然河流为漕运,并未完全渠化,其中杨村(武清县一带)以北易泛滥且多沙,明清时期都有筑堤坝堵决,并经常要对河道进行疏浚,但总的来看这段河道较易治理。

清代通惠河与北运河沿岸,共分布有京师和天津府城 2 座重要城市,另有香河、武津 2 个县城和通州城(散州)。两段运河的长度相加,共 320 里左右,清朝的计量单位,一里为 576 米,则约为 184.3 公里,以此计算,平均每 36.86 公里 1 座城市,则该段运河的城市分布的密度约为 3/100 公里。

以上几座城市之中,以京师、通州、天津最为重要,其分布都有一个共同点:就是占据运河端点的位置:京师自不必说,占据整条大运河的最北端;通州为通惠河最南段,又是北运河段的起点,境内还有榆、浑、白等诸河流流经;天津据北运河末端,又为南运河起始,更有永定河、海河绕城,且东濒大海,因而成为重要的物资和人口聚居地,这成为天津在清代中前期从军事城市向经济城市发展的一个重要推动力。

(二) 清代南运河段城市空间的分布及其特征

天津南至山东临清的一段运河,即为南运河,计长 1000 里。与北运河相类似,该河段利用卫河改建,进行漕运,故又称卫漕。卫河源出山西省太行山,南经河南省新乡,又东北至山东临清,至天津后汇入海河。⑥ 卫河水量不足,故明正统十三年(1448)引漳入卫,以补不足,隆庆、万历年间,漳水北徙,入卫一支水流遂

---

① 陈璧显:《中国大运河史》,中华书局,2001 年,第 432 页。以下各运河段的长度,如无特别说明,皆引自该书。
② 宋濂等:《元史》卷六十四《河渠一》,中华书局,1976 年。
③ 史念海:《中国的运河》,陕西人民出版社,1988 年,第 313 页。
④ 张廷玉等:《明史》卷八十六《河渠四·运河下》,中华书局,1974 年,第 2112 页。
⑤ 张廷玉等:《明史》卷八十六《河渠四·运河下》,中华书局,1974 年,第 2109 页。
⑥ 陈璧显:《中国大运河史》,中华书局,2001 年,第 402—403 页。

绝。康熙三十六年（1697），漳水又分出一股支流，南流至馆陶入卫，康熙四十七年，漳水全部由馆陶入卫，然而水患开始频繁出现，清政府多次组织人力开凿引河，以控制水势。① 南运河的水量既得到一定的保障，但也不至于出现大的水患，因而水上交通较为便捷和发达。

该段运河分布有 11 座县城和 3 座散州城，加上临清直隶州城，共 15 座城市。河道全长 1000 里，按 1 里等于 576 米计，每 38 公里即有 1 座城市，平均每百公里约 3 座城市。就城市分布密度而言，该段河道与通惠河、北运河沿岸城市基本相同，但就分布特征而言，该河段的城市与前一段有明显的不同。南运河实借卫河下游漕运，而漳水改道全河入卫之前，该河段一直苦于水源缺乏，故而可知，南运河流经地区，自然河流很少，而这也在很大程度上影响了城市分布，所谓"得水为上"，缺水不仅严重制约水运交通的发展，也对沿岸城市和农村产生重要影响。这一段沿岸分布的城市自北而南，主要有天津、静海、青县、沧州、东光、交河、故城、德州、武城、临清，这些城市都临卫河设城，且城市与城市之间的距离基本相等，一般间距均为 40～50 公里，而南皮、交河、恩县、夏津等城市，相距运河也不远，呈现走廊式格局。②

（三）清代鲁运河段城市的空间分布及其特征

鲁运河指从山东省境内临清直隶州城至兖州府峄县段的运河，又称闸漕。最早开挖于元朝至元二十年（1283），又称济州河，自济宁达东平之安山，全长 50 里，引泗水、汶水，南通江淮、北达大清河。至元二十六年（1289），"起须城县安山渠西南，由寿张西北至东昌，又西北至临清，引汶水以达御河，长二百五十余里"，称为会通河。③ 后将临清与徐州间的运河统称为会通河。

元代的会通河，岸峡水浅，船多不能负重，黄河也多侵淤，至明永乐年间，淤塞者已有三分之一，故而永乐九年（1411）明统治者下令疏浚。改造后的运河会通河段长 385 里，路线较元代稍有变化，主要是为了避开黄河水患的影响。因济宁北部的南旺为鲁中山地余脉所形成的小丘陵的最高点，与南北的洼地高差过大，故又采纳汶上老人白英的建议，将汶水原入大清河的一支引至南旺，在此南北分流，六分北至临清入卫，四分南过济宁入泗。④ 该段运河实属平地开河，缺乏水源，靠一系列的船闸蓄水和泄水，故有"闸漕"之称。清代会通河段基本沿用明朝的，没有大的变化。

鲁运河段共分布有 16 座城市，按行政建置等级来说，除东昌府城和临清、济宁 2 座直隶州城是府级城市外，其余均为县级城市，其中有 12 个县城和 1 个散州城。这 16 座城市有 3 座位于鲁运河与其他河流的交汇处，分别为卫河与会通河沟

---

① 史念海：《中国的运河》，陕西人民出版社，1988 年，第 339 页。
② 谭其骧：《中国历史地图集》，地图出版社，1987 年，《清时期·直隶、山东》。
③ 王明德：《从黄河时代到运河时代：中国古都变迁研究》，巴蜀书社，2008 年，第 369 页。
④ 史念海：《中国的运河》，陕西人民出版社，1988 年，第 311 页。

第六章 清代主要河流城市的空间分布与变迁

通处的临清，徒骇河汇入运河处的东昌府城聊城，汶河入洸河后汇入运河处的济宁州城。3 城分别位于运河之畔，又得其他河流之便利，水陆交通相对发达，成为该河段最为发达的 3 座城市。另外，运河虽为大河之一，但由于是人工挖掘，一些河段利用的天然河流湖泊，流域面积及水量均不大，故而与长江、黄河相比，河流对城市的不利因素较小，大多数运河城市不仅靠河而设，小部分还跨河建城。

除以上 3 城外，其他城市也大多分布在与鲁运河沟通的小型河流沿岸，可以得运河之利。如东昌府的堂邑、清平 2 县就坐落于穿运河而过的马颊河岸；博平县位于徒骇河中下游；泰安府的东阿县、东平州位于大清河沿岸；济宁直隶州的嘉祥县建于清河中下游；兖州府的汶上县、峄县和寿张县则分别位于汶水、氶水河和魏河流域。①

该段运河长约 872 里②，折算为今 502.22 公里，平均 31.38 公里就有 1 个城市，分布密度基本上也是每百公里约 3 个城市。由于清代中前期运河贯通，漕运发达，因而不仅此段运河的两个重要节点城市临清、济宁有较大的发展，而且各城市之间的联系加强，该区域距运河较近的部分县城，也纷纷开辟出通往运河的水陆交通。连通大运河，不仅促进了这些城市的发展，而且也使南旺、张秋、阿秋、七级等一批市镇因运河漕运的繁荣而发展成为规模较大的市镇。③

（四）清代中运河、里运河段城市的空间分布及其特征

济宁以下的运河连接泗水，一路南下，到达山东与江苏的交界处峄县台儿庄，此段仍属鲁运河，台儿庄以下至黄河，则称为中运河，明清时期又称河漕。因黄河易泛滥的缘故，该段运河实属运河中最难治理的一段，明清时期亦多有改道。

明代以前的济宁至徐州段运河，"走南阳、谷亭，循南阳湖和昭阳湖西岸，过沛县至留城南下至徐州入黄河"。但南阳、昭阳两湖地势东高西低，运河所经之处正为湖西黄泛严重区，每当黄河决口，运道便面临淤塞的困境。④ 明初，统治者采取了诸如开挖广济河等一系列措施"治黄保运"，但收效不大。明中期以后，"避黄保运"的治理策略，受到政府更多的重视，于嘉靖四十五年（1566）开挖了"南阳新河"，新间距旧河 30 里，自留城脱离旧河道，有效地使鲁运河南段避开了黄河水患的侵害。但留城以南仍备受威胁，故而又于万历年间开挖了全长 260 里的"泇河新道"，至此，京杭运河自微山县夏镇，经韩庄、台儿庄，下邳州，避开了黄河的徐州、吕梁两个险段，并缩短了漕运路程。⑤ 之后，明朝又于天启三年开凿了由邳州直河口东岸马颊口起，下达宿迁骆马湖由董口入黄河的运道，称"通济新河"，

---

① 谭其骧：《中国历史地图集》，地图出版社，1987 年，《清时期·山东部分》。
② 陈璧显：《中国大运河史》，中华书局，2001 年，第 432 页。
③ 王云：《明清山东运河区域社会变迁》，人民出版社，2006 年，第 90 页。
④ 崔新明：《枣庄段运河的发展变迁及其历史定位》，《枣庄学院学报》，2008 年第 3 期。
⑤ 王云：《明清山东运河区域社会变迁》，人民出版社，2006 年，第 32—34 页。

使宿迁北段基本脱离了黄河。① 清初,该河段基本沿用明代河道。清康熙二十五年(1686),为使"黄运分离",减少水患,而开凿中河,使运河经行黄河不过数里,即出清口至淮安。

该段运河流经区域为江苏的徐州府和淮安府,全长约200里,分布的城市共有7座,大约也为每16~20公里一座城市,约每百公里6座城市,是分布城市最密集的一段河道。此一河段的城市离黄河较近,虽经过明清两朝对"黄运分离"采取多种措施,但仍然受到黄河水患的影响,尤其是处于黄河和运河之间的宿迁和黄运交界处的清河县虽得运河之利,但亦多受黄河之患。

里运河北起淮安,以清江北连淮河,南抵扬州,由仪征(宣统年间改为扬子县)、瓜洲入长江,因沿途"地卑水积,湖泊众多,漕运籍湖水以通"②,故明清时期又称湖漕,清代又称官河。该段运河的前身,即春秋时期开凿的邗沟,隋朝对其进行改造,后称山阳渎,为历代沟通江淮的重要航道。明朝以前,该段运河多利用天然湖泊漕运,但由于湖面的扩大,筑堤、防风避浪耗费甚大,故而明万历年间舍去原有湖中水道,另开新渠,从而形成了南北直达的水道。③

里运河全长370里,在清代仅分布有淮安府城(附郭山阳县),扬州府城(附郭县江都、甘泉)以及宝应、高邮、扬子3县城,平均每42公里1个城市,每百公里仅2.5个城市,分布密度相对较低。虽然此一河段的城市数量不多,但这几个城市都占据了重要的交通位置。淮安城北临黄河,西濒运河,为南北漕运的咽喉,故清代时漕运总督即设在该城,成为漕运枢纽、盐运要冲,其鼎盛时期与苏州、杭州、扬州并称为运河沿线的"四大都市";扬州位于长江下游北岸,江淮平原南端,更是占据运河与长江交界的枢纽位置,在清代成为漕、盐重镇;宝应城则位于涧河与运河交汇处,其交通也十分便捷;扬子城地处运河入长江的河口,其区位也十分优越。

(五)清代江南运河段城市的空间分布及其特征

江南运河北起江苏镇江入江口,东南经丹阳、常州、无锡、苏州,折南往嘉兴,又折西南经石门至杭州城南,明朝时又称"浙漕"或"转运河"。江南运河的水源,在丹阳以北为长江,以南则为练湖和太湖。④ 该段运河沟通长江与钱塘江,纵贯整个太湖平原,自隋朝开通以后,就一直在漕粮运输及沟通南北方面发挥着不可替代的作用。

江南运河在清代流经常州府城和苏州府城以及11个县城和1个散州城,共有14个城市。江南运河长度约为640里,按每里等于576米计,共长368.64公里,平均每26.33公里即有1个城市,其城市密度较北方的运河段大。此一河段的城市

---

① 陈璧显:《中国大运河史》,中华书局,2001年,第423页。
② 陈璧显:《中国大运河史》,中华书局,2001年,第403页。
③ 史念海:《中国的运河》,陕西人民出版社,1988年,第332页。
④ 陈璧显:《中国大运河史》,中华书局,2001年,第445页。

第六章 清代主要河流城市的空间分布与变迁

数量不仅较多，密度较大，而且较为发达。但此一河段苏州以北的城市，包括苏州在内，都不直接位于运河沿岸，并邻近长江水系，如镇江、常州、无锡等，又可划属长江水系城市，而无锡、金匮、苏州、吴江则紧邻太湖，苏州以南的几个城市，又东濒大海。因而这一河段的城市，多位于两个或两个以上水系的交叉处，地理位置非常优越，如苏州、无锡得太湖、长江、运河三大系之利；而杭州则占运河、钱塘江端口，进而得海洋之利，故很具优势。另外，这一河段的城市，两城之间的距离也都较为均等，呈现出均匀分布的态势，在城市之间的运河沿岸还分布有数量非常多的市镇[①]，包括盛泽、同望、平里、浒墅关等商贾云集、工商发达的大型市镇，它们与这些行政建制城市共同形成了江南运河城镇带。

综上所述，京杭运河作为连接中国南北唯一的水上运输线，对于中国南北经济的发展至关重要，尤其是对于北方的政治中心影响巨大。其初衷为"用东南之财富，统西北之戎马"，清代虽然不用再"统西北之戎马"，但实际上运河对于京师更是关系甚大。在火车、汽车、轮船等现代交通工具和运输方式传入之前，传统木船水运是最为经济和便利的运输方式，作为沟通中国南北的大动脉，京杭运河所能带来的经济利益是不言而喻的。另外，因京杭运河的功能主要在于水运，故而在各段利用的天然水系都不会太过风急浪高，特别是明清时期开"南阳新河""泇河新道"以及中河，使"黄运分离"。京杭运河自身较为稳定的河流条件，加之通航带来的巨大经济利益，导致运河沿岸分布着一大批临河设置的城市，这些城市有的因运河而建立，如通州、天津、临清等；有的为更好地利用运河资源而变迁城址，如德州、济宁、扬州；还有的因运河而扩建和改动城池，如淮安、杭州。但也有很大一部分城市在运河贯通之前就已存在，它们因坐落于运河利用的天然水系，如白河、卫河之畔，故而在运河开通后，多临河分布。另外，在开凿运河时，各朝统治者出于运粮及物资聚散的考虑，可能也会有意识地串联一些城市，这在江南地区尤其明显。不管出于何种原因，就城市分布来看，清代运河沿岸坐落了为数不少的城市，它们离运河的距离都非常近，一般靠近运河的城墙都有水门相连，甚至还出现了像临清这样跨河设城的双城格局，这在长江、黄河等大河两岸是绝对不可能出现的。一些离运河有一段距离的城市，为了与运河相连接，也都纷纷开辟出通达运河的水上航线或陆路道路。由此使运河城市分布呈现出一个重要的特点，即城市之间联系紧密，特别是水上运输十分便捷和通畅，运河各城市之间通过水上运输，加强了彼此之间经济要素和社会要素的互动。虽然京杭运河为运送政府漕粮而开，但实际上运河的功能早已超越为政府服务的范围，民间的商品经济的发展突破了政治的需求，特别是在明清时期商品经济空前发达的情况下，京杭运河已成为沟通南北各城市物资交流、人口流动、文化传播的大动脉，其沿岸形成了大量工商业市镇，商贾云集，贸易发达，如北段上的张家湾、河西务、杨村，鲁运河段的南阳镇，中运

---

① 谭其骧：《中国历史地图集》，地图出版社，1987年，《清时期·江苏、浙江》。

段的清江浦，江南运河段的震泽镇、毗陵驿、浒墅关等。① 它们与运河沿岸的城市一起，形成了带状的城镇分布。（如图6-4）

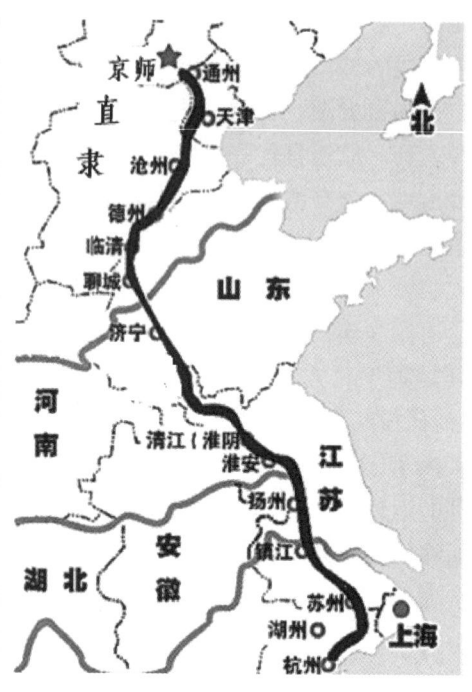

图6-4 清代京杭运河重要城市

另外，京杭运河沿岸城市分布还有一个重要特点，即从各段城市的分布密度来看，除中运河为百公里6座城市、江南运河约每百公里4座城市外，其他各段均约为每百公里3座城市，也就是说，运河城市间的距离基本上都是等距，呈现均匀分布的态势。这一方面是因为运河非天然河流，且因航运而设，自然因素的影响较天然河流较小；另一方面也与城市的贸易辐射半径有一定关系。

临河设城、城市间联系紧密、分布均匀，此为京杭运河城市分布的总特点，如将其中较为重要的城市挑拣出来进行考察，则可以看出：京杭运河重要城市分布的一个共同特点，即都是位于两个或两个以上水系的交汇处，如通州为通惠河最南段，又是北运河段的起点，境内还有榆、浑、白诸河流经；天津据北运河末端，又为南运河起始，更有永定河、海河绕城；临清坐落于卫河与会通河沟通处；济宁位于汶河入洸河后汇入运河处；淮安城北临黄河，西濒运河；扬州占据运河与长江交界的位置；无锡得长江、太湖、运河之利；苏州据太湖、长江、运河等交界处；杭州占运河、钱塘江端口。两河交汇处，"既是两个区域的边缘交接，也是水陆生态系统交接重合的边缘地带"，交通便捷，物流、人流相对较大，工商业也相对发达，因此，坐落在这里的城市往往比较繁荣。而河流入海口岸，因"处在河流、陆地、海洋三种生态系统交接重合的边缘地带，各种生态因素的相干状态和协同作用，形

---

① 王明德：《大运河与中国古代运河城市的双向互动》，《求索》，2009年第2期。

第六章
清代主要河流城市的空间分布与变迁

成了生物生长发育和人类生存发展的优越条件","更是建立和发展城市的最优位置"①。京杭运河沿岸的天津、杭州即为这一类城市,在外力侵入而带来的海运兴起后,它们得到了空前的发展。

三、清代京杭运河城市的变迁

清代的京杭运河"自京师历直沽、山东,下达扬子江口,南北二千余里,又自京口抵杭州,首尾八百余里"。就各段而言,"明代有白漕、卫漕、闸漕、河漕、湖漕、江漕、浙漕之别。清自康熙中靳辅开中河,避黄流之险,粮艘经行黄河不过数里,即入中河,于是百八十里河漕遂废。若白漕之藉资白河,卫漕之导引卫水,闸漕、湖漕之分受山东、江南诸湖水,与明代无异"②。

因流经地区存在明显的地势落差,京杭运河呈现出起落不定的形态,而运河城市在清代的变迁,就恰似河道的走势一样,有起有落——明代对运河进行了较大规模的疏浚和改造后,这条南北大动脉畅通起来,在漕粮的运送和物资的转输方面发挥了前所未有的作用,而明朝时期商品经济又有了空前的发展,在这样的大背景下,运河城市出现了前所未有的繁荣和兴盛。但经过明末清初的一系列战乱后,运河城市的繁华顿然失去,到处都是满目疮痍的残垣颓壁,运河城市"由起到落"。

清代中期,随着清王朝政权的稳定,统治者颁布了"摊丁入亩"等一系列有利于民间休养生息的政策。各地对残破的城池进行修补,更加紧了对运河的治理,从而使运河沿岸城市的经济、社会秩序逐渐得到恢复,中断的运河漕运和民间商贸再度兴起,运河城市再"由落到起",又有了繁华光鲜的色彩。

嘉庆以来,吏治腐败,河政废弛,黄河和运河得不到及时有效的治理,水患不断。咸丰五年(1855)黄河北徙后,运河面临严重的影响,而鸦片战争后铁路、轮船等新式交通工具的传入,更给了运河致命的一击,光绪二十七年(1901),河运被最终废除,沿岸赖河而兴的诸多城市,亦衰落了下去。

(一)清初的战乱对京杭运河城市的破坏

1644年,清军占领北京,建立了清政权,进而逐步南下。与此同时,明旧臣在南京建立了南明小朝廷,命史可法到扬州督师抗清。史可法非常注重运河沿线的防务,在淮安、临清等城市都安排有军队驻守,他自己也于是年十月亲自到运河与黄河交汇处的清江浦一带,防守地处冲要的宿迁和王家营(清代宿迁一带)。③ 十一月,清军占领海州,运河沿线"丰沛尽降",接着又占领宿迁,围攻邳州,次年三月,又攻占徐州,次月进军扬州。实际上,因南明王朝的腐败和军人间的派系林

---

① 邓先瑞、邹尚辉:《长江文化生态》,湖北教育出版社,2005年,第313页。
② 赵尔巽等:《清史稿》卷一百二十七《河渠二》,中华书局,1976年,第3769页。
③ 陈璧显:《中国大运河史》,中华书局,2001年,第487页。

立，清军从河北经中原南下一直到扬州，并未遇上真正有力的抵抗。直到在扬州才受到顽强的抵抗，清军以大炮攻城，次日城破。扬州是"南明弘光政府组织抵抗的第一个据点"，作为江南顽强抵抗的第一座城市，清政府杀一儆百，下令屠城，从而有了"扬州十日"的惨案。据曹树基分析，清军在扬州一带残忍地屠杀了约80万人。①

清军攻破扬州以后，顺势占领镇江，南京亦很快被攻下，弘光帝南逃，南明覆亡。然后，清军沿着运河南下，破常州、无锡、苏州，后又占嘉兴、克杭州。② 在这一过程中，嘉定城遭遇了屠城，约有10万人丧命。苏州城在清军围城后，不战而降，但后有义军因剃发令而反，清军下令屠杀，苏州半城计数万人丧命。③ "战争是造成城市衰落的一个十分重要的原因"，因为它对城市的危害，不仅在于进行了最直接的破坏，尤其可怕的是，"它还可以诱发其他破坏因素，形成城市衰落综合征，从而导致城市快速衰落"④。运河沿岸的扬州、嘉兴、苏州惨遭屠城，城市人口锐减、城墙及城市内部建筑亦遭受严重破坏。就是那些未遭屠城的城市，战争带来的诸如社会秩序混乱、经济凋敝等破坏因素，也造成了它们的衰败。

（二）清中期政局的稳定与京杭运河城市的恢复和发展

康熙二十三年（1684）三藩之乱结束后，政权进入稳定期，清政府采取了一系列措施，对明末清初被破坏的城市进行恢复和重建，其中城墙的修葺与重建备受重视，运河沿岸诸多城市的城墙，亦多在这一时期得以修复；清政府还加强了漕运的管理和河道的治理，保障了这条南北物资大动脉的通畅。此外，政府还颁布了一系列鼓励生产的政策。几大因素的共同作用，带来了运河城市的恢复和发展。

1. 城墙的修葺与重建

对于中国古代的城市而言，城墙是极其重要的。以致城市和城墙的传统用词都是合一的，"城"这个汉字既代表城市，又代表城墙。"在帝制时代，中国绝大部分城市人口集中在有城墙的城市中，无城墙型的城市中心至少在某种意义上不算正统的城市。"⑤ 有的学者还指出："如果说城市集中体现着文明的话，那么城墙就是文明的屏障。"⑥ 城墙之于城市如此重要，故而清政府在政权稳定后，便着手大力修葺城墙。《嘉庆大清一统志》记载，通州城于康熙九年新旧两城并修，乾隆三十年

---

① 葛剑雄主编，曹树基著：《中国人口史》第五卷《清时期》，复旦大学出版社，2001年，第18—19页。
② 陈璧显：《中国大运河史》，中华书局，2001年，第487页。
③ 葛剑雄主编，曹树基著：《中国人口史》第五卷《清时期》，复旦大学出版社，2001年，第21、23页。
④ 何一民：《近代中国衰落城市研究》，巴蜀书社，2007年，第33页。
⑤ [美] 施坚雅主编、叶光庭等译：《中华帝国晚期的城市》，中华书局，2000年，第84页。
⑥ 赵世瑜：《腐朽与神奇——清代城市生活长卷》，湖南人民出版社，2006年，第222页。

第六章 清代主要河流城市的空间分布与变迁

改建,合新旧为一城。① 临清直隶州城于顺治六年修,乾隆二十二年、三十四年重修。② 济宁直隶州城康熙年间修嘉庆十六年重修。③ 淮安府城康熙二十三年修,二十八、乾隆五年重修。④ 扬州府城于顺治四年修,顺治八年、雍正四年、七年、乾隆四年重修。⑤ 苏州府城于康熙、雍正年间屡修。⑥ 杭州府城于康熙二十四年、雍正五年重修,乾隆年间屡修。⑦

从记载来看,早在顺治年间,清政府就已开始了对7座城池城墙的修葺,但较大规模的重建集中在雍正和乾隆年间,在嘉庆以前,大多数城市已完成了城墙的修葺和建筑工作。

2. 运河河道的整治和管理

经过明代的疏浚和改造后,到明晚期京杭运河已全线贯通,但中运河段多受黄河侵袭,河道频遭破坏,而其他河段也由于地势高低不一、水源不足等原因,常出现淤塞的状况。河道关系漕运,甚为紧要,故而清政府在清中前期投入了很多的人力物力用于运河治理。

从北而南来看,运河各段的治理情况如下:通惠河经过明末的疏浚后,已经十分畅通,但水源不足仍然是该段面临的一大问题。为缓解这一状况,乾隆十五年(1750),拓广浚深瓮山泊(即昆明湖),并引多处泉水以补充水量。此外,因北京与通州之间落差将近30米,故而运河水量需沿岸各船闸进行调节,康乾年间曾多次对明代的水闸进行整修,并新建了数个闸坝。另外,此段河道的疏浚也颇受重视。⑧

通州以下至天津河段,利用天然河流白河,但在杨村(武清一带)一带多决堤泛滥。为此,康熙四十三年(1704)清政府于该处开减河,引水东泄于海。河西务一带亦多出现洪水泛滥,康雍乾三朝皆开渠引河,筑减水坝以泄洪水。⑨ 南运河段本水源缺乏,但自康熙四十七年(1708)漳水全河入卫(河)后,反而苦于河水决溢泛滥,为保证临清以下河段不被冲决,清政府"乃于德州哨马营、恩县四女寺建坝,开支河以杀其势"。⑩ 后在乾隆年间又开引河,筑堤坝以治。鲁运河段属平地开河,故而水源缺乏,沿岸湖泊多被作为"水柜",储水济运,清朝对沿岸的南旺、

---

① 穆彰阿、潘锡恩等:《嘉庆大清一统志》卷六《顺天府·城池》,《四部丛刊续编》影旧钞本。
② 穆彰阿、潘锡恩等:《嘉庆大清一统志》卷一百八十四《临清直隶州·城池》,《四部丛刊续编》影旧钞本。
③ 穆彰阿、潘锡恩等:《嘉庆大清一统志》卷一百八十三《济宁直隶州·城池》,《四部丛刊续编》影旧钞本。
④ 穆彰阿、潘锡恩等:《嘉庆大清一统志》卷九十三《淮安府·城池》,《四部丛刊续编》影旧钞本。
⑤ 穆彰阿、潘锡恩等:《嘉庆大清一统志》卷九十六《扬州府·城池》,《四部丛刊续编》影旧钞本。
⑥ 穆彰阿、潘锡恩等:《嘉庆大清一统志》卷七十七《苏州府·城池》,《四部丛刊续编》影旧钞本。
⑦ 穆彰阿、潘锡恩等:《嘉庆大清一统志》卷二百八十三《杭州府·城池》,《四部丛刊续编》影旧钞本。
⑧ 陈璧显:《中国大运河史》,中华书局,2001年,第434页。
⑨ 陈璧显:《中国大运河史》,中华书局,2001年,第434—435页。
⑩ 赵尔巽等:《清史稿》卷一百二十七《河渠二》,中华书局,1976年,第3776页。

马踏、南阳等多个湖泊进行整治,并多凿泉眼,以增加运河水量。①

中运河为运河中最难治理的一段,"黄河南行,淮先受病,淮病而运亦病"②。故明代已开始致力于"黄运分离",但终其一朝也仅使宿迁以北河段脱离了黄河。清康熙十七年(1678),河督靳辅于高邮县处开永安新河,越两年,又开皂河③,二十五年(1686),又开凿中河。此役工程甚巨,新开河道起自宿迁以西张庄运口,经桃源,至清河县西仲家庄入黄河,漕船经行黄河不过数里,即出清口至淮安,避开了其180里之险,从而真正做到了"黄运分离"。

里运河段在清初几乎年年发生决堤,康熙年间,靳辅建议"将运河大为挑浚",于十六年(1677)、十七年(1678)两次挑浚清河、山阳、宝应、江都5州县运河,乾隆、嘉庆年间亦多有挑浚,并多筑堤坝以防决溢。江南河段,"京口以南,运河惟徒、阳、阳武等邑时劳疏浚,无锡而下,直抵苏州,与嘉、杭之运河,固皆清流顺轨,不烦人力"④。清乾隆及之前几朝曾多次对镇江段河道进行挑浚,并重修水闸、兴建堤坝以保证其畅通。

除整治河道外,清代中前期还加强了对运河的管理。顺治年间,置总河,"掌治河渠,以时疏浚堤防,综其政令",起初驻济宁,康熙年间曾一度移至清江浦,后又还驻济宁,并兼理山东河道。雍正二年(1724)"置副总河,驻武陟,专理北河";七年"改总河为总督江南河道,驻清江浦,副总河为总督河南山东河道,驻济宁,分管南北两河";又于次年"增置直隶正、副总河,为河道水利总督,驻天津"。自是北河、南河、东河为三督。后又置北河、东河、南河副总河,分驻固安、徐州和兖州。乾隆二年(1737),省减副总河,"厥后省置无恒",又于十四年省减直隶河道总督。⑤

总的来看,清代中前期为管理运河而设置的职官,以河道总督最为重要和持久,而总督之下又设专司或兼河道。另外,清政府又将长江以北运河分为17段,分设同知、通判等职,负责完成总督下达的挑浚、筑堤、引泉等令。其下又设专司各闸启闭的闸官和专司守汛、防汛的汛官等职,并设有河标、河营、参将、游记、都司守务、千总、把总等武职。⑥从上而下,形成了一套完备的系统,以保证运河的畅通。

3. 漕运与运河沿岸城市商品经济的发展

清政府之所以如此重视运河的整治和管理,其原因就在于漕运的重要性。运送漕粮虽属政府行为,但数百万乃至数千万担漕粮的转输事关京师及直隶上百万人的生存问题,事关重大,而与漕运相关联的各色人等则穿梭其间,为运河沿岸城市带

---

① 陈璧显:《中国大运河史》,中华书局,2001年,第439—440页。
② 赵尔巽等:《清史稿》卷一百二十七《河渠二》,中华书局,1976年,第3770页。
③ 史念海:《中国的运河》,陕西人民出版社,1988年,第335页。
④ 赵尔巽等:《清史稿》卷一百二十七《河渠二》,中华书局,1976年,第3770页。
⑤ 赵尔巽等:《清史稿》卷一百一十六《职官三》,中华书局,1976年,第3341—3342页。
⑥ 李文治、江太新:《清代漕运》,中华书局,1995年,第263页。

第六章 清代主要河流城市的空间分布与变迁

来了生气与人气。最为关键的是,自明代开始,为鼓励漕运,政府允许"运粮官船内附载己物,以资私用",称为"夹带",其最高数额在明万历年间限定为60石。①清代有所放宽,雍正年间为100石,乾隆年间增至126石,嘉庆时又改为150石②,道光年间更增加到180石。③实际上,官员夹带的货量可能远远超过官方的限额,另外,运河上还往来穿梭着各类民船,用于各种商品运输。④大运河上漕粮与商品的巨大物流给运河沿岸城市带来了商机与生机,促进了沿岸城市的发展。

明清时期手工业和商业达到农业时代的高峰,尤其是江南一带的城市工商业发展快速。以苏州的丝织业为例,据尚钺统计,乾隆时期,苏州的织机已发展到以万千计,而染色工场也有三四百家之多。⑤ 18世纪,出口纺织品的主要生产者——机户已"成为不同规模的、拥有一台或者多台家用织机的家庭纺织单元"。机户中较为富裕者还拥有自己的工厂(机房),并雇用工人。这些机房大多位于苏州城市的东北部,其数量之大,在城东北的街道两侧已成"遍布"之势。⑥同样的情况还出现在乾隆时期的杭州城:"杼轴之利甲于九州。操是业者,较他郡尤多。"每日"机杼之声,比户相闻","轧轧机声,朝夕不辍"⑦。另外,杭扇、杭线、杭粉、杭烟、杭剪等"五杭"在当时也是全国知名。扬州则以漆器、玉器、铜器、竹器、香粉和雕版印刷等特色手工业见长,更有以盐业为主的、发达的商品贸易。⑧

清代长距离贸易的兴起,贯穿中国南北的京杭运河成为重要的驱策大动脉,推动了沿岸城市手工业和商业的发展,尤其是与物流相关的仓储业、运输业、搬运业、餐饮娱乐业、旅馆业等得到较大发展,成为运河沿岸城市的重要产业。

4. 城市的重建与发展

清前期,随着战争的结束,对运河沿岸城市进行重建成为当时地方政府的重要任务。对城墙的修葺与重建,为城市带来了安全与稳定。另外,官方不断加大对河道的整治,以保障漕运的顺畅。清政府在这一时期实施了一系列有利于恢复生产的措施,如轮流减免田赋,灾荒之年亦减免田赋等。在赋税的征收方面也进行了改革,影响较大的有康熙年间的"盛世滋丁、永不加赋"和雍正年间实行的"摊丁入亩"。在多种因素的共同推动下,运河沿岸城市得到重建,社会经济得以恢复,并在原有基础上有了一定的发展,城市人口大增。"城市是人类的集居点,主体是

---

① 张庆正:《明清之际的运河与济宁》,《西安社会科学》,2010年第3期。
② 席裕福、沈师徐:《皇朝政典类纂》卷五十二《漕运五》,沈云龙:《近代中国史料丛刊续编》,文海出版社,1982年。
③ 张庆正:《明清之际的运河与济宁》,《西安社会科学》,2010年第3期。
④ 王滨:《清代山东运河城市发展原因初探》,《今日南国》,2008年第8期。
⑤ 尚钺:《清代前期中国社会的停滞、变化和发展》,《中国资本主义萌芽问题讨论集》上,生活·读书·新知三联书店,1957年,第200页。
⑥ [美]林达·约翰逊主编,成一农译:《帝国晚期的江南城市》,上海人民出版社,2005年,第119页。
⑦ 王明德:《大运河与中国古代运河城市的双向互动》,《求索》,2009年第2期。
⑧ 王明德:《大运河与中国古代运河城市的双向互动》,《求索》,2009年第2期。

人",城市发展的主要表现在于"城市人口之增加"①。由于清初运河沿岸有部分重要城市遭到严重破坏,因而对这些城市进行重建成为当务之急,以清初受战乱最为严重的扬州和苏州来看,扬州城在清初的战乱中,人口锐减,几不成市。经过康雍朝数十年的恢复和发展,至乾嘉时期,扬州的人口又达 40 万~50 万人;苏州城经历了明末清初的战乱后,城市人口仅存 20 万左右,至清中期,城市人口则达到了 50 万人左右;而运河沿岸的天津、临清、济宁、清江浦(乾隆二十六年迁清河县治于此)、淮安、仪征(即扬子)和镇江,在清中期的人口亦达 15 万~20 万。②

除人口的增加外,运河沿岸还形成了一大批商贾云集、贸易发达的经济型城市。北段的城市中,天津在明代原为军事型城市,但清代以后,其军事功能逐渐减弱,因京杭运河的开通,到清中期,天津"人烟稠密,交易频繁……繁荣的商业景象实为中国其他各地所罕见"③。康熙年间。海禁开放后,天津更兼为海贸要港,城市更是迅速发展。雍正三年(1725),清廷将天津改卫为直隶州。九年,又升为天津府,由此奠定了清代中后期天津的发展基础。④ 临清为挽漕之咽喉,乃舟车水陆之冲,商贾辐辏之区,每届漕运时期,帆樯如林,百货山积,其盛时,北至塔湾,南至头牌,绵亘数十里,街衢洞达,灯火万家。⑤ 济宁"南控徐沛、北接汶泗,为河渠要害",其商品贸易在明朝时期就已十分繁荣,清代有了进一步发展。乾隆年间,城中每年仅征收的商税一项就高达 7900 余两,足见其商贸之发达。因临清和济宁的地位日趋重要,乾隆四十一年(1776),临清和济宁两城先后升为直隶州。

运河南段的商贸都市在清中期以后更为繁荣,处黄、淮、运交界,地当枢纽的淮安,在清代中前期发展甚速,与扬州、苏州、杭州并称运河线上的"四大都市"⑥,城内外烟火数十万家,仓司屯卫,星罗棋布,俨然省会。⑦ 扬州城虽在清初遭兵灾而一度衰败,但凭借其优越的漕运枢纽位置和以盐业为主的商品贸易,在清中期迅速恢复和发展起来。清人孔尚任有诗云:"东南繁华是扬州,水陆物力盛罗绮。朱桔黄橙香者橡,蔗仙糖狮如茨比。"生动地描绘了扬州商业的繁荣。18 世纪时,其商业功能甚至还扩散到了城外,市场最先出现于护城河的北岸,此后,商业活动又扩展到了河的南岸,与北岸分别被称为"上买卖街"和"下买卖街"。在扬州城外作为通往蜀岗郊游路线的水道两旁,茶馆、酒店和旅店的数量也急剧增加,

---

① 赵冈:《中国城市发展史论集》,新星出版社,2006 年,第 7 页。
② 葛剑雄主编,曹树基著:《中国人口史》第五卷《清时期》,复旦大学出版社,2001 年,第 750、751 页。
③ 王明德:《大运河与中国古代运河城市的双向互动》,《求索》,2009 年第 2 期。
④ 穆彰阿、潘锡恩等:《嘉庆大清一统志》卷二十四《天津府一·形势》,《四部丛刊续编》影旧钞本。
⑤ 张自清等:《临清县志》卷七《建置志·政治类·城池》、卷八《经济志·商业》,民国二十三年铅印本。
⑥ 刘士林、耿波、李正爱等:《中国脐带:大运河城市群叙事》,辽宁人民出版社,2008 年,第 166 页。
⑦ 邱沅等修,段朝瑞等纂:《续纂山阳县志》卷一《疆域》,民国十年刻本。

第六章 清代主要河流城市的空间分布与变迁

甚至在距城更远的东北部，也出现了大规模的鱼市。① 扬州盐商们所建立的众多壮丽的园林，也促使城市突破城墙的限制而发展。江苏省的另一大城市苏州，有着"天下四大聚"之一的称号，"居货山积，行人水流，列肆招牌，灿若云锦，语其繁华，都门不逮"②。其发展在明清时期同样突破了城墙的限制，前文所引，即赞其"阊门内外"繁华之辞，其在乾隆初年还比较萧条，条件不错的房子即使减价出售，也无人问津，而到了乾隆末年，这些地方已是万家灯火，原来的那种房子可谓求之而不得。③ 运河最南端的杭州，亦是一大都会，其手工业在明清时期甚为发达，商业贸易也十分活跃，"余杭州则沃衍，有陆海之饶，珍异所聚，故商贾并凑"，市场上商品荟萃，各式店面，不胜枚举。

此外，运河沿岸的通州、德州、镇江、无锡等城市，亦是商贾云集、贸易兴盛的繁华之处，甚至沿岸的一些市镇，如清江浦、盛泽镇、浒墅关等，也在运河的带动下，成为舟车鳞集、市肆栉比之地。

（三）清末京杭运河的废弛与沿岸城市的衰落

京杭运河自元代开通以来，数百年间舳舻鳞次、穿梭不息，在以水运为主要交通方式的农业时代，它成为贯通中国南北的交通大动脉和重要的经济生长带，沟通了北方政治中心与南方经济重心，也是维系整个大清帝国正常运转和稳定发展的重中之重。然而随着西方国家工业革命的风暴席卷中国，现代化的交通工具和运输方式，如轮船、铁路等都相继被传入中国，京杭运河等传统水上运输失去了优势和竞争力，从此风光不再。加之清末黄河多次泛滥，导致京杭运河淤塞。而晚清吏治腐败、政局动荡，政府对各种水患疏于治理，京杭运河更是百孔千疮，其管理和建设更是落后，加速了京杭运河的停运。京杭运河被新型的交通运输方式所替代势不可免，而京杭运河沿岸赖河而兴的诸多城市，亦随之衰落。

1. 京杭运河自身的缺陷与黄河北徙的影响

自京杭运河开通以来，元、明、清三朝政府无不投入巨大的人力和物力，对京杭运河持续不断地加以治理，从中也不难看出，运河自身是有着诸多缺陷的。

其一，运河流经区域的落差过大，京师、南旺（济宁北部）、丹徒为沿线三个制高点，而天津以及江苏、浙江大部则地势低洼，河道呈现"三起三落"的态势，为保证航运畅通，一些河段不得不利用多道船闸调节水量。如北京和通州落差将近30米，对船闸依赖很大，在40余里之间，竟设置了7处船闸。④ 南旺一带在明代引汶水，对运河进行分流，北入卫河，南入黄河。因南旺地势最高，故其南北河段，均广修船闸。地势高处需修船闸，而低洼处的河道又易淤塞，需要频繁疏浚，可谓劳民伤财。

---

① 李斗：《扬州画舫录》卷一《草河录上》，乾隆五十八年抄本。
② 孙嘉淦：《南游记》，沈云龙：《近代中国史料丛刊》，台湾文海出版社，1969年，第19页。
③ 赵世瑜：《腐朽与神奇——清代城市生活长卷》，湖南人民出版社，2006年，第121页。
④ 陈璧显：《中国大运河史》，中华书局，2001年，第450页。

其二，京杭运河受天然河流的制约过大，通惠河和会通河段水源缺乏，这也是导致运河两岸船闸林立的又一大原因，尤其是会通河段这一情况非常突出。为缓解这一问题，明清时期还多凿泉眼以补给水量，此举不仅没能有效地解决运河水源问题，还造成了沿岸生态环境的破坏。而白漕、卫河、中运河、里运河等河段则多苦于水患，其中以中运河段水患最为严重，该段为黄、运、淮交界区，而黄河的善淤、善决、善徙，常给京杭运河带来巨大的威胁。因而从道光初年开始，清政府就已开始试行将漕粮改为海运。① 咸丰五年（1855），黄河"决兰阳铜瓦厢，夺溜由长垣、东明至张秋，穿运注大清河入海"②。这次大改道，给京杭运河带来的打击是致命的，长江以北的京杭运河河道大都被淤塞或冲毁，漕运梗阻，不得不另寻他途。

2. 晚清动荡的政局与河政的废弛

京杭运河自身存在诸多缺陷，这在政治清明、国力雄厚的清代中前期，尚可及时、有效地得以治理，从而保障漕运畅通。但自嘉庆以来，朝廷吏治日渐腐败，河政亦然，河官们多巧立名目，以超过正常所需的四五倍经费冒领虚报，中饱私囊。魏源指出：康熙年间，每年河工花费不过几十万两银子；到乾隆年间，已经每年三百万两了；嘉庆年间，河道淤积，机构膨胀，年费 600 万～700 万两。河政腐败，导致黄河无法得到有效的治理（咸丰五年的黄河大改道，就与此有很大的关系），而"河坏则运亦坏"。晚清的漕政同样贪污腐败盛行，出现了"州县浮勒""弁丁需索""偷盗掺假"等积弊③，维系运河命脉的漕运体制，在嘉道年间已趋于瓦解。

1840 年以后，西方列强对中国的侵略，又进一步激化了中国内部的各种矛盾，而在晚清动荡的政局中，太平天国起义和捻军起义对运河废弛及城市发展影响最大。④ 1853 年，太平军在南京建立政权，随后派林凤翔、李开芳率军北上占领镇江和扬州，其后太平军控制江浙地区长达十余年，运河南段的镇江、苏州、常州成为清军与太平军的重要战场，成为受到战争破坏最大的城市。⑤ 战争导致城市人口锐减，据记载，仅常州府城的人口损失就达 5 万之多⑥，城市经济亦由此衰败。同治三年（1864），毛祥麟描述了他从上海至南京途中所见的残破情形："自昆至苏境，转荒落。金阊门外，瓦砾盈途，城内亦鲜完善。虎丘则一塔幸存，余皆土阜。由是而无锡、而常州、而丹阳，蔓草荒烟，所在一律。"⑦ 运河南段的临清，亦遭到严重破坏，1854 年太平军进攻临清城，"城内庙宇、廨署、市庐、民舍悉付焚如，榛

---

① 赵尔巽等：《清史稿》卷一百二十七《河渠二》，中华书局，1976 年，第 3769 页。
② 赵尔巽等：《清史稿》卷一百二十六《河渠一》，中华书局，1976 年，第 3741 页。
③ 《清实录》第四十册《文宗显皇帝实录》1 卷十五"道光三十年八月甲子"条，中华书局，1986 年。
④ 对外的战争中，第一次鸦片战争涉及运河城市镇江和天津，第二次鸦片战亦涉及天津，镇江部分在长江城市一章中已有论述，天津则放于海河水系城市一章，故而该处暂不论及。
⑤ 何一民：《近代中国衰落城市研究》，巴蜀书社，2007 年，第 429 页。
⑥ 葛剑雄主编，曹树基著：《中国人口史》第五卷《清时期》，复旦大学出版社，2001 年，第 456 页。
⑦ 毛祥麟：《甲子冬闱赴金陵书见》，孙文光：《中国历代笔记选粹》，华东师范大学出版社，1998 年，第 87 页。

第六章 清代主要河流城市的空间分布与变迁

莽瓦砾，百年间元气不复"①。

战争导致沿岸部分城市衰败的同时，还对运河本身构成了巨大的破坏，太平天国战争一方面切断了南北运河航线，导致漕运受阻，也使运河多年无法治理、疏浚，以致河道多淤塞。另外，对捻军的镇压同样对运河造成了很大的破坏。同治年间，曾国藩为镇压民乱，以山东省运河东岸，河南省贾鲁河、沙河西岸，沿堤筑长墙以圈制，虽赖此为屏障，山东省在一段时间内未遭到战争的大破坏，但却使山东运河面目全非，更加不利于黄河的治理和运河的疏通。② 另一方面，因清廷忙于剿灭太平军和捻军，无暇顾及黄河与运河的治理，本来就十分腐败的河政，在这一时期更是形同虚设，导致大运河淤塞严重，几近断航。尽管在太平军失败的第二年（1865），清政府曾尝试恢复漕运，但由于河工久废，两岸的大理石已经大多剥落无存，自杭州至临清间，有数处已不能行船，河漕年久失修，石堤颓圮，河水泛滥，附近人民时受其害。在河运节节阻滞的情况下，清政府不得不另觅他法来解决漕粮运输。

3. 铁路、海运的兴起对京杭运河的影响

京杭运河自身的缺陷、黄河的改道、晚清动荡的政局和河政的废弛，这些让京杭运河在晚清时期几乎完全丧失运输功能，堤毁岸崩，淤塞枯竭，而铁路和海运的传入，则最终替代了其南北大动脉的地位。

晚清以前，中国的主要交通方式为人畜力车和内河帆船，所谓"南船北马"。京杭运河的兴起是与这种交通方式相适应的，虽然历史上也曾有过漕粮海运之举，"但是由于受到当时较低的社会生产力水平的制约，（海运）始终没有成为漕运的主导方式"③。鸦片战争后，轮船的传入改变了这一状况。作为一种现代化的交通工具，轮船的载重量、速度等都是传统的木船难以企及的。1873 年，清政府令各督抚"酌提本色若干运沪，又海船解津，其余仍照章折解，以省运费，并随时指拨漕折银两采买接济"。3 月，上海轮船招商局的"永清"号轮船首批运载漕粮 9000 石前赴天津，从而揭开了海船承运漕粮的序幕。④ 在此后的十余年里，轮船招商局运送的漕粮数量一般都在 40 万石以上，1881 年最高，达到 58 万石。可见，京杭运河漕运的主导地位，已被轮船海运取代。光绪二十七年（1901），李鸿章奏请"各省漕粮全改折色"⑤（折色即折合银两征收），清廷于是年颁布此诏令，漕粮正式宣布退出历史舞台。漕运实属运河的命脉所在，没有了漕粮这一主要货物作为支撑，京杭运河在统治者眼里就失去了存在的价值，昔日兴盛的商业贸易也就裹足不前了。

当轮船对京杭运河构成巨大威胁的时候，来自铁路的威胁也出现了。铁路的兴

---

① 张自清等：《临清县志·大事记》，民国二十三年铅印本。
② 武翠、王敏：《试析京杭运河山东段在近代的衰落原因》，《白城师范学院学报》，2010 年第 1 期。
③ 何一民：《近代中国衰落城市研究》，巴蜀书社，2007 年，第 375 页。
④ 何一民：《近代中国衰落城市研究》，巴蜀书社，2007 年，第 376 页。
⑤ 赵尔巽等：《清史稿》卷一百二十七《河渠二》，中华书局，1976 年，第 3793 页。

起，进一步削弱了京杭运河的交通运输作用，可以说给予其最致命的打击。有清一朝，对运河影响最大的是建于光绪二十二年（1896）的京津铁路。它与旧日的通惠河、白河平行。① 1901 年，清廷下令"停漕折色"后，奕劻又请于应办白粮外，"每年采办漕粮百万石，纯用粳米，并不得率请截留"，朝廷从之。② 这类漕粮，就有部分是通过该铁路进行运输。1906 年，清政府规定："海运米石运抵塘沽，改由铁路火车径运京仓交兑，所有增给剥船户耗米价银，及加给剥船户津贴银两等款，停止开销。"③ 此后，铁路开始更多地分担漕粮运输，原本由京杭运河承运的各类商品货物，亦开始被铁路分流。对京杭运河影响最大的第二条铁路为 1908—1912 年修建的京浦铁路，其与原本天津至扬州段的运河几成平行线，京杭运河被替代的趋势已不可逆转。

4. 运河沿岸城市的普遍衰落

如前文所述，与传统的政治中心型城市不同，京杭运河城市的经济功能非常突出，而这种功能与运河有着直接的关系。当运河的运输功能废弛后，对于这些依赖运河通道之便而兴盛的城市来说，无疑是一个致命的打击，它们中的绝大多数城市也相继在清末衰落了下去，再不见昔日的繁华。

山东运河段的临清，曾是繁华之地、贸易之所、天下之都会，晚清时期，临清城市遭兵灾，受到重创。随着河道的淤塞和海运的兴起，运河北段"河身日渐浅固"，虽东昌、临清间也只有小舟往来，与过去舳舻鳞次、帆樯林立的场景相比，其衰败的程度显而易见，城中的商业自然大受影响。光绪二十七年（1901），清廷废漕运以后，临清段的航运彻底恶化，"运河淤涸，而商业终衰"，"地面萧疏"，"满目劫灰，元气不复"④。临清以南的东昌（聊城），自咸丰年间漕运不济后，客商俱各歇业，本地之人谋生倍艰。⑤ 济宁在晚清不仅失去了漕运之利，还备受水患之苦，南运河失治后，汶、泗泛滥，殃及济宁以及东平、鱼台数郡，致使水旱频繁、民多忧患，直至光绪末年津浦铁路支线兖济铁路修通，才商务渐兴，工业略有起色。⑥

运河南段的诸多城市同样在这一时期衰落了下去，如淮安因漕运改途，"昔之巨商去而他适"⑦，在海运兴起后，迨津浦铁路建成，山阳几成僻壤。⑧ 自唐朝时期就有"扬一益二"之美称的扬州城，也因运河交通的变迁、1850 年盐法的改革以及太平天国战争的破坏而一落千丈、繁华不再。

京杭运河沿岸衰落的城市远不止以上几个，静海、德州、武城、高邮、宿迁等

---

① 史念海：《中国的运河》，陕西人民出版社，1988 年，第 353 页。
② 赵尔巽等：《清史稿》卷一百二十二《食货三》，中华书局，1976 年，第 3602 页。
③ 《军机处录副奏折》光绪三十二年六月初二日，署两江总督周馥等折。
④ 张自清等：《临清县志·经济志·商业》，民国二十三年铅印本。
⑤ 陈庆藩等修，叶锡麟、勒维熙等纂：（宣统）《聊城县志》卷一《方舆志·风俗》，宣统二年刻本。
⑥ 袁绍昂等：《济宁县志》卷一《疆域略》、卷二《法制略》，民国十六年铅印本。
⑦ 王明德：《大运河与中国古代运河城市的双向互动》，《求索》，2009 年第 2 期。
⑧ 邱沅等修，段朝瑞等纂：《续纂山阳县志》卷一《疆域》，民国十年刻本。

沿岸城市亦在晚清时期走向了衰落。实际上，因为运河运输在沿岸城市经济结构中所占的地位极其重要，运河运输功能的废止，几乎使运河沿岸所有城市都受到严重影响。① 即使运河南段的镇江、苏州和杭州，在外力侵入后被作为商埠开放，一度对城市的经济和贸易起到了积极作用，但仍因运河的淤废，海运、铁路的兴起等原因，最终走向了衰落。②

运河北段的天津，算是运河城市中的一个特例。它于 1860 年开埠，在漕运废弛和运河颓败后，其商贸不仅没有萧条，反而有了更大的发展。到 20 世纪初，"天津的经济腹地，包括那些与相邻港口互相重叠的'混合腹地'，几乎囊括了黄河以北的半个中国"。"西方资本主义的机器商品，通过天津可以进入冀、晋、鲁、豫、奉、吉、黑、陕、甘、蒙、新等省区"，而各经济腹地的农副土特产品也经由天津出口到西方。③

天津在运河城市普遍衰落的情况下，却愈加兴盛，这与它所处的地理位置有很大关系。天津不但位于南北两段运河交接处，尚有海河流经，最关键的是，其东临渤海。故即使漕运废止、运河颓败，天津依然能借海运之兴而取得更大的发展。实际上，就是镇江、苏州、杭州这几个曾因开埠而一度得以缓解衰败之势的城市，其坐落之处也不仅只有运河这一条水系，其中镇江位于长江下游；苏州有"水城"之称，且其同样可算作长江流域城市；杭州境内亦有钱塘江这样的大河流经。而且，苏州和杭州也同样濒海，但由于上海的崛起，以及苏州入海通道浏河港在乾隆末年的废弛等原因④，让其不能有更大的发展。总的来看，运河城市在清末普遍衰退下去，代之而起的，是轮船航运便利、腹地广阔的沿江和沿海城市。

第五节　清代珠江水系城市的空间分布与变迁

珠江水系主要由西江、北江和东江构成，干流西江全长 2214 公里，总流域面积达 453600 平方公里，为我国第三大河流，在清代流经云南、江西、贵州、广西、广东五个行省。

从地理上看，珠江流域地处我国的西南部，在历史上长期处于封建统治的边陲地区，而且，其流域本身也是一个相对封闭的地域范围——北部有大庾岭、骑田岭、萌渚岭、都庞岭、越城岭五条延绵 600 公里的大山脉，将其与江西、湖南隔

---

① 何一民：《近代中国衰落城市研究》，巴蜀书社，2007 年，第 391 页。
② 何一民：《近代中国衰落城市研究》，巴蜀书社，2007 年，第 389—390 页；何一民：《中国传统工商业城市在近代的衰落——以苏州、杭州、扬州为例》，《西南民族大学学报》，2007 年第 4 期。
③ 罗澍伟：《近代天津城市史》，中国社会科学出版社，1993 年，第 213 页。
④ 何一民：《中国传统工商业城市在近代的衰落——以苏州、杭州、扬州为例》，《西南民族大学学报》，2007 年第 4 期。

开;西部和东部亦有山脉隔绝。① 这样的地理环境,导致中原汉文化较难渗入,直至宋元时期,随着北方人口的大量迁入和围垦带来的农业发展,才让这一长期处于"化外之地"的区域有了较为显著的发展。

但封闭并不是珠江流域的唯一特性,其流域东南部濒海的地理位置,又让它具有了开放的一面。早在汉代,海上丝绸之路就已开启,唐代在广州设"市舶使院"。据唐人贾耽记载,"广州通海夷道",所到国家和地区达 90 余个,航程 1.4 万公里。② 宋元时期,海上交通和海外贸易进一步发展,即使在明末清初海禁的政策下,广州也是唯一的官方对外口岸。清末外力侵入后,轮船海运的兴起和对外贸易的频繁为珠江三角洲一带的城市带来了契机。所谓得风气之先,它们在清代这样一个"承上启下"的朝代里,发挥了开放先驱的重要作用。

一、清代珠河水系城市的数量和规模

珠江水系主要由西江、北江和东江构成,其中西江为干流,源出云南,清代称交河,其下又称八达河、铁池河、南盘江,东流至贵州、广西境内,又称红水河、黔江、龚江,梧州以下方称西江,于广东磨刀门水道入南海,按今计全长 2214 公里;北江源出江西信丰县,向南流至广东,与西江相通,后漫入三角洲网河区入海,按今计全长 468 公里;东江发源于江西,南经广东惠州、广州,至东莞流入三角洲河网,按今计全长 520 公里。③ 除三条主流外,珠江水系尚包括 700 多条大小支流,其中集水面积大于一万平方公里的有 6 条,分别为西江支流北盘江、柳江、郁江、桂江、贺江,北江支流连江。④

(一)清代珠江水系城市的数量

珠江水系城市的发展历程,与珠江流域的开发是一致的。秦朝建立后,秦始皇征岭南,并置桂林、南海、象郡,辖番禹、龙川、博罗、四会、中留、临尘等县。⑤ 秦亡后,南海郡尉赵佗起兵,兼并桂林郡和象郡,建立南越国。西汉武帝时发兵 10 万南下,灭南越国,分置郁林、苍梧、合浦、南海 4 郡,下辖县的数量较前有所增加,各县城市大多分布于西江及其支流沿岸,亦有少数坐落于北江和东江流经处,珠江流域城市群初具规模。⑥ 之后随着北人南迁和牛耕等较为先进的农业技术的南传,特别是宋元时期,在西、北、东三江干流修建堤围,带动了该区域农

---

① 李景堂、张达辉:《珠江 300 问》,黄河水利出版社,1999 年,第 11 页。
② 黄启臣:《广东海上丝绸之路史》,广东经济出版社,2003 年,第 128 页。
③ 谭其骧:《中国历史地图集》,地图出版社,1987 年,《清时期》。
④ 李景堂、张达辉:《珠江 300 问》,黄河水利出版社,1999 年,第 14、17 页。
⑤ 谭其骧:《中国历史地图集》,中国地图出版社,1982 年,《秦部分》。
⑥ 谭其骧:《中国历史地图集》,中国地图出版社,1982 年,《西汉时期》。

第六章 清代主要河流城市的空间分布与变迁

业的迅速发展①，城市日渐兴盛，城市数量较前增加。明至清代，珠江流域的城市得到了进一步的发展，人口数量大幅增加，以往都是北人迁入，而在清初则可以"湖广填四川"，区域人口也开始大规模外迁了。清代，珠江水系城市数量较前亦有增加，以清宣统年间为限，珠江水系城市统计数据见表6-11（珠江三角洲不单列，西、北江在三角洲段流经6个县，东江流经1个县）：

表6-11 清代珠江水系城市数量简表

河流分段	河流名称	行省	府、直隶州、直隶厅	县、散州、散厅
西江	西江干流	4	府14、直隶州2、直隶厅1	县27、散州10、散厅1
	北盘江	2	府4	县1、散州4、散厅3
	柳江	2	府3	县6、散州2、散厅3
	郁江	2	府6、直隶厅1	县9、散州4、散厅3
	桂江	1	府3	县7
	贺江	2	府2	县4、散厅1
合计（去除重复）		4	府24、直隶州2、直隶厅1	县50、散州19、散厅11
北江	北江干流	2	府3、直隶州1	县10
	连江	1	府1、直隶州1	县2
合计（去除重复）		2	府3、直隶州2	县11
东江	东江	2	府3	县6
总计（去除重复）		5	府27、直隶州4、直隶厅1	县63、散州19、散厅11

资料来源同表6-2。

从上表可知，清代珠江水系共有县级城市（县城及散州、散厅城）93个，因广州府城为双附郭，故在计算城池数量时，应在行政建置县中减去1个，另外，还应加上兴义和惠州这两个无附郭县的府城，以及广西、南雄、连州3个无附郭的直隶州城和1个直隶厅城，共计有各级城市98个。

除兴义和惠州两个无附郭的府城外，珠江水系城市还有多个府县同城的府城，以及省、府、县同城的省会城市，其数量及在整个水系中所占的比例见表6-12：

表6-12 清代珠江水系省城及府城数量表

河流名称	行省总数	河流流经省城数量	所占比例	府的总数	河流流经府城数量	所占比例
珠江	5	2	40%	27	15	≈55.6%

资料来源同表6-2。

---

① 司徒尚纪：《珠江传》，河北大学出版社，2001年，第179页。

在珠江流经的五个行省中，只有广东和广西两省的省会城市坐落于珠江沿岸，占流域省会城市总数的40%，珠江沿岸的府城有15个，占全流域府城总数27个的55.6%。从中可以粗略判断，珠江作为中国的一条重要河流，在流经地区的地位和所发挥的作用十分巨大。但与长江、黄河、运河相比，其城市总数和重要城市的总数则有所不如：三条大江大河的省会城市在水系流经地区中所占比例均在50%以上，以黄河的71.4%最高；府城所占比例也均在60%以上，以长江的84.5%最高。据此分析，珠江在流经地区的地位和作用，确实稍差于前三者，这与珠江流域多高山峡谷，河流的影响力无法涉及更大的范围有很大关系。当然，这仅仅是行政等级给予我们的直观而简单的信息，更为可靠的结论，还需要对城市的规模加以考量。

这里需要说明的是，城市的行政等级和规模会有差别，但却并不是完全对立的。一般而言，省城和府城也是某一地域范围内占地面积最大、人口数量最多的中心城市（当然这一规律在清代逐渐为一些工商业城市的兴起所打破）；另外，城市的规模也会影响其行政等级，当某一城市的人口数量、聚集能力达到一定程度时，统治者也会对其行政等级进行提升，诸如由县升为府，由散厅升为直隶厅，这在清代珠江水系的城市中非常常见。

（二）清代珠江水系城市的规模

城市规模有多种衡量标准，占地面积是其中一个重要的标准。对于中国传统城市而言，城市与乡村的界定就是城墙，因为城周在很大程度上反映了城市的面积大小。虽然明清时期因工商业的发展，一些城市出现了城外设市等城市空间突破城墙的现象，但总的来看，城市的范围还是在城墙环绕之内，因而城周在考量一个城市的占地规模方面，有很大的参考意义。清代珠江水系城市府级和县级城周统计见表6-13：

表6-13 清代珠江水系府级、县级城市城周统计表（单位：里）

城周 河流名称	府级城市						县级城市（州、厅、县）						
	≥20	15～19	10～14	7～9	5～6	<5	无载	≥20	15～19	10～14	7～9	5～6	3～4	<3	无载
西江	1		2	2	2	6				1	3	27	25	12
北江	1			1							1	4	3	
东江				1							1	2	2	1
合计去除重复	1		2	4	2	6				2	6	30	29	12

依据穆彰阿、潘锡恩等《嘉庆大清一统志》各相关府、州中"城池"内容统计而得。

从上表中可以看出，清代珠江水系的府级城市，其城周集中在7～9里和5里以下两个层面，其中小于5里的最多，最小者泗城府（凌云）仅2里；县级城市则

第六章 清代主要河流城市的空间分布与变迁

集中在5~6里、3~4里和3里以下，最小者贵州安顺府永宁州仅0.5里，与长江、黄河、运河的水系城市相比，其整体规模要小得多，且大城市非常稀少，府城中仅有广州（约21.09里）、桂林（12里）、南宁（11里余）在10里以上；而县级城市中，除改置等原因而在《一统志》中无记载的城市以外，仅有广州府的东莞、新会大于9里。单就城周规模来看，清代珠江水系的城市是四大水系中城市发展程度最低、城市规模最小的。当然，其中也不乏较大的城市，它们大多分布于三角洲河网密集且濒海处。

就人口规模来看，珠江水系的城市规模普遍偏小，但是也有规模较大的城市。据相关研究者考证，明清时期人口在50万~100万的9座城市中，珠江水系城市有2座，即广州和佛山。① 另据施坚雅考查，1843年珠江水系城市人口规模在10万人以上的城市除广州和佛山外，还有江门，另外新会、梧州、桂林的人口也达到了5万以上。② 珠江水系城市与长江、黄河等沿江水系城市相比，大中城市数量相对较少，但就西南地区来看，珠江水系的城市比其他水系的城市数量更多，规模也更大，充分表明珠江水系在西南地区的重要性。

二、清代珠江水系城市的空间分布及其特征

珠江水系地跨云南、江西、贵州、广西、广东五省，流域范围在西南部以乌蒙山脉与红河流域为界，南部以云雾山、云开大山、六万大山、十万大山等与两广沿海诸河为界，东部以莲花山脉和武夷山脉与韩江流域为界，北部以五岭和苗岭与长江流域为界。③ 珠江流域地处热带、亚热带，北回归线横贯中部，日照充足，热量充沛，多年平均气温在14℃~22℃之间④，雨量丰富，年降水量为1200~1800毫米，东部广东省境内部分地区的降水量可达2000毫米，居全国各大江河之首。⑤

充足的热量和降水对植物生长非常有利，然而过于繁茂的森林却在很长的历史时期里成为该地区经济开发与社会发展的一大阻碍。随着宋元以来人口的迁入和农业的发展，这一气候优势得以凸显。

地形地貌同样是影响城市分布的一个重要因素，珠江流域地势西北高、东南低，除西江、郁江自西而东流至三角洲河网外，还有北江、东江及柳江、桂江等众多自南向北汇入的河流。这些河流共流经四个地貌区——云贵高原区、黔桂高原斜坡区、桂粤中低山丘陵和盆地区，以及珠江三角洲平原区。⑥ 整个流域多山地丘

---

① 顾朝林：《中国城镇体系——历史·现状·展望》，商务印书馆，1992年，第115页。
② ［美］施坚雅主编，叶光庭等译：《中华帝国晚期的城市》，中华书局，2000年，第275页。
③ 司徒尚纪：《珠江传》，河北大学出版社，2001年，第3页。
④ 黄伟宗、司徒尚纪：《中国珠江文化史》上，广东教育出版社，2010年，第122页。
⑤ 黄锡荃、苏法崇、梅安新：《我国的河流》，商务印书馆，1982年，第110页。
⑥ 水利部珠江水利委员会、《珠江志》编纂委员会：《珠江志》第一卷，广东科技出版社，1991年，第152—153页。

陵，海拔 50 米以下的平原仅占 5.6%。①

河流状况亦是影响城市分布的一大因素，总的来看，由于水系分散，珠江水系鲜有如长江、黄河部分河段那样令人望而生畏的大河之态，但由于流域内多山地丘陵，故某些河段依然为峡谷型河流。另外，由于东南临海，长江三角洲一带的城市又呈现出明显的亲海性。

（一）清代西江段城市的空间分布及其特征

西江为珠江干流，源出云南，主要支流有北盘江、郁江、柳江、桂江和贺江，于广东磨刀门水道入南海，按今计全长 2214 公里。西江流至广东三水处与北江汇合，其下即属三角洲河网，本节仅论及三水以上河段。除去三角洲一段，西江干流全长约 2075 公里②，其中南盘江和红水江（今红水河）为上游，河流总长 1573 公里；黔江和浔江段为中游，河流总长 294 公里；梧州以下为下游。③ 西江各段的地形地貌、河流状况等皆有较大差异，受这些差异性影响，城市分布亦各有不同。

1. 南盘江和红水江段城市的空间分布及其特征

西江发源于云南，海拔高达 2350 米④，清代称为交河，向南经曲靖府境流至云南、澄江两府，又称八达河；又向南界广西临安府，称铁池河；至阿迷州（今开远）处折而东北，成为贵州与广西的界河，清代称该段为南盘江；至贵州兴义府境接纳北盘江后，又称红水江，继而流经广西西北部诸府州境，以柳江汇入处为界，为西江上游。⑤

西江上游河段流经地区，自西而东，分属云贵高原区、黔桂高原斜坡区、桂粤中低山丘陵和盆地区，三者以今六枝—兴义—广南、三都—天峨—百色—那坡，两两为界。⑥ 对照清代地图看，大致云南省内各城市处于云贵高原区，而河流界黔贵二省段的城市属高原斜坡区，其下进入广西后，则属丘陵盆地区。⑦

云贵高原区平均海拔 1000~2000 米，受地质构造带影响，河流沿高原倾斜面发育，常"横切山体，或与地质构造线斜交"，从而形成了多处峡谷和险滩，但高原区内亦有地势低平的山间盆地或小平原，云南人称之为坝子。珠江水系流经处，较大的坝子有沾曲盆地和宜良高平原两块，后者更为广阔，是整个珠江流域少有的三大平原区之一，境内地势平坦、田畴阡陌⑧，并有抚仙湖、星云湖、通海湖等高原湖泊环绕。

云南境内的南、北盘江沿岸，在清代共分布有 5 个县和 7 个散州，加上广西直

---

① 黄锡荃、苏法崇、梅安新：《我国的河流》，商务印书馆，1982 年，第 116 页。
② 黄锡荃、苏法崇、梅安新：《我国的河流》，商务印书馆，1982 年，第 113 页。
③ 李景堂、张达辉：《珠江 300 问》，黄河水利出版社，1999 年，第 14 页。
④ 黄锡荃、苏法崇、梅安新：《我国的河流》，商务印书馆，1982 年，第 114 页。
⑤ 谭其骧：《中国历史地图集》，地图出版社，1987 年，《清时期·云南、贵州、广西》。
⑥ 黄伟宗、司徒尚纪：《中国珠江文化史》上，广东教育出版社，2010 年，第 111—112 页。
⑦ 谭其骧：《中国历史地图集》，地图出版社，1987 年，《清时期·云南、贵州、广西》。
⑧ 黄伟宗、司徒尚纪：《中国珠江文化史》上，广东教育出版社，2010 年，第 107 页。

第六章 清代主要河流城市的空间分布与变迁

隶州城，共计 13 座城市，其中沾益、曲靖、宜良、路南、宁州分布于两块较大的坝子内，其他城市则散落在高原区其他较小的坝子或河谷处，例如陆凉所在地，即为山脉环绕的一块盆地；而阿迷州位于泸江下游汇入南盘江处。① 总的来看，因高山阻挡、航运不发达，这些城市间的联系和互动较为缺乏，分布松散。

云贵高原以东，河流进入黔桂高原斜坡区，该区域为高原与丘陵盆地的过渡带，地势高差大②，河流对山脉的切割比上一段更为明显，横断面几呈狭窄的"V"型③，且多暗河，常形成瀑布险滩，北盘江支流白水河（今打帮河）上的黄果树瀑布，就是一个很好的例子。该区域干流仅分布有贵州的兴义县、贞丰州、罗斛厅、兴义府城和广西的西隆州、泗城府（凌云）6 座城市，而且城池离河流都比较远。支流北盘江沿岸也只散落有 9 座城市，同样离河较远。④

广西境内大部属中低山丘陵盆地区，海拔有所降低，但谷地面积同样稀少，故该段仅零散地分布有东兰州、上林县、迁江县、恩隆县等城市。

总的来看，西江上游虽流经三个不同的地貌区，但地势落差大，高山峡谷林立是其共同特征，经行其间的河流，多谷深岸陡、浪花飞溅，如南盘江段有九龙峡、黑宝滩峡、陆良峡、天宝关峡、雷公滩等急流险滩 91 处；红水河段亦有荆滩、岩滩、恶滩等 273 处。⑤ 这样的地形地貌和河流状况，自然不利于城市的分布，长达 1573 公里的河流两岸，仅分布有 11 个县、9 个散州和 1 个散厅，加上广西直隶州城和兴义府城，共 23 座城市，平均 68.39 公里才有 1 座城市。且这些城市规模均不大，城墙周长多为 3 里或 3 里以下，它们大多坐落于高原坝子或山地丘陵间的谷地，除宜良平原带较为集中外，其余均非常分散。支流北盘江在清代也只分布有 9 座城市，城池离河普遍较远，而且，由于北盘江河床纵深大、坡度陡，故汇入西江处并未如其他水系般在交汇处建有城市。

2. 黔江和浔江段城市的空间分布及其特征

红水河流过来宾后，柳江自象州沿柳州府、浔州府边界来汇，两水相汇后其下即称为黔江；黔江西南流至桂平处，汇合郁江，其下至苍梧处又称浔江。⑥ 黔江和浔江两段即为西江中游，河段长度按今计为 294 公里。

郁江为西江的最大支流，全长 1179 公里，有左江和右江两源，左江发源于越南，在广西凭祥州（今凭祥市）附近进入中国，河道多弯曲；右江为正源，发源于云南宝源县（今广南），百色以上为峡谷河段，百色以下则河床展宽、多浅滩。⑦ 沿右江（百色以下）—郁江—浔江几段江岸，分布着百色—田东（清奉议州东南）

---

① 谭其骧：《中国历史地图集》，地图出版社，1987 年，《清时期·云南、贵州、广西》。
② 黄锡荃、苏法崇、梅安新：《我国的河流》，商务印书馆，1982 年，第 114 页。
③ 黄伟宗、司徒尚纪：《中国珠江文化史》上，广东教育出版社，2010 年，第 101 页。
④ 谭其骧：《中国历史地图集》，地图出版社，1987 年，《清时期·贵州、广西》。
⑤ 黄伟宗、司徒尚纪：《中国珠江文化史》上，广东教育出版社，2010 年，第 101 页。
⑥ 谭其骧：《中国历史地图集》，地图出版社，1987 年，《清时期·广西》。
⑦ 黄锡荃、苏法崇、梅安新：《我国的河流》，商务印书馆，1982 年，第 116 页。

平原，南宁盆地，贵县——平南平原等几个冲积平原，这几个平原一路延伸，统称为西江谷地平原，是珠江流域延续最长的河谷平原。① 柳江为西江第二大支流，在马平县附近同样有地势平坦的柳州盆地。

平原和谷地是城市形成和发展的良好场所，但该段属桂粤中低山丘陵和盆地区，河流所经之处不只有平坝，还有众多的丘陵，地质条件不佳，如柳江流经处，就石灰岩广布，多峰林溶洞，干流黔江和浔江段更有黄茅峡、大藤峡、白马峡等多处峡谷与平坝相间，其中大藤峡全长 40 公里，最深处达 85 米。② 故干流段分布的城市，仅有浔州府的武宣县、平南县、桂平县，以及梧州府的藤县 4 座城市。支流柳江在清代分布有 11 座城市，包括柳州一座府城；另一条支流郁江沿岸的城市较多，有 9 县、4 散州和 1 散厅，加上百色直隶州城，共 15 座，包括广南、南宁、浔州、太平 4 座府城。

清代的西江中游，干流段仅坐落有 4 座城市，分布密度为 1.14/百公里；两大支流沿岸共分布有 26 座城市。无论干、支流，该段的城市均松散地分布于丘陵峡谷间的盆地平原区。在这些城市中，柳州府、南宁府、浔州府为高行政等级城市，规模也是该河段中较大的，其中南宁府、浔州府分别位于左右江交汇和郁江汇入西江处；北面来汇的柳江，其中下游盆地处坐落有柳州府，但与西江汇合处，却没有城市分布。

3. 梧州至三水河段城市的空间分布及其特征

浔江流至梧州与桂江汇合后，始称西江，除去三角洲部分，全长 208 公里。该段河道略为展宽，达 1500 米左右，河中多沙洲，但仍有峡谷存在，在广东肇庆附近，就有"西江三峡"之称的三榕峡、大鼎峡、羚羊峡，其中羚羊峡最大，长约 7.5 公里，河宽仅 200 米。③ 该段在清代共分布有 1 个散州和 7 个县，分布密度为 0.038/公里，其中包括梧州、肇庆两座府城。它们大多位于各支流汇入西江附近，如梧州位于桂江汇入处；封川地处贺江入西江东南；西宁位于文昌水下游；肇庆地处新江汇入西江处；等等。④

桂江为该段一条重要的支流，源出广西兴安，上游又称漓江，秦朝开凿的灵渠沟通了桂江和湘江，从而将长江水系与珠江水系联系了起来，漓江自此成为中原与岭南贸易、文化交流的孔道，早在汉代，就于清桂林府附近设始安县，为郡治。⑤ 清代的桂江上游，共有兴安、灵川和桂林府（临桂）3 座城市，其中临桂为广西省治所在地，城周达 12 里；中下游还分布有 4 座城市，多位于两河交汇处——平乐、昭平分别位于修江和思勤江汇入桂江处，肇庆府城位于桂江汇入西江处。贺江为西江一条较小的支流，发源于广西富川，于广东封川县附近汇入西江，流经之处临河

---

① 黄伟宗、司徒尚纪：《中国珠江文化史》上，广东教育出版社，2010 年，第 108 页。
② 黄锡荃、苏法崇、梅安新：《我国的河流》，商务印书馆，1982 年，第 115、116 页。
③ 黄锡荃、苏法崇、梅安新：《我国的河流》，商务印书馆，1982 年，第 116 页。
④ 谭其骧：《中国历史地图集》，地图出版社，1987 年，《清时期·广东》。
⑤ 谭其骧：《中国历史地图集》，中国地图出版社，1982 年，《秦、西汉、东汉时期》。

第六章
清代主要河流城市的空间分布与变迁

分布着 5 座城市。

综上,西江干流在清代共分布有 22 个县、10 个散州和 1 个散厅,再加上广西直隶州城和兴义府城,共 35 座城市,其中上游段 23 座,分布密度约为 0.015/公里;中游段 4 座,约为 0.014/公里;下游段 8 座,约为 0.038/公里。西江的五条支流沿岸亦分布有一定数量的城市,干支流城市相加,共有 78 座城市,它们大多呈点状散落于山地丘陵间平坦的坝子、盆地和平原区。

(二)清代北江、东江段城市的空间分布及其特征

北江为珠江第二大水系,发源于江西信丰,向南流至广东三水与西江相通,按今计全长 468 公里。

北江从河源至韶州府城以上河段为上游,称浈江(清又称始兴大江),该段河道弯曲、水流缓慢,两岸多为丘陵和小平原,农田众多①,在清代临河分布有信丰县、始兴县和南雄直隶州城 3 座城市。

韶州接纳武水后,始称北江,河流自此折而南下,穿行于崇山峻岭之间,多峡谷险滩,有香炉峡、飞来峡等多处峡谷,支流连江(清称湟水),更有"六潭""十峡"。② 流经地区多为高山峡谷,仅在河湾及支流汇口处有小片冲积平原,故中游仅分布有曲江和英德两座城市。飞来峡以下河段为北江下游,河面宽广、沙洲罗列,河流过清江县后,即南下三水入三角洲河网。

综上所述,北江上中游为粤北的南岭山地,流经地区多高山峡谷,干流仅有 6 座城市零星地分布在其间的小片平原处,密度约为 1.3/百公里。主要支流连江沿岸也仅分布有 3 座城市。但自隋唐以后,北江即为"大庾岭虔州路"要道,该航道由长江入鄱阳湖,溯赣江而上,陆运通过大庾岭小梅关,再入北江,下广州,是中原进入岭南的重要孔道,得益于此,该段在武江汇入处坐落有城周 9 里余的韶州府城。

东江为珠江的第三大水系,发源于江西,南流至东莞入三角洲河网,按今计全长 520 公里。东江流域地势东北高、西南低,河源至龙川合河坝(清龙川县东)的上游河段,河道处于山丘地带,水浅河窄、峡谷险滩众多,中游河道逐渐开阔,自惠阳(清惠州府城附近)以下则进入平原区。③ 东江在清代共分布有 6 个县和惠州府城,除去东莞属三角洲外,共 6 座城市。它们中的一些城市分布于小型支流汇入处,包括新丰江汇入处的河源县、西江汇入处的归善县和惠州府城。

无论是北江还是东江,进入广东省后,两岸城市的城周规模较其他河段均有明显增大,以韶州府的 9.08 里和惠州府城的 7.37 里为大。

---

① 水利部珠江水利委员会、《珠江志》编纂委员会:《珠江志》第一卷,广东科技出版社,1991 年,第 125 页。
② 李景堂、张达辉:《珠江 300 问》,黄河水利出版社,1999 年,第 18 页。
③ 黄锡荃、苏法崇、梅安新:《我国的河流》,商务印书馆,1982 年,第 120 页。

(三）清代珠江三角洲段城市的空间分布及其特征

珠江三角洲为复合型三角洲，主要由西江三角洲、北江三角洲和东江三角洲组成，包括三水思贤滘、东莞石龙以下，南达崖门口的广大地区。① 境内诸河汇集，除三大水系外，尚有潭江、高明河、流溪河、增江、深圳河等多条河流，水网交织，入海口分散，有"八门入海"之说，其中西江由磨刀门入海、北江经狮子洋出虎门入伶仃洋（珠江口）、东江亦流入狮子洋。三角洲河网区水道总长约 1600 公里，集水面积达 9750 平方公里，境内以平原为主，占 80.6%。② 另外，三角洲形成以前，该处为一片海湾，其内岛屿众多，周围海域被填平后，这些岛屿形成了孤山和丘陵，从而造就了珠江三角洲孤丘散布的特殊景观。③

农业是中国传统城市得以建立和发展的重要条件，三角洲第一次较大的开发在宋元时期，明清以来，大片沙田产生，围垦技术也有了更大的发展，从而造就了富饶的珠江三角洲农业。

清代珠江三角洲共分布有三水、广州（南海、番禺）、顺德、新会、香山、东莞 6 座城市，它们分布于河网交织处，又兼有临海的优势。这 6 座城市在清代的发展程度普遍较高，其中省会广州城规模最大，城周达 21.09 里。实际上在清中期，广州的城市建区远远超出了城墙的范围，为整个珠江水系城市之最。此外，珠江三角洲还分布有大量的市镇，以有着天下"四大聚"之称的佛山镇最为有名，它们与珠江三角洲的 6 座建制城市共同形成了联系紧密、互动频繁的珠江三角洲城市体系的主体。

综上所述，珠江与长江、黄河不同，它发源于我国地形的第二级阶梯，而且，流经地区山地丘陵广布，平原盆地面积较前两条大江大河少，仅占总面积的 5.6%。受地形地貌等多种因素影响，清代珠江水系城市呈现出了自身独特的空间分布特征。其一，珠江上游分布有一定数量的城市，其分布密度与中游相差不大，这种现象在珠江三大水系皆然，以西江来看，仅就其干流而言，上游城市的数量还略高于中游；其二，除珠江三角洲及少数较大的平原区外，城市的分布普遍非常零散，没有形成密集的城市群或城市带；其三，部分自北向南汇入的支流，如北盘江、柳江，因落差大、河谷纵深，在汇入干流处并没有城市分布。

珠江水系城市与长江、黄河乃至更多的水系城市也有相同之处。其一，城市多坐落在地势平坦之处，在云南省内，城市分布于西江流经的高原小平原——坝子；珠江三角洲内，分布着发达的城市和众多的城镇；其他河段的城市也大多分布于河湾或河流冲积平原。而支流汇入之处，一般会有大片低平的冲积平原，这就引出了

---

① 该处取狭义的"珠江三角洲"地理概念。广义的三角洲指从北江飞来峡以下，西江羚羊峡东口以下，东江剑潭以下地区。见谭棣华：《清代珠江三角洲的沙田》，广东人民出版社，1993 年，第 4 页。
② 水利部珠江水利委员会、《珠江志》编纂委员会：《珠江志》第一卷，广东科技出版社，1991 年，第 133、134、137 页。
③ 黄锡荃、苏法崇、梅安新：《我国的河流》，商务印书馆，1982 年，第 121 页。

第六章 清代主要河流城市的空间分布与变迁

第二个共同特点——两河交汇处多有城市坐落,而且因为该处为两个区域的边缘交接处,各类资源充足,坐落于此的城市一般都较繁荣。例如珠江水系地位最高、面积最广的广东省会广州府城,就坐落在河网密布的珠江三角洲地区,境内流经的河流不只两条,且东南临海;另一省会城市贵州府城(临桂),位于桂江上游,据中原与岭南孔道,占据了长江、珠江两大水系交界的位置;其他稍次一些的府级城市中,亦有多个位于两河交界处——左右江交汇处的南宁府(宣化);桂江汇入西江处的梧州府(苍梧);郁江汇入西江处的浔州府(桂平);武江汇入北江处的韶州府(曲江);等等。

三、清代珠河水系城市的变迁

珠江虽为华夏大地上奔流的一条大河,但在很长一段历史时期,珠江及其流经地区却并未显露出如长江、黄河等大江大河般灿烂夺目的光彩,当黄河流域已是诸子争鸣、百花齐放的"轴心时代"时,它尚是"被发文身"、瘴疠遍布的百越之地。秦统一六国后,所谓"普天之下,莫非王土",一心想要成就霸业的秦始皇于公元前218年出兵岭南,历经四年而终克之,并置桂林、南海、象郡。汉武帝亦平定南越国、收复西南夷,又分置九郡以辖。然而这并未改变珠江"边河"和流域各地"边陲"的地位;甚至到唐朝,北方人口的南迁和经济重心的南移,已带动了长江流域的勃兴,而同属南方的珠江流域,却仍是朝廷贬谪官员的偏僻之所,是"魑魅逢迎"、谈之色变的南荒之地;直至宋元时期,人口的大量迁入和围垦带来的农业发展,才让这一长期处于"化外之地"的区域有了较为显著的发展;明清时期,珠江流域大部分地区有了进一步的发展,曾被贬谪至此的王夫之感叹"今且两粤、滇、黔渐向文明"①,再也不是过去的蛮荒之地了。

明清以来,珠江流域的农业有较大发展,一是北方的农业技术得以引进,二是围垦技术愈趋成熟,而水道变迁又带来了更多可供耕作的良田,农业取得突出性发展。农业的发展,又带动了商品经济的繁荣,总的来看,明清两代是中国农业时代珠江流域开发的一个高峰期。在此大背景下,每个时期又各有波澜,就清代而言,明末清初的战乱和"海禁""迁界"政策,给珠江流域广大地区带来了巨大的灾难,城市随之衰败;清中期一系列恢复城市的举措,以及河道的疏通、"改土归流"政策等,让清初颓败的城市重新繁荣起来;清末外力的侵入,带来了早期现代化的新风气,而内外矛盾的激化,又让城市卷入复杂的斗争中。

(一)河道变迁、围垦开发与城市变迁

珠江三角洲地区原为溺谷海湾,唐宋时期,海水后退、陆地增长,三角洲完成

---

① 王夫之:《思问录·外篇》,《船山全书》第十二册,岳麓书社,1992年,第468页。

大片水下堆积进入漫流阶段，呈现"州潭岛屿"景观。①另一方面，宋以来珠江流域人口不断增加，在对这一地区的开发过程中，上游的植被遭受破坏，水土流失严重，从而加剧了三角洲的泥沙淤积。②自然与人为两方面的因素，导致河流两岸和沿海地区形成了大面积可供耕作的田地，称为"沙田"。

沙田开发的方法为修筑"堤围"，"堤""围"本有区别，前者一般指单向的防堤，而后者则是四周修筑成闭合式的，但二者通常被混用，以堤作围，又称基围或基。③据史料记载，宋代于西、北、东三江干流两岸陆续修筑了28条堤围，元代亦修堤34条。④这些堤围顺河道走势而修，多为防洪堤，故很少闭合成围。⑤而且，这一时期利用的沙田，也以自然形成的"已成之沙"为主。可以说，宋元时期为珠江水系围垦的初级阶段。

明清五百多年，是珠江三角洲"水陆面积最明显的逆转时期"，地理景观由唐宋时期的"洲潭岛屿"转为平原丘陵。⑥不仅出海口向前延伸，面积较原先扩大了一倍之多，河网区的河流也不断淤积，在其两岸形成大片土地，如石门至黄埔一段，清代江岸淤出250~350米。一些小的支流如佛山附近的白泥河、芦苞涌、西南涌、官窑涌、石门水等甚而淤涸，从而产生了大片可供利用的沙田。⑦这一时期的围垦技术又有了进一步完善，人们多于淤积沙坦之处，圈筑围田，形成闭合的、名副其实的"堤围"，围内又根据自然条件发展果基鱼塘、桑基鱼塘等各具特色的农业经济。特别是清朝，人们甚至将目光转到"未成之沙"上，即在沙坦未浮出之前，便采取促淤措施，从而导致沙坦成田速度较前代大幅加快。⑧以万顷沙为例，道光十八至二十九年间（1838—1849），人们于该地圈筑沙坦145顷以上，到光绪十八年（1892），万顷沙围田已增加到4000顷左右。据统计，清代三角洲地区共筑堤围190条，总长约23.2万丈⑨，东江和北江下游也修筑了一些堤围。⑩沙田面积，乾隆十八年至嘉庆二十三年（1753—1818）共5300余顷，咸丰、同治年间再溢8000顷，而且这些数据为报垦承升之数，多有隐瞒，实际沙田数应当更多。⑪

除三角洲及河流两岸的沙田围垦外，有清一代，人们对珠江水系的山地垦殖也颇有成效。以西江下游为例，自顺治时期开始，清政府就非常重视这一地区的土地

---

① 周源和：《珠江三角洲水系的历史演变》，《复旦学报》，1980年S1期。
② 司徒尚纪：《珠江传》，河北大学出版社，2001年，第179页。
③ 谭棣华：《清代珠江三角洲的沙田》，广东人民出版社，1993年，第20页。
④ 谭棣华：《清代珠江三角洲的沙田》，广东人民出版社，1993年，第21、22页。
⑤ 司徒尚纪：《珠江传》，河北大学出版社，2001年，第182页。
⑥ 周源和：《珠江三角洲水系的历史演变》，《复旦学报》，1980年S1期。
⑦ 水利部珠江水利委员会、《珠江志》编纂委员会：《珠江志》第一卷，广东科技出版社，1991年，第136页；司徒尚纪：《珠江传》，河北大学出版社，2001年，第231、232页。
⑧ 谭棣华：《清代珠江三角洲的沙田》，广东人民出版社，1993年，第18、23页。
⑨ 司徒尚纪：《珠江传》，河北大学出版社，2001年，第233页。
⑩ 衷海燕：《清代珠江三角洲的堤围管理与基层权力体系——以景福围为中心》，《农业考古》，2009年第4期。
⑪ 谭棣华：《清代珠江三角洲的沙田》，广东人民出版社，1993年，第25页。

第六章 清代主要河流城市的空间分布与变迁

开垦,到雍正时期,较大面积的土地已经垦完,而至乾隆中后期,很多地方已没有可供垦荒之地。道光年间,开始向条件极差的山地进军。① 道光十一年奏准:"广东省广、惠、潮、肇庆、韶、嘉应、南雄、连等府州属山场荒地,悉听本省无业贫民报官给照,垦殖成熟之后,作为世业,永不升科。"诏令颁布后,更推动了山地的垦殖,如山地众多的封川县,"修泰各村多有客户,皆外县贫民随山种作……其良者开垦荒山,地无余利"②。

清代珠江水系以围垦为主的开发,促进了农业的发展、缓解了人口压力,从而保障了城市的稳定与繁荣,而沙田内依自然环境发展起来的果、渔、桑蚕,以及山林开发中随之而起的林木业、薪炭业等经济型农业,又促进了商品经济的发展,给城市带来了生气和活力。一些城市还出现了突破城墙发展的态势,城市周边的一些市镇和墟市,也日趋兴盛起来。如顺德龙山乡大墟,明万历以前,只是搭有简陋廊肆的"聚货"交易之所,并没有固定的店铺,但到清代,已成为"百物辐辏、商贾常满"③之地。

(二)清初动荡的政局对珠江水系城市的影响

明末清初,华夏大地上爆发了一系列的战乱,各地城市普遍遭受破坏,即使处在帝国版图南端的珠江水系城市也未能幸免。城市的破坏以广东一带最为严重,在清军铁蹄踏入后,部分城市中的遗党和抗清民众展开抵抗,战火中城市遭受重创、急速衰败;而之后的反清复明、尚可喜据粤期间的横征暴敛,以及清政府的"海禁""迁界"政策等,又给城市带来了长久而持续的破坏,加重了它们的颓败。

1. 抗清斗争对城市的影响

清军入关,明王室纷纷南逃,南京的"南明王朝"覆亡后,顺治三年(1646)11月,唐王朱聿鐭和桂王朱由榔又先后在广州和肇庆建立了邵武、永历两个政权。为争帝位,两个朝廷互相倾轧,而此时的清兵却在李成栋带领下,由福建经潮、惠进军。潮州、惠州不战而降,广州也因同室操戈、疏于防范而迅速城陷,邵武政权仅存在了40天即宣告覆亡。永历帝则逃亡梧州,清军对其尾追不舍,连下梧州、平乐,进逼桂林,后永历帝逃至全州。④

清军入广州后,各地民众自发组成义军,抵抗清兵。起义军大部以"广东三忠"——顺德的陈邦彦、东莞的张家玉、南海的陈子壮为统领。⑤ 起义历时十个月之久,义军曾据龙门、博罗、顺德、高明、东莞、清远。⑥ 清军破城后,到处烧杀

---

① 罗莉:《清代西江下游经济开发对森林变迁的影响》,《北京林业大学学报》,2010年第1期。
② 温恭修、吴兰修纂:《封川县志》卷一《舆地》,民国二十四年铅印本。
③ (嘉庆)《龙山乡志》卷二《杂著》,嘉庆十年金紫阁刻本。
④ 蒋祖缘、方志钦:《简明广东史》,广东人民出版社,2008年,第289—291页。
⑤ 司徒尚纪:《珠江传》,河北大学出版社,2001年,第215页。
⑥ 蒋祖缘、方志钦:《简明广东史》,广东人民出版社,2008年,第291—292页;司徒尚纪:《珠江传》,河北大学出版社,2001年,第215—216页。

抢掠，给城市带来了破坏，例如博罗城，在兵灾后的翌年，"春夏饥荒、饿殍载道"，元气不复；清远县先后五次被毁，田荒庐毁。①

清廷攻取广东各州府的战役，由于清兵的快速突袭和明军的不抵抗，以及起义军规模较小等多方面原因，虽对城市造成了一定的破坏，但程度相对较小。大规模的破坏是在顺治五年（1648）以后。是年，李成栋反清复明，迎立永历帝回肇庆，并胁迫其他官员投降，永历政权继而控制了两广、湖南、江西等几省。1648 年 5 月，清军进讨江西，李成栋援赣，兵败信丰，该县惨遭屠城。②次年十二月，尚可喜、耿继茂从赣州兵抵南雄，城破后，清军大肆屠城。③顺治七年一月，清军连陷韶州、英德、清远、从化，二月进逼广州，是年十一月破城，清军"怒其民力守，尽歼其丁壮"④，城内数万人丧命。次年初，清军攻下琼州府城，平定了广东全省，但战火并未就此停息。是年三月，大西农民军在李定国带领下，进取桂林，直逼肇庆，在之后的数年里与清军在广东一带展开长期作战，直至 1661 年 9 月，方被全部肃清。⑤

2. 藩镇统治与海禁政策对城市的影响

清军攻下广州城后，以尚可喜、耿继茂留镇广州，并称"藩王"，后徙耿继茂镇福建。尚可喜及其子尚之信据粤期间，专横跋扈、横征暴敛。他们设立"总店"私抽商税，甚至连疍户渔课、津口渡税等也要进行勒索。并霸占盐埠、"独擅其利"；强占民田，建立"王庄"；把持行市、垄断贸易，严重破坏了广东的社会秩序和经济秩序，民多苦之。⑥直至康熙二十三年（1684），包括尚可喜在内的"三藩"才被废除。

这一时期清政府颁布的"禁海""迁界"政策，也对广东沿海一带城市造成了不利的影响。清初，为杜绝郑成功与沿海各地的联系，清政府于 1656 年 7 月颁布"禁海令"，禁止江南、浙江、福建、广东、山东、天津等地出海贸易，并禁止外国商船来华贸易。1661 年，又发布"迁界令"，命山东至广东的沿海居民内迁 50 里，珠江三角洲多县及海岛洲港（澳门除外）都在此范围。1664 年 5 月，又下令再内迁 30 里，连顺德、番禺、南海也要迁移。对于依赖沙田和沿海贸易为生的居民来说，这无疑是致命的打击，而且，在实行过程中，清政府极为冷酷残暴。例如 1662 年迁界令下后，仅给 3 天期限，以至人们仓促奔逃。对于不愿迁走的人，清军则进行残酷的屠杀。这些暴行激起了民众的反抗，导致沿海各城市的经济和社会

---

① 程明：《清代环珠江三角洲地区农村商品经济发展探讨》，《华南师范大学学报》，1990 年第 3 期。
② 葛剑雄主编，曹树基著：《中国人口史》第五卷《清时期》，复旦大学出版社，2001 年，第 28 页。
③ 蒋祖缘、方志钦：《简明广东史》，广东人民出版社，2008 年，第 292—293 页；司徒尚纪：《珠江传》，河北大学出版社，2001 年，第 215—216 页；葛剑雄主编，曹树基著：《中国人口史》第五卷《清时期》，复旦大学出版社，2001 年，第 28 页。
④ 赵尔巽等：《清史稿》卷二百三十四《列传二十一·耿继茂传》，中华书局，1977 年，第 9406 页。
⑤ 蒋祖缘、方志钦：《简明广东史》，广东人民出版社，2008 年，第 294—296 页；司徒尚纪：《珠江传》，河北大学出版社，2001 年，第 324—327 页。
⑥ 李世祯：《抚粤政略》卷一《奏疏·符檄》，康熙四十一年刻本。

都遭受破坏。据曹树基估计，仅新会、东莞两县，因迁界造成的人口损失就多达数十万人。[①]

综上所述，清初所发生的各类战争，给广东境内的珠江水系城市带来了巨大的灾难，城市形制多遭毁坏、城内人口锐减、社会秩序和经济秩序亦被打乱，而尚可喜据粤期间的横征暴敛和清政府的"海禁""迁界"政策，如同雪上加霜，加重了城市民众的苦难。例如归善县"人民逃散，十室九空"[②]。云南、贵州、广西地区的珠江流域城市，也因云贵土司之乱、三藩之乱等，多受波及。

（三）清中期珠江水系城市的恢复和重建

平定三藩之乱后，清政权趋于稳定，统治者开始着手恢复社会秩序和经济秩序。就城市建设而言，最为显著的就是城墙的修葺与重建。另外，清政府在这一时期推行的一些政策，也对城市的恢复和进一步发展起到了推动作用，其中"改土归流"一项，对珠江流域城市的影响尤为巨大。这一时期珠江航道的开发，是珠江沿岸城市繁荣的重要因素。

1. 城墙的修葺与重建

在明末清初的战火中，城市是交战双方的主要争夺地，一次次的攻城略地，让作为城市屏障的城墙饱受摧残，康熙二十三年（1684）平定三藩之乱后，清政府开始着手城墙的修葺和重建。这一时期，清版图上几乎每座城池都或多或少地有过修筑的记录，珠江流域城市亦然。珠江水系的府城在清前期多重建：广州府城康熙九年修，乾隆八年、十二年、十六年，嘉庆五十二年重修。[③] 桂林府城康熙四年，雍正三年，乾隆四年、十三年、二十六年、四十八年，嘉庆四年重修。[④] 南宁府城康熙十年、二十五年，雍正九年、乾隆五十五年重修。[⑤] 韶州府城康熙十六年修，"北门添筑子城"，乾隆十年、嘉庆十三年重修。[⑥] 惠州府城顺治十八年修，康熙二十四年，雍正七年、乾隆八年重修。[⑦] 从以上所举史料可以看出，珠江水系的5座府城城墙，都经过多次修葺，时间集中在康、雍、乾三朝，至嘉庆朝时，大多城市都已完成了城墙的修葺。

[①] 葛剑雄主编，曹树基著：《中国人口史》第五卷《清时期》，复旦大学出版社，2001年，第41页。
[②] 章寿彭、陆飞等纂：(乾隆)《归善县志》卷二《沿革》，乾隆四十八年刊本。
[③] 穆彰阿、潘锡恩等：《嘉庆大清一统志》卷四百四十一《广州府·城池》，《四部丛刊续编》影旧钞本。
[④] 穆彰阿、潘锡恩等：《嘉庆大清一统志》卷四百六十一《桂林府·城池》，《四部丛刊续编》影旧钞本。
[⑤] 穆彰阿、潘锡恩等：《嘉庆大清一统志》卷四百七十一《南宁府·城池》，《四部丛刊续编》影旧钞本。
[⑥] 穆彰阿、潘锡恩等：《嘉庆大清一统志》卷四百四十四《韶州府·城池》，《四部丛刊续编》影旧钞本。
[⑦] 穆彰阿、潘锡恩等：《嘉庆大清一统志》卷四百四十五《惠州府·城池》，《四部丛刊续编》影旧钞本。

2. "改土归流"及其他政策对城市的影响

滇、黔、桂几省的僻野之地,多有"苗猺"诸民栖息其间,为了加强对这些地区的管理,清初曾沿明制,设土官、土司统之,属平西、定南诸藩镇抚之。吴三桂叛乱时,诸土司多为其用。康熙帝废藩后,对这些土司也未穷究。在清统治者看来,苗民"不知耕作,专以劫杀为省,土官又以积威虐使,恣为不法",改变原来的土司制度成为大势所趋。雍正四年(1726),鄂尔泰上奏:"云贵大患,无如苗蛮。欲安民必先制夷,欲制夷必改土归流。"所谓"改土归流",就是改世袭的土官制度为有任期的流官制度,同时在政区形式、行政管理内容和方式上也向内地看齐。雍正准其奏,并命其总督改流事宜,至雍正九年(1731),改土归流议成,而三省之边防初定。

改土归流在稳定社会秩序方面成效颇大,为原来僻野之地城市的发展提供了制度保障。改土归流后,原土司地区在政区形式上也多"改土州置州",依县(散州、散厅)计,珠江水系城市中,广西东兰州、奉议州就是在雍正时期改土归流时,将原来的土州改为正式的州。另外,广西的恩隆县和云南富州厅,也是在光绪年间改土归流时所置。改土归流政策的实施推动了地方行政建制城市的设立,由于一些建制城市的政治功能强化,经济功能和文化教育功能也随之而增强,经济和社会要素的聚集力也加强,由此推动了城市的发展。

除改土归流外,这一时期全国范围内实行的一些政策,诸如"滋生人丁永不加赋""摊丁入亩"等,也对珠江流域城市的发展起到了推动作用。而清初对广东一带城市影响甚大的"迁界令",也于康熙二十二年(1683)平定台湾后宣布废除,次年1月始,被迁民众即可迁复原籍,并允许渔民出海捕鱼。① 海禁也于康熙二十三年(1684)宣布废除。② 对离海较远而山林广布的地区,清政府也颁布了一系列鼓励垦殖的政策。

3. 航道的整治与城市的发展

清代中前期,统治者对珠江流域干支流航道进行了多次整治,成效颇大。先来看西江干流,南盘江上游曲靖府城与陆凉州之间的河道,在明末清初时仅有部分江段能够通航,乾隆十年(1745),云南总督张允向朝廷请奏开凿沿线险滩,发民众3万余人,历时70多天,有效疏浚了该江段的航道。③ 西江浔江段也在康熙年间得到整治,"修大黄江以通舟楫",竣工后,"由回良埠至崖龙长一百余里无担负之劳"④。西江众多的支流也在这一时期得到广泛整治,雍正年间开通了云南阿迷州(今开远)与右江上游驮娘江之间的水陆联运交通线;西江中游的支流柳江,在秦汉时曾通航,后长期废弛,雍正年间,云贵广西总督鄂尔泰组织黔桂官民合力整治,使柳江干流210公里全线畅通,乾隆年间又进行了多此整治,进一步提高了其

---

① 蒋祖缘、方志钦:《简明广东史》,广东人民出版社,2008年,第301页。
② 黄启臣:《广东海上丝绸之路史》,广东经济出版社,2003年,第486页。
③ 许桂灵:《中国泛珠三角区域的历史地理回归》,科学出版社,2006年,第62页。
④ 许鸿磐:《方舆考证》卷八十六《广西》,济宁潘氏华鉴阁本。

第六章 清代主要河流城市的空间分布与变迁

通航能力。① 西江的另一大支流桂江，因上游有灵渠与湘江连通，自古便是湘桂走廊中的重要一环，但桂林至梧州间河道多激流险滩，船行艰险，清代曾多次进行整治，最为重要的一次在光绪十四年（1888），"凿广西江面险滩，由苍梧迄阳朔七百余里，共开险滩三十五"②。

对桂江之上的古运河灵渠，清代也多有整治。另一条开凿于唐代的运河相思埭又称临桂陡河或桂柳运河，作为沟通桂林与柳州的交通要道，在唐代盛极一时，但其作用在以后数朝里却一直被忽视。改土归流实施期间，因清政府急需其运送粮草，对其"几乎进行了重建性的改造"，其中以雍正九年（1731）的整修最为大型，"建陡门20座，凿去碍航滩石144处，开浚河渠如槽形，水得容蓄，长流不竭"③。

经过整治，西江沿线航运空前畅通，大大推进了沿线城市商贸的繁荣，广东的主要手工业品土布、丝绸以及粤盐，通过西江销往广西、云南和贵州，佛山的铁器原料和成品，也通过西江浮运；而云南的滇铜、广西的谷物以及木材、煤炭、山货等，也通过西江运至广东。这些围绕西江航道开展的贸易，其数量都非常大。以滇铜和粤盐为例，据记载，乾隆十九年（1754）以后，云南每年由南盘江经百色、南宁输入广东的滇铜达10万斤之多，而以此换回的粤盐更多达170万斤。④

此时的北江、东江航运也非常发达，三角洲地区更形成了以广（州）—佛（山）—陈（村）—（石）龙"广东四大镇"为横轴，广（州）—澳（门）为纵轴的"T"型经济地理网络。西、北、东江和三角洲网河航运的兴盛，"无疑是最强有力的杠杆之一，沟通和支撑起差不多是同时形成的珠江流域经济区，继而影响其他省区"⑤。航道的畅通，将珠江水系各城市沟通和连接了起来，互通有无之际，诸如据西江与桂江咽喉的梧州、占湘桂走廊之利的临桂、处三角洲中心的广州等城市，都渐渐繁荣起来。甚至行政建置很低的市镇，如处东江要冲的石龙、据北江枢纽的佛山，也因占据航道要塞而蜚声华夏。

4. 城市的恢复与发展

清中期城墙的修葺与重建、"改土归流"的实施、"迁界令"的废除、航道的整治等政策措施，让明末清初饱受战乱之苦的珠江水系城市重获生气，不仅得以恢复，更有了进一步的发展。

清初，由于战争等因素，珠江水系城市人口数量普遍减少。以清初人口损失最为严重的广东南雄直隶州城和广州府城为例，清初尚可喜、耿精忠攻下南雄直隶州城后，大肆屠杀，"城内居民，屠戮殆尽"⑥。但经过清中期的休养生息，人口逐渐

---

① 许桂灵：《中国泛珠三角区域的历史地理回归》，科学出版社，2006年，第62、63页。
② 赵尔巽等：《清史稿》卷一百二十九《河渠四》，中华书局，1976年，第3851—3852页。
③ 司徒尚纪：《珠江传》，河北大学出版社，2001年，第117、119页。
④ 许桂灵：《中国泛珠三角区域的历史地理回归》，科学出版社，2006年，第65页。
⑤ 许桂灵：《中国泛珠三角区域的历史地理回归》，科学出版社，2006年，第60页。
⑥ 梁宏勋修，胡定纂：《南雄府志》卷十六《杂志》，乾隆十八年刻本。

增加,嘉庆二十三年(1818)南雄直隶州的城市人口已达到148022人。① 广州城在清初的战乱中损失人口8万余人,占城市总人口的40%以上。但经过清代中前期百余年的发展,至嘉庆二十三年间,广州府的两个附郭县南海、番禺城乡人口相加已超过百万人,城市人口也超过明时。②

珠江水系城市除城市人口有明显增加外,城市的规模也有扩大。如韶州府城就于康熙十六年(1677)在北门添筑子城。而一些城市更突破了城墙的限制,如东莞县城在嘉庆年间有街巷77条,其中城外修建的街巷有34条,这些街巷大多分布在城墙外西北临江临河处,最终于该地段形成了繁荣的商业区。③ 广州府城也有同样的特点,有外国人描述说:"商业、手工业以及商人绝大部分集中在城市西半部分,特别是西郊。"城市建成区突破城墙限制发展,这与城市中商品经济的繁荣是分不开的。右江沿岸的百色城本当极边地区,万山重叠,但走水路可出云南富州下达南宁汇于郁水,故铜运、盐运频繁,帆樯集结,形成了清代岭南最重要的商道——百色大道。雍正七年(1729),清廷在此置厅,次年建城。光绪二年(1876),升为直隶厅。④ 广州在海禁废除后,商业日渐繁荣,特别是乾隆二十二年(1757)封闭闽、浙、江三个海关,仅留广州一口通商后,广州府城的商品贸易空前繁盛。⑤ 另外,梧州、南宁、柳州、桂州、龙州等西江沿岸城市也都依靠便利的水运,迅速发展成为东南大都会。一些行政等级较低的市镇也依托珠江水系,成为蜚声华夏的新型城镇。如新会县的江门镇,是商船云集的港口,"远则高、廉、雷、琼之海舶,近则南、顺、香、宁、恩、开之乡船,往来杂逐,乾嘉时号繁盛"。而被称为"天下四大聚"之一的佛山,因作为广州进出口货物的中转站而得以兴盛。在乾嘉年间,佛山的大小街巷共达622条,最为繁华的汾水铺地区"冲天招牌,较京师尤大,万家灯火,百货充盈"⑥。

(四)清末政局变动、开埠通商与珠江水系城市的变迁

清末的社会,可以用纷繁复杂来形容。两次鸦片战争,珠江水系的广州城都是主要战场之一,战争的破坏性自不必言说,而外力侵入后各种社会矛盾的激化,又给珠江水系城市带来了持久的动乱。经济方面,珠江水系城市在清中期已形成了一套依托江海的商品贸易模式,鸦片战争后三角洲一带城市的开埠,依常理言是会带动城市经济贸易快速发展的,当然这一规律在江门等城市是成立的,但由于广州、澳门本就为对外贸易港口,其地位在开埠后反而因其他港口城市的开放而有所

---

① 葛剑雄主编,曹树基著:《中国人口史》第五卷《清时期》,复旦大学出版社,2001年,第201页。
② 葛剑雄主编,曹树基著:《中国人口史》第五卷《清时期》,复旦大学出版社,2001年,第29、193页。
③ 张伟龙:《明清商品经济发展背景下珠江三角洲城镇城外街区的生长——以东莞县城为中心》,《中国市场》,2010年Z1期。
④ 陈如金修,华本松纂:(光绪)《百色厅志》卷三《舆地·水利》,光绪十七年刊本。
⑤ 黄启臣:《广东海上丝绸之路史》,广东经济出版社,2003年,第489页。
⑥ 蒋祖缘、方志钦:《简明广东史》,广东人民出版社,2008年,第332—333页。

第六章 清代主要河流城市的空间分布与变迁

下降。

1. 动荡的政局对珠江水系城市的影响

1840年爆发的第一次鸦片战争,广州城从一开始便是英军觊觎的对象,他们首先攻占了城外的大角、沙角、四方炮台,继而炮袭广州城,并于广州之门户虎门发动了虎门之战。1856年英法联军发动了第二次鸦片战争,战争的第一阶段也始终围绕广州城。占领城池后,列强多烧杀抢掠,1856年攻入广州城后,就曾焚毁西濠至西炮台之间民房9000余间。① 战争给城市带来了巨大的破坏,而列强的种种暴行和清政府的腐朽无能,又激起了民众的抵抗,如三元里起义、天地会"洪兵"起义等。对于人民的反抗斗争,清政府一概加以镇压。1855年,清统治者为剪除"洪兵"起义军,在广州一地屠杀了7.5万人,其中包括众多无辜百姓。② 同样被残酷镇压的起义,还有1909年的广州新军起义和次年的辛亥广州起义。

珠江水系因社会矛盾激化而爆发的战争,在广东以外的省区同样存在,其中以云南的回民战争影响最大。咸丰六年(1856),云南回民领袖杜文秀揭竿而起,西南边陲陷入长达16年的战争,咸同年间云南大部地区又遭鼠疫。珠江流经的云南、澄江、广南、临安等多府或受兵灾,或受瘟疫,或二者皆遭,城市人口锐减、经济凋敝。以澄江府路南州为例,据记载,"同治十二年大疫生,民几无孑遗"。

社会秩序的混乱和清政府的腐败,加之天灾频繁,可谓民不堪命。以广东为例,道光年间,广东42县遭水、旱、风、雹等灾害,"斗米千钱",瘟疫横行。③

2. 开埠通商与珠江水系城市体系的变迁

鸦片战争以后,清政府被迫与列强签订了一系列不平等条约,一个个口岸城市被迫开放,珠江水系的约开商埠共有梧州、龙州、广州、三水、惠州、江门、甘竹等7个。另外,南宁和香山也分别于1901年和1909年作为自开商埠而开放。这些开埠通商城市被纳入世界资本主义市场体系,获得了新的发展动力。另外,部分珠江水系口岸城市虽然并未开埠,但因成为西方经济通过开埠通商城市进入中国内地的节点城市,这些城市也与世界市场和中国国内市场发生联系,由此也得到一定程度的发展。如第二次鸦片战争后,列强强迫清政府开辟广州—三水—梧州、江门—三水—梧州两条西江航线,后又增加了由珠江口横门入顺德容桂水道、由两江经三水上梧州航线,使梧州成为两广河运的枢纽;光绪二十三年(1897),于该港设立海关,轮船航运随之兴盛,光绪二十五年,出入港口的轮船累积3000余艘,总吨数达19万吨。④ 广西南宁开埠后,不仅外轮穿梭出入,更先后成立了8家华资航运公司,其火轮和民船的运载能力甚至超过外轮,它们集散、转口云南、贵州货

---

① 蒋祖缘、方志钦:《简明广东史》,广东人民出版社,2008年,第420页。
② 容闳著,徐凤石等译:《西学东渐记》,商务印书馆,1934年,第35页。
③ 蒋祖缘、方志钦:《简明广东史》,广东人民出版社,2008年,第409页。
④ 水利部珠江水利委员会、《珠江志》编纂委员会:《珠江志》第四卷,广东科技出版社,1994年,第162—163页。

物,使南宁形成了对珠江上游的辐射之势。①

但也有部分城市在开埠后失去优势、地位下跌,其中以广州最为典型。清代中前期,广州的对外贸易一直在全国处于领先地位,四口通商时期,广州是最大的口岸,乾隆二十二年(1757)其他口岸封关后,广州更成为全国唯一允许进行海外贸易的城市,广州的经济有了巨大发展。但开埠后,受其他口岸城市的影响,广州的对外贸易进出口总值却不断下降。据统计,1844年为3340万美元,1848年降为1510万美元,1855年最低,降至650万美元。② 19世纪50年代中期以后,广州的对外贸易进出口总值才开始止跌,并有所回升,但总的来说其对外贸易占全国的比重明显经历了一个"从独占到不断下降的过程"③。上海在唐代广州已是外贸大港口的时候,尚是名不见经传的小渔村,元代上海才开始设县,但到1850年,上海的外贸总额就开始超过广州,继而成为全国最大的港口。④ 需要指出的是,就整体考察,广州在开埠通商以后仍然有较大发展,若与内陆广大城市相比,广州在进入晚清以后的发展速度仍然较快,就对外贸易绝对值而言,仍不失为中国最重要的口岸之一。

鸦片战争后,新的交通方式和路线的开辟,对于新兴交通路线沿线的城市发展产生了巨大的影响,梧州、南宁在晚清以后的兴盛就与此有着直接的关系。同时,传统的交通体系在新式交通体系的冲击下出现分化,部分城市也因此衰落。在鸦片战争以前,珠江水系有着一条重要的交通要道——大庾岭商道,是中原地区向南进入珠江三角洲的重要交通要道,沿线城市也因此而兴旺发达。大庾岭商道是沟通珠江水系与长江、运河等水道的重要枢纽,南段自江西越大庾岭而南,至广东南雄入浈水,沿北江直抵广州。乾隆年间,在"独口通商"政策下,限定江浙、闽诸省所产丝、茶等必须由内陆经大庾岭商道运往广州出口,从而带动了南雄、韶关、广州等城市的兴盛。⑤ 而晚清以后,随着五口通商和更多的城市开埠通商,大庾岭商道渐趋衰落,沿线城市亦随之衰靡。

外力侵入后,铁路运输作为一种新式的交通方式进入中国,珠江水系地区也相继修建铁路。先后有光绪二十九年(1903)竣工通车的广三铁路(广州—三水),宣统三年(1911)建成通车的广九铁路(广州—九龙),这两条铁路在当时所行路线较短,分别为49公里和178.56公里⑥,对珠江水运只是起着补充作用,对水运和城市发展影响不大。

---

① 许桂灵:《中国泛珠三角区域的历史地理回归》,科学出版社,2006年,第67页。
② 许涤新、吴承明:《中国资本主义发展史》第二卷,人民出版社,1990年,第66、148页。
③ 何一民:《近代中国衰落城市研究》,巴蜀书社,2007年,第307页。
④ 何一民:《近代中国衰落城市研究》,巴蜀书社,2007年,第308页。
⑤ 何一民:《近代中国衰落城市研究》,巴蜀书社,2007年,第341、342页。
⑥ 许桂灵:《中国泛珠三角区域的历史地理回归》,科学出版社,2006年,第69、70页。

第六节　清代海河、淮河等水系城市的空间分布与变迁

清王朝疆域内，广布着数量众多的河流溪川，其中大而重要者，除长江、黄河、京杭运河和珠江外，还有海河、淮河、辽河、黑龙江、塔里木河和雅鲁藏布江等，虽然这些河流的长度、流域面积等不及前四大水系，但其沿岸在清代同样分布着一定数量的城市。其中海河主要流经畿辅地区，直隶长城以南的大部分城市（包括京师在内），均位于海河扇形河网区；淮河水系虽然因黄河变道夺淮入海，下游河道摇摆不定，但其上、中游在清代依然分布有河南、安徽的多个城市；而东北边疆的辽河和黑龙江流域，在清代因为边疆安全而备受重视，其水系沿岸城市的数量和规模也得以增加和扩大；西北边疆的塔里木河，流经新疆地区，清代南疆的主要城市，大多分布于其干支流沿岸；另一条边疆河流雅鲁藏布江，流经我国的西南边疆，清代西藏地区境内的大部分城市，都位于其干流及支流沿岸。

作为清代城市的重要组成部分，海、淮、辽等水系城市，在清朝的政治、经济、文化等方面均发挥着不可或缺的作用。而在有清一代的两百余年里，河道的改变、政局的变动等等，又给这些城市带来了纷繁复杂的影响。

一、清代海河、淮河等水系城市的数量和规模

如前文所述，海河、淮河、辽河、黑龙江和雅鲁藏布江虽然河流长度、流域面积等不及前四大水系，但其沿岸在清代同样分布着一定数量的城市，而这些城市又有着不同的行政等级和城市规模。从一水系城市的总量及其规模，一定程度上可以看出该水系城市在整个清王朝中的地位和作用等。

（一）清代海河水系城市的数量和规模

海河为华北地区最大的水系，在清代主要流经直隶行省，水系支流众多，主要包括北运河、永定河、大清河、子牙河和南运河五条河流及其他小型支流，分别从北、西、南三面汇至天津，又东流到大沽口入渤海。虽然从天津至入海口的干流按今计仅长74公里，但海河水系众多的大小支流，却于畿辅地区交织成一张巨大的扇形水网，流域总面积达265000平方公里[①]，直隶长城以南的大部分城市都分布于这张水网之中。

由于河网密布，计算水系城市时，若按从河源至入海口计，恐难详尽，而依地图所示，海河水系在清代主要囊括的地区为直隶长城以南，故该处按府（直隶州、直隶厅）属境计，除北部的承德府、多伦诺尔厅和南部的大名府外，直隶行省其他

---

① 黄锡荃、苏法崇、梅安新：《我国的河流》，商务印书馆，1982年，第126、128页。

府所属的城市均应计算在内，而对于五大支流上游流经的山西等省部分城市，一则数量较少，二则海河水系的特征不明显，故我们对此忽略不计。依此计之，海河水系在清代流经的城市总量见表6—14：

表6—14 清代海河水系城市数量简表

河流名称	行省	府、直隶州、直隶厅	县、散州、散厅
海河	1	府10、直隶州7、直隶厅2	县118、散州15

资料来源同表6—2。

从上表可见，按照清代行政等级区划计，海河水系共流经133个县级行政区划，若按城市数量计，因顺天府为双附郭，故应减去1个县级行政单位，另外还应加上无附郭县的朝阳府城和遵化、冀州、赵州、深州、定州、易州、赤峰7个直隶州城，以及张家口、独石厅2个直隶厅城，共计有142座城市，其中省城和府城的数量及其在整个水系所占的比例见表6—15：

表6—15 清代海河水系省城及府城数量表

河流名称	行省总数	河流流经省城数量	所占比例	府的总数	河流流经府城数量	所占比例
海河	1	0	0%	10	10	100%

资料来源同表6—2。

因河网密布，故海河水系流经的10个府中，其府城均位于干支流两岸，比例占到了100%，为清代十大河流之最。流经的省城数量虽然为零，但海河水系却有着中国最高行政等级的行政中心城市：京师。海河流经的直隶，乃天子足下，故而人口密集，城市数量较多，城市规模也相对较大。清代海河流经的府级城市及县级城市规模统计见表6—16：

表6—16 清代海河水系府级、县级城市城周统计表（单位：里）

城周 河流名称	府级城市						县级城市（州、厅、县）						
	≥20	15～19	10～14	7～9	5～6	<5	无载	≥20	15～19	10～14	7～9	5～6	3～4	<3	无载
海河	3	1	2	3		1				1	22	35	55	3	7

依据穆彰阿、潘锡恩等《嘉庆大清一统志》各相关府、州中"城池"内容统计而得。

从上表可以看出，海河水系城市中，府级城市的面积均在7里以上，大于20里的更有3个；而县级城市的面积也多在3～9里，小于3里者甚少，不愧为畿辅所在的城市。在全国政治中心地的有利条件下，海河水系城市规模普遍较大，人口较多，城市基础设施也相对较为完善。

（二）清代淮河水系城市的数量和规模

淮河位于长江和黄河之间，在清代流经河南、湖北、安徽、江苏四个行省。淮河发源于河南省南部的桐柏山，东经安徽、江苏，历史上本"迳清河、山阳、安东，由云梯关入海"①，但金明昌年间，黄河夺淮入海②，将淮河"排挤"出固有河道，水流逐渐淤积成洪泽湖。为保漕运畅通，清时将淮河水蓄积在洪泽湖中，出清口冲刷黄河。然黄强淮弱，虽清统治者下令修筑了一系列的堤坝，但淮河仍难以独流入海，夺运入江的状况时有发生。③

淮河干流按今计长约1000公里，流域面积18.6万平方公里，若算上黄河夺淮前的支流汶、泗、沂、沭，则为26万平方公里。④ 从河源桐柏山至豫、皖两省交界处的洪河口为上游，河长364公里；从洪河口至洪泽湖出口处为中游，长490公里；⑤ 出洪泽湖后，现今淮河主要分为两股：一股入江，一股入海，而清代入江河道处流经时间较为短暂，故仍然依其故道统计，长度约150公里。另外，沂、泗、沭本属淮河支流，但早在黄河夺淮入海后，就与淮河干流分离，《清史稿》淮河相关记载中，也并未提及，故不计。淮河其他的众多支流中，我们将流域面积在10000平方公里以上的洪汝河、颍河、涡河纳入考量，它们都于淮河中游汇入。依上、中、下游计，淮河在清代流经的城市数量见表6-17：

表6-17 清代淮河水系城市数量简表

河流分段	流河名称	行省	府、直隶州、直隶厅	县、散州、散厅
上游	淮河干流	3	府3、直隶州1	县5、散州2
中游	淮河干流	1	府2、直隶州1	县8、散州1
	洪汝河	2	府3、直隶州1	县8
	颍河	2	府6、直隶州2	县16、散州2
	涡河	2	府5	县10、散州2
合计（去除重复）		2	府8、直隶州4	县37、散州4
下游	淮河下游	1	府1	县3
总计（去除重复）		4	府10、直隶州4	县44、散州6

资料来源同表6-2。

由上表可知，依县及同等级的散州、散厅计，淮河水系在清代共流经50座城

---

① 赵尔巽等：《清史稿》卷一百二十八《河渠三》，中华书局，1976年，第3795页。
② 张廷玉等：《明史》卷八十三《河渠一·黄河上》，中华书局，1974年，第2013页。
③ 赵尔巽等：《清史稿》卷一百二十八《河渠三》，中华书局，1976年，第3803页。
④ 今淮河分两路入海，一路出泽湖南，穿高邮湖，至扬州三江口入长江；另一路出洪泽湖北端，经苏北灌溉总渠，至扁担港入黄河。无论依哪一段计算，淮河的长度都约为1000公里。（黄锡荃、苏法崇、梅安新：《我国的河流》，商务印书馆，1982年，第145、147页。）
⑤ 唐元海：《淮河300问》，黄河水利出版社，1999年，第4页。

市，若依城池计，则还应加上光州、泗州、许州3座直隶州城，共53座。这些城市中，省城和府城的数量及其所占的比例见表6-18：

表6-18 清代淮河水系省城及府城数量表

河流名称	行省总数	河流流经省城数量	所占比例	府的总数	河流流经府城数量	所占比例
淮河	1	0	0	10	5	50%

资料来源见表6-2。

在淮河流经的城市中，府城仅有5座。当然，这跟淮河流经城市的数量较少有关系，此处暂不论。而就淮河水系自身来看，府城的比例占到了50%。可以说，作为大河之一，淮河在其流经地区的城市选址及城市发展方面所起的作用还是很显著的。当然，这一作用也不应过分夸大，与前几条大江大河的数据相比，这个比例不仅低于长江、黄河、京杭运河、海河，甚至还低于地处西南的珠江，另外，在其流经的四个行省当中，无一座省城坐落于其岸边，这在几大河流中也是不多见的。我们来看看其城周规模。（见表6-19）

表6-19 清代淮河水系府级、县级城市城周统计表（单位：里）

城周 河流名称	府级城市						县级城市（州、厅、县）						
	≥20	15~19	10~14	7~9	5~6	<5	无载	≥20	15~19	10~14	7~9	5~6	3~4	<3	无载
淮河上游										2	3	2		
淮河中游				4	1				2	12	10	9	1	2	
淮河下游				1						1				1	
合计 （去除重复）				4	1				2	15	12	11	1	3	

依据穆彰阿、潘锡恩等《嘉庆大清一统志》各相关府、州中"城池"内容统计而得。

从上表可以看出，淮河水系城市府级城市的城周多集中在7~9里，而县级城市则集中在5~14里，与前文的海河水系相较，县级城市差别并不明显，但府级城市的规模却明显小得多。

（三）清代东北边疆主要水系城市的数量和规模

1. 清代辽河水系城市的数量和规模

辽河为东北南部第一大河，在清代流经直隶、奉天、内蒙古、吉林四个行省，流域面积2.9万平方公里。主源老哈河发源于直隶承德府平泉州（今河北平泉）、东流至内蒙古境内汇西喇木伦河（今西拉木伦河）后，称西辽河。东辽河发源于吉林省伊通直隶州城西南（今吉林辽源境内），西流至奉天昌图府境内与西辽河汇，

第六章 清代主要河流城市的空间分布与变迁

以下统称辽河。河流西南流至辽中（今辽宁辽中）以南分为两股①，一股西流，至锦州府盘山厅（今辽宁盘山县）注入辽东湾，称双台子河，全长1390公里；另一股南流，纳浑河、太子河后，于营口直隶厅（今辽宁营口市）入海，称外辽河，全长1430公里。②

辽河按流经地区的地形、地貌，可分为三段：东、西辽河于奉天昌图府境内汇合，其上为上游，今以辽宁昌图福德店为界，计882公里；两河汇合处至奉天府铁岭县（今铁岭市）以南为中游，按今计210公里；下游分为两股，按西流的双台子河计，长约300公里。辽河的支流中，以下游汇入外辽河的浑河和太子河最为大型，其流域面积均在一万平方公里以上。③ 辽河水系在清代流经的城市数量见表6-20：

表6-20　清代辽河水系城市数量简表

河流分段	河流名称	行省	府、直隶州、直隶厅	县、散州、散厅
上游	西辽河	1	府2、直隶州1	县1、散州1
	东辽河	2	府1、直隶州1	县2
合计（去除重复）		3	府3、直隶州2	县3、散州1
中游	辽河	1	府2	县3、散州1
下游	辽河干流	1	府3、直隶厅2	县2、散厅1
	浑河	1	府2	县3
	太子河	1	府2	县3、散州1
合计（去除重复）		1	府4、直隶厅2	县5、散州1、散厅1
总计（去除重复）		4	府7、直隶州2、直隶厅2	县11、散州3、散厅1

资料来源同表6-2。

依县及同等级的散州、散厅计，辽河水系在清代共流经15座县级建制城市，若依城池计④，还应加上昌图、新民、兴京、奉天4座府城，赤峰、伊通两座直隶州城，以及法库门直隶厅城，总计22座。这些城市中，作为府城的有昌图、新民、兴京、奉天4座，其中奉天又为该省的省城。辽河水系流经的省城、府城数量以及所占的比例见表6-21：

---

① 今治为辽宁台安县六间房。另1958年堵截外辽河，辽河由双台子河入海。
② 韩增林、王利：《奔腾到海大辽河——辽河与河流流域》，辽海出版社，2000年，第1页。
③ 韩增林、王利：《奔腾到海大辽河——辽河与河流流域》，辽海出版社，2000年，第12、16—17页。
④ 据《清史稿》记载，昌图、新民两座府城无城池，但毕竟清政府在行政等级上有设置，故仍然纳入计算。

表 6-21 清代辽河水系省城及府城数量表

河流名称	行省总数	河流流经省城数量	所占比例	府的总数	河流流经府城数量	所占比例
辽河	4	1	25%	7	4	≈57.1%

资料来源同表 6-2。

清代辽河流经的城市中，省城有奉天府一座，府城则为4座，在整个水系流经的府当中，约占57.1%。由此可见，在整个辽河流域广大地区，辽河在城市选址和发展中所起的作用是非常显著的。而辽河沿岸城市在东北南部地区的地位也是比较高的，就全国来看，虽然数量少，但作为一条边疆河流，这样的比例其实并不算低，特别是鸦片战争后，清政府开始重视边疆城市建设，并于辽河两岸新设置了多个城市。也正因为设置时间为晚清，故《大清一统志》中对这些城市缺少记载，具体见表6-22：

表 6-22 清代辽河水系府级、县级城市城周统计表（单位：里）

城周＼河流名称	府级城市						县级城市（州、厅、县）							
	≥20	15～19	10～14	7～9	5～6	<5	无载	≥20	15～19	10～14	7～9	5～6	3～4	<3	无载
辽河上游														4	
辽河中游									1			1		2	
辽河下游				1	4	1					1			5	
合计（去除重复）				1	4	1			1		1	1		11	

依据穆彰阿、潘锡恩等《嘉庆大清一统志》各相关府、州中"城池"内容统计而得。

由上表可知，清代辽河水系城市中，府级的规模不大，县级也较小。

2. 清代黑龙江水系城市的数量和规模

黑龙江为东北地区的另一大河，在清代主要流经黑龙江、吉林、奉天三个行省，按合计国内流域面积为89万平方公里。黑龙江有南北二源，北源石勒喀河发源于今蒙古国北部肯特山东麓，南源额尔古纳河发源于我国大兴安岭西侧，两河在漠河以西汇合后，始称黑龙江，又东南流，至吉林临江府城（今同江县）附近汇合了最大支流松花江，又折向东北，到绥远州（今黑龙江抚远）以东汇合乌苏里江后，流入俄国境内。[①]

黑龙江从漠河以西两源汇合处至今黑河市（清黑河府城）附近为上游，河长900公里；黑河市至乌苏里江入江口为中游，长1000公里，该段除乌苏里江外，还有更大的一条支流松花江汇入。松花江有南北两源，北源嫩江发源于大兴安岭支

---

① 成松林：《我国的河流》，科学出版社，1983年，第143页。

第六章 清代主要河流城市的空间分布与变迁

脉伊勒呼里山南侧，南源第二松花江源出长白山，两源于吉林扶余附近的三岔河（清黑龙江肇州直隶厅城西南）汇合，又东北流至吉林临江府城处（今黑龙江同江县）汇入黑龙江。若以嫩江为正源计，松花江全长1927公里，流域面积55万平方公里。[①] 同样为东北地区的一条大河，松花江沿岸的发展程度远远高于黑龙江，故一些相关论著将其独立论之，并不将其作为支流，就清代来看，其沿岸分布的城市远远多于干流黑龙江。

乌苏里江汇入后为黑龙江下游，流经俄国境内，故不计，黑龙江上、中游在清代流经的城市数量见表6-23：

表6-23 清代黑龙江水系城市数量简表

河流分段	河流名称	行省	府、直隶州、直隶厅	县、散州、散厅
上游	黑龙江	1	府1	无
中游	黑龙江干流	2	府1、直隶厅1	散州1
	松花江	3	府10、直隶厅6	县14、散州1
	乌苏里江	1	无	县1、散州1、散厅1
合计（去除重复）		3	府10、直隶厅7	县15、散州2、散厅1
总计（去除重复）		3	府11、直隶厅7	县15、散州2、散厅1

资料来源同表6-2。

由上表可知，清代的黑龙江水系沿岸，共有县及同等级的散州和散厅18个，若按城池计，则还应加上黑河、临江、嫩江、龙江、吉林、新城、呼兰、双城、宾州、依兰10座府城，以及瑷珲、讷河、大赉、安达、榆树、宾江6座直隶厅城，共计34座。这些城市中，府城占到10座，其中有两座为省城，黑龙江水系统经的省城及府城数量和所占比例见表6-24：

表6-24 清代黑龙江水系省城及府城数量表

河流名称	行省总数	河流流经省城数量	所占比例	府的总数	河流流经府城数量	所占比例
黑龙江	3	2	≈66.7%	11	10	≈90.9%

资料来源同表6-2。

黑龙江流经的三个行省中，有两个都将自己的省城建于黑龙江水系；府城比例则更大，约占90.9%，与同属东北边疆河流的辽河相比，这一数据高出很多。也就是说，在清代的东北地区，黑龙江及其沿江城市的数量、地位和作用都是很显著的。

与辽河水系城市一样，黑龙江沿岸的大部分城市均设置于鸦片战争后，《一统志》并无记载，故城周统计难以翔实，10座府城中，仅吉林府城有记载，周4.83

---

① 成松林：《我国的河流》，科学出版社，1983年，第145、146、149、150页。

里,县级城市则均无记载。因其设置时间大多较晚,可推知该地区虽在清末因边境问题日益重要,行政地位得到提高,但城市发展并不完备。

(四)清代西部边疆主要水系城市的数量和规模

1. 清代塔里木河水系城市的数量和规模

塔里木河为我国最大的内流河,在清代流经新疆省南部,干流按今计长约1100公里,若以叶尔羌河为河源计,总长2137公里。①

塔里木河上源有四条河流——北源阿克苏河、西源叶尔羌河和喀什噶尔河、南源河阗河(今河田河)。②阿克苏河有瑚玛拉干河(今昆马力克河)和托什干河两源,均出自天山山脉,汇合后方称阿克苏河,东南流汇入塔里木河。河流长度按今计419公里,流域面积3.6万平方公里。③因有冰川补给,阿里克苏河的水量较为丰沛,全年均有河水注入干流,塔里木河有60%~80%的水量都靠该源供给。叶尔羌河发源于喀喇昆仑山和帕米尔高原,东流汇入塔里木河,河长按今计1200公里,是河源中最长的一条。叶尔羌河上中游水量也较为丰富,但沿途流经莎车、巴楚等广大绿洲,灌溉用水量很大,加之蒸发、渗漏,注入塔里木河时,水量已经很小,下游部分河段还为间歇性河流。④喀什噶尔河发源于帕米尔与北部天山支脉阿里山,今为独立河流,计900公里,其下游同样有部分河段为间歇性河流。和阗河有两源,东源称玉陇哈什河(今玉龙喀什河),西源为哈喇哈什河(今喀拉喀什河),均发源于昆仑山北麓。两源于和阗直隶州城(今和田县)汇合,河长按今计739公里,因流经塔克拉玛干沙漠,其下游水量也很有限,供应塔里木河10%~30%的水量,下游部分河段同样为间歇性河流。⑤

四条河流于宿温府城附近汇合,其下称塔里木河。河流沿塔里木盆地北缘自西向东流,后在塔克拉玛干沙漠东段折向南流,今入台特马河,清代则与流经塔克拉玛干沙漠的另一条河流车尔臣河相贯通。⑥

清光绪九年(1883)于新疆设置行省,行政体系也渐渐与内地各行省趋同,按省、府、县三级行政等级计,清代塔里木河流经城市数量见表6-25:

---

① 黄锡荃、苏法崇、梅安新:《我国的河流》,商务印书馆,1982年,第224页。
② 喀什噶尔河因水量减少,今已成尾闾消失于沙漠的独立河流;另有文献记载清时塔里木河有五源,还包括渭干河,但从谭其骧主编《中国历史地图集》第8册《清时期·新疆部分》和《清史稿》卷七十六《地理二十三·新疆》来看,渭干河并非河源,而是于沙雅附近注入塔里木河的支流,今同喀什噶尔河,已成为独立河流。
③ 黄锡荃、苏法崇、梅安新:《我国的河流》,商务印书馆,1982年,第222页。
④ 成松林:《我国的河流》,科学出版社,1983年,第188页;谭其骧:《中国历史地图集》,地图出版社,1987年,《清时期·新疆》。
⑤ 成松林:《我国的河流》,科学出版社,1983年,第188页。
⑥ 黄锡荃、苏法崇、梅安新:《我国的河流》,商务印书馆,1982年,第224页;谭其骧:《中国历史地图集》,地图出版社,1987年,《清时期·新疆》。

第六章 清代主要河流城市的空间分布与变迁

表6-25 清代塔里木河水系城市数量简表

河流名称	行省	府、直隶州、直隶厅	县、散州、散厅
叶尔羌河	1	府2	县1、散州1、散厅1
和阗河	1	府2、直隶州1	县2
阿克苏河	1	府1、直隶厅1	县1
喀什噶尔河	1	府2	县2、散州1
渭干河	1	府2、直隶州1	县4
塔里木河干流	1	府1、直隶州1	县2
合计（去除重复）	1	府4、直隶州2、直隶厅1	县11、散州1、散厅1

资料来源同表6-2。

由上表可得，按县级城市计算，清代塔里木河共流经13座城市，再加上莎车、温宿、疏勒3座府城，和阗、库车两座直隶州城，以及乌什直隶厅城，共计19座。其中省城、府城数量及在水系中所占的比例见表6-26：

表6-26 清代塔里木河水系省城及府城城市数量表

河流名称	行省总数	河流流经省城数量	所占比例	府的总数	河流流经府城数量	所占比例
塔里木河	1	0	0	4	3	75%

资料来源同表6-2。

从上表可得，在塔里木河流经的4座府城当中，有3座府城都在河流沿岸，可见塔里木河在新疆南部的地位和功能还是很大的，但将范围进一步扩大来看，新疆的省城并不位于该水系，而且，就全国来看，其比例也非常小，可见其地位和功能有限。

表6-27 清代塔里木河水系府级、县级城市城周统计表（单位：里）

城周 河流名称	府级城市						县级城市（州、厅、县）						
	≥20	15～19	10～14	7～9	5～6	<5	无载	≥20	15～19	10～14	7～9	5～6	3～4	<3	无载
塔里木河			1			1	1							1	12

依据穆彰阿、潘锡恩等《嘉庆大清一统志》各相关府、州中"城池"内容统计而得。

与清代东北边疆的辽河、黑龙江沿岸城市一样，塔里木河的大部分城市在《一统志》中也缺少城周记载，仅有的几座是建立府城或县城前回城等的记载，除莎车府城城周较大（10里余）外，其他均非常小（疏勒府城为4里余，沙雅县2里余），可见其城市发展并不完善。

2. 清代雅鲁藏布江水系城市的数量和规模

西部边疆河流除塔里木河外，还有西南部的雅鲁藏布江。这条全长2900公里的河流，源出喜马拉雅山北坡，自西向东奔流于西藏南部，至藏东高山峡谷接纳冈布藏布河（今野贡藏布）后，急转南下，横切喜马拉雅山脉东端的洛渝地区，南流入印度和孟加拉国境内，最后注入孟加拉湾，河流在我国境内长1940公里，流域面积24.16万平方公里。[①]

雅鲁藏布江在清代主要流经西藏地区，但由于一则该地区并未同其他行省一样，设有完备的三级行政设置；二则"清代西藏全境之城、营、呼图克图的设置、撤换变化纷繁"，文献记载也有限[②]，难以同其他水系城市一样详列之。但从谭其骧主编的地图册中可以看出，清代西藏的很大部分城市都分布于雅鲁藏布江及其支流沿岸，其中包括该行省的两大中心城市拉萨和日喀则。[③]

二、清代海河、淮河等水系城市的空间分布及其特征

自然条件是影响城市空间分布的重要因素，尤其是在生产力较为低下的封建王朝时期，气候、地形地貌，以及河流本身的状况等都会对城市的空间分布造成影响，从而使它们呈现出不同的特征。

（一）清代海河水系城市的空间分布及其特征

海河流域地处温带半干旱、半湿润季风气候区，年平均气温为0℃～14.5℃，平均相对湿度50%～70%，平均无霜期150～220天，平均日照时数2500～3000小时，四季分明、寒暖适中、日照充足，适宜人类居住和作物生长。但海河流域降水量较少，多年平均数据为548毫米，是我国东部沿海降水量最少的地区，且季节性差异很大，夏季暴雨集中，而冬季则雨雪稀少。[④]

海河流域按地形地貌，可划分为内蒙古高原区、华北山地区和海河平原区，本书界定的海河水系，主要为山地区和平原区，从西往东，二者以赞皇、获鹿、曲阳、满城、易州（今易县）、房山、昌平州（今昌平）、密云、玉田、丰润、滦州（今滦县）、抚宁一线为界，其北为山地区，其南为平原区，按清代府（直隶州、直隶厅）的属境来看，大致有正定府、宣化府、永平府、遵化直隶州、易州直隶州、张家口直隶厅、独石口直隶厅属华北山地区，而其他府及直隶州境则属海河平原区。[⑤]

华北山地区海拔100～3000米，地面起伏较大，相对高差500～2000米，东北部分布着燕山山脉，西部为太行山脉，境内山高谷深，侵蚀切割强烈，间有小型山

[①] 成松林：《我国的河流》，科学出版社，1983年，第175页。
[②] 牛平汉：《清代政区沿革综表》，中国地图出版社，1990年，第417页。
[③] 谭其骧：《中国历史地图集》，地图出版社，1987年，《清时期·西藏》。
[④] 海河志编纂委员会：《海河志》第一卷，中国水利水电出版社，1997年，第1、12页。
[⑤] 海河志编纂委员会：《海河志》第一卷，中国水利水电出版社，1997年，第24—25页；谭其骧：《中国历史地图集》，地图出版社，1987年，《清时期·直隶》。

第六章 清代主要河流城市的空间分布与变迁

间盆地和台地。① 流经该地区的河流，主要有滦河、大清河的北支拒马河和永定河上源桑干河、潮白河。河流少且分散，并没有形成河网状，且多为河流上游，水量有限，滦河虽水量较大，但经行山区，河流状况多呈现高原峡谷型特征，水急浪高，故对城市选址、发展的积极意义不大。按数量来看，分布于华北山地区的城市大致有 30 个县、5 个散州，再加上遵化、易州两座直隶州城和张家口、独石口两座直隶厅城，共计 39 座，城市多坐落于河流两岸，分布较为分散。②

海河平原区海拔多在 100 米以下，从西到东，境内地势平坦，北运河、永定河、大清河、子牙河、南运河及众多小型支流交相错杂，形成密集的水网。这些河流的长度、流域面积等均不算太大，以永定河和大清河为例，永定河干流长约 257 公里，流域面积 3489 平方公里；大清河干流长约 104 公里，流域面积仅为 19 平方公里。③ 总的来看，海河水量较小，且流经地区多为平原，水势较缓，虽有洪涝，但与长江、黄河相比，对城市的负面影响较小，且该地区为畿辅要地，备受统治者的重视，清代分布于这一地区的城市，共有百余座，其中还包括京师这个帝国最中心的城市。因而该水系城市密度远大于长江、黄河水系。

图 6—5 清代海河水系城市分布图

据谭其骧《中国历史地图集·清时期全图（二）》改绘。

---

① 海河志编纂委员会：《海河志》第一卷，中国水利水电出版社，1997 年，第 24—25 页。
② 谭其骧：《中国历史地图集》，地图出版社，1987 年，《清时期·直隶》。
③ 海河志编纂委员会：《海河志》第一卷，中国水利水电出版社，1997 年，第 124 页。

另外,如前文所述,该地区降水较少,故城市对河流的依赖更大,几乎所有城市都分布于大小河流两岸,其中京师有永定河、北运河及其他小型河流从城市流过。天津更是众多支流的汇合处,且东濒大海,如此优越的地理优势,是其在晚清迅速崛起的重要前提。海河水系城市除普遍临河外,还分布密集,随河网呈扇状分布。

(二)清代淮河水系城市的空间分布及其特征

古语有言:"橘生淮南则为橘,生于淮北则为枳。"形象地道出了淮河作为我国南北方自然分界线的特殊地位。在我国气候区划中,淮河北部属暖温带半湿润季风气候,南部则属亚热带湿润季风气候。流域内年平均气温14.5℃,其中淮河以北为14.2℃,以南为15.1℃,年平均湿度75%,年平均无霜期214天,年平均日照时数2027~2661小时。淮河流域年平均降水量为880毫米,但南北差异较大,大别山一带年降水量可达1300~1400毫米,而淮河沿岸则仅为600~700毫米。受东北季风和西南季风影响,降水量的年内分配和年际分配都不均衡,6~9月为汛期,降水量占全年的60%~70%,多雨年是少雨年降水量的3~5倍。淮河流域四季分明、雨热同期,且降水较为充足,单就气候而言,比海河流域更适宜作物的生长和人类的生产、生活。[①]

就地形、地貌来看,淮河流域部分地区处于全国地势的第二级阶梯前缘,大部分属于第三级阶梯,地形西高东低,流域内地形有山地、丘陵和平原。因河流分段多根据地形而定,故我们以淮河上、中、下游为标准,结合河流状况来分析城市的空间分布及其特征。

上游为河源桐柏山至豫、皖两省交界处的洪河口一段,河长364公里。这一段的淮河,经行于连绵起伏的山丘间(属淮阳山脉的一部分),具有山溪河流的特点,河床比降较大,平均比降0.5‰,落差174米,"水流湍急、洪水暴涨暴落",支流大都从南岸以接近平行的流向自西南向东北汇入,但大都源短流急、规模不大。该段分布的城市,有5个县和1个散州,再加上光州直隶州城,共7座,分布密度仅约为0.02/公里。这7座城市中,除桐柏县和息县位于淮河干流沿岸外,其余均坐落于淮河南部众多小型支流的中下游,各城市之间的距离较远,分布较为松散,呈点状分布态势。

洪河口至洪泽湖出口处为淮河中游,干流河段长490公里,河道平缓,落差仅16米,平均比降0.03‰,北岸为黄淮平原的一部分,海拔20~50米[②],地势平坦,且有洪汝河、颍河、涡河等多条支流汇入,故而在清代分布的城市数量较多。其中三大支流分布有县10、散州2,再加上许州直隶州城,共有13座城市,干流的10

---

① 董哲仁:《中国江河1000问》,黄河水利出版社,2001年,第68、69页。
② 水利部淮河水利委员会、《淮河志》编纂委员会:《淮河志》第二卷,科学出版社,2000年,第88页。

座城市中,也有5座位于北岸;淮河南岸则为江淮丘陵(大部为长江流域和淮河流域的分界霍山),地形较为崎岖不平,在安徽省凤台、怀远和五河附近,河流切过山岭,形成"淮河小三峡"①。因地势原因,加之汇入的支流较小,故南面仅分布有5座城市,与北面呈现出明显的不对称。总的来看,淮河干流在这一段分布有10座城市,密度约为0.02/公里。这些城市,无论南北岸,均无一例外地分布于干支流汇合处,如颍上位于颍河汇入淮河处、寿州和凤台位于东淝河汇入淮河处、怀远地处涡河与淮河交界处,等等。三大支流的水系城市,则多临河分布。无论干流或支流,清代分布于淮河中游的水系城市总体而言较为分散,呈点状分布。

洪泽湖以下河段为淮河下游,若按入海河道算,长度约为150公里,分布的城市有清河、山阳、安东3座,但清代由于黄河的侵袭,淮河河道多摇摆不定,三者作为淮河水系城市的特征已不明显。咸丰五年(1855)黄河北徙,清统治者曾尝试过导淮入故道,但"淮为黄淤,积数百年,已无经行之渠,由运入江,势难尽挽,迄于国变,终鲜成功"②。

总的来看,若去除支流,淮河干流各段在清代分布的城市非常稀少,且较为疏松,它们大多呈点状散布于干支流交汇处。

(三)清代东北边疆主要水系城市的空间分布及其特征

1. 清代辽河水系城市的空间分布及其特征

辽河水系位于我国东北地区南部,流域大部分地区属温带半湿润半干旱季风气候,年平均气温4℃~9℃,自南向北递减,每一维度约差0.8℃,极端最低温度在零下30℃以下。③ 年平均降水量300~950毫米,受地形等因素影响,降水由东南向西北递减,浑河、太子河、柴河及范河山区达800~950毫米,老哈河与西拉木伦河汇合以下地区则仅为300~350毫米。④

东、西辽河汇合处以上河段为上游,今以辽宁昌图福德店为界,长约882公里。辽河上游分为西辽河和东辽河两部分,西辽河上游流经山区,赤峰以下的下游流经西辽河平原;东辽河上游为低山丘陵区,下游为平原区。但无论流经地区的地形地貌如何,因地处边陲、气候条件较为恶劣,且山丘区多为黄白土和风沙土,水土流失严重、植被差⑤,导致辽河上游在清代分布的城市非常少。西辽河仅分布有平泉州、建昌县和赤峰直隶州城3座城市,按882公里的河长计算,密度仅约为0.003/公里。东辽河沿岸也仅分布有奉化县、怀德县和伊通直隶州城3座城市。

东、西辽河汇合处至奉天府铁岭县以南为中游,长约210公里。中游流经地区为辽北平原、低丘地貌区,海拔多在200米以下,个别高丘的海拔可达250~300

---

① 成松林:《我国的河流》,科学出版社,1983年,第162—163页。
② 赵尔巽等:《清史稿》卷一百二十八《河渠三》,中华书局,1976年,第3808页。
③ 赵纯厚、朱振宏、周端庄:《世界江河与大坝》,中国水利水电出版社,2000年,第71页。
④ 董哲仁:《中国江河1000问》,黄河水利出版社,2001年,第92页。
⑤ 赵纯厚、朱振宏、周端庄:《世界江河与大坝》,中国水利水电出版社,2000年,第69—72页。

米，地势呈波状起伏。① 该段分布的城市有康平、开原、铁岭、辽源州和昌图府城5座，分布密度约为 0.023/公里。这几座城市，均集中于直隶东北角支流众多处。②

下游分为两股，按西流的双台子河计，长约 300 公里。该段流经辽河中下游冲积平原，境内地势平坦，平均标高低于 50 米。③ 辽河干流在该段流经辽中县、海城县、盘山厅、新民府城、法库门直隶厅城和营口直隶厅城 6 座城市。

另外，辽河下游还有最大的两条支流浑河和太子河汇入，其沿岸分别分布有 5 座城市，其中包括奉天府城、兴京府城，以及辽河水系有城周记载中最大的城市——辽阳州，可谓边疆城市之最。就分布状况而言，该地区城市均呈点状零散分布于河流两岸。

2. 清代黑龙江水系城市的空间分布及其特征

黑龙江为我国东北地区的另一大河，广大流域属东亚季风区，径流补给以雨水为主、雪水为辅，年平均降水量约 590 毫米，降水年内分配很不均衡，每年 10 月至翌年 5 月较少，6 月开始增多，8 月达到高峰。流域冬季漫长严寒、夏季短促湿润。黑龙江全省年平均气温均在 0℃ 以下，1 月平均气温 −18℃ ～ −30℃，极端最低气温 −50℃ 以下。④ 流域无霜期只有一百天左右，河流结冰期长达 150～180 天，每年 11 月上旬开始结冰，至翌年 4 月底方解冻。⑤

黑龙江从漠河以西两源汇合处至今黑河市为上游，河长 900 公里。该段河流穿行于大兴安岭和外兴安岭之间，右岸悬崖进逼，左岸则比较平缓，两岸密林广布，人烟稀少。水面宽 420～800 米，河道曲折，水流湍急。⑥ 由于气候恶劣，又地处边陲，该段在清代仅分布有黑河府城一座城市，该城市坐落于较大支流精奇哩河（今结雅河）汇入黑龙江处。

黑河市至乌苏里江入江口为黑龙江中游，长 1000 公里，黑河至今嘉荫段流量增大，水面宽 900～1300 米，江中多沙洲、岛屿，两岸为冲积平原，地势平坦、土壤肥沃；嘉荫至今萝北县兴东段，河流经行于小兴安岭，两岸山峰起伏、树林茂密，河道较上一段逼窄，宽 500～1200 米；兴东至伯力段，江水出峡谷汇合松花江后，进入三江平原，水面展宽至 800～2500 米，流速减缓、沙洲相连。⑦ 虽然地理条件较上游优越，但毕竟气候条件恶劣，又地处边陲，在清代也仅零散地分布有瑷珲直隶厅、临江府城和绥远州 3 座城市。除瑷珲外，其他两座城市均分布于三江平原区，其中临江府位于最大支流松花江汇入处。⑧

---

① 韩增林、王利：《奔腾到海大辽河——辽河与辽河流域》，辽海出版社，2000 年，第 32 页。
② 谭其骧：《中国历史地图集》，地图出版社，1987 年，《清时期·奉天》。
③ 韩增林、王利：《奔腾到海大辽河——辽河与辽河流域》，辽海出版社，2000 年，第 36 页。
④ 成松林：《我国的河流》，科学出版社，1983 年，第 146 页。
⑤ 胡富林：《我国最长的界江——黑龙江》，《黑龙江史志》，2004 年第 6 期。
⑥ 胡富林：《我国最长的界江——黑龙江》，《黑龙江史志》，2004 年第 6 期。
⑦ 胡富林：《我国最长的界江——黑龙江》，《黑龙江史志》，2004 年第 6 期。
⑧ 谭其骧：《中国历史地图集》，地图出版社，1987 年，《清时期·吉林》。

第六章
清代主要河流城市的空间分布与变迁

就城市而言,松花江水系在清代的地位和作用远远高于其干流黑龙江。松花江流域大部分地区处于暖温带,1月平均气温在零下14℃以下,7月份在17℃以上①,气候条件总体较黑龙江优越。有南、北两源,两源于吉林扶余附近的三岔河(清黑龙江肇州直隶厅城西南)汇合,三岔河至今哈尔滨(清宾江直隶厅城)为上游,哈尔滨至佳木斯(清吉林桦川县西南)为中游,佳木斯至同江(清临江府城)注入黑龙江段为下游。松花江上游属松嫩平原,下游属三江平原②,地势平坦、土壤肥沃,但多沼泽湿地,经行其间的河流,河面宽广、坡度平缓,较为适宜城市发展,清代分布于两块平原段的城市共有8座。中游流经小兴安岭和张广才岭之间,坡度较大、多浅滩,但该段有呼兰河(清呼伦河)、牡丹江、汤旺河(清屯河)等支流汇入,其汇入处通常有小块的冲积平原,这些地方通常成为城市坐落处。如呼兰府城坐落于呼兰河汇入处,汤原地处汤旺河入江处,依兰府城位于牡丹江汇入处。③ 松花江沿岸在清朝分布的城市,按939公里的河长计④,分布密度约为0.016/公里,虽也较为疏松,但却比干流黑龙江密集得多。

(四)清代西部边疆主要水系城市的空间分布及其特征

1. 清代塔里木河水系城市的空间分布及其特征

塔里木河地处欧亚大陆腹地,远离海洋,四周有天山、帕米尔高原、昆仑山和阿尔金山环绕,属大陆性暖温带、极端干旱沙漠气候,降水稀少、蒸发强烈,温差大,多风沙、浮尘天气,日照时间长、光热资源丰富。

塔里木河流经塔克拉玛干沙漠边缘,由于河流的冲积与浇灌,在其干流及包括河源在内的几大支流沿岸形成了走廊式的绿洲。就绿洲的具体分布而言,与我国的其他几条大河上游水量小、河道窄,中下游水量增加、河道展宽的情况不同,塔里木河上中游因汇入了众多的河流,河道宽阔、水量丰沛,而下游一方面少有支流汇入,另一方面蒸发、渗漏较为严重,水量反而渐渐变小。⑤ 这样的情况在河源处的几条河流同样存在,除阿里克苏河全年均有河水注入干流外,叶尔羌河、喀什噶尔河、和阗河下游水量均非常有限,部分河段为间歇性河流。因此,塔里木河沿岸的绿洲大多分布于河流中上游地区,在地理空间上呈现出西多东少的特征,而河流南部为塔克拉玛干大沙漠,故绿洲分布又呈现南部稀少、狭窄,北部数量多且较为宽广的特征。在干旱少雨的地理区域,河流和耕地对人们生产生活的影响尤为强烈,对城市的空间分布也同样影响巨大。清代的塔里木河沿岸共分布有19座城市,它们大多分布在干、支流的上中游,距离河流也非常近,在空间上呈现出明显的西多东少、北多南少的特征。(见图6-6)

---

① 王俊杰:《松花江 辽河300问》,黄河水利出版社,2000年,第18、19页。
② 成松林:《我国的河流》,科学出版社,1983年,第150页。
③ 谭其骧:《中国历史地图集》,地图出版社,1987年,《清时期·吉林、黑龙江》。
④ 王俊杰:《松花江 辽河300问》,黄河水利出版社,2000年,第3页。
⑤ 成松林:《我国的河流》,科学出版社,1983年,第188页。

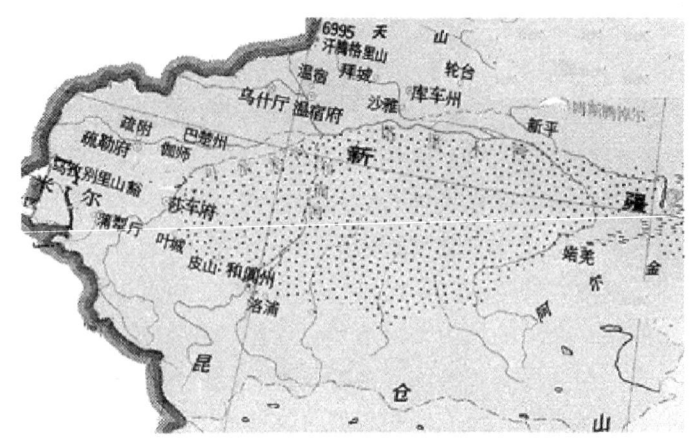

图 6-6 清代塔里木河水系城市分布图

2. 清代雅鲁藏布江水系城市的空间分布及其特征

清代西藏地区的大部分重要城市都分布在雅鲁藏布江及其支流沿岸，就各段来看，河源至萨嘎县里孜（清撒嘎附近）的上游河段，在清代几乎没有城市分布。里孜至米林派乡的中游段，支流众多，有拉萨河、年楚河等，这些支流，不仅为雅鲁藏布江带来了充足的水量补给，还提供了日喀则平原、拉萨河谷平原等地势平坦、宽广的地区，这些地区成为城市分布的主要区域。清代有为数不少的城市密集分布于中游段，其中最重要的日喀则位于南岸支流年楚河汇入处，而拉萨则位于北岸支流拉萨河中下游。

雅鲁藏布江流出派乡后为下游，进入大拐弯峡谷区，该段在清代也几乎没有城市分布。[①]

三、清代海河、淮河等水系城市的变迁

影响水系城市变迁的因素可分为自然和人为两方面，前者主要包括洪涝、河道的变迁，而后者涵盖政治、经济等多方面。就清代而言，人为因素方面可划分为清初、清中期和清末三段，对城市的影响主要体现在清初的衰落、清中期的恢复与发展、清末的复杂多变。

清代的海河、淮河、辽河、黑龙江、塔里木河、雅鲁藏布江水系城市，受洪涝及河道变迁影响较大的为海河、淮河部分河段。人为因素方面，清初的衰败同样在海河、淮河两条内陆河流城市较为明显；清中期海河、淮水河系城市大多得到恢复和重建，其他边疆河流城市也因清政府管理的加强而有了一定的发展；清末政局动荡，义和团运动等，给海河、淮河部分城市造成了破坏，列强的入侵也给这两大水系城市带来了破坏，但其更大的影响在于边疆河流流经地区，黑龙江流域大片领土

---

① 谭其骧：《中国历史地图集》，地图出版社，1987年，《清时期·西藏》。

第六章
清代主要河流城市的空间分布与变迁

被割让就是一个例子。面对边疆危机,清政府为加强管理,在东北地区和新疆新建了多个城市,客观上促进了地区城市的发展。外力侵入后的开埠通商和新式交通工具的出现等,又给一些城市带来了繁荣。

(一)洪涝、河道变迁对城市的影响

清代几大水系中,受洪涝、河道变迁影响较大的是海河和淮河。

海河水系各支流多出自黄土高原,夹带了大量的泥沙,以至下游河床淤浅,值夏季降水集中的时节,便易泛滥成灾。据记载,清代海河水系共发生大的洪涝灾害14次,平均每百年5.2次,其中天津由于地势低洼,又为众多支流汇入处,最易发生水患。在1470—1911年间,最长连涝达18年,其中1908年为洪灾最重的一年,天津受灾非常严重。另外京师、德州、邢台、保定等城市也多受水患侵袭。①

海河水系各大支流中,变动最大的为有着"小黄河"之称的永定河。该河原名无定河,康熙三十七年(1698)曾于两岸大规模疏浚并筑堤束水,此后遂改名"永定"。工程颇有成效,此后河流安流了40年,但之后水患又开始增加,仅乾隆前期的30多年间,改道就多达6次②,靠近河流的宛平、良乡、武清、涿州、固安、文安、雄县等城市常遭受水患。③

海河水系的水患,给城市带来了很大的破坏,每遇洪水,城内居民的生命财产总会受到不同程度的危害,社会秩序和经济秩序也会随之混乱。大体而言,这些破坏持续的时间较短,特别是清中期,清政府多致力于河道的整治,一旦洪水得到控制,城市的生产生活基本可以恢复到此前的状态。相比之下,淮河水患对城市的影响则更为长久,破坏程度也更大。

历史上淮河本"迳清河、山阳、安东,由云梯关入海"④,但金明昌年间,黄河夺淮入海⑤,将淮河"排挤"出固有河道,水流逐渐淤积成洪泽湖。自明以来,为保漕运,采取"蓄清刷黄"策略。为了使淮河水起到"刷"的作用,清政府不断蓄高淮水,具体措施就是把洪湖大堤(高家堰)越筑越高,其结果是洪泽湖的面积越来越大,之前淮河两岸的诸多良田,尽成湖水⑥,洪泽湖以西的泗州城更饱受水患之苦。以康熙十八年(1679)为例,"冬大水,溃堤决城,城内水深丈余"⑦。康熙十九年,整个城市竟被全部淹没,不得不举城迁移。⑧ 由于黄强淮弱,有清一代淮河并不能依固有河道入海,而是摇摆不定、决溢不断,与黄河水患一起,给江苏淮安府一带城市带来了巨大的灾难,这在晚清最为频繁和严重。据记载,1841—

---

① 海河志编纂委员会:《海河志》第一卷,中国水利水电出版社,1997年,第141页。
② 海河志编纂委员会:《海河志》第一卷,中国水利水电出版社,1997年,第385—387页。
③ 赵尔巽等:《清史稿》卷一百二十八《河渠三》,中华书局,1976年,第3808页。
④ 赵尔巽等:《清史稿》卷一百二十八《河渠三》,中华书局,1976年,第3795页。
⑤ 张廷玉等:《明史》卷八十三《河渠一·黄河上》,中华书局,1974年,第2013页。
⑥ 陈正祥:《长江与黄河——附淮河与海河》,商务印书馆香港分馆,1978年,第60页。
⑦ (康熙)《泗州志》卷四,康熙三十七年刻本。
⑧ 赵尔巽等:《清史稿》卷五十九《地理六》,中华书局,1976年,第2017页。

1910年,淮河流域的皖北豫东共发生大的水灾13次,平均每隔两三年就有一次,波及面广,造成的破坏和损失非常严重。① 这部分在黄河一章已有论述,此处不再重复。咸丰五年(1855)黄河北徙,清统治者曾尝试过导淮入故道,但"淮为黄淤,积数百年,已无经行之渠,由运入江,势难尽挽,迄于国变,终鲜成功"②。

(二)明末清初的战乱对城市的影响

明末的战乱,给淮河流域带来了巨大的灾难,中原赤地千里,望绝人烟。沿岸各地区土地荒芜、人口锐减,城乡一片萧条景象。位于中游涡河沿岸的亳州,曾以药材种植、加工和贸易兴盛,为四大"药都"之一,战乱后"百姓逃亡、田地荒芜",原有的7299.55余顷田地,至顺治十年竟有5306.63余顷成为无人耕种的荒地。颍上县"明末兵荒之后,遗黎星散","土荒而人散,弥望郊野,白草、黄茅萧条极目"。其人丁数在万历二十八年(1600)为10388丁,到顺治五年(1648)"除去老病逃亡人丁8313丁,实存见在人丁2436丁"。

清军入关后,海河水系流经的直隶地区虽不像南方各省倍受战乱摧残,却同样因清兵的大肆圈地而滋扰不断。顺治元年(1644),"定近京荒地及前明庄田无主者,拨给东来官兵。圈地议自此始"。至顺治四年,短短几年间,"圈顺直各州县地百万九千余晌,给满洲为庄屯"。后来虽因"圈地妨民"而数次被清廷下令停止,但圈地现象仍难以禁止③,造成大批百姓流离失所。④

对于辽河流域的奉天地区而言,清军入关并定都北京,虽未给该地区带来战乱,但却因满洲贵族官僚、八旗官兵及其家属、奴仆的大量迁徙,而出现人烟萧条、土地荒芜的景象。

(三)清中期稳定的政局对城市的影响

康熙二十三年(1684)平定三藩之乱后,政局基本稳定,清政府开始着手城市的恢复和重建。这些措施及其成效,最为直观地表现在城墙普遍得到修葺和重建。另外,农业也在清政府休养生息的政策下得到了恢复和发展,而农业的发展又间接地促进了商品经济的发展,从而促进了城市的繁荣和兴盛。

1. 城墙的修葺与重建

早在顺治年间,部分城墙就已得到修补,但其规模和范围都较小,较为大型和普遍的修筑在康、雍、乾三朝。以海河水系城周在15里以上的河间、正定、宣化3座府城为例,河间府城乾隆九年修;⑤ 正定府城雍正六年修,乾隆十年、三十四

---

① 于文善、吴海涛:《晚清淮河流域灾荒成因及其影响——以皖北、豫东为中心的考察》,《淮北煤炭师范学院学报》,2007年第3期。
② 赵尔巽等:《清史稿》卷一百二十八《河渠三》,中华书局,1976年,第3808页。
③ 赵尔巽等:《清史稿》卷一百二十《食货一》,中华书局,1976年,第3494—3495页。
④ 葛剑雄主编,曹树基著:《中国人口史》第五卷《清时期》,复旦大学出版社,2001年,第35页。
⑤ 穆彰阿、潘锡恩等:《嘉庆大清一统志》卷二十一《河间府·城池》,《四部丛刊续编》影旧钞本。

第六章 清代主要河流城市的空间分布与变迁

年，嘉庆十六年重修；① 宣化府城康熙十五年修，乾隆七年、二十一年重修。②

在明末清初的战乱中饱受摧残的淮河水系城市，其城墙也在清中期普遍得到修葺。以 5 座府城为例，安徽颍州府城乾隆十三年、十五年屡修；③ 凤阳府城有内外两城，皆系洪武年间修筑，其中外城为土筑，后圮，乾隆二十年筑；④ 河南汝宁府城康熙元年修、雍正七年重修；⑤ 陈州府城顺治三年修、乾隆二十七年重修；⑥ 淮安府城康熙二十三年修，二十八年、乾隆五年重修。⑦

东北边疆的水系城市，有的在清中期得以建立城池，并同样存在修葺、建筑的状况。不过与内陆城市略有不同，其修葺的原因与战乱的毁损关系不大，更多的是完善其形制和结构。如嫩江沿岸的齐齐哈尔城，"康熙三十年建城（内城）……外城于雍正十年修，乾隆五十七年重修……内城于雍正九年修，乾隆四十五年重修"⑧；盛京城（即奉天府城），"康熙十九年增筑缭墙"，此后康熙、乾隆、嘉庆年间屡修，"叠次修补，规制益为宏备"⑨。

2. 农业的恢复和发展

入关后，为改善土地荒芜、城乡萧条的状况，清世祖定垦荒兴屯之令，"凡州、县、卫无主荒地，分给流民及官兵屯种。如力不能垦，官给牛具、籽种，或量假屯资"⑩。这一政策卓有成效，顺治十四年（1657）淮河水系庐、凤等府开垦荒田三千余顷，颍州府城附郭阜阳县自顺治十一年至十八年 8 年中共垦荒 800 余顷。⑪

康熙朝加大了垦荒的力度，并于康熙八年（1669）下令原明王朝藩王土地"给与原种之人，改为民户，号为更名地，承为世业"⑫，即所谓的"更名田"。三藩之乱平定后，垦荒速度进一步加快。淮河水系江苏、河南省在康熙二十四年的耕地面积分别达到 67515399 亩和 57210620 亩；雍正二年（1724）又分别增加至 69332409 亩和 65904537 亩。⑬

---

① 穆彰阿、潘锡恩等：《嘉庆大清一统志》卷二十七《正定府·城池》，《四部丛刊续编》影旧钞本。
② 穆彰阿、潘锡恩等：《嘉庆大清一统志》卷三十八，《宣化府·城池》，《四部丛刊续编》影旧钞本。
③ 穆彰阿、潘锡恩等：《嘉庆大清一统志》卷一百二十八《颍州府·城池》，《四部丛刊续编》影旧钞本。
④ 穆彰阿、潘锡恩等：《嘉庆大清一统志》卷一百二十五《凤阳府·城池》，《四部丛刊续编》影旧钞本。
⑤ 穆彰阿、潘锡恩等：《嘉庆大清一统志》卷二百一十五《汝宁府·城池》，《四部丛刊续编》影旧钞本。
⑥ 穆彰阿、潘锡恩等：《嘉庆大清一统志》卷一百九十一《陈州府·城池》，《四部丛刊续编》影旧钞本。
⑦ 穆彰阿、潘锡恩等：《嘉庆大清一统志》卷九十三《淮安府·城池》，《四部丛刊续编》影旧钞本。
⑧ 穆彰阿、潘锡恩等：《嘉庆大清一统志》卷七十一《黑龙江·城池》，《四部丛刊续编》影旧钞本。
⑨ 穆彰阿、潘锡恩等：《嘉庆大清一统志》卷五十七《盛京·城池》，《四部丛刊续编》影旧钞本。
⑩ 赵尔巽等：《清史稿》卷一百二十《食货一》，中华书局，1976 年，第 3501 页。
⑪ 刘虎文等：《阜阳县志》卷四《食货志·田赋》，道光九年刊本。
⑫ 清高宗敕撰：《清朝通典》卷一《食货·田制》，商务印书馆，1935 年。
⑬ 蒲霞：《论清代（1840 年前）淮河流域的垦殖活动及其影响》，《第二届淮河文化研讨会论文集》，2003 年。

不仅地处内陆的淮河流域，东北边疆的辽河、黑龙江流域也有一定规模的垦荒屯田，康熙二十五年（1686），于辽河下游的"锦州、凤凰城等八处荒地分给旗民营垦，又遣徒人屯种盛京闲壤"。松花江流域的范围更大，乾隆五年（1740），"于时吉林宁古塔、伯都讷、阿勒楚喀、三姓、珲春及长春，俱事垦殖，贫无力者，发官帑相贷"。嘉庆年间，又于吉林西南双城堡等地屯田。① 但需要指出的是，与其他内陆各省稍有不同，东北边疆的屯田一般以旗军和旗民为主，对于汉人，则实行"封禁"政策，这也在一定程度上限制了东北地区的开发。

海河流域的垦荒同样取得了一定成效，因所开之田多为水田，故清代将它与屯田相区别，称之为"营田水利"。雍正年间，于滦、蓟创营田，设营田水利府，"寻于天津等属分立营田四局，领以专官。因地势浚流筑圩，建闸开渠，民人愿耕者，官给工本，募江、浙老农，予月饩，教耕获"，翌年，"得熟田百五十余顷"。至雍正七年，营成水田六千顷余。②

综上所述，清中期的垦荒和屯田，有效地增加了可耕种田地的数量，清初田原荒芜的景象大为改善，农业经济不仅得到恢复，还有了进一步的发展，从而保障了城市的稳定和持续发展。而且，清政府在鼓励屯田的同时，"又近边屯处，筑城设兵以卫农人"③。其中一些面积较大的屯田处，渐渐发展和完善起来，部分县级城市就是在此基础上设置的。例如光绪年间设直隶厅、宣统元年又升为府的双城府城，就是在双城堡屯田上设置的。

清中期实施的蠲免赋税、改革赋役制度等政策，也对农业的发展起到了非常积极的作用。蠲免赋税从顺治帝时期就已开始，《清史稿》载："有清入主中国，概予蠲除，与民更始。"④ 康熙年间继续大力执行蠲免政策，且蠲免范围更广、实施力度更强，不仅每遇水旱灾害时照例蠲免税粮，各种恩蠲也时常进行，"一年蠲及数省，一省连蠲数年"。截至康熙四十九年（1710），清圣祖所实施的蠲免税粮总数已逾万万石。淮河流域的泗州城，自康熙元年至二十六年，有明确记载的蠲免赋税达10次之多。另外，康熙二十四年还下令重编《赋役全书》，明确征收程序及数额。康熙五十一年，更下令"凡滋生人丁，永不加赋"⑤。雍正时期又实施了"摊丁入亩"，取消了土地和人头税的双重征收，减轻了人民负担，同时也削弱了人民对封建国家的人身依附关系。雍正三年到五年（1725—1727），淮河流域的山东、河南、安徽、江苏等地普遍推广摊丁入亩，是该制度实行较早的地区之一。

新疆地区的农业在清中期也有了很大的发展，以喀什噶尔（即后来的疏勒府）为例，据缴纳粮草的比例计算，该地区在清朝统治新疆后的六十余年中，耕地面积

---

① 赵尔巽等：《清史稿》卷一百二十《食货一》，中华书局，1976年，第3513—3514页。
② 赵尔巽等：《清史稿》卷一百二十《食货一》，中华书局，1976年，第3525页。
③ 赵尔巽等：《清史稿》卷一百二十《食货一，中华书局，1976年，第3501页。
④ 赵尔巽等：《清史稿》卷一百二十《食货一》，中华书局，1976年，第3479页。
⑤ 赵尔巽等：《清史稿》卷一百二十《食货一》，中华书局，1976年，第3479页。

扩大了两倍左右。①

3. 商品经济的发展

垦荒屯田和赋税制度的改革，有力地促进了农业的恢复和发展，同时也间接地促进了手工业和商业的兴盛。以河南省为例，该省本是著名的棉花产区，但棉纺织业却并不发达，雍正初年当地官员尹会曾上疏请求在该地区发展纺织业，在其倡导下，河南棉纺织业迅速发展起来，到乾隆时期尤为繁盛。以正阳县为例，"家家设机，男女操作，其业较精。商贾至者，每挟数千金"②。光州"妇女以纺织为务，自城市达于乡保，纺车声轧轧然比户相闻"③。

淮河下游的淮安府，其老牌行业造船业、制盐业继续发展，新兴的制镜业、制鼓业也非常发达；中游凤阳府的怀远、凤台，则因乾隆时期矿业开采政策的松弛而大大扩展了煤矿开采的范围，如"凤台连镜三山富煤矿，舟车陆载，百里相属"。商品经济的发展，不仅带动了淮河水系各城市的繁盛，还促进了一大批城镇的兴起。如寿州的正阳镇，"舟车错连，并灶连络，户且盈万，既富且庶"④。

海河水系中南北两段运河沿岸的城市，得漕运之便，商品经济更为繁盛。该部分在京杭运河章节中已有论述，这里不再重复。

（四）清末复杂的政局对城市的影响

1840年鸦片战争后，国内外矛盾被迅速激化，清代的城市在经历了百余年的平稳发展后，又陷入动荡的局势中。与清初不同的是，这一时期虽有导致城市衰败的战乱、政局腐败等因素，但亦有可带给城市繁荣的早期现代化契机。它们的交相错杂，带来的是部分城市的衰落和部分城市的兴盛。

1. 战乱对城市的影响

清末，对海河、淮河及边疆四大水系城市影响较大的战乱有义和团起义、捻军起义、新疆回民起义、两次鸦片战争、甲午中日战争，等等。

义和团起义的影响主要集中在海河水系城市。义和团兴起于20世纪初期，其最初的活动范围为华北地区的广大农村。1900年5月，直隶中部地区约3万义和团民占据了涿州城，自此将活动范围扩大到城市当中。⑤ 在城市中，义和团多次展开破坏活动，例如占据涿州当天，就拆除了涿州至琉璃河之间的铁路，焚毁琉璃河车站及涿州铁桥，并砍倒沿途的电线杆、扯断电线，使卢汉铁路的运输和通讯中断。⑥ 在与清政府和列强持续对抗的几个月中，义和团起义给直隶地区的多个城市带来了破坏和动乱。捻军起义对淮河流域安徽、河南等省城市的影响，已在黄河章

---

① 何一民：《近代中国衰落城市研究》，巴蜀书社，2007年，第238页。
② 魏松声等：《重修正阳县志》卷末，民国二十五年铅印本。
③ 许希之修，晏兆平纂：《光山县志·风俗志》，民国二十五年铅印本。
④ 王鑫义：《淮河流域经济开发的轨迹及其历史启示》，《安徽大学学报》，1999年第5期。
⑤ 黎仁凯、姜文英等：《直隶义和团运动与社会心态》，河北教育出版社，2001年，第163页。
⑥ 故宫博物院明清档案部：《义和团档案史料》上册，中华书局，1959年，第103—104页。

节中有所论述,此处不再重复。

咸同年间,陕甘地区爆发回民起义,在其影响下,南疆塔里木河流域库车的回族联合维吾尔族,于同治三年(1864)起义,占领库车城。喀喇沙尔办事大臣在处理起义时,对民众不分良莠,全行诛杀,激起了南疆各地民众的反抗,塔里木河地区战乱不断,直至光绪三年(1877),新疆全境才被平定。① 虽然据曹树基研究,清末新疆的战乱,战争最为激烈、人口损失最为惨重的是在北疆地区,但南疆各地区亦不可避免地遭到一定程度的破坏,而民族危机又给了觊觎新疆的外来势力可乘之机,从而引发了边疆危机。

对外战争中,两次鸦片战争都波及天津,海河水系的其他一些城市也被卷入战火,如通州城西八里桥的战争,为该阶段直隶地区最为激烈的战争之一。另外,八国联军侵华时,天津也遭战火。1900年6月17日,各列强海军三十余艘舰船以强大火力攻击大沽口炮台,守城清军寡不敌众,炮台陷落,天津门户洞开,列强进入天津后,义和团民与之展开了二十多天的激战。天津陷落后,侵略军沿运河两岸进犯北京,清军中的甘军和部分义和团民进行了顽强抵抗。②

甲午中日战争的影响则涉及辽河下游地区。另外,庚子沙俄入侵、日俄战争等,也均以东北地区为主战场,导致该地区"纵横千里,几同赤地"。以瑷珲城为例,1900年8月俄军进犯瑷珲城,城陷后,侵略军放火烧城,这座有着两百多年历史的城市化为灰烬,城中居民遭屠杀者不可胜数,瑷珲从此一蹶不振。③ 而战争造成的混乱状态,又给了土匪、马贼可乘之机,他们出没辽河之上,抢劫货船,绑架人质,勒索钱财。④

2. 边疆危机与应对政策对城市的影响

(1)清末边疆危机对城市的影响。辽河、黑龙江流经的东北边疆,一直以来就是沙俄觊觎的对象。克里米亚战争期间,沙俄借故派军队沿黑龙江进入我国境内,次年便开始在黑龙江北岸殖民。1858年,沙俄就国界问题与清政府展开谈判,谈判以《瑷珲条约》的签订告终。根据该条约,"大兴安岭以南、黑龙江以北六十多万平方公里的广大领域都划为俄国领土,乌苏里江以东直到海边的约四十万平方公里的地区则被说成中俄两国'共管'之地"⑤。之后,沙俄又通过1860年的《中俄北京条约》,侵占了乌苏里江以东地区约40万平方公里的领土。八国联军侵略京津,清帝出逃之际,沙俄又乘机侵占了中国的东北三省,而此时的日本,亦将东北作为其侵略的目标。

塔里木河流经的新疆地区,在同治年间爆发了回民起义,阿古柏乘机进驻喀什

---

① 葛剑雄主编,曹树基著:《中国人口史》第五卷《清时期》,复旦大学出版社,2001年,第636—637页。
② 何一民:《近代中国衰落城市研究》,巴蜀书社,2007年,第429、430页。
③ 何一民:《近代中国衰落城市研究》,巴蜀书社,2007年,第438页。
④ 曲晓范:《近代东北城市的历史变迁》,东北师范大学出版社,2001年,第268页。
⑤ 胡绳:《从鸦片战争到五四运动》,上海人民出版社,1982年,第206—207页。

第六章 清代主要河流城市的空间分布与变迁

噶尔,并掌握实权。1867年底,阿古柏于该地建立政权,控制了喀什噶尔、和阗、阿克苏、库车、莎车、乌什等城,并向北疆发展。① 沙俄更是在鸦片战争后不久,就将目光瞄向新疆地区,早在1849年,就已通过《伊犁、塔尔巴哈台通商章程》开放了伊犁、塔城两个商埠,将新疆作为其商品倾销地。②

雅鲁藏布江流经的西藏地区,同样在清末面临严峻的边疆危机。1888年,英军进攻西藏,以武力逼迫清政府先后签订了《藏印条约》和《藏印条款》,将中国和不丹交界处的亚东辟为商埠。③ 1903年,英军再次入侵西藏,占领亚东,次年二月,进攻雅鲁藏布江支流年楚河沿岸的江孜地区。藏族军民16000人与之展开激烈对抗,终因武器落后、战术不济而失败。英军在江孜及附近村庄烧杀抢掠,城乡一片狼藉。6月,英军北上,渡过雅鲁藏布江侵入拉萨。同江孜一样,拉萨城遭到大肆抢掠,大批历史文物被抢走。④

(2)清政府加强对边疆的治理与开发推动了城市发展。列强的侵略,一方面造成了巨大的边疆危机,东北大片领土自此丧失,四大边疆河流沿岸的部分城市也屡遭战火,破坏严重。但另一方面,边疆危机也让清政府意识到了边防的重要性,从而更加重视东北和西部边疆的管理和建设,这在客观上又对这些地区城市的发展起到了积极的作用。

清政府对边疆重视程度不断加强,可以从官制的调整和边政体系的变更中明显看出来。清王朝在东北地区长期实行军府制管理,东北地区分为三个辖区分别由盛京将军、吉林将军和黑龙江将军管辖,清中期试图改革东北的地方行政制度,推动军府制向行省制转变,但阻力较大,未能实现。清末东北危机日益严峻,日本与俄国竟公然无视中国主权,在中国东北领土范围内为抢夺控制权而开战。面对这样严峻的危局,清廷开始规划东北问题,在赵尔巽、徐世昌的推动下,光绪三十三年(1907),"罢将军,置东三省总督、奉天巡抚,改为行省"⑤。随着行省制的建立,相应地增设了较多的府、州、县地方行政建置,由此推动了东北城市的发展。

新疆地区出现的危机较早,同治年间出现阿古柏叛乱,导致新疆大多数城市面临战争的破坏。清廷最终下定决心派左宗棠率军西征,最终平定阿古柏叛乱及回民起义。为了加强对新疆的管辖,清廷也于光绪九年(1883)在新疆建行省,"置巡抚及布政使司,以分巡镇迪道兼理按察使衔"⑥,在新疆设立2个府治、11个厅治、4个州治及11个县治,共计28个地方行政建置。由于迪化府和伊犁府均是府县同治,故而此时新疆的行政建制城市数量只有26座,但仍然有所增加。

---

① 葛剑雄主编,曹树基著:《中国人口史》第五卷《清时期》,复旦大学出版社,2001年,第636—637页。
② 马大正:《中国边疆经略史》,中州古籍出版社,2000年,第365页。
③ 隗瀛涛:《中国近代不同类型城市综合研究》,四川大学出版社,1998年,第202页。
④ 蔡美彪等:《中国通史》第十二册,人民出版社,2007年,第177页。
⑤ 赵尔巽等:《清史稿》卷五十五《地理二》,中华书局,1976年,第1925页。
⑥ 赵尔巽等:《清史稿》卷七十六《地理二十三》,中华书局,1976年,第2372页。

雅鲁藏布江流经的西藏地区在清末虽未改设行省，但采取了一系列改革，大大削弱了驻藏大臣职权，从而加强了清政府对该地区的统治。①

清廷对边疆地区的重视，还体现在光绪新政在边疆地区的实施。清末新政中，对边疆地区影响较大的有改革军制、编练新军和移民实边，其中又以东北地区的移民实边影响最大。1904年，清政府一改过去局部放荒弛禁的政策，宣布开放东北全部土地，并采取种种招民垦荒的奖励措施。来自山东、河北的移民纷纷进入东北地区。② 以呼兰到黑河的松花江左岸经济区为例，1887年，该地区有旗人、汉族移民和屯田兵35万人，经过20多年的移民，到1907年已增加到1386845人。③ 大量人口的迁入，对东北边疆的开发起到了积极的作用。在西藏地区，张荫棠"查办藏事"，采取了整顿吏治、修建道路、鼓励实业等措施，对维护西藏主权、推动地区发展都起到了积极的作用。④ 新疆地区的改土归流也取得一定成效。

清政府对边疆地区的重视和开发，促进了边疆地区的稳定和发展，就城市而言，这一时期边疆城市数量得到了很大增长，东北边疆在光绪年间，于辽河流域新设置了奉化县、怀德县等7座城市；黑龙江流域在清末新置的城市则更多，光绪年间设置有黑河府城、瑷珲直隶厅城、嫩江府城等7座城市，宣统年间又新设置了绥远州、讷河直隶厅城和安图县、抚松县等14座城市。新疆塔里木河沿岸的19座城市，也均为光绪年间设置。

3. 开埠通商与水系城市的发展

19世纪中叶以后，除长江、黄河、运河和珠江等四大水系之外，其余几大水系沿岸的城市也随着西方势力的不断渗透有部分城市被辟为商埠：海河水系除天津外，还有张家口；辽河水系则有营口、沈阳（即奉天府城）、辽阳、新民、铁岭、法库门、通江子；黑龙江水系有瑷珲、齐齐哈尔（即龙江府城）、吉林、哈尔滨（即宾江直隶厅城）、三姓（行政等级为副都统，宣统元年裁，地近依兰府城）；雅鲁藏布江水系有江孜；塔里木河沿岸则有喀什噶尔等城市。⑤ 这些约开商埠或自开商埠在对外开放以后，被纳入世界资本主义市场体系，并依托较为便利的航运条件和陆路交通，迅速成为区域的贸易中心，其中天津最为典型。天津开埠以前，依托运河漕运得到很大发展。作为京师的门户，天津商贸地位在北方已经非常突出，但也"仅是华北地区的区域性市场，商贸流通机制被限制在特定的地域范围内"。但天津在第二次鸦片战争后被迫开埠，成为北方的进出口贸易中心，经济不断加强，到20世纪初，"天津的经济腹地，包括那些与相邻港口互相重叠的'混合腹地'，几乎囊括了黄河以北的半个中国"。"西方资本主义的机器商品，通过天津可以进入

---

① 马大正：《中国边疆经略史》，中州古籍出版社，2000年，第435页。
② 曲晓范：《近代东北城市的历史变迁》，东北师范大学出版社，2001年，第229页。
③ 黑龙江省地方志编纂委员会：《黑龙江省志》卷五十七《人口志》，黑龙江人民出版社，1996年，第104—105页。
④ 马大正：《中国边疆经略史》，中州古籍出版社，2000年，第417—418页。
⑤ 隗瀛涛：《中国近代不同类型城市综合研究》，四川大学出版社，1998年，第212页。

第六章
清代主要河流城市的空间分布与变迁

冀、晋、鲁、豫、奉、吉、黑、陕、甘、蒙、新等省区",而各经济腹地的农副土特产品也经由天津出口西方。① 另外,营口在开埠后的发展也很突出。营口地处辽河入海口,早在开埠前就是辽东湾上重要的港口,但由于辽河河床泥沙大、河岸土质疏松,大型船舶难以停靠,且东北商品经济整体落后,故营口的商贸优势并未得到很好发挥。② 1861年6月开埠后,大型船舶出入营口,为其带来了空前的商贸机遇,到19世纪70年代初,营口港的年入港货物已近9万吨,货物总值逾500万海关两。③ 1899年,其纯贸易额更高达4800万海关两。城内商业十分繁华,人口也从1850年前后的一两千人,增加至1.3万人(1901年统计数据),成为辽河流域的首位城市。④ 营口开埠后,外国轮船大量进入辽河,又带动了辽河流域其他城市的发展。1877年,距营口519公里的昌图通江口开埠,法库三面码头也在此后对外开放。⑤ 但营口的繁荣并未能持续多久,19世纪末到20世纪初,中东铁路的通车和大连的开埠,让辽河水运和营口陷入持续衰落。

营口的繁华和衰落充分反映了铁路运输的兴起对河流城市的冲击和影响。近代以后开埠通商的城市虽然大多数都是河流城市,但是也有部分城市是因为铁路交通而非水运成为开放对象的,其中以黑龙江沿岸的哈尔滨最为典型:沙俄侵入东北后,为更迅速、更便捷地掠夺我国东北地区的资源,通过一系列不平等条约,取得了在东北地区修筑铁路的权利。哈尔滨城就是在这一时期因铁路修建而"平地兴起"的新型城市。1898年,俄国人开筑铁路,将松花江右岸的几个自然村作为"铁路附属地"和中东铁路管理局驻地,1899年,沙俄着手对哈尔滨城市进行规划,1905年,哈尔滨的城市人口增至10万人,成为东北地区重要的城市之一。⑥

另一点需要指出的是,并不是所有的开埠城市都能够借得早期现代化之风而崛起。塔里木河流域的喀什噶尔在开放为通商口岸后,成为俄英倾销商品和掠夺原材料的市场,加之光绪年间于新疆建立行省,喀什噶尔成为新疆四道之一,行政地位较之前有所下降,且遭受回民起义、阿古柏叛乱等,其地位反而较清中期有所衰落。⑦

小　结

清代的长江、黄河、京杭运河、珠江、海河、淮河、辽河、黑龙江、塔里木河

---

① 罗澍伟:《近代天津城市史》,中国社会科学出版社,1993年,第213页。
② 曲晓范:《近代东北城市的历史变迁》,东北师范大学出版社,2001年,第25页。
③ 曲晓范:《近代东北城市的历史变迁》,东北师范大学出版社,2001年,第27页。
④ 曲晓范:《近代东北城市的历史变迁》,东北师范大学出版社,2001年,第27-28页。
⑤ 曲晓范:《近代东北城市的历史变迁》,东北师范大学出版社,2001年,第26页。
⑥ 隗瀛涛:《中国近代不同类型城市综合研究》,四川大学出版社,1998年,第737页。
⑦ 何一民:《近代中国衰落城市研究》,巴蜀书社,2007年,第238-246页。

和雅鲁藏布江各大水系,沿河分布着数以百计甚至千计的城市。作为清代城市的主体部分,这些河流城市在有清一代的政治、经济和文化等方面都发挥了非常重要的作用,对它们的空间分布进行研究,对于深入了解清代城市发展的状态有非常重要的意义。

在考查河流城市的空间分布之前,对每一条大江大河分布的城市数量有较为清晰的认识是非常重要的。据初步统计,清代九大河流的城市总量及其流经的省城和府城的数量见表6-28:

表6-28 清代九大河流城市数量统计表

河流名称	城市总量	河流流经省城数量	河流流经府城数量	河流名称	城市总量	河流流经省城数量	河流流经府城数量
长江	251	6	49	黄河	174	5	18
京杭运河	57	2	10	珠江	98	2	15
海河	142	0	10	淮河	53	0	5
辽河	22	1	4	黑龙江	34	2	10
塔里木河	19	0	3				

资料来源同表6-2。

从上表的统计数据,可以看出清代河流城市有内地多而边疆少这一总体特征。雅鲁藏布江流域因清代未设置行省,故我们未对其城市数量进行统计,但从地图上可以看出,其沿岸在清代分布的城市数量绝对赶不上内陆河流的城市数量。当然,城市数量统计的意义绝不仅限于此,对河流各段的城市数量进行统计,是考查城市空间分布及其特征的重要依据,再加上气候、地形地貌、河流状况等因素,清代各大江大河城市空间分布各具特征。

一、清代主要河流城市的分布特征

总体而言,清代中国河流城市的空间分布特征主要包括以下几个方面:

(1)与明代相比,清代河流城市的空间分布呈现明显的扩张性。据笔者初步统计,清代新设置的河流城市较明代增多,长江水系有45座,黄河水系有23座,运河水系有5座,海河水系有20座,淮河水系有4座,珠江水系有17座,这些城市,大多设置于康熙中后期至雍正乾隆时期,其中以雍正朝最多。东北、西北边疆的辽河、黑龙江和塔里木河水系在清代也分别新增了14座、22座和19座城市,但与内地河流大多设置于清中期不同,它们多设置于清末光宣年间(其中辽河水系也有部分城市设置于清初顺康年间)。

(2)清代河流城市的空间分布呈现出内地河流城市与边疆河流城市的差异性。如果将清代中国河流按区域划分为内地河流和边疆河流的话,那么,长江、黄河、

第六章 清代主要河流城市的空间分布与变迁

京杭运河、海河和淮河等则为内地河流，内地河流城市大多数发祥于清代以前，城市数量无论是从单条河流计，还是从几条河流城市总量计，均高于辽河、黑龙江、塔里木河、雅鲁藏布江等边疆河流水系。这些边疆河流水系城市则较多是清代新设置，珠江这条"半边疆"河流，虽然在宋以后就得到较大开发，但还是有相当部分城市是在清代设置。另外，内地河流城市的城周普遍大于边疆河流城市。长江、黄河、京杭运河、海河、淮河沿岸的府级城市的城周多在7~9里，县级城市的城周多在3~9里，相比之下珠江水系的城市规模则明显偏小，府级城市城周有多个在5里以下，县级城市城周也多集中在4里以下。从数量和城周来看，开发早、发展程度较高的长江、黄河、京杭运河、海河和淮河水系的城市在清代仍然占据着城市的主体地位，边疆河流城市在清代亦有一定的发展。

（3）清代河流城市的空间分布受地形地貌影响很大。清代中国的大江大河城市几乎都有这样的分布特征——城市一般坐落在地势平坦之处。总的来看，各河流沿岸的平原和盆地区是城市集中分布的地方，这在成都平原和海河平原最为明显。这也是河流中下游城市普遍较多、密集程度也较高（就数量而言，中游因河段较长、多支流汇入等，一般是上、中、下游中城市数量最多的，但就密集程度来看，最高的则一般是下游）的重要因素。而山地峡谷带，城市多分布在山间盆地、台地或支流汇入处的小型冲积平原区，这在黄河中上游最为明显。

（4）清代各河流城市的空间分布受气候影响较大，这主要体现在全国范围内是长年低温、气候恶劣的北部和西部各边疆河流分布的城市数量少、密度低。而绝大部分河段流经温带、亚热带的内地河流两岸则分布有数量较多的城市，密集程度也较高。气候对各单条河流的影响力，则体现在河流的北部和西部不适宜城市分布，以河流最长、跨越气候区较多的长江和黄河来看，两条大河均有这样的特征——河流上游，特别是河源段气候恶劣的地区分布的城市数量非常有限，密集程度也很低。而各大江大河中下游分布的城市较多，也与气候有密切关系。需要强调的是，在农业时代生产力低的情况下，气候对城市空间分布的影响可以说是十分巨大的。以黑龙江中游为例，黑龙江中游流经的大部分地区为冲积平原，地势平坦、土壤肥沃，就地形地貌而言，是非常适合城市分布，但由于长年极寒、气候恶劣，因而该河段人口稀少，在清代仅分布有4座城市。

（5）清代河流城市间的联系和互动较清以前有所加强，但总体上看相互之间的经济、文化联系仍较为薄弱。清代的河流城市，多随河流自然走向呈点状分布，长江金沙江段及以上河段，黄河、淮河、辽河、黑龙江大部分河段、三角洲以外的珠江水系均属于这种情况，城市分布较为零散，缺乏联系和互动。而对于航运较为发达的长江川江段及以下河段，还有京杭运河，城市则呈现走廊式发展，彼此间的联系和互动较为紧密，其中部分河段更与大多数的城镇一起，形成了带状城市带。另外，有极少河段还呈现片状分布的态势，以成都平原和海河平原区最为明显。

（6）清代的河流城市绝大多数分布于河流两岸。河流虽然在城市的给水、运输、防卫及周边农业灌溉方面起了积极的作用，但洪涝同样会给城市的生产生活带来威胁。尤其是长江、黄河那样的大江大河，一旦出现洪灾，对沿岸城市的危害是十分严重的，因而防洪成为河流城市的一项重要任务。

（7）两河交接处多坐落有城市，且大部分都较为繁荣。两河交接即是两个区域的边缘交接，也是水陆生态系统交接重合的边缘地带，分布的城市往往比较繁荣，如嘉陵江与长江汇合处的重庆、汉水与长江汇合处的汉口、运河与长江交界处的扬州、左右江交汇处的南宁，等等。而河流入海口，处在河流、陆地、海洋三种生态系统交接重合的边缘地带，更是建立和发展城市的最优位置，上海、天津两大城市即是如此。

二、影响清代主要河流城市的两大因素

清代两百余年间，中国的河流城市发生了较大的变迁。影响城市变迁的因素很多，大致可分为自然因素和人为因素两大方面。

（一）自然因素

就自然方面来看，因为依河而建，河流本身的变化必然会对城市产生一定的影响。河流自身的变化可分为两大部分，一是洪涝及由此产生的改道，二是河流的冲积作用及由此产生的改道，当然两者大多时候是交互影响的，并没有严格的区分。洪涝几乎在各大江大河皆有，以长江的荆江、武汉江段，黄河下游段，海河的永定河以及淮河下游较为突出，对城市造成的影响也最为直接，致使城池部分或全部被淹没。水患一般来势很猛，但持续时间较短，城市易复原，清代的荆江、长江武汉段以及永定河即属于这一情况。但也有部分水患持续时间长，对城市破坏十分严重，难以在短期内恢复，清代黄河下游的水患即如此。自从黄河在金代夺淮入海后，黄河下游决口泛滥不断，黄河下游流域内各城市饱受洪水之苦，最甚者为徐州府沛县，其城尽被洪水淹没，不得不举城搬迁。此外，黄河下游原本广阔而肥沃的耕地，也因洪水泛滥出现大量的耕地盐碱化、沙化，导致农业萧条。黄河的改道和洪水泛滥，又影响到淮河下游地区，导致淮河在清代也决溢泛滥不断，与之相关的洪泽湖面积扩大，又间接导致了泗州城全城被淹。除淮河外，黄河的善淤、善决、善徙，还影响了京杭运河的畅通，成为漕运在晚清废弛以及沿岸城市普遍衰落的重要原因之一。

河流的冲积作用及由此产生的改道则会造成两方面的结果：一是沙洲或更大面积的陆地渐渐出现，这在入海口表现为大片的三角洲逐渐露出水面，珠江三角洲一带最为典型。由此兴起的围垦，带动了该地区在清代的迅速发展。冲积作用在其他河段则多表现为左岸沙洲的不断形成，长江河口段北岸的太平厅，就是在成陆的沙洲之上建立的；而武汉河段的汉口，也是因为河流的这一作用而逐渐成陆的。当然，河流的冲积作用会导致河道的改变，从而造成与沙洲形成相反的结果，即原有陆地被淹没，这一情况多发生在河流南岸，如镇江的瓜洲镇。

第六章 清代主要河流城市的空间分布与变迁

(二) 人为因素

与河流的自然变化相比，人为因素带给河流水系城市的变迁更为突出。清朝是承上启下的特殊时期，让处在其中的城市经历了复杂的变迁历程，这一历程又呈现节奏明显的三个阶段。

明末清初的战乱，给河流城市带来了巨大的甚至是毁灭性的破坏，而战争又诱发了其他破坏因素的并发，导致城市迅速衰落。明末清初长达数十年的战争，就各大河流沿岸城市而言，破坏最为严重的是长江上游的成都平原城市和长江下游及江南运河段的城市。成都等四川的部分城市几乎人去城空，江南的江阴、赣州、南昌、扬州、嘉定、苏州等城也皆惨遭屠城。此外，黄河水系包括以大同为代表的多个城市也遭屠城；珠江水系下游段的城市在清前期也多遭战争破坏，其中广州、南雄等城相继被屠。另外，清前期的"禁海""迁界"等政策，也对珠江下游各水系城市造成了很大的负面影响。其他水系的城市也在明末清初的战争中遭到不同程度的破坏，城市普遍颓败。

从康熙二十三年（1684）三藩之乱结束到道光二十年（1840）鸦片战争爆发的百余年间，是清代城市恢复和平稳发展的重要时期，乾隆年间更成为中国农业时代城市发展的一个高峰。

入关后，清政府经过数十年的努力，至康熙中后期政权逐渐稳定，同时采取了一系列措施，对明末清初被破坏的城市进行恢复和重建，其中城墙的修筑最为普遍和突出，内地河流城市被破坏的城墙，基本上都在嘉庆朝以前得到修复或重建。与河流城市息息相关的河道，也多在清中期得到整治和开发——长江上游段部分航道得到有效开发；珠江水系西江段及一些支流的部分河段，其航运开发也成效颇大；京杭运河各段更普遍受到疏浚和治理，对漕运的管理也有所加强；黄河在这一时期也得到治理，虽然成效并不明显，但仍在一定程度上减缓了水患的破坏力度。

从清初开始，清政府就实行了鼓励垦荒的政策，其中康熙年间的"更名田"影响最大。另外，蠲免赋税、改革赋役等也在全国范围内得到普遍实施，包括康熙五十一年（1712）的"盛世滋丁，永不加赋"和雍正年间的"摊丁入亩"。在多种政策的影响下，清中期的农业不仅得以恢复，还在之前的基础上有了进一步发展。政权的稳定和农业的发展，其结果就是人口的持续增长，乾隆年间中国人口已经超过历史的最高水平。与此同时，人地矛盾也变得十分突出，耕地的有限迫使更多的人参与农业以外的手工业和服务业等非农经济的活动。长途的水上航运和陆路运输的开发，也促进了商品贸易的发展，导致商品经济的兴盛，城市因此而出现较大发展，其中以长江中下游城市和运河城市最为突出，越来越多的城市建成区开始溢出城墙。

19世纪中叶，西方列强用武力强制性地将中国拖入半殖民地的泥淖，中国社会发生质的变化，城市也开始经历前所未有的变迁。首先，外力侵入后，国内的一系列矛盾被激化，各地起义不断，相当部分地区的城市受战乱的影响而遭到破坏：长江中下游城市和运河城市主要受太平天国起义影响；黄淮沿岸则受捻军起义影响；黄河沿岸受陕甘回民起义影响；而波及珠江沿岸的主要有广州各地的抗英起义和云南回民起义；海河则受义和团影响较大；各边疆河流中，塔里木河沿岸多个城市受回民起义影响颇大。对外战争中，鸦片战争波及长江、珠江、海河部分城市，而辽河、黑龙江流域则受甲午战争和日俄战争影响。列强对东北和西部边疆的侵略，使清政府逐渐重视这些地区，就城市建设而言，最突出的影响是边疆城市数量的增加。一系列的战乱对城市造成了严重的破坏，而对外战争的屡战屡败，其结果除割地赔款外，还开辟了多个通商口岸城市。其中以长江水系最多，共9座。其次为珠江水系的7座。另外，海河水系2座、辽河水海7座、黑龙江水海5座、塔里木河1座、雅鲁藏布江1座。这些城市因对外开放而得早期现代化风气，加之轮船航运的发展，上海、天津、汉口、重庆等部分江河城市迅速崛起。但值得注意的是，这些城市的快速发展实际上是以中国内地大多数城市和广大农村的衰败为代价的。

总的来看，清末各主要河流水系城市普遍出现较大的变迁，黄河水系城市持续衰落，运河沿岸城市迅速衰败，长江和珠江水系城市有所发展，各边境水系城市数量得到增加并有了一定的发展，但并不完善，与内地城市仍有较大差距。

第七章　晚清城市的发展变迁

清代是中国从农业时代城市向工业时代城市转型的时期。农业时代向工业时代转型主要有两种模式：一种是原生渐变型，另一种是突变型。西方国家大多属于原生渐变型。布罗代尔曾说："在西方，资本主义和城市实际上是合二而一的。"[①] 西方国家在反对分裂割据势力中，王权与城市市民结成联盟来反对封建庄园主，支持他们发展贸易，城市较早产生了资本主义萌芽，城市发展所受约束力较小，市民具有独立的自治意识，因此，宗教改革发轫于城市，工业革命的一系列新发明也在城市中诞生，西方城市依靠内生力量通过工业化道路，顺理成章地完成了从传统城市到近代城市的转型。

中国城市是突变型模式的典型，这种突变发生于 19 世纪中后期。鸦片战争以后，中国国门渐开，西方资本主义国家对中国的入侵给中国城乡社会带来了极大的冲击，中国社会进入一个转型期。也就是从这时起，晚清城市发生剧烈变迁，开始打破单纯消费型城市的性质，打破城市与乡村无差别统一的状况，开启了向工业时代城市过渡的进程。但中国城市的这种过渡不同于西方国家城市的原生渐变过渡，是在外力拉动下开始的，笼上了半殖民地城市色彩。中国城市由于先天不足，走上工业城市的道路尤为崎岖。正是因为如此，中国特殊的国情也使得城市从此走上了具有中国特色的发展道路。这一时期中国城市发展转型在中国甚至世界城市发展史上都有特殊的地位。

第一节　近代开埠通商城市的分布与特点

近代以来中国城市出现了新的发展模式，出现了一批开埠通商城市。开埠通商城市又分为约开商埠和自开商埠，两者相比，对中国影响更大的是约开商埠。近代中国的对外开放不是中国主动采取的国策，而是在西方资本主义列强的武力威逼下，被迫实行的开放，通商口岸开放的过程也就是中国半殖民地的形成过程。尽管开埠通商对于中国城市的负面影响十分巨大，但对于新兴城市的发展和早期现代化

---

① ［法］布罗代尔著，顾良、施康强译：《15 至 18 世纪的物质文明、经济和资本主义》第一卷，生活·读书·新知三联书店，1992 年，第 610 页。

的启动也起了重要作用,这同样是不可否认的。

一、约开商埠城市的出现与分布

道光二十二年(1842),中英鸦片战争以中国被迫签订不平等的《中英江宁条约》及附属条约而结束,中国开放广州、福州、厦门、宁波、上海等 5 处为对外通商口岸,英国可派领事、管事等官员驻这 5 座城市,以专理商贾事宜。[①] 其后,历经多次战争,中国先后被迫与英、美、法、俄、日等列强签订一系列不平等条约。在不平等条约制约下,中国城市出现了新的类型:开埠通商城市。开埠通商城市分为约开商埠和自开商埠两种。道光二十二年至宣统二年(1910),中国先后约开的商埠共计 75 个(本为 76 个,安庆按条约规定应开埠,但因多种原因一直到清亡也未开埠)。这些约开商埠城市主要分布在沿海、沿江、东北边疆、西南边疆、西北、塞北地区。(见表 7-1)

表 7-1 晚清约开商埠城市一览表

地区	数量	开埠通商城市
东南沿海	16	广州、福州、厦门、宁波、上海、营口、烟台、天津、温州、北海、惠州、江门、琼州、汕头、淡水、台南(台湾府)
长江沿岸	12	江宁、镇江、九江、汉口、宜昌、芜湖、苏州、杭州、长沙、沙市、万县、重庆
东北地区	25	奉天、安东、大东沟、百草沟、龙井、局子街、头道沟、松花江、大连湾、凤凰城、辽阳、新民屯、铁岭、通江子、法库门、长春、吉林、哈尔滨、宁古塔、三姓、珲春、齐齐哈尔、海拉尔、瑷珲、满洲里
西南地区	11	大理府、蒙自、思茅、河口、腾越、江根墟、龙州、梧州、江孜、噶大克、亚东
西北地区	11	伊犁、塔尔巴哈台、喀什噶尔、库伦、肃州、迪化、哈密、吐鲁番、科布多、乌里雅苏台、古城
合计		75

本表据王铁崖编《中外旧约章汇编》第一至第三册整理编制。

注(1)安庆由于多种原因,一直到清末也未正式开埠。

(2)《中英天津条约》(1858 年 6 月 26 日)和《中法天津条约》(1858 年 6 月 27 日)规定增开牛庄、登州等十口为通商口岸。但实际上牛庄和登州均未开埠,分别改为营口和烟台。

目前,学术界对于光绪三十一年(1905),根据中日《会议东三省事宜条约》在东北地区开设的 16 个商埠的性质仍然莫衷一是。牛平汉等人认为其为约开商埠,在其编制的商埠表中将始约定国认定为日本,开埠经过中写道"中日《会议东三省

[①] 王铁崖:《中外旧约章汇编》第一册,生活·读书·新知三联书店,1957 年,第 31 页。

事宜正约》附约,第一款始开为商埠。"① 孔庆泰在《1921 年前中国已开商埠》一文中,同样在"开埠根据"一栏记录"日本约"②。近年来,学术界对此性质的观点发生了变化,徐柳凡在《清末民初自开商埠探析》中认为东北 16 个商埠是"约订自开"型,并强调这是"仅东北三省所独有",依据是"在关涉这 16 处商埠的《中日东三省事宜条约》中,明文通告这些口岸应由中国自开,口岸章程由中国自订",并指出其口岸主权在清政府之手,口岸章程由中国拟定。③ 杨天宏《口岸开放与社会变革》也将此 16 个口岸列为自开商埠,其理由有二:第一,张之洞等官员早在日俄战争期间就主张主动开埠;第二,东三省开埠城市的包括警政、商务管理权在内的一切行政权力都在中方手中,达到了一定程度抵制侵略渗透之目的。④ 费驰在《晚清东北商埠格局变迁研究》一文中谈道:"中外条约规定由中国按照自开商埠模式开设的称'约定'自开商埠。"⑤ 但他在其博士论文中提出了相左的看法,认为东北只有葫芦岛、绥芬河为自开商埠,意即否认了其之前的看法,同意该 16 个商埠为约开。双方争论的焦点集中在有无明确规定"约开"或"自开"的字语上:一方认为条约规定的开埠即为"约开商埠";另一方认为明确地写着自开即为"自开商埠"。但我们认为是否约开还是自开涉及开埠起源、法律条文效力、实施效果、产生的影响等多个方面。

从开埠起源来看,虽然清廷和地方大员早就有在东三省开埠的设想和提议,但是实际实施却是清廷在 1905 年底与日本签订《会议东三省事宜条约》时,才将此意写入条约"附约"第一款。《会议东三省事宜条约》是在国际调解背景之下清政府与日本妥协的产物,是一个不平等的条约,清政府在多方压力下,被迫同意将俄国在东北的利益让给日本,因而这 16 个口岸的设立,实际上也是不平等条约下产生的约开商埠。

从法律条文效力、实施效果、产生的影响上看,这 16 个开埠通商口岸与自开商埠也有所区别。在土地权利上,首先,东北地区实行的是与内地自开商埠相异的永租和年租两种并存的形式,并未完全废除永租制。其次,在租地的数量上,东北商埠也比济南、南宁等稍有放宽,如规定:"租地每人至少以十亩为限,至多以二十亩为限。""如欲设立公司以及大事业者",只要先行报明官府,就"准其多租"。在商埠管理方面,虽然开埠初期是以清政府委任的官员为主,制订了一系列市政建设规划、管理条例、课税标准,但在随后的进程中,外国势力逐渐侵蚀了这些权利,到 20 世纪 30 年代,这些商埠沦为日本殖民地。

综上所述,我们认为,从开埠起源、法律条文、实施效果、产生的影响等多个方面来看,东北三省于 1905 年根据中日《会议东三省事宜条约》所确定开放的 16

---

① 牛平汉:《清代政区沿革综表》,中国地图出版社,1990 年,第 531 页。
② 孔庆泰:《1921 年前中国已开商埠》,《历史档案》,1984 年第 2 期。
③ 徐柳凡:《清末民初自开商埠探析》,《南开学报》,1996 年第 5 期。
④ 杨天宏:《口岸开放与社会变革——近代中国自开商埠研究》,中华书局,2002 年,第 116 页。
⑤ 费驰:《晚清东北商埠格局变迁研究》,《史学集刊》,2007 年第 2 期。

个商埠性质虽为约定自开,但与其他自开商埠有明显的区别,故可列入约开范围。

从上表统计来看,近代中国条约开放商埠分布极广,时人称:"中外贸易之状况,年盛一年,凡商埠之订约开放及自行开放者,几遍通国。"① 如果按照省区来统计,几乎遍及我国主要的省区。近代中国除山西、河南、陕西、贵州4省无约开商埠外,其他各省区均有数量不等的约开商埠,贸易大门都在不同程度上被打开。约开商埠城市的空间分布以海疆和陆疆地区为主,但部分内陆省区的城市也因水路交通的开发而得以开放。从大的区域分布来看,东南沿海地区有16个、长江沿岸有12个、东北地区有25个、西南地区来看有11个、西北地区有11个,共计75个,几乎遍及中国的海疆与内陆边疆。值得注意的是,东北、西南、西北沿边地区的约开商埠数量虽然较多,但是这些商埠所在的城市大多数都规模不大,区位较偏,对内对外交通不便,特别是在铁路、公路等现代陆路交通方式未兴起以前,交通运输主要依靠畜力和人力,运输成本较高,对外开放程度有限,商品进出口量相对较小,因而只能在一定的地区范围内起着经济辐射和聚集的作用。与这些内陆边疆地区的开埠通商城市相比,沿海沿江的约开商埠城市大多数在未开埠以前,都已是各地区重要的工商业城市。如广州在鸦片战争以前曾是中国唯一的对外通商口岸城市,上海、天津也是清中期沿海地区的重要商贸城市,汉口、重庆分别是长江中游和上游最大的商埠,镇江、九江、宜昌、芜湖、沙市、万县、安庆等城市则是长江沿岸商品的重要集散枢纽。上海、天津、广州、宁波、厦门、汉口、重庆等城市,因居于中国门户位置或区域门户位置,水陆交通便利,经济发达,人口众多,经济腹地广阔,故而开埠后较其他的约开商埠城市发展更快,成为晚清中国最重要的工商业城市。中国被迫对外开放后,各开埠通商城市被纳入世界资本主义经济体系中,逐渐成为外国资本主义的附庸和外国资本家在中国倾销商品的市场与掠夺原料的基地。通商口岸城市的经济结构和社会结构也随之发生变化,由此推动了城市的转型与发展。

《江宁条约》签订之初,虽然允许外国人于各通商口岸携眷居住、贸易,然而并没有具体规定。道光二十二年(1842),清廷要求地方官员与外国领事审慎议定相关条款。二十五年,苏松太道宫慕久与英国人订立《上海土地章程》,自行划定洋泾浜以北、李家庄以南之地租与英国商人,为其建筑房舍及居住之用②,此为中国出现租界之始。咸丰四年(1854),《上海英法美租界租地章程》签订。此后,上海租界成例为其他通商口岸所引用。至宣统二年(1910),根据条约并事实上已建立的由各国专管或共管租界的通商口岸城市有广州、厦门、上海、天津、镇江、汉口、九江、重庆、苏州、杭州等。各国租界大都设在原有城区之外,其位置或为城外沿河岸地(上海、天津、广州、重庆),或为城区附近(汉口、苏州、九江),或距城区较远之地(镇江),或为离岛(厦门)。租界设立以后,各约开商埠的空间布

---

① 《中国商埠纪略》,《东方杂志》,1907年第11期。
② 王铁崖:《中外旧约章汇编》第一册,生活·读书·新知三联书店,1957年,第65页。

局亦随之变化,城市的空间随租界的建立与扩张而迅速扩大。

租界的出现不仅对中国社会影响甚巨,更对设立租界的城市产生深远的影响。租界成为西方列强侵略中国的桥头堡,并改变了这些城市的性质,使之成为殖民地或半殖民地城市。西方列强在上海最早划定租界,各国凭借其治外法权,将专管租界或公共租界变为完全处于中国政府控制之外的特定区域,成为"国中之国"。租界内设有外国人掌管的地方行政机关、警察机关、司法机关、监狱,并建有武装组织等。外国人还根据本国的制度在租界制定行政、治安、司法、卫生、道路、建筑等法规制度。在租界内,外国人不仅享有治外法权和种种特权,而且还可对租界内的中国居民行使司法权。租界内所设立的工部局、公董局等管理机构,对城市治安、道路、卫生等市政进行独立规划、管理和建设,各国纷纷在租界建设道路、电灯、煤气、自来水等设施,并引入先进的交通、通信设施,城市面貌为之一变,尤其在清洁卫生方面与华界形成明显的差别。时人有论:"今京师为首善之区,而地方之污秽亦以京师为重。上海为通商大埠,而城内街道之秽恶,较之租界,已有天壤之别。"①

各主要约开商埠在开埠通商后,因中外贸易的发展,逐渐成为全国性或地区性的商业贸易中心。从道光二十二年(1842)至光绪十九年(1893),英、美、法、德、日等国于中国开设的洋行数由40家增至580家,其中,各主要约开商埠皆设有为数众多的洋行及其分支机构。中国的对外进出口贸易,国内的转口贸易,皆以这些约开商埠为集散地。长江流域逐渐形成以上海为中心,沿江各口岸为次中心的市场体系,各地区间的物资交流、资金融通以及信息传输和技术传播皆以此为纽带。

各主要约开商埠在开埠后,也逐渐发展成为中国重要的工业城市。甲午战争以前,外国对华的资本输出约计2亿～3亿美元②,其中,绝大多数外资工厂位于通商口岸及其附近。道光二十五年(1845)至咸丰八年(1858),外商在中国开设船舶修造厂7家,其中5家设于上海,另有2家分别设于厦门和广州。同光年间,清政府所设军工、民用企业以通商口岸为多,其后民间资本所开办的工厂也主要集中于通商口岸。甲午战争后,约开商埠城市更成为新式工业的汇集地,仅上海所设民间资本厂矿企业即达83家,资本2387.9万元,分别占当时全国549家民间资本厂矿企业数及其资本额的15%与19.9%。③

因各主要约开商埠皆允许外国人自由出入,西方文化与先进科学、技术亦随之率先传入这些口岸城市。包括传教士在内的各国外侨纷纷在各口岸设立教堂、医院、学校、报馆、译书馆、图书馆、博物馆、出版社等文化机构,从而使约开商埠逐渐成为西方文化以及现代科技在中国的引进和传播中心,同时也成为中外文化交

---

① 《论中国宜讲求洁净地面之政》,《新学界丛编》癸卯年(光绪二十九年)卷一下。
② 吴承明:《帝国主义在旧中国的投资》,人民出版社,1955年,第35页。
③ 汪敬虞:《中国近代工业史资料》第二辑上册,科学出版社,1957年,第9页;第二辑下册,科学出版社,1957年,第654页。

流的中心。因此，约开商埠不仅是列强对中国进行文化侵略的基地，而且也是中国人了解世界、认识和学习西方先进文化和科学技术的重要窗口。

约开商埠城市是中国最先开始早期现代化转型的城市。开埠通商成为这些城市从农业时代城市向工业时代城市转变的契机，开埠通商打破了原有城市的封闭结构，城市经济快速发生变化，近代商业、工业、金融业、交通运输业等经济部门在这些城市畸形地膨胀起来，封建的行会制度和家庭制度开始逐渐瓦解。同时，社会结构也开始发生变化，新式商人、企业集团和近代知识分子出现，雇佣工人也随着工商业和交通运输业的发展而增多。开埠后，城市居民的思想观念也发生了很大的变化，新知识、新思想、新道德，为越来越多的人所接受。城市成为维新运动的策源地和辛亥革命的重要基地。

外国资本主义对中国城市早期现代化起催化作用的同时，也对中国城市产生了很大的负面影响，约开商埠城市最先成为半殖民地化和殖民地化的城市，外国资本主义以这些城市为重要据点，从政治、经济、文化、军事等各方面不断加深对中国的侵略。尽管这些城市可能在一定时期会十分繁荣，但它们的繁荣和发展实际上是以广大内地城市和农村的日益贫困为代价，从而使整个中国的早期现代化进程步履维艰。

二、自开商埠城市的出现与分布

对外开放是近代以来中国历史发展的大趋势，清王朝从闭关自守到被迫开放，其间经历了一个艰难的过程。随着中国与世界的联系日益增多，进一步扩大开放已不可避免。在这种情况之下，清政府也顺应潮流自行开放了若干通商口岸。清政府自开商埠的原因较复杂，有国际和国内的背景，也有清王朝决策者观念改变等因素。

近代中国自开商埠是中国早期现代化进程的产物。中国是后发展现代化的国家，由于现代化不是从中国内部产生的，因而中国需要不断与外国接触，向外国学习，与外国进行多层次的政治、经济、文化交往。城市或地区的开放总是伴随着国际间经济、技术交流合作、引进资金与技术、开发国内经济，参与国际市场竞争是开放的基本要求。但是近代中国的开放不是主动进行的，而是西方列强用强力打开了中国的大门，强迫中国开放。近代中国与外国之间的关系是建立在不平等条约基础上的，中国与外国的交往不是在正常的平等的基础上进行的，近代中外关系充满了激烈尖锐的矛盾和斗争，中国始终处于被侵略被奴役的地位。中外交往的桥梁——约开商埠成为外国势力侵略、奴役中国的基地和桥头堡。因而近代约开商埠城市存在许多负面效应，它的存在和发展使越来越多的中国人强烈地感受到利权的丧失，因而不少进步的知识分子和官员呼吁改革开放，抵制外国的侵略和掠夺。光绪初年,有识之士指出:既不能禁各国通商,唯有自理其商务而已。① 后更有人主张仿照恰克图买卖圈及江海各埠租界之式,凡轮船、铁路、电报所通之地及土地、土产、矿金、工艺所萃之区,一律由各地方官提款购买民田,自开商埠。② 在既不能闭关绝市,而各国借端要挟又层出不穷的形势下,自行开辟商埠,使利权不致外溢,探寻富强之道的呼声越来越高涨。

光绪二十一年(1895)甲午之战,中国战败,清廷被迫与日本签订不平等的《马关条约》,对外开放进一步扩大,主权外溢更加严重,列强掀起了瓜分中国的狂潮,并运用了不同于过去的侵华新方法,即运用附有政治条件的贷款、修筑铁路、开矿山、租借地、开通商口岸等来划分"势力范围"。这种"危如朝露"的局势,迫使清朝统治者采取对策。清廷确立"争得一分即有一分之益"的原则,电谕各省督抚为添设各处口岸事宜出谋划策。部分清朝官员已开始认识到被动开放带来的恶果,他们力图阻止外国人在约开商埠增辟外国人专管的租界,但是同时也认识到中国对外开放的必然性和必要性,逐渐改变过去那种保守消极的心态,不再要求中国回到闭关自守的状态中去,而是以积极的开放心态来对待开埠通商。他们认识到开埠通商一方面有利于外国商人,但另一方面对于中国经济的发展也有一定的促进作用,一些重要的口岸与其在外国人的压力下被迫签约开埠,"转致授柄于人,不如自开口岸"③;与其被动开放,受制于人,不如主动开放,自主之权在我,因而自开商埠是中国走向世界的一个重要举措和转折。越来越多的官员对于开埠通商不再持否定的立场,转而支持自开商埠。两江总督张之洞奏称:应以宁波之例,择地建通商场,其地方人民管辖之权,仍归中国,其巡捕、缉匪、修路等一切事务,俱由该地方官出资募人办理;不准外人自设巡捕,以免侵中国辖地之权。此一时期,朝野上下形成共识:与其授柄于人,不如自开口岸,尚可以限制。④ 防范外人、保利权、抵制外国对中国的经济侵略成为其后清政府自开商埠的重要动机。如岳州即是在抵制外国人要求开放湖南的动机下自行开辟为商埠的。此外,南宁、昆明自开为商埠的主要动机也是为了保中国之利权。

光绪二十四年(1898)三月,岳阳、三都澳、秦皇岛同时呈准自开商埠。同年六月,光绪帝发布上谕称:欧洲通例,凡通商口岸,各国均不得侵占,现当海禁洞开,强邻环伺,欲图商务流通,唯有广开口岸一法。如有形势扼要,商贾辐辏之区,可以推广口岸展拓商埠者,即行咨商总理衙门,唯须详定节目,不准划作租界,以均利益,以保事权。⑤ 自此之后,中国自开商埠不断设立。至宣统三年(1911),先后被批准且事实上已开为商埠者有19个。(见表7-2)

---

① 薛福成:《筹洋刍议》,《薛福成选集》,上海人民出版社,1987年,第541页。
② 陈炽:《大兴商埠说》,《陈炽集》,中华书局,1997年,第245页。
③ 王彦威等:《清季外交史料》卷一百三十六,书目文献出版社,1987年,第2256页。
④ 王彦威等:《清季外交史料》卷一百十七,书目文献出版社,1987年,第1972—1973页。
⑤ 朱寿朋编,张静庐点校:《光绪朝东华录》第四册,中华书局,1958年,第4158页。

表 7-2 晚清自开商埠城市一览表

开埠时间①	商埠名称	所在省区
1898	吴淞	江苏
1905	海州	江苏
1910	浦口	江苏
1906	天生港	江苏
1898	三都澳	福建
1902	鼓浪屿	福建
1898	岳州	湖南
1905	湘潭	湖南
1905	常德	湖南
1898	秦皇岛	直隶
1899	南宁	广西
1905	昆明	云南
1904	济南	山东
1904	周村	山东
1904	潍县	山东
1908	葫芦岛	奉天
1908	绥芬河	黑龙江
1908	公益埠	广东
1908	香洲	广东

王铁崖：《中外旧约章汇编》第一至第三册，生活·读书·新知三联书店，1957—1982 年。

按《中日通商行船续约》规定，"如驻扎直隶省之各国兵队暨各国护馆兵队一律撤退后，中国即当在北京自开商埠，其详细章程临时商酌订定"。同时又规定："将盛京省之奉天府又盛京省之大东沟两处地方，由中国自行开埠通商。"但其后由于多种原因北京并未自行开通商埠，而奉天和大东沟两处实际上成为与其他约开商埠一样的通商口岸。

晚清自开商埠的地区分布与约开商埠有所不同，虽然也是设在水陆交通比较便利的城市，但以内陆中小城市为主，尤其是以铁路沿线城市为主。

各自开商埠不仅设置有专门的管理机构，而且有较为完整的规划。济南开埠时，即已划定东起十五殿，西抵北大槐树，南至经七路，北以胶济铁路为限的商埠区②；商埠规划以胶济铁路走向为准，采用经纬交叉棋盘式道路布局，街道纵横交

---

① 开埠时间为批准开埠时间。
② 《直隶总督袁山东巡抚胡会奏济南城外自开商埠先拟开办章程折》，《东方杂志》，1905 年第 7 期。

又呈方格网状，既利交通，又便于排水；街坊设计则根据马路的纵横间隔而划分为大小不等的矩形，四边临街建店铺，坊内则布置居住建筑。商埠内分设华人贸易处、华洋贸易处、西人住家处、领事驻扎处，以及花园和菜市等。《济南商埠章程》还规定：商埠内筑马路、修沟渠、建衙署、设押所、立市场、开井泉、种树木，均须次第筹办。

自开商埠设有通商场，允许外国人在通商场内租地建房，并享有片面最惠国待遇和领事裁判权，另在商业贸易方面实行一定程度的优惠。与约开商埠相较，自开商埠尤重国家主权的维护。各自开商埠的行政管理权、立法权和司法权均为中国政府所有。自开商埠的司法权也属于中国政府，各自开商埠先后都设立有司法管理机构。自开商埠取消了约开商埠的土地永租权。由于取消了外国人在约开商埠中所享有的土地永租权，因而使外国人失去在自开商埠设立专管租界的借口。自开商埠的征税权也属于中国政府，外国人在自开商埠内有纳税的义务，除纳营业税、不动产税、印花税、所得税外，对于修筑码头、桥梁、街道、沟渠等，也有交捐的义务。自开商埠城市在开埠以后，商业贸易皆有相当大的发展。岳州于 1898 年批准开埠通，此后对外贸易额迅速增长，1901 年对外贸易额达 40 万海关两，二十九年对外贸易额增至 347 万海关两。与此同时，自开商埠的新式工业也获得较大发展。昆明在开埠以前，其新式工业企业仅有云南机器局与云南矿务招商局两家。1905 年，云贵总督奏准昆明自开商埠后，官办及民办新式工厂迅速发展，至宣统二年（1910），先后开设的新式工厂有二十余家，涉及采矿、造币、火柴、鞋帽、制革、卷烟、食品、公用、印刷、制茶、机具等行业。济南新式工业于自开商埠后亦获得较大发展，至宣统三年，新开办企业达 21 家。[①]

与约开商埠相比较，自开商埠城市的发展基础普遍较弱，大部分自开商埠城市在开埠前城市经济并不繁盛，地理位置亦相对较差，无论区位还是交通便利程度皆不如沿江沿海的重要约开商埠城市。因此，自开商埠城市于开埠以后虽然皆有所发展，然较之重要约开商埠城市而言，其发展仍然滞后。

自开商埠是中国在对外开放过程中所采取的主动、积极的措施，它试图避免被动开放所带来的种种消极后果，希望通过主动开放，一方面保护中国的利权，另一方面吸引外国资本、技术、商品等，以推动本地经济和社会的发展。因此，自开商埠的建立对于开埠城市和所在地区在不同程度上产生了多种影响，推动了城市的发展。

近代中国自开商埠的地区分布较约开商埠有所不同，虽然一般也都设在水陆交通比较方便的城市，但以内陆城市为主，而且是以中小城市为主，尤其是以铁路沿线的城市为主。这主要是因为 20 世纪以来，铁路的建设改变了 19 世纪中国的交通地理。19 世纪，中国的现代交通以沿海和沿江的轮船运输为主，因而这一阶段的约开商埠主要是在沿海沿江及沿边地区。19 世纪末 20 世纪初，铁路在中国得到较

[①] 济南市社会科学研究所：《济南简史》，齐鲁书社，1986 年，附《济南近代企业一览表》。

广泛的建设,从而改变了中国过去陆路交通极不方便的状况,因此铁路沿线和铁路终点城市成为新的经济增长点,这些城市需要加强与外部的经济、文化交流,选择这些城市作为自开商埠自然有其内在的必然性。

三、约开商埠与自开商埠的区别与特点

约开商埠与未开商埠的城市有相当大的区别,其时一位外国人评价说:"通商口岸所具有的利益而为非通商口岸所无者,就是外国人可以拥有土地房屋并在那里居住,外国商船可以在那里装卸货物,外国和中国商品可以在交纳一定的关税后进出口,外国货可以由这些口岸送往内地,土产也可以根据某些规定装运到外国。在这些口岸有洋关征收关税,洋关的人员全部为欧洲人,而且直接由北京领导,因此完全不受省政府管辖。所有轮船以及洋式船只上的贸易,无论国籍,甚至悬挂中国国旗的船只,洋关也有权监督。这些船上所载的一切货物,无论其货主属于任何国籍,一经进入口岸,都要受这个机关即所谓洋关的管辖。因此中国进出口商人与外国商人在纳税方面是处在同样地位的。"[①] 以上的看法具有一定的道理,但片面性也是十分突出的。约开商埠与未开放城市及自开商埠城市的区别并不仅仅在以上几点,更重要的是约开商埠是不平等条约的产物,外国人通过不平等条约剥夺了中国对约开商埠的行政管理主权。

近代中国约开商埠的开放与当代中国城市的开放有着根本的区别:

(1) 近代中国约开商埠城市的开放是一种被迫的开放,是西方列强用暴力强加给中国的,是中国政府一次又一次地屈服于外国势力的讹诈、威胁的屈辱结果。

(2) 近代中国约开商埠城市的开放是一种不平等的屈辱性质的开放,是以部分丧失中国主权为代价的,本质上是外国殖民主义侵华意志的体现,是列强武力侵略中国的结果。这种开放是为了满足外国殖民主义者的侵华要求,并由他们一手促成。外国殖民主义者开放这些城市没有任何高尚的动机,他们入侵中国,强迫这些城市开放,只是为了倾销他们的商品,占领中国的市场,掠夺中国的财富,满足其卑劣的贪欲而已。

对于现代主权国家来说,无论执行何种开放政策,赋予外国人的权利总是有一定限度的,但近代中国的对外开放,外国人所享受的权利却是超越了现代任何主权国家所能赋予外国人的权利范围。特别是租界制度确立以后,租界与外部世界的联系已非中国政府所能规定或参与。外国人在约开商埠,特别是在租界内,不仅自由往来、居住以及通商贸易,而且所享受的政治权利远远超过了中国人民。按照不平等条约规定,外国人在中国不受中国行政司法管辖,中国政府和租界内的中国居民对于租界的管理毫无发言权,中国居民在租界中受到殖民主义的统治。而享有治外法权的外国人在约开商埠中能够在各方面获得最大的行动自由,甚至是达到了毫无

---

① 姚贤镐:《中国近代对外贸易史资料(1840—1895)》第二册,中华书局,1962年,第735页。

禁忌、为所欲为的地步。外国人到上海等城市，无须具备护照等手续，他们想来就来，想走就走。外国商人在上海等城市的经济活动不受当地政府的任何监督，甚至可以不受租界当局的制约，外国商人可以进出口一切违反中国法律的货物。基希在《秘密的中国》一书中写道："在上海，英国的出口货商号供给坦克车和铁甲车，法国的商号供给炮，捷克的供给机关枪，挪威的供给炸药，比利时的供给连发手枪，瑞典的供给探海灯，德国的供给毒瓦斯，美国的供给绵火药和硝酸盐——这一切都是公开的。非公开的营业至少有公开营业同样的规模。"① 这种开放是一种以丧失国家主权为代价的殖民地性质的开放，是殖民主义列强用暴力强加给中国的，因此也必然带来许多恶果和消极影响。如社会控制机制软弱无力，治安混乱，黑势力猖獗，藏污纳垢，成为"罪恶的渊薮"，城市的发展和城市建设处于无序状态。

近代中国城市一旦被强制性的约开后，也就逐渐向殖民地、半殖民地演变。外国资本势力纷纷以此为据点，从政治、经济、文化、军事等各方面不断加强对中国的侵略，造成城乡发展脱节。从单体城市的发展来看，这些城市发展可能十分繁荣，但个别城市的畸形繁荣和发展实际上是以广大内地城市和农村的日益贫困为代价的，从而使整个中国的早期现代化进程步履艰难。由此可见，近代的对外开放对中国城市早期现代化既有推动作用，又有阻碍作用，两者的关系是十分复杂的，不能一概而论，需要做多方面的具体分析。

自开商埠与约开商埠相比，既有共同之处，也有根本的区别。自开商埠和约开商埠均是近代中国对外开放的城市，自开商埠也设有通商场，在通商场内，对外国人在商业贸易方面实行一定程度的政策优惠，并允许外国人在通商场内租地建房。由于中国已逐渐成为半殖民地，故居住在自开商埠中的外国人仍然与约开商埠中居住的外国人一样享有片面最惠国待遇和领事裁判权。但是，自开商埠（除鼓浪屿公地）与约开商埠在本质上却有着根本的区别，主要表现在中国政府对自开商埠行使领土主权，而在约开商埠中，中国政府对于租界没有任何主权。

首先，在自开商埠中，中国政府拥有独立的行政管理权、立法权和司法权。清政府在自开第一批商埠时就强调自开商埠的性质与约开商埠有所区别，自开商埠应该归中国政府管辖，因而在每一个自开商埠中都划定了由中国政府管理的通商场，外国人在自开商埠内，可以照章租地屋，但是他们只有居住权、经商权，不享有在约开商埠租界中的行政、警察、立法、司法、税收等各项特权。如对于中国自开商埠产生了较大影响的《岳州城陵租地章程》规定，各国商民在埠内侨寓，中国地方官自应按约保护其安全，所有巡捕、衙事、工程等，均由岳州关监督会同税务司设立管理。② 另外，与通商埠建设有关的"买地、挪房及迁移坟墓等事，皆由岳州关监督作主，外人不得干预。""通商埠内工程由监督会同税务司办理，至于各商在本埠码头报关上下之货，应照已完成正税百两者，捐收二成，以为建造码头、修理道

---

① ［捷］基希著，周立波译：《秘密的中国》，群众出版社，1981年，第109页。
② 王铁崖：《中外旧约章汇编》第一册，生活·读书·新知三联书店，1957年，第928页。

路之费。"① 其后自开商埠所订立的章程多参照岳州的章程,并在此基础上有所改进,但都十分强调对中国主权的保护。如南宁、济南等城市开埠时,对行政、司法主权做了明确的规定。济南是近代中国第一个自开商埠的内陆省会城市,因而有关官员对于捍卫主权十分重视,严格划定界线,规定通商场外不准洋商租赁房屋,开设行栈,商埠内的工程建设和治安等均由清政府地方官负责。② 其后济南通商场内设立的工程局、巡警局、发审局均归山东洋务局管辖。此外,《济南商埠开办章程》还规定邮政、电话、电报等市政基础设施建设一律由中国政府自办,不许外国人经办,以保中国利权。《南宁商埠章程》也对埠内邮政、电报、电话、自来水、水道等均由中国自办或招商承办做了明确的规定。

自开商埠是作为抵制外国侵略、收回中国利权的一种举措,因而几乎所有的自开商埠所订立的开埠租地章程都是中国政府先行拟订、颁布的,其商埠内的各种管理章程也基本上是由中国地方官员议订和颁布。如在岳州和南宁等通商租地章程中虽然有"惟有约束各国商民章程,由监督照请领事官酌定"等话语,但是这并不表明外国人拥有立法权,相反表明立法权仍然在中国政府,只是因为管理外国人与管理中国人有所区别,故在订立管理外国人的章程时,需与外国领事会商,以取得外国领事的支持,这样做在当时是无可厚非的。

自开商埠中的司法权也属于中国政府,各自开商埠都设有司法管理机构,这些司法机构都由中国政府管辖,其司法权由中国官员行使。甚至1901年签订的《厦门鼓浪屿公地章程》对通商埠内外国人所享有的领事裁判权做了具有挑战性的规定:"倘有干犯中国法令,如诳骗财物、杀伤人命、抢劫偷窃、勾结会匪、扰害地方之犯逃入界内,一经中国地方官员查明,应即随时派捕协拿交案,照中国律例惩办,不得庇匿。"③ 以上规定没有明确说明是针对外国人的,比较笼统,含糊其词,因而可以做多种解释,既可针对中国人,也可以针对外国人。《济南商埠开办章程》规定:"商埠界内应设之工程巡警暨审理词讼等事,本系地方应有之责,拟均归济东泰武临道就近监督。"④

其次,在土地制度方面取消了约开商埠租界中的土地"永租权"。如《岳州城陵租地章程》划定通商地界,规定界内的土地均可出租,租银分为三等:上等每亩每年租银100元,中等每亩每年租银80元,下等每亩每年租银50元,并规定每亩每年应纳粮3元,不另缴别项,从而改变了约开商埠租界中外国人按亩纳一次租银并年纳地丁、漕米银后就可以"永租"土地的不合理现象。尽管章程规定通商埠内的各国工商业者均可照章租地,建造屋宇栈房,但由于取消了外国人在约开商埠中所享有的土地"永租权",因而使外国人没有了建立专管租界的借口。

另外,自开商埠对于外国人租地面积也做了较严格的限制,规定每户租地一般

---

① 王铁崖:《中外旧约章汇编》第一册,生活·读书·新知三联书店,1957年,第928页。
② 《直隶总督袁山东巡抚胡会奏济南城外自开商埠先拟开办章程折》,《东方杂志》,1905年第7期。
③ 王铁崖:《中外旧约章汇编》第二册,生活·读书·新知三联书店,1959年,第12页。
④ 《直隶总督袁山东巡抚胡会奏济南城外自开商埠先拟开办章程折》,《东方杂志》,1905年第7期。

不得超过 10 亩，租契以 30 年为期，期满换约，仍订 30 年为限。南宁自开商埠后对于租期略做了一点小的修正，即将租期 30 年改为租期 33 年，期满换契，仍订 33 年，如果期满 66 年，该地或由中国政府收回，或者再订约出租，"听中国之便"。这样就从法律上保证了中国政府拥有收回所租土地的权力。还将租金改为每亩 60 元、50 元、40 元三等，并仍然规定无论何种等级的地每亩每年要纳钱粮 3 元。如果期满尚未换约，或租地人拖欠租银、地税达一年以上，中国政府有权注销该租户的租契，所租土地则收归中国政府所有。其他的自开商埠也均无土地永租的规定，从而保证了中国的领土主权，也避免了外国人将自开商埠蚕食鲸吞的可能性。

最后，自开商埠的征税权也属于中国政府，取消了外国人在约开商埠租界中所拥有的征税特权，规定外国人在自开商埠内无征收赋税的权力，但有纳税的义务。除纳营业税、不动产税、印花税、所得税外，对于修筑码头、桥梁、街道、沟渠等，外国人也有捐钱的义务。尽管对于这种额外增加的捐税，需要征得纳税人的同意，外国领事官员等也可以参与会商，但他们无决定之权，决定权仍然归中国政府。如《济南商埠开办章程》规定："济南城外为陆路商埠，与各口岸情形不同，设立税关章程，俟日后查看情形，随时酌量订办，所有马路、巡捕、路灯、洒扫需用各项经费，先由华官自行筹备，应抽之房铺大小车辆各项之捐，查看情形，照各埠通例，依次抽收，届时华洋各商一体遵照。"①

民国以后自开的商埠也基本上沿用清朝时自开商埠所定的办法。1915 年，北京政府为了统一自开商埠章程，颁布了新的自开商埠章程细则，其主要内容有以下几方面：

（1）凡自开商埠，本国人与有约国人都可以居住、贸易，但外国人以商埠界内为限，界址以外，不得租赁房屋，开设行栈。

（2）商埠界内一切行政、司法权统归中国官吏管理执行。关于外国人的诉讼，依约办理。外国人如果愿赴中国官厅起诉时，也可受理。

（3）在自开商埠设立商埠局，管理界内土地、工程、警察、杂税各事项。

（4）界内土地的租期，以 50 年为限。②

此章程颁布后，各地自开商埠的章程均以此为准绳，从而使自开商埠形成不同于约开商埠的特色，即自开商埠的行政主权、立法权和司法权均属于中国政府。

在近代中国的自开商埠中，唯一特殊的是厦门鼓浪屿公地。如按照 1901 年签订的《厦门鼓浪屿公地章程》，该处与其他自开商埠没有区别。但由于外国领事的强求和清朝地方官员的妥协退让，该公地实际上成为与约开商埠中的租界基本相同的公共租界。1902 年 1 月，中国与各国签订的《厦门鼓浪屿续订公地章程》规定，界内设立工部局，作为公地的行政管理机构，"凡界内现有马路、码头、墓亭以及

---

① 《直隶总督袁山东巡抚胡会奏济南城外自开商埠先拟开办章程折》，《东方杂志》，1905 年第 7 期。
② 《列强在中国的租界》编辑委员会：《列强在中国的租界》，中国文史出版社，1992 年，第 568 页。

公局之地址、房屋均由公局掌业，遇有推广增筑以上各项另需地段之处，准由公局与该业户议价购置"①。关于工部局的人员构成，该章程也明确规定："局中办事之员，洋人五六位，华人一二位……此五位洋人，系公会时经有阄之人拈阄推举，此位华人，系厦门道台派委殷实妥当之人。"该章程对于有选举权者也做了三项规定："一、凡洋人在鼓浪屿管地，在领事存案估值不在一千元之下者，可以公举洋人；董事系公举，故须如此。华人董事由厦门道派定，毋须公举，不在此例。一、执有特字代前项管理人不在此口者，可以公举。一、洋人除照费外每年完捐在五千元以上者，可以公举。"对于可举充局员也做了规定："洋人有应管产业在鼓浪屿估值五千元以上者，可以举充局员；一、寓居鼓浪屿洋人租捐每年纳在四百元者，无论该租系伊、伊会或公司代偿，均可举充。惟同行、同会、同公司之内，许一人举充；同居之屋者，亦许一人举充。"② 这样，外国人通过该章程将鼓浪屿公地工部局掌握在手中。工部局成立之初，设有董事7人，其中1名由中国政府指派华人担任，称华董，其余6名由洋人纳税者会选举产生，称洋董。20世纪20年代，由于中国人民的反帝斗争风起云涌，经过不懈的抗议和斗争，厦门领事团被迫同意将鼓浪屿工部局董事会中的华董人数增加至3人，洋董人数减少至4人，其后改为5人。③

  由此可见，自开商埠是近代中国对外开放的产物，它是中国为了适应世界一体化潮流，同时抵制外国人通过约开商埠来剥夺中国的主权，加深对中国侵略的一种手段。因此自开商埠的出现不仅对于中国社会经济的发展具有积极的影响，而且对约开商埠也产生了重要的影响。自开商埠设立的一个重要目的就在于排斥约开商埠中的租界制度，清廷在批准岳州等作为自开商埠时就明确提出："展拓商埠……须详定节目，不准划作租界，以均利益，而保事权。"其后，自开商埠都把"不准划作租界"作为一个重要的原则，从而将商埠内的行政管理、经济管理以及司法主权等控制在中国政府手中。正是因为自开商埠比较成功地建立了中国的管理体系，才使外国人在其后约开商埠中不能再建立租界。如1902—1903年间中国与英、日、美、德、葡等国分别签订的续订通商行船条约，中国续开的长沙、万县、安庆、惠州、江门、奉天、安东等城市都未规定设立租界，保留了中国的主权。

  近代中国自开商埠的数量虽然较约开商埠少，城市规模相对不大，但这些城市的对外开放不仅对于城市自身的发展起了十分重要的作用，而且对区域的发展也影响甚大。

---

① 王铁崖：《中外旧约章汇编》第二册，生活·读书·新知三联书店，1959年，第21页。
② 王铁崖：《中外旧约章汇编》第二册，生活·读书·新知三联书店，1959年，第20页。
③ 《列强在中国的租界》编辑委员会：《列强在中国的租界》，中国文史出版社，1992年，第333页。

第二节　开埠通商城市的发展与早期现代化

近代中国的对外开放不是中国主动采取的国策，而是在西方资本主义列强的武力威逼下被迫实行的开放，通商口岸开放的过程也就是中国半殖民地半封建社会的形成过程。尽管开埠通商对于中国城市的产生有很大的负面影响，但是对于新兴城市的发展和早期现代化的启动起到了重要作用，这是不能否认的。

一、开埠通商与城市的发展

中国在历史上曾是一个十分开放的国家，汉唐时期的长安、洛阳等均是开放性的国际化城市。入清以来，由于清王朝是由满族建立的一个封建专制政权，他们惧怕汉族人民的反抗，惧怕汉族人民与外国人发生经济、文化联系，从而动摇其统治，故实行闭关锁国政策。在农业文明时代，当中国的国力还比较强盛时，闭关锁国政策可以起到一定的作用。但是随着以蒸汽机为标志的现代化工业文明崛起，新的生产力高速发展，资本主义商品经济的浪潮开始席卷全球时，封建的闭关自守面临严重的挑战，开放成为一切国家与地区必然的发展趋势。正如马克思所说："新的工业的建立已经成为一切文明民族的生死攸关的问题……过去那种地方和民族的自给自足和闭关自守状态，被各民族的各方面的互相往来和各方面的互相依赖所代替了。物质的生产是如此，精神的生产也是如此。"

19世纪至20世纪中期，国际经济秩序以一切服从发达国家的利益而牺牲发展中国家的利益为特征。近代中国的对外开放也是以外国资本主义在华利益的需要为转移。当中国向世界开放后，无论是被迫开放还是主动开放，这些开放城市不仅受到中国的政治、经济发展的制约，同时也必然受到国际社会政治发展的制约，受到世界资本主义商品经济发展的制约。

尽管中国的对外开放是资本主义列强用武力强加的病态性开放，是近代中国受屈辱的一大标志，但是这种开放仍然具有双重效应：一方面，开放意味着中国向半殖民地的沉沦，另一方面也使中国的现代化得到启动，对中国社会的进步和生产力的发展起了积极的影响，打破了中国对外封闭隔绝的状态，从而使这些开放城市与世界发生了前所未有的交往和联系，推动了这些城市结构和功能的改变，推动了其早期现代化的产生和发展。

开放是城市发展的重要契机，城市经济现代化则是开放的坚实基础。开放经济运动是以区域形式产生，也以区域运动形式为存在的重要形式。区域开放与经济发展是一个渐进的过程，区域发展的水平差异，要根据区域优势进行合理的空间选择，在那些最优增长地区率先开放，由此带动地区开放与经济成长。弗郎索瓦·佩鲁认为："增长并非同时出现在所有的地方，它以不同的强度首先出现于增长点或增长极上,然后通过不同的渠道向外扩散,并对整个经济产生不同的最终影响。"因此地区开放并不要求空间的平行推行和时间的同步运行,而是通过地区增长点和增长极的优先发展,并通过其所有形成的"极化效应"和"扩散效应"来以点带面,实现整体发展的效果。开埠通商城市就是这样的增长极,具有明显的区位优势,因而发展较快。

近代中国城市发展较快的地区主要有两个:一个是东北地区,一个是东部沿海沿江地区。

东北地区在 19 世纪中期以前,城市数量少、规模小,但 19 世纪末以来,日俄竞相在我国东北地区发展势力,注入了大量的资本,引进了多种先进技术和设备。大规模修筑铁路、开挖矿山,这需要大批劳动力,从而使移民人数剧增,19 世纪末 20 世纪初,东北人口约 1600 万人,到 1931 年全东北人口达到 3200 万人,净增人口 100%。由于人口的增加和近代工业、交通运输业的发展,东北地区城市发展很快,仅作为基层区域政治中心的县城就增至 120 多个,还出现了许多新兴的工矿城市和港口城市,如沈阳、大连、鞍山、抚顺、齐齐哈尔、哈尔滨等城市成为区域性的经济中心。

如果说东北地区城市的发展是一种特殊的殖民地条件下的发展,那么东部沿海沿江地区城市的发展则与开埠通商有着密切关系。这一地区北起天津,南至广州,中心点为上海,并以此为起点向西延伸到长江中上游,形成 T 字形。这一地区的开放城市在 19 世纪中叶到 20 世纪中叶的百余年间出现了较快的发展,特别是上海、天津、汉口、重庆等城市在 19 世纪中叶以前,均是规模不大的中小型城市,但在开放后,它们的自然地理优势和社会经济优势得到充分的发挥,促进了城市的高速发展,从而奠定了这些城市成为当代中国较大的经济中心或区域性经济中心的基础。

上海位于东亚大陆海岸线的中点,是中国沿海航运的中枢,同时又位于长江入海口,是中国最富饶的长江流域的海上门户,上海所在的长江三角洲人口稠密,经济发展水平较高,足以为上海城市的发展提供足够的劳动力和物质基础。但是上海城市的这些优势在开埠前并未得到充分的发挥,明清时期,上海的航运业虽然得到较大程度的发展,但城市经济仍然不发达,远不及有"天下四大聚"之称的苏州繁荣,城市规模也不大,市区人口仅 20 万人左右,只是一个中等规模的县级城市。[①]上海开放后,海洋经济与长江经济相结合,上海所具有的优越的地理条件得以充分发挥,产生了巨大的经济价值。

从世界城市的发展史来看,一座城市要成为近代经济中心,并能在较长的时间内保持其地位,必须具备三个条件:

(1) 以贸易为先导。不仅是以天然产品和手工业产品为主的初级贸易,更主要的是形成越区贸易和越项贸易,有利于城市形成一定的经济规模和商品的社会容

---

① 邹依仁:《旧上海人口变迁的研究》,上海人民出版社,1980 年,第 15 页。

量，成为国内甚至国际贸易的重要集散地。

（2）以制造业为支柱。制造业的崛起更容易突出贸易的功能，不仅刺激资源的开发和财富的创造，而且使城市聚集人才和形成科技优势。

（3）以发展金融为关键。金融业不受时空的限制，对于经济的渗透力最强、辐射面最广，金融中心一旦形成，影响久远。

上海上升为大城市的基本要素，主要有以下几个方面：中外交通联系网特别是海上运输与中国内河长江运输交汇的中心位置；进出口贸易的高度集中；制造业生产技术创新部门的设立；金融业的高度集中；较高级公共、私人管理和服务功能的集中以及主要形成资本的财产和大量合格劳动力的供给等。上海不但是一个大港口、大百货市场，而且还是一个大工厂。虽然上海在对外贸易方面使用了较大部分资本，但是它作为中国制造业的中心也是引人注目的。在投资总量、工厂数量、工人人数、资金利润率等各方面，上海都超过了近代任何一个大城市。这里发展非常迅速的制造业部门是那些直接由城市商业开发的部门，这些产业扩大了城市人口，并且使城市的商业更加活跃。

上海是近代中国最具有经济和金融集中特征的城市，贸易、金融以自由的形式在那里发展。上海城市的发展是在一系列由创新所触发的经济发展的长期波动中展开的。上海是近代中国经济创新的中心，而且仍将继续是创新的中心。上海由于所处的地理位置使它很快成为全国最大的国内外贸易中心，从而取代了广州的外贸中心地位。上海的进出口贸易在19世纪70年代已占全国进出口贸易总额的50%左右，20世纪以来，上海的年进出口贸易也保持全国进出口贸易总额的40%以上。进出口贸易是上海经济的支柱，进出口贸易的快速发展，直接推动了上海的航运业、船舶修造业和进出口加工业的大发展，同时也吸引大量的国内外商业资本和金融资本向上海集中。上海成为中国和远东的商品集散地和金融中心，对外贸易、埠际贸易和金融业的发展，成为推动上海城市繁荣的动力。上海成为控制中国广大腹地经济的转口贸易中心。上海以内外扇面枢纽地位，居埠际及中外贸易之首。上海成为中国的金融中心，早在19世纪80年代已占全国金融结算额之80%，而且控制着各国对华巨额借款，控制着中国的财政命脉。

由于工业化和世界经济一体化的形成，使1840年还是一个相对默默无闻的小城市的上海能够很快上升为具有世界地位的大城市，到1937年已与伦敦、巴黎几乎具有同等地位。上海成为近代中国发展最快、规模最大的城市。1852年上海整个地区人口约54万，但到1949年，上海城市人口达到545万人，是百年前的10倍。

天津是近代中国因开放而超常发展的另一个沿海城市。作为近代中国第二大工商业城市，天津的兴起过程与上海有一些相似之处，但也有其独特的发展道路。

天津的崛起同样也是由于它具有较为优越的地理区位，这也是天津成为中国北方主要商埠的一个十分重要的内在原因。开埠后，天津很快就成为华北传统市场与国际市场相连接的重要枢纽。其时北方的其他港口城市或是还未开放，或是规模不大，或是受内陆交通的限制，因而天津以其较为优越的地理位置和广阔的腹地成为北方最大的贸易港口。天津开埠后，吸引了一批外国商人，他们"希望这个港口能在重要性上压倒上海或其他敌手，或者至少把那些地区的商业吸引过来"。尽管洋商们企求天津在商业贸易上压倒上海的希望未成为现实，但开埠后确实每年都有大批洋货通过天津输往华北各地，除一部分分销直隶各地外，山西的太原、太谷、平阳、蒲州、潞安、汾州、大同、朔平，陕西的西安、同州、兴安，河南的彰德、怀庆、卫辉，山东的济南、临清、东昌等中级市场或初级市场的进口商品都是通过天津转运过去的。①

20世纪以来，随着天津对外水陆交通运输网络的变革，天津对外贸易有了很大的发展，直接对外贸易数量超过了间接对外贸易数量。如果说开埠使天津在经济上逐渐摆脱了对北京的依附，那么20世纪初以天津为中心的水陆交通运输网络的形成则使天津在经济上逐渐摆脱了对上海的依附。随着天津对外贸易特别是直接贸易的增长，天津市场与世界市场的经济联系日益密切，天津市场的商品也成为世界性的商品，参加世界市场的流通。天津对外贸易的增长为之后其成为中国北方第一大城市和全国第二大城市奠定了基础。

除了上海、天津外，汉口、重庆也是因开埠通商获得新的动力而成为发展较快的城市。此外，开埠通商还促进了一批新兴工商业城市的崛起。到20世纪中前期，开埠通商城市成为中国新兴城市的主体，其中部分城市成为区域性甚至是全国性的经济中心城市，初步形成了以这些城市为中心的区域性和全国性经济网络。另外，开埠城市在近代中国城市发展史上的重要地位，可以从开埠城市占10万人口以上的城市的比例略见一斑。据日本人1915年调查编印的《最近支那经济》的统计：1915年，中国10万人以上的城市共有43个，其中开埠城市为22个，占全部10万人口以上城市总数的51.1%。100万人口以上的城市共有2个，其中开埠城市占一个（但从其他资料来看，1915年的西安城市人口不可能达到100万人，实际上此一时期的西安正处于衰落状态）；50万～100万人口以上的城市共有12个，其中开埠城市占8个；20万～50万之间的城市共有11个，其中开埠城市占3个；10万～20万人口的城市共有18个，其中开埠城市占10个。

近代以来，中国城市发展是不平衡的，有的城市得到较快的发展，而有的城市却出现衰落。得到发展的城市除了少部分是政治中心城市外，多数是开放性的工商业城市。20世纪40年代后期，中国12个最重要的大城市除北京和西安两个传统政治中心城市外，上海、天津、广州、南京、重庆、青岛、哈尔滨、沈阳、汉口、大连等10个大城市均是开埠通商城市。

与近代开放的新兴城市发展较快相反，中西部内陆地区大多数历史悠久的城市，甚至东部地区部分没有位于现代交通线上的城市，由于长期处于封闭状态，未能与世界经济和国内市场发生密切的联系，随着外国商品的倾销、新的工业技术的

---

① 罗澍伟：《近代天津城市史》，中国社会科学出版社，1993年，第167-169页。

第七章 晚清城市的发展变迁

采用、交通路线和运输手段的改变，这些城市逐渐失去过去的发展优势。晚清的封建统治者和其后的北洋军阀政权对这些内地城市并没有采取积极的发展措施，而这些城市所在省市的统治者也不采取主动的开放政策，创造更好的内部和外部环境，以求振兴内地经济，反而为了争权夺利不断发动战争，并设置种种障碍，使内地的自然封闭性进一步加强，现代化经济发展十分艰难。这样做的后果就是加大了内陆地区与沿海地区的发展差距，使本来在经济方面就落伍的内陆城市，在整个现代化变动中，落后得更远。这些城市由于缺乏发展的内在动力处于衰落状态之中，即使是过去有影响力的城市，如果没有近代工业的发展，又不是物资集散地的交通枢纽或者是作为政治中心的省会城市，则毫无例外地免不了衰落的命运。如著名的古都西安，由于在对外开放和发展现代经济的过程中不断落伍，虽然仍保持着区域性的政治中心地位，但其衰落的状况也是十分引人注目的。据统计，1937年西安城市人口为15.5万人，与1843年时相比，城市人口减少了几乎近一半，只相当于一个经济活力非常小的中等城市。1937年，太原城市人口为13.9万人，兰州为10.6万人，贵阳11.7万人，都与1843年相差不多。至于西部少数民族地区的城市，则基本上没有什么发展，据1937年的统计，西宁人口为16.4万人，拉萨为12.6万人，迪化（今乌鲁木齐）为9万人，归绥（今呼和浩特）为8.4万人，这些城市在近代百余年间城市人口变化不大。[①] 另外，在明朝和清中前期曾经很兴盛的大运河沿岸城市如临清、淮阴等，由于津浦铁路通车和大运河功能降低而迅速衰落。

从近代中国城市的发展历程来考察，对外开放对于促进城市发展起了重要的作用。但是对于开放促进城市发展的作用也不能提得过高，并不是所有的城市都在开放后得到很快的发展。实际上不少城市在开放后，发展仍然缓慢曲折。例如与上海同期开埠的其他4座沿海城市广州、厦门、宁波、福州，在开埠前或是比上海规模大，或是相差不远，但是开放带给这些城市的却不是如上海那样飞跃式的发展。虽然这些城市相对于中西部内陆的未开放城市来讲，其发展仍然是显著的，可是和上海、天津、武汉、重庆等城市相比，则发展较为缓慢、迟滞。

广州在中国闭关时代曾是唯一的对外贸易口岸，垄断了中国的一切对外贸易，因而其商业得到很大的发展。广州不仅是中国最大的对外贸易港口，而且也是东亚地区最大的通商贸易港口。从清初到清中叶，广州的城市人口不断增加，经济也十分繁荣。五口通商前，据到广州的外国人称："广州人口一般估计为一百万，其中包括郊区人口和水上船户，住在城内者不足五十万。广州是中国仅次于北京的最拥挤、最富丽、最有趣的城市。"[②] 但19世纪中叶以后，随着五口的先后开放，上海以其优越的地理位置和便捷的交通运输，很快发展成为中国的对外贸易中心，取代了广州的中心位置。1850年，上海的对外贸易总额已超过了广州。其后，广州的对外贸易总额占全国对外贸易总额的比例不断减少，1860年下跌至33.3%，1867

---

① 沈汝生：《中国都市之分布》，《地理学报》，1937年第4卷第1期。
② 姚贤镐：《中国近代对外贸易史料（1840—1895）》第一册，中华书局，1962年，第547页。

年下跌至14.2%，1911年更跌至10%以下，1925年为5.1%，1939年降到低谷仅为0.3%，到40年代则徘徊于2.3%~7.6%之间。广州在中国的对外贸易地位不断下降，不仅落后于上海，也逐渐落后于天津、汉口、大连、青岛等城市。但由于广州城市发展的起点高，同时仍然具有自己的一些不可取代的优势，特别是其华南地区的中心地位不可动摇，故从19世纪后期起，广州城市较前仍然有较大的发展。

厦门于1844年6月正式辟为商埠，从事进出口贸易，但规模不大。19世纪60—80年代，厦门的对外贸易有较快的发展。1881年厦门海关税务司在报告中写道："这一年的贸易是令人满意的。贸易总值比1880年增加了2015437海关两。而1880年的贸易总值被我的前任称之为'超过1862年4月1日（厦门）海关设立以来的任何一年'。"① 厦门的外国进口商品中，鸦片占了很大的比例。1881年，厦门的进口贸易总值为5063764海关两，其中鸦片占3127266海关两，占总值的一半以上。② 大量鸦片进口，其后果是十分严重的，它不仅不能促进厦门地区经济的发展，反而使经济萎缩。因而到19世纪末，厦门的对外贸易出现明显的衰落趋势。20世纪初，厦门的对外贸易"继续沿着它逐渐下跌的道途行进"③。对外贸易的不断衰落和现代工业的停滞使当地民众生活日益贫困化，许多人被迫外出谋生。由于移民浪潮的持续不断，厦门的人口流动性较大，但在一个较长的时间内，城市人口都保持在10万人左右。到20世纪20年代末，厦门市政府调查统计显示，厦门市内的人口约为128000人。④

福州是五口通商中的第二大的口岸。福州开埠前，外国商人对于福州的商业贸易前途寄予了很高的希望。但福州也如同厦门、宁波一样，开埠后的对外贸易发展十分缓慢。1847年1月18日，福州英国领事若逊在英国对福州贸易的报告中指出："关于英国或其他国家在这个港口进行贸易，目前还看不出任何有希望的前途，同时当商人们看不出这里有任何吸引力值得他们再做一次冒险时，他们的勇气也不会长久保持下去。1845年夏季和福州建立直接商业关系的企图，从头到尾是极不幸运和极使人灰心的。除掉闽江航行的困难（由于缺乏航行经验，人们把这种困难夸大了）和内地路程的复杂和危险外，我们可以明显地看出，本地商人不愿意也没有力量大规模进行贸易。可值得注意的是，任何一家商号都没有力量调动足够的资金大量地贩购，譬如说贩购整船货物；他们不愿意开展和外国人的贸易，也同样从经验中得到了证明。"⑤ 福州对外贸易出现戏剧性的转变，是由于太平军占领江南一带后，武夷茶运往上海的路线被太平军截断。但是福州的商业贸易发展并未达到外国商人的预期目标，主要是由于第二次鸦片战争后，汉口、九江等长江中下游城市的开放和天津等北方海港城市的开放，使外国商人可以通过长江直接深入中国内

---

① 《1881年海关年度贸易报告》，《近代厦门社会经济概况》，鹭江出版社，1990年，第235页。
② 《1881年海关年度贸易报告》，《近代厦门社会经济概况》，鹭江出版社，1990年，第240页。
③ 《海关十年报告之三（1902—1911）》，《近代厦门社会经济概况》，鹭江出版社，1990年，第340页。
④ 《海关十年报告之五（1922—1931）》，《近代厦门社会经济概况》，鹭江出版社，1990年，第400页。
⑤ 姚贤镐：《中国近代对外贸易史资料（1840—1895）》第一册，中华书局，1962年，第602-603页。

陆广大地区，也可以从天津等北方开放城市直接进入华北、东北市场。与之相反，福州由于福建省内多高山，河流虽多，但通航里程却少，与内陆的交通运输十分不便，其经济辐射力和内聚力不大，在开放城市越来越多的情势下，福州在全国的优势地位也就日益下降。据英国人于1847年的报告，福州开放前的城市人口总数估计为五六十万，集中在福州城里的人口至少有三四十万。而据1928年调查统计，福州市公安局下辖的居民共有64152户、344986人，其中男性200782人，女性144204人。福州城市人口在开放后的半个多世纪中有所下降，下降的原因主要是由于现代工业基础薄弱，工业人口增长极缓，而商业人口流动性很大。另外，福州城市经济相对落后，民众的生活贫困，迫使大量人口流向海外，这也反映了当时福州城市缺乏内聚力。

宁波位于中国大陆海岸线的中部、东海北部西岸、我国浙江省东部海岸和甬江内，地理位置较为优越。东出大海可以与我国南北沿海各港口和长江等通海河港及世界各国通航，西溯甬江也可与富庶的宁绍平原、杭嘉湖平原、长江三角洲交通。随着铁路事业的兴起，宁波成为杭甬铁路的终点。但是由于宁波距上海太近，而上海在开埠后很快成为中国对外贸易的中心，因而宁波的对外贸易一直未发展起来。英国驻宁波领事罗伯冉称："我们在这里遭受失败的原因很明显：上海把一切东西都吸引到他那儿去了，把过多的进口货涌送到这里，同时还把原来准备到宁波来的茶商吸引到它那儿去了。"外国商人"当然要到最能获利的地方去销售和订购货物"①。尽管宁波的对外功能未得到发挥，但是宁波作为一个历史悠久的商业贸易港口城市，它的内贸功能仍然存在，其国内商业贸易仍十分活跃。

近代中国对外开放后各开埠城市的发展是不平衡的，并不是所有的开埠通商城市在对外开放后，都会得到迅速发展。一方面，由于各开埠城市的自然地理条件不同，原有的社会、经济、人文条件不同，构成了各自独特的个性因素，成为各个城市兴衰发展的独特依据；另一方面，各开放城市的发展、城市的结构、功能的演变，不仅受制于西方资本主义经济的强行侵入，而且也受制于国内社会政治经济的变化，其城市地位和发展速度则主要取决于城市经济辐射力的大小和辐射的范围，以及外部世界对它容纳度或抵制这种辐射力的对比，它们的兴衰发展的道路也就截然不同。广州、福州、厦门、宁波开放后，发展速度显然慢于上海、天津、汉口等新兴开放城市，其原因就在于此。

二、开埠通商与城市早期现代化

中国城市的现代化与欧美等国城市现代化相比，不仅在时间上滞后，而且在发展程度上也远远滞后，其主要原因在于中国城市和西方城市现代化进程有着不同的历史背景和发展动力。

---

① 姚贤镐：《中国近代对外贸易史资料（1840—1895）》第一册，中华书局，1962年，第619—620页。

从世界历史的发展来看，各国发展现代化的途径虽然不同，但大体上可分为内在发展和传播发展两种类型。所谓内在发展是指一个国家内部的自身发展因素成为推动现代化发展的直接动力；传播发展则是输入西方国家的现代化因素和西方文明促进本国的现代化发展。中国是农业文明很发达的国家，但却长期徘徊在工业革命门槛之外。中国传统社会内部不能自发地产生发展现代化的动力，原因是多方面的，主要可以归纳为以下几个方面：一是缺少科学革命的基础；二是君主专制中央集权的统治极强，以独裁政权为代表的中央集权政治制度严重地制约社会、政治和经济结构的发展；三是缺乏实现现代化的国民主动性，没有产生现代化的实际承担者和推动力量；四是资本的严重不足和未形成劳动力市场；五是人口的巨大压力，形成"高水平均衡陷阱"。因而中国仅靠自身的内在力量不能够跨入现代工业经济和工业社会。如果没有出现世界资本主义的一体化趋势，中国仍然会处于封闭状态，那么中国发展现代化的内在力量也许终有一天会产生，但问题在于19世纪世界出现了资本主义一体化趋势，中国不能再孤立地发展，只能在西方国家的影响下，开始被动地呈现现代化趋势。

中国由于缺乏现代化产生的内在发展条件，故须从西方先进国家输入现代化因素，即通过传播西方现代文明来启动现代化。但必须指出的是这种输入在当时不是中国主动采取的措施，而是欧美列强用武力强加给中国的，是伴随着殖民侵略同时进行的，因而这种传播所带来的危害也是十分巨大的，不可能使中国取得现代化的成功。正如世界上其他那些靠传播启动现代化的国家一样，只有在取得国家独立、民族解放后，政府和整个社会采取正确的发展现代化战略，才能使国家走上现代化正轨。

从历史的观点来看，由于19世纪中国社会内部缺乏发展现代化的动力，西方国家的现代化因素被强制性输入，这种开放是被动的开放，曾给中国带来了无数的灾难和屈辱，但另一方面也给城市带来了新的活力，使这些城市发生了重大变化，初步具备了发展现代化的一些条件。

（1）由于外力的超强度侵入，使封建统治者对于开埠通商城市的专制统治发生松动，迫使封建统治机制进行调适，清政府的内外政策也发生一些变化，从而使早期现代化在开埠通商城市最先启动和发展成为可能。

19世纪中叶以后，资本主义列强通过多次战争和签订一系列不平等条约，攫取了大量的侵华特权，控制了中国的经济命脉，在政治上对清政府的控制也日益加强，因而清政府再也不能像鸦片战争前那样可以随心所欲地扼杀现代化因素，他们对于通商口岸城市的控制越来越弱，而对租界则丧失了一切权力。通商口岸城市逐渐被外力从清王朝的封建专制机制强行分离开来，这些城市发展现代化的一个巨大障碍——封建专制统治在一定程度上被克服或被大大削弱了。这一条件的具备，使通商开埠城市成为连接中国与外部世界的桥梁，西方的现代化因素也就可以通过这些城市而陆续输入中国，推动中国的现代化变迁。

（2）开埠通商后，西方的许多新观念也随之输入，逐渐改变了中国人的价值观念、思维模式和行为模式。

观念的变革是行为变革的先导,在开埠通商城市中,趋新求变成为一种时尚,对现代化的取向成为一种强大的发展城市现代化的内在驱动。随着对外开放和西方势力的渗入,西学也开始较大规模地传入开埠城市。西方的近代科学技术、思想观念、伦理道德在中国城市知识阶层中得到广泛传播,中国城市思想文化也逐渐出现巨大的变化。思想观念的变化,又促进早期现代化的进一步发展。西方的现代科学技术和文化知识通过开放城市传进中国,而开放城市的社会经济的日益现代化,也对现代科学文化知识产生了巨大的需求,各种以传播现代知识文化为目的的新式文化教育机构应运而生,日益发展。最初在中国传播现代科学技术文化知识的是一批外国传教士和商人,他们在开放城市中传教、办学校、出版各种报刊,直接传播西方的科学知识文化。另外,外国在华创办的企业、市政管理机关等也成为传播西方科学文化和现代文明的载体,对中国人产生着潜移默化的影响。随着开放力度的增大,越来越多的中国知识分子的知识结构、思想价值观念发生转化,成为新文化的传播者和创造者。开放城市成为中国现代新文化的基地,特别是上海等主要的开埠城市成为多层次、多功能的文化中心。

由于开埠通商城市实行了全方位的开放,不仅成为中外文化的交汇点,而且也成为中国多种文化的交汇点。例如上海开埠前,其文化属于吴越文化圈,特别是受苏杭文化的影响较大,并未形成自己的文化个性。上海开埠后,大量西方文化和中国其他地方的文化随着外国和中国移民而涌入,上海成为既是西方文化和日本文化的输入地,中外文化的碰撞点、融汇点,同时也是中国多种文化的汇合地,多种文化类型之间的互相渗透、借鉴、移植、认同等都十分活跃,形成了上海城市兼容并蓄、吐故纳新的文化特色。这种多文化的交汇使上海文化具备了典型的"边缘文化"特征,同时也具备了边缘文化的种种优势,代表了百年来中国传统文化走向世界的过程,也使上海在近代历史的转折中,始终以快速的更新领先于其他地区,进而担当了近代中国文化中心的角色。[①]

(3) 随着开埠通商范围的不断扩展,西方的科技革命的成果和工业革命的成果被直接输入中国,使开埠通商城市早期现代化的启动有了一定的物质基础。

对外开放为中国人吸取和掌握西方世界现成的先进生产力提供了有利的条件,使开放城市的经济较未开放城市的经济更早地出现早期现代化趋势,其发展速度也快于未开放城市。随着现代化在主要开埠城市得到全面的拓展,上海、天津、汉口等城市终于脱颖而出,走在全国各城市的前列。

开放城市在经济上的作用还表现在进口外国技术,使中国走上了工业化道路。19世纪中后期以来,上海、天津、汉口等开埠城市及邻近城市由于实行开放,成为中国最早引进外国工业技术的现代工业中心。由于开埠通商城市在一定程度上摆脱了中国官僚资本主义的控制,因此引进外国的先进生产力所受到的人为障碍大大

---

① 张仲礼:《近代上海城市研究》,上海人民出版社,1990年,第1021—1066页。

减少。一方面,外国资产阶级为了自身的利益,很早就在开放城市引进了西方先进的生产力和经济管理方式,兴办了一批具有现代性的企业,如洋行、公司、银行、工厂等,其中有些企业不仅在中国是最先进的,即使在当时的世界上也是最先进的。如1882年上海建立的上海电光公司,与美国最早的电厂是同年建立,仅比英国第一家电厂晚一年[①];上海煤气公司也是在世界上技术比较先进、规模较大的煤气公司之一,在当时,其生产力在全球同类企业中名列前茅。[②] 先进生产力的引进,缩短了开放城市与世界先进城市生产力水平的差距。外国先进生产力的引进、扩散与传播,推动了中国现代经济的产生和发展。

对外开放后,外国资本主义涌进中国通商口岸,对中国民族资本主义的产生也起了某种程度的客观示范作用。外国资本进入开埠城市,在导致这些城市经济结构和运作方式发生变化的同时,也向中国人展示了近代科技文明、工业文明和市政文明。同时,外国在华企业对于中国现代经济的示范作用和引导作用也不容忽视。外国企业可以说是一所学校,培养了一批中国早期的近代企业家和商人,同时,外国企业也成为中国企业家模仿的对象。19世纪下半叶,开埠通商城市的一些官僚、商人、买办在外国人的示范下,开始引进机器技术、市政设施等,促进了中国资本主义在开埠城市逐渐产生、发展。

(4) 开埠通商后,在外国商品的冲击下,通商口岸城市的经济结构发生变化,中国资本主义原始积累过程也开始出现。

由于对外开放,开埠城市与国内外的经济联系不断加强,从而使开埠城市的发展得到巨大的经济动力。19世纪中后期和20世纪前期,商业贸易对于促进中国开放城市的发展的作用是十分巨大的。从《南京条约》到20世纪初,半个多世纪间,中国沿海沿江的重要口岸均先后开放,或订约开放,或自行开放。通过这些开放城市,中国与世界经济发生了直接的联系。

表7-3 20世纪20年代中国各主要商埠输出入贸易额统计表(单位:海关两)

埠名	输入	输出	合计
哈尔滨	289858	283870	573728
安东	33615108	19197302	52812410
大连	71040883	111322789	182363672
天津	69854893	18245320	88100213
胶州	20694474	19316608	40011082
重庆	543447	174360	717807
宜昌	542442		542442

---

① 孙毓棠:《抗戈集》,中华书局,1981年,第112页。
② 汪敬虞:《中国近代工业史资料》第二辑上册,科学出版社,1957年,第268—269页。

续表

埠名	输入	输出	合计
长沙	1884521	2750	1887271
汉口	42916391	11432818	54349209
九江	2127535	1427	2128962
芜湖	2305725	651567	2957292
南京	3411399	6648383	10059782
镇江	5614557	287009	5901566
上海	383917526	193795412	577712938
苏州	43024		43024
杭州	78173		78173
宁波	3121325	2018	3123343
福州	3838437	4939023	8777460
厦门	9139563	2476295	11615858
汕头	11341356	13950507	25291863
广州	32509218	59221881	91731099
江门	5115621	1454106	6569727
三水	2498376	499092	2997468
梧州	11838349	5914115	17752464
南宁	668853	1773956	2442809
蒙自	9620901	12252083	21872984
腾越	4042570	1605280	5647850

《第一回中国年鉴·外国贸易》，商务印书馆，1924年，第1622—1625页。（原始数据部分有误，录入时有修订）

由上表可知，其时上海输出输入总额最巨，大连、天津、广州次之，汉口、安东再次之，其他如胶州（即青岛）、汕头也不少，南京、厦门、蒙自等紧随其后。此后十数年，各埠总额，有增无减。另据《中国经济年鉴》载，1933年上半年各埠对外贸易仍以上海为最盛，计总额约587909000元；其次则为天津、青岛、广州等地。商业贸易的发展为中国早期现代化的展开积累了一定的原始资本。

由于对外开放，开埠通商城市的商业贸易有了很大的发展，同时也带动了铁路和轮船事业的勃兴，从而进一步将人口和货物灌进这些城市，刺激了上海、天津等少数通商口岸城市的人口出现爆炸性增长。随着商业贸易的发展，近代工业也在这些开放城市发展起来，以劳动密集型为主的近代制造业的不断扩大，创造出众多的低技术工作岗位，需要大批低水平的雇工，同时面向家庭的服务部门也提供了许多低技术的工作岗位。这些工作岗位一般不为城市里现存的失业者接受，但来自农村的无技术移民乐于从事工资虽然较低，但却不需要技术，或只需要简单技术的低技术工作岗位，故而这些城市吸引着许多没有技术的移民，从而促进了城市规模的不断扩大。

（5）在外力的推动下，中国社会结构发生变化，通商口岸城市产生了最早的现代化承担者和推动力量，这成为中国早期现代化启动的一个至关重要的原因。

19世纪中后期，在中国的现代化变迁过程中，中国的城市中逐渐产生了中国土生土长的现代化承担者和推动力量。一类是来自传统社会的官僚阶层，如洋务派和其后的官僚立宪派。洋务派和官僚立宪派对于中国早期现代化的推动作用，近年来已经得到学术界的认同。第二类则来自传统的工商业界和现代社会的边缘（买办等）。19世纪70年代开始，现代工业在上海、天津、广州、武汉等开放城市首先出现，从而在这些城市中陆续产生了新一代的资产阶级。到20世纪初，城市中民族资产阶级已经形成具有相对独立地位和有着广泛影响的社会阶层，他们因其自身的利益而成为早期现代化支持系统的主体，对于改革传统的政治、经济、文化制度，发展现代经济起了十分重要的作用。第三类即所谓政治精英，他们是一批接受了现代教育的知识分子，其成员多来自城市，或者在城市环境中接受现代教育而成长起来。他们是自维新运动以来，活跃在中国政治舞台，发动各种民族民主运动的领袖，是中国早期现代化的重要推动力量。

此外，伴随着开放城市现代化工业的兴起，出现了为数不少的现代工人队伍，特别是上海成为中国工人阶级最集中的地方。20世纪20年代，中国工人阶级登上政治舞台，不仅对于中国的经济、社会发展影响重大，也直接影响到中国的民族、民主革命运动的成败。城市无产阶级的不断成长，成为中国新民主主义革命的领导力量，最终导致半殖民地半封建时代的结束。

此外，外国资本主义对中国侵略不断加深所产生的压力对中国发展早期现代化也起了一定的刺激作用，鸦片战争后，进步的中国人在外力的压迫之下，提出了种种救国方案，要求学习西方，引进西方的科学技术、机器设备，发展资本主义工商业。甲午战争后，帝国主义对中国的全面侵略，造成了严重的瓜分危机，激发了中国人的近代民族主义。这种以反帝为主要内容的近代民族主义成为发展早期现代化的一种内在推动力，使许多爱国进步的知识分子和绅商对发展早期现代化表现出了极大的热情，纷纷投资于近代工商业。20世纪初，八国联军侵华战争、日俄战争的发生对中国人的心理刺激很大，迫使中国人向早期现代化迈进，甚至连极端保守、专制的清朝统治者也不得不为避免被取代而实行一些现代化改革。

综上所述，开放打破了中国对外封闭隔绝的状态，使这些开埠城市与世界发生了空前未有的交往和联系，成为中国人引进西方先进生产力和进步文化的窗口；开放促使开埠通商城市和国际市场紧密相连，逐步走上与世界经济一体化的道路（尽管这种一体化是使中国经济处于边缘和依附状态），同时有力地促进了新的思想观念、文化教育、政治制度在开埠城市的传播、扩散。开埠城市逐渐脱离中国传统的封建统治机制的制约，城市结构和功能发生改变，而这些开埠城市从传统城市向现代城市转变，对于中国社会的进步和生产力的发展在一定程度上也产生了积极的影响。

开放对于开埠通商城市的发展无疑起了积极的作用，但不能将这些城市的发展单纯归之于开放。从历史的发展来看，开放毕竟只是一种外部条件，只是一种历史的机遇。开放城市之所以能够得到发展，其根本是多数中国民众的自强不息、百折不挠、艰苦奋斗的结果。广大的中国民众才是创造中国历史的主体，没有广大劳动者的主动追求和努力奋斗，没有他们对于先进生产力、现代科学技术、现代知识文化的追求和掌握，没有他们勤劳的工作，开放城市绝不会得到如此快的发展。

第三节 城市的早期现代化转型

清代是我国封建社会的最后一个历史时期，同时也是中国城市承前启后的重要发展时期。清代城市发展的一大特点即其不仅集传统之大成，而且亦开始早期现代化转型，并对以后中国城市发展道路、发展方向产生重要影响。清代城市的转型主要体现在城市的管理、经济、社会、文化转型等多个方面。

一、城市管理转型

清代中前期，地方行政管理实行城乡合治，无严格意义上的城市管理，各级官员都负有管理之责，管理的重点为征收赋税与维持治安。由于城市具有捍外卫内的重要功能，城市治安管理成为城市管理的主要内容，重点为城墙修护、城门稽查、修栅巡街、缉捕盗贼、查禁邪教、禁止集会结社、管控流民、厉行禁赌等，城市治安管理无专门的机构，衙役、军队和保甲团练均发挥着重要作用。

五口通商后，西方列强先后在上海等城市设立租界，并在租界引入三权分立的城市政权组织原则，设置专门负责市政、交通、卫生、治安、财政等的城市职能管理机构，建立了与中国传统城市管理截然不同的新体制，但此一新体制仅局限在租界内。①

晚清中国城市管理转型始于新政改革，而实行警政则为其发端。清季，警察被视为"凡百新政之根柢"②。光绪二十四年（1898）七月，湖南按察使黄遵宪参照日本警视厅与上海租界巡捕制度在长沙创设湖南保卫局，此为晚清城市创设警察之始。湖南保卫局的主要职责为缉捕盗贼、编查户口、管理街道、司法审判等，与传统的县衙有所区别，初步具有近代城市管理的职能。

---

① 费成康：《中国租界史》，上海社会科学院出版社，1991年，第160—175页。
② 梁启超：《戊戌政变记》附录二《湖南广东情形》，中华书局，1954年，第143页。

庚子事变后，负责北京治安的步军统领衙门、五城兵马指挥司等皆陷于瘫痪。光绪二十六年八月，京师绅商创设安民公所，以办理协缉盗贼为名，雇佣巡捕，维护治安。安民公所所长与事务官统由外国人担任，故演变成八国联军镇压中国人、维护侵略秩序之工具。①《辛丑条约》签订后，为收回京师管理主权，清廷于京师设善后协巡总局，后改京师内外城工巡局，主要负责巡查、缉盗、审理案件、办理交涉事件等②，为警察机构之雏形。

光绪二十七年，清廷谕令各省举办巡警。次年，直隶总督袁世凯奏请在保定创办警务学堂，训练巡警。同年，袁世凯在天津着手创办警政，将保定三千新军改编为巡警，派驻天津，组建天津南、北段巡警局。三十一年，清廷正式建立巡警部，分设五司十六科。三十二年，改巡警部为民政部，并扩充职能，设民治司、警政司、疆理司、营缮司、卫生司等五司。京师内外城工巡局亦归巡警部直辖，更名为内、外城巡警总厅，设总务、警务、卫生三处，总务管内务，警务处掌整饬风俗、保护治安、编查户口、稽核工程、交涉外事、预审人犯、科罚违警、捕送犯人、侦探秘密，并管理行政、高等、司法警察事项；卫生处掌清道、防疫、检查食物、屠宰、考验医务药料，并管理卫生警察事。③

光绪三十一年至三十三年，各省相继设置巡警道，并设巡警道台一员，管理全省警务。巡警道官署为警务公所，设于省城，下分设总务科、行政科、司法科、卫生科四科，承办具体事项。巡警的职责主要是整饬风俗、保护治安、调查户口籍贯、稽核道路工程及消防各事项，司法警察的职责主要为预审、采访、督捕、拘押及处理违警罪各事项；卫生警察的职责主要是清道、防疫和检查食物、屠宰、考验、医务、医科及官立医院等。④ 警政首先创办于各省省城及省内的重要城市、商埠。省城设巡警总局，府州县等设立巡警分局，但某些重要府城也可设立巡警总局，如重庆府即设有巡警总局，下设三正局、十二分局。各省城及府县城警察机构设置时间早晚、规模大小、管理效能等有较大差异，但其机构组织及其职权和功能则大同小异。

城市地方自治亦为晚清城市管理转型的重要内容。光绪二十一年，为修筑上海南市马路，刘麟祺奏请设立南市马路工程局，后该局事务扩展至防务、外交、筹资等，为上海华界最早的城市管理机构雏形。三十一年，上海绅商李钟钰等鉴于外权日张，建议将南市马路工程局改组为上海城厢内外总工程局，以整顿地方，立自治之基础为宗旨。⑤ 在地方当局的支持下，该局得以建立，下设户政、警政、工政三科，具备现代市政机关的部分职权。其后，天津、汉口、南京等亦先后成立具有自治性质的市政建设管理机关。

---

① 故宫博物院明清档案部：《义和团档案史料》下册，中华书局，1959年，第1224页。
② 李鹏年等：《清代中央国家机关概述》，黑龙江人民出版社，1989年，第257页。
③ 李鹏年等：《清代中央国家机关概述》，黑龙江人民出版社，1989年，第264—267页。
④ 韩廷龙、苏亦工：《中国近代警察史》（上），社会科学文献出版社，2000年，第150—151页。
⑤ 吴馨等修，姚文枏等纂：《上海县续志》卷二《建置上》，民国七年铅印本。

光绪三十四年,清廷颁布《城镇乡地方自治章程》《城镇乡地方自治选举章程》《京师地方自治章程》等,以法律形式对城市与乡镇进行区分,改变了传统的城乡合治模式,并允许城镇乡地方实行自治。其自治事务涵盖架设路灯、劝办工厂、整理商务、开设市场、开辟公园、组织救火会等事务。① 各城市于此后纷纷建立自治机构,至宣统三年(1911)辛亥革命之前,各地成立的城市自治公所达900余个,约占全国府、厅、州、县数的60%~70%。以前各城市所办之自治机构也于此后得到不断完善,上海城厢内外总工程局依章程改组为自治公所后,其行政权力包括财务行政权、工务行政权、警务行政权、卫生行政权、司法行政权等,已经具备现代城市政府的基本构架。②

二、城市经济转型

城市经济的转型首先表现为城市经济结构和经济关系发生变化。鸦片战争以来,在不平等条约的强迫下,中国被迫先后对外开放了数十个通商口岸,外国资本家开始通过开埠通商城市大量向中国倾销商品和输入资本。同时,西方的近代工业、交通工具、科学技术等也进入中国,中国的民族资本主义也在部分沿海沿江城市兴起并发展,由此促进了中国城市经济结构的变化,最明显的变化就是对外贸易的比重加大。如上海在1869年对外贸易进出口总额就高达80162754海关两。进出口贸易总值激增,内外贸易的发展又带动了上海的现代交通运输业、金融业、工业等部门的发展。到1854年,上海已有120余家洋行,1855年来往上海的外国轮船多达4733艘。③ 外商的介入,城市封建行会制度开始瓦解,受外商刺激,国人随后也参与对外贸易,兴设工厂。如江南制造总局拥有厂房2579间,人员3592人。此时,上海不仅有官办企业,更产生了股份制公司。一时间官督商办、商办企业应运而生,整个城市经济出现了新的活力。

鸦片战争以后,广州、厦门、福州、宁波、上海等五口开埠通商改变了清代中前期国家经济内向型循环体系,中国经济开始被纳入世界资本主义体系之中,中国城市的经济,尤其是商业贸易首先发生变化和转型。

(一)商业贸易转型

清代后期,城市商业贸易转型的一个重要特征为中国城市逐渐演变成洋货倾销与中国土产收购的集散地,特别是开埠通商城市的主要商业贸易都围绕进出口贸易而进行。英、美、法、德、日等各国在中国沿海、沿江各主要通商口岸广泛设立洋

---

① 故宫博物院明清档案部:《清末筹备立宪档案史料》下册,中华书局,1979年,第728-729页。
② 张仲礼:《近代上海城市研究》,上海人民出版社,1990年,第635页。
③ 何一民:《近代中国城市发展与社会变迁(1840~1949)》,科学出版社,2004年。

行①，所销售者，除鸦片、洋布为大宗外，药材、颜料、针钮、肥皂、灯烛、钟表、玩器等各类生活用品俱贩运来华，虽僻陋市集，靡所不至。②洋商从中国购买纱头、生丝、茶叶、皮货、草帽、黄铜器、棉制品、葛制品、肠衣、猪鬃、古玩、蛋制品、瓷器、锡器、藤器、漆器、绣货、发网、籽仁、生皮、兽脂原材料和各种土产，大量出口海外。③以销售外国产品为主要业务的洋广杂货行不仅在通商口岸城市广泛设立，在内地中小城市也普遍出现。长沙苏广业于道光以前所经营者不过北京、江苏、广东、上海之各类土产，五口通商以后，洋货大量输入，该店铺称呼竟因而改为洋货号。④中国南北城市各商铺市场洋货充斥，盛极一时。与此同时，"买办"作为中国商人中的特殊群体也开始崭露头角，于士农工商之外，别立一业。

在外国商业资本和金融资本进入中国的同时，中国传统的商业机构也开始发生变化：传统牙行向近代批发商转型；传统商号改变经营方式；华资新型商业机构大量建立；城市中夫妻店、父子班等小规模经营格局和自产自销的经营方式也开始发生变化；许多行业的商人都不再实行自产自销，而是与新的机器工业生产相联系，开始采用经销、代销、包销等新式交易方式。英美烟草公司在各城市布置的推销网中，其基层市场则完全由中国的旧式商店组成。这些商人因此而转变为其产品的经销商和代销商。同时，在工业化时代机器制成品大规模流动的情况下，商人内部也开始出现批发与零售之间的分工。一些经营规模较大、资本较雄厚的商人开始专门经营中外商品的批发业务。咸同以后，上海开始出现经营规模较大的华洋杂货批发商。⑤至光绪十年（1884），上海62家洋布店中有恒兴、大丰、增泰、恒丰瑞、时和、大春、屏记等大字号专营洋布整件批发，此外还有8家布店兼营零售和批发。在这些批发商中，有数家从土布零售店发展而成。⑥

晚清时期主要开埠通商城市商人经营组织方式和管理方式也发生了诸多的变化。道光以前，商业多是家庭经营，或是由几个股东合股经营，往往是家店不分，因而家庭的盛衰便在很大程度上决定着商店的命运。鸦片战争以后，新的股份公司式的组织方式与管理方式开始从西方引入，清末，清廷正式颁布《公司法》，股份制公司的创办蔚然成风，传统的商家也纷纷改为新的股份有限公司。天津的棉纱庄同益兴更改为同益兴棉纱股份有限公司，天津怡和、同顺永、庆长顺、万春等粮店也都改为股份有限公司。⑦

---

① 据统计，1893年时于中国设立的洋行数最多，共计580家。姚贤镐：《中国近代对外贸易史资料（1840—1895）》第二册，中华书局，1962年，第1000页。
② 彭泽益：《中国近代手工业史资料（1840—1949）》第二卷，生活·读书·新知三联书店，1957年，第165页。
③ 虞和平：《洋务运动时期中国通商口岸和外贸态势的转变》，《四川大学学报》，2006年第5期。
④ 彭泽益：《中国近代手工业史资料（1840—1949）》第一卷，生活·读书·新知三联书店，1957年，第473页。
⑤ 潘君祥、陈立仪：《十九世纪后半期上海商业的演变》，《历史研究》，1986年第1期。
⑥ 徐鼎新、钱小明：《上海总商会史（1902~1929）》，上海社会科学院出版社，1991年，第6页。
⑦ 罗澍伟：《近代天津城市史》，中国社会科学出版社，1993年，第367页。

(二) 工业转型

在外国商品的大量倾销下，中国城市的传统手工业遭到巨大破坏。广东佛山针行向称大宗，佣工仰食以千万计，自有洋针，而离散殆尽。苏州的丝织业在洋货的冲击下，受到巨大影响，机户织匠以客货停办，遂致歇业者，十居七八。①

在传统手工业受到冲击的同时，现代工业也开始在中国城市出现。新式工厂的设立是晚清中国城市工业转型的集中体现，开埠以后，即有外商因商品输出、原料获取等需要，自行在中国部分通商口岸城市设立船舶修造厂、制茶厂、印刷厂等。咸丰八年（1858）以前，仅上海一地便设有船舶修造厂8家。同治二年（1863）起，有俄商于汉口设立用蒸气压力压制茶叶的砖茶厂。②其他各约开商埠由外商自行设立之新式工厂亦复不少。至光绪二十年（1894），外商于中国上海、宁波、厦门、福州、汉口、九江、烟台、牛庄、广州、天津、台北等口岸设立之新式企业共计101处。③

咸丰十一年（1861），曾国藩于安庆创办安庆内军械所，以仿制洋枪洋炮为起点，洋务运动开始。其后曾国藩、左宗棠、李鸿章、张之洞、刘坤一等一批地方督抚大员在全国各地主要城市次第兴办以军事工业为主的新式企业，至光绪二十年（1894），先后于安庆、苏州、上海、江宁、福州、天津、西安、兰州、广州、济南、长沙、成都、吉林、杭州、北京、昆明、太原、台北、汉阳等城市创办军事工业企业20余家，其中以上海江南制造局规模最巨。同光之际，洋务派又开始兴办民用企业，先后于各主要城市创办了官办、官商合办、官督商派等形式的民用企业，著名者有上海轮船招商局、上海机器织布局、汉阳铁厂、天津电报总局、天津铁路公司、北洋官铁局、兰州机器织呢局和湖北织布、纺纱、缫丝、制麻四局等。以洋务运动为主导的新式工业的创办不仅使通商口岸城市的新式工业得到进一步发展，而且使内地部分省会城市也出现了产业结构的变化，城市工业开始早期现代化转型。

在外国资本主义的影响和洋务派所创办的军事工业与民用工业的推动下，中国民族资本也开始涉足新式工业。同治十一年（1872），广东南海华侨商人陈启源创办继昌隆缫丝厂，其后国内各主要城市也先后创办民族资本主义工业企业。甲午战前，由民族资本创办的各式近代企业共计136家④，企业所在城市包括上海、宁波、广州、福州、厦门、镇江、天津、重庆、扬州、太原、北京等，其行业涉及缫

---

① 《申报》，1884年2月26日，《机户把行》。
② 彭泽益：《中国近代手工业史资料（1840—1949）》第二卷，生活・读书・新知三联书店，1957年，第111页。
③ 严中平、徐义生、姚贤镐等：《中国近代经济史统计资料选辑》，科学出版社，1955年，第116-122页表。
④ 根据孙毓棠《中国近代工业史资料》第一辑下册第1166-1173页附录（五）和陈真《中国近代工业史资料》第一辑第54页企业数，扣除重复、官办、讹误企业7个计算得来。

丝业、棉纺织业、轧花业、火柴制造业、面粉业、碾米业、造纸业、印刷业、采煤业、金属矿业、机器制造业等行业，但这些企业一般投资较少，规模亦较小。①

甲午战争后，资本输出成为列强侵略中国的新方式。在外资设厂不断增多的同时，清政府对投资设厂限制的放开，以及新政时期对兴办近代企业的鼓励，都使中国的民族资本主义工业得到不断发展，由国内资本创办的新式企业也不断增加。从光绪二十一年（1895）至宣统三年（1911），中国新开设的商办厂矿数共计422家，官办或官商合办47家，中外合办厂矿数30家。② 新式工业在各城市的设立在一定程度上改变了中国城市的消费性特征，推动了城市经济的早期现代化转型。

（三）金融业转型

中国传统的金融机构始于明嘉靖后之列肆兑钱者、兑钱铺、钱桌等③，其后演变为钱庄。雍乾之际，山西籍商人王庭荣设立祥发永账局，经营存放款业务。之后陆续设立的账局还有永泰公、大升玉、隆胜永、大泉玉、保隆堂等，为城市工商业资本融通的重要机构。④ 道光年间，山西平遥商人雷履泰改西裕成颜料行为日升昌票号，经营埠际汇兑及存放款业务。⑤ 此后，票号在全国各主要城市兴起，其经营业务范围不仅覆盖全国，更远及海外。

鸦片战争以后，西方的现代金融机构银行随着中外贸易的发展在中国得到发展。道光二十七年（1847），英国东方银行在广州、香港设立分行（后更名为丽如银行），后又在上海、福州、厦门设立分行。其后各国银行纷纷来华设立分支机构，垄断中国的国际汇兑、国际贸易，吸纳存款，非法发行纸币，并通过对钱庄的信贷，控制中国的主要信用机构。⑥ 外资银行主要分布于各通商口岸，仅上海一地，即先后设有英国丽如银行、英国有利银行、英国麦加利银行、合资汇丰银行、日本横滨正金银行、法商汇理银行、比利时华比银行、日资台湾银行等。咸同年间，外资银行开始对钱庄融通资金，加以发行纸币，逐渐控制金融市场。随着外国资本在中国内地贸易的展开，各外资银行在中国内地城市广设分支机构。甲午战争前，各大银行已建立分支行40余个。⑦

光绪二十三年（1897），盛宣怀奏准于上海设立中国通商银行，为中国第一家自办新式银行，该行先后在北京、天津、保定、烟台、汉口、重庆、长沙、广州、

---

① 凌耀伦等：《中国近代经济史》，重庆出版社，1982年，第195—199页。
② 严中平、徐义生、姚贤镐等：《中国近代经济史统计资料选辑》，科学出版社，1955年，第93页。
③ 刘应秋：《与大司徒石东泉书》，《刘文节公集》卷一；《明熹宗实录》卷七十六"天启六年九月丁丑"条；《崇祯长编》卷一"崇祯十六年十一月己酉"条。
④ 按咸丰三年记载，"查京师地方，五方杂处，商贾云集，各铺户藉赀余利，买卖可以流通；军民偶有匮乏，日用以之接济，是以全赖印（账局）之周转，实为不可缺少之事"。
⑤ 根据考证，日升昌票号最早应成立于道光初年。黄鉴晖：《山西票号史》，山西经济出版社，2002年，第54—57页。
⑥ 李明伟：《中国近代银行业的发展道路》，《社会科学辑刊》，1998年第5期。
⑦ 吴承明、许涤新：《中国资本主义发展史》第二卷，社会科学文献出版社，2007年，第73页。

汕头、香港、福州、九江、常德、镇江、扬州、苏州、宁波等处设立分行，业务极一时之盛。光绪三十一年，清廷于北京设立户部银行，后改称大清银行，于上海、天津、汉口等城市设立分行20余家。此外，其他地方官办、商办或官商合办之新式银行先后设立。至宣统三年（1911），各地城市先后开办的华资银行计30余家，其中有13家为官督商办性质。金融业的早期现代化转型改变了中国城市的传统经济运作模式，极大地推动了晚清时期中国工商业的发展，成为这一时期城市经济转型的重要标志。

（四）城市交通转型

道光以前，中国城市之间的交通极不便利，除步行外，陆行交通工具主要为马、轿或骡车、马车等，南方因河道纵横，行舟较为普遍。城内交通则普遍极不便利，一方面，道路狭窄①导致车马难行；另一方面，交通工具亦极为落后，城市居民以步行为主，偶有骑马或以轿子、独轮小车代步。

道光以后，城市与城市之间的交通发展迅速，新式轮船首先被引入。由此带来中国交通的重大变革，轮船航运成为大宗商品运输和人员远距离出行的重要交通工具。中国近代轮船业产生的初期，怡和、旗昌、宝顺等3家外国大洋行控制了轮船航运。长江口岸开放后，轮船航运得到较大发展，仅上海经营长江沿线业务的大小轮船公司就有20多家。广州、香港、北海、汕头、潮州、琼州、苏州、杭州、定海、天津、长沙、汉口、九江、温州、烟台等沿海沿江城市都相继兴办轮船运输。②

光绪年间，铁路在中国各地普遍兴起。甲午战争后，各国掀起了瓜分中国的狂潮，相继要求清政府允其在中国修建铁路：俄国在中国东北地区建造中东铁路和南满枝铁路；德国在租借地和势力范围胶州湾铺设胶济铁路；法国试图贯通滇越铁路，将触角进一步伸向西南；日本在日俄战争中不顾清政府的反对，修建了新奉、安奉两条铁路，还在福建力图修建伸入江西的铁路。③清末，铁路交通已成为不同区域城市间人员、物资流动的重要交通工具。铁路时代的来临不仅带来城市的跨越式发展，也改变了中国城市的空间布局。

晚清时期，中国城市内部交通亦发生巨大变化：一方面，城市道路不断增修和拓宽，道路修建技术和建筑材料也有所改进；④另一方面，新式城市交通工具也被

---

① 清季江苏省城市街道多在3.6公尺以下，只有四处其街道超过3.6公尺。（参见《支那省别全志·江苏省》，转引自王树槐：《清末民初江苏省城市的发展》，《"中央研究院"近代史研究所集刊》第八期，第87—88页）开埠前的上海街道也一般都"阔只六尺左右"。（［日］峰源藏著，葛正慧译注：《清国上海见闻录》，《上海公共租界史稿》，上海人民出版社，1980年，第623页。）
② 聂宝璋：《中国近代航运史资料》第一辑下册，上海人民出版社，1983年，第1401—1434页。
③ 汪敬虞：《中国近代经济史》，人民出版社，2000年，第648—659页。
④ 上海租界的道路自20世纪50年代末起便开始由"碎砖铺面"改进为"用煤渣铺面"的更为平坦的道路。至于道路的宽度，"主干道有达18～21米"，"一般在10～15米上下"。参见杨文渊：《上海公路史》第一册，人民交通出版社，1989年，第24—25页。

引入，除最早出现在通商口岸的西洋马车而外，人力车也经上海传入中国①，并迅速成为晚清各大中城市中重要的公共交通工具之一。光绪三十二年（1906），天津开始正式运营电车，乘者不仅有普通民众，达官贵人、富商大贾亦群趋之。城市道路状况的改善与新式交通工具的引入极大地改变了中国城市的交通状况，从而为城市的全面转型奠定了物质基础。

但这一时期城市处于快速畸形发展时期，导致城市经济结构出现很大问题：中国的工业化发展大大的滞后于商业的发展，并且远远落后于世界平均水平，工业不得不成为商业的附庸。统计表明，中国近代产业结构中商业资本大大强于工业资本是一以贯之的固定格局：1894年商业资本与工业资本的比例是9.7：1。这一结构影响了传统农业时代的城市向工业时代城市的过渡，甚至影响到新中国成立以后城市经济的恢复与发展。另外，由于城市化的启动，城市社会结构发生急剧变化，现代城市管理却没有得到相应发展。因此，这一转型时期，城市发展繁荣的背后隐藏了很多城市社会问题。城市犯罪率上升，城市贫富差距悬殊，公共事务管理存在传统与现代方式交接脱轨的情况，这些问题对城市发展影响较大，且没有得到很好的解决，一直持续到新中国建立初期。

三、城市社会转型

鸦片战争以后，随着外国资本主义势力的入侵，以及城市经济的演变和城乡之间封闭状态的打破，中国的城市社会也随之出现转型。一方面，城市人口不断增加，城市居民的异质性不断加深；另一方面，传统社会以士农工商为划分标准的等级职业结构逐渐解体，城市社会群体的功能职业结构凸显，城市内部各等级、阶层之间的社会流动也日益加快。城市的社会生活也发生明显的变化。但是，特殊的时代背景又决定了晚清时期城市社会转型必然会产生诸多的社会问题。

（一）城市社会结构转型

传统社会结构的逐渐解体与新的阶层、群体的陆续出现，是晚清城市社会转型的一个重要内容。鸦片战争以后，外力的冲击使中国城市中旧的社会结构逐渐发生分化，新的社会群体率先在城市中出现。

经济结构和经济关系的变化进一步导致了城市社会结构的蜕变。城市吸纳五湖四海的人口来此或工作或经商或从事其他各种工作，大量的外籍人口移居城市，"上海公共租界自1885年至1935年的人口统计表明，非上海籍人口占上海总人口

---

① 人力车最早传入中国是在1874年。是年，一名叫米拉（Menard）的法国侨民将这一新式交通工具带入上海，并经法租界公董局核准，于3月24日发出了第一张允许人力车在街上通行的照会，旋又经法租界和公共租界工部局的许可，购车300辆，开始作为一营业性载人交通工具而在两租界正式营运。（《申报》，1946年10月14日）

80%以上"①。传统农业社会，乡村的吸引力有时大于城市的吸引力。因而虽有相当部分地主和农民可能进入城市中，但这一群体往往属于候鸟型，不会成为城市的永久性居民。晚清以来，乡村中的地主和农民一旦进入城市中，就不再属于候鸟型，越来越多的乡村人口被城市优越的经营环境、丰富的文化资源和独特的文化形态所吸引，纷纷放弃传统乡村生活而移居都市，对城市产生强烈的认同感和归依感，成为城市居民。

晚清以来，城市社会结构更加复杂。城市中除了原来的农民、小手工业者、地主官僚、商人及为他们服务的人员外，还出现了一定数量的产业工人、工商业资本家、买办、军人和近代知识分子。新阶层登上城市舞台，促进了中国城市的发展和现代化转型。

商人成为现代城市的中坚力量，在那些现代化程度较高的工商业城市里，商人在城市人口中所占比例大大超过政学军界人数，城市人口结构中工商业人口比重增加。据统计，近代天津、广州两市的商户约占总户数的1/3，汉口达3/4强。与商人成为城市市民主体相伴随的，是商人社会地位的提高。随着商品经济的发展和轻商贱商价值观念的转变，许多官僚、士大夫、归国留学生也投身商界。士、商、官之间的这种双向流动、交叉介入，在城市社会中形成了一个新的阶层——绅商。在他们筹划下，产生了一些新的社会组织，如代表工商业者中资产阶级的社会组织——商会。城市社会组织、社会团体增加，活动日益活跃。业缘关系逐步取代血缘、地缘关系，宗族关系弱化。总之，整个社会结构不再像以前那样在封闭、停滞、稳定中保持平衡，而是在开放、流动、变化中出现了不平衡。不仅是商人，知识分子群体在此过程中也发挥了重要作用。

开埠通商后，因为进出口贸易的剧增，买办成为炙手可热的社会新群体，不少买办"顷刻间千金赤手可致"②，从而积聚起巨大的财富。一些买办在从事商业贸易致富后，转而积极投身于新式工业的创办，从1895年至1913年的民族工业及航运业的全部投资中，买办投资共占其中的12.46%。③ 据黄逸峰的统计，从1840年到1894年的50多年间，买办的全部收入约有4亿两之多，买办成为中国城市中民族资本家的重要来源之一。④ 与此同时，新式工商业的巨大利益又使原有的官员、士绅群体发生分化，时人称："同、光以来，人心好利益甚，有在官而兼营商业者，有罢官而改营商业者。"⑤ 在中国从1895年至1910年所创办的19家较大纱厂中，创办人为绅商者共计13家，纱锭数共计200056枚。⑥ 由于投资创办新式工商业，

---

① 张仲礼：《近代上海城市研究》，上海人民出版社，1990年，第25页。
② 王韬：《瀛壖杂志》卷一，沈云龙：《近代中国史料丛刊》，文海出版社，1973年，第32页。
③ 汪熙：《关于买办和买办制度》，复旦大学历史系《历史研究》编辑部、《复旦学报》编辑部：《近代中国资产阶级研究》，复旦大学出版社，1984年，第330页。
④ 黄逸峰：《关于旧中国买办阶级的研究》，复旦大学历史系《历史研究》编辑部、《复旦学报》编辑部：《近代中国资产阶级研究》，复旦大学出版社，1984年，第261页。
⑤ 徐珂：《清稗类钞》第四册，中华书局，2010年，第1672页。
⑥ 汪敬虞：《中国近代工业史资料》第二辑下册，科学出版社，1957年，第924页。

士绅的身份也发生明显变化,并与通过各种方式而获得功名身份的工商企业家共同发展成为新的特殊商人群体——绅商,成为晚清中国城市新式工业发展的最大推动者。

随着新式工业的发展,在晚清中国城市下层民众中也产生了新的劳工群体——产业工人。第一次鸦片战争后不久,因外资在中国通商口岸城市兴办近代企业,在这些外资企业中产生了中国第一代产业工人。洋务运动时期,在洋务企业里又产生了第二批近代产业工人。甲午以后,清政府允许民间办厂,随着民族资本主义工业在各城市中的广泛兴起,产业工人的数量更加扩大,至光绪末叶,在各近代企业中的产业工人已近10万人。①

清代后期,因城市结构、功能的转型,城市中不断出现各式各样的新的职业,仅传统的"士"的部分,就已分化出医生、律师、工程师、会计师、新闻记者、教师、职业画家等职业。

(二)城市社会生活转型

消费生活的变化是晚清城市社会生活转型的重要内容。鸦片战争以后,外国商品大量涌入,举凡洋布、洋线、洋袜、洋巾、洋油、洋烛、洋电、洋铁、洋钉、洋针等日用百货无所不有。洋货的大量倾销从物质上逐渐改变了中国城市居民的传统生活方式,尤其是通商口岸城市,使用洋货开始成为城市居民的时尚。洋货逐渐渗透到中国城市居民物质生活的各个层面,就连僻处西南边陲的昆明,其市场上所销售的日用生活品很多也是洋货,饮食衣服器具,皆仰赖于此。由于洋货占领了中国城市主要市场,城市居民传统的消费生活方式也随之发生改变,一些根深蒂固的生活习惯被打破,如光绪中叶天津因盛行雪茄烟与卷烟而鲜有吸水烟者。② 西方人的生活方式和习俗也被广泛传入中国城市,赛马、照相、看电影、逛公园、听西洋乐曲、吃西餐等新式的消费方式亦随外国人的流入而逐渐为中国城市居民所熟悉和接纳。光绪二十二年(1896)八月,电影首次在上海播放③,受到城市居民的普遍欢迎,有人在看了电影后发出赞叹:"看看看、真极!看看看、奇极!看看看、活极!"④。作为与中国各类传统戏曲不同的新剧——话剧亦于同治后经上海传入中国,"往观者则携小扶老,道路间颇形热闹"。《申报》有报道说:"每逢阴历18号在西国戏馆开演诸剧,近日天时甚暑,改在跑马厅开演。"⑤ 光宣之际,演话在上海已颇为兴盛,由此推动了中国第一家戏剧学校——上海通鉴学校的创立。光绪三十三年(1904),留日学生曾孝谷、李息霜、欧阳予倩等组织话剧团体春柳社,戏剧家王钟声在上海创办春阳社。

---

① 孙毓棠:《中国近代工业史资料》第一辑下册,科学出版社,1957年,第1201页。
② 徐珂:《清稗类钞》第十三册,中华书局,2010年,第6355页。
③ 《申报》,1896年8月10日,《西洋影戏客串戏法》。
④ 《大公报》,1906年7月28日,《广告》。
⑤ 《申报》,1876年8月19日,《西人演戏》。

晚清时期，在西方文化的影响下，中国城市中的婚丧习俗亦发生较大改变。新式婚丧仪式开始在中国城市中率先出现，其中以仪式的简化为主要变化。1903年，上海有李家鏊丧妻再娶，登报声明简化婚礼仪式，废除传统的"六礼"，谢绝宾客拜贺。① 1905年，北京有张姓娶妻，"凡往贺之客，不必拜跪，只当面一揖。所有无味婚礼，一概不取"②。1910年，天津巡警公所行政科长朱植群结婚，"不唯野蛮风俗概从摈弃，即繁文缛节亦皆删除"③。光绪末年，上海、天津等通商口岸城市因深受西方文化影响，开始仿效西方改革丧仪，作为先导的是现代讣告的出现，改革的主要内容是以西式的简朴追悼会取代繁文缛节的旧式葬礼。追悼会前发讣文通告戚友宗族，亦可登载日报。会址一般借用饭庄、会馆或礼堂。一切陈设简单肃穆，灵前设亡人遗像，两旁放置亲友送的花圈、挽联、诗词等。《清稗类钞》记载："光宣间，有所谓追悼会者出焉。会必择广场，一切陈设或较设奠为简，来宾或可不致赙仪。"追悼会内容包括奏哀乐、献花、述行状、读祭文、行三鞠躬礼、演说、家属答谢等。追悼会摒弃了旧丧礼的铺张浪费和请僧道诵经之类的迷信活动，受到称赞，并逐渐流行于沿海及通商口岸城市，后向内地传播。

在部分通商口岸城市中，西方人率先以欧洲方式举行婚礼，部分国人受其影响，也模仿其形式。在中国，西式婚礼最早出现于19世纪晚期，但极为少见。19世纪五六十年代，在少数与外国人交往密切的商人知识分子中偶有采用西式婚礼的现象。曾经目睹这种场面的人有过这样的记录："前日为春甫婚期，行夷礼。""其法牧师衣冠北向，立其前，设一几，几上置婚书条约。新郎新妇南向立，牧师将条约所载，一一举问。傧相为之代答。然后望空而拜，继乃夫妇交揖，礼成即退，殊为简略。"④ 光宣之际，西式婚礼已成通商口岸城市和部分大城市中年轻人的时尚，内地城市亦逐渐流行。当时的西式婚礼相对简单，主要为演说及仿西俗互戴结婚戒指。仪式一般为：奏乐、司仪人入席，男女来宾、主婚人、证婚人、介绍人、纠仪人、新郎新娘及男女傧相、族人等依次入席；证婚人宣读证书（上列新郎新娘、证婚人、介绍人、主婚人姓名等），读毕与证书上列各专利号依次盖印，并为新郎新娘交换饰物；新郎新娘行礼，先相对双鞠躬，继谢证婚人、介绍人各自三鞠躬；主婚人致训辞，来宾代表致颂词、赠花，新郎新娘谒见主婚人及双方族人；全体退席后，开茶点、筵宴。⑤

（三）转型时期的社会问题

鸦片战争以后，中国社会性质发生巨大变化，社会矛盾也发生变化，民族矛盾与阶级矛盾相互交织，城市成为各种社会矛盾的漩涡，城市社会问题变得越来越突

---

① 《中外日报》，1903年8月30日，《李家鏊续娶辞贺启》。
② 《大公报》，1905年7月17日，《婚礼新式》。
③ 《大公报》，1910年10月，《文明婚礼》。
④ 陈左高等：《清代日记汇抄》，上海人民出版社，1982年，第259页。
⑤ 徐珂：《清稗类钞》第五册，中华书局，2010年，第1987—1988页。

出，吸毒、赌博、卖淫、帮会黑势力、失业、犯罪等各种城市社会问题也日益增多，其中又以"烟""赌""娼"问题最为突出。

鸦片战争以前，由于外国人走私鸦片，导致中国已呈鸦片泛滥之势，特别是东南沿海一带"鸦片烟流毒日深，不特军民人等共相吸食，即现任职官亦多染此恶习"，以至"纹银出洋，消耗弥甚"，"锢蔽日久"而"一时未能尽行破除"①。鸦片战争后，鸦片走私更形泛滥，仅道光二十七年（1847）从上海进口的鸦片达16500箱左右。② 第二次鸦片战争以后，由于鸦片贸易合法化，各城市的鸦片吸食者也迅速增加。同治十一年（1872），上海城厢烟馆计1700余家，几与茶、酒、饮食之店数量相同。③ 同光年间，吸食鸦片之风已遍及中国南北广大城镇，成为不分贵贱贫富，无论男女老少，广为沾染的一种恶习。"天下之日趋于洋烟者，如水之源源东向而无穷期也"，"计天下之财，耗于洋烟者，每岁不下数千万"④。

赌博现象在原始社会末期就已出现，其概念在先秦时期开始初步形成。中国古代的赌博如斗鸡、弈棋赌、骰子、骨牌等，参与者人数均较少，只在小范围内进行，往往具有一定的娱乐性，未成为社会问题。晚清时期，中国城市中出现了规模较大的赌博形式，如"闱姓"赌博。科举废除后，闱姓赌博虽然消亡，但与之类似的山票、铺票、白鸽票及花会等赌博形式取而代之，在晚清城市中普遍流行。同时，由官方主导的彩票博弈也形成大规模的赌博。光绪二十八年（1902），张之洞奏请在湖北发行签捐彩票，饬令时任司、道、府、厅、州、县分别匀销⑤，不独按店挨售，商家铺户及居民亦不能幸免，家境稍丰者，差役必强令多购数张，违者拘入衙门，实足令人生畏，致居民恨之入骨。⑥ 以此为始，国内掀起一场历时十年的滥发彩票狂潮，浙江、福建、河南、四川、奉天等省继之，大小型彩票公司纷纷成立，彩票泛滥全国。有的赌博方式虽无大规模组织，但却渗入日常生活，流毒甚深。以麻将为主的赌博，在光宣之际由南方向全国迅速蔓延，数年之间盛行于北方，上自贵官显爵，下至巨商富贾，甚至肩舆负贩之流，无不趋之若狂，沉溺忘返。⑦ 于是乎，黄河上下、大江南北，无处不见麻将形迹，就连地处群山环抱、东南一隅的福建建阳这样的山野小镇，城市居民2500户，终日有40桌雀牌，业赌博者万余人。⑧ 而通商大埠如南京者，则无地不赌，无人不赌，无时不赌，俨成一赌博世界。⑨

---

① 道光十八年一月十七日《著内阁通谕严禁官员吸食鸦片事上谕》及一月十八日《著两广总督邓廷桢等与林则徐合力禁烟事上谕》。见马模贞：《中国禁毒史资料》，天津人民出版社，1998年，第104-105页。
② 黄苇：《上海开埠初期对外贸易研究》，上海人民出版社，1979年，第173页。
③ 《申报》，1872年5月25日，《附录 笑笑山人以烟馆月损纪事》。
④ 丁凤麟、王欣之：《薛福成选集》，上海人民出版社，1987年，第31页。
⑤ 《中外日报》，1902年4月14日，《签捐票续志》。
⑥ 《中外时报》，1902年5月14日，《汉阳近事述函》。
⑦ 《大公报》，1908年8月6日，《亡国奴戏》。
⑧ 胡朴安：《中华全国风俗志》下篇卷五，中州古籍出版社，1990年，第74页。
⑨ 《时报》，1913年6月22日，《南京之社会现状如此》。

在通商口岸城市，自西方传入的赌博方式也十分盛行。除跑马外，还有跑狗、回力球、彩票、轮盘赌、吃角子老虎机、扑克等其他赌博方式传入，普遍为国人所接受。

娼妓问题也是晚清城市中非常突出的社会问题。虽然娼妓一业早已存在，但在晚清时期却格外突出，即所谓"咸同以来，妓风大炽"，尤其是通商口岸城市。上海于开埠后便迅速呈现出花天酒地、女闾成市的繁荣景象。[①] 租界的娼妓业倚洋人为护符，吏不敢呵，官不得诘，日盛一日。[②] 其他通商口岸城市中的娼妓业也十分繁荣。狎娼者已不仅是富商大贾以及纨绔子弟，各色人等都可以自由地出入妓院。妓院不仅是卖笑的销金窟，而且成为所谓侯伯将相、督抚司道、维新志士、游学少年、富商大贾、良工巧匠等宴嘉宾、商要事、论政治、定货价以谑浪笑傲之地，他们以淫秽猥琐之处为办理正事之处。[③]

晚清城市娼妓问题的最大变化即卖淫走向合法化、社会化。晚清时期，农村普遍破产，城乡二元对立日趋突出，大批农村女性以各种方式进入城市。而城市缺乏完整意义上的工业化，经济结构亦不合理，无法接纳大量的农村女性人口；同时城市人口结构特别是性别结构不平衡，对性的需求扩大化，从而把大批女性推向了与商业呈骈进之势的娼妓业，使众多城市无妓不市、无妓不兴，甚至因娼而兴。[④] 官方对娼妓业的纵容，也加剧了其兴盛之势。光绪三十一年（1905）设巡警部后，京师及各省先后征收妓捐，以纳资于官厅，其登记注册挂牌营业卖淫者，称公娼，而私下拉客、逃税偷税者称私娼，从而将卖淫合法化。

四、城市文化转型

道光二十年（1840）以前，中国城市的文化机构主要为官办的府学、县学与官方、民间创办的书院。城市居民中士绅所占比例并不多，据《津门保甲图说》的统计数字，在清代天津县城内的198716人中绅衿只有653人，只占全部人口0.33%左右。[⑤] 与当时全国大约占全部人口5%的"士"的百分比相较，要少得多。有外国学者在分析了士绅在明清时期的城居化现象之后，得出结论："确切的事实是，很明显，在众多的传统农业社会中，中国只有很少的士绅城居在这一方面表现得非常突出。"城居之士子亦多以科举功名为务，虽然偶尔有集会等活动，然却无结社和成立文化组织的行为。工商百业各有其本，虽然一二书肆，然皆以赢利为目的。因此，城市中并无其他文化事业可言。

自五口通商以后，因中外经济、文化交流的日益频繁，新式文化机构开始在中

---

① 王韬：《瀛壖杂志》，沈云龙：《近代中国史料丛刊》，文海出版社，1973年，第37—40页。
② 上海通社：《上海研究资料》，上海书店，1984年，第554页。
③ 《新闻报》，1903年8月28日，《论上海风俗》。
④ 张百庆：《中国城市早期现代化过程中的娼妓问题》，《史学月刊》，1999年第1期。
⑤ 罗澍伟：《近代天津城市史》，中国社会科学出版社，1993年，第100页。

国通商口岸出现。道光三十年（1850），有英国侨民于上海创办英文周报《北华捷报》（North China Herald），为中国第一份新式报纸。① 此后，自通商口岸至内地城市，报纸杂志等新式文化机构不断设立，至光绪二十年（1894），中国先后有各类报刊 70 余种，其中以上海为最，计有 32 种。②

同治二年（1863），李鸿章奏设上海广方言馆，除培养翻译人才外，还广译西书，成为新式文化引进与传播的中心。其后，在部分通商口岸城市中又陆续兴建起图书馆、博物馆、阅报社等新式文化机构。

光绪十三年，英国传教士韦廉臣联络赫德、林乐知、慕维廉等人在上海创立文化组织同文书会，后更名为广学会，编译出版书籍报刊，乃中国城市中最早的新式文化组织。甲午战争后，以康有为、梁启超等于北京发起组织的"强学会"为先声，知识分子兴办学会的风气随之大开。学会等社会组织于各地纷纷建立，各城市可谓"学会如林"③。根据统计，自光绪二十一年（1895）至二十四年，先后设立的学会组织计 68 个。④ 既有以政治活动为主者，如保国会、保川会、保浙会、保滇会、南学会等；也有以讲求知识与学术为旨趣者，如上海的务农会、地图公会、医学善会；还有以改良风俗为主要目标的学会，如各地所设的不缠足会等。此外，也有以崇尚孔学保圣教为旨趣者，如桂林的圣学会等。此后，各类由士子与新式知识分子组织的自由职业团体和专业协会也开始出现，如教育会等。

晚清中国城市文化转型的最大表现是新式学校的设立。开埠以后，即有外国传教士于通商口岸城市设立教会学校。道光三十年（1850），天主教于上海开办徐汇公学后，英、美、法各国的耶稣会、圣公会、监理公会、南浸信会等教会亦先后于上海开办从小学到学院的各级新式学校。洋务运动时期，先后创办的京师同文馆与上海广方言馆则成为国内兴办新式学校之始，广方言馆所开设之课程，除语言外，并有算学、舆地等新式科目。同治十三年（1874），上海创办新式学校格致书院⑤，为民间自办最早新式学校。此后，国人自办新式学校在各通商口岸陆续设立。光绪二十四年（1898），京师大学堂建立，为中国最高学府，亦为最高教育行政机关。光绪二十七年，诏令各省所有书院于省城改设大学堂，各府厅直隶州均设中学堂，各州县均设小学堂。光绪三十一年，清廷诏令所有乡会试一律停止，各省岁科考试亦即停止，并饬令各督抚于各省广建学堂。⑥ 此后，各省、府、县皆普遍设立新式学堂，举凡大、中、小学皆称完备。

新式学校之建立及科举之废除，不仅改变了中国知识分子读书、入仕的传统道路，而且亦使城市成为文化的创造、传播中心。在新式文化教育机构日益集中的背

---

① 上海通社：《上海研究资料》，上海书店，1984 年，第 423 页。
② 杨光辉等：《中国近代报刊发展概况》，新华出版社，1986 年，第 1 页。
③ 梁启超：《康有为传》，中国史学会编：《戊戌变法》（四），神州国光社，1953 年，第 10 页。
④ 王晓秋：《戊戌维新与近代中国的改革》，社会科学文献出版社，2000 年，第 285 页。
⑤ 吴馨等修，姚文枬等纂：《上海县续志》卷九《学校上》，民国七年铅印本。
⑥ 沈桐生：《光绪政要》卷三十一，文海出版社，1985 年，第 2158 页。

景下，城市成为进步文化的创造地、发源地，教师、学生、医生、律师、学者、工程师等专业知识分子开始成为城市中的重要社会群体。

五、城市规模和空间布局的变化

清代后期，随着工业化、城市化的发展，一些开埠城市迅速扩展，规模急速增大。例如上海在开埠时连郊区人口在内不到50万，而到1880年仅城区人口已接近百万。城市规模迅速扩大的主要原因在于大量失去生活来源的农民纷纷进入城市，引起城市人口激增。

清代以前包括清代前期，虽然在大城市周围形成了区域经济圈，但由于大城市本身内聚力不强，交通落后，各市镇并没有形成有机的分工，未能构成一个相对完整的城市体系。清代后期，真正意义上的城市规模体系才得以形成。清代后期，一些开埠城市逐渐成为区域核心城市，这些城市具有较强的聚集力和辐射力。围绕这些城市，出现了区域城市之间的互动，由此推动区域城市体系的形成。如长江下游三角洲的上海，在农业时代后期就逐渐成为长江三角洲的重要城市。19世纪中叶，上海取代广州成为中国进出口贸易的中心和最大的现代工业城市，从而得以快速发展，19世纪末人口就超过百万，20世纪20年代就达到200万人以上，上海成为长江三角洲的核心城市。由于上海的崛起，长江三角洲地区各城市之间的相互联系加强，南京、杭州、苏州等长江三角洲的大中小城市逐渐围绕上海形成了一个城市集合体。

由于外部世界的作用、中国内部经济结构的变化和国家政策的改变，清代城市分布格局较以前发生了重大的变化。首先，表现为新型城市的出现，一些开埠城市和铁路沿线城市在清代后期获得飞速发展，形成了新型城市。例如烟台、青岛、哈尔滨、重庆等城市在开埠以后，随着工商业和交通运输业的发展，以惊人的速度扩张，城市人口大增，发展成为大城市。地处长江上游的重庆，随着1891年的开埠，在城区逐步形成了长达7公里的下半城商业区。"道路两旁商店、旅店、货摊、茶铺、饭馆鳞次栉比，商业活动十分繁盛。"在开埠城市发展的同时，一些位于不甚重要位置的通都大邑则日渐衰落。如西安、兰州、开封、太原等历史上重要的区域性中心城市，由于没有现代工商业的支撑，没有与世界市场发生直接联系，因而发展缓慢，甚至停滞。

其次，表现为城市发展的不平衡性加剧。在农业时代，中国城市的地理分布早就呈现出分布不均衡、不合理现象。清代，中国东中部人口多，城市多，经济相对发达；西部人口少，城市少，经济较为落后。清代后期，开埠通商城市大都分布在东部沿海沿江地区，由于开埠通商，大量商品、资金、技术、工厂等高度聚集，使这些城市获得快速发展，成为全国性或地区性的经济中心。但许多内地城市缺乏变化，发展缓慢，部分城市停滞倒退。南方城市的发展远远超过了北方城市，许多北方大中小城市逐步衰落，东南沿海、长江流域、珠江三角洲、东北南部地区、京津唐地区城市发展较快，初步形成了中国现代城市体系的结构和布局，即东南沿海地区、长江中下游地区和东北地区的城市数量多、规模大、分布密集、技术先进，而面积广大的西北、西南地区除成都平原外，大多数地区的城市数量少、规模小、分布稀疏，这一布局对今天中国城市的发展影响甚巨。工业革命前欧洲出现商业革命，国际贸易兴起，欧洲国家开始走向全球化，工业革命后商业进一步扩大，资本主义的发展需要不断扩大市场，全球化成为发展趋势，海洋经济兴起，取代内陆经济成为主要的发展潮流。欧洲国家生产的大量商品要占领市场、要销售商品并获取原材料，最快捷、最方便、最经济的运输方式是海上轮船运输，因而海洋经济时代发展最快的是距海岸线100公里到200公里的重要港口。19世纪，中国被纳入世界资本主义全球化贸易体系中，沿海城市得到较大发展，与海洋有直接联系的沿江经济带城市也有所发展。

这一时期不同类型的城市发展出现较大的分化。随着城市工商业的发展、西方国家的殖民入侵、交通路线的改变，清代城市日益分化为以沿海沿江通商口岸为代表的经济中心城市和以首都、内陆省会城市为代表的行政中心城市。例如汉口是以商业为主的城市，而内陆城市成都因与外部的联系较少，仍然以行政功能为主。此外，还出现了一些新兴资源型工矿城市，如唐山、鞍山、萍乡等；交通枢纽城市，如蚌埠、郑州和石家庄；港口贸易城市，如大连、青岛、宁波等。不同类型的城市由于其自身结构、功能的不同，从不同的角度、不同的方向左右着区域、国家的经济和社会发展。城市类型的转变不仅影响到当时，而且也对整个20世纪中国的发展产生了深远的影响。

城市空间结构是各种人类活动与功能组织在城市地域上的空间投影。[①] 因此，空间布局的变化也是晚清时期城市转型的重要体现。清代城市沿袭中国历代城市的空间布局，城墙为城市的外在特征，城市人口和城市的各种活动主要集中在城墙范围内，在城墙内形成了以衙署为中心的基本空间格局，城市的整体性亦因此而得以体现。清代有方志称："县治居今城之中，治先城后。"[②]

五口通商以后，中国城市空间布局随着西方资本主义现代工商业的发展而出现新的变化，最主要的变化之一是城市空间的拓展。城市不断突破城墙的约束，并最终使部分城墙的拆除成为现实，从而改变了中国城市数千年来的空间分布格局。

约开商埠中设有租界的城市空间规模变化最大，尤以上海、天津等城市为最。道光二十五年（1845），上海的英租界仅830亩。道光二十八年，英租界扩张至2820亩。同年，美国开始在虹口地区购地，造成租界事实。道光二十九年，法租界划定共986亩。同治元年（1862），英美租界合并。光绪二十五年（1899），美英租界正式更名为上海国际公共租界，并再次扩展至33000余亩。[③] 半个世纪间公共

[①] 柴彦威：《城市空间》，科学出版社，2000年，第13—14页。
[②] 黄桂修，宋骧纂：(康熙)《太平府志》卷十八《公署》，康熙十二年修、光绪二十九年重刊本。
[③] 吴馨等修，姚文枬等纂：《上海县志》卷十四《外交志·租界沿革》，民国二十四年铅印本。

租界增加了39倍多。光绪二十六年，法租界面积亦从1023亩增至2135亩。① 由于租界的建立和扩张，上海城市空间规模空前增大，成为晚清中国空间规模最大的城市。

天津也先后建有英、美、法、德、日、俄、意、奥、比等九国租界，占地面积共计23350.5亩，为天津府城的8倍。② 光绪二十六年，八国联军占领天津城，设置都统衙门，对天津实行管制和改造。基于军事目的和卫生等原因，决定填平天津的护城河，拆除城墙。③ 次年，天津府城的城墙全部被拆除，都统衙门沿城墙基址修筑了四条马路，成为城市交通干道，从而改变了城市交通状况，也改变了城市的空间格局。原来为城墙所阻隔的传统商业区与城区融合成一片，北门外和东门外运河和海河沿岸的商业区得到更大的发展，大批金融机构、批发商行、货栈聚集和零售商业向这些地区聚集。④

除上海、天津外，其他各开埠通商城市的空间也大为拓展，无论是工厂选址，还是新式店铺市场的建设，都日益倾向于设置在原城区的城墙之外，城墙对城内外交通的阻碍作用也表现得越来越突出。

开埠通商城市空间的另一个突出变化，表现为城市中心商业区从老城区向租界区转移。同光以后，上海的商业中心由南市转移至公共租界，南京路市街广阔，房屋高敞，为沪上之冠；福州路、广东路、山东路、山西路、河南路、福建路、湖北路等，皆为繁盛之区。与之相比较，上海县城自小刀会起义后，便一蹶不振，日趋衰落，在经济上沦为租界的附庸。天津、汉口等城市的租界也逐渐取代传统老城区成为新的城市商业中心。

城市空间布局的另一重要变化，就是组团式布局与新的功能分区的出现。以上海为代表的主要通商口岸城市，于旧城之外设立的租界，因现代工商业和金融的迅速发展，该城市原来以城墙为空间框架的布局结构发生重大的变化，租界或租借地成为新的城市人口聚集区，从而改变了传统城市以单核为主的城市空间布局，使城市形成组团式分布格局。清季，上海城区形成了南市、闸北、浦东、公共租界和法租界五个组团。天津、武汉、广州等城市都因开埠通商而出现组团式发展格局，并于旧城之外形成若干卫星城镇。大多数开埠通商城市的经济空间都突破了传统街区和城墙的限制，在城墙之外形成新的工业区或商业区。另有部分城市租界设立后，因离旧城较远而自为一体，故使租界与其母城呈组团式分布，其最典型者为厦门鼓浪屿公共租界。杭州拱宸桥租界、镇江银山租界也与之类似。福州被正式开辟为通商口岸后，除老城区仍为政治中心外，台江一带成为商业中心，仓山成为涉外文

---

① 徐雪筠等：《上海近代社会经济发展概况（1882～1931）》，上海社会科学院出版社，1985年，第78页。
② 杨升祥：《简论天津租界》，《历史教学》，2000年第3期。
③ 刘海岩等：《天津临时政府会议纪要》第70次会议第8项，天津社会科学院出版社，2004年，第85页。
④ 刘海岩：《租界、社会变革与近代天津城市空间的演变》，《天津师范大学学报》，2006年第3期。

化、政治、经济中心,马尾成为工业、外贸中心,福州城市逐渐形成组团式布局形。道光以后,天津海河沿岸逐渐繁盛,城区渐以海河水系为轴线,由西向东逐步展开形成带状布局。①光绪末年,天津的外国租借地逐渐发展至东南城角及海河东岸,歌楼酒肆丛错其间,自东南城角至南门外直街渐辟南市大街、广益大街、荣业大街,繁华美饰,与租界地不相上下。②北门外锅店街、针市街、估衣街一带街市亦为繁华之区,各种衣服、织物、毛皮、杂货、金银细工、药材等大型店铺甚多,城内首屈一指的富商多集于锅店街;东门外宫北街、宫南街,大小商铺鳞次栉比,东西南北马路、大经路、南市大街等街市也汇集各类海产品、棉布、丝织品店铺。光绪末年的郑州,随着京汉铁路的修建,城市经济发展,规模扩大。光绪三十年(1904),为修筑铁路而建马路大街,马路南北各街衢也相继形成。城西关一带发展迅速,商业中心开始形成,自城门至十字口形成了西关大街,更有吕祖庙街、大王庙角、南郭门大街、西郭门大街、延陵街等。③嘉道年间,汉口长堤内玉带河以北,人烟稠密,坊巷街衢纵横分布,商铺林立,市街甚多,有著名八景,吸引游人无数,时人称之为"销金锅"。④清代重庆商业空间集中于下半城从南纪门到朝天门的狭长区域。陕西街一带富家大商较多,道门口、县庙街、白象街、新丰街、三牌坊、鱼市口、商业场等处是非常繁华殷富的街道,东端之陕西街,为上下城会合处,最称繁盛,银行汇集,下半城以此为起点沿长江向西延伸。⑤

晚清时期,城市文化空间也发生较大变化,传统的府县学、书院和寺庙祠堂等文化空间,逐渐为新式学校和文化机构所取代。部分新创办的学校多建立在城墙外,从而进一步改变了城市的空间布局,形成更加多元的城市空间。晚清时期,由于外部文化的影响和市民生活的变化,城市公共空间也发生较大的变化,公园兴起,并逐渐成为市民公共生活的一个重要公共空间。

第四节 城市化与区域城市的变动

一、早期城市化的启动

世界城市化始于18世纪的英国工业革命,机器大工业的发展是推动城市化的根本动力。⑥大机器生产使城市成为财富与价值的创造中心。在不断推动城市结

---

① 佚名:《津门保甲图说·县城内图说第一》,道光二十六年刻本。
② 高凌雯:《天津县新志》卷一《政俗沿革记》,民国二十七年刻本。
③ 周秉彝修,刘瑞璘编纂:《郑县志》卷三《建置》,民国五年刻本。
④ 叶调元著,徐明庭、马昌松校注:《汉口竹枝词校注》,湖北人民出版社,1985年,第70—71页。
⑤ 郑励俭:《四川新地志》,正中书局,1946年,第344页。
⑥ 高珮义:《中外城市化比较研究》,南开大学出版社,1991年,第11—15页。

构、城市功能演进的同时，工业生产也驱使大量人口离开乡村，进入城市谋生，从而使城市化水平（城市人口在总人口中所占比例）越来越高，城市化成为工业革命以来世界各国发展的大趋势。

鸦片战争以后，随着欧美各国机器工业产品在中国市场上的倾销与从中国掠夺农产品、原料的经济活动的不断加强，中国被一步步纳入世界资本主义体系之中，因此，与欧美大工业相联系的城市化亦随之启动。洋务运动时期，新式军用、民用工业在通商口岸城市及内地主要城市举办，也对城市化起了一定的推动作用。甲午战争后，外资企业和国内官办、官商合办及商办新式工业企业不断在各城市设立，中国出现第一次工业投资高潮。新政时期，清政府先后颁布《公司律》《奖励公司章程》《公司注册试办章程》等，鼓励民间投资开矿设厂，仅光绪三十一年（1905）至三十四年的四年间，全国新设厂矿已达201家，年平均设厂数超过甲午战争前的20余倍。随之而出现的则是工业化带动下的晚清城市化进程。

由工业发展而推动的城市化，在新式工业分布最为集中的通商口岸城市表现得最为突出。《马关条约》签订后的第二年，上海制造业便呈现出一派繁荣景象，不数年，上海便成为中国主要的制造业中心。[①] 由于早期以制造业为主的工业企业是劳动密集型产业，所需要的劳动力远超过商业贸易业，就纺织业而言，光绪二十三年上海的26家机器织布工厂便雇用了7680名工人，平均每厂雇佣工人295人；而上海27家纺纱、缫丝工厂，合计雇佣工人2.5万~3万人，其雇用规模更在织布工厂的3倍以上。[②]

从道光二十三年（1843）至光绪十九年（1893），中国城市化比重增加了两三个百分点。据美国学者施坚雅的不完全统计，从1843年至1893年，中国城市人口从2072万人增加到2351万人，城市人口比重从5.1%上升到6%。晚清时期，中国的城市化发展极不平衡。城市主要集中在沿海沿江开埠通商地区，一批新型区域中心城市出现，城市人口快速增加，发展成为大城市。清季，上海成为中国最大的城市，城市人口达百万以上。同时，天津、汉口、重庆、广州等城市人口都出现大幅度的增长。

上海位于中国南北海岸中心点，黄金水道长江的出海口，地理位置极为优越，交通区位的优势使得它成为中国率先开放的五口商埠之一，并获得外国人的青睐，租界的设立，吸引了大量的外国人到这里投资，上海成为外国人眼中的"东方的巴黎"和"探险家的乐土"。上海成为外国势力在远东地区的主要基地，从而提升了上海在整个晚清中国的城市地位，吸引了众多的周边省、府县人口向上海聚集。咸丰初年，上海县城内有户1.2万余，人口3.6万余，至宣统元年（1909）上海城厢内外总工程局所管辖的城区，统共204576口，公共租界华人数共计488005人。天津地处华北出海要津，是京师对外连接的重要海港门户，道光年间，天津城市有户

[①] 徐雪筠等：《上海近代社会经济发展概况（1882~1931）》，上海社会科学院出版社，1985年，第46页。
[②] 汪敬虞：《中国近代工业史资料》第二辑下册，科学出版社，1957年，第686、693页。

32761户，有人口近20万。光绪三十二年（1906），天津城区总人口增加为74340户，共计424556人，其中城区有356503人，租界区有68053人。武汉三镇，地处九省通衢之地，是连接多处的中转城市，商业贸易极为发达，清末，城市人口数量大概在80万人左右，其中汉口人口就有60万。①

城市化的发展，推动城市人口的异质化加强。上海开埠以后，聚集在此的人口主要由三部分人构成：一是外地商人，除开埠初期的广东商人以外，同治以后，江苏、浙江商人在上海的人数不断增加，群体规模也不断扩大。同光以后，上海成为各省商人最为集中之地。《申报》载文称：论中国商贾云集之地，货物星聚之区，二十余省中当以沪上为首屈一指，无论长江上下、南北两洋，以及内地市镇，皆视沪市如高屋之建瓴，而东西各邦运物来华亦无不以上海为枢纽。② 二是随商业贸易发展而带来的诸多就业机会吸引了大量外地普通民众。据海关报告记载：上海的居民大部分是普通的外地移民，他们被上海各种就业机会所吸引，职员、经营广货的商人和餐馆老板等，主要来自广东；买办、仆役、船员、木匠、裁缝、男洗衣工、店员等，主要来自宁波；侍候外国妇女的女佣中的多数以及刺绣工、妇女头饰工等，主要来自苏州；经营缎子、玉石、钟表和钻石生意者，多为江宁人。③ 上海开埠后，也为周围农村带来了巨大的就业机会，吸引着周边农村人口离乡背井进入上海。有青浦农村妇女贪上海租界佣价之昂，趋之若鹜甚有弃家者，此昔之所未见。《川沙县志》载："上海成为容纳川沙县余人口之绝大尾闾。论其量，则数之大，以水木工人为第一，他业亦类有相当地位。论其质，则无论以知识，以劳力，凡能自食，或因以起家，百分之九十以上，皆恃上海。夫以逼邻上海之故，人口有余，则移之上海，职业无成，则求之上海。"④ 三是因自然灾害、战争或其他各种原因而流入上海者，"有以暴富而至此谋安乐者，有以素封而至此避患难者，至者遂日夥，若内地之寠人尤以沪为求食之地……沪之人遂满坑满谷"⑤。

二、城市类型的变化

自秦代实行郡县制以来，至唐代已形成较完整的以都城、州、县为行政城市体系的城市网络架构。元代以后，随着行省制度的兴起，至清代，则形成完整的以京师、省会、府（直隶州、厅）、县（散州、厅）为主的城市行政等级体系。清代中前期，随着商品经济的发展，相当部分重要的政治中心城市的经济功能增强，成为

---

① 皮明庥：《近代武汉城市史》，中国社会科学出版社，1993年，第117页。
② 《申报》，1901年2月13日，《综论本年沪市情形》。
③ 徐雪筠等：《上海近代社会经济发展概况（1882～1931）》，上海社会科学院出版社，1985年，第21页。
④ 方鸿铠等：（民国）《川沙县志》《卷首·导言》，民国二十五年刊本。
⑤ 胡祥翰等著，吴健熙等标点：《上海小志·上海乡土志·夷患备尝志》，上海古籍出版社，1989年，第26页。

区域的商品集散地和制造中心。同时，在行政中心城市体系之外，开始出现包括景德镇、佛山等工商业城镇在内的一大批市镇。这在一定程度上改变了城市以行政职能为主的局面，打破了城市体系的政治传统格局，并使中国各区域逐渐出现两种不同层次的区域城市体系，即秦朝以来便形成的以政治为中心，通过超经济手段而联成一体的行政性城市体系与在商品贸易活动中自发形成，并反映了社会自然结构的区域城市体系。晚清时期中国城市体系的早期现代化转型都是在一定程度上利用了这种变化。随着近代新兴城市的经济职能加强，城市的类型发生了变化，一些新城市类型出现，主要有如下几种类型：一是沿海、沿江、沿边贸易型城市，二是新兴铁路交通枢纽型城市，三是新兴工矿业城市。

沿海、沿江、沿边贸易型城市体系是最先出现的新型城市类型。自道光二十二年（1842）五口通商以后，至宣统末年，中国于东部沿海地区先后开辟有安东、大连、营口、秦皇岛、天津、龙口、烟台、青岛、海州、上海、杭州、宁波、温州、福州、厦门、汕头、广州、赤坎、淡水等通商口岸或租借地。沿长江一带则开辟有通商口岸上海、苏州、镇江、南京、芜湖、安庆、九江、岳阳、汉口、沙市、宜昌、万县和重庆等。由此而于沿海、沿江地区形成以上海为中心，南北沿海、东西沿江的两条贸易港口城市轴带。除此以外，在内陆边疆地区，通过历次条约而被开辟为商埠的城市还有内外蒙古的张家口、库伦，甘肃，新疆的嘉峪关、喀什、伊犁、塔城，云南的河口、思茅、蒙自，广西的龙州，以及西藏的亚东、江孜、噶大克等，这些城市又构成了沿边商埠城市。随着沿海、沿江、沿边通商口岸的先后设立，中国封闭的自然经济结构被打破，原有相对平衡的区域经济发展模式也被打破。与对外贸易紧密相关的东部沿海、沿江地区发展相对较快，而广大中西部地区发展却相对滞后。一方面，在沿海沿江地区城市经济日益融入国际资本主义体系的同时，广大内地农村却因为旧的经济结构被破坏，新的独立的、现代的经济结构迟迟不能建立而陷入日益衰败的境地，从而使东部与中西部、大城市与小城市及市镇间的发展失衡。另一方面，由于地域辽阔，经济结构的变化与转型必然导致部分城市因难以迅速适应新的时代需要而发展艰难，地区经济结构转型的不同步性又决定了不同区域间城市的发展进程差异很大。因此，区域发展不平衡与城市发展与衰落并存便成为晚清时期中国城市发展、演变的重要时代特征。

铁路交通枢纽型城市则是晚清时期随着铁路建设而兴起的另一种类型的新兴城市。铁路对城市发展的影响是多方面的：一是随着铁路的修建而形成了铁路枢纽城市，如郑州、石家庄、蚌埠、株洲等；二是由于铁路的修建而促进了铁路沿线原有城市的发展，如北京、济南、徐州、南昌、衡阳、柳州等，铁路的修建和通车还带动了大批中小城镇的发展；三是由于铁路建设改变了区域原有交通路线货物流量和流向，使原有的部分依靠交通发展的城市停滞甚至衰落，如大运河沿岸的扬州、淮阴、临清，上海附近的浏河、嘉定，浙江的南浔等。

从光绪二十二年（1896）至宣统三年（1911），中国境内先后兴修的铁路主要有中东铁路（满洲里—绥芬河）、南满铁路（哈尔滨—旅顺）、关内外铁路（山海关—

奉天)、京汉铁路(北京—汉口)、胶济铁路(青岛—济南)、正太铁路(石家庄—太原)、沪宁铁路(上海—南京)、沪杭铁路(上海—杭州)、京张铁路(北京—张家口)、汴洛铁路(开封—洛阳)、滇越铁路(昆明—河口)、津浦铁路(天津—浦口)、南浔铁路(部分,南昌—九江)、粤汉铁路(部分,广州—汉口)、安奉铁路(丹东—苏家屯)等。铁路经过之地,尤其是两条或数条铁路交会之地,亦先后出现新的交通枢纽型城市。

晚清铁路建设兴起以后,以铁路线为联结方式的交通发展不仅在铁路所经过区域的交通枢纽地形成新的交通型城市,而且也改变了传统以京师、省会、府、县等行政级别为划分标准的区域城市体系格局。一方面,铁路的发展使位于交通枢纽位置的城市如郑州等城市的规模迅速扩大,并成为区域的重要城市;另一方面,原城市体系格局的区域性也被打破,以铁路为联结的沿线城市成为叠加在传统行政型区域城市体系上的新的城市体系,各区域间相对封闭的、平衡的区域城市体系格局随之而改变。中国的公路建设与轮船水运和铁路运输相比起步较晚。在东部地区,晚清时期的主要交通方式以水运为主,陆路交通仍然是以传统的运输方式为主,以公路为载体的汽车公路运输兴起较晚,因此对于城市的发展影响一般较小。而在西部地区,由于通航的河道少,缺乏水运干线,而铁路的建设也较缓慢,因而以传统的商路和驿路以及车马等交通运输为主。

近代工业的兴起推动了一系列近代工矿业城市的兴起与发展。中国近代工业从19世纪中叶开始有所发展,但1895年之前,中国各城市兴办的近代企业数量十分有限。据不完全统计,由外国资本、官僚资本、买办资本以及民族资本兴办的近代工业企业仅100余家,其投资地主要集中在沿海的上海、香港、广州、福州、天津,以及沿江的武汉、九江、南京等城市。但到19世纪末20世纪初,民族资本兴办的近代企业出现快速发展,以上海为中心的近代工业区逐渐形成。此一时期,我国的加工工业主要集中在上海及周围的无锡、南通、崇明、江阴、常熟、杭州、萧山和宁波等长三角地区的各级城市,上海成为近代中国最大的工业中心城市。

随着近代交通运输业和新式工业的兴起,对煤矿等天然矿藏的需求剧增,因而用新式方法采煤和采金属矿的近代企业也开始兴起。其中比较有代表性的有台湾基隆煤矿,直隶开平煤矿,湖北广济、兴国煤矿,安徽池州煤矿,山西阳泉煤矿,河南焦作煤矿,直隶唐山煤矿、井陉煤矿,江西萍乡煤矿,山东淄博煤矿,枣庄中兴煤矿,等等。此外,也出现了一些近代金属采矿业,如山东招远金矿局采用资本主义生产方式设厂开矿,极盛时工人达3000余人,规模相当大。近代新式采矿业的兴起,推动了一批工矿业城市的兴起。这些早期的工矿业城市的兴起与外国资本输入、官僚买办资本投资以及民族资本的聚集密切相关,但与早期开埠通商城市的联系较薄弱。这些早期工矿业城市的兴起对于我国近代城镇体系的培育和发展起了重要的作用,其中抚顺、唐山、焦作、大冶、萍乡、玉门等城市成为中国重要的大中城市。清季,用新法开采、冶炼之金属矿中较著名者有漠河金矿、汉阳铁厂和大冶铁矿、淄川铅矿、水口山铅锌矿等。随着这些矿产资源的开采而逐渐兴起部分资源

第七章 晚清城市的发展变迁

型城市，发展最显著者则为唐山。

晚清是中国城市体系的发展与转型的重要历史时期，在城市体系的发展与转型过程中，不仅有新的通商口岸城市的崛起与发展，同时也有传统行政中心城市的绝对衰落与相对衰落。随着人类由农业时代进入工业时代，随着全球化市场的逐渐形成，由于沿海地区航运交通便利，适宜于大规模的商品运输与国际贸易，因而工业时代的人类居住地也普遍呈现出由内陆向沿海集中的趋势。[①] 另外，开埠通商以后，外国势力的入侵使中国的国内经济循环从属并服务于世界经济循环，成为外国资本主义的原料产地与商品销售市场。因此，在不公平的对外贸易过程中，服务于外国资本主义的东部沿海、沿江通商口岸城市必然因占据经济上的强势地位而获得优先发展。与之相比较，西部地区城市的经济、文化与社会的转型却严重滞后，不仅现代经济机构很少，而且新学校、报刊等文化机构数量也非常少，因而呈现出衰落或相对衰落的状态。

19世纪中叶以后，由于外国资本主义的侵入和近代工商业在中国各重要城市的兴起与发展，导致部分地区城市的经济结构、社会结构和政治结构解体，城市性质发生了变化，城市职能结构也随之而发生变化。一方面，城市的政治中心职能仍然存在，并起着重要的作用；另一方面，城市的经济职能进一步加强，因而城市的职能组合结构由原来的以政治职能为主，发展成为以政治、经济职能为主的双重结构，部分城市的经济职能超过了政治职能。值得注意的是，这部分经济职能加强的城市，其城市的政治行政职能也随之而提高，从而被纳入高一级的政治行政等级中。由于城市经济职能的加强和城市规模的扩大，这些城市的政治行政地位随之而提高。

晚清时期，新的城市类型崛起并发展，使清代前期业已形成的传统行政性城市体系发生巨大变化。以通商口岸城市为主体，以新型交通城市和工矿业城市为辅的现代城市崛起。使原来以行政功能为联系纽带的城市体系之外，叠加了另一套以经济贸易为联系纽带的城市类型，从而使晚清中国各主要地区都逐渐形成同一行政区域内并存两个规模相当、功能各异的行政中心城市与经济中心城市。举其要者有东北的沈阳与大连，华北的北京与天津，江苏的上海与南京，浙江的杭州与宁波，福建的福州与厦门，长江中游的武昌与汉口，长江上游的成都与重庆等。这种于晚清时期普遍出现的规模相当的政治中心城市与经济中心城市并存的双核型城市体系，构成了晚清中国城市体系演变的一个重要时代特征。

---

① 据波兰地理学家斯塔泽夫斯基（J. Staczewski）的研究，近百余年来世界滨海地带（距海50公里范围）的人口越来越集中，1850年时该地带的人口占世界总人口的24.6%，一个世纪后上升到27.6%。在此期间，各大洲的人口重心都向海移近了，而且越是不发达的地区向海移近的幅度越大。如非洲的人口重心向海移近了23公里，大洋洲11公里，亚洲8公里，欧洲2公里。据该学者1961年的统计，全世界有73.8%的人口分布在距海500公里的沿海地区，其中200公里范围内的近海地带拥有世界人口的一半（占50.3%），50公里范围内滨海地带人口占世界总人口的27.6%。经济发达程度高的地区，在滨海地带的人口比重最高。见叶舜赞：《城市化与城市体系》，科学出版社，1994年，第139页。

晚清时期，中国城市在外部侵略力量的干预下，在半殖民地条件下开始从农业时代城市向工业时代城市转型。城市成为转型时期各种矛盾和社会问题最为集中的地方，也是清代中国演变最大、发展最快的地方。加强对清代城市的研究，有助于把握清代中国历史的主要发展走向，有助于揭示清代中国转型时期的独特发展特征及历史发展轨迹。当今中国，大多数重要城市都是在清代城市的基础上发展演变而来，现代城市的发展也与清代以来城市政治、经济、军事、文化等各个领域的发展变化息息相关。

结　语

作为中国城市发展的一个重要时期，清代在城市发展过程中起到承上启下的作用。[①] 通过长期的发展和演变，中国的城市到清代已经形成一个较为完整的城市体系，在其发展过程中表现出与其他帝制朝代不同的特点。

一、行政中心城市得到较大发展

清代城市的发展继承了中国城市发展的总趋势，城市数量和规模达到封建时代的顶峰。在鸦片战争之后，随着西方发达资本主义国家对中国的侵略，这种增长趋势尤为明显。

（一）县级城市数量明显超过前代

清代，全国划分为23个行省、1个将军辖区、2个办事大臣驻地和内蒙古地区，共27个一级行政区。其中省级城市27个、府级城市337个（包括直隶州、直隶厅），县级城市1559个（包括散州、散厅，其中新设县级城市287个，不包括旗、土府、土州、土司及西藏地区的城市）。下面我们对中国封建社会主要朝代时期的城市数量进行简单的对比。（见表8-1）

表8-1　中国历代城市数量统计表（单位：个）

朝代	府（郡、国、州、监、厅）	县	合计	备注
西汉	103	1587	1690	府中包括国20，县包括道、侯国
隋	190	1255	1445	
唐	328	1573	1901	府为郡、州数
北宋	351	1234	1585	府包括京府4、府30、州254、监63
元	392	1127	1519	府为州、郡数，另有路185、军4

[①] 何一民：《清代城市的历史地位》，《光明日报》，2005年10月11日。

续表

朝代	府 (郡、国、州、监、厅)	县	合计	备注
明	212	1191	1403	府包括羁縻府 19、羁縻州 47，县包括羁縻县 6
清	337	1559	1896	府包括直隶州、直隶厅数，县包括散州、散厅

根据《汉书·地理志》《隋书·地理志》《新唐书·地理志》《宋史·地理志》《元史·地理志》《明史·地理志》《清朝续文献通考》统计整理。

由上表可知，无论是从省级城市、府级城市、县级城市单体城市数量的比较，还是从城市的总体数量上看，清代城市的数量明显超过前代。其中县级城市已达到1559个，可见县级城市得到大发展。说明清代城市数量已经达到中国封建时代的顶峰，为中国城市发展和转型奠定了基础。另外，清代城市数量之多在世界上也是独一无二的。1890年美国的城市数目只有1384个，而英国作为世界上城市化最高的国家，1891年城市数目也仅为622个。[①]

（二）城市规模大幅度扩大

清代基本上继承了前朝的城市制度，其城市基本上都是在明代城市的基础上建立起来的。城墙大小基本没有多大变化，只是对原有城墙进行修复或扩建，城市得到完整的保留和发展。例如盛京，在明代时作为辽东重镇和辽阳的卫城，城呈方形，其周长9里30步，高25丈，厚18丈，城墙外宽3丈。清朝建立之后，改盛京为沈阳，对沈阳进行了较大规模扩建。康熙十九年（1680），康熙第一次东巡盛京，感觉其与北京差距过大，有损龙兴重地的尊严，于是下令扩建沈阳城，其城墙规模为周长32里48步，墙高85尺，设有8关。在关墙与方城墙之间形成关厢，建有8条放射状的大街相接。康熙中后期和乾隆之后又多次对沈阳进行修建，使沈阳城市布局日益完整。

随着城市经济的发展和城市人口的增加，以及由此引发的城市对农村市场的需求，城市的规模早已越过城墙的范围，城郊得到迅速发展。同时，城市也加强了对郊区的管理，将其纳入管理范围。城市的规模进一步扩大。例如，明代时，天津卫城四周，多为荒地，城区只局限在城墙范围之内。清初，不少居民点逐渐形成村落。"乾隆初年，天津四乡县辖村共315处，其中东路86处，南路100处，西路52处，北路77处，可谓人烟稠密。"为适应城市发展的需要，专门性的商业市镇也在郊区出现，"城北之西沽村多业木厂，以船料为最，屋料次之"[②]，城市逐渐向郊区发展。

---

① 行龙：《人口问题与近代社会》，人民出版社，1992年，第144页。
② 罗澍伟：《近代天津城市史》，中国社会科学出版社，1993年，第102页。

鸦片战争之后，随着通商口岸的设置，西方侵略者以这些地方为据点进行各种掠夺活动。尤其是租界的出现，使中国的部分城市从中国封建专制统治的机制中分离出来，突破了中国封建城市的发展局限。清王朝对通商城市控制的削弱以及对内政策的调整，使得开埠通商城市得到快速发展。一批通商口岸城市出现了现代化的趋势，发展相当快，人口猛增，占地规模进一步扩大。

上海在开埠前虽能凭借其优越的地理位置成为一个沿海港口城市，取得"江海通津，东南都会"的称号，但"上海的城厢区仅限于城墙以内的旧城区和东门外沿黄浦江的码头作业区和商业贸易区，城厢的实际面积不足 2 平方公里……大约居住着 20 万以上的人口"①，还只是一个中等的县级城市。开埠后，上海凭借其优越的地理位置、广阔的经济腹地以及外国资本的青睐，加之租界的出现，内外贸易得到了快速的发展。经济的发展必将带动城市的发展，城市的人口和用地规模都进一步扩大。上海公共租界面积达 33503 亩②，约为旧城区的 11 倍，"1880 年仅城区人口就达 100 万人，上海成为中国最大的工商业经济中心城市"③。天津开埠后，人口规模和城区面积不断扩大。"1895 年天津城市人口为 587666 人，比开埠前的 1840 年城市人口 198716 人净加了 388950 人，几乎净增加了两倍。""1906 年至 1910 年，天津城市人口每年都净增加 4 万余人。"④ 城区面积也由原来的 2940 亩，扩展到清末的 26290.50 亩。除上海、天津外，在外力的推动下，国内其他城市的城市规模也有一定的发展，如汉口、重庆、广州等。

二、城市的性质功能发生较大变化

晚清时期，随着中国开始早期现代化，城市也逐渐由传统的以政治行政功能为主向多功能综合性城市转变，经济中心城市得到优先发展，开始成为一种普遍的现象。

清代特殊的历史发展轨迹造就了清代城市性质功能的转变，在外力的冲击下，统治者被迫对城市管理机制进行调整，内外政策开始发生变化。"外国资本主义的入侵刺激了中国近代社会经济结构发生着质的变化，新兴产业部门的不断出现，传统生产方式的逐渐衰退，新城市的产生，传统城市转换功能，拓展规模，都意味着城市经济的新发展。"⑤ 中国城市在内外力的推动下，城市的性质、功能、结构、发展动力等发生改变，城市现代化的启动和发展成为可能。

农业时代的中国城市大多是出于行政和军事的目的而建立，有"筑城以护君，造郭以守民"之说。"决定中国城市发展的首要因素是城市在封建政权中的政治地

---

① 薛理勇：《旧上海租界史话》，上海社会科学院出版社，2002 年，第 6 页。
② 隗瀛涛：《中国近代不同类型城市综合研究》，四川大学出版社，1998 年，第 223 页。
③ 何一民：《中国城市史纲》，四川大学出版社，1994 年，第 275 页。
④ 隗瀛涛：《中国近代不同类型城市综合研究》，四川大学出版社，1998 年，第 315 页。
⑤ 张仲礼等：《长江沿江城市与中国近代化》，上海人民出版社，2002 年，第 373 页。

位,来自统治集团的政治行政推动力是古代城市发展的最大动力,城市的发展主要依靠政治、军事的力量来聚集各种资源和发展动力,政治行政功能为城市的主要功能。"① 经济功能占主导地位的城市少之又少,只存在于一些行政级别较低的市镇,如清代的佛山、景德镇、汉口、朱仙镇等。城市主要以行政管理职能为主,多为消费型城市,经济上对农村的影响微弱。大部分城市的生产主要目的不是用于流通,而是用于满足城市官僚贵族和军队的需求,市场在经济发展中的作用微乎其微。

鸦片战争后,由于外国势力的入侵和通商口岸的兴起,中国自给自足的自然经济开始解体,城市的性质逐渐发生变化。中国部分传统城市在内外力的双重作用下,逐渐由政治、军事的封建统治中心向手工业、商业的经济中心转变,城市经济由消费性质向生产性质转化。"由于西方势力的入侵,传统政治因素决定城市发展规模这一规律受到了外力的挑战,导致城市发展的动力机制发生变化。中国城市不再只是政治中心城市优先发展,经济中心城市优先发展也成为一条新的规律,一批新兴经济中心城市崛起。"② 如上海、汉口、天津、重庆等开埠城市,其经济聚集和辐射功能远远超过了其行政区划的范围。上海由原来的小渔村逐渐发展成为中国的经济中心;汉口被称为"东方芝加哥",成为中国中部的经济中心;天津发展成为中国北方最大的港口;重庆也成为西南地区的发展中心。开埠城市以及内陆大部分城市在欧风美雨的侵袭下,逐渐由政治中心向经济中心过渡。

随着帝国主义侵略的加剧,加之统治者的一系列改革措施,极大地改变了以消费为主要内容的城市经济活动,在城市经济中注入了大量的生产性因素。在统治者的自我救赎和西方势力的侵略过程中,中国城市逐渐与先进的西方城市的发展接轨。在城市中出现近代企业、外资银行、现代化的市政基础设施等,工业、通讯业、运输业同样也得到快速发展。城市的管理体制也随着城市性质的转变发生变化。另外,在西方思想的影响下,一些城市出现了一些如强学会这样的社团,创办了一些宣传新思想的杂志、报纸,以及一些新的学堂。这些都成为城市性质转变的推动力量。

三、城市发展不平衡,造成中国城市的畸形发展

清代城市发展的不平衡性,首先表现在东西部城市发展不平衡,以"胡焕庸线"为分界线,东南地区的城市占中国城市的大部分,分布密集;而西北地区城市数量少,分布极为稀疏。另外,南北分布不平衡,秦岭、淮河以北原是古代中国的经济重心和政治中心所在地,也是人口的集中区,但魏晋南北朝以后,经济重心和人口南移;唐宋以后南方的经济发展水平和人口数量都逐渐超过北方,南方城市数

---

① 何一民:《从政治中心优先发展到经济中心优先发展——农业时代到工业时代中国城市发展动力机制的转变》,《西南民族大学学报》,2004年第1期。
② 何一民:《从政治中心优先发展到经济中心优先发展——农业时代到工业时代中国城市发展动力机制的转变》,《西南民族大学学报》,2004年第1期。

量也超过北方。有研究者认为：从清代城镇的用地规模上看，具有北方大于南方，东部大于西部的特征。北方六省，除甘肃面积较小外，其余各行省用地面积都在100平方千米以上。南方各省，其城镇用地面积大部分在100平方千米以下；从城镇用地面积占辖区面积百分比看，北方地区一般都在平均数0.049%以上，南方地区大部分在平均数以下；东部地区在0.035%以上，西部地区都小于0.03%；城镇密度也具有北方大于南方、东部大于西部的特点。① 上述研究成果，有明显的不足。如果仅从静态的城市空间规模来看，清代北方城市的城墙周长普遍较大，但是城墙的变化较小。这种区域间的不平衡性说明了南北方、东西部之间的城市发展存在严重的不均衡状态。

社会经济和城市的发展不平衡（或者说畸形的发展），是中国半殖民地半封建社会的主要特点。在鸦片战争之后，随着城市的被迫或主动开放以及租界的出现，加剧了城市发展的不平衡性。东南沿海、长江流域、珠江三角洲、京津唐等地区以及铁路沿线的城市，因其优越的地理条件，多被帝国主义列强强迫开放或自行开放。由于外国资本主义的侵入和民族资本主义的产生，出现了近代的生产方式和城市设施，使城市的功能、结构以及布局都发生了质的变化，城市的规模迅速扩大。有的城市发展变化很快，几十年间的发展竟超过已往的几百年、几千年。例如，天津开埠后，人口规模和城区面积不断扩大。"1895年天津城市人口为587666人，比开埠前的1840年城市人口198716人净加了388950人，几乎净增加了两倍。""1906年至1910年，天津城市人口每年都净增加4万余人。"②城区面积也由原来的2940亩扩展到清末的26290.50亩。"19世纪70年代初期，天津的对外贸易总值为1000多万海关两，1889年增至3124万海关两，1894年又增至4427万海关两。"③天津一跃成为北方最大的对外贸易海港。同时，也有一些新发展起来的城市，几乎是"平地起家"，如大连、青岛等。而处于内陆比较闭塞地区的一些城市，则尚未冲破自然经济的小生产传统，仍不同程度地保留着封建社会遗留的旧机制、旧面貌，城市发展缓慢，部分城市甚至停滞倒退。

城市内部（主要是开埠通商尤其是设有租界的城市）的发展发生着强烈的两极分化。在城市的基础设施建设方面，开埠城市内路灯标立，排水工程密集；街道纵横交错，四通八达，且多为现代化的柏油马路或混凝土路面。在城市建筑方面，大型商场、洋行、银行等建筑物林立高耸，样式奇特。而在华界内又是另一番景象，路灯稀少，无排水工程，街道多为土路。建筑物狭小简陋，居民大多住在低矮的平房或拥挤的院落。开埠城市以及租界区与华界之间的发展不平衡，从另一个侧面反映了中国广大内陆城市与开埠城市之间发展的不平衡。

清代不同区域城市、不同单体城市，以及城市自身内部的发展不平衡状况，严

---

① 何凡能、葛全胜、郑景云：《中国清代城镇用地面积估算及其比较》，《地理学报》，2002年第6期。
② 隗瀛涛：《中国近代不同类型城市综合研究》，四川大学出版社，1998年，第315页。
③ 费城康：《中国租界史》，上海社会科学院出版社，1991年，第279页。

重地制约着中国城市整体水平的发展，其负面影响一直延续到现在。

四、城市从封闭型向开放型转变

清代城市的开放经历了由自主的"一口通商"，到被迫"约开通商"，再到"自主通商"三个阶段，这三种不同的开放形式，体现了清代城市发展的历史变迁。

第一阶段：一口通商。

鸦片战争之前，清政府出于维护封建统治实行"闭关锁国"的政策，对外贸易只留广州一个口岸①，并建立了垄断性质的行会制度。许多沿海港口城市因失去经济活力而丧失了昔日的繁荣，逐渐衰落。

闭关锁国政策是由中国的经济基础和政治制度决定的，是符合封建统治的一种特殊政策。它是中国封建经济的产物，是自给自足的自然经济的反映和重农抑商政策的延续。另外，闭关政策的产生，也与清朝统治者肃清海疆、防范侵略有关。清朝建立初期，由于与台湾郑氏集团的斗争长达十几年，其间所实行的一些海疆政策有很强的片面性，加之新兴的资本主义国家的扩张性，加速了其在东方的殖民步伐。另外，清政府自乾嘉以来陶醉于"天朝无所不有"，仍以天朝上国自居。这些主观与客观的情况造成清政府实行"闭关锁国"的政策。

"清初台湾既平，又二年，疆臣请开海禁，廷议报可"②，康熙二十年（1681年）九月下令"开海贸易"，"商民人等有欲出洋贸易者，呈明地方官，登记姓名，取具保结，给发执照，将船身烙号刊名，令守口官员查检，准其出入贸易"③。1685年清廷宣布江苏的松江、广东的广州、福建的泉州、浙江的宁波为对外贸易港口，并分别在澳门（后改广东）、漳州（后改厦门）、宁波、云台山（今江苏连云港，后改上海）设立海关，管理对外贸易和征收关税。一时间，各国纷纷前来贸易。

乾隆二十二年（1757年），清廷宣布"嗣后口岸定于广东，不得再赴浙省，此于粤民生计，并赣、韶等关均有裨益，而浙省海防亦得肃清"④。"乾隆二十二年清廷限定广东为对外贸易之唯一口岸，翌二十五年，而公行遂又正式成立矣。"⑤清政府决定封闭江苏、福建和浙江的口岸，以广州为唯一的通商港口。从乾隆二十四年（1759）到鸦片战争之前，广州垄断了全部的对外贸易，呈现出比以前更加繁荣的景象。但广州的繁荣是建立在其他城市封闭的基础上，这种城市的畸形繁荣，导

---

① 从明代开始到近代的四百余年里，中国政府只在广州设立口岸，允许外国商人在广州进行贸易，由此也形成了中国的"十三行制度"。
② 萧一山：《清代通史》卷中，商务印书馆，1928年，第750页。
③ 昆冈等：《钦定大清会典事例》（光绪朝）卷六百二十九《兵部·绿营处分例·海禁一》，光绪三十四年石印本。
④ 《清实录》第十五册《高宗纯皇帝实录》7卷五百五十"乾隆二十二年十一月戊戌"条，中华书局，1986年。
⑤ 萧一山：《清代通史》卷中，商务印书馆，1928年，第782—783页。

致其他沿海贸易城市逐渐衰落,失去了发展的最佳时机。

清政府所实行的一口通商政策,虽有效地抵抗了西方的侵略,但从历史发展的长远角度看,却很大程度上影响了近代中国经济的转型。这种单一的通商口岸直接妨碍了中外科技文化的交流,严重阻碍了国内资本主义萌芽的发展,使中国科学技术远远落后于西方国家,使中国的政治、经济、军事、科学文化等方面与西方的差距越来越大,为日后西方的侵略埋下伏笔。

第二阶段:约开通商。

鸦片战争打开了中国的门户,中国的历史发生巨变,中国由传统社会向现代社会过渡,从封建社会向半殖民地半封建社会过渡。在这段历史巨变时期,中国城市的发展也掀开崭新的一页。

鸦片战争之后,清政府的开放政策在西方列强的逼迫下由原来自主的"一口通商"被迫转变为"约开通商"。中国城市被卷入世界经济的漩涡,由自主一口通商到被迫约开通商,由传统走向现代,正是由资本主义的生存法则决定的。马克思说过:"掠夺是一切资产阶级的生存原则。"自17世纪以来,由于清王朝的闭关锁国政策,使英国资产阶级无法从中国获取巨大的利润。因此从19世纪初开始,英国开始对中国进行可耻的鸦片走私贸易。1842年8月29日,清政府与大英帝国签订《南京条约》,清廷被迫开放了五个通商口岸(广州、厦门、福州、宁波、上海)。然而,这五个通商口岸的开放,并不意味着偌大的中国已被纳入世界资本主义的市场体系。

为了获得更多的利益,从《南京条约》签订开始,清政府先后与很多(英、美、俄、日、法、德等)帝国主义国家签订了21个条约,被迫开放83个通商口岸。通商之后,"清王朝对通商城市控制的削弱和对内政策的调整,使西方国家的现代化因素输入中国后,能够首先在开埠城市中传播,从而使城市结构和功能发生了巨大的变化。城市规模不断扩大,辐射功能不断加强,城市经济向早期现代化转化,并成为推动城市现代化发展的动力。"[①] 在短时间内,这些约开商埠获得了较快的发展,成为全国性或地区性的经济中心。尤其是租界,由于吸引了大量外资,资本主义近代经济发展十分迅速,市政建设水平也近似于资本主义国家的城市。大批新式公共建筑、居住建筑和工业建筑在租界内兴建,一些近代市政工程设施陆续出现,这使有租界的城市面貌大为改观,租界在这些城市中的地位也越来越重要。在外力因素的作用下,约开商埠城市开始了城市的现代化进程。

第三阶段:自主通商。

19世纪末,帝国主义掀起了瓜分中国的狂潮,列强在中国各地划分势力范围。与此同时,帝国主义要求清政府开放更多的商埠,增添新的租界。在这种情况下,清政府决定主动开放一些城市,既可满足帝国主义的"开埠"要求,又可保存新开商埠的主权。南洋大臣、两江总督刘坤一鉴于岳州、三都澳等地的开放,也于

---

① 何一民:《中国城市史纲》,四川大学出版社,1994年,第255—256页。

1898年3月附片具奏,请求清廷准许自开吴淞,奉旨邀准,总理衙门复咨行迅速办理。刘坤一随即委派上海道蔡钧为开埠督办,"并设清查滩地局,委候补知府许领其事,界内清丈会丈事宜则属之"①。1898年9月宣布吴淞为自开商埠。"1898年6月前后两江总督刘坤一为避免吴淞地段落入英德之手,遂奏请并宣布吴淞为自开商埠。"此后,清廷先后自开商埠17处。② 这些自开商埠城市对国内市场的发育起到有益的促进作用,推动了从区域性市场向全国性统一性市场的过渡。

自开商埠多在人口众多、交通便利、经济较发达的地区。一方面,自开商埠推动了中国国内各级各地市场的沟通和联系,成为国内联通区域市场与乡村市场的桥梁。另一方面,自开商埠还促进了生产商品化程度的提高。资本主义国家的商品以这些通商口岸为流通中心,向广大腹地和农村倾销。同时,中国的农副土特产品也经过各种渠道被收集进入这些城市,再以不同的途径出口国外。国内外贸易的发展,使自开商埠口岸成为地区市场网络的中心。③ 自开商埠城市经济的发展,带动了近代工业、金融、通信、城市建设等经济部门的兴起。传统的封建商业性城市转变为不仅具有外贸功能而且具有近代经济行业的新型城市,推动了中国城市的现代化进程。另外,与约开商埠相比,自开商埠带有很强的自主性,在一定程度上抵制了列强侵略,发展了地方经济,促进了城市的现代化。自主通商是这些城市从封建城市向现代城市转型的最直接原因。

自开商埠打破了传统城市的封闭式结构,使它们与广阔的资本主义世界联系起来,使得城市的经济结构、社会结构、发展动力、城市市政等方面都发生了相应变化,开启了中国城市现代化的进程。

以上清代城市开放的转变过程表明,城市是一个动态的事物载体,它始终处于运动变化过程中,都是在一定的历史背景和经济条件下进行的,这是决定城市转变和发展的主导因素。

五、市镇的兴起

"市镇是在市、集、场、墟的基础上发展起来的。同时市镇又是城市发展的基础。是交通发达,商业繁盛,人口相对集中,大多派有常驻的行政、税收或军事机构和官员的居民点。"④ 市镇的发展程度能够反映出当时本地区以及有关地区农业、手工业的发展水平。市镇是联系城市和乡村的纽带,它从乡村脱离出来,又不同于城市,是具有独立地位的人群聚集区和商业实体。

清代由于商品经济的发展,加之农村人口的急剧膨胀,原来在唐宋时期形成的

---

① 张允高、钱淦等纂修:《宝山县续志》卷六,成文出版社,1975年,第417页。
② 隗瀛涛:《中国近代不同类型城市综合研究》,四川大学出版社,1998年,第239页。
③ 唐凌等:《自开商埠与中国近代经济变迁》,广西人民出版社,2002年,第248—249页。
④ 方行、经君健、魏金玉:《中国经济通史·清代经济卷》中,中国社会科学出版社,2007年,第770页。

为数不多的农村市镇已远不能适应商品经济发展的需要,市镇得到快速发展。如从清初到鸦片战争之前,在上海境内兴起了82个城镇,加上明代69个城镇,总共151个。① 嘉庆时,"上海县域不到元时的三分之一,但嘉庆十五年(1810)在籍人口仍达52.7万人"②。有的市镇无论在规模、人口还是在商品种类、市场规模、流通范围、街市状况等方面都与城市相当,甚至有的超过城市。例如广东的佛山镇不仅与广州省城同是岭南的中心市场,而且经济繁荣超过广州。可见,市镇的发展在清代无论从数量还是经济规模等方面都取得了长足的进步,这是此前任何一个朝代都无法比拟的。

清代我国的市镇在原有的基础上有很大的发展,在市镇数量、市镇规模等方面都超过了历代水平。特别是在交通、农业、手工业生产都十分发达的长江中下游平原地区,市镇更是蓬勃兴盛,成为我国最初的城镇化地区。我国今天的众多小城镇,大多源于清代。但这也造成了广大内陆地区与沿江、沿海地区城镇的发展不平衡。

表8-2 清代全国各地区市镇发展状况(单位:个)

地区	清代中前期	晚清时期
湖北	700	1918
湖南	384	433
江西	672	1305
江苏	1112	1351
浙江	605	734
四川	135	2655
安徽	708	671
广东	1270	1969
福建	205	225
直隶	527	826
山东	1126	1555
陕西	238	351

方行、经君健、魏金玉:《中国经济通史·清代经济卷》中,中国社会科学出版社,2007年,第1061—1062页。

鸦片战争后,由于外国商品大量倾销中国,传统的自然经济遭到很大冲击,尤其是通商口岸附近的农村经济开始解体。这些地区为了适应新的市场的需要,其农业生产中商品经济所占的成分愈来愈大。商品经济的发展大大促进了中国小城镇的

---

① 王文楚:《古代交通地理丛考》,中华书局,1996年,第284页。
② 龙登高:《江南市场史:十一至十九世纪的变迁》,清华大学出版社,2003年,第43页。

发展。例如，"文兴镇……旋有张炳华、曹翔青等开设店铺……渐见发达。于是各商闻风咸集。至光绪三十年间，异常兴盛，文兴镇成为川沙各镇之冠"①。杭州府拱宸桥市，地本荒凉，墟墓所萃，光绪二十一年，中日《马关条约》辟其地为商埠，其后市廛栉比，稍稍繁盛矣。另外，在铁路起讫地、交汇处及采矿点和工业布点地区也形成了一批小城镇。例如，光绪二十五年（1899），中俄新约签订，条约规定在开原境内购买铁路用地，指定城西南距城 18 里之小孙家台屯设立火车站……从前之荒僻小村，竟易为全境商务之中心点。②

随着商品经济的发展和农产品的不断商品化，作为大城市向农村收购原料和推销工业产品的基层商业集散中心，小城镇便在产业循环中发挥着越来越重要的作用。同时，受国际贸易的影响，原本以国内市场为目标的传统经济向着一种新的经济结构转化，变为以国内市场为主、国际市场为辅的互补型的贸易格局。贸易结构的转化推动了农村市镇结构的调整，不少农村小城镇由于直接与区域性经济中心城市发生联系，因而新兴的家庭手工业和商品贸易出现新的繁荣，从而推动这些小市镇经济的发展和人口的聚集。清代市镇发展的速度与水平远远超过了历朝历代，达到封建社会的最高峰。清末县城以下的市镇达 30000 多个③，湖北武昌府，唐宋时期市镇数仅 10 个，清前期增加到 74 个，清末则扩到 128 个。④ 农村集市更是广泛分布于全国各地。

总之，市镇与城市只有发展水平快慢、规模大小之别，并无实质差别。城市和市镇一样，都是全国商品流通网络上的交汇点。通过商品流通的网络，城市和市镇周围农村建立起广泛的经济联系，使城市与市镇不仅具有消费意义，还具有生产意义。"它们同处于封建社会中，既不干扰封建经济秩序，也不对抗封建政治统治，统统在朝廷的控制之下，在地方官府的管理之中，随同历史发展的大方向，走着一条相同的发展道路。"⑤ 特别是鸦片战争后，在资本主义市场的影响下，中国社会步入了经济转型期，市镇作为城市与乡村的纽带与桥梁，在规模、结构、经济等方面，尽管有大小、多少的程度不同，但都具有共同特征，表明市镇已经开始脱离市集场墟的范畴，有一种趋于城市的倾向，走上了不同的城镇化道路，为中国城市的发展奠定了基础。

---

① 方鸿铠等：《川沙县志》卷七《交通志·街巷》，民国二十五年刊本。
② 李毅督修，荀济等分修：《开原县志》卷九《实业》，民国二十年铅印本。
③ 赵冈：《中国城市发展史论集》，新星出版社，2006 年，第 158 页。
④ 任放：《明清长江中游市镇经济研究》，武汉大学出版社，2003 年，第 97 页。
⑤ 方行、经君健、魏金玉：《中国经济通史·清代经济卷》中，中国社会科学出版社，2007 年，第 763 页。